베드로후서의 이해

신적 성품과
거짓 가르침

베드로후서의 이해

신적 성품과 거짓 가르침

세상을 이기는 교회의 해법 :
거짓 교사들의 출현, 교회의 성경 해석과 신적 성품

지은이 채영삼

초판 1쇄 발행 2017년 10월 2일
초판 3쇄 발행 2025년 2월 10일

발행처 도서출판 이레서원
발행인 문영이
출판신고 2005년 9월 13일 제2015-000099호

기획, 마케팅 신창윤
편집 송혜숙
총무 곽현자

경기도 고양시 일산동구 백석로71번길 46, 1층 1호
Tel. 02)402-3238, 406-3273 / Fax. 02)401-3387
E-mail: Jireh@changjisa.com
Facebook: facebook.com/jirehpub

ISBN 978-89-7435-494-7 03230

베드로후서의 이해

신적 성품과 거짓 가르침

채영삼 지음

세상을 이기는 교회의 해법 :
거짓 교사들의 출현,
교회의 성경 해석과 신적 성품

이레서원

| 추천사 |

이 책은 세상 친화적인 한국 교회를 향해, 베드로의 유언과도 같은 교훈을 생생하게 들려준다. 저자의 능숙한 본문 해설과 뜨거운 열정을 통해 베드로는 살아있는 음성이 된다. 그 음성은 다름 아닌 하나님 자신의 음성이다. 이 책을 집어 들고, 거짓 교사들과 종교 장사꾼들을 준엄하게 꾸짖으시며 세상에 취한 교회를 향해 간곡히 호소하시는 하나님의 음성에 귀를 기울이라. 그것이 한국 교회가 사는 길이다.

— **길성남**(고려신학대학원 신약학 교수)

본문의 학적 연구에만 몰두하여 교회를 잊은 학자와 주석이 넘치는 가운데, 교회에 대한 뜨거운 열정으로 빚어 낸 채영삼 교수의 이 저술은 모든 목회자가 주목해야 할 책이다. 이신칭의와 바울 신학만을 편식하여 균형을 잃어 가는 우리 한국 교회에 공동서신의 목소리를 살려, 요한계시록의 새 하늘과 새 땅으로 이어 주는 베드로후서의 중요성을 제대로 조명해 주었기 때문이다.

— **김덕수**(백석대학교 신학대학원 실천신학 교수)

저자는 이 책에서 한 손에는 텍스트를, 다른 한 손에는 컨텍스트를 들고 씨름한다. 한국 교회의 문제에 대하여 이렇게 치열하게 고뇌하며 애쓰는 성경학자가 있다는 것이 얼마나 고마운 일인지 모르겠다. 탁월한 성경 주해와 적용, 그러면서도 한국 교회를 향한 따뜻한 목양의 메시지와 예리한 지침이 한데 어우러진 이 책은 베드로후서를 연구하기 원하는 독자에게 필독서로 자리 잡을 것이다.

— **김추성**(합동신학대학원 신약학 교수)

이 책의 큰 장점은 굳이 베드로의 저작설을 부인하거나 유다서와의 관계를 상정하지 않고도 얼마든지 베드로후서의 메시지를 이해할 수 있음을 설득력 있게 제시한 데 있다. 많이 생각하고 써 내려간 글이라 이해도 쉽고 무엇보다 현재 한국 교회에 적실한 내용이다.

— **오광만**(대한신학대학원대학교 신약학 교수)

교계와 학계에서 이미 공동서신의 전문가로 알려진 채영삼 교수의 『베드로후서의 이해: 신적 성품과 거짓 가르침』의 출간을 진심으로 축하한다. 학문성과 목양의 마음이 가득한 이 역작을 통하여 수많은 독자가 풍성한 꿀을 섭취하게 될 것이다. 또한 이제는 베드로서신이 '신약학계의 의붓자식이 아니라 신약성서학의 태풍의 눈'이 되리라 확신한다.

— **장동수**(침례신학대학교 신약학 교수)

공동서신 연구를 선도하고 있는 저자가 신약에서 가장 홀대받아 온 베드로후서를 다루었다는 점만으로도 충분히 관심을 받을 만한 책이다. '교회와 세상'이라는 공동서신의 주제를 한국 교회의 맥락에서 풀어 온 저자가 『베드로후서의 이해: 신적 성품과 거짓 가르침』에서 꺼낸 화두는 '교회 속의 세상'이다. 저자의 이전 책들이 그러했듯이, 성경의 언어로 오늘 우리가 봉착한 문제의 핵심을 날카롭게 짚어 낸다.

— **정성국**(아세아연합신학대학교 신약학 교수)

| 차 례 |

| 머리말 |

베드로후서에 관한 이 책이 나오기까지 시간이 걸렸다. 기다려 주시고 기도해 주신 모든 분들에게 이 자리를 빌려서 감사드린다. 『야고보서의 이해: 지붕 없는 교회』와 『베드로전서의 이해: 십자가와 선한 양심』을 쓴 후에, 바로 이어서 이 책이 나왔어야 했는데, 조금 지체되었다. 하지만 그 기간 동안, 『공동서신의 신학: '세상 속의 교회', 그 위기와 해법』이라는 논문집을 마무리하게 된 것은 그나마 위로가 된다. 한국 교회가 공동서신을 재발견하고 강단에서 풍성하게 설교하며 가르치기 위해서는, 그간 미진했던 학문적인 뒷받침이 필요하다고 생각했다. 이 논문집은 그러한 학문적 토대를 위해 마련되었다. 앞으로 공동서신을 연구하고자 하는 학자들이나 목회자, 신학생들이 딛고 가는 디딤돌이 되기를 바라는 마음이 간절하다.

그리고 이레서원과 함께 기획해서 간행하고 있는 〈신약의 이해〉 시리즈는, 이러한 학문적인 연구에 기초해서, 목회자와 신학도뿐 아니라 일반 성도들도 어렵지 않게 읽을 수 있는 해설서를 제공하는 것이 목적이다. 굳이 신약의 '이해'(Understanding)라 한 것은, 이 해설서가 성경 본문의 의도를 충분히 드러나게 하면서도 또한 그 말씀을 읽는 독자 자신이 그 메시지에 깊이 관련되어 변화되지 않을 수 없도록 인도하기 위함이다. 독자가 본문의 세계 속으로 들어가, 다시 자신의 삶의 자리로 나올 때는 전혀 새로운 본문의 세계에 젖어 나오게 하는 것이 목적인 것이다. 하나님의 말씀은 단지 해석하라고 주신 것이 아니기 때문이다. 말씀을 이해한다는 것은, 그 말씀을 먹고 소화해서, 그 말씀의 빛과 생명으로 내 존재와 삶을 채우고 만들어 간다는 뜻이다.

베드로후서의 전체 주제는 '교회 속의 세상'이다. 공동서신의 서론 격인 야고보서의 주제가 '세상과 하나님 사이에 선 교회'이고, 베드로전서의 주제가 '세상 속의 교회'라면, 베드로후서는 그렇게 세상 속에서 제사장 나라의 역할과 사명을 감당해야 하는 교회가, 자신 속으로 물밀 듯 밀려들어 오는 '세상'을 어떻게 대처하며, 어떻게 이겨 낼 수 있는지를 다룬다. 베드로후서에서 교회 안으로 침투한 세상은 거짓 교사들의 거짓 가르침과 그들의 부패한 행실의 파괴적인 영향력으로 나타난다. 이에 대해 베드로는, 올바른 성경관과 성경 해석법을 제시하며 교회가 적극적으로 신적 성품에 참여하여 거기서 성장해야 한다는 해법을 가르친다.

오늘날 교회를 뒤흔들고 더럽히고 썩어지고 허망하게 하며, 복음의 길을 훼방하는 거짓 교사들의 활동이 극심하다. 가장 피해를 보고 고통스러워하는 것은 주의 양 무리이다. 거짓 교사들의 거짓 가르침을 만난 모든 성도들에게 베드로후서의 말씀이 큰 위로와 지혜와 능력이 될 수 있다. 그런 점에서 베드로후서는 이 시대에 가장 필요한 신약의 책이라고까지 할 수 있다. 그만큼 적실하다.

가급적이면 쉽게 풀어 쓰려고 노력했고, 그만큼 사랑하는 일반 성도들도 읽고 신앙에 유익을 얻기를 바라는 마음이 간절하다. 무엇보다 성도들이 더욱 말씀을 배우고 성숙해지는 일에 큰 발전이 있기를 기도한다. 교회의 성장이란 결국 성도의 성숙이다. 성도 자신이 든든히 서 가야만 이 땅에 복음 사역과 하나님 나라의 실현이 지속적으로 구체화되리라 믿는다. 사랑하는 이 땅의 교회를 통해, 중국을 비롯한 세계 선교가 힘차게 이어져 가기를 엎드려 기도한다. 복음의 불꽃이 이 땅에서 더욱 활활 타오르기만을, 독자들과 함께 기도하고 또 기도한다.

이미 출간된 〈신약의 이해〉 시리즈 책들에서처럼, 베드로후서의 본문도 원문(原文)의 의도와 뉘앙스를 살려 다시 번역했다. 이번에는 필자의 개인 번역본을 책의 부록으로 실어, 독자들이 수시로 참고할 수 있도록 했다. 서론은 베드로후서의 저자 문제 등 독자들이 궁금해하실 내용들이 많아 앞부분에 배열했다. 책을 마무리하는 일에, 항상 그렇지만 이레서원의 동역자들의 수고가 컸다. 늘 옆에서 격려해 주시는 나기영 부사장님, 이혜성 팀장님, 그리고 교정을 보아 준 송혜숙 편집자와 수고하신 직원 분들 모두, 이 책을 교회 앞에 내놓은 귀한 일꾼들이다. 나 혼자 이런 일을 할 수 없다. 곁에서 사랑과 격려로 붙들어 준 가족과, 공동서신 수업에 참여한 많은 학생들에게도 감사하며, 부디 이 책이 우리 주님 손에 붙들려, 주의 몸 된 교회를 치유하고 회복하는 일에 복되게 사용되기를 기도드린다.

채영삼

| 서론 |

‘교회 속의 세상’

서론

'교회 속의 세상'

베드로후서, 현대 교회의 진단과 처방

사람들은 자신에게 어떤 병이 있다는 의심이 드는 경우에도, 종종 병원 찾아가기를 미룬다. 귀찮기도 하지만, 정작 자신에게 병이 있을 수 있다는 가능성조차 선뜻 받아들이기가 두렵고 힘들기 때문일 것이다. 그러나 병의 증상이 계속된다면 의사를 찾아가지 않을 수 없는 때가 온다. 결국, 그 병의 정체를 직면하고, 의사가 주는 처방을 받아들고, 대책을 마련하여 그 병과 싸워야만 한다. 너무 늦지 않는다면, 희망은 얼마든지 있다.

베드로후서에 대한 나의 인상도 이와 같다. 요즘 교회는 베드로후서를 잘 읽지도, 자주 설교하지도 않는다. '오직 믿음으로, 오직 은혜로 구원받는다'는 엄청난 복음의 선포, 그런 '기쁜 소식'이 직접적으로 눈에 띄지 않아서일까? 혹시, 너무 바울서신 중심으로만 신약을 이해해 왔기 때문은 아닐까? 실제로 베드로후서에서 '오직 믿음으로 구원 얻는다'는 내용을 확연히 드러내는 구절을 찾기는 어렵다. 대신, 얼핏 보아도 무서운 심판의 이야기들이나 쉽게 다가오지 않는 낯선 이미지들이 곳곳에 널려 있다. 그래서 그런지, 베드로후서는 오늘날의 교회와는 동떨어진, 아주 낯선 이야기를 하고 있는 것처럼 보이기도 한다.

하지만 알고 보면, 베드로후서만큼 현대적이고, 오늘날 교회에게 너무도 적실(的實)한 책도 없다. 실제로 오늘날의 독자들은, 베드로후서를 통해 정확히 우리가 어떤 위험에 처해 있으며, 과연 어떻게 대처해야만 하는지를 명확히 깨달을 수 있다. 이 낯설고 오래된 서신은 놀랍게도, 오늘날 우리의 교회들이 처한 위기와 맞닥뜨린 시험거리들, 그리고 속 깊이 앓고 있는 중병(重病)을, 마치 내장 깊이 숨어 있는 암 덩어리를 최신식 C.T.로 촬영한 것처럼, 우리 눈앞에 또렷하고 생생하게 묘사한다. 그뿐 아니라, 오늘날의 교회가 이런 위기를 극복하기 위해서 통상적으로 꺼내들지 않을 법한, 아주 흥미로운 '진단과 처방'을 제시한다. '베드로후서의 이해'를 위해 붙인 제목인 '신적 성품과 거짓 가르침'은, 바로 베드로후서가 제시하는 위기에 대한 분석과 나름의 처방을 요약한 것이다.

베드로후서가 염두에 두고 있는 교회는 과연 어떤 위기를 당한 것이며, 왜 그런 처방을 내리게 되었는가? 베드로후서가 다루는 교회의 위기는, 무엇보다 거짓 교사들로 말미암은 거짓 가르침과 그들의 부패한 삶의 악한 영향력이라 할 수 있다. 이들은 '이미 교회 안에 들어와' 있고, 그 거짓 가르침과 부패한 윤리적 행위들은 교회를 깊이 병들게 하는 암적 요소들로 묘사된다. 그리고 베드로후서는 이런 '암 덩어리'와 싸워야 하는 교회에게, 단지 교회 성장이나 이단 세미나, 윤리운동이나 회개운동 정도가 아니라, 뜻밖에도 '신적 성품의 성장'이라는 독특한 처방을 내린다. 왜 이런 처방이 필요했을까? '신적 성품'이 어떻게 그들의 거짓 가르침과 부패한 삶에 대한 해결책이 된다는 것인가? 거짓 교사들은 진정, 어떤 자들이었는가? 그들은 무엇을, 어떻게 가르쳤는가? 이것이, 베드로후서의 본문을 차근차근 풀어 가면서 우리가 붙들고 씨름해야 할 중요한 질문들이다.

공동서신 안에서 베드로후서의 위치와 중요성

공동서신의 모든 책들이 다 중요하지만, 베드로후서 역시 통상 알려진 것보다 훨씬, 그 이상으로 중요한 서신이다. 야고보서, 베드로전서, 베드로후서, 요한일서, 이서, 삼서, 그리고 유다서를 가리켜 공동서신(Catholic Epistles)이라 부르는데, 이 일곱 개의 서신들의 공통되고 일관된 주제가 있다면 그것은 '세상 속의 교회'라 할 수 있다.[1] 세상 속에 처한 교회가 당하는 위기들을 어떻게 교회가 이겨 낼 수 있는지, 예루살렘의 사도들이었던 주의 형제 야고보와 사도 베드로, 사도 요한, 그리고 역시 주의 형제인 유다가 함께, 교회의 '온전한 신앙'(*regula fidei*)을 위해 한목소리를 낸 결과로서 신약의 정경 안에 포함된 귀한 보물이다. 신약에는 로마서나 갈라디아서만 있는 것이 아니다. 공동서신은 대체로, 사도 바울이 강조한 '오직 믿음으로 구원 얻는다'는 복음을 오해하는 자들을 바로잡으면서, 동시에 로마(Rome)라고 하는 거대한 세속의 홍수에 떠밀려 가지 않도록 교회를 온전하게 세우는 역할을 감당하고자 기록되었고 그래서 신약 정경 안에 보존되었다고 할 수 있다.

만일, 바울서신이 주로 유대교나 율법, 옛 언약을 상대해서 예수 그리스도의 복음을 설명한 결과라면, 공동서신은 대체로 그런 새 언약의 기초인 예수 그리스도의 복음 위에 굳게 선 교회가 어떻게 로마라고 하는 거대한 '세속'(世俗)을 상대할 것인지를 다룬다고 할 수 있다. 야고보서부터 유다서까지, 공동서신은 당시 로마라는 '화려하고 또 무서운' 세속을 맞닥뜨린 교회가, 과연 어떤 시

1 채영삼, 『공동서신의 신학: '세상 속의 교회', 그 위기와 해법』(이레서원, 2017), 46-56.

험과 도전에 직면했으며, 그것을 또한 어떻게 극복하라고 가르치는지 선명하게 보여 주기 때문이다. 예컨대, 야고보서가 세상과 하나님 사이에서 갈등하며 '마음이 나뉜' 교회를 향해 '간음한 여인들아'(약 4:4, 8; 참고. 약 1:8)라고 질타하는 것이나, 베드로전서가 '너희가 이방인 중에서 행실을 선하게 가지라'(벧전 2:12)고 권면하는 것은 그 핵심적인 위기와 전략을 내비치는 결정적인 본문들이다.

한 걸음 더 나아가, 공동서신은 '세상 속의 교회'라는 주제를 야고보서부터 시작해서 유다서로 끝나는 일곱 권의 책들을 통해, 일관되고 점진적으로 제시한다고 볼 수 있다. 이처럼 야고보서가 세상과 하나님 사이에서 '두 마음'을 품은 교회의 문제에 집중하고 이를 해결하고자 했다면,[2] 베드로전서는 이렇게 '전심'(全心)을 회복한 교회는 이제 세상 속에서, 세상을 지나가는 '여행자요 외국인'으로서, 하나님을 모르는 이방인들 가운데서 자신들의 선한 행실을 통해 제사장 공동체의 사명을 감당해야 한다고 가르친다고 볼 수 있다.[3] 그렇다면 베드로전서에 이어 나오는 베드로후서는, '세상 속의 교회'라는 주제에 대해 어떤 연속적이고 또한 한 단계 더 나아간 해법을 제시하는가?

'교회 속의 세상'

만일, 베드로전서의 주제를 '세상 속의 교회'라고 부를 수 있다면, 이와 짝을 이루는 베드로후서의 관심은 '교회 속의 세상'이라 부를 수 있다. 그만큼, 베드로후서는, 이미 교회 안에 들어와 버린 세상, 그 세상의 세속적이며 강력하고 파괴적인 힘들을 상대한다. 즉, 거짓 교사들을 통해 급속도로 '주의 몸 된 거룩한 교회' 안에 번져 가는 '거짓 가르침'이라는 독종(毒種) 바이러스와 '부패하고

2 채영삼, 『야고보서의 이해: 지붕 없는 교회』(이레서원, 2012), 67-86 참조.

3 채영삼, 『베드로전서의 이해: 십자가와 선한 양심』(이레서원, 2014), 특히, 161-318.

더러운 행위들'이라는 고통스러운 증상이 그것이다. 이렇듯, 베드로전서와 베드로후서는 그 주제에 있어서나 제시하는 신학적 해법에 있어서도 연속적이며 밀접한 관계에 놓여 있다.

조금 더 설명해 보자. 필자는 『베드로전서의 이해: 십자가와 선한 양심』에서, 베드로전서의 교회가 마치, 노아의 방주가 40일간의 홍수를 뚫고 아라랏 산에 이르는 것처럼, 이 땅의 순례자 된 교회는 '세례' 곧 '죄를 벗을 뿐 아니라 주께서 오르신 하늘의 하나님 보좌 우편에 이르는'(벧전 3:20-22) 십자가의 길 곧 선한 양심을 따라가는 제사장 공동체라고 설명했다(벧전 3:16; 참고. 벧전 2:20). 교회에 관한 베드로전서의 이런 이미지를 잠시 빌리자면, 베드로후서의 이야기는 마치, 이렇게 홍수로 인한 풍랑이 이는 거친 바다 같은 세상 위에 떠 있는 방주와 같은 교회 안으로 어쩔 수 없이 '쏟아지고 밀려드는' 비바람과 사나운 바다물결 같은 '이 세상'을, 교회는 과연 어떻게 헤쳐 나가야 할 것이냐의 문제를 다루는 것이다.

그래서 베드로전서가 '세상 속의 교회'를 다룬다면, 베드로후서는 그 세상이 교회 속으로 쏟아져 들어온 상태, 즉 '교회 안의 세상'을 다루는 것이다. 둘 다 치명적으로 중요하고, 그래서 베드로전서와 후서는 서로를 보완하고 완성한다. 또한 이 주제의 연속선상에서, 요한서신의 역할을 물어볼 수 있다. 이런 점에서, 공동서신 안에서 베드로후서를 뒤이어 나오는 요한서신은 '세상을 맞닥뜨린 교회'라는 주제에 관한 한 절정에 이르는 모습을 보여 주는 듯하다.

요한서신에서 교회는 더 이상 '세상 속에 있는' 것으로 여겨지지 않는다. '교회 안에 세상'이 있는 것도 아니다. 둘은 분리된다. 교회는 세상 안에 있지만, 세상에 속해 있지 않음을 더욱 분명히 한다. 둘은 이제 확연히 '대립'한다. 그리고 교회는 세상을 '이기는' 교회로 서야 함이 강조된다. 세상을 이김은 이것이니 곧 믿음인데, 그 믿음은 그 아들 예수께서 세상에 '육체로 오셨다'는 결정적인 사실과 이에 근거한 복음에 기초를 둔다.

'그 아들을 믿음'이 어떻게 교회에게 '세상을 이김'이 되는지는, 다음 책에서 풀어야 할 숙제이다. 베드로전서와 요한서신의 중간 단계에서, 베드로후서를 읽는 교회가 집중해야 하는 숙제는, 교회 곧 우리 안에 들어와 있는 세상, 그 세속의 강력한 힘, 그 거짓과 썩어짐, 그 더러움과 허무함을 몰아내는 일이다. 그것은 단지 베드로후서에 관한 이 짧은 책을 읽는 것으로 끝나지는 않을 것이다. 그래서도 안 된다. 무릎을 꿇어야 하고, 가슴을 쳐야 하고, 사랑하는 성도들의 손을 잡고, 함께 우리 안에 들어온 이 '세속의 물결'을 퍼내야 하는 고되지만 확실한 작업을 해 나가야 한다. 전략적으로 싸워야 승리한다. 그리고 그 전략은 오직 하나님의 교회를 경영하시는 하나님의 말씀에서 나와야 한다. 성령께서 도우시리라.

예수님께서 부활, 승천하신 후, 그분의 교회를 떠맡은 사도들, 특별히 예루살렘을 중심으로 하는, 공동서신의 저자들이 된 그 사도들, 그중에서도 사도 베드로는, 교회가 하나님 나라의 전망을 갖고, 어떻게 이 세상을 지나가며 이 세상 속에서 제사장 나라의 사명을 다할 수 있는지 그리고 그 거룩하고 위대한 사명을 다하기 위해 교회가 '내면적으로' 자신 속으로 침투해 들어오는 세상과 어떻게, 어떤 식으로 싸워야 하는지를 명확히 설명한다. 그것이 베드로후서이다. 이런 점에서, 마치 요한복음이 공관복음에 대하여 갖는 '내면적이고 영적인' 강조점처럼, 역사적이고 다소 외면적인 베드로전서에 비해 베드로후서는 다분히 내면적이고 조금 더 영적이라 할 수 있다.

또한, 베드로후서 3장은 베드로전서에서 교회가 시작하는 순례의 길, 십자가의 길, 영광의 길, 하늘의 하나님 보좌 우편 곧 그들의 주께서 이미 승천하여 앉으신 그 보좌 앞으로 나아가는 길의 최종 목적지를 보여 준다. 그 길의 끝에서 펼쳐지는 장엄한 그 '새 하늘과 새 땅'의 영광스러운 빛을 밝혀 준다. 교회여, 일어나라! 세상과 하나님 사이에서 나뉜 마음을 버리라. 전심을 회복하라. 짐을 싸고, 이 복되고 영광스러운 순례의 길에 나서라. 세상 속에서 당당히 제사장 나라로 살라. 십자가를 붙들고 선한 양심을 회복하라. 먼저 고난의 길, 영광의 길, 하늘에 이르는 길을 가신 우리 주 예수를 따라 분연히 일어서자.

밖으로는 제사장 나라의 사명을 감당하고, 안으로는 우리 안에서 우리를 썩게 하는 더러운 세상을 몰아내자. 우리를 부르신 분을 아는 참된 지식으로, 그의 신적 성품에 참여하자. 우리는 썩지 않고, 더럽지 않고, 허무하지 않은, 그 새 하늘과 새 땅에 살 사람들이 아닌가. 그 의와 화평이 거하는 영원한 나라를 유업으로 받은 교회여, 일어나 그 길을 가자. 우리 속에 스며든 세상을 몰아내자. 교회여, 하나님의 사랑 안에서 자신을 지키며, 영생에 이르도록, 우리 주 예수 그리스도의 긍휼을 기다리자(유 21절). 아멘, 주여 오시옵소서! 아버지의 나라가 이루어지이다!

인사말(1:1)이 알려 주는 것들

베드로후서 1:1은, 이 편지에 대해서 기초적인 정보들을 포함한다. 편지를 보내는 사람과 받는 자들, 그리고 이 수신자들에 대한 발신자의 특징적인 묘사들과 또한 그들이 어디에 있는지 장소에 대한 언급이다. 1절이 전해 주는 이런 정보들을 기초로 유추해 보면, 특히 수신자들의 정황 등과 같이 서신을 이해하는 데 필요한 기본적인 배경 이해가 주어질 것이다. 그래서 1절은, 베드로후서의 기초적이지만 결정적인 서론을 제공한다.[4]

4 서론에 대한 이하의 설명은, 채영삼, 『공동서신의 신학』, "제4장 1. 베드로후서에서 Κόσμος 개념과 '거짓 교사들'"에서 다룬 전문적인 논의를 참조하였다.

(1) 저자인 '사도 베드로'

1:1의 원문에서 첫 번째로 나오는 단어는 '시몬 베드로'(Συμεὼν Πέτρος)이다. 서신을 시작하면서 먼저 저자가 자신의 이름을 밝히고 있다. 본문의 진실성을 그대로 받아들이면, 베드로후서의 저자는 사도 베드로임이 분명하다. 다르게 생각할 이유가 없다. 서신서의 저자가 자신을 '시몬 베드로'라고 소개했고, 그가 주의 제자였던 사도 베드로임은 1장 후반부에 나오는 '변화산의 체험'(1:12-18)에 대한 기록을 통해서도 뒷받침된다. 저자가 서신서 안에서 '일관되게 거짓'을 진술하고 있다고 가정하지 않는 한, 이것을 의심하는 것은 오히려 독자들에게 큰 부담을 안긴다.

본문의 진실성

그런데도 신약 성경 본문의 진정성에 대해 근본적으로 '의심(疑心)의 해석학'에 기초하여 접근하는 '역사-비평'(historical criticism)적 분석은, 종종 베드로후서가 사도 베드로의 이름을 빌린 가경(假經, *pseudepigrapha*)이라고 주장해 왔다. 하지만 본문이 문자적으로 명확히 진술하는 사실을 '가짜'라고 의심하려면, 그만큼의 중대한 증거와 무거운 논증의 부담은 그것이 '가짜'라고 주장하는 쪽이 짊어져야 한다. 그리고 통상 베드로후서가 가경이라고 주장하는 이유들을 살펴보면, 그렇지 않다고 반박할 수 있는 여지들이 많은 논증인 경우가 허다하다.

예컨대, 사도 베드로 저작이 상대적으로 분명한 베드로전서와 비교할 때, 베드로후서의 '용어나 문체가 많이 다르다'는 전통적인 주장의 경우가 그렇다. 이에 대해서는, 후서의 용어나 문체가 수신자의 정황이나 다루고자 하는 문제 상황, 그리고 쓰인 시기가 전서와 달라서 그렇다는 당연한 변론 이외에도 개연성 있는 다른 설명들이 충분히 가능하다. 즉, 베드로전서는 실루아노의 도움으로 기록되었지만(벧전 5:12), 베드로후서의 경우 사도 베드로 자신이 기록했거나 다른 이의 도움을 얻었다면, 용어나 문체가 달라지는 것은 어렵지 않게 이해될 수 있기 때문이다. 더구나 보다 정교한 컴퓨터 분석에 의하면, 두 서신의 용어나 문체는 거의 구분이 불가능하리만큼 유사하다는 분석도 있다.[5]

또한 초기에 영지주의의 영향을 받은 가경들 가운데 베드로의 이름이 사용된 문서들이 더러 있었는데, 베드로후서 역시 그 가경들 중에 하나라는 주장도 제기되었다. 그중에는, '베드로의 묵시록'(Apocalypse of Peter, 135년), '베드로 복음서'(The Gospel of Peter, 150-175년), '베드로 행전'(The Acts of Peter, 180-200년), 그리고 '베드로의 설교'(The Preaching of Peter, 80-140년) 등이 있다. 하지만 이 책들은 각기 그 두드러진 이단적인 특징들로 인해서 초대 교회부터 명확히 가경으로 거부당한 반면, 현재의 '베드로후서'는 그런 이단적 특징이 없고 또한 적어도 4세기경까지는 교부들을 통해 인정받아 교회에 널리 받아들여졌다.[6]

베드로후서의 저자를 '사도 베드로'로 언급한 초대 교부 오리겐(185-254년)을 비롯해서, 예루살렘의 씨릴(Cyril of Jerusalem)의 교리서에 기록된 신약 정경 목록(348년)이나 아타나시우스(Athanasius)의 39번째 부활절 편지에 기록된 신약 정경 목록(367년)에는, 베드로전서와 함께 후서의 저자가 사도 베드로임이 밝혀져 있다. 기억해야 할 것은, 베드로후서와 같은 신약의 책들의 저자나 정경성을 확증하는 문제에 있어서, 그 시기에 가까운 초대 교부들과 교회의 증언이 갖

---

5 Michael Green, *2 Peter and Jude* (Tyndale New Testament Commentaries, IVP, 1987), 18.

6 Michael J. Kruger가 "The Authenticity of 2 Peter", *JETS* 42/4 (1999): 645-671에서 설득력 있게 지적했듯이 주후 4세기까지 대다수 교부들에 의해 정경에 포함되었다는 사실은 비평학적 논증이 쉽게 흔들기 어려운 증거로 남는다. 또한 외적 증거에 관련해서도 '증거의 부재'(absence of evidence)가 곧 '부재의 증거'(evidence of absence)는 되지 못한다(cf. Robert E. Picirilli, "Allusions to 2 Peter in the Apostolic Fathers", *JSNT* 33 [1988]: 57-83). 또한 문체의 차이는 오히려 취약한 논증으로 다른 가능성들로도 설명될 수 있다. 무엇보다, 초대 교회 자체에 가경을 걸러내는 자체 정화 기능이 있었다는 점(Eusebius, *Hist. Eccl.* 6.12.2), 그리고 *Gospel of Peter*('가현설적 기독론'이나 '반유대주의'), *Gospel of Thomas*('영지주의적 세계관') 혹은 *Apocalypse of Peter*('내세의 삶에 대한 조야한 비성경적 상상')의 경우들처럼, 베드로후서에는 가경들이 통상 의도하는 이단적인 아젠다(agenda)가 전혀 발견되지 않는다는 점 등은 보다 신중히 고려되어야 한다. 채영삼, "베드로후서 1:19에 나타난 '기다림'의 해석학", 〈신약연구〉 10/3 (2011): 689에서 재인용.

는 중요성이다.[7] 18세기 이후 계몽주의를 발판으로 발흥한 '역사-비평학'적 분석은 그에 상응하는 또 다른 분석이 나오면 얼마든지 흔들릴 수 있지만, 문서의 출생과 가까운 시기, 즉 증인들이 살아 있던 시기와 가까운 전통이 증언하는 역사적 증거는, 이런 문제에 있어서 본문에 대한 그 어떤 비평적 분석에 비해 흔들리지 않는 '과학적' 증거로 남는다.

더 나아가, 초대 교회가 '가경'에 대해 그렇게 관용적이지 않았다는 사실도 기억해 둘 필요가 있다. 일각에서는, 후대의 어떤 공동체가 유명한 사도의 이름을 빌려 서신을 쓰는 것은 당시에 흔히 용납되던 '문학적 관행'이라고 주장하기도 하지만, '기록된 계시의 말씀'에 의지하여 때로 '순교'도 각오해야 하는 초대 교회의 분위기 속에서, 이미 위조된 것으로 알려진 서신에 목숨을 걸 성도는 많지 않았을 것이다. 실제로 당시에 종교적이든 철학적이든, 이런 식으로 위조된 문서가 받아들여진 예를 거의 찾아볼 수 없다는 연구 결과도 주목해야 한다.[8]

한편 베드로후서에는 유다서와 유사한 부분이 많이 발견된다. 그 때문에, 베드로후서가 유다서를 사용했다는 것을 전제로, 유다서처럼 그렇게 늦은 시기에 사도 베드로가 베드로후서를 썼을 리가 없으므로, 베드로후서는 가경일 수밖에 없다는 결론을 내리는 경우도 있다. 하지만 두 문서 간의 상호 의존성에 대한 문제는 아직 확정된 바가 없다. 어느 쪽이 어느 쪽에 의존했는지 결정할 근거가 부족하고, 두 문서가 공통된 자료나 전통에 의거했을 수도 있는 만큼, 그렇게 쉽게 단언할 일이 아닌 것이다.

또한 베드로후서에 사용된 용어의 개념들과 스타일이 갈릴리 출신이었던 '시몬 베드로'의 것이라기에는 너무나 '헬라적'이라는 비판도, 속속 드러나는

---

7 유세비우스나 제롬의 경우에는 의혹을 제기한 바 있지만, 본문에 언급한 신약 정경 목록 외에도, 라오디게아 공의회(369년)나 카르타고 공의회(379년)에서도 정경으로 인정받았다.

8 Lewis R. Donelson, *Pseudepigraphy and Ethical Argument in the Pastoral Epistles*, Hermeneutische Untersuchungen zur Theologie 22 (Tübingen: Mohr Siebeck, 1986), 7-11.

고고학적 사실들에 의해 더 이상 유효하지 않은 낡은 주장이 되었다. 1세기의 갈릴리는 이미 인근에 '데가볼리'라는 헬라화된 거대 도시 '코스모폴리탄'의 주변 도시였고, 당시 팔레스타인은 이미 상당 부분 헬라화되어 있었다는 것이 학계의 정설이기 때문이다.

특별히, 베드로후서는 '주의 재림'을 긴박하게 기다렸던 초기 교회의 정황보다는 훨씬 늦은 시기 즉, 주의 재림보다는 교회의 제도를 강조하기 시작한 '공교회의 초기 단계'(early Catholicism)를 반영하는 서신이라는 주장이 한동안 주류를 이루어 왔었다. 하지만 초기 교회에서 '주의 재림이 늦추어지는' 문제는, 누가-행전이나 요한복음의 배경이 될 만큼 이른 시기부터 있어 왔던 문제일 뿐 아니라, 신약에서 베드로후서만큼 주의 재림과 그 뒤를 잇는 '새 하늘과 새 땅'에 대한 종말론적 소망을 강렬하게 변호하는 서신도 없다고 할 수 있다.

이와 연관해서, 베드로후서의 저자가 시몬 베드로였다면 마땅히 언급했을 법한 '내용들', 즉 그리스도의 죽음과 부활, 혹은 베드로전서의 경우처럼 그리스도의 고난의 모범(벧전 2:21-25) 등의 내용이 발견되지 않는다는 이유로, 베드로후서의 저자는 베드로였을 리가 없다는 식의 논증은 설득력이 떨어진다. 왜냐하면 정확히 반대로, 만일 베드로후서가 이런 모든 내용을 포함했다 하더라도, 바로 그런 내용이 포함되어 있기 때문에 가경일 수밖에 없다고 주장할 수 있기 때문이다. 진짜 사도 베드로가 베드로후서를 기록했다면, 굳이 그런 사실들을 들어 자신이 저자임을 일부러 드러낼 필요까지 없었으리라고 논증하는 경우이다. 그러므로 어떤 증거를 가지고도 의심에서 시작해서 의심으로 결론지을 수 있는 비평학적인 '의심의 해석학'은, 그 자체 안에 이미 논증의 한계를 품고 있는 셈이다.

결론적으로, 베드로후서의 저자나 정경성에 관해서 비교적 흔들림 없는 근거는, 문서의 발생 시기에 가장 근접해 있던 초대 교회의 증언이라 할 수 있다. 본문에 대한 비평적 분석이나 추측들은 그에 상응하는 반증이나 반론들에 의해 반대의 결과를 가져오기가 쉽기 때문이다. 무엇보다 베드로후서의 저자가 사도 베드로라는 것은 서신 자체가 다른 해석의 여지없이 명확히 밝히는 내용이라는 점에서, 그런 문자적으로 자명(自明)한 주장을 의심하는 것은 훨씬 큰 증거의 부담을 떠안는 무모한 선택이다.

'시몬 베드로'

그렇다면 1절에서 사도 베드로는 왜 자신의 이름을 '시몬 베드로'로 불렀을까? '시몬'으로 쓰기도 하는 '시므온'은 히브리 음역이다. 이런 표현을 쓴 것을 두고 '의심의 해석학'으로 접근하는 학자들은, 베드로후서의 저자가 일부러 자신이 베드로인 것처럼 꾸미려고 다소 고어(古語)적인 표현으로 '시므온'이라 한 것으로 보기도 한다. 1:17-18에 나오는 '변화산' 사건이 불러일으키는 것처럼, 역사적으로 실재했던 수제자 베드로의 친근한 이름인 '시몬'을 사용함으로써 독자들로 하여금 이 서신이 진짜 베드로의 것이라고 믿도록 일부러 그렇게 썼다는 것이다. 하지만 이런 식의 '의심의 눈초리'를 뜨고 본문을 읽기 시작한다면, 과연 그 이하 본문의 구절들을 어떻게 진실한 것으로 믿을 수 있는지 그야말로 의심스럽다. 다른 해석의 여지가 없는 이런 명백한 진술도 거짓으로 받아들인다면, 그보다 덜 분명한 나머지 본문들의 진정성을 증명하는 것은 더없이 어려운 일이 될 것이기 때문이다.[9]

한편, 무리한 가설을 끌어들이는 이런 무모한 해석을 접어 두고, 1절의 '시몬

---

9 한편, 베드로후서의 저자가 전서의 저자인 사도 베드로가 '아니라'는 학계의 논증들은 그리 결정적이지 않다. 채영삼, "베드로후서 1:19에 나타난 '기다림'의 해석학", 689; 베드로후서의 사도 베드로 저작설에 대한 점증하는 논의들을 보려면, Bruce M. Metzger, "Literary Forgeries and Canonical Pseudepigrapha", *Journal of Biblical Literature* 92 (1972): 2-24; C. P. Thiede, "A Pagan Reader of 2 Peter: Cosmic Conflagration in 2 Pet 3 and Octavius of Minucius Felix", *JSNT* 26 (1986): 79-96; Bauckham, *Jude, 2 Peter*, 157-158; G. Green, *Jude and 2 Peter*, 13-39; Robert W. Wall, "The Canonical Function of 2 Peter", *Biblical Interpretation* 9/1 (2001): 64-81. 채영삼, 『공동서신의 신학』, 421에서 재인용.

베드로'라는 표현을 본문이 의도하는 그대로 진정성 있는 표현으로 받아들인다면, 이 칭호는 서신을 이해하는 데 있어서 무척 의미 있는 단서가 될 수도 있다. 베드로의 원래 히브리 이름이었던 '시몬'은 복음서에 많이 등장한다. 그중에서도, 베드로후서 1:1의 문맥에서 '시몬'이라는 칭호가 의미 있게 들리게 하는 중요한 관련 구절들이 몇 개 있다.

먼저, 예수님께서 '시몬'을 처음 보시고 그의 이름을 '베드로'라 하셨던 장면이다: "네가 요한의 아들 시몬이니 장차 게바[베드로]라 하리라 하시니라"(요 1:42). 이 구절에는 베드로후서 1:1에서처럼, '시몬'과 '베드로'가 함께 나온다. 그렇다면 1절에서 자신을 굳이 '시몬 베드로'라고 한 표현은, 자신이 원래 '시몬'이었지만 그리스도 예수로 말미암아 '베드로'가 된 자신의 운명과 신분을 함축적으로 드러낸 칭호라 할 수도 있다. 다시 말해서, '시몬이었던 나를 반석(베드로) 되게 하신' 분은 예수 그리스도이며, 자신은 오직 '반석 같지 않은 나를 교회의 반석과 같은 사도'가 되게 하신 예수 그리스도의 종으로서 이 서신을 쓰고 있다고 말하는 셈이다.

사실 이렇게 보면, 1절의 더 큰 강조점은 '예수 그리스도'에게 있음을 알 수 있다. 시몬을 베드로로 부르시고 그에게 자신의 정체를 알게 하시고, 또한 그를 결국 반석답게 세우신 분도 예수 그리스도이시기 때문이다. 이런 점에서, 예수님께서 그를 '시몬'으로 부르시며, 그로 하여금 자신의 정체를 고백하게 하신 복음서의 본문도 의미가 깊다. 당시 '시몬 베드로'는 자신의 입으로 '주는 그리스도시요 살아 계신 하나님의 아들'이심을 고백했다(마 16:16). 예수님께서 이에 응답하실 때에도, '시몬'과 '베드로'라는 칭호가 함께 나온다: "바요나 시몬아 네가 복이 있도다 이를 네게 알게 한 이는 혈육이 아니요 하늘에 계신 내 아버지시니라 또 내가 네게 이르노니 너는 베드로라 내가 이 반석 위에 내 교회를 세우리니 음부의 권세가 이기지 못하리라"(마 16:17-18).

마태복음의 이 본문에서처럼, '시몬 베드로'라는 두 명칭의 조합은 그리스도의 정체성과 교회의 설립이라는 두 가지 중대한 의미를 함축한다. 그리고 이 두 가지 강조점은 베드로후서 1:1의 문맥에서도 마찬가지이다. 이 본문들 모두에서, '시몬 베드로'라는 자기소개는, 예수는 그리스도시오 살아 계신 하나님의 아들이시며, 그리스도께서 이런 '신앙고백' 위에 자신의 '교회를 세우시리라'는 약속과 결코 뗄 수 없는 표현이다. 베드로는 자신을 '시몬 베드로'라고 소개함으로써, 복음서에 기록된 용례들에서 그런 것처럼, 예수 그리스도에 대한 올바른 정체성 그리고 교회를 그리스도라는 반석 위에 견고하게 세울 사명이 자신에게 있음을 시작부터 천명하고 들어가는 것이다.

이는 2장부터 나오는, 예수 그리스도의 주권을 부인하며 교회를 허물고 파괴하는 거짓 교사들의 부패한 가르침과 삶을 겨냥한, 의도적이고 전략적인 자기소개로도 볼 수 있는 대목이다. 더 나아가, 베드로전서와 베드로후서가 초기 교회의 정경 목록에서 항상 함께 붙어 다녔다는 사실을 고려하면, 베드로전서의 맨 마지막 단어가 '그리스도'이고(벧전 5:14), 베드로후서의 첫 단어가 '시몬 베드로'(1:1)로 이어진다는 사실도 우연치 않아 보인다. 베드로전서의 맨 마지막 단어가 '그리스도'라는 사실은 오직 그만이 교회의 참된 반석이 되신다는 의미이다. 그리고 이제 베드로후서를 시작하면서, 사도 베드로는 오직 참된 반석이 되신 그분을 고백하고 따르는 그리스도 예수의 종이요 사도로서, 예수 그리스도의 기초 위에 교회를 견고히 세워야 하는 자신의 사명을 일깨우고 있는 셈이다.

'시몬 베드로'라는 자기소개에 무슨 이런 깊은 의미가 있느냐고 반론할지 모른다. 하지만 '시몬'과 '베드로'가 함께 등장하는 복음서에 기록된 사건들이 내포하는 바는, 지금 베드로가 서신을 시작하면서 자신을 '시몬 베드로'로 소개하는 것이 아무런 의도가 없는 형식적인 표현이 아님을 시사한다. 그 좋은 또 하나의 예가 요한복음 21장에 기록된, 예수님께서 베드로에게 자신의 양 무리를 부탁하시는 사건이다. 여기서 부활하신 목자 예수님은 베드로를 세 번이나 '시몬'으로 부르신다(요 21:15, 16, 17). 그리고 마침내는 '베드로'라는 명칭도 함께 기록된다: "베드로에게 이르시되 나를 따르라 하시니"(요 21:19). 여기서도, '시몬'이라는 칭호는 예수님을 배반한 연약한 베드로의 내면과 삶을 대변한다. 그리고 주께서는 그를 '베드로'(반석)로 부르시며 그분의 양 무리 곧 그분의 사랑하시는 교회를 목양할 것을 부탁하신다. 그래서 '시몬 베드로'라는 자기소개는 마치, '부족하나마 주께로부터, 그의 양 무리를 반석 되신 그리스도 위에 굳건히 세우기를 부탁받은 그의 종이요 보냄 받은 사도'라는 절절한 개인 간증과 신적 권위가 포함된 표현일 수 있다는 것이다. 그만큼, 지금 거짓 교사들의 거짓 가르침에 대한 서신을 쓰는 마당에, 자신은 오직 '예수 그리스도의 가르침'을 대변하는 자요, 그가 맡기신 그의 교회를 책임 있게 지켜 내야 할 사명을 받은 자임을 강조하는 셈이 된다.

마지막으로, 베드로후서의 첫 구절의 '시몬 베드로'라는 표현이 범상치 않은 이유가 또 한 가지 있다. 그것은 사도행전 15장의 경우 때문이다. 바울과 바나바가 찾아와 그들이 이방인들에게 전하는 복음을 인준받고자 했던 예루살렘의 첫 번째 공의회 사건에 관한 기록이다. 이 회의를 주재했던 당시 '총회장'은 '주의 형제 야고보'였지만, 먼저 입을 열어 상황을 정리하고자 했던 인물은 '베드로'였다(행 15:7-11).[10] 결국 상황을 마지막으로 정리한 자는 야고보였는데, 그가 앞서 변론했던 베드로를 언급하면서 '시므온'(Συμεὼν, 행 15:14)이라는 친밀한 호칭을 사용한 것이다. 야고보서의 저자가 '주의 형제 야고보'라는 사실을 전제로 하면, 그가 베드로를 '시므온'이라고 불렀고, 베드로는 지금 베드로후서에서 자신을 '시므온'으로 소개하는 것도 우연치 않아 보인다. 우연일까?

여기서 한 가지 더 흥미로운 단서가 있다. 그것은 동일한 사도행전 15장에서, 베드로가 바울이 전하는 '오직 그리스도를 믿는 믿음으로 받는 구원의 복

10 채영삼, "공동서신의 새 관점", 〈신약논단〉 21권 3호 (2014, 가을): 761-796 참조.

음'을 옹호하면서 확언한 대목이다: "우리는 그들이 우리와 동일하게 주 예수의 은혜로 구원 받는 줄을 믿노라 하니라"(행 15:11). 중요한 점은, 사도행전에서 '시므온' 베드로가 한 이 표현이, 지금 베드로후서 1:1에서 '시몬 베드로'가 수신자들을 묘사하는 내용과 특징적으로 일치한다는 사실이다. 사도행전에서 베드로가 '우리와 동일하게'(카트 혼 트로폰 카게이노이, καθ' ὃν τρόπον κἀκεῖνοι)라고 한 표현은, 바울이 전하고 실행한 그대로 이방인들이 율법의 행위로 말미암지 않고 예수 그리스도를 믿음으로 구원받는 것처럼, 유대인인 자신들도 이제 바로 '그런 방식을 따라' 구원받는다는 것을 천명한 것이다.

그런데 사도행전의 예루살렘 총회에서 이런 발언을 했던 '시므온 베드로'의 목소리가 베드로후서 1:1에서 '시몬 베드로'가 수신자를 묘사하는 방식에 그대로 담겨 있다는 사실은 놀랍고 또 흥미롭다. 1절에서 수신자들은 '하나님과 예수 그리스도로의 의로 말미암는 믿음'을 '동일하게 받은 자들'이다. 구원이 그리스도의 의를 믿음으로 말미암는다는 사실, 그리고 유대인이나 이방인이나 모두 이런 '동일한 방식, 동일한 믿음'으로 구원을 얻는다는 사실을 다시 강조한 것인데, 이런 강조점은 사도행전에서 '시므온 베드로'(행 15:7, 14)가 발언했던 내용과 표현에 있어 상당 부분 일치하고 일관되다 할 수 있다.

결론적으로, 베드로후서의 인사말에서 '시몬 베드로'라는 표현을 두고, 그것은 사도 베드로의 이름을 빌리고자 하는 가경을 일부러 위장하기 위해, 무언가 히브리적인 칭호를 써서 친밀하고 권위적이게 보이려 했다는 의심은 무리한 추측이다. 도리어, 만일 복음서와 사도행전이 일관되게 기록하는 역사적인 '시몬 베드로'와 관련된 증언들을 진지하게 고려한다면, 베드로의 이러한 자기소개 방식은 일관될 뿐 아니라, 서신서의 이해에 유의미한 빛을 던지기에 충분하다. 더구나, 베드로후서에 나타나는 거짓 교사들이 '오직 그리스도를 믿음으로 구원받는다'는 바울의 '이신칭의'(justification by faith)의 복음을 오해한 것과 깊은 관련이 있다는 사실을 생각하면(2:1, 19; 3:16), 1:1의 발신자 및 수신자에 대한 묘사는, 신약 서신의 인사말이 통상 그러하듯, 서신의 본론에서 전개되는 메시지를 염두에 둔 의도가 짙은 의미 있는 문학적 장치의 일부로 간주할 수 있다.

(2) 수신자와 기록 장소 – '소아시아에 흩어진 그리스도인들'

앞서 잠깐 언급했듯이 베드로후서 1:1에는 발신자인 '시몬 베드로' 외에도, 수신자에 대한 길고 특징적인 묘사가 나온다. 베드로후서의 수신자들은 어떤 자들이었으며 어떤 교회였을까? 1절 하반절의 '동일한'(이소티몬, ἰσότιμον)이 무엇을 수식하는지 애매하기는 하지만, 그것이 '동일한 믿음'이든 또는 '우리와 동일하게'로 이해되든, 베드로가 말하는 수신자들은 베드로가 '우리'라고 부를 때 염두에 두었을 유대인-그리스도인들에 비해, 주로 이방인 출신의 그리스도인들을 지칭하는 듯하다.

특별히 유대인이든 이방인이든 오직 예수 그리스도의 의(義)로 말미암는 구원을 전(全) 교회적으로 확인한 예루살렘 공의회의 결정을 떠올린다면(행 15:1-21), 유대인-그리스도인의 수장(首長) 격인 베드로가 주로 이방인-그리스도인들로 이루어진 수신자 교회에 이 서신을 보냈을 가능성도 짙은 것이다. 이렇게 보는 이유들은 많다. 만일 베드로후서가 베드로전서의 수신자들에게 보낸 '둘째 편지'(3:1)가 맞는다면, 이방인-그리스도인들이 주를 이룬 베드로전서의 수신자들과 동일한 대상이므로 그렇게 생각할 이유가 충분한 것이다.

또한, 1:4-7에서 중요하게 언급되는 '신적 성품'도 당시 헬라 문화권에서 강조되던 덕목들과 그 내용과 형식에서 유사한 점들이 있으며, 2장과 3장에서 묘사되는 거짓 교사들의 행태와 가르침도 헬라의 세속적인 철학과 사조를 많이 반영한다는 점도 이런 시각을 지지한다. 즉, 베드로후서의 수신자 교회는 주로 거짓 교사들의 활동을 통해 당시 로마의 세속적인 사상과 퇴폐적인 문화에 많이 노출된 교회들로 보이기 때문이다.

만일 이런 추론이 맞는다면, 베드로후서의 수신자는 베드로전서의 경우처럼 아나톨리아 반도(Anatolia Peninsula)의 여러 지역들, 즉, '본도, 갈라디아, 갑바도기아, 아시아와 비두니아에 흩어져' 거하던 교회들인 셈이다. 실제로 이 지역은 로마와 멀리 떨어져 있는, 에게 해 동쪽 그리고 흑해 남쪽의 변두리 지역이기는 했지만 로마의 행정력이 완연히 미쳐 헬라화가 많이 진행된 곳이고, 1세기 말엽까지는 기독교 복음이 거의 널리 전해진 지역이었다.

특히, 에게 해(海) 연안의 '아시아'는 요한계시록에서 상세히 묘사되는 일곱 교회들이 있던 지역으로, 그 세속적 부와 타락, 거짓 교사들의 활동과 미혹, 배도(apostasy)와 타락이 극심했던 곳이다. 베드로후서는 아직 요한서신이나 요한계시록처럼 직접적으로 그 아시아의 일곱 교회들을 배경으로 하지는 않지만, 마치 그 전 단계로서 강력히 발흥하는 세속적 영향력이 비로소 교회 속으로 뚜렷이 침투하는 정황을 보여 준다고 할 수 있다.

그렇다면 베드로후서는 어디에서 기록되었을까? 혹자는 베드로가 갈라디아나 아시아와 같은 지역에 머물면서 도리어 로마에 편지를 썼을 것이라 추정하기도 하고, 심지어 '베드로의 묵시록'(Apocalypse of Peter)과 같은 가경이 기록된 이집트를 고려하기도 하지만, 다수의 학자들은 로마를 선호한다. 더구나 수신자들이 로마의 변방인 아나톨리아 반도에 흩어져 있던 교회들이라면, 베드로후서는 아마도 베드로전서가 기록된 곳과 같은 장소, 즉 '바벨론'(벧전 5:13)이라 불렸던 로마에서 베드로가 보낸 '둘째 편지'(3:1)라고 보는 것이 가장 무리가 없는 추정이다.

이런 점에서, 베드로후서는 베드로전서에 이은 '둘째 편지'로서, 역시 자신이 '바벨론'이라 부른 로마에서 기록하여 그 바벨론과 같은 거짓되고 부패한 세속의 강력한 미혹의 물결이 휩쓰는 로마 변방 아나톨리아 반도에 흩어진, 주로 이방인-그리스도인 교회들에게 보낸 격려와 경고의 서신이다. 그가 쓴 첫 번째 편지가, '여행자요 임시 거주 외국인'과 같은 '세상 속의 교회'에게 그 세상 한복판에서 이방인들을 하나님께로 이끄는 '제사장 나라'로 살아갈 사명을 격려했다면, 이제 이 둘째 편지에서 베드로는 그 '세상 속의 교회' 속으로 넘쳐 들어온 바벨론의 강력한 미혹(迷惑), 그 거짓 가르침과 썩은 삶의 유혹에 맞서 대적해야 한다고 강력히 권고하고 있다. 결국, 베드로후서는 역사적으로도 공동서신이라는 정경의 틀 안에서 베드로전서와 짝을 이루며 함께 보존되었듯이, 앞서 기록된 전서의 강조점을 훌륭하게 보완하고 또한 온전케 하는 역할을 하는 것이다.

(3) 기록 시기와 배경 – 베드로의 순교, 탐욕과 방탕의 로마, 그리고 교회

예상하기 어렵지 않듯, 베드로후서의 기록 시기는 저자의 문제와 함께 깊이 맞물려 있다. 그래서 저자와 서신의 진위성(眞僞性)을 진지하게 고려하지 않고, 그 외에 다른 단서들을 근거로 추정하는 것은 흥미롭지만 단정적이지 않다. 예컨대, 베드로후서의 기록 시기를 유다서와 관련해서 추정하는 방식이 그러하다. 만일 베드로후서가 유다서를 자료로 삼았다고 가정하고 유다서가 1세기 말기에 기록된 것으로 판단한다면, 베드로후서는 그보다 훨씬 늦은 시기에 기록되었다고 추정할 수밖에 없다.

특히, 베드로후서 3:4의 '조상들이 잔 후로'라는 표현을 '사도들의 시대가 지나간 때'를 언급하는 것으로 이해하면, 기록 시기가 상당히 늦다는 주장을 뒷받침하는 것처럼 보인다. 그러나 유다서가 오히려 베드로후서를 사용했다는 반대의 가설도 상정할 수 있을 뿐 아니라, 두 서신 모두 공통의 자료나 전통을 참고했을 가능성을 생각한다면 아예 두 문서가 서로 의존했느냐는 사실 여부조차 확정할 수 없다. 또한 '조상들이 잔 후로'에서 '조상들'(호이 파테레스, οἱ πατέρες)이 사도들을 지칭하는 것이 아니라 상당히 일반적이고 관용적인 표현일 수 있다는 사실은, 베드로후서의 기록 시기에 관해 다른 방향을 암시할 수 있다.

그래서 기록 시기에 관해서, 베드로후서가 바울이 쓴 편지의 존재를 알고 있었다는 3:16의 언급을 기초로 가능한 시점을 추정하기도 한다. 여기서 언급된 바울이 쓴 '그 모든 편지에서'(엔 파사이스 에피스톨라이스, ἐν πάσαις ἐπιστολαῖς)가 초기 정경의 형태로서 '모음집' 수준이라면 베드로후서는 75-80년 이후에나 기록된 것으로 보아야 하겠지만, '그 모든 편지'가 정확히 어떤 서신들이며 어떤 형태를 지칭하는지는 확증할 길이 없다. 만일 이것이 그저 단편적으로 회람되었던 바울의 흩어진 편지들을 언급한 것이라면, 베드로후서의 기록 시기는 그만큼 앞당겨져 대략 60년대 초반으로 볼 수도 있다. 한편 기록 시기를 아무리 늦게 잡는다 하더라도, 베드로후서가 '베드로의 묵시록'에 사용된 135년 이전으로 보기 때문에, 이론적으로는 이르면 60년대 초반에서 그리고 늦어도 135년 사이에 베드로후서가 기록되었다고 추정할 수 있다.

결국 이런 시기의 진폭을 고려한다면, 베드로후서는 사도 베드로의 두 번째 편지로서(3:1) 그의 죽음이 임박했던(1:14) 시기 즉, 대략 64-67년 정도라고 보아도 큰 무리가 없다. 또한, 첫 번째 편지인 베드로전서가 64년경 이전에 기록된 것으로 판단할 때, 베드로후서 안에 언급된 문제 상황도 베드로전서가 상정하는 수준의 핍박과 갈등 정도에서 벗어나지 않는다는 사실도 중요한 판단 근거이다. 즉, 기독교에 대한 로마의 공식적인 핍박이 시작되는 시기는 로마의 황제 숭배가 본격화되는 트라얀 황제(98-117년) 이후인데, 베드로전후서는 모두 이런 공식적 핍박 훨씬 이전에 있었던 갈등 상황을 전제하기 때문이다.

만일 베드로전서가 당시 로마 변방의 일상적 차원에서 부딪히는 사회적 갈등이나 소외감, 비난, 그리고 '사회적 적대감'에 민감한 서신이라면, 베드로후서는 오히려 그런 일상적 차원에서 교회가 내면적으로 부딪히는 유혹과 탐욕, 방탕과 부패의 강력한 '세속적 영향력'을 상대한다고 말할 수 있다. 확실히 베드로후서의 배경은, 로마가 황제 숭배를 강화하면서 공식적으로 기독교 신앙과 교회를 핍박하는 1세기 후반의 상황과는 다소 거리가 멀다.

로마라는 국가와 교회가 점점 더 첨예하게 대립하고 서로 간의 공통점을 잃어 가는 극단적 상황은, 오히려 공동서신의 다음 단계인 요한서신의 배경에 가깝다고 할 수 있다. 베드로후서는 아직 그런 처절한 핍박과 고통의 날들이 밀려오기 직전, 세속적인 탐욕에 물든 거짓 교사들의 가르침과 그들의 방탕하고 부패한 삶의 유혹에 혼미해져 가는 교회를 향한 호소이며, 성도를 '새 하늘과 새 땅'을 바라보는 종말의 거룩한 소망으로 일깨우며, '신적 성품'에서 성장함으로써 교회 안으로 밀려들어 오는 세속을 이겨 내야 할 당면한 목적에 집중한다.

(4) '거짓 교사들'의 정체와 특징

이렇듯, 베드로후서의 배경은 로마의 공식적 '핍박'이라기보다는 오히려 그 세속적인 '유혹'에 방점을 찍고 보는 것이 적절하다. 2장부터 본격적으로 묘사되는 거짓 교사들의 활동과 3장에서 드러나는 그들의 거짓된 가르침은 한마디로 '세속적 유혹'으로 요약될 수 있기 때문이다. 그들의 탐욕과 방탕 그리고 종말에 관한 거짓 가르침은, 당시 로마라고 하는 화려하고 강력한 집단, 종교와 정치가 분리되지 않은 '반(反)하나님 나라'적인 사회-문화 체계의 내면에 자리 잡은 깊은 '세속성'(secularity)에 뿌리내리고 있다.

영지주의자들?

실제로 이 거짓 교사들의 역사적 정체성에 대해서는 논란이 많다. 전통적으로 이들의 배경이 '영지주의'(Gnosticism)라는 주장이 있어 왔지만, 아직까지도 그렇게 생각하는 학자들은 많지 않다. 영적인 세계와 물질적 세계를 이원론적으로 나누고 후자를 멸시하는 특징으로는, 베드로후서에 나타난 거짓 교사들의 탐욕적이고 방탕한 특징을 충분히 설명하기 어려울 뿐 아니라, 무엇보다 초기 교회에서 영지주의가 이단적 세력으로 등장하는 것은 2세기경으로 베드로후서의 배경이 되기에는 너무 늦은 시기이다.

또한 '영지주의'가 구원에 이르는 '신비한 지식'을 강조한 것을 근거로, 베드로후서에 '지식'(그노시스, γνῶσις[1:5-6; 3:18]; 에피그노시스, ἐπίγνωσις[1:2-3, 8; 2:20])이라는 용어가 자주 등장하는 것에 주목하기도 한다. 하지만 베드로후서의 이런 용례들이 정확히 영지주의를 겨냥한 논증의 용도라고 보기 어렵고, 종말론(3장)이나 윤리적 문제(2장)에 비해 '지식'에 관한 문제가 베드로후서에서 그리 중심적 위치를 차지하지도 않는다는 사실을 고려해야 한다.

마찬가지로, '신화'(무쏘이스, μύθοις, 1:16)라는 용어도 섣불리 영지주의자들의 사상을 가리키는 단서로 단정하기 어렵다. 이 용어는 도리어 거짓 교사들이, 베드로를 비롯한 사도들의 가르침을 조롱하기 위해 사용한 단어이지, 베드로가 그들의 사상을 지칭하기 위한 용어로 쓰인 것이 아니다. 물론, 간접적으로 그들의 사상이 '신화'인 것을 빗대어 말했을 수도 있지만, 베드로가 정작 그들의 거짓 가르침을 지목해서 말할 때는 사용하지 않는 용어이며(참조. 2:3; 3:3-4), 내용적으로도 적대자들의 가르침에서 이런 '신화'적 요소들을 찾기 어렵다. 본문을 통해 자세히 살펴보겠지만, 그들의 사상은 '신화적'이라기보다는 차라리 '무(無)신론적'이고 '세속적'인 것에 가깝다.

베드로후서에는 또한, 신약의 기자들이 영지주의를 상대할 때 대체로 언급했던 중요한 주제인 '육체적 부활'에 관한 논쟁의 어떤 단서도 나타나지 않는다는 점도 종종 지적된다(참조. 고전 15장; 딤후 2:18; *1 Clem*. 24; *2 Clem*. 9; Pol. *Phil*. 7:1).[11] 물론 영지주의에 대한 반론이 육체적 부활에 대한 논증 여부에 달려 있는 것만은 아니다. 초기 영지주의를 상대했던 것으로 믿어지는 요한서신의 경우, 육체적 부활에 대한 논증은 없지만 '예수께서 육체로 오셨다'는 성육신의 사실을 변호하는 것이 반론의 중요한 초점인 경우가 그러하다(참조. 요일 4:2; 5:6; 요이 7절).

11 Bauckham, *Jude, 2 Peter*, 156.

베드로후서가 '새 하늘과 새 땅'이라는 물질세계의 재창조를 강조하는 것도 육체적 부활을 변호하는 것과 다르지 않은 맥락이다(3:9-13).

그런데도 피조 세계의 유기(遺棄)가 아니라 재창조를 확인하는 베드로후서의 논조가 굳이 물질세계를 경시하는 영지주의에 대한 반론이라고 규정하기는 어렵다는 것이다. 베드로후서의 이런 반론은 오히려, 적대자들의 '무신론적인, 도덕적 자유주의'에 대항한 결과에 가깝다. 저들은 말로는 하나님과 그리스도를 인정하는 것 같았지만(2:1), 실제로는 하나님은 세계에 간섭하지도 않으시고 심판하지도 않으시는 분으로 여기고 가르쳤다(3:3-5). 종말도 심판도 없으니, 윤리-도덕적 책임도 없는 것이다.

쾌락주의자들?

그런 '거짓 자유'(2:19)에 대한 가르침의 배경으로서, 최근의 학자들은 시기적으로 뒤늦은 영지주의가 아니라 당시에 헬라 문화권에 이미 유행했던 '쾌락주의자'(Epicurean)들의 사상과 행태를 지목하기도 한다. 우선 '에피큐리언' 곧 쾌락주의자들은 신이 인간사에 관여한다는 생각을 거부했다. 역사는 우연이지 섭리가 아니라는 사상에 기초했기 때문에, 미래에 대한 예언이나 신탁은 합리적이지도 않다는 것이다. 신의 간섭과 통제가 없는 세상과 역사 속에서, 악한 자나 의로운 자들에 대한 최종적 심판도 역시 존재하지 않는 것으로 보았다. 신에 대한 이야기들은 잘해야 대중들을 교훈하기에 유익할 수도 있는 '신화'(神話) 정도로 치부했고, 그래서 더욱 '인간의 의지의 자유'를 강조하며 쾌락이라는 '선'(善)을 위해 '비도덕적 행위들'을 천거하기도 했다.[12]

베드로후서에 나타난 거짓 교사들의 가르침과 행태는 분명 당대의 쾌락주의의 사상과 행태와 유사한 점들이 많다. 특별히 세상과 역사의 종말과 최후의 심

---

12 Neyrey, *2 Peter, Jude*, 122-124.

판을 부인하는 가르침이나(3장), 도덕적으로 방종한 삶과 '헛된 자유'를 퍼뜨렸던 행태가 그러하다(2장). 하지만 이들이 정확히 '에피큐리언들'이었다고 말하기에는, 차이점들도 뚜렷하다. 우선, 베드로후서의 거짓 교사들은 '창세 이후로 모든 것이 그대로 있다'고 주장한 것처럼(3:4) 하나님께서 세상을 창조하신 것을 믿는 것으로 보이는 반면에, 에피큐리언들은 신에 의한 창조와 같은 주장을 부인한다. 또한 에피큐리언들은 세상의 본질이 '변화'(change)이며 세상은 결국 오랜 세월에 의해 닳아 없어질 것이라고 보았지만, 거짓 교사들은 그렇게 보지 않았던 것도 다른 점이다.[13]

윤리적인 면에 있어서도, 에피큐리언들은 성적인 욕망을 비롯해서 욕구의 충족을 강조했고 심지어 먹는 것의 즐거움은 모든 선(善)의 시작이고 뿌리라고까지 가르쳤지만, 그렇다고 지혜나 덕, 정의를 추구하지 않은 것은 아니다. 거짓 교사들의 경우에는, 물질적 탐욕과 성적 방종처럼 제한 없는 욕망의 추구가 특징적이었지만, 그들에게서 지혜나 덕, 정의의 추구 같은 것을 찾아볼 수 없을뿐더러 그들의 영적 교만과 성경 계시에 대한 조롱과 거부는 그들만의 색다른 특징으로 두드러지게 나타난다.

'실제적 무신론'과 세속주의

이렇게 보면, 혹시 당대의 에피큐리언 사상이 베드로후서의 거짓 교사들에게 영향을 주었다고 생각할 수는 있지만, 정확히 그들이 '에피큐리언들'이었다고 못 박기에는 무리가 있다. 엄밀하게 말하면, 거짓 교사들에 대한 베드로후서의 본문들이 모두 어떤 '하나의' 집단을 가리킨다고 단정할 수도 없다. 중요한 것은 그들의 특징들인데, 확인할 수 있는 바는 이 특징이 대체적으로 에피큐리언들이 가졌던 사조와 유사하다는 정도이다. 이 두 부류의 공통된 특징을 한마

13 Gene L. Green, *Jude and 2 Peter* (Grand Rapids: Baker Academie, 2008), 157.

디로 요약하면, '무신론적 세속주의'이다.

베드로후서의 거짓 교사들 자신이 '무신론'을 주장하는 자들은 아니었다. 하지만 그들은 교회 안에 침투해 들어와 성도들과 함께 애찬을 나눌 정도로 겉으로는 신앙고백은 했을 것이지만, 실제적으로는 하나님이 존재하지 않으시는 것처럼 가르치고 행동했다. 그런 의미에서 그들의 신앙고백과는 달리 그들은 '실제적' 무신론자들이었고(3:1-5), 도덕적 삶에 있어서도 '세속주의적'인 행태를 벗어나지 못했을 뿐 아니라(2:2, 14, 20-22) 오히려 적극적으로 이를 퍼뜨림으로써(2:1, 13) 교회를 부패하게 만들었던 자들이다.

사실, '세속주의'적 신앙의 뿌리는 부활이나 심판을 믿지 않았던 사두개인들에게도 이미 있었다. 종말론적 역사관이 뚜렷했던 구약 전통이나 유대교 사상, 특히 제2성전기에 강렬했던 묵시론적 사상들을 생각할 때, 사두개인들의 현세주의(現世主義)는 두드러진 예외이다. 마찬가지로 베드로후서에 나타난 거짓 교사들 역시 유대-기독교 전통의 종말론의 큰 틀 안에 있지만 심판과 재창조를 부인하며, 현세를 적극적으로 그리고 전적으로 용납하는 '세상 친화적(world-accepting) 현세주의'로 나타난다는 점이 유사하다. 다만 이들 거짓 교사들의 경우는, 더욱 구체적으로 헬라의 에피큐리언적인 철학과 그 세속적인 문화에 깊이 휩쓸린 모습도 보인다는 점이 특징적인 것이다.

또한 교회 안에 있는 거짓 교사들은, 이스라엘 백성 가운데 있던 거짓 선지자들과 근본적으로 유사한 특징들을 갖는다(2:1). 이스라엘의 거짓 예언자들 역시, 하나님의 말씀의 권위를 무시했던 자들이었고(신 18:20; 렘 14:14; 23:21, 32; 겔 13:2-7; 마찬가지로, 벧후 2:1, 10-11), 진실한 선지자들이 장래에 다가올 종말의 심판에 대해 선고한 것과는 달리 '평안하다, 평안하다'를 반복하며 현세적 위안과 안전만 강조한 현세주의자들이었다는 것(렘 4:10; 6:14; 14:13, 15; 23:17; 27:9, 16-18; 겔 13:10; 미 3:5, 11; 마찬가지로, 벧후 2:13-14; 3:4-5), 그리고 무엇보다 그들은 하나님의 형벌의 심판을 받았다는 사실이다(렘 14:15; 23:15; 28:16-17; Bauckham, 238; 마찬가지로, 벧후 2:1-17).

결론적으로, 베드로후서의 적대자인 거짓 교사들의 '정체'가 정확히 무엇이었나 하는 역사적 실체를 규명하는 것보다는, 본문이 묘사하는 그들의 특징들이 과연 무엇이었으며 그들이 어떻게 그런 거짓 가르침과 행실로 교회를 파괴하려 했는지를 면밀히 분석하는 것이 더 중요하다. 왜냐하면 베드로후서를 이해한다는 것은, 결국 이 거짓 교사들의 '실제적으로 무신론적인 세속주의적' 가르침과 행태에 대한 베드로의 전략적 해법을 찾고 그것을 오늘날의 교회를 위해 어떻게 사용할 것인지의 문제이기 때문이다.

거짓 교사들의 '여섯 가지 특징'

우선, 베드로후서의 본문에 열거되는 거짓 교사들의 특징은 산발적으로 다양하게 나타나지만, 대략 여섯 가지로 분류하면 다음과 같다. 첫째, '자의적 성경 해석'이다(1:20; 3:3-4, 16). 무엇보다 이들은 구약의 예언의 말씀, 성경 계시의 말씀을 자의적으로 해석하고자 했다. 종말과 심판에 대한 그들의 거짓 가르침은 모두 그들의 자의적인 성경 해석에 기초한다. 그만큼 기록된 계시의 말씀에 대한 해석 방식은 거짓 교사들을 분별하는 데 결정적인 척도이다. 그들의 거짓된 가르침과 부패한 삶의 태도는 모두 이에 뿌리를 두고 있기 때문이다.

둘째, '영적 교만'(2:1, 9-11; 3:3-4)이다. 성경의 권위나 사도들의 가르침을 멸시하는 태도는, 곧바로 그들을 구원하신 '주'의 권위 그리고 그들 위에 놓인 어떤 영적 권위도 무시하는 태도로 드러난다. 그들은 자신들을 비할 바 없는 보배로운 피로 값 주고 사신 '주'를 부인했다. 말로는 자신들이 은혜로 구원받았다고 했지만, 그 은혜를 주신 '주'의 권위를 생각과 삶에서는 완전히 몰아냈다. 이들의 영적 교만은, 하나님께서 세우신 영적인 질서와 권위 자체를 무시하고 남용하는 데에로 나아간다.

셋째, '탐욕'이다(2:3, 13-15, 20-22). 하나님의 계시의 말씀이나 신적 권위에 대한 경외감이 사라진 거짓 교사들의 중심을 장악하고 있는 가장 근본적인 욕망은 우상 숭배에 가까운 탐욕이다. 이들은 탐욕으로 훈련된 자들이며, 어떠한 경우에도 이 탐욕이 목적하는 바를 얻고자, 하나님의 교회 안에서라도 거짓과 파괴를 개의치 않는다.

넷째, '방종'이다(2:2, 7, 10, 14, 18, 20-22). 특히 성적 방종을 가리키는데, 이는 그들의 거짓 가르침이 '헛된 자유'(2:19)의 경우처럼 성적 방종을 조장하는 쪽으로도 사용되었음을 시사한다. 저들은 '종말과 심판이 없는 현세뿐인 세상'에서 '금기(禁忌) 없는' 성적 방종을 가르쳤고 또 그렇게 행했다. 교만, 탐욕과 함께, 성적 방종은 저들의 두드러진 특징이다.

다섯째, '종말의 부인'이다(3:3-5). 거짓 교사들의 윤리적 부패는 그들의 거짓 가르침, 특별히 세상의 종말과 예수 그리스도의 재림에 대한 조롱까지 섞인 부인에 기초했다. 이런 거짓 가르침은 앞서 첫 번째로 언급한 대로, 저들의 잘못된 자의적 성경 해석에 뿌리를 두고 있음은 물론이다. 말씀을 떠났기 때문에, 세상과 역사 끝의 최종적 심판에 대해서도 무지했고 거짓으로 가르쳐, 교회의 도덕적 해이와 방종을 불러왔다.

마지막으로 여섯째, '스스로 멸망'을 자초한다는 사실이다(2:1-6, 12, 17-22; 3:3-7). 거짓 교사들은 은밀히 교회에 들어와, 교회를 거짓과 교만과 탐욕과 방종을 통해 파멸로 몰아가고자 한다. 하지만 베드로후서는, 멸망의 심판이 예정되어 있고 또 결국 멸망에 이르는 것은 교회가 아니라 저들 자신임을 처음부터 명확히 선포한다(2:2). 이런 점에서, 교회를 향한 하나님의 부르심은 '보배롭고 지극히 큰 약속'(1:4)임에 틀림없다. 오직, 교회는 이런 거짓 교사들의 파괴적인 활동에 대적하여, 그들을 부르신 하나님과 주 예수 그리스도를 적극적으로 알아 감으로써 신적 성품에서 자라 가야 한다(1:4-7; 3:18).

(5) 문학적 구조 – 목회적 상황에 대한 신학적 응답

이제 서론으로서는 마지막으로, 베드로후서의 문학적 구조를 알아보자. 전통적으로는, 베드로후서 1:12-15를 근거로 서신 전체를 베드로의 '유언집'(testament)으로 보는 견해, 또한 '수사학적'(rhetorical) 형식을 따라 분석하는 경우, 그리고 저자 자신이 '두 번째 편지'(3:1)라고 명명했듯이 '서신서 형식'(epistolary form)을 따라 이해하는 경우가 있다.

'유언집' 이론

먼저, 베드로후서를 '유언집'으로 보는 입장인데, 통상 유언집은 후대의 자손들이 권위 있는 조상의 이름을 빌려서 쓴 가경인 경우가 많다. 유언집을 구성하는 요소들로는, (i) 죽음에 임박한 조상이 후손들을 불러 모으는 광경, (ii) 과거를 회상하며 그 유산과 역사를 상기시키는 내용, (iii) 특정한 덕을 권면하고 악덕을 경계하도록 주의함, (iv) 결국에는 '주의 법' 또는 '하나님의 명령'에 순복하라는 최종적 권면 등이다.[14] 여기에 헬라적 유대주의에 속한 유언집들에는 임종을 맞은 선조가 하늘의 영역에 다녀와서 후손에게 남기는 권면과 미래의 예언의 장면들이 종종 포함될 수 있다.

하지만 베드로후서의 저자가 베드로이고 자신의 임박한 개인적 종말을 앞두고 기록한 서신이라는 점에서는 유언집의 성격도 포함하지만, 서신 전체를 유언집으로 보는 것은 무리가 있다. 우선 '유언집'이라든지 '고별사'(farewell testimony)라는 형식이 독립적으로 존재하지 않는다는 것이 통설이다(Bauckham, 211). 또한 베드로후서 1:12-15에서 거듭 표명되는 '기억하게 하려'(엔 휘포므네세이, ἐν ὑπομνήσει) 한다는 표현 정도는 서신서의 윤리적 권면을 소개할 때 사용

14 Neyey, *2 Peter, Jude*, 163; Davids, *2 Peter and Jude*, 146.

되는 기법으로 볼 수 있다(유 5절; 벧후 1:12; 3:1-7). 무엇보다 베드로후서에 유언집의 내용으로서 특징적인, 묵시론적 꿈이나 비전에 관한 이야기, 자손들을 향한 명확한 축복과 저주의 말 등이 없다는 것을 고려하면, 베드로후서 전체를 베드로 개인의 유언집으로 보기는 어렵다.

수사학적 분석

그다음, 베드로후서를 수사학적 형식을 따라 분석하는 경우이다. 특히, 청중의 사고방식과 행동에 어떤 변화를 주고자 설득하는 '설득적, 혹은 심의적(deliberative) 수사학'이 주된 논법으로 적용되었다고 본다. 구체적으로, 1:1-2는 인사말이고, 3-15절은 논증의 발판이 되는 서론(*Exordium*)이며, 1:16에서부터 3:13까지는 본론적인 논증(*Probatio*)으로서 '사도적 증언'(1:16-18), '예언적 증언'(1:19-21), '심판의 확실성'(2:1-10a), 그리고 '거짓 교사들을 물리침'(2:10b-22), '종말의 예언을 조롱함'(3:3-7), '재림의 지연은 불확실성이 아님'(3:8-13)의 내용으로 구성되어 있다. 마지막 결론은 '견고한 인내에 대한 격려'(3:14-18)로 마무리된다.[15]

일반적으로, 신약의 서신들을 당시 유행했던 수사학적 논증으로 이해하고 분석하는 것은 적절한 일이다. 의식적이든 무의식적이든, 당시의 서신들은 이야기를 전개해 나감에 있어 그 시대의 논증 방식을 어느 정도 닮아 있을 가능성이 많기 때문이다. 하지만 수사학적 분석의 장점이 서론과 결론 부분에 있다고 볼 때, 중간에 해당하는 본론의 분석에 있어서는 크게 조명하는 바가 많지 않다. 앞서 살펴본 대로, 편지의 본론 부분에는 '유언집'의 형식도 들어 있고, 설교 형식이나 혹은 베드로후서 2장의 경우처럼 구약과 중간기의 문서들을 활용하는 '미드라쉬'(*Midrash*)적인 기법도 차용되기 때문이다.

15 Davids, *2 Peter and Jude*, 144-145.

결과적으로, 베드로후서의 내용에 대한 문학적 분석은 '유언집'이나 '수사학'처럼 어떤 특정한 문학적 양식에 의존한다기보다, 수신자들이 처한 '거짓 교사들이 초래한 위기' 상황에 대한 사도 베드로의 해법이라는 내용 자체가 주된 전략이라고 생각된다. 물론, 신약의 서신으로서 베드로후서 역시, 그 서문이 본문의 내용을 예시하는 기능을 갖고 있고, 끝인사 부분도 본문에서 전개한 내용의 핵심을 다시 요약하는 '서신서 양식'을 유지한다.

목회적 상황에 대한 신학적 서신 – '해법, 행태, 거짓 가르침'

베드로후서는, 부분적으로 유언집 양식이나 수사학적 기법을 포함하지만, 전체적으로 신약 시대의 서신서 양식을 대체로 따르면서, 무엇보다 수신자 교회의 목회적 상황에 대한 신학적 응답의 형식으로 전개된다고 할 수 있다. 그중에서도 특별한 부분이 1장이다. 1장에서는 '거짓 교사들'에 대한 문제 상황이 제시되지는 않지만, 서신서 전체에 있어서 가장 결정적이고 중요한 내용들이 전개된다. '거짓 교사들'에 대한 언급이 본격적으로 나오는 것은 2장부터이다. 그것도, 2장에서는 그들의 거짓 가르침이 아니라 주로 그들의 부패한 행실들, 곧 그들의 교만과 탐욕, 음란과 방탕한 삶이 어떻게 교회의 삶을 파탄으로 이끌어 갈 수 있는지 그 위험에 대하여, 그리고 그들의 임박한 심판에 대하여 경고한다. 정작, 종말과 심판이 없다고 하는 그들의 거짓 가르침은 3장이 되어서야 나온다.

그러므로 베드로후서의 문학적 구조는, 목회적 위기 상황과 그에 대한 신학적 응답이라는 관점에서 보면, 1장에서 그 신학적 '해법'(solution)이 먼저 나오고, 2장에서 거짓 교사들의 부패한 '행태'와 삶이라는 문제 상황이, 그리고 3장에서 그들의 '거짓 가르침'을 반박하며 논증하고, 결론을 맺는 형식으로 되어 있음을 알게 된다. 1장이 서신서 전체가 제시하고자 하는 '해법'이라는 사실은, 신약의 서신서 양식에서 통상 인사말이 본론에서 전개될 주제와 메시지를 미리

'예견하는'(foreshadowing) 역할을 한다는 관찰과도 잘 들어맞는다.

더구나 시간적으로 보면, 3장이 주로 '새 하늘과 새 땅'과 같은 '아직'(not yet) 다가오지 않은 '미래'적 종말론을 다룬다면, 2장은 장차 자신들의 멸망을 초래할 거짓 교사들이 '현재'에 어떻게 세상 속의 교회에 들어와 활동하는지를 묘사하고 있으며, 1장은 상대적으로 성도를 그 '보배롭고 큰 약속'으로 '이미'(already) 과거에 확정적으로 그들을 '부르신' 하나님께서 그들의 구원을 어떻게 온전하게 이루어 가시는지, 그 부르심을 근거로 어떻게 그 구원에 참여하는지를 가르친다고 말할 수 있다. 이런 흐름을 염두에 두고, 베드로후서의 내용을 정리하면 아래와 같다:

1. 인사말(1:1–2) – "하나님과 우리 주 예수를 앎으로"
2. 본론(1:3–3:16) – '신적 성품' vs. '세속적 신앙'
    - A. 교회의 해법, 신적 성품과 성경의 바른 해석(1:3–21)
        - (1) '신적 성품'에 참여함과 종말의 구원(3–11절)
        - (2) '성경 계시'의 바른 해석(12–21절)
    - Q.1 거짓 교사들의 '윤리적' 문제, 확정된 심판과 경고(2:1–22)
        - (1) 거짓 교사들의 특징과 확정된 멸망(1–16절)
        - (2) 거짓 교사들의 정체와 결말(17–22절)
    - Q.2 거짓 교사들의 '교리적' 문제, 종말과 재창조의 확신(3:1–16)
        - (1) 말씀과 거짓 교사들, 세상의 창조와 심판(1–7절)
        - (2) 말씀과 세상의 재창조, 바른 해석(8–16절)
3. 끝인사(3:17–18) – "저를 아는 지식에서 자라 가라"

| 제1장 |

신적 성품과 성경 해석

거짓 가르침에 대한 종합적인 해법

(1:2–21)

제1장

신적 성품과 성경 해석(1:2-21)

- 거짓 가르침에 대한 종합적인 해법

이렇게 가정해 보자. 당신이 출석하고 섬기는 교회에 이상한 사람들이 있다. 예수를 믿는 것 같은데, 하는 말이나 행동이 조금 이상하다. 교리에 맞는 것 같다가도 가끔씩 전혀 엉뚱한 말을 한다. '이미 죄 사함 받았으니 전혀 회개할 필요가 없다'든지, 아니면 '구원받으려면 계명을 지켜야 하는데 그 계명은 구약이나 신약이나 미친가지니, 율법이 요구하는 제물을 다 바쳐야' 한다는 등, 그저 듣고 있으면 맞는 말도 같은데, 왠지 낯설고 어딘가 분명히 틀린 것 같은 가르침을 퍼뜨리는 자들이다. 또 어떤 이들은, '앞길이 꽉 막힌 사업 문제를 해결해 주겠다며, 요한계시록 같은 것은 특별한 비유로 풀어야 하니까 따로 성경 공부를 하자'며 접근하기도 하고, '십사만 사천 명이 채워져야 구원받으니, 가정도 직장도 버리고 열심히 전도해야 한다'고 속삭이기도 한다.

조금 더 보편적인 거짓 교사들의 활동도 있다. 이들은 개(個)교회에 몰래 숨어 들어와 노략질을 하기보다는, 당돌하게 전체 교회라는 큰 틀 안에서 활동한다. 그들의 설교는 '말씀에서 완연히 떠나' 있고(1:20), 자신들은 믿기 어려울 만큼의 탐욕과 방종으로 인해 자주 교회의 '점과 흠'(2:13)으로 드러나곤 한다. 오늘날, 교회의 변질 때문에 교회에 정착하지 못하고 실족하는 성도들, 교회를 나와 방황하는 성도들이 참으로 많다. 가슴 아픈 일이 아닐 수 없다. 교회의 변질은 복음의 변질에서 온다. 복음의 변질은 곧바로 경건과 거룩의 변질, 삶의 변질을 가져온다. 이것이 거짓 교사들의 활동이다.

베드로후서는 이렇듯 거짓 교사들의 거짓 가르침과 그들의 부패한 삶의 영향력 속에서 신음하는, 혹은 그럴 위험에 처한 교회들을 향해서 기록되었다. 이단들이 아예 교회 안에 숨어 들어와 진(陣)을 치고, 양 무리를 잡아 낚아챌 기회만을 노리고 있는 오늘날의 교회에게 베드로후서는 얼마나 절박하고 얼마나 긴급하게 필요한 서신인가! 우리는 거짓 교사들의 거짓 가르침과 악한 영향력에서 과연 어떻게 우리 자신을 지킬 수 있을까? 어떻게 이런 거짓 목자들의 손아귀에 잡힌 양 무리를 건져 낼 수 있을까? 어떻게 짐승과 같은 그들의 이빨에 물린 양들을 꺼내고, 그들로부터 교회를 보호하며 지켜 낼 수 있을까?

베드로후서는 이런 고민을 가진 교회, 이런 질문을 가진 성도들에게 적실하고 결정적인 대답을 준다. 바로 그 목적을 위해 기록되었기 때문이다: "그런데 백성들 가운데 거짓 선지자들이 생겼고, 또한 이처럼 여러분 가운데도 거짓 교사들이 있을 것은 당연한 일입니다"(2:1).[16] 하나님의 백성들 가운데는 언제나 거짓 가르침을 퍼뜨리는 자들이 있어 왔다. 구약의 거짓 선지자들이 그랬던 것처럼, 신약의 교회 안에도 처음부터 거짓 교사들이 있었고, 주께서 다시 오실 때까지 있을 것이다. 베드로가 거짓 교사들에 대해 본격적으로 언급하는 것은 2장부터이다. 2장에서는 주로 그들의 부패한 행태에 대해 기록하고 경고하며,

16 이후로 사용하는 베드로후서의 본문은, 기본적으로 신약 Nestle-Aland 27판과 28판 원문에서 옮긴 필자의 개인 사역(私譯)임을 밝혀 둔다. 필요에 따라, '개역개정'과 '개역한글'을 사용하기도 할 것이다. 또한, 본문에 사용되는 베드로후서 전체 사역본은 책 뒤에 부록으로 따로 모아 참고하도록 하였다.

3장에서는 세상과 역사의 종말에 대한 그들의 거짓 가르침에 대해 기록하고 바로잡는다. 그렇다면 1장은 무슨 내용인가? 1장에서는 거짓 교사들에 대한 명료한 언급이 없다. 1장만 보면, 베드로가 왜, 무슨 이유로 1장의 내용을 전개하는지 잘 알기 어렵다.

하지만 거짓 교사들이 본격적으로 등장하는 2장과 3장의 내용을 함께 떠올리면, 베드로가 1장에서 펼쳐 보이며 강조하는 내용들이 왜 중요한지를 알게 된다. 그것은 1장의 내용이, 교회를 더럽히는 거짓 교사들의 공격에 대한 긴급하고 결정적인 해법이기 때문이다. 사실, 고대의 문서들이 그랬던 것처럼 신약의 책들 특히 서신들은 더욱더 그 책의 가장 중요한 주제와 메시지를 책의 서문이나 인사말 속에 포함시킨다. 국어로 치면 중심 주제를 먼저 말하고 시작하는 '두괄식'에 해당한다. 어쩌면 종이나 양피지가 귀했던 고대에, 책의 파손이나 분실의 위험 때문에 일단 하고자 하는 말을 책의 앞부분에 포함시켰는지 모르겠다. 어찌 됐든, 베드로후서가 거짓 교사들의 미혹과 위험에 처한 교회에게 제시하는 성경적인 해법, 결정적인 해법은 모두 1장에 '이미' 담겨져 있다는 사실이 중요하다.

이렇게 보면, 1장은 베드로후서를 이해하고자 하는 독자들에게 너무도 중요하게 다가온다. 구체적으로, 1장에서 제시하는 거짓 교사들을 상대하는 교회의 마땅한 해법은 크게 두 가지이다. 첫째는 '신적 성품'이고(1:2-11), 둘째는 '올바른 성경 해석학'이다. 왜 이 두 가지인가? 무슨 이유로 베드로는 다양한 해법들 가운데 이 두 가지에 집중했을까? 간단히 생각하자면, 이 두 가지 해법이 거짓 교사들의 전략을 깨부수는 데 가장 효과적이었기 때문이라고 추측할 수 있다. 즉, 거짓 교사들의 거짓 가르침은 그들이 성경을 '제멋대로'('자의[自意]로', 1:20) 해석하는 그 엉터리 해석법에 기초하기 때문이다. 그래서 베드로는 종말에 대한 거짓 가르침을 바로잡기 전에 그 토대가 되는 그들의 자의적 해석학을 먼저 공략하고자 하는 것이다.

또한, 베드로는 왜 '신적 성품'을 해법으로 강조하는 것일까? 그것은 거짓 교사들이 탐욕과 방종을 통한 부패한 행실로 성도들을 유혹하려 할 때, 성도들을 지켜 내는 유일한 방법이 그들로 하여금 하나님과 주 예수 그리스도를 알아 가게 함으로써 그들의 존재와 성품의 변화 곧 신적 성품에 참여하는 길만이 저들의 더럽고 부패한 윤리-도덕적 공격을 막아 낼 수 있다고 보았기 때문이다. 그러므로 거짓 교사들을 막아 내는 데는, 더 큰 교회로 부흥 성장하는 것도, 이단 세미나도, 더 많은 헌금과 봉사도, 윤리 세미나도 큰 도움이 되지 않는다. 바른 성경 해석과 신적 성품으로 성장하는 '성경적 교회 성장'만이 근본적이고 결정적인 답이라고 가르치는 것이다.

그러므로 1장을 읽으면서, 우리는 이미 교회 안에 편만한 거짓 교사들에 대한 베드로후서의 해법을 알게 된다. 그 해법을 더 깊이 알수록, 독자들은 오늘날의 교회가 얼마나 거짓 가르침에 취약한지도 새삼 깨닫게 될 것이다. 다른 길은 없다. 이미 거짓 교사들의 활동이 넘쳐나는 오늘날의 교회에, 베드로후서의 진단과 해법을 적극적으로 그리고 철저히 실행하는 수밖에 다른 길이 없다. 주여, 주께서 주신 말씀에 귀 기울이며, 전심으로 순복하여 신실하게 따르는 교회들에게 치유와 회복, 강건함과 승리를 넘치도록 부어 주소서!

1. 하나님을 앎으로 '신적 성품'에 참여함(1:2-7)

사고를 당해 피를 흘리는 환자가 응급실에 들어왔다고 생각해 보라. 당신이 그 환자를 맞은 응급실의 의사라면 어떻게 하겠는가? 설마, 사고는 어떻게 난 것이며, 누가 그랬으며, 언제 어디서 어떻게 왜 그렇게 되었는지 길게 따져 묻지 않을 것이다. 당신은 수사반장이 아니라 의사이기 때문이다. 신약의 서신들이 모두 그렇지만, 베드로후서 역시 마찬가지이다. 신약의 서신들은 학문적 연구를 위한 신학적 논문을 쓰고자 기록된 것이 아니다. 근본적으로 '목회적'이다. 무엇보다 교회를 위한 서신이고, 하늘의 거룩한 약속을 받고도 여전히 죄와 죽음과 마귀와 세상의 공격에 시달리며 이 땅에서 그 주어진 사명, 그 주어진 길을 가야 하는 주의 양 무리를 인도하는, 의사와 같은 목자의 진단이요 처방이다. 그렇게 읽어야 한다. 베드로후서를 펼치는 주의 말씀 맡은 사역자들은, 양 무리를 향한 뜨거운 긍휼, 저들을 치유하고 회복하여 굳게 세우려는 강렬한 열망, 무엇보다 우리 목자 되신 주 예수 그리스도의 긍휼의 마음을 가져야 한다. 주께로부터 '내 양을 먹이라'(요 21:15-17)는 부탁을 받은 '시몬 베드로' 역시 그런 마음으로 이 편지의 첫 부분을 시작하고 있다.

그래서 치유가 급한 환자를 대할 때는 우선 '처방'부터 한다. 그 병이 어떻게 생기게 되었는지, 원인이 무엇이었는지를 밝히는 '진단'은 나중에 설명할 것이다. 베드로후서가 2장에 이르러서야 본격적으로 거짓 교사들에 대해 언급하는 이유가 여기에 있다. 우선은 성도들이 반드시 알아야 할 것부터, 그 어떤 경우라도 우선적으로 집중하여 매진해야 할 일부터 지시한다. 그들은 '우리 주 곧 구주 예수 그리스도의 영원한 나라에 들어감'(1:11)을 약속받았고 또 진실로 그 나라에 들어가야 하기 때문이다. 그 '보배롭고 지극히 큰 약속'(1:4)은 실패될 수 없고, 그 견고한 약속을 진실로 받은 누구도 그 거룩한 대오(隊伍)에서 탈락해서는 안 된다. 베드로는 이런 목자의 심정으로 가득하다. 저들을 부르신 하나님과 주 예수 그리스도의 간절한 심정으로 기록하고 있다.

그러므로 이 서신을 읽는 성도들은 자신들이 겪고 있는, 혹은 겪게 될(2:1) 거짓 교사들의 미혹이 어떤 것이며, 어떤 결과를 가져오는지 설사 잘 모른다 해도, 지금 베드로가 교훈하는 대로만 주의하여 힘쓴다면 별 문제 없이 하나님이 약속하신 종말의 구원을 얻을 수 있게 되는 셈이다. 그렇다면 편지의 서문에서 베드로는 과연 무엇을 강조하고 있는가? 어떤 요소들이 결정적인가? 무엇에 주목하고 힘써야 하는가?

베드로는 1:1에서 11절까지 크게 세 가지를 주목하여 가르친다. 첫째는 '하나님을 아는 지식'의 중요성(1-4a절)이고, 둘째는 그 '앎'에 근거하여 '신적 성품에 참여'(4b-7절)하는 것이며, 셋째는 이로써 그 영원한 나라에로의 부르심과 택하심을 '굳게 하는'(8-11절) 일이다. 우리는 우선, 앞의 두 가지의 가르침을 다루고, 후에 하나님을 앎으로써 신적 성품에 참여하는 일이 왜 그렇게 중요한지, 종말의 구원에 어떻게 결정적인 요소가 되는지를 8-11절에서 살펴볼 것이다.

(1) 하나님을 아는 지식(1-4절)

하나님을 '안다'는 것은 무엇일까? 오늘날 많은 신학생들이 있고, 신학을 전공한 목회자, 신학자도 많다. 신학을 '공부'하면 정말 하나님을 참으로 '알게' 될까? 또한 성도들도 열심히 성경 공부를 한다. 성경 공부를 많이 하면 정말 하나님을 많이 알게 되는가? 그 대답은 '안다'는 말의 의미에 따라 달라질 수 있다. 예를 들어, '안다'는 것이 단지 '정보'를 습득한 정도의 지식을 가리킨다면, 신학이나 성경을 공부하면 하나님에 대한 '정보'를 많이 갖게 될 것이다. 하지만 구약에서도 그렇듯이 '안다'고 할 때, 성경에서 그 '앎'은 종종 사람이 사람을 인격적으로 깊이 안다든지, 혹은 부부가 서로를 전인격적으로 실제로, 깊이 알고 경험해서 결국 서로를 닮아 가는 것처럼 아는 지식을 가리키기도 한다.

'은혜와 평강'을 얻으려면

지금 다룰 본문에서 기억해야 할 가장 중요한 것은, 그래서 '앎'이라는 것, 지식이라는 것은 그 지식을 가진 사람, 그것을 '알게 된' 사람의 '존재의 변화'와 깊이 관련된다는 사실이다. 이에 대해 좀 더 살펴보기 전에, 이 흥미롭고 중요한 본문인 1-4절까지를 원문에 가깝게 옮겨 보자.

> "1절 시몬 베드로, 예수 그리스도의 종이요 사도가, 우리 하나님과 구주 예수 그리스도의 의로 말미암아 동일한 믿음을 받은 여러분에게, 2절 우리 하나님과 주 예수를 앎으로 말미암아 은혜와 또한 평강으로 차고 넘치기를 기원합니다. 3절 이처럼 자신의 영광과 덕으로써 우리를 부르신 분을 앎으로써, 생명과 경건에 이르게 할 모든 신적 능력이 이미 주어져 있는 것은, 4절 또한 이미 주신 바 된 그 존귀하고 지극히 큰 약속을 통하여, 우리로 하여금 썩어질 정욕 가운데 있는 세상으로부터 벗어나 신적 성품에 참여하는 자들이 되게 하려 하심입니다."

우선 2절을 보라. '우리 하나님과 주 예수를 아는' 지식은 곧바로 '은혜와 평강으로 차고 넘치게 되는' 변화와 직결된다. 하나님을 아는 지식은 지식으로 그치지 않으며, 성도가 은혜와 평강을 누리는 길도 역시 하나님과 주 예수 그리스도를 아는 지식과 직결되어 있다. 단순한 내용 같지만, 이는 본문의 전후 문맥을 이해하는 일뿐 아니라, 성도의 삶에 있어서도 결정적으로 중요하다. 당신의 삶에 은혜(카리스, χάρις)가 넘치는가? 아니면, '비(非)은혜' 곧 척박함과 지나친 경쟁과 시기와 질투와 부족에 대한 불만으로 가득 차 있는가?

내 속에 가득한 불만과 불평, 그것이 무엇이든 부족한 것에 대한 좌절과 시기, 이런 것들을 극복하려면 무엇을 해야 하는가? 근본적으로는 '우리 하나님과 주 예수를 앎으로써'가 답이다. 하나님을 아는 것, 그리스도를 아는 것이 내 속에서 이 모든 '비은혜'의 쓴 뿌리를 이겨 내는 답이다. 말씀이 답이다. 그래서 베드로는 처음부터 이렇게 처방을 제시하며 시작하는 것이다. 평강은 무엇인가?

원래 '평강'(에이레네, εἰρήνη)이란 원수의 모든 공격을 제압하고 다스려 승리를 얻은 상태에서 누리는 안식이다. 우리는 사방에서 위험이 몰려오고, 점점 짓눌려 내버려진 것 같을 때에, 그렇게 평강을 잃은 상태에서 무엇을 하는가? 어떻게 하면 그런 평강을 되찾을 수 있을까? 본문은 역시, '하나님과 주 예수 그리스도를 앎으로써'라고 답한다.

하나님을 아는 지식의 '증거'

반대도 성립한다. 하나님을 '안다'고 했을 때, 그 하나님과 예수 그리스도를 아는 지식이 나에게 무엇을 가져오는가? 교만을 가져오는가? 혹은 헛된 자유로 방탕하고 방종하는 길로 이끄는가? 아니면, 하나님을 아는 그 지식으로 인해 더욱더 율법적이 되고, 무엇인가 행하지 않으면 그 구원에서 떨어질 것 같은 불신앙에 가까운 불안한 상태로 몰아가는가? 하나님을 '많이 아는' 사람은 모두가 '은혜와 평강'으로 가득 차서 늘 충만하여 기쁘고 생명과 경건으로 힘 있게 사는가? 하나님을 안다고 하고, 많이 가르치고, 무슨 '비유 풀이' 성경 공부도 많이 하지만, 할수록 더욱더 척박하고 율법적이 되고 피폐해지지 않는가?

베드로는 지금, 신약의 서신들에서 자주 볼 수 있는 간단한 인사말을 가지고서도, 자신이 본문에서 진단하고 설명해 주고자 하는 문제 상황에 비추어 설득력 있게 편지를 시작한다는 사실을 알 수 있다. 왜냐하면 통상적인 '은혜와 평강이 충만하기를 빈다'는 인사말을 하나님과 '우리의 주' 되신 예수 그리스도를 '앎으로써' 그렇게 된다고 가르치고 있기 때문이다. 그것은 아마도 2장부터 시작되는 거짓 교사들의 행태에 대한 정확한 진단에 근거한 것이라고 볼 수 있다. 거짓 교사들은 자신들이 복음에 대하여, 구원에 대하여, 하나님에 대하여, 종말에 대하여, 심판에 대하여 무엇을 '아는' 선생처럼 가르치고 행세한다(2:1, 10, 특히, 18-19절, '허탄한 자랑의 말을 토하여 … 자유를 준다 하여도'). 하지만 그들 자신과 그들에게 듣고 그들을 따르는 이들에게는 '은혜와 평강'이 없다.

있을 수가 없다. 거짓 교사들은 하나님을 참으로 알지 못한다. 만일 하나님과 '우리 주' 예수 그리스도를 참으로 알았다면, 그로부터 오는 하늘에 속한 생명과 하나님을 참으로 경외하는 경건으로 가득 찬 심령과 삶을 누렸을 것이기 때문이다. 그들의 가르침과 삶은 그 반대였다. 그들은 '임박한 멸망을 스스로 취하는 자들'(2:1)이며, '저희 멸망은 자지 않으며'(2:3), '저희 멸망 가운데서 멸망을 당할'(2:12) 자들이다. 그들은 '자유를 준다'(2:19) 거짓으로 약속하고 가르치지만, 스스로는 '멸망의 종들'(2:19)일 뿐이다. 결국, 거짓 교사들은 하나님과 '우리 주'이신 예수 그리스도를 참으로 알지 못했다는 것이고, 만일 참으로 안다면, 하나님과 그 아들을 아는 참된 지식은 그들의 심령과 삶을 하늘의 '은혜와 평강'으로 채우는 증거로 나타날 것이라는 뜻이다.

이렇듯, 베드로후서는 그 인사말에서부터 전략적이라 할 수 있다. 병을 고치고자 하는 의사의 마음, 양 무리를 치유하고 회복하고자 하는 목자의 심령으로 접근하기 때문이다. 참으로 하나님을 알고 '우리의 주'가 되신 예수 그리스도를 '알아야' 한다. 여기서 '우리의 주'(투 큐리우 헤몬, τοῦ κυρίου ἡμῶν, 1:2)라는 표현도 의미심장하다. 2:1에 보면, 거짓 교사들은 '자기들을 사신 주를 부인한' 자들로 묘사되기 때문이다. '자기들을 사신 주'(톤 아고라산타 아우투스 데스포텐, τὸν ἀγοράσαντα αὐτοὺς δεσπότην)라는 표현에서 사용된 용어들을 뜯어보면, 마치 어떤 집주인이 노예 시장에서 노예를 값 주고 사서 자유인으로 풀어 주는 모습을 생각나게 한다. 거짓 교사들은 자신을 구원했다고 스스로 고백한 그 '주인 되신' 예수 그리스도를 그들 자신의 가르침과 삶에서 부인하고 버린 자들이다. 반면에, 수신자들은 '우리 주' 되신 예수 그리스도를 참으로 아는 일에 열심을 내야 한다. 그럴 때에 그들 안에 비로소 은혜와 평강이 충만하게 된다. 세상을 이길 능력과 지혜가 주어진다.

그렇다면 하나님과 주 예수 그리스도를 '안다'는 것은 구체적으로 무엇을, 어떻게 안다는 것인가? 문맥적으로 보면, (i) '하나님과 주 예수'(2절)를 아는 것이고, (ii) '자신의 영광과 덕으로써 우리를 부르신 분'(3절)을 아는 것이며, (iii) 이와 연관해서 '생명과 경건에 이르게 할 모든 신적 능력이 이미 주어진 것'(3절)을 아는 것이고, 또한 (iv) '이미 주신 바 된 그 존귀하고 지극히 큰 약속'(4절)을 아는 것이다. 이 모든 것을 실제로 '앎으로써' 우리 안에 하늘의 은혜와 평강이 넘치며, 세상의 썩어질 것을 능히 피하며, 무엇보다 신적 성품에 참여하게 될 것임을 믿고 확신한다.

'의'(義)를 선물로 주신 하나님과 주 예수 그리스도

먼저, 2절과 3절에서 명시하는 것처럼 하나님과 주 예수를 아는 지식, 자신의 영광과 덕으로써 우리를 부르신 분을 아는 실제적이고, 경험적이고, 또한 전인격적인 지식의 중요성이다. 무엇보다, 하나님과 주 예수를 '안다'는 것은 '믿음'을 전제한다. 1절에서 밝힌 대로 수신자는 '우리 하나님과 구주 예수 그리스도의 의로 말미암아 동일한 믿음을 받은' 성도들이다. '동일한 믿음'(이소티몬 피스틴, ἰσότιμον πίστιν)이라는 표현은, 앞의 서론에서 설명했던 대로, 사도행전 15장에 기록된 첫 번째 예루살렘 총회를 배경으로 하는 것으로 보인다. 발신자인 베드로 자신처럼 옛 언약을 받았던 전통적인 유대인-그리스도인들 역시, 지금 소아시아에 흩어져 있는, 대부분 이방인-그리스도인들이었을 수신자 교회들이 받은 믿음과 다르지 않은, 동일한 믿음으로 '하나님의 의'를 받았다는 사실을 가리킬 것이다. 모두가 예수 그리스도를 믿음으로 새 언약을 받은 한 백성이며, 함께 이 '보배롭고 지극히 큰 약속'(4절)에 흔들림 없이 굳게 서서 떨어져 나가지 말아야 함을 강조하는 표현이다(참조. 3:17).

다른 한편으로 '동일한 믿음'이라는 표현은, 거짓 교사들이 퍼뜨리는 '다른 가르침'에 기초한 '다른 믿음'을 염두에 둔 표현일 수 있다. 베드로는 '동일한 믿음'이란, 주의 강림을 직접 목격한 증인들이나 구약의 예언의 말씀 그리고 사도 전통에 기초한 것임을 강조한다(1:16-18; 3:2; G. Green, 174). 우리의 믿음은 성경과 교회 전통에 착실히 근거해야 한다. 교회의 신앙은, 그것이 아무리 '카리스마틱' 해 보여도 어떤 인물, 특정 지역에 국한된 것이 아니라, 역사와 지역을 넘어서서 보편적인 교회가 함께 받아들이는 사도들의 '공동성'(Catholicity)을 갖추는 것이 매우 중요하다. 거짓 교사들이나 이단들은 자기들의 '독특함'을 자랑하지만, 신앙은 '온 교회'의 것이 되어야 한다. 오늘날 교회는 점점 더 '사유화'(私有化)되어 가는 경향을 보인다. 주의 교회는, 교회의 공교회(公敎會) 됨을 해칠 만큼 지나치게 '우리 교회만'의 '브랜드'에 몰입하거나, 혹은 교회가 담임하는 목사의 '사유 재산'처럼 되어 가는 사악한 경향에 맞서 싸워야 한다.

한편, '우리 하나님과 구주 예수 그리스도'(투 떼우 헤몬 카이 소테로스 예수 크리스투, τοῦ θεοῦ ἡμῶν καὶ σωτῆρος Ἰησοῦ Χριστου)에서 '우리 하나님'이 성부 하나님을 가리키는지, 예수 그리스도를 수식하는지 다소 불분명하다. 당시 '신이요 구세주'(god and savior)라는 칭호가 종종 황제에게 바쳐진 찬사였다는 점을 고려하면, 여기서도 예수 그리스도를 '하나님'으로 칭하는 것으로 보이기도 한다(Harink, 134-135). 더구나 본문에서 '하나님'과 '예수 그리스도'를 통괄하는 관사가 하나이다(투, τοῦ, G. Green, 175; Callan, 2001:253). 하지만 '구주'(소테로스, σωτῆρος) 앞에 관행상 관사가 생략되었다 해도 낯설지 않으며, 무엇보다 '구주 예수 그리스도'가 나오는 베드로후서의 다른 본문들은 모두 '우리 구주 예수 그리스도'라는 형식을 취하는 것으로 보아(Kelly, 298), 1절의 신적 칭호는 각기 성부와 성자 하나님을 함께 아우른 표현으로 생각된다.

또한, 베드로후서에는 '주'(主)라는 표현이 모두 14회 나오는데, 이 중 7회는 명백히 예수님을 가리킴으로써(1:2, 8, 11, 14, 16; 2:20; 3:18), 예수님을 하나님과 더불어 동일한 지위와 권능의 '주'로 보지만, 신약에서 예수님을 직접적으로 '하나님'으로 칭하는 본문이 적은 것과 마찬가지로(요 1:1; 20:28; 히 1:8), 베드로후서에서도 직접적으로 '하나님'으로 칭하는 듯이 보이는 다른 본문은 찾을 수 없다. 당시 황제를 '신격화'하는 경향을 따라 베드로후서도 예수님을 '하나님이요 구주'라고 했을 수도 있지만, '보배롭고 지극히 큰 약속'(1:4)이나 '영원한 나라'(1:11)처럼 1장은 다분히 '언약적' 문맥이어서, 예수 그리스도를 '주'라 칭하는 것 역시, 베드로가 설교한 바 있듯이, 주께서 시편 110:1의 약속을 따라 하나님 보좌 우편에 앉으신 것을 떠올리기에 충분하다(참조. 행 2:34-36).

논란의 여지가 있는 표현은 오히려 '의'(디카이오쉬네, δικαιοσύνη)이다. 하나님과 예수 그리스도의 '의'는 성부 하나님과 성자 하나님의 '신실함'인가, 아니면 예수 그리스도를 믿는 믿음을 통해 우리에게 은혜로 주신 '하나님의 의'의 선물을 가리키는가? 1절에서 '동일한 믿음'이 예루살렘 총회에서 바울이 전한 '이신칭의'(以信稱義)의 복음을 인준했던 사건을 배경으로 한다면, 후자의 경우 즉, 하나님께서 은혜로 주신 '칭의'의 선물이 맞을 것이다. 하지만 그 '칭의'의 선물조차 하나님의 언약적 신실함 그리고 그 약속을 따라 자신을 내주신 그 아들 예수 그리스도의 신실한 순종을 포함하는 것으로 이해하는 편이 훨씬 바람직하다.

그러므로 하나님과 예수 그리스도를 '아는 것'은, 문맥으로 보면 언약을 지키시는 하나님의 신실하심, 그 약속을 신실하게 성취하시고자 순종하여 자신을 내주신 예수 그리스도의 신실하심을 믿음으로 깨닫고 감사하며 기뻐하며, 이를 인하여 또한 장차 그 약속을 온전히 이루실 신실하신 하나님, 다시 오실 그리스도를 더욱 경외하고 더욱 의지하라는 의미이다. 더 나아가, 하나님을 '아는 것'은 그 아들 예수 그리스도를 통해 우리에게 은혜로 주신 '의'(義)의 선물을 믿음으로 '받아 누림'을 의미한다. 이는 얼마나 크고 놀라운 은혜요 선물인가! 전혀 의롭지 않은 우리에게, 그 아들의 의를 선물로 주신 하나님을 아는 것은 얼마나 큰 기쁨인가!

도무지 의롭지 않고 의로울 수 없는 우리에게, 그 아들의 온전한 의가 주어져 있다는 것은 얼마나 놀랍고 감사한 일인가. 수신자들은 그들이 이미 그 아들의 온전한 의를 받아 누리고 있다는 사실을 확신해야 한다. 거짓 교사들이 더럽히고 썩어지는 것들로 미혹하더라도, 그들은 언제나, 다시금, 하나님께서 그들에게 그분의 신실함으로 약속대로 주시고 또한 믿음으로 받은 그 온전한 '하나님의 의'를 마음껏 자랑하고 누리며 그 은혜 안에 굳게 서야 한다. 예수 그리스도를 믿음으로 받고, 그와 연합한 성도는 또한 그의 의와 거룩을 선물로 받은 것이다. 그 아들의 온전한 의와 거룩이 '그의 것이다'(고전 1:30). 은혜로 주셨고, 그리스도와 연합한 그의 영적 생명 안에 이미 주어져 있기 때문이다.

물론, 의롭다 하심을 입은 하나님의 자녀는 또한 의롭게 자라 가야 한다. 의로운 행동과 성품과 삶의 열매를 맺어야 한다. 그럴 수밖에 없다. 그렇지 않다면 처음부터 그리스도의 온전한 의를 받은 것이 아니다. 하지만 결과를 원인과 혼동하면 안 된다. 하나님과 그리스도를 아는 참된 지식은, 우리에게 은혜와 평강을 선물한다. 왜냐하면 1절이 가르치는 대로, 우리는 그 신성한 지식을 통해, 하나님의 신실함에 감탄하고 그 신실함으로 우리에게 은혜로 주신 의의 선물을 받아 누리고 한껏 자랑하며, 또한 그 안에서 진정으로 의롭게 자라 갈 수 있기 때문이다.

'주' 예수를 앎에서 오는 '은혜와 평강'

하나님과 그의 아들 예수 그리스도를 아는 믿음으로 말미암은 지식은, 그 살아 있는 지식을 가진 우리의 영적 생명과 실제의 삶 속에, 하늘에 속한 은혜와 평강 그리고 신령한 생명과 경건의 열매를 맺게 한다. 그러므로 내가 어떤 하나님, 어떤 예수님을 알고 있느냐, 내가 알고 있는 하나님, 예수님이 과연 '어떤' 분이냐가 결정적이다. 성경 계시의 말씀이 가르치는 그대로 하나님과 예수 그리스도에 대해 배우라! 오직 그것을 배우라. 거기서 세상을 넉넉히 이기는 은혜와 평강, 생명과 경건이 솟아난다.

정말 그러한가? 예를 들어 보자. 2절에서 '은혜와 평강이 너희에게 더욱 많게' 되는 근거는 무엇인가? 통상 우리는 우리의 문제가 해결될 때 은혜와 평강을 누릴 수 있다고 생각한다. 해결되지 않던 문제가 해결되면 은혜를 경험하고 평강을 누릴 수 있을 것이다. 하지만 본문은 보다 근원적인 해결책을 내놓는다. '주 예수 그리스도를 앎으로'(2절)가 그 답으로 제시된 것이다. 어떻게 단지 '주 예수 그리스도를 앎으로' 은혜와 평강을 더 풍성히 누릴 수 있게 될까? 여기서 '주'(主)는 단순히 우리가 '주여, 주여' 할 때 마치 우리 문제의 해결사로 생각하며 부르는 그 이상의 의미가 있다. 원래 '주'(큐리오스, κυρίος)라는 칭호는 시편 110편을 근거로 한다(또한, 1:8; 3:2, 18). 예수님께서 죽으시고 부활하신 후, 제자들이 보는 데서 하늘로 승천하셨다(행 1:11). 하늘에 올라가셔서 어떻게 되셨을까? 성경은 베드로의 설교를 통해서, 승천하신 예수 그리스도께서 하늘에서 어떻게 되셨는지를 시편 110:1을 인용하여 밝히 드러낸다:

> "주께서 내 주에게(토 큐리오 무, τῷ κυρίῳ μου) 말씀하시기를 내가 네 원수로 네 발등상이 되게 하기까지 너는 내 우편에 앉아 있으라 하셨도다 하였으니 그런즉 이스라엘 온 집은 확실히 알지니 너희가 십자가에 못 박은 이 예수를 하나님이 주(큐리온, κύριον)와 그리스도가 되게 하셨느니라 하니라"(행 2:34-36)

그러므로 '주 예수 그리스도를 앎으로'라는 말씀에서 '주'는 부활하셨을 뿐 아니라, 승천하셔서 하나님 보좌 우편에 등극하여 앉으신, 지극히 높아지신 예수님을 가리키는 칭호이다. 이런 분을 아는 일이 우리에게 충만한 은혜와 평강이 되는 이유가 더 있다. 주께서 승천하셔서 하늘에 있는 하나님 보좌 우편에 앉으셨을 때, 혼자만 앉으신 것이 아니라 그와 연합된 모든 신령한 성도들과 함께 앉으셨다는 사실이다. 성경은 이 복음을 확고하게 선언한다:

> "긍휼이 풍성하신 하나님이 우리를 사랑하신 그 큰 사랑을 인하여 허물로 죽은 우리를 그리스도와 함께 살리셨고 (너희는 은혜로 구원을 받은 것이라) 또 함께 일으키사 그리스도 예수 안에서 함께 하늘에 앉히시니"(엡 2:4-6)

여기서 하늘에 '함께 앉히시니'(수네카띠센, συνεκάθισεν)라는 표현은 '이미 일어난 확정된 사건'을 가리킨다. 신자가 그리스도를 영접하고 그를 믿어 그와 연합된 표시로 세례를 받았다면, 그는 그리스도와 함께 지금도 하나님 보좌 우편에 앉았음을 확신할 수 있다. 얼마나 놀라운 은혜인가! 믿어지지 않을 만큼의 존귀함이 성도에게 이미, 예수 그리스도 안에서, 그분을 통해 주어진 것이다. 그러므로 성도는 '더 이상 올라갈 데가 없는' 존재이다. 그보다 더 높고 큰 영광을 구할 수도 얻을 수도 없는 존재이다. 그 지극한 영광과 존귀를 이미 그리스도 안에서 그와 함께 얻은 것이다. 그러니 성도가 세상에서 바랄 것이 무엇인가? 자기 자신을 위하여, 세상 사람들이 하는 아귀다툼과 경쟁과 높아지려는 싸움을 싸울 필요가 있겠는가?

단연코 그럴 필요가 없다. 이미 더 높아질 수 없는 영광을 얻었기 때문이다. 더 이상 올라갈 수 없는 자리에 올라가 앉아 있기 때문이다. 대통령도, 장관도, 회사 사장도, 박사도, 그 무엇도 부러울 것이 없는 최고의 높은 자리, 하나님 보좌 우편에 이미 앉아 있는 것이다. 그러니 성도가 은혜와 평강을 누리지 않을 수 없다. 온 세상이 싸우는 싸움을 하지 않아도 되기 때문이다. 이미 그리스도 안에서 얻어야 할 가장 영광스러운 것을 얻었기 때문이다. 그러므로 그리스도인은 그리스도 안에서 비로소 '쉴 수' 있다. 주께서 '수고하고 무거운 짐 진 자들아 다 내게로 오라 내가 너희를 쉬게 하리라'(마 11:28) 하신 그대로 성도는 그리스도 안에서 이미 얼마든지 안식을 누릴 수 있다. 그리고 그는 더 이상 세상 싸움을 싸우지 않기 때문에, 비로소 믿음의 선한 싸움을 싸울 수 있는 여유, 곧 하나님과 이웃을 위하여 자신의 삶의 모든 기회와 자원을 드릴 수 있는 '자유'를 얻는다. 하나님께서 세상에서 두신 자리가 어디이든, 거기서 '제사장 나라'의 역할을 감당하는 자유와 특권을 누리는 것이다(벧전 2:9-25).

그래서 예수 믿은 사람은, 더 이상 올라갈 수 없는 그 하나님 보좌 우편에서부터 '내려오는 일밖에' 할 것이 없게 된다. 내려오면서, 주님처럼 낮아져 하나님의 뜻을 이루어 드리는 것이다. 가장 많이, 가장 낮게 내려오는 성도가 주님을 가장 닮은 성도일 것이다. 하늘 보좌를 버리고 이 땅에 오셔서, 자기를 비어 종의 형체를 입고 죽기까지 복종하며 섬기신 주님을 따르는 삶을 살게 될 것이다(빌 2:6-8). 그것이 가장 자유롭고, 가장 은혜롭고, 가장 평강한 삶이다. 그것이 성도의 가장 정상적인 삶이다. 예수 믿고 복 받아서, 세상적으로 무엇이 많아지고 높아져서 간증거리가 되는 것이 아니라, 이미 예수와 함께 하늘 보좌에 앉은 성도의 자유와 안식 가운데서 가장 낮은 자리로 내려와 주 뜻을 이루는 성도가 가장 성공한 신앙을 증거하는 것이다.

'자신의 영광과 덕으로써'

그러므로 하나님과 주 예수 그리스도를 안다는 것은 그를 믿은 성도에게 놀라운 영적, 심령적, 인격적, 성품적 삶의 변화를 가져온다. 한 가지를 더 살펴보자. 3절에서 소개하는 하나님은 '자신의 영광과 덕으로써 우리를 부르신 분'이다. 내가 알고 있는 하나님은 과연 이런 분이신가? 하나님은 우리를 '부르신' 분이다. 여기서 '부르신'(칼레싼토스, καλέσαντος)은 헬라어로 아오리스트 형태인데, 완결된 하나의 사건을 가리킨다. 이미 부르셨고, 또한 그 부르심에는 후회하심도 실패하심도 없다. 결국 성취된 것이나 다름없이 확실한 부르심이다. 베드로후서 1:1-11은 종말의 구원, 최후의 구원에 대한 말씀이다. 신자의 최종적 구원, 그의 구원의 결정적 요소는 결국 하나님의 부르심에 근거한다. 그만큼 확실한 부르심이다. 신자는 그의 견고한 부르심에 의지해야 한다. 신자에게 맡겨진 역할은 그분의 부르심과 택하심을 '견고하게 하는 일'이며 그것에 더욱 '열심을 다하는' 일이다(1:10). '부르심과 택하심'은 하나님께서 하신 일이며 하나님의 몫이다. 그리고 그분이 우리를 택하시고 부르신 것은 '자신의 영광과 덕으로써' 하신 일이다.

여기서 '영광과 덕으로써'(독쎄 카이 아레테, δόξῃ καὶ ἀρετῃ)에 있는 3격은 수단이나 근거를 가리킨다. 즉, '영광과 덕으로 말미암아' 혹은 '영광과 덕에 근거해서'라는 의미이다. 게다가 '그 자신의'(ἰδίᾳ)라는 말이 강조되었다. 말하자면 이런 뜻이다. 당신이 누구에게 어떤 사람을 불러오라고 시킨다. 그리고 이렇게 말한다: "응, 물어보면 내가 불렀다고 해!" 만일, 당신이 지위가 높은 사람이고 그렇게 할 권세가 있다면, 요청받은 사람은 당장 달려올 것이다. 그렇지 않다면 당신의 말을 무시할 것이다. 혹은, 당신이 권세는 없어도 상당히 덕이 있고 존경받는 사람이라면, 그런 당신이 누군가를 불렀을 때 그는 사람들이 당신의 덕을 기리고 존경한다는 것을 알기에 그 요청을 무시하지 못할 것이다.

그런 것이다. 하나님께서 우리를 택하시고 부르셨을 때 하나님께서는, 다른 누구도 다른 무엇도 아닌, 오직 전능하시고 거룩하신 '자신의' 영광과 덕을 근거와 수단으로 우리를 부르셨다. 우리를 택하고 부르신 그 부르심의 성패(成敗) 여부에 하나님 자신의 '영광과 덕'을 걸어 둔 것이다. 만일 우리가 그 부르심과 택하심에 부응하지 못하거나, 실제로 부르신 그 자리에 이르지 못하면 어찌 되겠는가? 우리를 부르실 때 근거와 수단으로 걸어 두신, 그 하나님의 영광과 덕 즉, 그의 명예와 인격적 능력이 의심받고 또 손상을 입게 될 것이다. 그럴 리는 없다. 하나님의 부르심에는 후회하심이 없다(롬 11:29). 하나님 자신의 영광과 덕이 걸린 문제이기 때문이다. 그러므로 성도가 부르신 자리, 그 부르심의 종착지인 '새 하늘과 새 땅'에 이르게 되는 것은 곧 하나님의 영광이며(참조. '나사로의 부활', 요 11:40), 동시에 오직 하나님께서 지혜와 사랑에 있어서 '덕 있으시다'는 증거이다.

'영적이고 전인격적인' 지식

하나님의 이런 후회 없는 택하심과 견고한 부르심을 진실로 '안다면', 이 고귀한 지식은 그것을 가진 사람에게 얼마나 큰 은혜이며 얼마나 놀라운 평강이 되는가! 문제는 진실로 '안다'는 것에 있다. 말씀에 기록된 대로 하나님께서는 변함없는 그대로이시다. 언약을 신실하게 성취하셨으며 이제 그 아들을 통해 종말의 복, 하늘의 복을 넘치도록 풍성히 주고 계신 분이다. 문제는 우리가 그런 하나님을 '알고' 있는가이다. 1절과 2절은 각기 '안다'는 말을 반복함으로써 강조한다. 베드로후서에서 '안다'는 표현에는 두 가지가 쓰인다. '에피기노스코'(ἐπιγινώσκω, 2:21[x2])라는 동사와 그 명사형인 '에피그노시스'(ἐπίγνωσις, 1:2, 3, 8; 2:20)의 경우가 있고, 또한 그보다 단순한 표현인 '기노스코'(γινώσκω, 1:20; 3:3)라는 동사와 그 명사형인 '그노시스'(γνῶσις, 1:5, 6; 3:18)가 쓰인다.[17]

넓게 보면, '안다'라는 사전적인 의미에 있어서 이 두 종류의 용어가 큰 차이는 없다(BDAG, 369, 203). 하지만 '기노스코'에 비해 '에피기노스코'는, 단순한 사실에 관한 정보나 지식을 얻는다는 뜻 외에도 대상의 본질을 깨닫거나 체험하며 그에 따른 감정이나 의지가 수반되는 식의 지식도 지칭하는 경향이 있다. 베드로후서에서도 이런 구분이 눈에 띈다. '기노스코'는 1:20('먼저 알 것은')이나 3:3('먼저 이것을 알지니')에서처럼 비교적 단순한 사실이나 정보를 안다는 의미로 쓰였지만, '에피기노스코'는 1:2('우리 주 예수를 앎으로')이나 1:3('우리를 부르신 이를 앎으로'), 그리고 1:8('우리 주 예수 그리스도를 알기에'), 또한 2:20('우리 주 되신 구주 예수 그리스도를 앎으로')과 2:21('의의 도를 안 후에'/'알지 못하는 것')에서처럼, 일관되게 하나님과 예수님 또는 복음에 대한 영적이고 인격적인 경험을 전제로 한 지식을 가리키는 데 사용되었다.

이처럼, '에피그노시스'는 베드로후서의 문맥에서 '회심(回心)을 통해 얻은 지식'을 의미하기도 하고(Bauckham, 169) 혹은 '그 사람의 삶을 결정적으로 바꾸어 놓을 수 있는 그런 지식'을 가리킨다고 할 수 있다(Kraftchick, 88). 특별히 이런, 일종의 개인적이고 경험적인 지식을 가리키는 동사형 '에피기노스코', 혹은 명사형인 '에피그노시스'는 흥미롭게도, 주로 1장에서 이미 현재에 임한 하나

17 이하 상세한 분석과 설명은, 채영삼, "신학(神學)과 '신적 성품(性品)': 베드로후서 1:1-11에 따른 신학의 의미", 〈성경과 신학〉 62 (2012): 253-296을 참조.

님 나라의 실재(reality)를 경험하는 차원을 가리키는 용어로 사용된 것에 주목할 필요가 있다. 이런 경험적 지식은 하나님의 언약에 따른 신실한 성취, 그리고 그 결과로 주어진 '예수 그리스도를 믿음'을 통한 하늘의 생명과 경건의 능력 등을 포함한다.

이런 의미에서, 하나님을 안다든지, 주 예수 그리스도를 안다, 부르신 자를 안다는 것은, 곧 그 앎을 통해 주어지는 은혜와 평강, 하늘의 생명과 경건의 능력을 맛보고 체험하고 그로 인해 그의 존재 자체가 변화되는 경험과 성장을 이룬다는 것을 뜻한다. 지식이 존재의 변화를 가져오는 것이다. 거꾸로, 그러한 존재의 변화를 가져오지 못하는 지식은 가짜 지식일 수밖에 없다는 뜻도 된다.

다시 말해서, 베드로가 강조하는 '하나님을 아는 참된 지식'은, 특별히 그 언약의 성취를 통해 주어지고 이제 그의 교회를 향해 쏟아지는 하늘의 능력, 곧 하늘에 속한 생명과 경건과 영원에 속한 은사들을 얼마든지 누리는 통로가 된다는 사실이다. 믿음을 통해 가능한 이 지식은 영적이고 인격적인 체험을 수반하는 것이며, 그 존재적 경험을 통해 다름 아닌 성도 자신이 하늘의 생명과 경건의 능력을 따라 실제적으로 변화되는 결과를 가져온다.

이것이 하나님을 앎으로써 그의 신성한 성품에 참여하게 된다는 의미이며, 베드로는 이것보다 더 강력하게 주의 교회가 거짓 교사들의 가르침과 부패한 삶으로부터 자신을 지키는 방법은 없다고 강변하는 셈이다. 이 목소리를 조금 더 자세히 들어 보자.

아는 것과 '되는' 문제

하나님을 아는 참된 지식의 결과는, 그러므로 성도의 '신적 성품'이다. 만일 '교회 성장'이라는 것이 있다면 성경적 교회 성장이어야 하고, 성경적 교회 성장이란 교회인 성도가 신적 성품에서 성장함을 뜻할 것이다. 이것보다 결정적이고 이것보다 신약 성경이 강조하는 바가 없다. 장차 '새 하늘과 새 땅'에 들어가 그 나라를 다스릴 백성의 특징은 그 하늘에 속한 '새로운 성품, 신적 성품'을 가진 사람들이어야 하기 때문이다(3:13-14). 하나님을 아는 지식의 결과가 신적 성품이라는 베드로의 가르침은 놀랍기 그지없다.

교회에서 베푸는 설교와 힘쓰는 성경 공부의 결과도 성도의 신적 성품의 성장이 열매여야 한다. 물량지상주의가 신앙이 되는 오늘날의 교회에서, 이런 말씀의 주장은 크게 매력이 없게 들릴지 모르나, 그것이 세상을 이기는 참된 교회의 모습이고, 장차 오는 하나님의 나라를 유업으로 받아 누리며 다스리는 새 언약 백성의 성경적 특징이다. 또한 신적 성품의 성장이란, 우선적으로 하나님을 아는 참된 지식에서 생긴다. 훈련과 경험 이전에, 하나님을 아는 지식이 말씀에 따라 바른 내용이어야 한다. 말씀이 계시하는 그대로의 하나님, 우리 예수 그리스도를 아는 지식이 교회가 성도에게 줄 수 있는 가장 큰 은혜의 선물이다.

베드로후서 1:3-4은 사실 한 문장인데, 결국에는 마지막에 오는 접속사(히나, ἵνα)에 의해 이끌리는 목적절을 강조하고 있다. 하나님께서 자신의 영광과 덕을 걸고 우리를 부르신 목적이 무엇인가? 하나님께서 우리로 하여금 예수 믿게 하셔서, 하늘에 속한 모든 생명과 경건에 속한 신적 능력을 허락하신 이유가 무엇인가? 또한 그 보배롭고 지극히 큰 약속을 우리에게 주신 목적이 무엇인가? 여기에 있다. 곧, 우리가 하나님께 속한 성품들로 변화되는 일이다. 이 목적절의 유일한 동사는 '되도록'(게네세스떼, γένησθε)이다. 성도의 존재와 성품이 그렇게 영적으로 전인격적으로, 하나님께 속한 생명과 경건의 본질을 따라 변화되는 것이다. 다시금, 하나님을 아는 지식은 곧 그 지식을 가진 사람이 신적 성품을 따라 그런 성도가 '되는' 데에 있다는 사실을 잊지 말자.

삶으로
내리는 뿌리

예수 믿을 필요를 못 느낀다는 청중에게

Q. 목사님, 저는 학생부 전도사로 섬기고 있는데, 아이들이 예수님의 필요를 못 느낀답니다. 물어보니, 시련이나 고난이 없어 살 만해서 그렇대요. 전쟁 나면 찾을 거래요. 어쩌지요. 어떻게 하면 예수님 믿게 할 수 있을까요? 설교 준비하는데 마음이 너무 아프네요. 정말 속상합니다.

A. 아이들이 영악하군요. 그러나 그 모습이 우리 시대의 모두의 모습입니다. 그 아이들의 태도 속에 있는 핵심적인 내용은, 아직 어린아이지만 이미 '성경적이지 않은' 신관(神觀)을 담고 있습니다.

그것은, '하나님이란 나의 필요를 채우는 존재이며, 오직 나의 필요를 채울 때만 하나님이다'라는 신관입니다. 정말 그런가요? 정말 하나님은 나의 필요를 채울 때만 하나님이신가요? 성경이 그렇게 가르치던가요?

사실, 아이들의 태도는 오늘날 먹고사는 데 큰 지장 없는 시대의 사람들이 하는 생각과 크게 다르지 않습니다. 핵심은 '나의 필요가 절대 기준'이라는 것입니다. 나의 필요에 봉사하는 한 하나님으로 쳐주겠다는 것입니다. 그러면 누가 신입니까? '내'가 신입니다. 하나님은 그런 분이시던가요?

여기에는 복음의 왜곡이 한몫합니다. '예수 믿으면 복 받는다'는 것이 복음이라고 들었기 때문에 그런 생각이 자연스럽게 나옵니다. 나는 이미 복을 받았거나, 받을 필요가 없거나, 재벌이거나, 건강하거나, 별 필요가 없으면,

예수를 믿을 필요성을 못 느끼는 것입니다. 병원에 갈 필요가 없고, 점쟁이 찾아갈 만큼 애타는 일도 없는 것과 같은 이치입니다.

더구나, 하나님도 '나의 필요'를 기준으로 그 존재 가치를 결정하는 인격이라면, 다른 사람을 어떻게 대할지도 예견할 수 있습니다. '나의 필요'를 기준으로 타인을 대하겠지요. 그럴 것입니다. 그것은 위험스러운 인격입니다.

성경은, 하나님을 하나님으로서 사랑하고 경외하라고 가르칩니다. 이웃의 필요에 의해 자신을 내주는 사람이 되라고 합니다.

'자신의 필요'를 절대 기준으로 삼는 사람은, 그러므로 참된 '사랑'을 알지 못하는 불행한 사람이 될 가능성이 높습니다. 하나님은 물론, 이웃도, 자신도 제대로 사랑할 줄 모르는 이기적인 인생을 살 확률이 높습니다. 그런 삶은 정말 행복한 것일까요?

그렇다면 어떻게 시작할까요? 우선은, '우리의 필요'에서 시작하지 말아야 합니다. 복음을 그렇게 시작하지 말고, '하나님이 누구신지, 예수님이 누구신지'에서부터 시작하십시오.

그분은 창조주입니다. 그러므로 우리 중 아무도 그에게서 받지 않은 사람이 없습니다. 숨 쉬는 것조차 은혜입니다. 그러므로 하나님께 감사하고 그를 경배해야 합니다. 그분은 심판주이십니다. 그러므로 누구든지 그분의 법대로 살아야 하고, 심판대 앞에 서도록 준비해야 합니다.

예수 믿으면 대학 잘 가고 좋은 직장에 간다고 가르치지 마십시오. 대학도 필요 없고, 직장도 필요 없다면 어쩔 것입니까? 예수님이 누구십니까? 구원자이십니다. 심판을 전제로 하는 것입니다. 무엇에 대한 심판입니까? 죄에 대한 심판입니다. 무엇이 죄입니까? 죄 지은 적이 없다구요? 그러면 왜 죽습니까? 죄의 결과는 사망입니다. 그 아이들 중 안 죽는 아이들이 있나요? 하나님을 모르는 것이 가장 치명적인 죽음입니다. 그 죄 문제를 회복해야 합니다. 그래서 구원자가 필요합니다.

한편, 아이들은 자신의 '필요'에 대해서도 사실 무지합니다. 자신들이 정말 무엇이 필요한지를 모릅니다. 그것도 가르칠 필요가 있습니다. 세상은 안전하지 않은 곳입니다. 언제든 죽음이 찾아올 수 있는 곳입니다. 찾아올 때는 너무 늦습니다. 저들이 말을 하지 않지만, 죄의 문제도 있습니다. 저들이 아직 치유받을 필요를 느끼지 못하더라도 가정으로부터 수많은 상처도 있을 것입니다. 학교에서도 아이들이라 느끼지 못하지만, 저들을 고통으로 몰고 가는, 참된 성장과 행복을 방해하는 '느끼지 못하는 필요들'(unfelt needs)도 있을 것입니다.

그것들을 보여 주어야 합니다. 계시의 빛, 말씀의 빛으로 비추면 됩니다. 우선은, 그 아이들의 '필요'에서 시작하지 말고, '하나님이 누구신가?', '예수님이 누구신가?', '세상이란 무엇인가?'에 관한 성경 계시의 빛에서 시작하십시오.

어둠은 자신이 누구인지를 깨닫지 못하게 합니다. 오직 빛이 올 때, 계시의 말씀이 올 때, 자신의 진정한 필요조차 깨닫는 것입니다. 복음은 '자판기'가 아닙니다. 복음은 우리가 진정 누구인지를 비추어 주는 빛입니다. 하나님과 영원한 나라를 보게 하는 빛입니다. 그 빛을 비추는 주일 강단이 되기를 기도힙니디.

(2) 신적 성품의 중요성(3-4절)

조금 과장된 표현이지만, 한국 교회는 모여서 성도가 '되는' 일 말고는 다른 모든 것들을 다 한다고 할 수 있다. 그만큼 바쁘다. 예배는 드리지만, 봉사는 하지만, 성경 공부도 하고 기도도 하지만, 그리고 기도 응답도 받지만, 결국 하나님의 형상으로 회복되고 성장해 가는 일, 예수 그리스도를 닮아 가는 일에 집중하는 경우는 많지 않다. 소위 '생산성'이 낮은 일이고, '효율적'이지 않고, 교회 성장에 큰 도움이 되기에는 너무 오래 걸리는 일이기도 하기 때문일 것이다. 하지만 이 일이 결정적이고 매우 중요하다. 특히, 베드로후서에서는 더욱 그러하다. 거짓 교사들이 이미 교회 안에서 마구잡이로 활동하고 그 폐해가 날이 갈수록 커져 가는 오늘날의 교회에서도 마찬가지이다. 베드로는 거짓 교사들의 부패한 삶의 행태와 그 파괴적인 영향력에 맞서, '신적 성품의 성장'이라는 해법을 제시한다.

왜 신적 성품이 답인가?

왜 신적 성품의 성장이 답이 될까. 우선, '성품'에 집중해 보자. '성품'(푸세오스, φύσεως)이라는 이 말은 원래 '타고난 본성'으로서 다른 존재와는 본질적으로 구별되는 존재적, 행태적 특성을 가리킨다. 비둘기나 독수리는 뱀처럼 땅을 기어 다니지 않는다. '종'(種)이 다르기 때문이다. 그러므로 '신적 성품'이란, 하나님께로부터 나서 하나님께 속한 영적 생명, 성도가 믿음을 통해서 받은 영적 생명을 전제하는 표현이다. 믿음을 통해 그 안에 중생(重生)하게 된(벧전 1:3-4, '거듭나게 하사') 그 영적 생명이 '하나님의 형상'을 따라 성장하는 모습을 가리킨다고 할 수 있다. 그리고 하늘에 속한 이 영적 생명은 하나님을 '앎으로써' 그 하늘에 속한 모든 생명과 경건의 신적 능력을 공급받고 누리며 성장하게 된다. 이로써, 그 안에 본질적이고 존재적인 성품적 변화가 일어난다. 오직 이런 존재적 변화만이 거짓 교사들의 거짓 가르침과 부패한 행실과 삶의 미혹을 이겨 낸다는 것이다.

왜 '성품'(性品)이어야 하는가?

그래서 거짓 교사들의 강력한 무기인 '더러움과 썩어짐과 허무함'의 강력을 상대하는 일은 지식만으로는 되지 않는다. 단지 안다고 되는 일이 아니기 때문이다. 예컨대, 한밤중에 순대와 피자와 라면을 한꺼번에 먹는 것이 몸에 좋지 않다는 것은 누구나 '안다.' 하지만 먹을 수 있다. 먹고 싶기 때문이다. 먹고 싶은 욕구가, 그것을 먹은 후 다음 날 아침 얼마나 후회할지를 아는 지식보다도 강렬하다. 죄도 그렇다. 알지만 범하게 된다. 약하기 때문이다. 거짓 교사들의 가르침이 잘못된 것이고, 그들이 미혹하는 탐욕과 방종의 유혹이 파멸로 이끌어 간다는 사실을 '아는 것'은 그리 어렵지 않다. 그것을 견디는 것이 어려울 뿐이다. 이단 세미나도 도움은 되지만 결정적이지 않다. 몰라서 안 하는 것도 있지만, 알아도 끌린다면 다른 방책이 필요한 것이다. 하지만 체질을 바꾸면, 먹던 음식을 바꿀 수 있다. 가장 결정적인 계기는 병에 걸리는 경우이다. 그 병이 죽음을 가져온다는 것을 깨닫는다면, 곧 그 병을 유발하는 음식이나 습관을 바꾸려 할 것이다. 그러면 체질이 바뀌게 된다.

베드로가 거짓 교사들의 거짓 가르침과 부패한 삶의 미혹을 이겨 내는 해법을, 하나님을 아는 참된 지식으로 말미암은 신적 성품의 변화에서 찾는 이유가 여기에 있다. 다른 방식은 부족하거나 무력하다. 이런 점에서, 4절에서 신적 성품에 '참여하는 자들'(코이노노이, κοινωνοί)로 표현한 사실도 주목할 만하다. 단지 '참여하라'는 행위를 독려한 것이 아니다. 하나님과 구주 예수 그리스도의 '의'를 힘입어 믿음으로 받는 영적 생명과 뗄 수 없는 관계에 '참여한 사람', 참여한 성도임을 강조하는 것이다. 이런 '연대' 혹은 생명의 교제 속에서, 신자는 신적 성품 곧 하나님께 속해 있고, 하나님께로부터 오는 은혜와 생명의 풍성함으로 성장하는 성품에서 자라 나간다. 베드로는 그것이 믿음에서 출발해서, 덕과 지식, 절제와 인내, 경건과 형제 우애, 그리고 사랑을 향해 성숙해 나간다고 말한다. 다시 한 번 말하지만, 이런 신적 성품에 속한 덕들(virtues)은 단순히 귀로 들어서 기억하고 있는 정도의 지적(知的) 정보가 아니다. 이미 나의 영적 본성과 뗄 수 없는 중생한 나 자신의 일부이다.

그래서 성도의 '성품'이 거짓 교사들의 부패한 삶의 영향력에서 성도 자신을 지켜 낼 수 있다. 그것은 마치 오랫동안 현미밥과 잡곡을 먹는 습관이 들면, 흰 쌀밥에 큰 매력을 느끼지 못하는 경우와 같다. 한때 술이나 담배를 했더라도 오랜 세월 동안 하지 않는 습관 속에서 살았다면, 술이나 담배가 몸에 맞지 않아 생리적으로 거부감이 들 수도 있다. 신적 성품이란 그런 점에서 거짓 교사들의 더럽고 부패한 영적, 윤리-도덕적 악영향에 저항하는 가장 실제적인 대책이 된다. 지적 판단 이전에, 그의 영적 상태와 심령, 인격적 정서와 의지가 그것을 받아들이지 못하거나 거부하는 상태로 성장해 가고 있기 때문이다.

왜 '신적'(神的)이어야 하는가?

베드로후서가 거짓 교사들의 공략에 대해 신적 성품에 참여하는 것을 해법으로 제시하는 데에는 당연하지만 깊이 살펴볼 필요가 있는 또 하나의 이유가 있다. 그것은 성도가 갖추어야 할 그 성품이 '신적' 성품이라는 사실이다. 하나님께 속해 있고, 하늘에 속해 있고, 종말에 속해 있는 '신적'(떼이아스, θϵίας) 성품이기 때문에, 하나님이 아니라 '거짓말쟁이요 살인자'(참조. 요 8:44; 요일 3:8)인 마귀를 대적하여 승리할 수 있고, 하늘이 아니라 땅에 속한 '악한 정욕'(2:10, 12)에 대해 승리할 수 있다. 그리고 종말에 온전히 재창조될 '새 하늘과 새 땅'에 속해 있는 성품이기 때문에(3:11-14), 이미 심판 아래 있는 '현세'(present age)에 속한 부패한 죄성(罪性)을 극복하고 승리할 수 있다. 그래서 '신적' 성품이 거짓 교사들의 전략을 분쇄하는 하나님 나라 백성의 적실한 전략이 된다.

이런 점에서, 베드로후서 1:1부터 나오는 '구주'(소테르스, σωτῆρος)라는 칭호는 결코 예사롭지 않다. '구원자'라는 의미의 이 칭호는, 하나님의 진노와 심판을 전제하는 표현이다. 마치 유월절 날 죽음의 사자가 온 애굽 땅을 휩쓸며 장자들을 쳐서 죽일 때, 오직 어린양의 피를 문설주에 바른 집만 그 죽음을 피해 살아났던 사건을 떠올리게 한다. 베드로후서 3장이 그런 최종적 미래의 심판을 선포하고 있다면, 1장에서 예수 그리스도를 '구주'(救主)로 부르는 것은, 장차 '하늘이 큰 소리로 떠나가고 체질이 뜨거운 불에 풀어질' 그때 그 불같은 심판과 하나님의 진노에서 우리를 건져 주실 분은 구주 예수 그리스도뿐이라는 것이다. 이런 종말론적 구원자로서의 '구주'라는 표현은 1:11에서 '예수 그리스도의 영원한 나라'에 들어감을 언급하는 종말론적 문맥에서, 그리고 역시 '말세'에 대한 종말론적 가르침을 언급하는 문맥에서(3:2), 그리고 결정적으로는 하나님을 아는 지식과 신적 성품에서 성장하는 일을 독려하기 위한 종말론적 문맥에서 최종적으로 사용된다(3:18).

더 큰 그림을 보자. 베드로후서는 베드로전서와 짝을 이룬다. 교회사를 통해 전해져 내려오는 신약 27권의 책을 정경으로 인정한 정경 목록에 대한 기록들은, 베드로후서가 사도 베드로의 저작으로서 베드로전서와 긴밀한 관계에 놓여 있음을 인정해 왔다. 이런 사실을 염두에 두고 베드로의 두 서신의 서문을 서로 비교해 보면, 그 주요 개념이나 신학의 틀이 일관됨을 알 수 있다. 중요한 예로서, 베드로후서에서 보배로운 믿음을 가진 성도가 참여해야 할 '신적 성품'의 특징을 묘사하는 내용들이, 베드로전서에서 장차 성도가 온전히 받아 누릴 하늘에 간직된 '유업'(inheritance)을 묘사하는 특징들과 일치한다는 사실을 들 수 있다.

베드로전서 1:3-4에서, 하나님께서 예수 그리스도의 부활하심으로 말미암아 거듭나게 하신 성도는 부활 생명처럼 죽음과 세상을 이긴 '살아 있는 소망'을 갖게 된다(벧전 1:3). 소망이 살아 있는 이유는, 종말에 그들이 유업으로 받을 하나님의 나라가 이미 그들이 거듭남으로 받아 누리는 그리스도의 부활 생명으로 임재해 있기 때문이다. 중요한 것은, 장차 온전히 누리게 될 그 '하늘의 유업'의 특징이다. 그 특징은 삼중적으로 묘사되는데, '썩지 않고, 더럽지 않고, 쇠하지 않는' 특징들이다. 그리고 이 세 가지 특징들은 정확하게 '세상'(코스모스, κόσμος)의 세 가지 특징인 '썩어지고 더럽고 쇠하는'(혹은, 허무한) 특징과 반대이고 또한 대립한다(벧전 1:4).

하늘의 유업이 '썩지 않는'(아프싸르톤, ἄφθαρτον)다는 것은 죽음의 지배 아래 있지 않다는 뜻이다. 반대로, 세상은 그렇지 않다. 죽음 아래 놓여 있다. '더럽지 않고'(아미안톤, ἀμίαντον)는 죄의 지배 아래 있지 않다는 의미이다. 세상은 그렇지 않아서, 죄로 인해 오염되고 더러워지는 곳이다. 또한, 하늘에 간직된 유업은 '쇠하지 않고'(아마란톤, ἀμάραντον) 영원하다. 세상은 그렇지 않다. 영원하신 하나님과 분리되어 있기 때문에, 끝이 있고 쇠하고 멸망한다. 흥미로운 사실은, 베드로전서 1장 서문에 나타나는 하늘의 '유업'과 '세상'의 본질을 핵심적으로 요약하는 '썩어지고, 더럽고, 허무한' 삼중적인 특징이, 베드로후서 1장 서문에도 그대로 나타난다는 점이다. 이를 도표로 나타내면 아래와 같다:[18]

벧전 1:4	'유업'	a 썩지 않고	b 더럽지 않고	c 쇠하지 않는
벧후 1:4	'세상'	a' 썩어짐	b' 정욕(더러운, 2:10)	c' 신적 성품 / 영원한(1:11)

베드로후서 1:4에서 신의 성품에 참여하는 자는 '세상에서 썩어질 것'을 피하여야 한다고 권면한다. '세상'(토 코스모, τῷ κόσμῳ)의 우선적인 특징이 '썩어지는'(프쏘라스, φθορᾶς) 것임이 명확하게 표현되었다. 죽음의 지배 아래서는 모든 것이 썩는다. 세상에 있는 모든 것은 썩어짐의 종노릇한다(롬 8:21). 그래서 썩어

18 이 표는, 채영삼, 『공동서신의 신학』, "제4장 2.1 Κόσμος의 특징과 '영원한 나라'(Βασιλεία)의 신적 성품(1:3-4, 11)"에 실린 도표를 수정 보완한 것이다.

짐은 죽음의 뚜렷한 현상이고, 하나님을 떠난 세상의 가장 본질적인 특징이다. 반대로 3절에서 '생명'(조엔, ζωὴν)은 하늘의 생명, 곧 죽음을 이기시고 부활하신 예수 그리스도의 부활 생명과 본질적으로 동일한 생명이다. 신자는 이 부활 생명을 이미 받았고 더욱 충만하고 온전하게 받음으로써, 신적 성품에서 자라게 되며, 그로 말미암아 죽음 곧 썩어짐이 지배하는 이 세상을 이길 수 있게 된다.

그다음, 죄의 지배 아래 있는 세상은 거룩하신 하나님과 분리되어 있기 때문에 쉽게 오염된다. 더러워짐 혹은 '거룩의 오염'(contamination)이 세상의 두 번째 뚜렷한 특징인데, 4절에서 신적 성품에 참여하는 성도는 썩어질 '정욕 안에 있는 세상에 갇힌 상태' 혹은 '정욕으로 말미암아 세상에 갇힌 상태'에서 피하여 달려 나와야 한다. 여기서 '정욕 안에'(엔 에피쑤미아, ἐν ἐπιθυμίᾳ) 혹은 '정욕으로 말미암아'라는 표현은 세상과 깊이 연결되어 있다.

'정욕'이라는 말은 그 자체로는 일종의 욕구 혹은 열정으로서 하나님의 좋은 선물(*dona bona*)이지만, 썩어짐 곧 죽음의 종노릇하는 세상 안에 갇힌 인간의 정욕은 그 본질이 오염되고 왜곡된 채로 존재하고 작용한다. 이것이 신약에서 '정욕'이라는 단어가 거의 부정적으로 사용되는 이유이기도 하다. 베드로후서 2:10에서 육체를 따라 '더러운 정욕 가운데서'(엔 에피쑤미아 미아스무, ἐν ἐπιθυμίᾳ μιασμοῦ) 행하는 자라는 표현은 정확히 이런 용례이다. 죽음은 죄의 결과이며, 죄는 죽음의 원인이다. 이런 점에서 썩어짐과 더러움은 짝을 이룬다. 둘 다 세상의 본질적인 특징이다. 반대로, 3절의 '경건'(유세베이안, εὐσέβειαν)은 더러움과 반대이며 '생명' 곧 썩지 않음과 짝을 이룬다. 그래서 경건은 생명과 함께 오직 신적 능력으로 주어지며, 신적 성품으로 구현할 수밖에 없는 '하늘의 유업'의 특징이다.

한편, 4절의 '생명과 경건'이라는 표현을 단지 '경건한 생활'의 다른 표현이라 보기도 하는데, 이는 문맥상 '썩어짐'과 '더러움'의 특징들이 따로 있음을 간과한 이해이다. 또 다른 이는, 여기서 언급된 '생명'이라는 개념이, 인간이 세상에서 살아갈 때 필요한 생존 조건으로서 당시 로마에서 영아나 어린아이의 생존율이 낮았던 사실 그리고 30살 넘게 사는 사람들도 많지 않았다는 사회적 배경에 근거해서, 그저 건강하게 오래 살 수 있는 그런 육적 생명을 가리킨다고 보기도 한다(G. Green, 182). 하지만 이런 견해는 베드로후서의 종말론적 심판과 구원의 문맥을 도외시한 해석이며, 어쩌면 그것이 정확히 거짓 교사들이 그렇게 해석하고 싶어 하는 방향일 수도 있다. 물론 종말론적이고 영원한 영적 생명의 풍요함이 육적 생명의 풍요함을 포함할 수도 있지만, 반드시 그렇지는 않기 때문이다.

마지막으로, 베드로후서 1:4의 전후 문맥에서는 정확히 '쇠하지 않는'(참조. 벧전 1:4)이라는 문구가 나오지 않는다. 하지만 개념은 깃들어 있다. 하늘의 유업은 '쇠하지 않는' 유업, 영원한 나라이다. 반면, 세상은 쇠하는 것을 특징으로 한다. 영원하지 않은 것이다. 영원하신 하나님과 분리되어 있기 때문이다. 그렇다면 베드로후서 1:4에서 쇠하지 않는 특징을 가진 것은 하나뿐이다. 곧 '신적 성품'이다. 정확히는 '신적'이라는 표현에 들어 있는 하나님의 임재이다. 실제로, 이와 개념적으로 동등한 '영원한'이라는 표현은 조금 뒤인 1:11에 나온다. '우리 주 곧 구주 예수 그리스도의 영원한 나라'인데, 이 '영원한(아이오니온, αἰώνιον) 나라'는 미래적이고 종말론적인 나라이다. 하지만 이 영원한 나라는 '주 예수 그리스도의' 나라 곧 그의 통치(바실레이안, βασιλείαν)이며, 이런 의미에서 그 나라의 쇠하지 않는 영원성은 '주 곧 구주 예수 그리스도'(1:1, 2)를 믿음과 그를 아는 것을 통해,[19] 현재에도 이미 성도들 안에 신적 성품으로 자리 잡는 것이다.

중요한 것은, 베드로후서에서는 이 하나님의 임재, 그 썩지 않는 영원함이 베드로전서 1:4의 경우처럼 장차 온전히 누릴 '하늘의 유업' 곧 '새 하늘과 새 땅'에 함축되어 있지 않고 도리어, 그리스도를 믿음으로 이미 그들 안에 주어져

19 1:1과 11절에 동일하게 '구주'(소테로스, σωτῆρος)라는 표현이 사용되는데, '구주'는 종말의 심판 곧 하나님의 공의의 진노 아래서 그의 백성을 구원해 내는 그리스도를 가리키는 매우 종말론적인 메시아적 칭호이다.

있는 '생명'과 '경건'에 이르게 할 모든 신적 능력으로 말미암아, 성도의 '신적 성품' 안에 내재(內在)되도록 계획되어 있는 셈이다. 이런 차이점이 역시, 베드로전서와 베드로후서의 관점의 차이를 보여 준다. 베드로전서는 하나님의 나라의 큰 관점에서 세상 속의 교회를 다루고 있다면, 베드로후서는 좀 더 내면적으로 그 교회 곧 성도 안에 들어와 있는 세상을 다루고 있기 때문이다.

그러므로 신적 성품이란 썩지 않고 더럽지 않고 허무하지 않은 영원한 하나님 나라, 곧 종말에 실제로 온전히 이루어질 '새 하늘과 새 땅'에 속한 본질적인 '생명과 경건'의 내용이, 이미 썩어지고 더럽고 쇠하는 이 세상 속에서라도, 하나님을 아는 참된 지식을 통해 교회인 성도 안에 자리 잡고 그들의 신적 성품으로 내재화된 형태로 존재함을 보여 주는 것이다. 바로 이런 교회, 이런 성도가 '죽음과 죄와 하나님 없는 허무의' 세상을 이길 수 있음은 당연한 이치이다.

말하자면, 베드로후서가 제시하는 '신적 성품'은, 구원의 보배로운 약속을 받은 성도들이 장차 종말에 온전히 성취될 신천신지(新天新地)의 생명과 거룩과 영원함을 지금 여기 세상 속에서 하나님과 그리스도를 아는 지식을 통해 영직이고 내면적으로 누리는, 주요 구주 되신 예수 그리스도의 통치의 실재(reality)이다. 이런 관점에서, 장차 그 새 하늘과 새 땅에 들어갈 성도는 지금 여기에서 신적 성품에 참여하는 자일 수밖에 없으며, 지금 여기 죽음과 죄와 허무가 판치는 세상 한복판에서 신적 성품에 참여하는 자가 아니면 능히 그 영원한 나라에 들어갈 수 없을 것임은 자명해진다.

'주셨으니'의 복음

베드로는 이런 논리로 8절 이하 11절까지를 전개한다. 누구든 예수 그리스도를 알기에 게으르지 않고, 열매 없는 자가 되지 않아야 한다(8절). 곧, 신적 성품의 성장에 진보를 보여야 하는 것이다. 그렇다면 우리가 정말 이런 신적 성품에 참여하는 자로 성장해 나갈 수 있을까. 정말 그렇게 할 수 있을까. 실제로 우리는 얼마나 연약한가. 믿음도 부족한데 어떻게 덕을 세우는가. 지식도 없고 절제는 더더욱 부족하지 않은가. 경건은 남에게 드러날 때만 조금 있지, 내면적으로는 턱없이 진실하지 못하다. 형제 우애는 내가 사랑할 수 있는 사람들에게만 제한되어 있고, 하나님과 주 예수 그리스도께서 보여 주신 그 사랑에 이르기에는 말도 안 되게 모자란다. 정말, 우리는, 나는, 신적 성품에 참여하는 자가 될 수 있을까?

베드로는 부르심을 받은 성도는 누구나 그럴 수 있고, 그래야 하고, 또한 그럴 수밖에 없다고 가르친다. 그럴 수 있다. 왜냐하면 하나님께서 우리가 신적 성품에 참여하여 성장할 수 있는 모든 '신적 능력'을 '이미 주셨기' 때문이다. 그러므로 하나님께서 부르신 성도 중에, 신적 성품에 참여하여 성장할 수 있게 하는 그 신적 능력을 받지 않은 사람은 한 사람도 없다.

"3절 그의 신기한 능력으로 생명과 경건에 속한 모든 것을 우리에게 주셨으니"(개역개정)

무엇보다, '주셨으니'(데도레메네스, δεδωρημένης)는 완료형으로 이미 일어난 일이고 그 결과가 현재까지 미치고 있는 상황을 표시한다. 더구나 신적 수동태로 볼 수 있기 때문에 정확한 의미를 풀어 쓰면, '하나님께로부터 이미 주어져 있으니'가 된다. 이미 주어져 있다. 얼마나 놀랍고 큰 은혜인가. 얼마나 견고하고 또 감사한 은혜인가. 생명과 경건에 속한 모든 것을 우리에게 이미 주셨다. 주신 그 모든 것이 여전히 우리 안에 머물고 있다.

여기서 '생명과 경건에 속한 모든 것'이라는 말은, 생명과 경건에 '이르게 하는 모든 것'(판타 타 프로스, πάντα τὰ πρὸς)을 이미 주셨다는 것이다. 앞서 언급했듯이, '생명과 경건'이라는 표현을 두고 이는 '경건한 생활'을 강조하기 위한 중복적인 표현이라 보는 견해도 있지만, 여기서 생명과 경건은 '썩지 않고 더럽지 않은' 하늘에 간직된 유업의 본질적 특징이라는 점을 간과할 수 없다. 베드로가 강조하는 바는, 장차 그 하늘의 유업을 받아 누릴 성도에게 바로 지금 그 하늘의 생명과 참된 경건에 이르게 하는 이 놀라운 모든 능력이 이미 주어져 있다는 사실이다. 그가 예수 그리스도를 믿고 받아 영적 생명을 얻었을 때에, 하나님이 그리스도와 함께 그 신적 능력을 이미 그에게 주셨기 때문이다. 신자는 다만 믿음을 통해 하나님과 주요 또 구주이신 예수 그리스도를 더욱 '알아 감으로써' 그에게 주신 하늘에 속한 모든 신령한 은혜를 누리고, 그의 신적 성품이 지속적으로 성장하는 데에 공급되는 자양분으로 삼을 수 있고 또 그래야 한다.

그러므로 예수를 믿은 사람은 누구나 생명과 경건에 이르는 데 필요한 모든 신적인 능력을 받은 것이며, 또한 아무도 자신은 못 받았다고 핑계 댈 수 없다. 이미(!) 주셨기 때문이다. 하나님께서 그의 성도에게 주신 '신적 능력'(테스 떼이아스 두나메오스, τῆς θείας δυνάμεως; '신기한 능력', 개역개정/한글)은 어떤 목적을 위한 것인가? 그것은 '생명과 경건에 이르게' 하실 목적으로 주신 능력이다. 다른 것은 몰라도 성도가 하늘에 속한 생명과 참경건에 이르고자 하면, 그 목적을 달성하는 일에 요구되는 모든 '신적인' 능력이 이미 그에게 주어져 있다는 사실에 흔들림 없이 굳게 서야 한다. 갑자기 부자가 되게 해 달라거나, 내가 정한 소원을 성취하게 해 달라고 하는 문제로 하나님께 '신기한' 능력을 구하는 것이 아니라, 자신이 '새 하늘과 새 땅'에 들어가기에 합당한 하늘의 생명으로 풍성하게 되고 또한 그 나라에서 살 만한 참된 경건으로 채워지고 싶다고 간절히 구하고 또 그렇게 되고자 하면, 아무것도 방해할 수 없는 하나님의 능력이 이미 그에게 주어져 있으며, 그래서 누구도 그 목적에 이르지 못할 일이 전혀 없다는 의미이다. 얼마나 크고 놀랍고 기쁜 은혜요 약속인가.

그러므로 신자가 경건에 이르지 못할 이유가 없다. 아무도 핑계 댈 수 없기 때문이다. 그래서 동시에 베드로는, 신적 성품에 대해 그 덕목들을 힘써 '공급하라'(1:7)든지 '주 예수 그리스도를 알기에 게으르지 않고 열매 없는 자가 되지 말라'(8절), 또한 '부르심과 택하심을 굳게 하라'(10절)고 적극적으로 권면하는 것이다. 생명과 경건에 이르는 데 필요한 신적 능력이 가득한 모든 것을 '이미' 주셨지만, 그것은 여전히 '보배롭고 지극히 큰 약속'으로 남아 있다. 물론 이 존귀한 '약속'(에팡겔마타, ἐπαγγέλματα)도, 앞서 언급했던 신적 능력으로 '주신 바 된'(3절) 모든 것의 경우처럼, 이미 하나님에 의해 우리에게 '주어진 바 된'(데도레타이, δεδώρηται, 4절) 은혜의 선물이다. 다시 말해서, 생명과 경건에 이르게 하는 그 '신적 능력으로부터 주어진 모든 것'은, 우리로 하여금 하나님과 그리스도를 알게 하고 그럼으로써 하늘의 생명과 경건을 따라 신적 성품에서 성장하게 하지만, 그 온전함은 여전히 종말에 완성될 '새 하늘과 새 땅'과 함께 보배롭고 지극히 존귀한 약속으로 남아 있다는 뜻이다.

'피해 달아나라'

그래서 1:2-7에서는 '신적 성품'의 성장에 대해서 말하고, 후반부인 8-11절에서는 '영원한 나라'(참조. 3:10-13)에 대해서 언급하는 것은 자연스러운 순서이다. 성도가 신적 성품에서 자라 나가는 것이나, 그래서 결국 그 영원한 나라에 넉넉히 들어가는 것은, 그러므로 모두 하나님께서 '이미 주시고 또한 장차 이루실' 그의 모든 신적 능력과 보배로운 약속에 근거한다는 기쁜 소식이다. 이런 점에서, 생명은 경건과 분리될 수 없는 복(福)이라는 사실을 확인할 필요가 있다. 참된 경건 없이 생명은 없다. 하나님께서 생명의 창조주이시며 근원이신데, 그분을 경외함이 없이 생명을 누린다는 것은 언어도단이다. 경건이란 거룩한 삶이며, 거룩한 삶이란 하나님께 속하여 하나님의 다스림 안에서 거하며 산다는 뜻이다. 그 안에 생명이 풍성함은 말할 것도 없다.

거룩 없이 생명을 약속하고, 경건 없이 생명을 보장하는 것은 그래서 거짓 가르침이며, 이런 헛되고 가증한 가르침으로 교회를 유혹하고 더럽히는 거짓 교사들의 활동은 2장 이하에 자세히 고발되어 있다. 베드로는, 이미 '생명과 경건'을 한데 묶음으로써, 생명과 자유를 누리는 것은 오직 경건과 거룩을 통해서만 가능하다는 진리를 역설하며 시작하는 셈이다. 여기에, 성도들이 신적 성품에 힘써야 할 참된 이유가 있다. 장차 오는 하나님의 나라, 이 세상과는 본질적으로 다른 신천신지에 들어가려면, 그리고 이미 그 썩지 않고 더럽지 않고 쇠하지 않는 나라의 '생명의 통치' 아래서 살고 있다면, 그는 반드시 경건에 이르러야 한다.

그래서 베드로는 신적 성품에 참여하라고 권고하면서, 동시에 '썩어질 정욕 가운데 있는 세상으로부터 벗어나라'(4절)고 강조한다. 불이 붙어 활활 타오르기 시작한 건물에서 뛰어나가듯이, 물이 새어 들어와 가라앉기 시작한 배에서 뛰어내리듯이, 피해 달아나라는 것이다. 이 '첫째 세상'은 하나님의 진노와 정해진 심판 아래 놓여 있다(3:7). 사실 '세상으로부터'라는 표현은 정확히 하면, '세상 안에 사로잡힌 상태로부터'(테스 엔 토 코스모, τῆς ἐν τῷ κόσμῳ)라는 의미이다. 썩어짐 곧 죽음의 지배와 죄를 섬기는 정욕, 그리고 그것들로 뒤범벅이 된, 하나님을 떠났고 또 그분과 그분의 통치에 반역하는 세속적 세상의 손아귀에 붙잡히지 말고, '피해 달아나라'(아포퓨곤테스, ἀποφυγόντες)는 뜻이다.

공간적인 의미에서 세상을 피해 벗어나라는 의미가 아님은 물론이다. 죄가 가득한 도시를 피해 깊은 산속으로 달아나도 거기서 사람은 '썩어질 정욕 가운데 있는 세상'을 만날 수 있기 때문이다. 불의한 일과 불법한 일이 많은 직장을 피해 교회 안으로 들어왔다고 해서, 거기서 세상을 만나지 않는다는 법은 없다. 베드로후서 주제 자체가 '교회 속에 있는 세상' 아닌가! 죄의 더러움과 죽음의 썩어지는 악취가 풍기는 곳은, 그곳이 교회이든 우리의 심령이든 거기가 피해 달아나야 할 세상이다.

'참여하는 자가 되라'

그래서 피해 달아나는 것은 부정적으로 취해야 할 어떤 '행동'이지만, 그렇게 해서 반대로 적극적으로 취해야 하는 일은 무엇이 '되는 일' 곧, 신적 성품에 참여하여 성장하는 자가 '되어 가는' 일이다. 세상의 죄와 죽음의 지배 아래서 얽히고설킨 더러움과 썩어짐 속에서 뒹굴지 말고 도리어 그것을 피해 달아났지만, 이제 교회에서 또한 분주하게 일하고 행함으로 어떤 행위의 측면에서 '다른 종교적인 일들'에 몰두하라는 뜻이 아니다. 이제는, '되라'는 초청이고 명령이다. 이제는 더욱더 하나님과 그리스도를 아는 지식에 '거하고', 그분과 그분의 약속, 그분의 나라와 통치를 '경험하고 앎으로써', 그 안에서 주신 모든 신적 능력을 통해 생명과 경건으로 가득한, 신적 성품에 '참여하는 자가 되라' 또는 그런 자로 '자라 가라'(3:18)고 권면하는 것이다.

그렇다면 어떻게 하는 것이 신적 성품에 '참여하는 자가 되는' 길인가? '참여한다'는 것은 어떻게 한다는 것인가? 4절의 신적 성품에 '참여하는 자들'(코이노노이, κοινωνοὶ)이라는 표현 속에, 잘 알려진 '코이노니아' 흔히 '교제'로 번역되는 단어의 형태가 들어 있다. 흔히 코이노니아 하면, 예배 후에 커피를 마시며 삶을 나누고 대화하는 정도의 사귐으로 생각하기 쉽다. 하지만 4절 전후의 문맥은 전혀 그렇지 않다. 불타는 건물에 머물러 있지 말고, 밖으로 뛰어나오라는 것처럼, 하나님의 진노의 심판 아래 있는 세상 안에서, 그 더러움과 썩어짐과 함께 뒹굴지 말고, 뛰어나와 하나님의 신령한 능력, 하늘의 생명과 경건에 이르게 하는 지식과 사귐 속에 거하라는 의미이다. 대립적이고, 양자택일이고, 서로 양립할 수 없는 교제인 셈이다.

그래서 '코이노니아'는 굳이 엄밀하게 말하면 '연대'(連帶)라는 뜻에 가깝다. 그것은, 고대에서 친구 사이의 '교제'로 생긴 친밀한 관계를 뜻하는 '우정'(필리아, φιλία)이, 오늘날 사람들이 생각하는 페이스북 같은 SNS에서 맺는 정도의 친밀도와는 크게 다른 것과 유사하다. 고대의 팔레스타인 지중해 문화 배경이나 그레코로만의 문화처럼, 배타성과 동질의 그룹 사이의 친밀도가 중요했던 시대적 배경과 함께, '필리아'는 '원수'(엑쓰라, ἔχθρα)와 반대말로서 정치-종교-사회적 운명을 같이하는 깊은 연대(solidarity)로 맺어진 공동 운명체 같은 관계를 가리킨다(참고. 약 4:4). 중간은 없다. '내 편'과 '네 편'이 곧바로 친구와 원수로 나뉘는 배타적 사귐이며, 연대하여 사귀는 그 대상과 같은 길, 같은 운명, 같은 목적지를 향해 함께 가게 되어 있는 관계라고 할 수 있다.

그렇다면 4절의 문맥에서 '참여하는 자'는, 단지 사업상 혹은 정치적 목적으로 연대한 '동업자' 또는 '동역자'(partners) 정도의 의미를 넘어선다. 존재적인 변화, 전인격적인 그 사람의 변화를 포함하기 때문이다. 하나님께서 언약의 성취로 주신 종말의 신적 능력을 따라 일어나는 신적인 인식(認識) 현상을 통해 신적 성품에 참여하는 일은, 신자의 신앙적, 도덕적 판단과 행위들을 통해 분명히 그 사람 안에 본질적이고 존재론적인 변화, 인격적이고 성품적인 변화를 일으키기 때문이다.

이런 신적 성품에 참여하는 자가 되게 하신, 하나님의 보배로운 부르심의 약속에는 후회하심이나 실패하심이 없다. 그 목적지는 '생명과 경건'이며, 그 종말의 영원한 생명과 세상을 이기는 경건이라는 목표에 이르기 위해 필요한 모든 신적 능력도 이미 그들에게 주어져 있다. 같은 운명으로 묶여 있다. 같은 목적지인 '새 하늘과 새 땅'을 향해 간다. '의와 화평이 거하는'(3:13) 그 나라에서 살기에 적합한 '거룩한 행실과 경건의 백성들'(3:11)이 되어야 한다. 그렇게 될 것이고, 그럴 수밖에 없기 때문에 더욱더 그 교제 안에 거하기를 힘쓰라는 것이 '참여하는 자가 되라'는 의미이다.

성전 건축이 아니라 예배당 건축입니다

필요하면 예배당 건축하십시오. 하지만 그것을 성전 건축이라는 비성경적이고 잘못된 표현으로 복음을 훼손하지 맙시다. 예배당을 건축해 놓고 성전을 세운 것처럼 우쭐하거나 자랑할 일로 만들지도 맙시다. 성전은 예수님의 몸이요, 예수님과 연합한 성도들뿐입니다.

돌로 지은 성전은 무너졌고, 다시 지을 일도 없습니다. 예루살렘에 다시 짓는다는 제3의 돌집이나 당신의 그 크고 우람한 돌 예배당은 신약에서 한 번도 그 거룩한 하나님의 집, 성전으로 불린 적이 없습니다.

복음에 반역하지 마십시오. 말씀을 거스르지 맙시다. 예배당은 성전이 아니고, 예배당 건축도 성전 건축이 아닙니다. 착각하지도 말고, 착각하게도 맙시다. 참성전으로 지어져 가는 성도들을 예수 그리스도로 충만케 하는 진짜 건축을 하십시다.

예배당 건축해 놓고 온 세상의 손가락질은 다 받으며 하나님의 이름을 땅에 떨어뜨리고, 예배당 지어 놓고 성도들은 모두 세상 사람들로 만들어 놓은 것이 어떻게 성전 건축입니까.

성경을 모르는 무식함과 부끄러움에서 벗어납시다. 말을 바꾸어야 합니다. 말씀에 따라 우리의 말을 고쳐 잡아야 합니다. 말씀에 따라 말이 바뀌어야 삶이 바뀝니다.

돌집은 성전이 아닙니다. 살아 계신 예수님이 돌부처가 아니듯이, 살아 있는 성도들이 벽돌들이 아니듯이, 성전은 예배당이 아닙니다.

필요하다면 건축하십시오. 하지만 예배당을 성전이라고 부르는 습관을 버립시다. 속이지 말고, 스스로 속지도 맙시다. 지금도 '산 돌'이신 예수님을 머릿돌로 살아 있는 성전을 건축해 가시는 성삼위 하나님만 따라갑시다.

성전은 성도입니다. 하나님이 친히 예수 그리스도로 말미암아 거기에 임재하시는 성도들 자신입니다. 아는 것을 말하고 행하여 혼돈과 거짓 뒤에 숨어 있는 우리의 죄악을 버립시다.

하나님께서 이루신 복음의 역사를 허물고 되돌리는 악한 일을 하지 맙시다. 예배당을 성전이라 부르는 습관을 버립시다. 복음의 회복은 작지만 강력하고 파괴적인 오류를 말씀으로 바로잡는 데서 시작합니다.

탈진, 사귐과 섬김

교회란 무엇인가. 교회의 부흥이란 무엇인가. 교회가 건물이 아니라 성노라면, 교회의 부흥은 성도 한 사람, 한 사람의 성장이어야 한다.

탈진한 청년들을 많이 본다. 예수 믿자마자, 교회는 이들에게 많은 일들을 맡긴다. 처음 믿고 은혜받았으니 기쁨도 크고 확신도 크다. 그래서 일을 하고, 일만 한다.

몇 년이 지나면, 탈진했다는 사실을 알게 된다. 자라지 않았기 때문에, 더 이상 감당할 수 없는 일에 짓눌린다.

물 한 방울밖에 없는 컵으로 누구를 마시게 할 수는 없다. 그래서 그릇을 깨게 된다. 탈진이다. 씨앗을 심어 놓고, 아무도 돌보지 않은 것이다.

일이 아니라, 사귐이다. 하나님 아버지와 아들과 성령과 말씀 안에서, 믿음의 식구들 안에서 참된 사귐이 없이, 그 영적 생명은 자랄 수 없다. 자랄 수 없다면, 일할 수 있는 기간은 정해져 있다.

교회가 성도이고, 성도의 성장이 교회 성장이라면, 성공한 목회자의 자랑은, 예수 믿은 한 사람, 한 사람 속에 심긴 그 영적 생명의 성장일 것이다. 그것이 가장 기쁠 것이다. 사귐 없이, 일을 할 수가 없다. 주께서도, 그분을 도와 일을 부탁하시기 전에, 초청하시고 함께 있게 하셨다. 청년들이여, 탈진하지 말라. 게으르지도 말라. 주님과 사귀는 만큼, 섬길 수 있다. 부지런히 사귀고, 부지런히 섬기자.

"이에 열둘을 세우셨으니 이는 자기와 함께 있게 하시고
또 보내사 전도도 하며"(막 3:14)

(3) 신적 성품의 특징과 내용(5-7절)

그렇다면 신적 성품의 내용은 어떤 것인가? 우선, 신적 성품에 참여하는 자가 된다는 말을, 마치 하나님과 내가 하나가 된다든지 무슨 '신인합일'(神人合一)의 경지에 이른다는 식으로 생각하지 말아야 한다. 이런 생각은 하나님이 세상 만물과 본질적으로 다를 것이 없다는, 즉 '모든 것이 신적이고, 신도 만물(萬物)과 다를 바 없는 존재'라고 믿는 범신론(汎神論)적 발상에 기인한다. 그렇지 않다. 동방정교의 신학자들은 혹시 이 개념(*theosis*)이 줄 수 있는 오해 곧, 우리의 인간 본성이 하나님의 고유한 본성으로 변화되어 그 본질이 바뀐다는 이단적 발상에 매우 민감했다(Harink, 142).

성경에서 인간은 아무리 최고의 경지라도, 존재적으로 하나님의 수준에 이를 수 없다. 인간은 피조물이고 하나님은 창조주이시기 때문이다. 하나님은 창조주이시고 모든 만물은 그분에 의해 지어진 피조물이다. 이 간극(間隙)을 넘을 수는 없다. 그래서 베드로후서가 말하는 신적 성품은, 일부 기독교 전통에서 추구하던 잘못된 신비주의와도 다르고, 또한 당시 헬라의 철학적, 도덕적 사고의 토양에서 말하던 어떤 윤리-도덕적 '덕들'(virtues)의 수준과도 다른 것이다. 무엇보다, 구약의 창조주 하나님과 언약에 신실하신 하나님께서 성취하신 종말론적 실재(reality)에 근거한, 새로운 인간론이라 할 수 있다. 이 중요한 신적 성품에 관한 본문을 세심하게 옮겨 보자.

"5절 그래서 바로 이것을, 모든 열심을 다 쏟아부어, 여러분의 믿음에 덕을, 덕에 지식을, 6절 지식에 절제를, 절제에 인내를, 또한 인내에 경건을, 7절 경건에 형제 우애를, 형제 우애에 사랑을 공급하십시오."

새 하늘과 새 땅의 사람들

신적 성품이란 무엇인가? 성경은 인간이 하나님의 '형상'(image)으로 지음 받았다고 말하기도 하고(창 1:27), 우리 안에 그리스도의 '형상이 이루어지게'(모르포떼, μορφωθῇ) 하라고 권면한다(갈 4:19). 이는 하나님의 인격적이고 성품적인 특징을 반영하는 것이지, 하나님처럼 되는 것이 아니다. 태양과 그 태양 빛을 반사하는 거울은 본질적으로 다르다. 하지만 빛을 비춘다는 점에서는 유사하다. 그런 차이이다. 거울은 태양도 빛도 아니다. 인간은 하나님에 대하여 그런 존재이다. 마치 물을 담은 그릇처럼, 하나님이 계시지 않으면 인간은 하나님의 본성을 담아 드러내는 '형상'도 될 수 없는 '절대 의존적' 존재이기 때문이다.

오히려 인간이 '하나님처럼 된다'는 것은 뚜렷한 반역의 징표이다. 하나님의 본성을 닮지 않은 채, 다만 하나님과 같아지려고 하는 것이 인간의 무모한 교만이고 어리석음이며, 그것이 곧 악한 자 마귀의 거짓되고 헛된 미혹에 속은 마음의 결과이기 때문이다(창 3:5). 세상은 하나님을 떠났음에도 불구하고, 하나님처럼 되려 한다. 스스로 전능자인 것처럼 행세하려 하고, 모든 것을 알고 모든 것을 통제하며, 무소부재(無所不在)하고, 스스로 창조주인 체 행세한다. 결국 자신이 모든 것 속의 모든 것이 되어, 그 지극한 영광의 자리에 영원토록 서려고 한다. 그것이 바벨탑이다(창 11:9).

베드로후서가 가르치는 신적 성품은, 이와 본질적으로 다르며 근본적으로 다른 방향을 향하고 있다. 4절의 '신적 성품'(떼이아스 푸세오스, θείας φύσεως)에서 '성품'으로 번역된 말은 원래, 하나님께서 창조하실 때 각기 '종류대로' 지으셨다고 할 때 그 '종'(種, 푸시스, φύσις)에 해당하는 용어이기도 하다. 그러므로 이 개념에는 어떤 존재적이고 본질적으로 다른 본성(本性)이라는 의미가 들어 있다. 확실히 그러하다. 죽음을 이기신 예수 그리스도의 부활 생명을 통해 거듭난 성도는, 본질적으로 죄와 죽음의 권세 아래 갇힌 자연인의 본성과 다른 본성을 갖게 된다.

그래서 베드로후서 1:4 전후 문맥이 가르쳐 주듯이 신적 성품이란, 하나님을 떠나 '죄와 죽음' 아래 갇힌 세상과 함께 변질된 인간 본성 안에서는 전혀 찾을 수 없는, 장차 오는 하나님 나라의 '생명과 경건'에 속한 모든 것을 오직 그의 신적 능력으로 말미암아 받은 성도에게만 있는 영적 본질을 전제하는 것이다. 하지만 위에서 언급했듯이, 보석을 담은 보석함이 보석은 아니며, 태양 빛을 반사하는 거울이 태양은 아닌 것처럼, 하늘에 속한 이런 영적 본성이 곧 창조주 하나님 자신의 능력이나 그분의 고유한 하나님만의 본성을 나누어 가진 것이 아님은 물론이다.

하나님 자신의 본성이 아니라, 단지 '신적인'(떼이아스, θείας) 본성을 받은 것이며, 전통적으로 하나님의 백성에게 주신 '내가 거룩하니 너희도 거룩하라'(레 11:44; 벧전 1:16)는 말씀, 혹은 이와 같이 베드로전서에서 '오직 너희를 부르신 거룩한 이처럼 너희도 모든 행실에 거룩한 자가 되라'(벧전 1:15)는 요구를, 장차 '새 하늘과 새 땅'에서 살아갈 '새로운 인류'를 내다보며 그런 새 백성에 합당한 보다 내면적이고 인격적인 자질(資質)을 지목하는 표현이라 할 수 있다.

그러므로 신적 성품이란, 인간이 무슨 신비한 종교적 경험을 통해 하나님과 같아지는 비결을 말하는 것도 아니다. 또한 인간의 본성에 영적이고 본질적인 생명의 변화가 없이도 가능하다고 믿는 윤리-도덕적인 성품 함양의 수준을 가리키는 것도 아니다. 오히려, 하나님께서 원래 의도하신 '하나님의 형상'으로서의 사람을 회복하고자 하시는 복음의 방식이다. 하나님께서 그 언약의 성취를 따라 종말에 주신 복음, 곧 그리스도의 부활 생명을 통해, 믿는 이에게 죄와 죽음을 이긴 '생명과 경건'의 본성을 주시고, 그를 그 하늘의 생명과 경건을 받아 누리는 신적 성품의 사람, 새 하늘과 새 땅의 사람, 하나님께서 원래 의도하신 사람다운 사람으로 만들어 가심을 뜻하는 것이다.

거짓 교사들의 부패한 성품

이런 관점에서 보면, 베드로가 1장에서 제시한 신적 성품이 어떻게 2장부터 본격적으로 폭로하는 거짓 교사들의 부패하고 파괴적인 행실에 대해 최적의 해법이 되는지를 짐작할 수 있다. 거짓 교사들의 성품과 그에 의한 파괴적인 삶이, 1:3-4에 묘사되는 신적 성품의 내용들과 정확히 반대되기 때문이다. 그러니까 베드로는 2장에서 거짓 교사들의 행태를 묘사하기 전에 그보다 더 긍정적이고 우선적으로 세워 가야 하는 신적 성품의 덕목들을 제시하는 방식을 택한 것이다. 잘못을 비판하는 것만으로, 상황이 달라지지 않는다는 것은 우리 모두가 경험하는 바이다. 위조지폐를 판별해 내는 전문가들이 가장 중점을 두고 훈련하는 것이, 위조지폐들을 관찰하는 것이 아니라 진짜 지폐를 꼼꼼히 살펴서 그 특징들을 정확히 알아 두는 것이라고 한다. 그런 것이다. 신적 성품에 대해 철저하게 배우고, 훈련하고, 이에 성장하는 진실한 노력을 한다면, 그런 성도들은 거짓 교사들의 거짓되고 속이는 행태를 만나자마자 마치 유통기한이 지나 쉬어 버린 우유를 먹다 내뱉듯이 뱉어내 버리고 말 것이기 때문이다.

2장부터 묘사되는 거짓 교사들은, 믿음이 있다고 하지만 믿음에서 떠난 자들이다. 그들에게 남을 세우고 살리는 무슨 덕이 있는가? 그들이 무슨 지식을 가지고 있는가? 망하게 하는 지식이요 교만하게 하는 지식이지, 사랑에서 나오는 살리는 지식이 아니다. 그들에게 무슨 절제가 있는가? 그들은 거짓으로 헛되이 '자유를 준다' 속이고 방종하며 방탕한 데로 사람들을 끌어가는 저 '미혹하는 자'의 수족(手足)들이다(2:19). 그들에게 결정적으로 없는 것이 '인내'임은 말할 것도 없다. 인내란, 하나님께서 우리를 부르셔서 거기에 서게 하신 그 은혜의 자리, 그 영광의 자리에 굳게 서서 견디는 것이다. 그 생명과 거룩의 보배로운 위치를 떠나 다른 길, 흑암의 길, 파멸의 길로 내달리게 하는 미혹과 싸워 지속적으로 끝까지, 그 은혜와 사랑의 자리를 지켜 내는 것이다(참조. 유 1-2, 13, 21절).

거짓 교사들에게 무슨 경건이 있는가? 그들은 하나님이 세우신 영적 권위를 무시하고 능멸하며 훼방하는 자들이요, 하나님의 기록된 계시의 말씀을 제멋대로 해석하여 주의 양 무리를 농락하며, 그들을 먹이는 것이 아니라 그 양들을 자신의 탐욕의 이빨로 물어뜯는 자들이 아니던가. 그들의 불경건은 하나님의 말씀에 복종하지 못하는 그들의 죄 된 본성을 거짓 가르침으로 합리화시킨, 무절제와 방종의 열매이다. 그런 거짓 교사들에게 형제 우애가 있을 리가 없다. 그들은 믿음의 형제들의 얼굴에 먹칠을 하는 자요, 주의 교회가 짊어진 하나님의 거룩하신 이름에 오물을 뿌리는 교회의 '점과 흠'(3:14)이다. 결국 그들은 믿음의 궁극적 열매인 '사랑'에 이르지 못한다. 도리어 살인에 이르며, 또한 스스로를 파멸의 이르게 하는 멸망의 자식들이다.

교회는 이들을 어떻게 대적할 것인가? 이 거짓 교사들의 편만한 활동과 왕성한 탐욕과 방종한 거짓 가르침의 홍수를 어떻게 막을 것인가? '예수 믿으면 복 받고, 세상을 얻는다'고 입만 열면 거짓으로 교회를 속이고, 속은 양 무리를 잡아먹는 이 거짓 목자들의 훼방으로부터 어떻게 진리의 길을 지켜 나갈 것인가? 베드로후서는 가장 우선적으로, 죽으시고 부활하셨으며 승천하사 하나님 보좌 우편에 앉으셔서 원수를 발등상 아래 밟고 계신 우리 '주'(퀴리오스, κυρίος, 1:2, 11; 3:18)요, 또한 장차 거짓 교사들과 함께 죄와 사망 권세 자체를 파멸하실 하나님의 진노에서 우리를 건져 내실 '구주'(소테로스, σωτῆρος, 1:1, 11; 3:18) 예수 그리스도를 아는 지식에서 자라 가라고 처방하는 것이다. 또한 그 하나님과 예수 그리스도를 아는 참된 지식을 통해, 무엇보다 신적 성품에서 성장해 가라고 말하는 것이다.

오직 우리 주 예수 그리스도를 알기에 게으르지 않고 열매 없는 자가 되지 않는 이 길만이, 우리로 하여금 영적 시력을 잃지 않게 하며, 죄 사함의 효력인 생명과 경건을 실제로 삶으로 누리며, 결국 하나님의 부르심과 택하심을 '굳게 할 수 있는' 유일한 길이라고 역설한다(1:8-11). 최종적으로, 장차 종말의 하나님의 진노에서 우리를 건져 내실 '구주' 예수 그리스도의 영원한 나라에 넉넉히 들어가는 길은, 지금 여기서 그를 앎으로써 더욱더 신적 성품에 참여하는 자들이 되는 길뿐이라는 것이다. 이렇듯, 신적 성품은 소극적으로 거짓 교사들의 공략을 예비하는 전략이며, 적극적으로는 교회로 하여금 장차 임할 새 하늘과 새 땅, 그 영원한 나라에 들어가기에 합당한 백성으로 준비시키는 결정적인 방식이다.

'유기적이고 점진적인' 성품의 성장

그렇다면 신적 성품의 덕목들은 서로 유기적이라 할 수 있는가? 즉, 믿음과 덕, 지식과 절제, 인내와 경건, 그리고 형제 우애와 사랑은, 따로 떨어져 있지 않고 모두가 하나로 묶일 수 있는 어떤 통합적인 본질이 있는 덕들인가? 아니면, 따로따로 떨어져 서로 본질적 관계를 설명할 필요가 없는 덕목들인가? 혹자는 이런 여덟 가지 덕들이 당시 헬라 문화에서 인구에 회자되던 산발적인 덕목들을 모아 놓은 것이라 보기도 하지만, 베드로후서의 문맥에서 신적 성품이, 생명과 경건에 이르게 하는 모든 신적 능력을 통해 성도의 인격 안에서 함께 자라나는 것이라고 이해할 때, 그 여덟 가지 덕목들은 서로 깊은 연관성이 있다고 볼 수밖에 없다. 더 명확히 말하면, 믿음에서 시작해서 사랑에 이르는 이 여덟 가지 덕목들은 본질상 모두 사랑(아가페, ἀγάπη)에서 시작하고 사랑에 근거하며 사랑을 통하여 격려받는, 본질상 사랑으로 향하고 결국 사랑에 이르는 덕목들이다.

다시 말해서, 믿음도 주요 구주이신 예수 그리스도를 통해 은혜와 평강, 생명과 경건의 모든 능력을 주신 하나님 아버지의 사랑에 근거한 것이요, 그 사랑의 결과이며 그 사랑 자신에게로 나아가게 하는 모든 신적 능력을 공급받는 통로이다. 덕 역시, 사랑으로 촉발되지 않는다면 행할 수 없는 믿음의 능력이다. 지식은 어떠한가? 사랑할 때, 하나님의 사랑으로 사랑하고자 할 때 적절한 덕을 세울 수 있는 지식을 찾게 된다. 인내도 사랑 없이는 불가능하며(참조. 유 1, 21절),

경건은 하나님 사랑, 이웃 사랑의 참된 표현이다. 형제 우애 역시 사랑으로 공급되며, 제한 없는 원수 사랑에 이르는 교회 공동체의 중요한 덕목인 셈이다. 이처럼 신적 성품의 여덟 가지 덕들의 근본적 뿌리요, 추진하는 동인(動因)이요, 결국 거기에 이르는 최종적인 열매는 사랑이라 할 수 있다.

그렇다면 이 여덟 가지 신적 성품의 덕목들은 점진적인 성장의 단계들인가, 아니면 그저 임의적인 목록인가? 임의적이라고 보는 학자들도 많다. 우선, '믿음, 소망, 사랑'이라는 기독교적인 덕목들이 있고, '절제, 충성(혹은, 믿음), 인내, 지식'과 같은 헬라 문화권에서도 얼마든지 칭송받는 덕목들이 있는데, 베드로후서의 신적 성품 목록은 이를 대충 뒤섞어 놓은 것으로 보는 경우이다. 하지만 앞서도 잠깐 언급했듯이, 이 덕목들이 '성품'이라는 인격적이고 유기적인 맥락에 놓인 것과, 또한 '사랑'이라는 하나님의 언약적 성취의 근본적인 내용과 깊은 관계가 있음을 고려하면, 신적 성품으로 열거된 여덟 가지 덕은, 믿음에서 시작하여 사랑에 이르는 연속적인 성장 단계를 묘사한 것으로 보는 것이 적절하다.

또한 베드로후서가 제시한 신적 성품의 목록이 믿음에서 시작해서 사랑으로 끝난다는 점도 우연으로 보기에는 너무 성경적, 기독교적 특징을 띠고 있다. 당시 헬라 문화권에서 '믿음'은 주로 '충성'(*fides*, loyalty)으로 이해된 덕목이다. 하지만 베드로후서의 문맥에서는, 하나님과 구주 예수 그리스도의 '의를 힘입어' 받은 '보배로운 믿음'으로서, 하나님의 언약의 성취의 결과인 종말론적인 은혜와 신적 능력을 받는 특별한 기능이요 통로를 가리킨다. 그러므로 신적 성품에서 믿음은, 헬라 문화권에서처럼 용기나 인내의 열매인 충성이라기보다, 덕과 지식, 절제와 인내, 경건과 형제 우애, 그리고 사랑의 성품이 열매 맺도록 생명과 경건에 속한 모든 신적 능력이 공급되게 하는 통로요 근거로서 맨 앞에 위치하는 것으로 이해할 수 있다.

한편, 신적 성품의 목록에서 '사랑'은 맨 끝에 위치한다. 마치 믿음으로부터 시작하는 신적 성품의 최종적인 열매가 사랑이라고 역설하는 듯하다. 사실 당시 헬라 문화권에서 추천하던 덕들 가운데서, '사랑'은 찾아볼 수 없었다. 로마의 황제들이 갖추어야 하는 덕목들에는 용기, 절제, 지식, 인내가 자주 등장했지만, '사랑'은 '겸손'이나 '온유'만큼이나 찾아볼 수 없는 덕의 목록이었다. 이것이 어쩌면, 로마라는 세상, 세상 나라와 대조되는, 하나님의 나라, 예수 그리스도가 통치하는 나라의 두드러진 차이인 셈이다. 언약의 하나님은 신실하신 사랑의 하나님이시며, 그가 통치하시는 나라는 단연 '사랑'을 최고의 헌법적(?) 가치로 삼는 나라이다. 사랑에 기초해 있으며, 사랑으로 운용되고, 사랑에 이르게 하는 나라이다.

예수님은 또한 그 하나님 나라의 왕으로 오셨으면서도, 로마 황제들이 전혀 강조하지 않았던 '온유와 겸손'을 자랑하셨던 왕이셨다(마 11:29). 온유와 겸손은 당시 황제들이나 정치 지도자들이 갖추어야 할 덕목에 들지 못했을 뿐 아니라, 오직 나약한 자들이나 드러내는 수치스러운 '악덕'이었다(Deirdre J. Good, *Jesus the Meek King*). 하지만 하나님의 나라, 그리스도의 나라에서는 그 왕부터 '온유와 겸손'을 지고한 덕목으로 추대한다. 그러므로 신적 성품은, 세상이 칭송하고 드높이는 인간형과는 다른 인간형을 추구하는 것이 자명하다. 거짓 교사들이 앞서서 추천하고 퍼뜨렸던 탐욕의 인간형, 방종과 무법을 삶의 원리로 장착한 인간형, 무엇보다 정글의 법칙에 충실한 진화론적 인간형과는 전혀 다른, 하늘의 생명을 누리는 성도, 창조주요 심판주이신 하나님만을 두려워하는 살아 있는 경건을 갖춘, 장차 오는 새 하늘과 새 땅에서 사는 새로운 인간형에게 맞는 덕목들인 것이다.

베드로후서가 장담하는 것은, 바로 이런 종말의 나라, 새 하늘과 새 땅이 반드시 오기 때문에 그 나라에 초대받은 성도 곧 교회는 반드시 이러한 신적 성품을 갖추어야 한다는 것이다. 바로 이 점 때문에, 한편으로 거짓 교사들은 자신들의 세속적 성품과 그런 인간형을 조장하면서, 다른 한편으로는 종말과 심판,

장차 오는 하나님의 나라, 새 하늘과 새 땅을 철두철미 부인하는 거짓 가르침에 헌신(!)했던 것이다. 그들에게 존재하는 것은 오직 이 현세(現世)뿐이며, 설령 있다 해도 심판하지 않을 하나님이니, 자신의 탐욕대로 살며 교회를 미혹과 파멸의 구렁텅이로 빠뜨려도 자신들은 심판받지 않을 것이라고 장담했던 것이다.

믿음, 덕(德)들의 근거

신적 성품은 믿음(피스티스, πίστις)에서 출발한다. 이런 점에서 믿음은 이후에 열거되는 여러 다른 덕들 가운데 하나라기보다는, 이 덕들의 기초가 되는 중심적 요소라 볼 수 있다. 신적 성품의 기초인 믿음은 당시 헬라 문화권에서 자주 칭송받았던 '충성' 정도의 덕(virtue)으로 보기에는 적절하지 않다. 설령 여기서 믿음을 일종의 성품적인 덕으로 본다 해도, 이는 단지 '충성심'을 가리킨다기보다는 하나님의 언약적 신실함에 상응하는 언약 백성의 '신실함'(faithfulness), 예컨대 약속한 말을 반드시 지키는 경우처럼 그의 '신뢰할 만한 도덕적 성실함'(integrity)을 의미할 것이다. 하나님을 믿는 사람의 우선적인 특징은 그러므로 믿을 만한 사람이 되는 것이라는 데에는 이의가 있을 수 없다.

하지만 베드로후서 1:5의 전후 문맥에서 '믿음'은 완연히, 생명과 경건에 이르게 하는 모든 신적 능력을 '수납하는 기능'으로서의 믿음으로 읽힌다. 그래서 믿음은 신적 성품의 기초가 되는 반석이며, 또한 '생명과 경건'에 이르기까지 필요한 모든 신적 능력이 샘물처럼 솟아나는 반석이라 할 수 있다. 왜냐하면 믿음은, 생명과 경건에 이르게 할 그 모든 신적 능력이 '이미 주어져 있는'(1:3) 저장 창고와 같기 때문이다. 성도는 믿음의 창고에서 그 신적 능력들을 꺼내다가 지속적으로 자신의 신적 성품의 성장을 위한 자양분으로 삼는 것이다. 신적 성품에서 이토록 믿음이 중요한 기초가 되는 이유는, 믿음 자체보다 믿음의 대상 때문이다. 즉, 믿음은 그 대상이신 '하나님과 주요 구주이신 예수 그리스도'를 받아들이고, 그분을 앎으로써, 그 모든 신적 능력을 '지속적으로' 자신의 것으로 삼아 자신의 신적 성품의 성장을 도모하게 하는 방편이요 능력이다.

그러므로 통상 '믿음이 크다'든지 '믿음이 세다'든지 하는 것은, 그 성도의 믿음이 겉으로 드러나는 왕성한 활동이라기보다, 하나님, 예수 그리스도, 그의 주 되심, 그의 구주 되심, 그의 부르심과 택하심, 그 보배로운 약속, 이미 주어진 생명과 경건의 모든 능력 등, 그 믿음의 대상을 온전히 '받아들이는' 능력과 성품을 가리킨다. 그러므로 하나님이 주신 것, 주고 계신 것, 주실 것을 온전히, 충만히, 받아들이고 누리는 능력이 믿음의 참된 능력이다. 그 받아들인 것을 발현하는 것, 드러내는 것, 기억하고 활용하는 것이 또한 믿음의 능력이지만, 우선적으로는 믿음의 대상이신 하나님과 그가 주신 은혜를 받고, 알고, 누림으로써, 그를 아는 지식에서 열매 맺는 신적 성품에 필요한 모든 자양분에 있어 부족함이 없게 하는 것, 그것이 믿음의 효력인 셈이다.

덕, 믿음의 바람직한 사용

헬라 문화의 배경에서, 덕은 종종 그 사람의 '탁월함'이나 '유명함'을 뜻했다. 5절에서 신적 성품의 중요한 요소로서 제시된 '덕'도, 그래서 일반적으로 쓰이는 개인의 '윤리적 탁월성'을 가리킨다고 보기도 한다(Bauchkam, 185-186). 하지만 조금 더 구체적으로, 믿음이 하나님을 향한 신적 성품의 특징이라고 할 때, 신적 성품의 두 번째 요소로 제시된 '덕'(아레테, ἀρετή)은 비교적 사람 사이의 관계 속에서 발휘되는 어떤 신앙적이고 윤리적인 능력이라고 말할 수 있다. 또한 이런 특징은 성경적인 것으로, '지식은 교만하게 하며 사랑은 덕을 세우나니'(고전 8:1; 참조. 고전 14:4)라는 말씀의 경우처럼, 덕이란 사랑에 의해 촉발되고 격려받아 상대방을 온전히 세워 주려는 선한 행실이다.

베드로후서 1:5의 전후 문맥 안에서, 그 좋은 예가 나온다. 하나님 자신이 우리를 부르실 때 그의 영광과 '덕으로써'(아레테, ἀρετῇ) 부르신 사실이다. 여기서 하나님 자신의 덕이란, 그분의 고유한 어떤 탁월한 자질이라기보다, 그가 부르신 자들이 끝까지 그 부르심의 목적지에 이르기까지 인도하시는 일에 실패함이 없는 그분의 인격적 능력, 곧 그분의 용서와 인내, 온유와 지혜, 그 신실하심까지를 포함하는 사랑의 능력을 의미한다. 마찬가지로, 신적 성품이 말하는 '덕' 역시 하나님께서 부르신 형제들을 대하여, 하나님께서 우리 자신에게 베푸시고 보여 주신 하나님 '자신의 덕'을 따라, 우리도 그렇게 형제를 붙들어 주고 그를 온전히 세우기까지 돕고 견디며 끝까지 기다려 주는 신실한 사랑으로 말미암은, 신성한 덕을 의미한다.

그러므로 하나님과 주요 구주이신 예수 그리스도를 믿는 우리의 믿음은, 그 믿음으로 형제와 이웃을 대하는 태도에 있어서 그들을 유익하게 하고 그들을 온전히 세워 주고자 하는 바람직한 방향으로 나와야만 한다. 그것이 '덕'이다. 믿음에 더하여 반드시 공급되어야 할 신적 성품의 중요한 자질이다. 만일 믿음에 덕이 공급되지 않으면 어떤 현상이 벌어질까? 그런 믿음은 종종 방향을 잃는다. 자주, 그 믿음의 대상인 하나님과 예수 그리스도, 그의 말씀과는 분리된 자기 자신의 종교적 확신으로 전락하게 된다.

이렇듯 믿음을 자신이 가진 '종교적 확신'에 국한하고 거기서 멈추면, 종종 불행한 결과가 오고 만다. 통상 '종교적 행위나 그 열심'으로 잘못 이해된 믿음은, 특징적으로 '덕'을 결여하게 된다. 예컨대, 믿음이 크고 세다고 하는데, 그 믿음으로 주변의 사람들을 상처 주며 실족하게 하는 경우이다. 방언하고 병 고치고 예언하는 등, 모든 은사가 차고 넘쳤지만, 공동체 안에서 덕을 세우는 일에 미숙하기 짝이 없었던 고린도 교회가 대표적인 예이다(고전 14:1-19). 그러므로 믿음으로 산을 옮기고, 병자를 고치고, 죽은 자를 살릴지라도, 그가 하나님과 교회 안에서, 그리고 사람들 앞에서 덕을 세우고 끼치지 못한다면, 그는 믿음에서 한 걸음도 나아가지 못한 성품을 가진 성도가 될 것이다.

바로 거짓 교사들이 그 대표적인 예이다. 형식적으로라도, 이들은 믿음을 고백하는 듯하다. 주께서 자신들을 피로 값 주고 사셨다고 고백하는 듯이 보인다

(2:1). 그래서 신앙고백을 하는 믿음의 공동체 안에 들어와서(2:1), 함께 먹고 마시는 자리에 참여하기도 한다(2:13). 심지어는 성도를 가르치는 교사의 자리에 앉아 있다(2:3, 19; 3:3, 4, 16). 하지만 이들은 덕을 세우는 일에 실패할 뿐 아니라, 적극적으로 덕을 허무는 데 전념한다.

특히, 교만하여 영적 권위를 무시하는 일을 아무렇게나 하며(2:10-11), 사도들의 가르침을 무시하고(3:3-4), 성경도 계시로서 경외하는 마음으로 겸손히 대하지 못하고 자의적이고 억지로 풀려 한다(1:20; 3:16). 또한, 믿음이 약한 초신자들을 유혹하여 파멸의 길로 들어서게 만들며(2:14), 성도들에게 헛된 자유를 약속하며 그들을 다시 더러운 데로 빠뜨려 죄의 종이 되게 한다(2:18). 결국, 이들의 탐욕과 정욕의 부패한 행실로 인해 진리의 말씀, 복음의 길이 훼방을 받는다(2:1-2). 참으로 뼈아픈 일이 아닐 수 없다.

직간접으로, 오늘날도 거짓 교사들의 거짓 가르침이 교회에 많은 영향을 끼친다. 믿음으로 산을 옮기며 기적을 행한다고 하면 사람들이 몰려들 것이다. 그렇게 많은 사람들을 모으고도, 현저한 부덕(不德)에 떨어질 수 있다. 믿음만이 전부가 아니다. '오직 믿음으로 구원받는다'는 교리를 오해한 경우처럼, 단지 '믿는다'는 고백만으로 천국 간다고 확신하고, 덕을 세우는 일에는 너무나 미숙한 성도, 직분자, 목회자라면, 그가 갖고 있는 종교적 지위나 교계에서의 영향력과는 상관없이, 신적 성품에 있어서는 초보자라고 규정할 수밖에 없다.

오늘날 믿음은 있다고 고백하지만, 덕을 세우는 일에 미숙한 교회, 성도, 목회자가 얼마나 많은가. 덕을 세우지 못한다면, 그의 믿음은 아직 미숙한 초보적 믿음이다. 아무리 큰 기적을 일으키고, 아무리 많은 사람을 모아도, 그는 '큰 교회, 큰 목사'일 수 없다. 그저 신적 성품에서 성장하지 못하고 끊임없이 첫 단계에서 유급(留級)하는 영락없는 초보자인 셈이다. 한 영혼을 실족시키는 것을 끔찍한 죄악 저지르는 것처럼 두려워해야 한다. 지극히 작은 형제들이라도, 그들을 실족시킴으로써 '목에 두르고 바다에 빠질' 무거운 연자 맷돌을 '수집하는'

어리석은 자가 되지 말아야 한다(마 18:6-14).

그러므로 믿음이 있다면, 덕을 세우는 일에 적극적으로 성장하기를 힘써야 한다. 덕을 세우는 데 필요한 모든 영적, 인격적, 실제적 능력을 위해, 믿고 간구하고 힘써 실천해야 한다. 실천하면서 잘 안 되는 부분으로 인하여 기도하고 몸부림쳐야 한다. 덕을 세우려는 믿음은, 근본적으로 '하나님의 이름'을 향한 열망, '그의 나라 곧 통치'가 임하기를 바라는 소원, 그리고 '그분의 뜻'을 이루고자 하는 지치지 않는 거룩한 열정으로 뒷받침된다. 하나님의 영광만을 바라고 소원하는 교회의 이러한 거룩한 열정은, 그를 사랑하시는 하나님의 사랑과 그 사랑에 응답하는 자신의 뜨거운 사랑에서 피어오르는 불꽃이다. 믿음은 사랑으로 타오르는 불꽃이어야 한다. 믿음에서 덕을 세우는 성숙한 성품으로 나아가기를 소원하자.

삶으로
내리는 뿌리

이기적인 그리스도인?

'이기적인 그리스도인'이라는 표현은 마치 '네모난 동그라미'처럼 서로 모순된 개념들의 조합이다. 그리스도인이 이기적일 수가 없다. 그런데도 현실적으로는 이기적인 그리스도인들이 차고 넘친다. 왜일까? 그것은 네모난 동그라미가 있다고 가르치는 것처럼, 이기적인 그리스도인이 될 수 있다는 신학적이고, 신앙적인 길을 열어 주었기 때문이다. 모두 거짓 교사들의 부지런한 활동 탓이다. 예수 믿고 물질 축복, 사업 축복, 건강 축복을 받는 것이 신앙의 목표인 이상, 나머지는 모두 부차적이 될 수밖에 없다. 예수가 복인데, 무슨 복을 또 받는가. 나머지 이 세상의 복들은 하나님께서 필요에 따라 주시는 것이다. 바울은 가난한 데도 처하고 부한 데도 처했다. 복음을 위해서였다. 그렇게 할 수 있는 것은, '내게 능력 주시는 자 안에서 내가 모든 것을 할 수 있기' 때문이다.

그리스도로부터 오는 능력을, 가난한 데도 처하고 부한 데도 처해도 '복음을 살아 내는' 목적에 써야지, '내게 능력 주시는 자 안에서 모든 것을 할 수 있기' 때문에 국회의원도 되고 대통령도 되고 사장도 되어, 그것이 불법이든 합법이든 오직 나 하나 잘 먹고 탐욕스럽게 재산을 부풀리는 데에 혈안이 되는 일에 써서는 도저히 '덕'이 안 되는 것이다. 그런 자들을 여전히 훌륭한 장로님이고 훌륭한 집사님으로 쳐주는 거짓 목자들이 교회에 만연한 것이 더 치명적인 문제이다. 신학이 잘못된 것이고, 가르침이 거짓된 것이다.

거짓 교사들 자신이 탐욕과 이기심으로 가득 찬 자들이다. 저들은 성도들이 땀과 피를 흘려 낸 헌금으로 자신들의 배를 불리는 데 쓰는 자들이다. 양들의 젖을 짜다가, 껍질을 벗기고, 나중에는 살을 뜯어먹을 포악한 짐승들이요, 저주의 자식들이다. '내게 능력 주시는 자 안에서 모든 것을 할 수 있다'고 떠벌리면서 사회법(社會法)도 무시하고 양심과 상식도 깔아뭉개는 자들이다. 하나님이 자신에게 '주의 성전을 재건하는' 위대한 사업을 시작하라는 '직통 계시'를 주셨다고 지껄이며, 오직 능력 주시는 자 안에서 무리하게 은행 돈 빌리고 무리하게 예배당 짓다가 은행 빚 못 갚아 이단에게 넘겨주는 '욕망의 포로된' 자들이다.

그리스도인은 이기적일 수가 없다. 죄악 된 우리의 본성을 부채질하는 세속적 지식과 야망은 우리를 눈멀고 교만하게 하지만, 그리스도의 사랑은 오직 덕을 세운다. 양 무리를 '먹지 않고' 그들을 그리스도의 말씀과 생명으로 '먹이며', 오직 자신을 드려 그들을 온전히 세운다. 참된 그리스도인은 사회에서도 오직 덕을 세운다. 양심과 상식과 사회법을 존중하며, 약자들을 보호하고 강한 자들을 정의에 따라 행하도록 모든 힘을 다해 노력한다. 하나님의 의(義), 곧 피조 세계의 모든 바른 관계의 회복을 위해 애쓰는 것, 그것이 세상에서 그리스도인으로서 덕을 세우는 방식이다. '나 하나 복 받고 사업 잘되고 건강한 것'을 복음이라 부르는 불순하고 무지한 거짓 가르침을 따라가는 한, 이 땅에서 '덕을 세우는 그리스도인'을 보기는 점점 더 힘들 것이다. 거짓 가르침에서 돌이키라. 복음은 세상에서도 덕을 세운다.

지식, 덕을 세우기 위한 분별력

집을 짓고자 하는데, 기초는 어떻게 놓아야 하는지 기둥과 벽은 어떻게 세우며 지붕은 어떻게 얹어야 하는지 알지 못한다면, 아무리 집을 짓고 싶고 지을 수 있는 재료가 있다 해도, 결코 집을 지을 수 없을 것이다. 믿음이 있고 덕이 있어도, 지식이 부족하면 이와 같다. 하나님을 향한 믿음도 신실하고, 이웃을 향해 덕을 세우고자 하는 방향도 잘 잡았다면, 지식이 필요하고 또 그 지식을 실행하는 지혜가 요청된다. 그래서 덕을 세우려면 지식이 필요하다. 덕이란 관계 속에서 상대방을 살려 냄으로써 자신도 살고, 모두를 살려 내는 길이다. 그래서 덕을 세운다는 것은, 상대방을 하나님께서 원하시는 가장 최고의 영적 자리로 이끌고자 하는 목적에 부합하는 최적의 행동이다. 그 최적의 선택을 알고자 하면 무엇보다 다양한 관계와 상황을 분별하고 덕스럽게 대처하는 지식이 있어야 하는 것이다.

'지식'(그노시스, γνῶσις)은 당시 헬라 문화권에서 상당히 중요한 덕목으로 대접받았다. 특히 스토아 철학에서 지식은 다른 모든 덕들을 얻는 기초이며 그래서 덕들 가운데 절정이라고까지 높임을 받았다(Charles, 388-393). 베드로후서에서도 '지식' 혹은 '앎'은 결정적인 위치를 차지한다. 하나님과 주 예수 그리스도를 아는 지식(1:2), 우리를 부르신 자를 아는 지식(1:3)은 신적 성품을 세워 가는 추진력이고 자양분이다. 이런 점에서, 신적 성품에서 덕 다음으로 언급하는 지식이, 어떤 도덕적 성품의 근거가 되는 이론적, 철학적 지식이나 신비한 지식을 가리키는 것이 아니라, "주 예수 그리스도를 아는 인격적 지식(3:18)으로서 구원에 이르게 하는 지식"(G. Green, 193)을 가리킨다고 말하기도 한다.

물론 신적 성품이 요구하는 '지식'이 단지 도덕적, 철학적 지식이 아님은 분명하다. 또한 문맥상 이 지식이 하나님과 그리스도 그리고 종말에 주어진 모든 은혜와 약속을 아는 신앙적 지식인 것도 자명하다. 그러나 신적 성품에서 덕 다음으로 언급된 지식은 보다 구체적으로, '덕을 세울 수 있게 하는 지식'으로 보는 것이 적절하다. 그렇다고 성경에서 지식이 모든 덕들의 기초나 절정으로 묘사되고 있지도 않다. 모든 덕들의 기초는 '믿음'이다. 하나님을 아는 지식은 살아 있는 믿음의 효력이기 때문이다. 또한 지식은 덕들의 절정도 아니다. 사랑이 절정이다. 지식은 종종 교만하게 하지만 사랑은 덕을 세우기 때문이다(고전 8:1).

그러므로 성도에게 있어서 지식은 믿음의 정상적인 활동이며 또한 덕을 세우는 판단과 지혜의 근거이다. 반대로, 만일 믿음이 있다고 말해도 그 믿음으로 하나님과 그리스도를 아는 지식에서 자라 가지 않는다면, 무지(無知)에 떨어질 것이고, 그는 앞이 보이지 않는 시각장애인처럼 관계에 있어서 마땅히 세워야 할 덕을 분간할 능력을 잃게 될 것이다. 그것이 베드로후서가 2장에서 보여 주는 거짓 교사들의 패역한 특징 중 하나이다. 이들은 믿음이 있다고 고백은 하지만, 자신들을 값 주고 사신 그리스도가 그들의 '주인'이심을 부인한다.

그 무지의 결과는 무엇인가? 자신들에게 임박한 멸망을 깨닫지 못하는 것이다(2:1). 그들은 성경을 마음대로 해석하는 무식을 보인다(1:20; 3:16). 그러니 눈이 어두워질 수밖에 없다. 바로 그들이 '멀리 보지 못하고 옛 죄를 깨끗하게 하심도 잊은 자들이다'(1:9). 믿음이 약한 자들에게 헛된 자유를 주겠다고 가르치는 무식함으로, 남을 속이고 스스로도 속는다. 장차 자신들에게 어떤 심판이 예비되어 있는지 전혀 알지 못한다(2:3-6). 덕은 사람을 세우는 것이나, 이들은 자신들의 무지로 남도 허물고 자신도 파괴시키는 자들이다.

그러므로 지식은 얼마나 중요한가. 믿음이 있다고 하지만, 지식이 없어 덕을 세우지 못하는 경우는 또 얼마나 많은가. 사랑은 지식이 함께 따라올 때, 덕을 세울 수 있게 된다. 관계에서 요구되는 마땅한 분별과 판단이 따라 주어야 하는 것이다. 성경이 남편에게는 아내를 순복하라 하지 않고 자신의 몸처럼 사랑하라고 하는 이유, 반대로 아내에게는 남편을 사랑하라고 하지 않고 순복하라고 하는 이유가 여기에 있다(엡 5:22-25). 성도가 하나님을 사랑하는 길은, 하나님을 가르치고 교훈하는 것이나 그에게 천천만만의 숫양과 송아지 제물을 바치는 것이 아니라, 그에게 순종하는 것이다(삼상 15:22). 마찬가지로, 하나님이 우리를 사랑하시는 표시는 우리의 말을 듣고 우리의 모든 간구에 '순종'하시는 것이 아니라, 우리를 마땅히 그의 사랑과 진리로 가르치시고 인도하시는 것이다.

이렇듯, 아무리 상대를 사랑한다는 진심으로 충만하더라도, 지식이 없다면 바른 덕을 세울 수가 없다. 오늘날, 아이들을 너무나 사랑해서, 아이들의 모든 말과 요구에 '순종해 드리는' 미숙한 부모가 얼마나 많은가. 또한, 아이들을 권위로 제압하고 무리한 요구로 그들의 마음에 상처를 주고 그들을 '노엽게' 하는 실수도 얼마나 많은가(골 3:21; 잠 22:6). 사랑 안에서 참된 것을 말하고 가르쳐야 한다(엡 4:15). 사랑도 있어야 하고 진리도 있어야 한다. 이 둘을 함께 사용하는 지혜가 필요한 것이다.

그러므로 믿음을 통해 하나님을 배워야 한다. 그분이 하신 말씀과 행하심을 주목하여 보고, 자식이 아버지를 따라 닮아 가듯이, 하나님과 그 아들 예수 그리스도를 배워야 한다. 하나님은 얼마나 자비로우시며 또한 얼마나 공의로우신가. 그의 자비와 공의가 함께 드러나 증명된 곳이 그 아들의 십자가이다. 그래서 십자가는 지혜이다(고전 1:21-25). 아들은 아버지를 사랑함으로써 아버지의 뜻에 순종하셨고, 우리를 사랑하사 우리에게 자신의 목숨을 내주셨다. 사랑은 관계에 따라 그 표현이 다르고, 그 덕을 세우는 길을 결정하는 것은 참된 지식이다. 하나님을 앎으로써, 사랑 가운데서 덕을 세우게 하는 지식에서 힘써 자라가야 한다(3:18).

절제, 생명과 경건의 방향으로

믿음은 덕을 세우는 방향으로 나아가야 하고, 그 덕을 세우는 데에는 지식이 필요하다. 하지만 지식은 덕을 세우는 것 이상의 정보를 제공할 수도 있다. '사랑은 덕을 세우지만, 지식은 교만하게 한다'는 말씀을 다시 기억하자. 그러므로 지식은 언제나 덕의 최고의 목적인 사랑에 의해 통제되어야 한다. 사랑이 역사할 때, 지식은 덕을 위해 봉사하기 때문이다. 그렇지 않다면, 지식은 오히려 파괴적이 될 수 있다. 우리의 삶 속에서 얼마든지 볼 수 있는 예이다. 법(法)을 가장 잘 어기면서도 가장 잘 피해 갈 수 있는 사람들은 누구일까? 법을 잘 아는 직업에 종사하는 사람들일 것이다. '미꾸라지'처럼 법망(法網)을 피해 가면서 법을 어길 수 있는 능력을 가지려면, 우선 법을 잘 알아야 하기 때문이다. 그렇게 얻은 전문적인 지식으로, 그 사람은 다른 사람을 살릴 수도 있고, 자신과 함께 남을 파괴시킬 수도 있다.

이렇듯, 신적 성품에서 절제를 '지식을 바로 사용하기 위한 사랑의 힘'으로 정의해 볼 수 있을까. 헬라 문화적 배경에서 '절제'는 높이 칭송받는 덕목이었다. 걷잡을 수 없는 욕망의 분출은 무질서(chaos)를 의미했기 때문이다. 그래서 인간의 이성(理性, logos)으로 욕망을 억제하고 통제하는 것이 완성에 가까운 인간의 모습이었고, 절제는 이런 점에서 이성적 지식에 의해 함양될 수 있는 덕목이었다. 스토아 철학자들이 절제를 지식에 종속시킨 것도 이런 이유이며, 이성적 지식에 의해 욕망을 통제하는 힘이 절제라 본 것이다(Charles, 142).

이런 견해도 일리가 있다. 예컨대, 종말과 심판이 반드시 온다고 하는 사실을 '알고 있다'면 이런 지식은 그로 하여금 마땅한 절제를 하게 할 것이다. 하나님이 거룩하심을 참으로 '안다면' 그는 스스로 거룩함을 위하여 절제하게 될 것이다. 하지만 알아도 절제를 가져오지 못하는 지식도 있는가? 그럴 수도 있다. 지식에 절제가 동반되지 않는다면, 그 지식은 사람을 방종하게 할 것이다. 지식은 그것을 가진 사람에게 단지 '알고 있다'는 착각 속에서 방종하게 만드는 경향이 있다. 그래서 베드로후서의 신적 성품에서 절제는, '지식에 덕을 공급하라'(6-7절)고 하는 말씀처럼 지식에 더하여 공급되어야 하는, 그래서 지식만으로는 부족한 면을 채울 수 있는 덕목인 것처럼 제시된다.

또한, '지식에 절제를 더하라'는 말씀이, 헬라 철학 등에서 지식이 있다면 욕망을 제어할 절제가 생긴다는 식으로만 이해할 수 없는 이유가 있다. 기독교 신

않은 지식으로 인간의 욕망을 절제하는 정도의 금욕주의에 그치지 않기 때문이다. 그것으로 충분치 않다. 여기에는 작은 것 같으나 큰 차이가 있다. '욕망' 혹은 '정욕'(에피쑤미아, ἐπιθυμία, 1:4)은 성경에서 종종 그 자체로서 더럽고 악한 것으로 표현되기도 하는데, 정욕 자체가 죄와 죽음과 허무함의 권세 아래 놓여 있기 때문이다. 원래 인간에게 주신 '욕망'은 그것 자체로서는 '좋은 선물'(*dona bona*)이다. 식욕, 성욕, 명예욕, 사랑받고 싶고 사랑하고 싶은 욕구, 그리고 그 사랑 안에서 영원을 사모하고 추구하는 마음은, 인간이 인간으로 지음 받은 '인간 조건'이라 할 수 있다. 그래서 헬라의 스토아 철학에서처럼 인간의 욕망들을 억제하고 통제하는 금욕주의적 방향으로 가는 것이나, 아예 희로애락 같은 감정조차 다른 욕망들과 함께 없애 버리려는 신비주의적 노력은, 성경이 가르치는 바가 아니다. 성경이 욕망에 관해 가르치는 진리는, 그것이 원래는 하나님의 선물이라는 것과, 그러나 지금은 '더러움과 썩어짐과 허무함'으로 인해 변질된 세상과 함께 인간 조건으로서의 그런 욕망들도 동일한 죄와 죽음과 허무의 권세에 굴복하고 있다는 사실이다.

그러나 복음은, 하나님께서 예수 그리스도의 죽으심과 부활하심을 통하여, 인간 조건인 우리의 욕망들이 더 이상 죄와 죽음과 허무에 봉사하지 않도록 악한 권세에서부터 해방시키셨다는 기쁜 소식을 선포한다. 그러므로 욕망은 없애 버리거나 단순히 억압해야 하는 것이 아니라, 그 원래의 목적 곧 덕과 사랑과 생명의 '방향으로' 고정(固定)되고 또한 그 방향으로 견지(堅持)되어, 더 이상 '불의의 병기'가 아니라 이제는 '의의 무기'(롬 6:13)로 오직 선한 목적에 봉사하도록 다스려지고 훈련되어야 하고 또한 그렇게 될 수 있다는 것이다.

그러므로 성경적으로 그리고 복음적으로 볼 때, 욕망이나 정욕을 단지 절제로 억누른다고 해서 문제가 해결되지 않음은 자명하다. 하나님께서 먼저 그 정욕에 사로잡혀 종노릇하는 더럽고 썩어지고 쇠하는, 죄와 죽음과 허무의 권세에서 우리를 해방하셔야 한다. 그렇게 죄와 죽음을 이기신 예수 그리스도의 부활 생명으로 거듭난 성도는, 그런 악한 권세가 여전히 남아 있는 세상 속에서 더욱더 하나님과 그리스도 그리고 복음을 아는 지식이 오히려 방종의 근거가 되지 않도록, 즉 '하나님의 은혜를 도리어 방탕한 것으로 바꾸지'(유 4절) 않도록 절제하며 오직 사랑 안에서 덕을 세우는 방향으로 정진해야 한다.

그렇게 하지 않으면 어떻게 되는가? 그것이 2장 이후 상세히 묘사되는 거짓 교사들의 행태와 그들의 운명이다. 저들의 가장 큰 특징 중에 하나가, 거짓 가르침 곧 복음을 왜곡하여 무절제한 탐욕과 방탕으로 내달리는 것이다. 곧 '무법한 자의 음란한 행실'(2:7)인데, 여기서 음란하다는 것은 '금기 없는 방탕'(아셀게이아, ἀσελγεία)이라는 말이다. 이는 자연적으로나 윤리적으로, 마땅한 관계라고 정해진 틀에 묶이는 바가 없이 자유(?)하고 방종한 행위로 '무법'(無法)과 잘 어울리는 표현이다(참조. 시 2:3-4).

이처럼 거짓 교사들의 절제 없는 방종은, 그들의 무법적인 가르침과 태도에 의해 조장된다. 이들은 복음을 곡해하여, 하나님의 은혜를 받고도 하나님의 율법에 나타난 거룩한 백성으로서의 마땅한 삶에 대한 도덕적 요구를 내팽개쳐 버렸던 자들이다. 그래서 지식에 절제가 필요하다는 것은, 복음에 관한 지식 곧 '오직 믿음', '오직 은혜'에 대한 지식을 남용하고 왜곡하지 말라는 요구로 이해할 수 있다. 하나님의 은혜를 계속해서 죄 짓는 일을 정당화하는 일에 써먹는 것은, 지식에 절제가 결여된 병적 상태라는 것이다.

바울이 잘 전했던 '율법의 행위가 아니라 오직 예수 그리스도를 믿음으로'(롬 3:21-29) 구원을 얻는다는 복음은 초기의 사도적 교회들 안에서도 종종 오해되고 또 왜곡되기도 했다. 이를 바로잡기 위해 기록된 공동서신에는 그래서 이런 오해를 바로잡는 말씀이 많다. '너희는 자유가 있으나 그 자유로 악을 가리는 데 쓰지 말고'(벧전 2:16)라든지, 하나님과 사귐이 있다 하면서, 어두운 가운데 행하거나, 죄가 없다고 하거나, 죄를 범한 적이 없다고 하는, 복음을 왜곡하는 패악한 거짓에 대한 지적(요일 1:6, 8; 10) 등이다.

그러므로 하나님의 은혜, 사랑, '오직 믿음으로'의 복음을 아는 지식에, 사랑 안에서 덕을 세우고자 하는 절제가 요구된다. 그 절제 역시 하나님의 사랑과 하나님을 사랑하는 사랑에 의해 촉발되고 견지되는 능력이다. 원래 '절제'(엑크라테이아, ἐγκρατεία)라는 말에는 '강력한 힘'이라는 의미가 들어 있다. 신적 성품의 문맥에서는, 지식을 오직 사랑 안에서 덕을 세우도록 하는 힘을 뜻한다고 할 수 있다. 절제는 이런 면에서 지식을 다스려야 한다. 지식이 있지만, 사랑에 의해 그 지식을 사용할 방향을 결정하고 지속해서 그 방향을 견지해 나갈 통제력이 없다면, 그 지식은 마치 고삐 풀린 말처럼 그 지식을 가진 사람으로 하여금 더럽고 부패한 욕망을 따라 걷잡을 수 없이 날뛰도록 만드는 불행한 추진력이 될 것이기 때문이다. 간간히, 성도들뿐 아니라 유명한 목회자들이 뜻밖의 사건으로 실족하고 교회에 오점을 남기는 것도 같은 맥락이다. 성경을 가장 잘 안다고 생각하지만, 그 아는 신학적 지식이 사랑과 덕을 위해서가 아니라 죽이고 멸망시키는 일에 사용되는 것은 지식에 필요한 절제가 부족했기 때문일 것이다.

반대의 경우도 있다. 사도 바울이, 우상에게 바친 제물을 먹는 것이 자신의 신앙의 자유에 관련해서는 아무런 문제가 없으나, 그 일로 인해 연약한 형제가 보고 실족한다면, 평생 고기를 먹지 않겠다고 결정한 그것이 '절제 있는 지식'의 예이다(고전 8:11-13). 그래서 절제는 지식으로 하여금 사랑에 봉사하도록 하는 힘이다. '그렇게 해도 좋지만', 즉 그렇게 한다고 해서 지옥 가는 일은 아님을 확실히 알고 있다 해도, 교회의 덕을 위하여 그렇게 해서는 안 되는 일이 있다. '그렇게 하지 않아도 좋지만', 즉 하나님의 은혜에서 떨어지는 일은 아님을 알고 있지만, 덕을 세우기 위하여 사랑 안에서 꼭 해야 하는 일이 있는 법이다. 지식에는 절제가 있어야 한다. 절제는 지식으로 하여금, 더 높은 사랑의 목적에 봉사하도록 지식을 붙들어 끌고 가는 신적 성품의 능력이다.

인내, 고되지만 황홀한 기다림

하지만 신적 성품에서 절제는, 마치 흙덩어리가 화덕을 거치지 않으면 도자기가 될 수 없듯이, 인내라는 불가마를 통과하지 않으면 경건이라는 작품으로 나오지 못한다. 신적 성품의 성장을 위한 절제는 한두 번 하고 마는 것이 아니기 때문이다. 5절에서 '인내'(휘포모네, ὑπομονή)란 문자적으로, 어떤 중압감 곧 짓누르는 무게의 압박 아래서 오래도록 머물며 견디는 것을 가리킨다. 마치 용광로를 거치면서 액체 상태로 흐물흐물해진 철 용액이 주물(鑄物) 틀에 부어져 식을 때까지 그 열을 견디면, 그 틀의 모양대로 되어 나오는 과정을 연상케 한다.

당시 헬라 문화권에서 인내는 용맹함과 더불어 '남성다운' 덕의 하나로 손꼽혔다. 유대적 전통에서도 적을 격퇴하는 일에 있어 용기 있고 끈기 있는 인내는 칭송할 만한 덕으로 여겨졌다(*4 Macc* 1.11; 9.30; 17.4, 23; T. Jos. 10.1; G. Green, 194). 초기 기독교 전통에서 인내는 자주, 하나님을 신뢰하고 하나님의 약속이 성취될 것에 대한 소망을 견고히 붙들고 참는 신앙에 대한 묘사로 등장한다(Bauckham, 186).

신약에서 인내는, "히브리서나 야고보서, 베드로전서, 그리고 요한계시록에서 더욱 전면에 나와 두드러지기 시작하는 주제"이다(Charles, 143). 사실 '인내'는 공동서신에 있어서, 시험과 더불어 가장 큰 주제 중에 하나이다(약 1:2-4, 12; 5:7). 공동서신이 야고보서를 서문으로 시작해서 유다서에서 결말이 난다고 볼 수 있다면, 공동서신 전체는 '인내를 온전히 이루라'(약 1:4)에서 시작해서 하나님의 사랑 안에서 '자신을 지키라'(유 1, 21절)로 끝나는 인내에 관한 책들이라 할 수 있을 정도이다. 그만큼 인내는 세상 속에서 세상과 맞닥뜨린 교회가 싸워야 하는 '믿음의 싸움'의 핵심 영역인 셈이다(참조. 1:1, 5-7; 유 3, 20절). 만일, 우리의 신앙에서 '믿음으로 의롭다 하심을 입는다'는 '이신칭의'가 중요하다면, 그와 대등한 중요성을 가진 주제가 '인내하라'일 것이다. 인내는 믿음의 삶에 있어서 칭의만큼이나 중요하다. 왜냐하면 신앙은 처음만큼이나 그 '나중'이 결정적이기 때문이다. 그 '나중'의 열매가 '처음'의 본질을 드러낸다는 의미에서, 나중이 처음을 결정한다고까지 말할 수 있다.

그러므로 인내 없이 우리의 믿음은 아무런 가치 있는 열매, 하나님께서 인정하실 만한 열매를 맺지 못한다. 믿음이 있고 덕을 세우고자 하여 지식을 갖추고, 설사 사랑 안에서 그 지식을 절제 있게 활용한다 해도, 지속적으로 밀려오는 유혹과 시험 앞에서 인내하지 못한다면 그런 신앙은 참된 경건에 이르지 못할 것이다. 이 점이, 베드로후서가 거짓 교사들의 처참한 광경을 묘사함으로써 경고하고자 하는 대목이다. 저들은 혹시 신앙고백이라도 하는 믿음으로 시작했을지 모르나(2:1), 결국 인내하는 일에 실패한 것이다. 처음과 나중이 달랐고, 나중이 그들의 처음 곧 그들의 신앙의 정체가 무엇이었는지를 드러냈을 뿐이다.

저들은 '굳세지 못한'(아포떼시스, ἀπόθεσις, 2:14) 영혼들을 유혹했는데, 이는 견고한 반석 또는 원래의 자리를 벗어난 모양을 가리킨다. 베드로후서의 문맥에서 볼 때 '굳세지 못하다'는 표현은, 하나님께서 은혜로 택하시고 부르신 믿음의 자리, 성도의 영광스러운 자리, 보배롭고 큰 약속을 받은 그 복된 '자신의 자리를 벗어나는' 현상을 가리킨다(참조. 유 1, 21절). 거짓 교사들은, 그들을 값 주고 사신 그들의 주인이 되신(2:1) 그리스도께 복종해야 하는 종의 자리를 벗어난 순간부터, 자신도 '성도의 자리'를 벗어났을 뿐 아니라 '주 곧 구주 예수 그리스도의 영원한 나라에 들어갈' 보배로운 약속을 받은 성도들을 꾀어 함께 멸망의 구덩이로 끌고 가려는 악행을 저지른다. 결국 그들은 세상의 더러움을 피하는 믿음으로 시작했지만, 다시 그 더럽고 썩어지고 허무한 세속에 얽매여 '그 나중 형편이 처음보다 심하게'(2:20) 되는 비참에서 뒹굴게 된다.

이 때문에 베드로는 서신의 시작에서부터 '너희의 택하심과 부르심'을 '굳게 하라'(1:10)고 권면한다. 다른 길로 벗어나지 말고 부르신 그 자리에 흔들림이 없이 서서 인내하라는 것이다. 그리고 서신의 끝에서 다시 한 번, 거짓 교사들의 미혹에 이끌려 '너희가 굳센 데서 떨어질까'(3:17) 경계하고 주의하라고 간곡히 당부한다. 이를 위해서 끊임없이, 말씀의 가르침을 '기억해야' 하며(1:12; 3:1-2, 8), 하나님과 예수 그리스도를 알아 감으로써 신적 성품에 참여하는 자가 되는 일에 '모든 부지런함으로 힘써야' 한다(1:5-11; 3:14, 18).

흥미롭게도, 베드로후서가 계시로 밝히 드러내는 하나님은 '오래 참으시는' 하나님이시다(3:8-9). 거짓 교사들과 그들에 의해 격동되는 연약한 성도들이 참지 못하여, 마치 약속된 새 하늘과 새 땅은 지어낸 이야기인 것처럼, 마치 세상의 종말과 최후의 공의로운 심판은 종이호랑이인 것처럼 여기는 태도와는 정반대이다. 저들이 거짓과 탐욕, 방탕과 방종함으로 복음을 조롱하고 교회를 더럽힐 때, 그들에게 하나님의 심판이 당장 떨어지지 않는 이유는 종말이 없기 때문이 아니라, 하나님께서 긍휼과 사랑 가운데서 오래 참으시기 때문이다.

그러므로 인내란, 아무런 능력이 작동하지 않는 상태에서 그저 시간만 보내는 헛된 과정이 결코 아니다. 돌을 땅에 묻고 거기에 물을 주고 거름을 주고 기다리면 아무런 일도 일어나지 않는다. 신적 성품의 성장에서 말하는 인내는 전혀 이런 것이 아니다. 왜냐하면 신적 성품에서 성장하도록 격려받는 성도 안에는 생명과 경건에 이르게 할 수 있는 모든 신적 능력이 이미 심겨져 있기 때문이다(1:3-4). 생명력 있고 건강한, 살아 있는 복음의 말씀, 약속의 말씀의 씨앗이 그 안에 심겨 있다면(참조. 약 1:18-21; 벧전 1:22-25), 그의 심령과 삶에는 반드시 그 말씀의 생명이 피어나고 자라 하늘에 속한 생명과 경건의 열매를 맺는 것이다.

다만, 밭의 모든 농부들이 뜨거운 볕을 참아 내고 뜻밖의 홍수와 태풍을 견디며, 이른 비와 늦은 비를 기다리면서 그 열매를 바라듯이, 길고 고단한 인내가 요구된다. 믿음은 시작 단계에서는 화려하게 보일 수 있다. 사망에서 생명으로 옮긴 것(!)이다. 하지만 오직 인내 없이는 그 믿음의 열매를 거둘 수 없다. 인내는 자주 지루해 보이지만, 그것이 생명의 복음을 품었을 때는, 늘 황홀한 인내일 수밖에 없다. 갈수록 흥분되고 기쁘고 감격스러운 인내이다. 그러므로 신적 성품에서 인내란, 은혜로 주어진 모든 신적 능력을, 믿음과 덕과 지식 그리고 절제를 통해, 오직 생명과 경건의 방향으로 '틀어잡고' 그 방향으로 '견고하게' 붙들고 나아가는 능력이다. 이 인내의 능력 역시 하나님께서, 우리가 여러 가지 시험을 통과하는 가운데 우리의 믿음을 통해 불러일으키시는 온전한 구원을 향한 은혜의 역사이며(약 1:2-4, 12), 종국에는 주께서 친히 완성하시는 열매이면서(벧전 5:10; 약 5:7-11), 동시에 우리가 우리 자신을 드려 힘써 이루어 가야 하는 신적 성품의 결정적인 요소이다.

경건, 인내의 열매

성도의 인내는 무엇으로 열매 맺어야 하는가? 인내의 끝은 성공인가? 오래 참고, 잘 참았더니 하나님께서 크신 복을 주셨다고 해야 하는가? 성공한 신앙생활은 어떤 모습인가? 교회에서 요구한 종교적 경건의 기준들을 다 지킨 모습인가? 그러한 종교적 경건의 기준들도 참된 신적 성품에서 성장하는 일에 도움이 될 것이다. 하지만 그런 기준들을 다 지킨 모습이 곧 신적 성품에서 언급하는 경건의 모습이 아닐 수도 있다. 6절에서 말하는 경건은 문맥상, 이 세상에는 없는 '생명과 경건'(3절) 곧 하늘에 속해 있고, 또 장차 임하는 새 하늘과 새 땅에 합당한 성품을 전제한다(3:11, 13). 그중에서도 '더럽지 않은' 성품 즉, 썩어짐으로 인도하는 세상의 더러움에서 피하여(1:4), 오랜 연단 속에서 하나님을 향한 진실한 사랑과 일관된 헌신이 그의 성품 안에서 그 자신을 세속으로부터 지켜내는 성품적 능력으로 자리 잡은 것을 가리킨다.

또한 성도를 세속에 물들지 않게 만드는 경건은 하루아침에 만들어지지 않는다. '예수 믿고 복 받는 것'이 신앙의 중심인 경우에는 더더욱 어렵다. '예수 믿고 천당 가고' 세상에서는 세상 사람과 다를 바 없이 살아가는데, 그가 세속을 이길 만한 경건을 갖추는 신앙으로 나아가기란 거의 불가능에 가까운 일이다. 또한, 그저 형식적인 종교 생활로 경건의 기대를 만족시키는 경우에도, 사람의 중심을 흔드는 세속의 격렬한 공격을 막아 낼 참된 경건을 얻기 어렵다. 그래서 신적 성품에서 경건은 인내를 통해서 이루어진다고 가르친다. 경건은 여러 가지 시험들을 거치면서 그의 믿음이 '역사하는'(카테르가제타이, κατεργάζεται) 혹은 '만들어 내는' 인내를 통해 얻어진다(약 1:2-4). 그러므로 경건은 믿음을 통해 나오는 인내의 열매이다.

당시 헬라 문화권에서 '경건'(유세베이아, εὐσέβεια)은 신에 대한 경외심뿐 아니라, 가족이나 전통에 대한 존중심이나 충성심을 가리키기도 했다(Charles, 144). 하지만 신약에서 경건은 물론 하나님을 향한 것이지만 특별히 세상의 세속적인 물결에 저항하는 신앙의 '반세속적' 특징을 가리킨다고 할 수 있다. 경건(εὐσέβεια)이라는 용어가 직접적으로 쓰인 곳이 거의 목회서신(10회)이나 베드로후서(1:3, 6, 7; 3:11)라는 점도 이 부분을 뒷받침한다. 율법과 성전을 중심으로 하는 유대교에서 떨어져 나와, 예수 그리스도를 믿는 믿음에 기초한 초기 교회의 신앙이, 로마라고 하는 거대한 세속과 더욱 첨예하게 부딪혀 가면서, 복음의 진리에 기초한 신앙, 종말의 심판과 재림, 재창조에 기초한 신앙은 더욱 구체적으로 세상의 '더러움과 썩어짐과 허무함'의 '반(反)하나님적 세력'에 저항하는 경건을 강조하게 된 것으로 보인다.

이런 점에서, 베드로후서는 거짓 교사들의 극렬한 '불경건' 곧 하나님에 대한 신앙은 형식적 신앙고백뿐이고, 나머지 그들의 내면과 삶을 채우는 것은 세속적인 더러움과 썩어짐과 헛된 영광을 추구하는 것들뿐이었음을 적나라하게 고백한다. 주께서 심판 때에 건지시는 '경건한 자들'(유세베이스, εὐσεβεῖς)과는 대조적으로, 형벌 아래 두시고 심판 날까지 지키시는 '불의한 자들'이란 곧 육체를 따라 '더러운 정욕 가운데서'(엔 에피쑤미아 미아스무, ἐν ἐπιθυμίᾳ μιασμου) 행하는 자들이다(2:9-10). 이들은 처음에는 '그 세상의 더러움'을 피한 듯했지만, 나중에는 다시 그 더러움에 얽매여서 결국 그 믿음의 싸움에서 져 버린 상태, 곧 신적 성품의 성장에서 온전히 실패한 파탄 상태에 이르게 된 자들이다(2:20). 거짓 교사들은 그들의 불경건의 또 하나의 큰 특징으로서 강렬한 '탐욕'(플레오넥시아,

πλεονεξία, 2:3, 14-15)을 드러내는데, 자신들의 탐욕뿐 아니라 그 탐욕을 채우기 위해 교회를 미혹한 결과로 저들이 얻는 것은 결국 '저희의 멸망'(2:3)이요 '캄캄한 어두움'(2:17)뿐이다.

그러므로 신앙생활 끝에 남는 것, 남아야 하는 것은 '경건'뿐이다. 세상에 있지만 세상에 속하지 않은 확실한 영적, 인격적, 삶의 표시로서의 경건이다. 성도가 믿음에서 시작해서 그리스도를 통한 구원과 말씀을 깊이 깨닫고, 그분의 거룩과 생명, 진리와 은혜를 더욱 깊이 알아 감으로써 성장한 결과, 그 지식에 절제를 더하고, 그 절제에 오랜 연단과 검증, 인내와 기다림을 더한 열매로 주목해야 하는 것은 '경건'인 것이다. 베드로후서는, 이 첫째 세상 곧 하나님께서 지으신 첫 번째 피조 세계인 이 하늘과 땅이 모두 불살라지고 새 하늘과 새 땅이 올 때에, 그 재창조의 세계는 '의(義)가 거하는'(3:13) 곳이며, 그 종말에 약속된 하나님의 나라에 들어갈 자의 특징은 '거룩한 행실과 경건'(3:11)이라고 단언한다.

그러므로 믿음의 열매 가운데, 하나님의 진노 아래 놓여 있는 이 세상으로부터 우리를 구해 내실 '구주' 예수 그리스도의 영원한 나라에 들어가게 될 자의 특징은 단연코 '경건'이다. 모든 것은 이 세상과 함께 불타 없어질지라도, 성도는 그의 믿음과 함께 경건을 갖고 새 하늘과 새 땅에 들어가게 될 것이다. 오직 경건이, 그로 하여금 영원토록 하나님을 경외하는 그 나라에 합당한 '천국시민의 특징'이기 때문이다.

형제 우애, 경건의 참된 증거

이렇게 생각해 보자. 오래도록 경건을 향한 연습을 하고, 오랜 인내를 거쳐 누가 보아도 경건한 사람이라는 인상을 주는 성품을 갖게 되었다 하자. 만일 그런 '경건한' 사람이 자신보다 경건하지 못한 형제나 이웃을 경멸하고 참지 못한다면 어떻게 될까? 예수님처럼 경건하신 분이 없었지만, 예수님은 '죄인들의 친구'가 되셨다(마 11:19). 그래서 하나님을 향한 진실한 경건은 반드시, 설령 그만큼 경건하지 못한 형제라도 품어 주고 기다려 주고 세워 주는 형제 우애로 나아가야 한다.

경건이 하나님께 집중하는 신앙의 다소 수직적인 관계를 표현한다면, 형제 우애는 동일한 하나님 사랑이 형제들을 향해 다소 수평적인 관계로 드러나는 모습이라고 볼 수 있다. 그러니까 인내를 통해 얻어진 경건 곧 '은밀한 중에 보시는 하나님'께 진실하고 충성스러운 참된 경건은 동시에 이웃과의 관계 속으로 더욱 확대되어 나아가야 한다는 것이다. 야고보서는 하나님을 향한 참된 경건이란 고아와 과부 즉 사회적 안전망 그 밖에 버려진 사람들을 돌아보고 보호하는 긍휼의 삶이라고 강조한다(약 1:27). 하나님 자신이 고아와 과부들의 아버지임을 자처하셨기 때문이다(시 68:5; 참조. 신 10:18; 시 146:9).

이런 점에서 '경건'이 그 자체로서 다른 사람들과의 관계 속에서 펼쳐지는 것이라고 보면서, 파일로(Philo)처럼 경건을 '인류애'와 연결시키는 경우도 있다(Charles, 144). 하지만 베드로후서 1:7에서 말하는 형제 우애가 단순히 인류애가 아님은 물론이다. '형제애'(필라델피아, φιλαδελφία)는 주로 가족 간의 사랑과 유대 관계를 의미했는데(G. Green, 195), 초기 사도적 교회에서는 혈연으로 연결된 가족이 아니라도 예수 그리스도를 믿는 믿음을 통해 성령으로 거듭난 성도들을 형제자매로 부르기 시작하면서, '하나님 아버지의 자녀들' 곧 '하나님의 권속'(참조. 엡 2:19) 안에서 형제 우애라는 표현을 적극적으로 사용하기 시작한 것이다.

베드로는 그의 첫째 편지에서 이미 형제 우애에 대해 여러 말로 가르치고 있다. '인류'에 해당하는 보통 사람들이나 왕은 '공경'해야 하고 하나님은 '두려워해야' 하지만, 믿음의 식구들인 '형제'들은 '사랑하라'(ἀγαπᾶτε, 벧전 2:17)고 가르친다. 단순한 '우애'가 아니라 '사랑하라'는 권면이기는 하지만, 믿음의 형제들에 대해서는 특별한 관계를 요청한다고 할 수 있다. 세상 사람들 대하듯 단지 '존중'하면 되는 것도 아니고, 믿음의 형제라도 그가 어떤 큰 권세의 자리에 있는 경우라 하더라도 그를 마치 하나님을 두려워하듯 두려워할 일도 없다는 것이다. 믿음의 형제들에 대해서는, 그가 지극히 작은 자라도 단지 존중을 넘어선 사랑을 보일 것과, 설혹 그가 엄청난 권세를 가진 자라도 마치 우상 숭배하듯 두려워해서는 안 되는, 형제 우애의 관계를 가르치는 것이다.

이렇게 보면, 베드로후서에 나타난 거짓 교사들이 어떻게 신적 성품의 요소인 형제 우애를 파괴했는지를 알 수 있다. 저들은 자신들의 권위를 위장하고 헛되이 높여서, 다른 연약한 믿음의 형제들이 그들의 거짓된 가르침에 굴종(屈從)하며 그 부패한 행실을 맹종(盲從)하도록 사주한 것처럼 보인다. 처음부터 '자기들을 사신 주를 부인'(2:1)한 것은, 이미 자신들이 다른 형제들의 '주인' 되신 예수 그리스도의 자리를 찬탈하겠다는 시도인 셈이다. 더구나 이들은 '담대하고 고집하여' 하나님께서 세우신 어떤 영적 권위도 자신들이 임의로 무시할 수 있다고 믿고 떠들어 댔던 규모 없고 무식한 자들이었다(2:10-11). 이런 헛된 교만으로 하나님과 주 예수 그리스도의 권위를 찬탈한 자들에게 어떤 형제 우애를 기대할 수 있겠는가?

그것은 불가능하다. 사람이 아니라 오직 하나님만 두려워하며, 형제들 간에는 평등한 인격 관계 속에서 서로 우애하여야 할 뿐이다. 하지만 거짓 교사들은 이 관계를 넘어서서, 자신을 두려워할 대상으로 만들고, 다른 형제들을 존중하여 하나님의 존귀한 형상으로, 그리스도의 사랑의 대상으로 아끼고 섬기지 않았다. 도리어 거짓 권위를 가장하여, 자신들의 탐심을 채우느라 믿음의 형제들을 '돈벌이' 용으로 써먹었을 뿐이다(2:3, 14). 또한 겨우 세상의 더러운 것을 피하여 경건의 길에 갓 들어선 형제들의 덕을 말끔히 헐어 버려서, 그들로 하여금 세상의 더러움에 '진 자'들로 끌어내리기도 한 것이다(2:18-19).

그러므로 형제 우애가 경건의 열매이며, 참으로 하나님과 주 예수 그리스도를 경외하는 마음이 곧 형제 우애로 이어진다는 것은 더할 나위 없이 당연해 보인다. 경건을 이루지 못하는 자, 곧 하나님만을 경외하고 두려워하지 못한다면,

그 믿음의 형제를 바른 관계 속에서 대할 수 없을 것이기 때문이다. 즉, 경건에 실패함으로 교만하게 되면 형제를 우습게 여기어 그를 파멸로 이끌 것이고, 경건에 실패하여 하나님을 사랑하는 마음이 없다면, 역시 형제들을 존중하지도 못하며 그들에게 덕을 세울 수 없을 것이다. 거꾸로, 형제 우애에 실패하는 자는 결국 경건에도 실패하는 셈이다. 형제를 형제로서 사랑하고 섬긴다는 것은, 참으로 하나님을 사랑하고 두려워하는 경건의 표현이기 때문이다.

형제 우애에 사랑을

형제 우애는 사랑에까지 이르러야 한다. 하나님과 주 예수 그리스도를 믿는 성도 간의 연대(solidarity)와 우애의 절정은 사랑이기 때문이다. 이 '사랑'(아가페, ἀγάπη)은 단순히 상대방을 특별하게 여기고 잘 대해 준다는 정도의 의미가 아니다. 하나님 자신이 그 아들을 통해 믿는 자들에게 부어 주신 '그의 많으신 긍휼'(벧전 1:3)과 같은 신적 사랑에 뿌리를 두고 있는 형제간의 사랑이다. 베드로는 이 두 번째 편지에서 '동일하게 보배로운 믿음을 받은'(1:1) 형제들을 반복해서 '사랑하는 자들아'(아가페토이, ἀγαπητοί)라고 부른다(3:1, 8, 14). 이럴 때도 동일한 의미이다. '사랑하는 자들아'라는 호칭은 단순히 '친애하는 여러분' 정도의 수식어가 아니다. 오히려, 하나님의 언약적 사랑을 받아 그 사랑 안에서 하나님을 사랑할 수밖에 없고, 그 하나님의 사랑을 받은 다른 믿음의 형제들을 그 사랑으로 사랑할 수밖에 없는 자들을 가리킨다.

하나님의 사랑을 받은 자들은 그의 교회를 아버지 하나님의 뜨거운 사랑으로 사랑할 수밖에 없다. 그것은 주께서 자신을 교회에 내주시기까지 사랑하신 그 사랑이다. 그 사랑으로 주께서 위하여 죽으신 형제들 곧 교회를 향해 뜨겁게 일어나 죽기까지 사랑하는 것 그것이 형제 사랑이다. 사람이 친구를 위하여 자신의 목숨을 내주면 그보다 더 큰 사랑이 없다고 하신 주님의 말씀 그대로이다(요 15:13). 고대(古代)에 '친구'는 지금처럼 SNS에서 잠시 맺었다가 쉽게 끊어 버릴 수 있는 그런 '페친'(facebook 친구) 정도가 아니었다. 삶과 죽음을 함께하는, 종교적, 정치적, 사회-경제적 운명까지 함께하는 강력한 연대로 묶여 있는 공동 운명체를 가리킨다. 하나님의 권속, 곧 하나님의 가족으로 새롭게 묶여 있는 교회 곧 성도 간의 관계도 그러하다는 것이다(엡 2:19). 어쩌면 혈연으로 묶여 있는 가족보다 더욱더, 성도는 영원한 운명으로 묶여 있는 새로운 가족이다(마 12:48-50). 그들은 하나님 아버지의 사랑 안에 뿌리를 내리고 있고, 그 사랑에 의해 서로 사랑할 수밖에 없고, 믿음으로부터 출발해서 그 사랑에 이르기까지 성장해야 하는 하늘의 가족들이다.

확실히 "기독교적인 덕들은 사랑 없이 완성되지 않는다"(Charles, 145)고 할 만큼, 신적 성품의 성장에 있어서 사랑의 위치는 절대적이다. 본문에 그렇게 명확히 드러나 있지는 않지만, 신적 성품의 모든 항목들은 사실, 이 사랑 곧 '아가페' 사랑에 의해 시작되고 촉발된다. 믿음 자체도 하나님의 사랑의 결과로서 우리에게 주어진 신적 은혜의 '수납 기관'이다. 사랑이 믿음에서 덕으로 나아가도록 촉발한다. 나의 믿음의 자유가 형제에게 덕이 되지 않는다면, 그 자유를 포기하는 것도 역시 그 형제를 위하여 죽으신 그리스도의 사랑의 강권 때문이다(참조. 고전 8:11-13). 덕을 세우기 위해 지식을 찾아 헤매는 간절함도 사랑 때문이요, 지식만으로 만족하지 못하고 그 지식이 형제를 해칠 때에 절제를 간구하는 마음도 모두 사랑 때문이다. 사랑이 우리로 인내하게 하지 않는가.

그리고 사랑은 경건에서 마치 꽃이 피는 것 같은 순간을 맞는다. 경건이란, 하나님께서 우리를 진실하게 사랑하시듯이, 우리도 그분만을 진실하게 사랑하는 사랑, 특별히 세속의 더러움과 썩어짐과 허무함에 맞서서, 여러 가지 시험들을 통과하고도 여전히 하나님을 사랑하는 참되고 순전(純全)한 마음을 가리키기 때문이다. 그리고 하나님께서 그리스도 안에서 성령을 통하여 우리에게 부으신 그 많으신 사랑은, 참된 경건에 담긴 우리의 사랑이 형제들을 향해 쏟아부어질 때 그 열매를 향해 나아가게 된다. 우리 속에 심으신 아버지 하나님의 사랑이,

우리의 덕과 지식, 절제와 인내, 경건과 형제 우애를 통해, 드디어 사랑으로 열매 맺게 되는 것이다. 결국 신적 성품이란, 사랑에서 시작해서 사랑으로 촉발되며 사랑에 의해 공급받고 자라나 또한 사랑에 이르는 복되고 기쁘고 놀랍고 감격스러운 여정이다. 하나님의 사랑이 승리하시는 과정이며, 우리를 그의 '영광과 덕으로써' 부르시는 분의 사랑이 이 땅에서 그의 백성, 곧 세상 속에 놓인 그의 제사장 나라를 통해, 사랑으로 열매 맺게 되는 것이다.

이것은 얼마나 놀라운 일이며, 또한 얼마나 확실한 일인가! 하나님께서 그의 성도를 신적 성품에서 자라게 하신다. 그가 이 사랑을 시작하셨기 때문이다. '너희가 나를 택한 것이 아니요 내가 너희를 택하여 세웠나니 이는 너희로 가서 열매를 맺게 하고'(요 15:16)라는 말씀 그대로이다. 하나님께서 온갖 연단을 통해서 이루어 가신다. 하지만 그것은 또한 우리가 열심을 내어 힘써야 할 영역이기도 하다. 신적 성품은 우리 자신이 변화되며 우리 속에서 일어나야 하는 열매이기 때문이다.

이런 점에서, 거짓 교사들의 부패한 성품의 결국은 사랑이 아니라 살인이다. 자신도 죽이고 형제들도 죽이는 살인이다. 하나님의 사랑은 '우리를 살리려 하심'이다(참조. 요일 4:9). 하지만 거짓 교사들은 불신앙과 부덕, 무지와 무절제, 그리고 무엇보다 세속으로부터 '자신을 지키는 일'(2:20; 참조. 약 1:27; 4:13-5:6)에 실패함으로써 불경건에 이른다. 결국, 자신들의 멸망을 예약할 뿐 아니라 형제들을 실족케 하여 그들도 멸망케 하는, 자신들 속에 있는 '거짓의 아비' 마귀의 '죽이고 멸망시키는'(참조. 요일 3:8; 요 8:44) 본성을 드러내는 것이다. 베드로후서에 나타나는 거짓 교사들은, 비록 유다서가 명확히 밝히는 것처럼 '성령이 없는 자들'(유 19절)이라거나, 또한 요한일서가 거부하는 '적그리스도 또는 마귀에게 속한 자들'(요일 2:18, 22; 3:8; 4:3)이라는 명확한 비난은 없지만, 바로 그러한 가증스럽고 파괴적인 길에 들어선 자들임에는 틀림없다.

사랑은 살리는 것이다. 단지 육적으로만 살리는 것이 아니라, 그 영을 살리고, 지속해서 더욱 살리고, 그래서 영원히 하나님과 함께 살게 하는 것이다. 하나님께서 세상을 이처럼 사랑하사 그 아들을 주신 것, 그것이 사랑이고 여기에 생명이 있다(요 3:16; 요일 4:7-10). 이 복음을 듣고 믿은 자에게는, 아버지 하나님의 '그의 많으신 긍휼'이 역사한다. 믿음에서 시작해서 사랑을 통해 생명을 주고, 그 영적 생명을 더욱 풍성케 하며 결국 사랑을 향해 열매 맺는다.

베드로후서가 기록된 당시 헬라 문화를 배경으로 하면, 신적 성품의 최종적 열매인 사랑은 너무도 특징적이다. 당시 그레코로만 사회에서 '사랑'은 추천할 만한 덕목에 들지 못했다. 자유자인 주인이 노예를 하나님의 사랑으로 사랑하면 어찌 되겠는가? 결국, 이러한 사랑을 하늘의 가족으로서 실행했던 초기 예수 그리스도의 교회 공동체가, 그토록 부패하고 잔인했던 로마가 발견했던 유일한 희망이었고, 결국에는 로마를 대체하는 대안(代案) 세력이 되었다는 역사적 사실은 놀랍기 그지없다. 세상을 바꾸는 교회는 신적 성품의 교회이다.

'모든 열심을 다 쏟아부어 … 공급하라'

그러므로 교회가 할 일은, 신적 성품에서 성장하는 일이다. 나머지 교회 안에서 일어나는 모든 일들은 그것이 성공이든 실패이든, 이를 통해 성도들이 신적 성품에서 한 단계씩 성장하기만 한다면 모두 하나님 보시기에 유익할 수 있다. 하나님께서 의도하시는 일이 성도의 성장, 곧 그들이 신적 성품에 참여하여 성장하는 일이기 때문이다. 이것이 한국 교회가 그렇게도 원하는 '교회 성장'의 진면목이다. 교회는 이렇게 성장해야 한다. 그래서 베드로는 믿음에 덕을, 덕에 지식을, 지식에 절제를, 절제에 인내를, 인내에 경건을, 경건에 형제 우애를, 그리고 형제 우애에 사랑을 적극적으로 공급하라고 권면한다.

신적 성품의 내용이 열거되어 있는 5-7절의 본문은 그 앞에 '모든 열심을 다 쏟아부어'라는 격려와 맨 뒤에 '공급하라'는 명령으로 감싸여 있다. 이런 신적 성품은 그저 되면 되고 말면 마는 선택 사항이 아니다. 앞에서도 자세히 설명했지만, 이런 신적 성품의 성장 없이 교회는 세상의 거짓 교사들의 거짓을 분별하지 못한다. 설령 분별한다 해도, 그들의 거짓과 함께 밀려오는 세속의 더러움과 썩어짐의 흙탕물을 피하지 못한다. 베드로의 판단으로는, 하나님을 아는 참된 지식을 통해 신적 성품에 참여하는 길만이 교회를 이 세속의 거짓과 부패에서 지켜 낼 수 있다고 가르치는 것이다. 그러므로 성도는 이 일에 힘써야 한다.

단순히 노력하는 정도가 아니라, '모든 열심을 다 쏟아부어야'(스푸덴 파싼, σπουδὴν πᾶσαν, 5절) 한다. 신적 성품에서 성장하는 과정이 결코 만만치 않기 때문이다. 그냥 열심이 아니라, 젖 먹던 힘까지 다해서, 혹은 더 이상 견딜 수 없는 지경에서라도 믿음으로 주어진 모든 은혜들 곧 말씀과 성령, 기도와 간구로 전력을 다해 성장하도록 애써야 한다는 것이다. '쏟아부어야'(파레이세넹칸테스, παρεισενέγκαντες)로 번역된 표현 속에는, 최종적으로 하나님 앞에 설 때에 성도가 하나님께 드려야 할 것은 다른 무엇이 아니라 성도 자신의 신적 성품이라는 종말론적이고 제의적(祭儀的)인 의미도 함축되어 있다.

최후에 하나님을 뵈올 때, 우리가 그분께 드릴 수 있는 제물이 무엇인가라고 물을 때, 그것은 다름 아닌 '신적 성품에 참여한 우리 자신'이라고 말할 수 있는 것이다. 하나님은 그것을 기뻐하신다. 왜냐하면 이제 새 하늘과 새 땅을 다스릴 그의 새로운 백성을 얻으신 것이기 때문이다(3:13-14). 모든 것이 재창조되기 전에 가장 먼저 새롭게 창조하신 그의 새 언약 백성, 곧 그의 거룩한 교회가 신적 성품을 갖춘 모습으로 나타나는 것이 그 '영원한 나라'(1:11)를 위해서 필수 불가결하기 때문이다.

재창조는 창조의 역순

여기서 잠시, 세상 속의 교회가 왜 신적 성품의 성장에 집중해야 하는지를 생각해 보아야 한다. 베드로후서는 3장이 종말에 관한 내용이고, 1장이 신적 성품에 대한 내용이다. 즉, 종말에 새 하늘과 새 땅이라는 재창조의 사역이 완성되는 일 이전에, 세상 속의 거짓 교사들의 공격 속에서(2장) 교회는 신적 성품의 새 백성으로 준비되어야 한다는 것이다. 재창조의 완성 곧 첫째 하늘과 땅이 불에 타 사라지고(3:12), 새 하늘과 새 땅이 올 때에 그 '의의 거하는바' 새 세상, 두 번째 세상을 다스릴 '사람들'이 필요한데, 그들이 '새 아담'인 예수 그리스도에게 속한 '새사람들'이다.

이들은 종말에 '의(디카이오쉬네, δικαιοσύνη)의 거하는바'(3:13) 새 하늘과 새 땅에 거하며 그 나라를 다스리기에 합당한 '의'(디카이오쉬네, δικαιοσύνη)를 선물로 받은 자들이다(1:1). 그뿐 아니라, 그 '의'(義) 곧 하나님과의 바른 관계 속에서 참된 의와 경건을 갖춘 백성으로 성장하여 그 나라를 유업으로 받기에 합당한 백성이다. 하나님께서는 지금 교회를 통해, 바로 이런 새 백성을 양육하시는 사역에 집중하고 계신다. 이것이 또한 교회 자신이 바로 신적 성품으로 준비되는 일에 전력을 다해 힘써야 하는 전략적인 이유이다.

이를 보다 명확히 이해하기 위해, '창조-타락-구속'이라는 성경 이야기의 전체 흐름을 통해 조금 더 자세히 설명해 보자. 첫째 창조 때에 하나님께서 세상을 먼저 지으시고 그다음에 사람을 지으신 순차를 따른다면(창 1-2장), 재창조 역시 새 하늘과 새 땅이 먼저 오고, 그다음에 새사람을 지으셔야 창조의 순서처럼 순차적이 된다. 그런데 재창조는 이런 식으로 진행되지 않는다. 그 역순(逆順)이다. 도표로 그리면 아래와 같다:

첫째 창조 :	A 세상	→	B 사람
둘째 창조 :	A′ 새 하늘과 새 땅	←	B′ 새사람

첫째 창조에서는 지금 보는 하늘과 땅이 창조되고 그다음 아담과 하와가 창조되어 그 땅을 다스리도록 되었지만(A→B), 재창조에서는 새사람이 먼저 창조되고 그다음 새 하늘과 새 땅이 온다(B′→A′). 즉, 하나님께서 세상을 구속하기로

하셨으나, 아직 새 하늘과 새 땅이 오지는 않았다. 그렇다면 하나님은 재창조의 사역을 시작하지 않으신 것인가? 그렇지 않다. 하나님께서는 이미 재창조의 사역, 곧 온 우주의 중생(regeneration) 사역을 시작하셨다. 그것이 교회이다. 이것이 만물을 새롭게 하시는 하나님의 재창조 사역의 시작이요(계 21:5), 교회는 그 첫 열매인 것이다(약 1:18; 고전 15:20). 이를 보다 정확한 도표로 그리면 아래와 같다:

A 세상의 창조	→	B 사람의 타락	→	C 세상의 타락		
		B' 사람의 구속	→	C' 세상의 구속	→	A' 재창조

처음에 하나님께서 세상을 창조하셨다(창 1:1). 그리고 타락이 왔다. 특별히 첫 사람 아담의 범죄를 통해 죄와 사망이 세상에 이르렀다(창 3:1-21; 롬 5:12). 즉, 창조(A)가 사람의 타락(B)에서 세상의 타락(C)의 순으로 진행된 것이다. 하지만 하나님께서는 이 모든 것의 종말론적인 전복(reversal)과 최종적인 회복(restoration)을 계획하셨다. 그것이 재창조이다. 이것이 '새롭게 된 피조물'의 탄생이며(고후 5:17), '새 하늘과 새 땅'의 도래(3:13) 곧, 처음 하늘과 처음 땅이 없어지고 '새 하늘과 새 땅'이 재창조되는 사건이다(계 21:1).

여기서 주목해 볼 것이 있다. 재창조는 세상의 구속 즉, 첫째 하늘과 땅이 새롭게 창조되는 물질적, 우주적 변화로부터 시작하지 않는다는 점이다. 하나님께서는 죄와 사망이 지배하는 이 첫째 세상을 재창조하시기 위해서, '곧바로' 새 하늘과 새 땅을 짓지 않으셨다. 그 대신, 여전히 죄와 사망이 지배하는 이 첫째 세상 속으로, 그 아들을 보내셨다. 그 아들이 오셔서 순종하심으로, 그를 믿어 의를 얻고 생명을 얻는 새 백성을 '먼저' 창조하신 것이다(롬 5:17-18).

왜 그런가? 그 이유는 첫째 창조 때에, 이 세상의 실패 곧 이 세상에 죄와 사망이 들어온 계기가 바로 첫 사람 아담 때문이었다는 데에 있다. 문제는 세상이 아니라, 사람이었기 때문이다. 타락한 세상이 아니라, 그 세상에 타락의 원인을 제공한 인간의 불순종이 핵심적 문제였기 때문이다. 하나님의 형상으로서, 하나님의 말씀을 따라 세상을 다스려야 했던 첫 사람이 이렇듯 온 우주와 역사가 달린 그 일에 실패해 버린 것이다.

이처럼 세상이 타락하게 된 것은 사람의 타락 때문이었으므로, 두 번째 창조에서도 세상의 회복 곧 우주적 재창조의 관건은 '사람의 회복'에 달려 있는 셈인 것이다. 그래서 '둘째 아담'(고전 15:47) 곧 순종하신 한 사람, 그 아들 예수 그리스도께서 오셨고(롬 5:12-21), 그 아들 안에서 새 언약 백성이 창조된 것이다. 썩어짐과 허무함에 굴복하는 모든 피조물들은, 바로 하나님의 아들들이 나타나기를 기다리고 있다(롬 8:18-21). 둘째 아담 곧 '하늘로부터 나신 이'(요 3:31)를 따라 '하나님께로부터 난 사람들'(요일 5:4)이, 장차 오는 새 하늘과 새 땅을 유업으로 받고 그 영원한 나라를 다스리도록 되어 있기 때문이다.

그래서 재창조의 첫 열매인 교회에게 '신적 성품'이 요구되는 것이다(1:4-7; 약 1:18). 그 신적 성품은 믿음에서 시작한다. 불신이 아니다. 첫 사람 아담은 불신으로 하나님의 말씀을 거부하고 불순종에 이르렀다(창 3:1-5). 이렇게 보면, 아담이야말로 덕을 세우지 못한 자이며, 지식도 절제도 없었고, 자신에게 주신 그 영광스러운 '대리 통치권자'의 자리를 지키지 못했다. 참지 못한 결과는 불경건이었고 가족 간의 불화와 끝내는 살인이었다. 세상은 그에게 가시와 엉겅퀴를 내었고, 그는 저주 아래서 세상의 타락한 본성적 저항 속에서 땅을 파고 땀을 흘려 수고하여야 생명을 연장할 수 있는 나락으로 떨어졌다(창 3:17-19).

그러므로 이 모든 것의 회복, 곧 하나님의 나라의 통치권의 회복은 새사람의 창조에서 시작한다. 장차 하나님께서 이 첫째 세상, 지금 보는 처음 하늘과 땅을 온전히 새롭게 창조하시기 전에, 그 새 하늘과 새 땅을 물려받아 제대로 다스릴 새 백성을 만들고 계신 것이다. 그것이 위의 도표가 확연히 보여 주는 대로 '타락한 세상'(C) 속에 있는 '구속받은 교회'(B')이다. 아직 죄와 사망 그리고 허무함의 종노릇하는 세상 한복판에(롬 8:18-22), '썩지 않고 더럽지 않고 쇠하지 않는 나라'를 유업으로 받은 새 백성이 태어나 존재하고 있는 것이다(벧전 1:4).

그래서 교회는, 장차 재창조되는 새로운 세상, 새 하늘과 새 땅을 오게 하는 이 땅 위의 전초기지이다. 이를테면, 하나님과 하늘의 모든 천사들이, 이 세상에서 집중하여 지켜보는 곳은 청와대도 백악관도 아닌 바로 당신의 교회(!)이다. 온 우주와 모든 역사를 통틀어, 교회는 그렇게나 중차대한 기관이다. 왜냐하면 거기서 장차 올 '의의 거하는바 새 하늘과 새 땅'을 다스릴 거룩하고 경건한 새 백성이 창조되고 성장하기 때문이다. 그러므로 교회는 얼마나 존귀하고, 얼마나 놀라운 하나님의 역사, 그리고 이 세상 역사의 중심부(中心部)인가! 교회 자신이 이것을 깨달아야 하고, 성도를 대하는 목회자가 이것을 명확히 인식하여 목회에 임하여야 한다. 성도는, 장차 오는 세상을 다스릴 자들이다. 하물며 이 세상이랴!(참조. 고전 6:1-10)

그러므로 여전히 죄와 사망의 뚜렷한 타락의 징후 가운데 있는 세상 한복판에 놓인 하나님의 교회가 집중해야 하는 것은, 그런 세상 속에서 그런 세상이 인정하고 자랑하는 기준에 맞춘 식의 '교회 성장'이 아니다. 그것은 이 타락한 첫째 세상과 함께 불타 버릴 지푸라기 같은 것에 불과하다(참조. 고전 3:10-23). 장차 새 하늘과 새 땅을 물려받아 그것을 영원토록 다스려야 할 하나님의 새 백성된 교회가, 이 세상에 아직 남아 있는 동안 이 세상 속에서 가장 우선적으로 그리고 가장 결정적으로 힘써야 할 일은 그 자신의 거룩함과 경건함, 곧 신적 성품의 성장이다.

유다서 식으로 말하면, 하나님께서 허락하여 주신 그 영광스러운 성도의 자리를, 믿음의 싸움으로 싸워 인내로 끝까지 지켜 내는 것이다(유 1, 21절). 베드로전서 식으로 하면, 그 '썩지 않고 더럽지 않고 쇠하지 않는 유업'을 향한 '살아 있는 소망'을 받은 자들로서(벧전 1:3), 이 세상과 함께 더러워지고 썩어지고 허무해지는 길로 가지 않고, 이 세상을 오직 '나그네와 행인'처럼 지나가면서(벧전 1:1-2; 2:11) 맡겨진 제사장 나라의 사명을 다하여(벧전 2:9-25) 끝내 죽고 부활하시고 승천하신 그리스도를 따라, 하나님 보좌 우편의 그 약속된 자리에 함께 이르는 것이다(벧전 3:22).

이것을 베드로후서 식으로 하면, '그 보배롭고 큰 약속'(1:4)을 받은 자들이, 여전히 세상 속에 남아 있으면서 그들 안으로 밀려들어 온 '세속'을 몰아내는 싸움이라 할 수 있다. 장차, 오직 하나님께서 종말에 확실히 재창조하실 '새 하늘과 새 땅'에 들어가, 그 '의가 거하는 새 땅'에 거하여 살고 다스리기에 부족함이 없는, 하늘에 속한 '생명과 경건'(1:3)을 그 내용으로 충만하게 갖춘 신적 성품의 백성이 되어야 하는 것이다. 그러니 '모든 부지런함으로, 모든 열심을 쏟아부어' 신적 성품에 성장하는 일에 진력하지 않을 수 없는 것이다.

마찬가지로, 교회가 이 땅에서 '신적 성품의 성장'에 집중한다는 것은, 종말에 하나님께서 확실히 이루실 재창조의 사역 곧 새 하늘과 새 땅, 그 영원한 나라에 대한 살아 있는 소망이 약하다면 전혀 감당할 수 없는 일이 된다. 이런 종말의 확실한 소망에서 희미해진 '현세적'(現世的)인 교회는, 어쩔 수 없이 세속의 강력한 유혹에 휘말릴 수밖에 없다. 그리고 이것이 정확히, 베드로후서에서 거짓 교사들이 '종말이 없다'(3:3-5) 하는 거짓 가르침을 통해 교회를 온통 세속의 탐욕과 방탕의 파멸 속으로 몰아넣게 되는 이유이다.

하나님은 타락한 이 세상을 그저 두지 않으신다. 재창조하신다. 그리고 지금 우리가 보는 처음 하늘과 땅을 불사르시고 새 하늘과 새 땅을 가져오시기 전에, 그 영원한 나라에 합당한 백성을 창조하고 계신다. 그 새 백성이 태어나고 성장하는 곳이, 바로 당신의 교회이다. 그래서 이 땅에서, 교회보다 더 중요한 곳은 없다. 온 세상과 모든 역사, 과거와 미래, 시작과 종말이, 지금 당신의 교회 혹시 세상적인 눈으로 볼 때 초라해 보일 수도 있는 그 성도들에게 달려 있다. 교회 즉 이 땅의 성도가, 이 우주와 역사의 가장 중요한 초점이다. 이것을 결단코 잊지 말라! 그러므로 신적 성품에 참여하는 일에 힘쓰는 교회가 되어야 한다.

삶으로
내리는 뿌리

예수 공동체의 생명

얼마 전 세월호 사건 때 학생들을 구하려다 자신의 목숨을 희생시킨 존경스러운 교사들이 비정규직이라는 이유로 순직 처리를 받지 못하다가, 정권이 바뀌고 드디어 순직으로 인정받았다. 사회가 바뀌고 있다. 모두가 일하는 만큼 동등하게 대접받는 사회로 가고 있다.

블라인드 면접이라는 것도 생겼다. 업무에 직접 관련 없는 차별적 요소들을 기록하지 않음으로써, 그 사람의 실력과 인성을 객관적으로 심사할 수 있게 하자는 취지이다. 찬반이 뜨겁다. 하지만 사회는 혈연, 지연, 학연과 같은 차별적 요소들을 제거하고, 사람을 실력과 인성으로 공정하게 평가하려는 노력을 계속하고 있다.

사실은 교회가 환호하고 먼저 하고 앞장서서 해야 하는 일들이다. 복음이 그런 것이기 때문이다. 예수 그리스도의 복음은 아무도 차별하지 않는다. 오직 믿음으로 하나님의 자녀가 된다. 교회 안에, 기독교 신앙을 고백하는 공동체 안에 '오직 믿음으로' 외에 다른 세상의 차별적 요인들이 가치와 선택의 기준으로 작용하기 시작하면, 그 믿음도 그 공동체도 본질을 잃게 된다. 그 안에 있는 영적 생명은 곧 세상처럼 더러워지고 썩어지고 허무하게 된다. 회칠한 무덤으로 변질되는 것이다.

'오직 믿음'은 그저 교리가 아니다. 삶의 관계 속에서 나타나야 한다. 상대방은 그리스도께서 위하여 죽으신 형제, 자매이다. 그 이상도 아니지만 그 이하도 아니다. 그 점에 있어서는 모든 성도가 똑같다. 동등하다. 다른 차별적 우선순위가 교회 안에서는 존재하지 않는다. 모두가 주께서 세우신 전혀 새로운 기준으로 환대받아야 한다. 그리고 하나님이 모두에게 주신 능력과 기회로만 대접받아야 한다. 그들의 영적 열매로만 평가받아야 한다.

하나님께서 무너뜨린 것을 교회가 다시 세울 권리가 없다. 예수님은 오셔서, 하나님의 주권적 은혜에 근거하지 않은, 인간이 차별을 위해 세워 놓은 모든 서열을 깨뜨리고 파괴시키셨다. 그리고 그의 주권적 은혜 안에서 성실히 심고 거두는 원리만을 남겨 두셨다. 이에 기초하지 않은 신앙 공동체는 거짓될 수밖에 없다. 거짓 위에 무엇을 세울 수는 없다. 쉽게 무너지기 때문이다.

교회가 먼저 오직 믿음, 오직 은혜, 오직 그리스도의 기초 위에'만' 굳게 서야 한다. 다른 기준을 버려야 한다. 비온 뒤 올라오는 잡초처럼 올라오고 또 올라오는 그 불법한 것들을 부지런히 뽑아내야 한다. 교회 안에서 혈연이나 학연, 지연과 같은 세속적인 '끈'이 아니라, 오직 예수 그리스도의 '끈'으로 된 그 생명의 원리를 해치지 않도록 일부러 노력해야 한다. 그래야 산다. 살아남는다. 하늘의 거룩함과 은혜로 성장하는 예수 공동체의 생명이 거기 있기 때문이다.

작은 교회는 없다

주일이다. 교회에 간다. 작은 교회는 없다. 이 세상에 교회는 하나이다. 주님이 한 분이시기 때문이다. 모두 그분의 양 무리이다. 지역을 너머, 교단을 너머, 크기를 너머, 어디에 가든, 그분의 양 무리일 뿐이다.

학생들에게 늘 묻는다. 당신의 교회의 담임 목사님은 누구인가? 예수님이다. 이 세상 모든 교회의 담임 목사님은 예수님 한 분뿐이다. 예수님이 총회장이시다. 예수님이 총장이시고 예수님이 회장이시다. 한 분 예수님만 섬긴다.

나머지는 모두 부사역자들이다. 자신이 자신을 어떻게 부르든, 그는 주의 양 무리를 맡은 일꾼일 뿐이다. 당신은 누구인가? 작은 교회는 없다. 큰 교회도 없다. 주의 양 무리가 있고, 그 양 무리의 주인이 있을 뿐이다. 우리는 모두 그의 동역자이다.

그러므로 오늘 이 주일, 어디에 있든지, 어느 양 무리를 대하든지, 최선을 다하라. 당신을 건져 내시고 살리신 그분을 대하듯, 그 양 하나하나를 대하라.

그분이 갚으신다. 자신의 양 무리이기 때문이다. 그분이 당신을 먹이시고 사랑하시고 사용하시고 인도하실 것이다. 당신이 그분의 양 무리를 그분처럼 사랑하는 목자이기 때문이다.

어디로 가는가. 주의 교회는 하나이다. 지역과 교단과 예배당의 벽을 너머, 온 땅에 흩어진 하나의 양 무리가 있을 뿐이다. 그 위에 한 분 영원하신 목자가 있을 뿐이다. 오직 그분만 섬기자. 그분의 양 무리만 섬기자. 천하보다 귀한 한 사람을 섬기자. 그분께서 자신의 생명을 아낌없이 내주신, 그 한 사람을 섬기자.

"내가 한 목자를 그들 위에 세워 먹이게 하리니
그는 내 종 다윗이라 그가 그들을 먹이고 그들의 목자가 될지라"(겔 34:23)

2. 신적 성품의 성장과 종말의 구원(1:8-11)

하지만 만일 신적 성품에 참여하는 일에 게으르거나 열매가 없다면 어찌 될까? 소위 자주 논란이 되는 대로 우리가 받은 구원이 '취소'될까? 하나님께서 그 보배로운 '부르심'을 후회하시고 취소하실까? 그렇지 않다면, 어떤 현상이 일어나게 될까? 서론에서 설명한 대로 1장이 거짓 교사들의 거짓 가르침과 부패한 행실에 대한 해법이라면, 신적 성품에 참여하기를 실패하는 교회는 결국 거짓 교사들의 유혹과 공략에 속수무책으로 쓰러지게 될 것이다. 그들과 함께 멸망의 길에 들어서게 될 것이다.

베드로후서 전체의 문학적 구조 분석을 따라 생각해 보면, 당연히 이러한 결론이 나온다. 그리고 실은, 이런 모습이 오늘날 이 땅의 수많은 '세속적 물결'에 휩싸인 교회들이 들어선 파멸의 길이다. 그러나 1:8-11의 본문은 이보다 조금 더 구체적이고 흥미로운 증상들을 설득력 있게 묘사한다. 신적 성품의 성장 혹은 실패가 종말의 구원과 어떻게, 왜 긴밀히 연관되는지를 가르치는 이 중요한 본문을, 우선 8-9절만 꼼꼼히 옮겨 보자.

> "8절 그러므로 이것들이 여러분에게 갖추어져 있고 풍성히 넘치도록, 예수 그리스도를 아는 지식에 게으르지 않고 열매 없는 자로 드러나지 않게 하십시오. 9절 왜냐하면 이런 것들이 함께 수반되지 않는 자는 멀리 보지 못하는 맹인으로서, 도리어 그의 옛 죄들을 깨끗하게 하신 것을 잊게 되기 때문입니다."

(1) 신적 성품의 결핍과 영적 무지(8-9절)

소위, '예수 믿고 구원받았다'면, 세상에서는 무엇을 하는가? 당연히 '잘 믿어서 복을 받자'는 것이, 아마도 오늘날 많은 교회들의 대중적인 신앙의 모습일 것이다. 소위, 예수 믿고 구원받은 것을 확신한 후에는 열심히 세상 복을 받고, 그리고 그렇게 해서 받은 그 많은 세상 복들 속에서 '여러 가지 시험'(약 1:2)에 들어 온갖 고생하는 모습이, 아마도 오늘날 교회가 맞닥뜨린 위기의 전형적인 모습일 수 있다. 물론 사태는 이보다 더 심각할 수 있다. 그렇게 시험에 드는 동안, 세상 속에서 제사장 나라의 사명을 다하지 못하는 것은 차치하고라도(벧전 2:9-12), 그렇게 해서 받은 세상 복들 속에서 세상과 함께 더러워지고 썩어지고 허무한 길을 가며, 거기에 더해 세상 사람들로 하여금 하나님의 이름이 '훼방을 받고' 모독을 당하도록 만드는 처참한 지경에까지 이르는 것이다(2:2; 참조. 약 2:7; 마 5:13-15).

베드로후서는 이런 중대한 문제에 대해, '신적 성품에 참여하라'는 결정적인 해법을 내놓는다. 그 근거와 이유, 그리고 내용은 앞서 자세히 설명했다. 이제부터, 베드로는 그 결과에 대해 설명함으로써, 신적 성품에 참여하고 이에 성장하는 것이 교회에게 있어, 그 종말의 구원에 관련하여 얼마나 결정적이고 중요한지를 설득하고자 한다. 먼저, 세상 속의 교회가 신적 성품을 갖추는 일을 등한시하고 결국 그 열매가 없는 경우는 어떤 현상이 일어나는가? 그 결과는 어떠한가?

신적 성품과 영적 시력

흔히 사람이 아는 것은 지식이고, 그 지식은 그 사람의 성품과 큰 관계가 없는 것처럼 생각하기도 한다. 지식이 많은 사람이 반드시 성품이 좋은 사람이라는 법은 없기 때문이다. 또 그래도 괜찮은 것처럼 여긴다. 일류대학을 나와 판검사가 된 것을 출세한 것으로 여기지, 그가 어떤 도덕성을 갖추었는지 어떤 양심을 갖추었는지는 그렇게 중요하게 보지 않는 사회 풍토와도 같다. 이처럼 세상의 많은 지식들은, 그 지식을 습득하는 그 사람 자신이 어떤 사람인지, 어떤 성품인지와 필연적인 관련이 없다고 여겨지는 경우가 많다. 친절하고 온유하고 사랑이 많은 기술자가, 반드시 기계를 잘 고치는 전문 지식을 갖춘 기술자인 법은 없기 때문이다.

하지만 하나님을 아는 지식에 있어서는 확연히 다르다는 사실을 기억해야 한다. 본문은 하나님을 아는 지식이 어떻게 그의 신적 성품과 깊이 관련되어 있는지를 보여 준다. 거꾸로 말해서, 그의 신적 성품이 어떻게 하나님을 아는 지식과 깊이 관련되어 있는지, 그리고 그 하나님과 관계 맺고 있는 자기 자신에 대한 지식과 어떤 깊은 관련이 있는지도 명확히 밝혀 준다.

예컨대 9절이 말하는 것처럼, 신적 성품이 수반되지 않는 사람은, 그가 비록 하나님을 많이 안다고 말한다 할지라도 멀리 있는 것을 제대로 보지 못하는 맹인이 된다는 것이다. 여기서 '투플로스'(τυφλός)는 그 뜻 자체로 보면 원래부터 전혀 '볼 수 없는'(blind) '맹인'(개역개정)이나 '소경'(개역한글)을 가리킨다. 하지만 바로 뒤이어 이 단어를 수식하는 '멀리 보지 못하는'(무오파존, μυωπάζων)이라는 분사 때문에, 그 의미를 단언하기가 쉽지 않다. 즉, 원래부터 보지 못하는 맹인을 가리키는 것인지, 아니면 시력이 나빠져서 멀리 있는 것은 더 이상 잘 보지 못하게 된 '근시안'(近視眼)을 가리키는 것인지가 불분명하다.

하지만 이런 표현의 모호함은 의도적인 것일 수도 있다. 이를테면, 신적 성품에서 활력 있게 성장하여 열매를 맺지 못하는 경우, 그 사람은 원래부터 믿음이 없었던 사람이어서 하나님을 알지 못하여 덕으로까지도 나아가지 못한 사람일 수도 있고('맹인'), 아니면 믿음은 있지만 게을러서 점점 더 처음 가진 믿음마저 흔들리다가 결국 그 종말의 '보배롭고 지극히 큰 약속'을 잊어버리게 된 경우('멀리 보지 못하여')일 수도 있는 것이다. 주께서 '열매를 보아 나무를 알리라'고 하신 원리 그대로이다(마 7:15-20).

이는 정확히 거짓 교사들에게도 적용되는 원리이다. 여기서, '멀리 본다'는 것은, 특별히 종말에 관한 지식을 뜻할 것이다. 거짓 교사들은 '종말이 없다'고 주장하며 가르쳤다. 왜 그랬을까? 베드로의 대답에 의하면, 그들이 이미 신적 성품에 참여하는 일에 실패했기 때문이다. 그들 자신이 신적 성품에서 멀어져, 세상의 더러움과 썩어짐과 허무함으로 자신을 채웠기 때문에, 그들의 영적 시력 곧 하나님과 하나님께서 정하신 종말을 잊게 된 것이라고 할 수 있다. 더 이상, '멀리 있는 것', 장차 다가오고 있는 확실한 종말과 심판, '새 하늘과 새 땅'이 전혀 보이지 않게 된 것이다. 그만큼 세속적이 되었고, 그만큼 철저히 현세적인 신학과 신앙으로 전락하게 된 것이다.

그래서 그들이 '종말이 없다' 하는 것처럼 명확한 종말을 '보지 못하는' 것은 곧, 그들이 신적 성품이 아니라 부패한 성품으로 가득 찬 자들이며, 그것은 결국 그들이 처음부터 하나님을 믿고 알았는지조차 의심하게 할 만한 뚜렷한 증거가 되는 셈이다. 그들의 거짓 주장과 특히 부패한 성품이라는 열매는, 곧 그들이 갖고 있다고 주장하는 그 '믿음'의 실상이 원래부터 '뿌리 채 뽑힌 가을 나무'(유 12절)였다는 증거인 셈이다. 이처럼 신적 성품은 하나님을 아는 지식과 서로 뗄 수 없는 관계에 놓여 있다. 하나님을 아는 지식이 그의 신적 성품으로 나타난다는 사실은, 베드로의 매우 특별한 강조점이다. 그것은 또한 거짓 교사들의 거짓 가르침을 폭로하고 공략하는 결정적인 무기이기도 하다. 거짓 교사들의 부패한 성품은, 그들이 고백하는 믿음에서부터 전혀 덕이나 지식, 절제나 인내, 경건이나 형제 우애, 그리고 사랑으로 나아가는 성장과 진보의 열매가 없었음을 증명하는 부인할 수 없는 증거이기 때문이다.

그러므로 믿음을 통해 하나님을 알아 가는 지식을 따라, 그 신자 안에 생겨나고 성장하는 신적 성품은, 그의 영적 지식과 더욱더 깊은 관련을 맺게 된다. 무슨 말인가? 9절 하반절에서, 신적 성품에서 성장하지 못한 자는 그의 앞에 놓인 종말의 사건들과 같은 미래의 확실한 약속들을 '멀리 보지 못할' 뿐 아니라, 또한 이미 과거에 확실히 이루어진 '옛 죄를 깨끗하게 하신 것'도 '잊어버리게' 된다. 하나님께서 행하시는 구속의 역사 속에서, 종말에 행하실 구원의 사건뿐 아니라 이미 과거에 행하신 구원의 사건에 대해서도 점점 더 희미하게 잊어 가는 지경에 빠진다는 것이다.

그러므로 신적 성품에서 성장하는 대신, 세상의 더럽고 썩어지고 허무한 일들에 참여하여 스스로 그런 부패한 성품 속에 빠져들면서, 동시에 계속해서 죄 사함의 구원의 효력을 누리거나, 혹은 종말의 약속을 그 자신 속에서 '살아 있는 소망'으로 누리는 일은 불가능하다는 의미이다. 즉, 신적 성품과 하나님을 아는 지식은 서로 연결되어 있고 비례하기 때문에, 이 둘을 떼어서 생각할 수 없는 것이다.

흥미로운 것은, 베드로가 옛 죄를 깨끗하게 하심을 '취소하셨다'고 하지 않고, '잊게 되었다'(레뗀, λήθην)라고 말한 점이다. 신적 성품의 성장에서 실패했기 때문에, 그 결과로 하나님께서 그를 부르신 부르심과 택하심을 취소하셨다는 식의 논조가 아님은 분명하다. 본문은 아주 정교하고도 균형 있게 이런 위기 상황을 경고한다. '잊었다'는 것은 취소되었다는 뜻이 아니라, 그 사건이 확실히 일어났음에도 불구하고, 더 이상 자신이 그런 사실을 확신할 수 없는 지경에 빠질 수 있다는 강력한 경고이다. 정말 상황이 이렇게 '잊게 된' 지경까지 온 것이라면, 이제는 그 자신도 '옛 죄를 사하신 그 사건'이 과연 정말 일어났었는지 그 사실을 확인할 수 없는 나락에 떨어질 수도 있기 때문이다.

그러므로 본문의 강조점은, 하나님의 부르심과 택하심의 변개(變改) 가능성을 말하지 않는다. 대신, 신적 성품의 성장 혹은 실패는 이미 받고 확신한 그 부르심과 택하심 여부에 대한 강력한 증거가 될 수 있다는 점을 강조한다. 즉, 내가 정말 이런 신적 성품을 간절히 사모하며 열정적으로 그 성장을 추구하고 있다면, 나는 옛 죄를 깨끗하게 하신 그 은혜와 사랑, 그 복음과 거룩을 더욱더 확신하고 충만히 누릴 수 있다. 반대로, 내 속에 이러한 신적 성품에 대한 갈망이 전혀 없다면, 즉, 믿음이 있었다고 생각했으나, 덕이 아니라 부덕, 지식이 아니라 무지, 절제가 아니라 방종, 인내가 아니라 방임(放任), 경건이 아니라 불경한 모든 일들, 그리고 형제 우애가 아니라 상처를 주며 실족케 하고, 사랑이 아니라 그 형제를 무너뜨리고 파괴하는 삶을 계속해서 살고 있다면, 나는 과거와 미래에 확실히 나를 위해 그 놀라운 구원을 행하시는 하나님에게서 아주 멀어져, 오직 죄와 죽음과 허무의 이 현세 속에 깊이 빠져 있다는 사실을 직시해야만 하는 것이다. 장차 오는 종말도 부인하고, 옛 죄를 사하심의 은혜도 잊은 거짓 교사들의 모습이 바로 그런 모습이기 때문이다. 그들은 '멸망을 스스로 취하는' 자들이며, 저들의 멸망은 '잠들지 않은' 채로 있다(2:1, 3).

그러므로 신적 성품은 단지 윤리적이거나 도덕적인 성품을 가리키지 않는다. 그것은, 하나님께서 '신적인 능력'으로 주신 '생명과 경건에 속한 모든 것들'이 그 안에 담겨 있는 속사람의 특징이기 때문이다(1:3-4). 마치 그 사람 안에 거룩한 하늘의 빛이 그의 성품으로 자리 잡고 있는 것처럼, 그 사람은 성령의 조명이나 기록된 말씀의 빛에 훨씬 더 쉽게 반응하여, 하나님과 그에게 속한 지식들을 더욱 확연히 알아보고 깨닫게 되는 '인식적'(認識的) 은혜를 얻는다. 여기서, 신적 성품과 신적 인식이 얼마나 깊은 관계에 있는지를 알 수 있다. 더 쉽게 표현하면, 성경 공부를 하면서 계속해서 죄를 짓고 돌이키지 않는다면, 그가 배우는 성경을 그는 진정 알 수 없다. 안다고 할 수 없게 되는 자리에 이른다.

예컨대, 어떤 특정한 죄를 계속해서 짓는 사람은 그 죄를 죄라고 지적하는 성경의 말씀을 잘 받아들이지 못한다. 자꾸 피하게 되고, 그 죄로 인해 점점 더 신적 성품에서 현격하게 후퇴할 뿐 아니라, 결국 그것을 죄라 규정하는 말씀까지 왜곡하려 들 것이다. 부패한 성품은, 거룩한 진리마저 거짓으로 왜곡함으로써 자신의 부패함을 지키려 하는 본성이 있기 때문이다. 하지만 그것은, 오히려 그에게 멸망이 예비되어 있다는 증거일 뿐이다. 거짓 교사들이 정확히 이런 자들이다. 그들의 무지는 그들의 부패한 성품을 키우고, 부패한 성품은 또한 그들의 무지를 가중시키는 것이다. 베드로는 이런 파괴적인 악순환의 틀에 빠지지 않도록 강력히 경고하고 있다.

그러므로 특별히 거짓 교사들의 거짓 가르침과 부패한 행실로 어려움을 겪는 교회일수록, 더욱더 신적 성품을 강조하고 온 교회가 여기서 성장하는 일에 힘써야 한다. 8절에 '게으르지 않고 열매 없는 자가 되지 않게 하려니와'(개역개정)에서 '않게 하려니와'(우크 … 카띠스테신, οὐκ καθίστησιν)로 표현된 말을 굳이 원뜻을 살려 풀어 번역하면, '그런 식으로 갖추어 굳게 서지 못하게'라는 의미가 된다. 이 말은, 결국 그렇게 '열매 없는' 모습으로 최후에 하나님 앞에 서게 된다는 종말론적이고, 제의적인 의미도 짙게 깔려 있다. 하나님께서 종말에 성도 곧 교회에게 요구하는 것이 무엇일까? 교회는 결국 종말에 하나님 앞에 무엇을 가지고 나아가 설 수 있을까? 그분께서 만물을 새롭게 하사, 새 하늘과 새 땅을 다시 창조하실 때, 그의 백성은 무엇을 가지고 그분 앞에 설 수 있을까? 베드로는 명확히 단언한다.

> "이 모든 것이 이렇게 풀어지리니 너희가 어떠한 사람이 되어야 마땅하냐 거룩한 행실과 경건함으로 하나님의 날이 임하기를 바라보고 간절히 사모하라 … 사랑하는 자들아 너희가 이것을 바라보나니 주 앞에서 점도 없고 흠도 없이 평강 가운데서 나타나기를 힘쓰라"(3:11–14)

여기서 '주 앞에서 … 나타나기를 힘쓰라'(3:14)는 표현이 나오는데, 원래는 새 하늘과 새 땅이 올 때에 과연 우리가 '그분께' 어떤 모습으로 '발견될 것인가'(유레떼나이, εὑρεθῆναι)의 의미이다. 하지만 문맥이나 내용을 들여다보면, 1:8에서 '열매 없는 자로 주 앞에서 서지 않도록 주의하라'는 뜻과 일맥상통함을 알 수 있다. 재창조의 완성 때에 하나님께서는 새 하늘과 새 땅을 준비하시고, 그의 앞에 나아와 선 그의 백성에게서 무엇을 보고자 하시는가 하면 바로 그들의 신적 성품을 찾으신다는 것이다.

이것이 이 땅의 교회가, 전능하신 하나님 아버지, 심판주이시며 재창조하시는 하나님께 나아갈 때 그의 앞에 내려놓을 수 있는 최고의 봉헌 제물이다. 곧 신적 성품에 성장하여 그의 영원한 나라를 받아 누리며 다스리기에 합당한 그들 자신인 것이다. 교회가 이 땅에서 가장 심혈을 기울이고, 온갖 노력을 다해 준비해야 할 내용이다. 부패한 거짓 교사들에 맞서 확실한 종말을 변호하며, 베드로가 거듭 강조하는 교회론의 핵심이 여기에 있다. 우리는 어떤 교회를 세울 것이며, 어떤 교회가 될 것인가?

(2) 신적 성품의 성장과 '견고한' 구원(10-11절)

신앙생활이란 집을 짓는 것과 같다. 땅을 깊이 파고 기초를 세운다. 하지만 다 된 것이 결코 아니다. 기초만 있는 집을 집이라 할 수 없다. '믿음'이 기초라면, 그 위에 '덕'이라는 기둥들을 세우고 '지식'의 벽을 두르며, '절제'의 톱으로 불필요한 부분들을 잘라 내고 다듬어, 흔들리지 않도록 모든 것을 '인내'로써 견고하게 연결해야 한다. 거기에 '경건'이라는 지붕을 덮고, '형제 우애'라는 실내 장식을 마치면, 비로소 안락하고 복된 '사랑'의 교제가 가능한 집이 되는 것과 같다.

하지만 기초만 덜렁 있는 집을 상상해 보라. 그리고 그 기초돌 위에 아무것도 없는 집터에 홀로 서서, 한낮의 뜨거운 해와 밤의 된서리를 피하겠다고 하면, 그는 누가 보아도 어리석은 사람일 것이다. 비가 흩뿌리고 번개가 내리치는 날, 그 어둡고 캄캄한 날에는 어쩔 것인가? 자신의 집은 이렇게 버려두지 않으면서, 우리는 종종 우리의 신앙을 이렇게 내버려 둔다. '믿기만 하면 천당 간다'는 단순한 지적 동의 정도로, 장차 오는 '불심판'(3:10-12; 고전 3:11-15)을 피할 수 있다고 생각하는 것도 이와 전혀 다르지 않다. 그래서 '믿음의 도를 위하여 힘써 싸워야'(유 3절) 하는 일이 절대적으로 필요하며, '믿음 위에 자기를 건축'(유 20절)하는 일이 오히려 신앙의 중대한 부분을 차지한다는 사실을 깨달아야만 한다.

베드로는 마치 이런 심경으로, 신적 성품에 관해 몇 가지 당부의 말을 덧붙인다. 여기에는 우리의 구원에 관한 확실한 보장과 함께, 우리가 쏟아부어야 하는 노력에 대한 강조가 균형 있게 주어져 있다. 주의 깊게 들어 보자.

> "10절 그러므로 형제 여러분이여, 여러분의 부르심과 택하심을 견고하게 만드는 일에 더욱 열심을 다하십시오. 이것을 행하고 있으면, 어느 때고 실족하지 않을 것입니다. 11절 왜냐하면 이렇게 함으로써 우리 주요 구주이신 예수 그리스도의 영원한 나라에 들어감이 여러분에게 풍성하게 공급될 것이기 때문입니다."

먼저 10절에서 베드로는 하나님의 '부르심과 택하심'을 전제한다. 신적 성품에 참여하는 일은 그러므로 하나님의 부르심과 택하심으로 발생하는 실제적 효력이다. 신적 성품에 참여하고 성장했기 때문에, 하나님이 부르시고 택하시는 것이 아니다. 그렇다면 신적 성품에서 현격하게 퇴보하면 하나님께서 그 부르심과 택하심을 취소하시는가? 베드로는 이런 질문을 상정하지도 명확히 다루지도 않는다. 하지만 우리는 주님께서 '열매로 그 나무를 알리라'(마 7:15-20)고 말씀하신 것처럼, 신적 성품에 참여하고 성장하는 일 없이 완연히 부패한다면 그는 스스로 처음부터 구원 얻는 믿음도, 하나님을 아는 지식도 갖지 못한 것으로 드러나게 될 것을 짐작할 수 있다.

순례와 전투, 그리고 기다림

물론, 그 최종적 판단은 종말에 심판주 되신 그리스도 앞에서 있을 것이다. 지금은, 어쩌면 그렇게 판명이 날 거짓 교사들에게 농락당하지 않도록 교회를 강력히 경고하는 일이 시급할 뿐이다. 10절에서 언급된 '그 부르심과 택하심'(텐 클레신 카이 에클로겐, τὴν κλῆσιν καὶ ἐκλογὴν)은 이미 베드로전서 1:1-2:10, 특히 1:2('택하심을 받은')과 2:9('택하신 족속')에서 자세히 설명된 대로, '세상 속의 교회'에게 절대적으로 중요한 자기 정체성을 확립해 주는 개념이다. 교회는 아직 세상 속에 남아 있지만, 절대로 세상에 의해 규정되는 존재가 아니다.

그들은 '썩지 않고 더럽지 않고 쇠하지 아니하는'(벧전 1:4) 나라, 장차 '의의 거하는바 새 하늘과 새 땅'(3:13)을 위하여 택하심과 부르심을 받았다. 이 세상 속을 지나가지만, 결코 이 세상에 의해 더럽혀지거나, 그 썩어지고 허무한 파멸의 길을 함께 갈 수 없고, 함께 가서도 안 되는 존재이다. 그런 거룩한 교회가 이 세상 속에 존재한다는 것 자체가, 곧 순례(巡禮)와 전투(戰鬪), 그리고 인내(忍耐)와 간절한 기다림을 의미할 수밖에 없다. 바로 이 일을 위하여, 교회가 전력을 기울여야 하는 일이 있는데, 그것이 그들 자신의 신적 성품의 성장이다. 바로 이렇게 하는 것이, 그분의 부르심과 택하심을 굳게 하는 방식이 되기 때문이다. 교회가 어떻게 해서 자신의 최종적 종말의 구원을 확신하는가? '이신칭의'(justification by faith) 곧 '오직 예수 그리스도를 믿음으로 의롭다 하심을 얻는다'는 교리를 굳게 붙잡는다는 것은 무엇을 의미하는가?

베드로후서에 의하면, 그렇게 거룩하고 영원한 부르심을 받은 자는 전적으로 신적 성품에 참여하는 일에 힘을 다함으로써, 그의 택하심과 부르심을 더욱 굳게 더욱 분명하게 확신하게 된다는 것이다. 10절에서 '견고하게 만드는'(베바이안 포이에스따이, βεβαίαν ποιεῖσθαι)이라는 표현은 하나님 편에서 놓으신 택하심과 부르심의 기초를 더욱 흔들림 없이 견고하게 만드는 작업을 가리킨다. 물론, 이 작업도 하나님께서 주신 믿음을 통해 그를 더욱 알아 감으로써, 그 결과로 생기는 신적 성품을 통해 주어지는 은혜이다. 하지만 그것은 여전히 그 택하심과 부르심을 '견고하게 만드는' 성도의 헌신과 믿음의 분투(奮鬪)를 절대적으로 요구하는 것이다.

기계에 최신 부품을 장착하듯이, 그저 연결만 하면 되는 일이 아님은 분명하다. 거룩한 나라, 의가 거하는 나라에 들어가서 살기에 합당한 체질과 성품의 구조를 갖추어야 하는 것이다. 그것을 위해 준비되어야만 한다. 그의 택하심과 부르심이라는 것이, 그저 서울에서 부산으로 KTX 타고 몸만 옮길 수 있는 식의 이동이 아니기 때문이다. 도리어 나무에 열매를 그저 달아 놓을 수 없고, 그 나무가 뿌리에서부터 영양분과 수분을 흡수하며 뜨거운 태양 빛을 받아, 결국 자신의 살을 찢고 터져 나오는 푸른 잎과 놀라운 꽃 그리고 최종적으로 그 나무 자체의 생명과 정체를 증명하는 열매를 얻는 것과 같다.

하나님의 부르심과 택하심이란 그런 식의 '영적이고 생명적인 변화'에 우리 자신이 전인격적으로 참여하여, 신적 성품의 존재적이고 실제적인 변화를 얻는 과정을 포함한다. 생명이란 그것이 자연적이든 영적이든, 처음부터 끝까지 하나님의 선물이요 은혜이다. 그런 점에서, 신적 성품을 향한 우리의 모든 노력 역시 철저히 하나님의 부르심과 택하심 그리고 '자라게 하시는' 은혜 안에서 이루어진다. 그럼에도 불구하고, 그리고 '동시에', 본문은 우리가 힘써 그 부르심을 견고하게 만들려는 모든 노력을 경주해야만 한다고 강조한다.

특히 '열심을 다하여'(스푸다싸테, σπουδάσατε, 10절)라는 표현은 이미 5절에서 신적 성품에서 성장하는 일에 '모든 열심을(스푸덴 파싼, σπουδὴν πᾶσαν) 다 쏟아부으라' 할 때 사용되었음을 알 수 있다. 하나님의 부르심과 택하심을 굳게 하는 일이, 곧 신적 성품에 참여하고 성장하는 방식을 통해서 이루어진다는 점을 시사하는 것이다. 흔한 표현으로 해 보자. 어떻게 하면 천국 가는 것이 확실해지는가? 공예배 출석과 주일 성수? 틀림없는 헌금 생활과 교회 봉사? 축호 전도와 선교 여행? 모두 수단이고 방법일 수 있다. 이 모든 일들을 통해, 성도는 신적 성품에서 열심을 다하여 성장해 가야 한다.

이것을 위해 교회에 프로그램이 있고 다양한 봉사 활동이 있다. 교회가 정한 모든 신앙적 훈련과 봉사를 다 하고도, 신적 성품의 열매가 없다면 그것은 초점이 없는 싸움을 한 셈이 될 것이다. 결국 얻은 것이 없기 때문이다. 얼마나 많은 성도들, 청년들, 초신자들, 또는 중직자들까지, 평생 교회 일에 헌신하고 봉사하고도 탈진하며 허탈해하는가? 그들이 스스로 자신 안에서 세워 나간 신적 성품의 풍성함이, 그들 자신이 받을 '생명의 면류관'(약 1:12)이요 영적 생명의 풍성한 상급이 되어야 한다. 그래서 교회가 명확히 성도의 신적 성품의 성장을 목회의 절대적인 '목표'로 설정해야 한다. 그렇지 않으면 '열심을 다하는' 그 많은 목회적 활동들이 향방 없이, 열매 없이 소모되고 말 것이다.

오늘날 그 분주한 목회의 결과로 예배당은 거대하지만, 그 안에 있는 진짜 '교회' 곧 '성도'는 얼마나 신적 성품에 풍성한 자들로 성장해 있는가? 교회(예배당과 숫자)는 성장했지만 교회(성도)는 성장하지 않은 결과가 오늘날 우리의 모습이 아닌가. 우리를 택하시고 부르신 하나님께서는, 우리가 멈춘 곳에서 오늘도 자신의 교회를 '건축'하고 계신다. 우리를 그의 부르신 나라에 합당하게 신적 성품의 교회로 세워 가고 계시는 것이다. 이 일에 동참하는 것이 주의 뜻을 이루는 순종이며, 그의 나라가 오게 하는 것이며, 그의 이름이 세상 이방인들에 의해 거룩히 여김을 받게 하는 길이다(마 5:13-16; 6:9-10).

영적 생명의 증거

이런 점에서, 11절의 '공급될 것이라'(에피코레게떼세타이, ἐπιχορηγηθήσεται)는 표현은 역설적이면서 다소 충격적이다. 통상 '주시리라'(개역한글/개정)로 번역된 이 용어를, 굳이 원문에 있는 수동태뿐 아니라 그 의미를 문자 그대로 옮겨 놓은 이유가 있다. 그것은 7절(원문 5절)에서 신적 성품을 언급하며, 믿음에 덕을 '더하라'고 한 표현이 사실 '공급하라'(에피코레사테, ἐπιχορηγήσατε)는 용어로서 11절의 '공급될 것이라'와 같은 동사이기 때문이다. 이는 본문의 의도적인 배열이라고 보지 않을 수 없는 대목이다. 그렇다면 그 의미도 강조된 것이다. 즉, 마치 우리가 신적 성품의 덕들을 '공급할수록' 그리고 바로 그 정도만큼, 우리가 그 영원한 나라에 들어감을 얻는 일이 '공급될 것이라'는 논조이다.

혹자는 이런 번역을 보고는 당장, '그렇다면 구원은 행함으로 얻어지는 조건적인 것이냐?'라고 물을지 모른다. 거꾸로 말하자면, '그런 행함이 빠지면, 구원이 취소되는 것인가?'라고 물을 수도 있다. 하지만 '공급하라 … 그리하면 공급될 것이다' 식의 어법은, 성경에서 생소하지 않다. '구하라 그리하면 너희에게 주실 것이요 찾으라 그리하면 찾아낼 것이요 문을 두드리라 그리하면 너희에게 열릴 것이니'(마 7:7)라든지, '심은 대로 거두리라'(갈 6:7), 그리고 '외모로 보시지 않고 각 사람의 행위대로 심판하시는 이'(벧전 1:17)와 같은 경우들이다. 이런 표현들은 액면 그대로 취하면, 하나님께서 우리의 행위대로 판단하시고 갚으시는 모습을 보여 준다. 하지만 성경이 이렇게 표현하는 이유와 문맥, 그리고 하나님의 일관된 계획과 행하심을 반드시 염두에 두어야 한다. 어떤 사람의 말을 단지 그 순간의 말만을 가지고 판단할 수 없는 이치와도 같다. 전체적인 문맥을 보아야 하고, 또 그 사람의 일관된 뜻과 의지를 파악해야 바로 이해할 수 있는 것이다.

베드로후서 1장의 문맥으로 돌아오면, '(신적 성품을) 공급하라 … 그리하면 (영원한 구원에 들어감이) 공급될 것이라'는 표현은, 무엇보다 하나님의 '부르심과 택하심'(10절)이 전제된 상태에서 주어진 말씀이라는 사실을 알 수 있다. 하나님께서 부르고 택하지 않으셨다면, '공급할 수도 공급될 수도 없는' 정황인 셈이다. 하나님께서 그의 신적 능력으로 생명과 경건에 속한 모든 것, 그리고 그 보배롭고 지극히 큰 약속을 은혜로 '주셨다'(3, 4절)는 전제가 아니면, 성도가 신적 성품의 덕목들을 '공급할' 수도 없고, 그 결과 그 영원한 나라에 들어감이 '공급될' 수도 없음은 자명하다.

하지만 그럼에도 불구하고 본문이 '공급하라 … 공급될 것이다'라는 식으로, 최종적 구원을 마치 내가 수고하고 얻은 만큼을 보상해 주는 매치-펀드(match-fund)처럼 표현한 것은, 그만큼 우리 편의 노력과 분투가 필요하고 결정적이라는 사실을 강조하기 위함이다. 앞서 자세히 설명했지만, 신적 성품에 '게으르고 열매가 없다'(8절)면 그것은 단지 부족한 정도가 아니다. 즉, 부족하지만 그런대로 천국은 간다는 식으로 위안을 삼을 수 없는 상황이라는 것이다. 왜냐하면 그런 자는 '옛 죄를 깨끗하게 하심'도 잊어버릴 만큼 어두워져 있는 것이고, 그런 어둠 속에 지속적으로 머물 수 있다는 것은 어쩌면 처음부터 믿음을 받지도, 부르심을 받지도 않은 것일 수 있다는 불확실성 속에 들어가기 때문이다. 그것은 모르는 일이다.

왜 그러한가. 생명을 가진 자는 그 생명을 누리면서 자신이 생명 있음을 확인하기 때문이다. 이렇게 생각해 보자. 어떤 사람이 차에 치었는데, 하나도 아프지 않았다면 그것은 무슨 뜻일까? 자신이 살아 있다고 느끼고 있어도, 차에 치었는데 전혀 고통을 느끼지 못한다면 그는 사실 죽어 있는 것이다. 구원을 받았다고 확신했는데, 죄를 짓고도 전혀 가책이 없고 가슴을 찢는 회개가 나오지 않는다면 그는 영적인 나병(癩病)에 걸린 것이거나, 혹은 처음부터 영적으로 거듭난 적이 없었던 것이 아니냐고 물을 수밖에 없다.

그러므로 신적 성품에서 성장하는 일 자체가, 하나님께서 그를 그 보배롭고 크신 약속, 그 영원한 나라로 부르시고 택하신 사실에 대한 강력한 내적, 외적 증거가 되는 셈이다. 바로 여기에 베드로의 강조점이 있다. 소위 '구원을 받았다'든지 '나는 오늘 죽어도 천국 간다'는 확신이 단지 복음에 대한 '지적, 심정적 동의'의 수준에 머물러서는 안 된다는 것이다. 그런 믿음은 하나님을 아는 지식을 통해, 반드시 신적 성품으로 열매 맺어야 한다.

교회는 구원받아 즉시 하늘로 들려 올라가지 않는다. 이 땅에서, 이 세상 한복판을 지나, 예수 그리스도가 가신 십자가와 부활과 영광의 길(벧전 3:18-22), 그 제사장 나라의 길(벧전 2:9-25)을 따라가야 하기 때문이다. 세상 속에서 그런 중차대하고 영광스러우며, 무섭도록 피나는 싸움이 될 그 길을 가는 교회라면, 마땅히 그 내면을 신적 성품으로 무장하여야 한다. '더럽고 썩어지고 쇠하는' 세상을 이기고, 그 '의가 거하는' 새 하늘과 새 땅에 들어갈 만한 새사람들로 하늘의 신령한 변화를 받으며 나아가야 한다. 이것이 본문의 의도요 간절한 부탁이다.

삶으로
내리는 뿌리

경건에 실패하면 구원이 취소되나요?

경건에 실패하면 구원이 취소되나요? 누가 부르심과 택하심을 받은 사람인가요? 택하셨다면 전도할 필요도 없지 않은가요? 이런 질문들은 사실상, 하나님의 주권적 은혜와 인간의 행위와 노력에 관련된 문제이다. 신앙이란 예수 그리스도의 생명을 받은 것으로 시작한다. 하나님 아버지의 그 많으신 긍휼로 인하여, 주 예수 그리스도의 죽으시고 부활하심을 따라, 성령께서 거듭나게 하심으로써 성도가 된다(벧전 1:3-4). 그러므로 성도는 영적 생명을 갖게 되어 회개하고 믿게 된다.

그래서 신자란 그리스도의 생명을 가진 새사람이다. 이렇게 생각해 보자. 아이가 자라다가 한 번 넘어지면 다시는 사람이 안 되는가? 신자들은 종종 신앙의 실패를 '율법 아래서' 생각하듯 판단한다. 마치 수능에 실패하면 대학을 갈 수 없듯이 합격과 불합격을 결정하는 결정적인 행위로 여긴다. 가혹한 주인 밑에 있는 노예는 그렇게 생각한다. 아버지 품에 안긴 아이는 그렇게 생각하지 않는다. 평생 고아처럼 고아원에 있다가 처음으로 아버지를 만난 아이처럼, 신자는 믿음의 행위에 실패할 때 그렇게 느낄 수 있다. 하지만 예수를 믿었다면, 하나님이 아버지가 되었다면, 그가 하는 행위는 성장을 위한 연습이요 훈련이지, 사람으로 태어나느냐 마느냐의 문제가 아니다(히 12:6-8).

하지만 동시에, 사람으로 태어났는데 성장하지 않는다면 그것도 아버지에게나 그 자신에게나 또한 사회적으로도 심각한 문제가 아닐 수 없다. 신자가 성장하지 않는다는 것은 하나님 나라에서 그렇게 중대한 문제이다. 신자가 행함의 문제로 자신의 구원을 확신하는 방법에는 다음과 같은 네 단계가 있을 수 있다.

첫째, 신앙고백이다. 사람이 예수 그리스도를 믿음으로 고백하는 것은, 마치 아이가 태어나서 '응애' 하고 소리치며 우는 것처럼 영적 생명을 얻은 표시로 볼 수 있다. 성령께서 역사하시고 중생하여 회개와 더불어 믿음이 생긴 것이다. 신앙고백은 살아 있는 믿음이 행하는 첫 번째 행위이다.

두 번째는, 부정적(negative) 증거들이다. 살아 있지만 그 증거가 크게 도움이 되지 않는 방식으로 나오는 것이다. 영적 생명을 갖고 태어났다면 당연히 성장하게 된다. 태어났는데 성장하지 않는 아이는 없다. 하지만 생명을 가진 아이가 보여 주는 첫 번째 살아 있는 표시들은 거의 '사람답지' 않은 행동들일 수 있다. 배고프면 울고, 아무 때나 배설하고, 자기 하고 싶은 것들만 하려 든다. 사랑스럽지만 매우 '자기중심적'이다. 신자도 이와 같다. 살아 있는 사람을 때리면 아프듯이, 중생한 성도는 죄를 지으면 고통스러워한다. 신앙 양심에 가책을 느끼고, 하나님의 얼굴을 보기 어려워하며 두려워하고 회개에 이른다. 신앙의 처음 단계에는 이런 부정적인 증거들로 가득하다. 그래도 살아 있는 것이고, 그 안에 영적 생명이 성장하고 있는 것이다. 매번 실망스럽지만, 다만 성장하고 있다는 사실로 위로와 기쁨을 삼을 수 있다.

세 번째는, 연습과 성장이다. '경건에 실패하면 구원이 취소되나요?'라고 묻는 성도는 자신이 하는 믿음의 행위를, 마치 가혹한 주인 밑에서 일하지 않으면 맞고 내다 팔리는 노예의 경우처럼 생각하는 것이다. 그것이 하나님 없이 율법과 양심의 간수(看守) 아래서 눈치 보며 살아온 인간의 본성이다. 하지만 예수를 진정으로 믿은 자 안에는 아버지의 사랑이 있고, 그 사랑 안에는 두려움이 없다(요일 4:18).

그리스도의 은혜 안에서 그는 경건에 때로 성공하고 또 자주 실패하면서 '성장해 간다.' 그가 하는 믿음의 행위는, 합격과 불합격을 결정하는 시험이 아니다. 이미 하나님의 자녀로 '태어났는데' 어떻게 그 영적 생명을 취소하는가? 그러나 그렇게 영적 생명을 갖고 태어났다면, 반드시 신적 성품을 향해 성장한다. 성장하지 않으면, 병들었거나 처음부터 거짓이다. 신자는 이미 100점이다. 100점짜리이신 '그 아들'을 영접하고 그와 연합했고 그분이 그 자신을 우리에게 주셨기 때문이다. 하지만 그 100점짜리 아들을 받은 우리도 100점을 맞아야 한다. 그렇게 되어 있다. 하나님은 100짜리 아들을 먼저 주시고, 그 아들 안에서, 그 아들을 따라 우리도 반드시 100점을 맞도록 자라게 하신다. 그러므로 우리의 경건이 어제보다 오늘이 낫고, 내년이 올해보다 낫다면, 즉, 지속적으로 '자라 가기만' 한다면, 경건의 실패와 성공은 과정으로 받아들여야 한다. 무엇보다 핑계 대지 말고, 변명이나 가증하게 정당화하며 스스로 속이지 말고, 꾸준히 연습하고 성장해야 한다.

네 번째는, 긍정적인(positive) 증거와 열매들을 내는 단계이다. 신적 성품의 시작은 믿음이다. 하지만 조금 성장하면, 덕을 세우고, 지식이 늘고, 절제와 인내와 경건이 생긴다. 형제 우애와 사랑에까지 이르며 놀랍게 성장한다. 사람이 태어나서 부모님께 진정으로 '감사드립니다'라고 말할 수 있기까지 실로 오랜 세월이 걸린다. 아이는 도대체 얼마나 안아 주고, 먹이고 가르치며, 사랑하고 용서하고 기다려야 어른이 되는가. 성도인 우리 한 사람, 한 사람을 기르는 하나님 아버지도 그러하시다.

오래 걸린다. 드디어 신적 성품의 모습이 진실로, 견고하게 그의 신앙과 삶 속에 자리 잡기까지 실로 오래 걸린다. 수없이 자신과 남을 속이고, 참회하고, 용서받고 용서하는 가운데, 하나님의 은혜와 변함없는 사랑 안에서 진실로 진짜가 되어 간다. 경건에 실패하면 구원이 취소되는가? 정말 구원받은 사람이라면, 결국 경건에 실패할 수 없다. 누가 하나님의 부르심과 선택 받은 자인가? 같은 문제이다. 믿고 의롭다 하심을 받고 실제로 의롭게 되어 가며, 장차 그분께서 온전히 의롭게 하시는 그 사람이 택하심과 부르심을 받은 사람이다. 결과로 알 수밖에 없는 것이다. 나무는 열매로 알아본다. 결코, 하나님은 우리에게 주신 그 아들의 생명을 거두지 않으신다. 그 아들의 생명을 받았다면, 그 아들의 형상으로 자라 갈 수밖에 없고, 또한 그렇게 자라 가도록 힘써야 한다.

3. '기억'해야 할 주의 '오심'(1:12–18)

'억장이 무너진다'는 표현이 있다. 자신이 분명히 보았고 그것이 사실이라는 점을 더 이상 분명하게 확신할 수 없을 정도로 알고 있는데 그것을 거짓이라 하면 억장이 무너질 수밖에 없을 것이다. '종말이 없다' 하는 거짓 교사들의 거짓 주장에 맞서, 이제부터 베드로가 간곡히 부탁하며 쓰는 편지의 내용은 모두 이런 심정으로 기록된 것이다. 더구나 그는 이제 임종을 맞이하고 있다. 사람이 죽음 앞에서는 진실해진다고 한다. 베드로는 단지 그 정도가 아니다. 감추고 있던 것을 이제 꺼내 진실을 말하는 것이 아니기 때문이다. 자신의 죽음을 앞두고, 베드로는 자신이 그동안 자주 해 왔고, 또한 반드시 해야 한다고 생각하는 가장 절박한 권면을 계속해서 하고 있다. 당신은 당신의 죽음을 앞두고 무슨 이야기를 남기고 싶은가?

'예수 잘 믿으시오, 천국에서 봅시다.' 이 정도면 괜찮은 신앙일 것이다. 베드로는 이보다 더 구체적이다. 그가 임종을 앞두고 사랑하는 교회에게 반드시 남기고 싶어 했던 말은 무엇이었을까? 귀 기울여 보지 않을 수 없다. 그것은 '주께서 이미 오셨고, 장차 반드시 오신다'는 종말과 심판, 재창조에 관한 사실이다. '종말이 없다' 하는 거짓 교사들의 거짓말을 듣지 말라는 것이다. 이 세상이 전부가 아니라는 것이다. 요즘 말로 하면, '예수 믿고 복 받고 잘되면 그것이 성공한 믿음'이라는 거짓말을 믿지 말라는 것이다. 세상'에서' 이겼지만 세상'에' 진 신앙은 성공한 신앙일 수가 없다(2:19–20; 계 3:21).

심판은 따로 있다. 주께서 오신다. 예수 믿고 얻었다는 이 세상은 영원하지도, 그대로 남아 있지도 않을 것이다. '불'과 같은 하나님의 진노의 심판 아래 있다. 세상은 '이미 끝났다'는 것이 복음이다. 새 하늘과 새 땅이 올 것이다. 당신은 생명과 경건에 속한 신적 성품에 참여하고 있는 자인가? 그것이 결정적이다. 베드로는 이런 말을 하고 싶었고, 이제 교회가 신적 성품에 참여하여 성장해야만 하는 근거를 다시 강조하고자 한다. '주께서 이미 오셨고, 다시 오신다!' 이 사실을 베드로만큼 분명하게, 확실하게 보고 깨닫고 아는 증인이 없다. 베드로는 그런 증인의 심정으로 최후 진술을 하는 셈이다.

(1) 베드로의 최후 진술 – '기억하라, 기억하라, 기억하라!'(12–15절)

우선 그는 자신이 '변화산'에서 다른 두 제자들과 함께 친히 목격한 사실을 증언한다(참조. 마 17:1-8). 그리고 그의 오심을 '기억하라'고 강조한다(12-18절). 두 번째로는 자신이 눈으로 본 그 증거보다 더 확실한, 이미 기록되어 있는 예언의 말씀의 확실성에 대해 변론한다. 왜냐하면 바로 이 부분이 거짓 교사들이 근본적으로 왜곡되고 부패한 영역이기 때문이다. 곧 성경 해석에 대한 그들의 '자기 멋대로'의 태도이다. 베드로는 바로 이 기초 곧 거짓 교사들이 서 있는 잘못된 성경 해석학적 기초를 허물어 버리고자 한다. 수신자 교회에게 주는 이 중차대한 전략을 살펴보기 전에, 12-15절까지 베드로의 간곡한 최후 진술을 들어보자.

> "12절 그러므로 여러분이 이미 알고 있고 또한 진리의 오심으로 말미암아 굳게 세우심을 입은 바 된 것처럼, 여러분에게 이것들에 관해 항상 기억나게 하고자 합니다. 13절 무엇보다 내가 아직 이 장막에 거하는 동안은, 여러분을 기억나게 함으로써 깨어 있게 하는 것이 옳다고 생각하는 것입니다. 14절 그것은 내가 이 장막을 벗을 때가 임박했다는 것을 알기 때문이고, 또한 이와 같이 우리 주 예수 그리스도께서 나에게 밝히 알려 주신 것과 같습니다. 15절 그래서 여러분으로 하여금, 내가 이 세상을 떠난 후에도 이것들이 항상 기억나도록 힘쓰려 합니다."

임종을 앞둔 베드로의 유언과도 같은 이 본문은 '기억하라'는 권면을 중심으로 펼쳐진다. 무엇보다 주 예수 그리스도께서 이미 '오셨고' 그와 마찬가지로 장차 '오실 것'이라는 사실을 결단코 잊지 말라는 것이다. 그가 다시 오신다는 종말론적 기대와 소망이 없다면, 우리의 신앙은 신속히 거짓 교사들의 현세적이고 헛된 거짓 가르침에 휩쓸려 더러워지고 썩어지고 허무한 세상의 수렁에 빠져들 것이기 때문이다. 베드로는 자신의 죽음을 앞두고, 이런 급박한 위험에 맞닥뜨린 교회를 그저 두고 볼 수가 없는 것이다. 그래서 주의 강림하심을 잊지 말고, 그 기대 안에 지속적으로 거하라는 점을 강권한다.

먼저 '기억하라'는 모티브가 본문을 한 덩어리로 묶어 낸다는 사실을 알 수 있다. '기억나게 하고자 합니다'(휘포미므네스케인, ὑπομιμνῄσκειν, 12절)라든지, '기억나게 함으로써'(엔 휘포므네세이, ἐν ὑπομνήσει, 13절) 깨어 있게 한다든지, 그리고 '기억나도록'(므네멘 포이에이스따이, μνήμην ποιεῖσθαι, 15절) 힘쓰려 한다는 표현처럼, '기억해야 한다'는 베드로의 요청은 단 네 절밖에 안 되는 문단 안에서 3회나 반복되어 강조되었다. 기억한다는 것이 무엇이 그리 중요한가? 더없이 중요하다. 마치 이런 것과 같다. 사람이 태어난 바로 그날, 다시 말해서 하나님께서 그에게 생명을 주신 그날은 그날 하루 그 순간이다. 그날과 그 순간 자체가 반복되어 계속 태어날 수는 없는 것이다. 다만, 태어난 그날을 기억하고 기념하여 '생일'을 축하할 뿐이다. 장례식도 마찬가지이다. 사람이 죽은 날은 그날 그 시(時)뿐이다. 실제로 죽은 그 사건 자체를 반복할 수는 없다. 다만 매년 그 기일을 기억하여 그 죽음을 추억하고 그 의미를 돌아보며 기념하는 것이다.

믿음 생활도 이와 유사하다. 하나님께서 우리를 위하여 '행하셨고, 행하고 계시고, 행하실 사실'은 단회적이고 그 사건 자체가 반복되지는 않지만, 그 구원의 사건을 '기억하는' 과정을 통해 우리의 믿음은 그 구원 사건으로 인해 주어진 생명을 누리고 그 생명 안에서 성장한다. 예수님께서 육신을 입으시고 세상에 오신 사건은 한 번뿐이다. 그분께서 십자가에서 죽으심도 한날의 사건이었다. 그분의 부활도 그렇고, 승천도 그렇다. 그리고 다시 오시는 그 마지막 날도 한 번의 사건일 것이다. 그런 구속사적 사건은 단회적이다. 한 번뿐이다. 하지만 그 흔들리지 않는 구원의 사실(事實)을 '기억'하는 것은 얼마든지 반복적이고 또 반복적으로 행해져야 한다. 왜냐하면 그 사건 혹은 사실에 대한 기억을 통해서, 그 사건은 그 사건을 기억하는 사람 속에서 실제적 변화를 일으키기 때문이다.

조금 어렵게 들릴 수도 있지만, 이를 '존재'(存在)와 '인식'(認識)의 차이요 그 관계라 할 수도 있다. 존재적 사건이 결정적으로 중요하지만, 그것을 인식할 수 없고 기억할 수 없다면, 이미 일어난 그 사건이나 사실은 실제로 아무 영향이 없을 수도 있다. 이 점이 중요하다. 어떻게 보면, 인식을 통해서 '객관적인 존재'는 '주관적으로 존재하게 된다'고도 할 수 있다. 이런 점에서 인식은 존재만큼이나 중요하다. 쉽게 설명하면, 당신의 손에 빵이 '들려 있다'고 하자. 그 빵은 당신 손에 놓여 있다. 실제로 거기 있다. 하지만 당신이 그 빵을 '먹지 않는다면' 그 빵은 당신을 배부르게도, 힘을 내게도 하지 못한다. 인식은 이런 점에서 '먹는 행위'와도 같다.

영적 사실은 이보다 더 깊다. 왜냐하면 하나님께서 행하신 구원의 사건, 그 사실은, 아무에게나 알려지지 않기 때문이다. 지식적으로는 모두에게 알려질 수 있지만, 그것을 실제로 '앎으로써' 은혜와 평강을 얻거나(1:2), 그것을 앎으로써 신적 성품에 참여하여 생명과 경건에서 성장하는 영적 변화는 아무에게나 일어나지 않기 때문이다. 하나님의 구원의 사실을 '알 수 있는' 인식은 그에게 주어진 '믿음'을 통해서 이루어지기 때문이다. 하나님께서 행하셨고 행하시고 행하실 구원의 사실이 하나님의 '객관적이고 역사적인 계시'(啓示, revelation)의 사건이라면, 그 객관적이고 역사적인 계시의 사실을 믿어서 알고 알아서 영적 변화와 유익을 얻는 내적 인식은 성령 하나님의 내적인 계시 곧 그분의 영적 조명(照明, illumination) 없이는 불가능하다. 그래서 기도해야 한다. 성도는 말씀을 앞에 놓고, 성령을 의지하여 그 뜻을 바로 깨닫도록 간구하고 겸손히 기다려야 한다. 구원의 사실도 하나님의 계시요, 그 계시의 사실을 '아는 일'도 성령 하나님의 내적 조명에 의해서만 가능하기 때문이다. 베드로는 이를 두고 '샛별이 너희 마음에 떠오르기까지 주목하여 기다리라'(1:19)는 권면으로 표현한다. 이에 대해서는 조금 후에 자세히 살펴보자.

베드로는 '기억하는' 일의 중요성을 강조한다. 구원의 사건은 하나님께서 일으키시고 이루신다. 하지만 그것을 기억하는 일은 성도가 해야 한다. 위에서 예를 들었던 것처럼, 하나님께서 우리 손에 빵을 쥐어 주셔도, 그것을 입에 넣고 씹어 먹어 소화시켜야 하는 것은 우리 자신인 것과도 유사하다. 기억한다는 것은 그렇게 중요하다. 존재만큼이나 '인식'이 중요한 것이다. 그래서 베드로는 주께서 이미 '강림하셨다'는 사실을 기억하라고 한다. 그 사건에 대한 기억을 통해, 우리는 주께서 장차 강림하신다는 것이 얼마나 확실한지를 알 수 있고, 그 사건의 확실성 속에 지속적으로 거하여, 그에 따른 신적 성품의 변화를 기대할 수 있기 때문이다.

또한 구약에서도 '기억하라'는 것은 하나님의 결정적인 구원 사건을, 그 구원받은 백성 안에서 재현하고 그 구원의 실효성을 발동하는 언약 갱신(renewal of the covenant)의 계기를 불러일으키는 표현이다. 예컨대, 애굽에서 고통당하던 이스라엘 백성을 구원해 내신 여호와 하나님께서, 그들에게 이제는 하나님 나라의 백성다운 '의로운 삶'을 이루어 가라고 주신 율법을 설명하시면서 자주 '기억하라'고 하신 경우이다: "네 하나님 여호와께서 너를 인도하여 내실 때에 네가 본 큰 시험과 이적과 기사와 강한 손과 편 팔을 기억하라"(신 7:19). "너는 애굽 땅에서 종 되었던 것과 네 하나님 여호와께서 너를 속량하셨음을 기억하라 그것으로 말미암아 내가 오늘 이같이 네게 명령하노라"(신 15:15; 또한, 신 5:15; 24:18, 22 등).

베드로후서 1:12에서 '기억하라'고 하는 경우도, 하나님의 언약적 구원 행동을 기억하라고 하는 이런 오래된 성경적 전통에 서 있다. '기억한다'(휘포미므네스코, ὑπομιμνῄσκω)라는 표현은 원래, 이미 일어난 어떤 사건이나 사실이 주는 영향 아래 지속적으로 머문다는 뜻이 내포되어 있다. 사건은 한 번이지만, 그 사건에서 머물 때 그 영향 아래 있게 되는 것과 같은 경우이다. 12절에서는, '진리의 오심으로 말미암아'(엔 테 파루세 알레떼이아, ἐν τῇ παρούσῃ ἀληθείᾳ)라는 결정적인 사건이 언급된다. 여기서 말하는 '진리'는 예수 그리스도의 성육신과 죽으심 그리고 부활, 승천, 또한 이 구속사적 사건을 근거로 신자가 중생하여 믿음을 얻는 복음 전체를 가리킨다. 베드로는 조금 후에 이 '진리의 오심'을 '진리의 길'(헤 호도스 테스 알레떼이아스, ἡ ὁδὸς τῆς ἀληθείας)로 다시 명확히 표현한다(2:2; 참조. '진리의 말씀', 약 1:18; 벧전 1:23-25; 또한 고후 6:7; 엡 1:13; 골 1:5; 딤후 2:15; 요일 1:1; 2:4; 5:20).

마치 '참 빛'이 이미 이르렀듯이(요일 2:8), 진리의 말씀, 복음의 말씀, 예수 그리스도의 복음이 이미 이르렀다. 그리고 수신자 성도들은 이미 그것을 '알았고'(참조. 1:1-4) 즉, 믿어서 알았고 지금도 알고 있음을 가리킨다(12절). 그뿐 아니라, 그들은 이미 '진리의 오심으로 말미암아' 그 안에 굳게 세우심을 받았고, 현재도 그렇게 그 안에 굳게 서 있다. 12절의 '세우심을 입은 바 된'(에스테리게메누스, ἐστηριγμένους) 것이라는 완료적인 '신적 수동태'의 표현은, 이 진리의 오심으로 말미암아 하나님께서 저들을 거듭나게 하시고 그 보배로운 크신 약속 안에서 살아 있는 소망을 주심으로 그 안에서 굳게 세우셨다는 신적 활동을 전제하는 표현이다. 하나님께서 부르시고 택하셔서 그 믿음과 소망 안에 굳게 세우신 사실을 가리킨다.

그럼에도 불구하고, 이렇게 진리의 오심을 확실히 알았고 또 그 진리로 말미암아 그 안에서 견고하게 세우심을 입었지만 그들은 계속해서 그 구속적인 사건 곧 진리의 오심에 관해서 '기억해야' 한다. 기억함으로써 그 안에서 지속적으로 거해야 한다. 그래야 넘어지지 않고, 그 진리의 길에서 벗어나 실족하는 비참을 피할 수 있기 때문이다. 더 나아가, 그 진리 안에서 생명과 경건에 속한 모든 것을 받아 누림으로 신적 성품에서 성장하게 되는 것이다. 확실히, '모든 은혜의 하나님' 곧 '너희를 부르사 자기의 영원한 영광에 들어가게 하신' 하나님께서 고난받는 저들을 '친히 온전하게 하시며 굳건하게 하시며 강하게 하시며 터를 견고하게'(벧전 5:10) 하실 것이다.

하지만 보다 더 적극적으로, '지극히 거룩한 믿음 위에 자기를 건축'(유 20절) 하는 일에 힘써야 한다. 이를 위하여 '단번에 주신 믿음의 도를 위하여 힘써 싸우라'(유 3절)는 명령을 진지하게 받아들여야 한다. 베드로 역시 이런 의미에서, 적극적으로 '기억하라'고 호소하는 것이다. 주께서 행하셨고, 행하고 계시고, 행하실 구원의 사건을 기억하지 않는다면, 그 '신적인 실재'(divine reality)의 효력을 누림으로써 신적 성품에 참여하고 성장하기 어려울 것이기 때문이다. 그렇게 된다면, 그가 과연 세상을 이기고, 세상의 길에서 벗어나 그 영원한 나라로 들어가는 길, 곧 진리의 길에 계속 남아 있을 수 있다는 보장도 희미해질 것은 불 보듯 뻔한 일이다(2:9; 참조. 약 5:19-20).

그러므로 하나님의 말씀을 제대로 아는 일이 결정적이다. 하나님께서 우리를 구원하시는 행동으로 자신을 계시하신 사건이 있다 해도, 그것을 설명하고 우리의 심령과 삶에 효력 있게 만드는 '말씀-계시'를 바로 이해하고 배우지 않는다면, 우리가 받은 구원의 생명은 초라하게 시들어 갈 수밖에 없는 것이다. 그래서 예수 믿은 신자들의 가장 큰 병은 자신이 믿은 예수가 누구신지를 거의 모른다는 사실이다. 처음에 알던 수준에만 멈춘다. 십자가에서 죽으신 예수는 알지만, 부활하신 예수도, 승천하사 보좌 위에 앉아 통치하고 계신 주님도, 그리고 다시 오실 구주 예수 그리스도에 대해서도 아는 것이 미미하다. 그렇게 미미한 앎은, 그들의 삶이 너무도 현세적이고 세속적이어서 그 영적 생명과 경건에 별 다른 영향력이 없다는 현상으로 드러나는 것이다.

아직 남아 있는, 최후의 출애굽(Exodus)

베드로는 이런 점에서 마지막으로 유언(遺言)처럼 부탁의 말을 남기고 있다. 이제 새 언약의 백성들이 '우리의 주요 구주이신 예수 그리스도의 영원한 나라'(11절)에 들어갈 날이 임박해 있다. 마치 광야 40년의 험난한 세월을 마치고 약속의 땅 가나안으로 들어가려던 모세가, 죽기 전에 옛 이스라엘 백성에게 마지막 유언을 남기던 그때처럼, 베드로도 그런 심정으로 이제 하늘의 영원한 약속의 땅으로 행진해 들어갈 교회를 향하여, 자신이 죽기 전에 마지막 말을 남기는 장면이다.

흥미로운 것은, 11절에서 그 영원한 나라에 '들어감'(에이스도스, εἴσοδος)이라는 표현과 15절에서 '나의 떠남'(에멘 엑소돈, ἐμὴν ἔξοδον)이라는 표현이 서로 짝을 이루는 것처럼 보인다는 점이다. 15절에서 베드로가 육체를 벗어나서 죽는 것을 '나의 떠남' 곧 문자적으로 하면 '나의 출애굽'처럼 표현한 것은, 11절에서 그 영원한 나라에 '들어감'과 어느 정도 짝을 이루도록 의도한 흔적이다. 육체는 우리가 이 땅에 거할 때 잠시 머무는 장막과 같은 곳이요, 이 장막을 벗은 후에는 그 영원한 나라에 들어감을 얻을 것이다. 자신의 육체를 '장막'(스케노마티, σκηνώματι)으로 표현한 점도, 광야에서 사용하던 장막을 떠올리게 함으로써 출애굽을 통해 약속의 땅에 이른다는 '출애굽 모티브'에 충실한 표현으로 볼 수 있다.

베드로전서에서 베드로는 이미, '나그네와 행인'(벧전 1:1; 2:11, 개역한글), '허리를 동이라'(벧전 1:13), 그리고 '오직 선한 양심이 하나님을 찾아가는 것이라'(벧전 3:21, 개역한글) 등의 주제들을 통해, 그의 서신서 전체에 걸쳐 출애굽 모티브를 근간으로 사용하고 있다는 점을 생각할 때 이는 전혀 낯설지 않은 현상이다. 베드로후서가 베드로전서처럼 출애굽 모티브를 배경으로 하고 있다는 사실뿐 아니라, 이는 또한 두 서신의 저자인 사도 베드로 자신의 뿌리 깊은 신학적 전망이라는 점도 확인할 수 있다. 교회는 지금 출애굽 중이다! 이 엄연한 사실 앞에서, 교회는 서둘러 짐을 싸야 한다. 예수 믿고 이 세상에 영원히 안주할 것처럼 살아서는 안 된다. 그렇게 설교하고 그렇게 배워서도 안 된다. 구원은 거대한 이동이다. 썩어지고 더럽고 허무한 이 세상에서 '나와서'(1:4, '피하여 달아나'), 생명과 경건과 영원이 충만한 나라로 들어가는, 영적이고 우주적이고, 역사적이고 실제적인 거대한 이동(!)이다.

그 거대한 이동, 두 세계 곧 죄와 죽음과 허무에 갇힌 이 세상에서 나와 새 하늘과 새 땅으로 들어가는 그 거대한 이동의 중간에 끼어, 교회는 장차 오는 나라에 속한 생명과 경건으로 채워진 신적 성품으로 준비되는 일 이외에 다른 데에 정신이 팔려서는 안 된다는 것이 베드로의 마지막 호소요 확신인 것이다. 그것이 곧 '진리의 길'(2:2)이다. 여기서 '길'(호도스, ὁδὸς)이라는 표현은 앞서 베드로가 언급한 영원한 나라에 '들어감'(에이소도스, εἴσοδος; 문자적으로는 '들어가는 길', 11절)과 자신의 육체를 벗음 곧 '나감'(엑소도스, ἔξοδος; 문자적으로는 '나가는 길', 15절)이라는 표현 속에도 들어 있다. 즉, 죽음을 통해 이 세상을 '나와' 영원한 나라에 '들어가는데' 그 길을 인도하는 것은 다름 아닌 '진리의 길'인 것이다(참조. 1:12, '진리의 오심').

베드로의 이런 외침은, 마치 그 옛적 노아가 방주를 지으며 장차 오는 물 심판, 그 거대한 홍수를 경고하며 그 심판의 날을 대비하라고 부르짖었던 것과 같다(2:5; 벧전 3:20). 여전히 그 종말과 심판을 우습게 여기고 조롱하며, 세속에 자신을 파묻고 장차 오는 심판의 홍수에 휩쓸려 갈 사람들이 많은 것이다. 베드로는 이런 심정으로 애타게 경고하고 있는 것이다. 그는 종말에 관하여, 즉 이 세상에 확실한 심판과 그 뒤에 펼쳐질 새 하늘과 새 땅에 관한 하나님의 약속을 기억하는 것이 '옳은'(디카이온, δίκαιον) 것으로 혹은 '마땅한' 것으로 생각했다(13절). 그것보다 바른 일, 그것보다 정의롭고 올바른 일이 없는 것이다.

왜냐하면 '의'라는 것은 하나님과의 바른 관계를 전제로 하기 때문이다. 이 세상에서 아무리 '의'를 추구하며 산다 해도, 하나님께서 장차 새 하늘과 새 땅을 가져오시기로 했다면, 그렇게 약속하시며 그 일을 위해 역사하시는 하나님과 바른 관계, 의로운 관계를 맺는다는 것은, 그 약속을 받아 그 영원한 나라에 들어가기에 합당하도록 자신을 생명과 경건으로 채우는 신적 성품의 교회가 되는 것이 가장 '의롭고, 바르고, 마땅한' 응답이 되기 때문이다.

온 교회가 '힘써야' 할 일

베드로는 이런 일로 교회가 '깨어 있도록' 모든 노력을 경주하고 있다. 오늘날의 설교자들은 어떤 설교를 하느라 힘쓰는가? 정말 강단에서 장차 다가오는 심판과 지금 보는 이 첫째 세상이 불타 없어질 것과 그리고 종말에 새 하늘과 새 땅에 펼쳐지리라는 것을 확신하고 설교하는가? 교회 전통을 붙드는 정통 교회들의 강단에서 이런 종말에 관한 명확한 설교가 자주 선포되지 않기 때문에, '신천지'와 같은 이단들이 그런 종말에 관한 주장을 탈취하여 왜곡하고 성도를 미혹하는 것이 아닌가? 교회사를 통해 이단들은 항상 주류 교회가 간과하고 외면하는 기독교 진리를 탈취하여 거짓으로 꾸며 교회를 위험에 빠뜨려 왔다는 것을 고려하면, 오늘날의 교회가 '새 하늘과 새 땅'에 대한 강력한 선포 대신 현세적 축복이나 혹은 현세적 정의(正義)에만 치우친 것이 아닌지 돌아보아야 한다.

베드로는 자신의 죽음에 대해 이미 주께로부터 직접 들은 바가 있다. 부활하신 주님께서 친히 그를 향해 '젊어서는 스스로 띠 띠고 원하는 곳으로 다녔거니와 늙어서는 네 팔을 벌리리니 남이 네게 띠 띠우고 원하지 아니하는 곳으로 데려가리라'고 말씀하셨던 것이다(요 21:18). 베드로가 자신의 임박한 죽음에 대하여 예수 그리스도께서 '나에게 밝히 알려 주신 것'이라 한 것은 아마도, 요한과 더불어 있었던 그때에 부활하신 주께서 하신 말씀을 그가 점차로 분명하게 깨닫게 된 과정을 염두에 두고 한 말 같다. 종종 하나님의 기록된 말씀을 우리가 마음으로 받아도, 그 말씀의 무게와 확실성을 깨닫게 되기까지는 오랜 시간을 통한 영적, 인격적 경험이 필요하다.

무엇보다, 베드로는 자신의 임박한 죽음을 앞두고, 교회로 하여금 주의 오심과 장차 오는 종말을 잊어버리지 않도록 힘을 다하여 일깨웠다. 그가 '힘쓰려 했다'(스푸다조, σπουδάσω, 15절)는 표현은 앞서 수신자들을 향해, '모든 부지런함으로'(스푸덴 파싼, σπουδὴν πᾶσαν, 5절) 신적 성품에서 성장하여 그 부르심과 택하심을 견고히 하는 일에 '힘써 행하라'(스푸다싸테, σπουδάσατε, 10절)에서 사용된 표현과 동일하다. 성도들이 신적 성품에 '힘쓰도록', 베드로는 그들을 인도하는 목자로서 그 일에 '힘쓰고' 있는 셈이다. 온 교회가 함께 신적 성품의 성장에 힘쓰는 모습을 그려 볼 수 있는 대목이다.

베드로후서가 제시하는 교회는 이토록 '종말론적'이다. 강력한 종말론적 소망 위에 서 있다. 그래서 세상을 이길 수 있는 것이다. 세상의 세속적 홍수에 강력히 저항하는 교회이다. 장차 오는 새 세상, 두 번째 세상, 그 영원한 나라로부터 흘러들어 오는 생명과 경건으로만 채워지는 '신적 성품'의 교회이다. 이런 종말론에 기초한 교회론이 중요하다. 세상은 썩어지고 더럽고 허무하다. '주의 첫 번째 강림'(12, 16절)은 명확히, 장차 임하는 새 하늘과 새 땅, 썩지 않고 더럽지 않고 쇠하지 않는, 즉 죄와 죽음과 허무를 이긴 새롭고 영원한 나라에 대한 확실한 증거이다.

세상은 지나가고 있고(3:10; 요일 2:17), 교회는 그 지나가는 세상을 다만 '나그네와 행인'으로 지나가며(벧전 1:1; 2:12), 내면적으로는 오직 '신적 성품'을 갖추어 그 영원한 나라에 들어갈 준비에 만전을 기해야 한다. 그것이 교회 곧 성도가 전념해야 하는 가장 중요한 '교회 행사'요 '비전'이다. 베드로는 흩어진 온 교회와 함께 이 일에 모든 부지런함으로 힘쓰며 전념하고 있다. 당신의 교회가 전념하는 일은 무엇인가?

(2) 주께서 반드시 오신다는 증거(16-18절)

증인의 위력은 대단하다. 법정에서 피고와 원고 사이에 격한 변론과 다툼이 있을 때, 결정적인 증인 한 사람의 출현과 그가 보고 들었던 그 증언의 힘은 어느 한쪽의 승리와 다른 쪽의 패배를 가를 만큼 중요하다. 공방이 치열한 법정을 떠올려 보라. 고소하는 쪽은 혐의가 없는 피고를 조작된 말들로 몰아세운다. 판세가 기울어질 무렵, 저 뒤에서 법정 문을 열고 한 사람이 들어온다. 그는 사건의 전모를 모두 보고 들었던 직접 증인이다. 그가 참고인 증언대에 앉아 드디어 입을 연다. '내가 보았다. 내가 들었다. 사실이다.' 직접 보고 들은 사람의 생생한 증언을 막을 길이 없다. 거짓 증언들은 모두 무너진다. 진실의 힘이다. 빛이 강렬하게 비치고 있는데, 담요자락으로 덮는다고 그 빛이 새어 나오는 것을 막을 수는 없다. 날이 밝았는데, 그 빛을 어떻게 덮는가. 지금 베드로가 증언하는 내용과 그 증언의 힘이 이런 것이다. 일단, 그의 증언을 들어 보자.

> "16절 우리가 여러분에게 우리 주 예수 그리스도의 능력과 강림하심을 알게 한 것은, 무슨 교
> 묘하게 꾸며 낸 신화들을 좇는 것이 아니라, 우리는 저 크신 위엄의 목격자들이 되었기 때문
> 입니다. 17절 그가 하나님 아버지께로부터 존귀와 영광을 받으시자, 그 어떤 영광스러운 위엄
> 에 의해 소리가 전달되어 이르되, '이는 내 사랑하는 아들이요 내 기뻐하는 자'라 하셨습니다.
> 18절 우리가 하늘로부터 전달된 이 소리를 들었는데, 그와 함께 그 거룩한 산에 있었을 때였습
> 니다."

'주의 다시 오심'의 선취적(先取的) 실현

추측하건대, 거짓 교사들은 '주의 강림'을 공교하게 지어낸 이야기 즉 신화(神話)처럼 꾸며서 만들어 낸 이야기라고 비난하고 있다. 16절의 '신화'(무또이스, μύθοις)라는 말은 당시 헬라 문화권에서 이방 신들에 대한 선설적인 이야기들을 가리켰다. 신약에는 목회서신에 다소 사용된다(딤전 1:4; 4:7; 딤후 4:4; 딛 1:14). '교묘하게 꾸며 낸'(세소피스메노이스, σεσοφισμένοις)이라는 표현은, 근거 없는 허망한 이야기지만 지혜롭게 들리도록 꾸며 낸 모양을 가리킨다. 그러니까 '교묘하게 꾸며 낸 신화'란, 종말에 있을 주의 강림에 대하여 거짓 교사들이 비난하는 용어이다(Bauckham, 154-157).

'주의 강림하신다는 약속이 어디 있느뇨.' 그들이 들이대는 증거는 이러하다. '조상들이 잔 후로부터 만물이 처음 창조할 때와 같이 그대로 있다'(3:4). 오

는날로 하면, 그들은 경험주의적 실증주의자(實證主義者)들이다. 예컨대, 오감으로 확인할 수 없고 과학적으로 측량되지 않으면 존재하지 않는다고 주장하는 자들과 같다. 그렇다고 베드로는 어떤 신비하고 알 수 없는 세계의 존재를 증거도 없이 변호하는 것이 아니다. 그들이 알아들을 수 있는 방식으로 증거하고 있다. 변화산에서 베드로 역시, 눈으로 보고 귀로 들었다. 다만 그 사건이 항상 있는 자연적인 현상이 아니라, 초자연적이면서 동시에 현실 속에서 일어난 사건이었다는 차이가 있다.

베드로는 보았고 들었다. 그것을 증언한다. 그리고 그것은 실제 일어났던 사건이었다. 베드로는 거짓말을 하는 것일까? 그는 죽음을 앞두고 있다. 죽음을 앞둔 사람들은 좀처럼 거짓을 말하지 않는다. 게다가, 사도행전에 기록된 그의 언행과 삶을 보면 그가 쉽게 거짓 증언할 리가 없는 사람이라고 믿을 수 있다. 그는 신임을 받고 있었던 교회의 지도자였다. 더구나, 베드로 혼자 보고 들은 것이 아니었다. 그의 크신 위엄을 친히 본 자는 베드로 혼자가 아니라, '우리'였다(16절). 베드로가 아니라 공관복음을 기록한 저자들도 한결같이 이 사건을 기록한다. 베드로와 세베대의 아들 야고보 그리고 그의 형제 요한이 그 자리에 함께 있었다(마 17:1-8; 막 9:2-13; 눅 9:28-36). 거의 부인할 수 없는 역사적 증거이다. 비평학자들 가운데서도, 역사적 예수에 관한 기록들 중 가장 신빙성 있는 기록은 현존하는 공관복음서 곧 마태, 마가, 누가복음이라고 보는 것이 정설이다(John P. Meier). 예수 그리스도의 증인들은 역사적이면서도 초역사적인 사건을 직접 목격한 자들이다. 그래서 그들의 증언은 모두 역사적 사실이면서도 '신학적'(theological)이고 신앙적인 증언일 수밖에 없는 것이다. 복음서는 그래서 역사적 사실이면서도 신앙고백적인 차원에서 기록된 것이다.

그렇다면 변화산에서 영광스러운 모습으로 변화된 예수님에 관한 사건은 왜 그리도 중요한 의미를 갖는가? 그것은 변화산의 사건이 종말에 다시 오실 주의 강림에 대한 확실한 증거, 선취적인(proleptic) 증거가 되기 때문이다. 마치 영화가 시작하기 전에 예고편이 나오듯이, 곧 임하는 종말의 현상이 앞당겨져서 미리 강력한 방식으로 현시(顯示)되는 사건이다. 공관복음에서 변화산의 사건이 기록된 부분은 모두 그 전 문맥에서 장차 종말에 '인자'(the Son of Man)가 아버지의 영광으로 천사들과 함께, 각 사람을 그 행한 대로 갚으시는 심판주의 위엄과 권능으로 오시는 장면을 기록한다. 그리고 곧바로, '진실로 너희에게 이르노니 여기 서 있는 사람 중에 죽기 전에 인자가 그 왕권을 가지고 오는 것을 볼 자들도 있느니라'(마 16:27-28; 막 8:38-9:1; 눅 9:26-27; 참조. 단 7:13-14)고 단언하신다. 거기에 있던 제자들은 정말 그들이 죽기 전에, 예수께서 왕권을 가지고 오시는 그 종말의 장면을 보았는가? 그들은 죽었고, 아직도 주의 재림이 오지 않았는데, 그렇다면 예수께서 말씀하신 내용은 어찌 되는가?

학자들은 저들 가운데 죽기 전에 인자가 왕권을 가지고 오는 것을 보리라 하신 주님의 말씀이, 문맥상 그리고 사건의 전개에 따라, 바로 그다음에 기록된 변화산의 사건에서 성취되었다고 보기도 한다. 원래 종말에 관한 성경의 언급은 항상 임박성(imminency)을 띠게 마련이다. 저 멀리 산 넘고 또 그 뒤에 있는 산들 너머에서부터 떠오르는 태양이 마치 앞산 뒤에서 떠오르는 것같이 보이는 현상과도 같다. 그래서 최후의 종말론적 사건은 유기적이고 점진적으로 성취된다. 항상 임박성을 띠면서, 점차로 더 강력하게 절정에 이른다. 변화산의 사건이 그러하다. 바로 앞 문맥에서, 주님은 최후의 심판주이신 영광스러운 인자의 모습으로 천사들을 대동하고 오신다고 하셨다. 그리고 곧바로, 제자들 가운데 베드로, 야고보, 요한을 데리고 산에 오르셨다. 곧 예루살렘에 가셔서 고난을 받으시고 십자가에서 죽으실 길을 앞두고 계셨다.

그런데 그 십자가의 죽음 이후에 있을 부활과 승천, 아니 그 이후 하늘의 하나님 보좌 우편에 앉으셔서 다스리시는 왕권을 얻으신 영광스러운 모습으로, 그들 앞에 그렇게 변화된 모습으로 나타나셨다. 그것은 지금 십자가에서 죽으실 그 예수님이 장차 종말에 만민의 심판주로 오실 영광스러운 '인자'이심을 보여 주는 상징적이고, 선취적인 신적-현시(theophany)였던 것이다. 실로, 그 제자들 가운데 죽기 전에 인자가 천사들을 대동하고 심판주로 오는 것을 볼 자가 있으리라 하신 말씀대로, 그들 가운데 세 사람이 변화산에서 그 영광스러운 모습으로 변화하신 주님을 직접 눈으로 보았다. 비록 지금은 선취적일 뿐, 아직 그 충만한 모습으로는 아니지만, 그 세 제자들은 종말의 인자의 오심을 목격한 것이다. 그중 한 사람이, 지금 베드로후서를 기록하는 베드로 자신이다. 그가 거기에 있었고, 장차 오실 심판주요 영광 가운데 오시는 '인자'이신 예수님의 오심을 본 것이다. 베드로는 이것이, 장차 오는 종말의 확실한 증거라고 말하는 것이다.

주의 오심, 끝의 시작(Beginning of the End)

변화산에서 주님은, 십자가 사건 이후에 곧 부활의 영광이 있다는 확실한 사실을 보여 주셨다. 더 나아가 십자가 사건을 앞두고, 최종적인 심판과 부활, 만물의 갱신(regeneration)과 더불어 임하실 '왕권을 가진' 영광스러운 인자의 모습을 먼저 보여 주신 것이다. 16절에서 우리 주 예수 그리스도의 '능력과 강림하심'(두나민 카이 파루시안, δύναμιν καὶ παρουσίαν)이라는 표현은 형용사와 명사로 된 문구를 명사와 명사로 연결하여 강조하는 중언법(hendiadys)에 해당한다. 즉, '능력과 강림' 혹은 '능력 있는 강림'이라는 표현은 '능력과 강림'으로 단어를 중첩하여 강조한 것이다. 주께서 오셨는데, 놀라운 신적 능력, 특히 성령의 능력으로 가득한 강림이셨다는 것이다. 복음서가 보여 주는 예수님의 활동, 병을 고치시고 죽은 자를 일으키시고 자연을 순복하게 하는 기적적 능력은 모두, 그분의 오심을 통해 성령의 강력한 능력이 드러난 증거들이다.

그중에서 가장 강력한 '오심'(*parousia*)은 주의 부활 사건이라 할 수 있다. 변화산에서 영광의 모습으로 변화하신 사건은, 십자가를 넘어서 부활 영광으로 오실 주님의 능력 충만한 임재를 보여 주신 것이다. 그러므로 '능력과 강림'이라는 표현은, 주님의 첫 번째 오심 역시, 부활 생명의 영이신 성령의 강력한 능력으로 오셨다는 사실을 현시한다. 그것은 마치, 장차 펼쳐질 새 하늘과 새 땅, 죄와 죽음과 허무를 이긴, 의와 생명과 영원한 나라에서 가장 주도적인 하나님이신 성령 하나님께서 예수 그리스도의 죽으심과 부활 사건이라는 첫 번째 강림 사건을 통해, 이 땅에, 지금 여기에, 강력히 침투해 들어오셨다는 사실을 가리킨다.

하늘의 통치가 땅으로 쏟아지고 있고, 어떤 신학자가 '미래의 현존'(presence of the future) 혹은 '미래의 침투'(invasion of the future)라고 표현한 것처럼, 장차 오는 종말, 영원한 나라가 지금 주의 첫 번째 강림을 통해 이 땅으로 전격적으로 밀려들어 오고 있다. 그래서 종말 곧 '모든 것의 끝'이 이미 시작되었다! 이것이 복음이다. 그 시작된 종말이 지금 전격적으로 진행 중이고, 곧 완성될 것이다. 예수 그리스도의 교회는 오직 이 실현된 종말, 이제도 실현되고 있는 종말, 곧 완성될 종말의 터 위에 서 있다. 교회는 근본부터 종말론적이다.

주의 오심, 진리의 오심

세상에도 영광이 있다. 그러나 그런 영광과는 비교할 수 없는 종말의 영광이 온다. 곧 주의 영광이다(참조. 고후 4:4, 16-18). 세상에도 빛이 있다. 로마(Rome)에도 횃불이 밝게 타올랐을 것이다. 하지만 참빛이 이미 오셨다. 이 빛은 온 세상의 어둠을 밝히는 빛이다. 그 빛이 이미 오셨고, 비추고 계신다(요일 2:8; 요 1:9; 8:12; 9:5). 그 빛 가운데 서면, 이제 아침이 왔고, 곧 어둠이 걷힌다는 사실을 얼마든지 확신할 수 있다.

그래서 '주의 오심'은 곧 '진리의 오심'이다. 참된 자가 오신 것이다. 참빛이 오신 것이다. 흥미롭게도, 16절에서 '예수 그리스도의 오심'(파루시안, παρουσίαν)은 12절의 '진리의 오심'(파루세 알레떼이아, παρούσῃ ἀληθείᾳ)과 짝을 이룬다. 여기서 '진리'는 '진리의 말씀' 또는 '복음'으로 이해할 수 있는 표현이다. 하나님께서 그 언약을 신실하게 성취하신 결과이며, 그 아들을 보내심으로 전하신 복음의 말씀, 진리의 말씀, 참된 말씀의 나타남이다. 예수 그리스도께서 오신 사실을 '진리의 오심'으로 표현한 것은, 공동서신에서 그리 생소한 연결이 아니다. 요한일서는 그 아들의 오심을 '생명의 말씀'의 나타남으로 표현한다(요일 1:1). 더 나아가, 그 아들이 오신 것은, '말씀이 육신이 되신' 사건이다(요 1:14). 그 아들을 영접한 자는 그의 안에 예수의 영이 거하시고, 예수 그리스도께서 내주하신다. 요한은 이것을 자주, '말씀' 또는 '진리'가 너희 안에 '거한다'는 식으로 표현한다(요일 1:10; 2:4). 예수 그리스도의 오심은 곧 진리의 오심이다.

이렇게 보면, 종말에 주께서 다시 오신다는 사실을 부인하는 자들은 곧바로 '거짓'된 자들임을 알 수 있다. 예수께서 자신을 친히 길이요 생명이요 '진리'라고까지 표현하셨다(요 14:6). 그리스도의 오심을 부인하는 것은 곧 진리를 부인하는 것이며, 이는 거짓 교사들이 '적그리스도'로 발전하고 결국 적그리스도적인 그 정체를 드러낼 수밖에 없는 이유이기도 하다(참조. 요일 2:22; 4:2-3). 반대로 그리스도에 관련된 사실을 부인하는 자는 진리도 부인하는 거짓 교사들이다. 성경에 기록된 그리스도에 관한 명백한 사실, 그의 첫 번째 오심과 다시 오심을 부인하는 자들은 스스로 거짓 교사임을 자인하는 셈이다. 예수와 진리를 서로 뗄 수 없다. 진리가 무엇인가? 예수 그리스도 자신이다. 예수 그리스도의 오심은 진리의 오심이다.

그러므로 예수 그리스도에 관한 온전한 사실을 충실히 선포하지 않을 때, 우리는 얼마든지 거짓 교사의 자리로 떨어질 수 있다는 경각심을 가져야 한다. 그리스도에 관한 사실들 가운데 일부만을 붙들고, 나머지는 말은 하지만 실제로는 믿지 않는 것과 방불한 태도는 단지 무관심한 정도가 아니라 '거짓'의 영역에 발을 들여놓는 것과 같다. 베드로후서 2-3장에 나오는 거짓 교사들이 신앙고백을 하지 않은 것은 아니다. 저들은 하나님의 은혜의 복음을 믿는다고 말했을 것이며, 교회 안에서 함께 식탁 교제까지 하는 자들이다(2:1; 2:12-13). 하지만 우리의 죄를 위하여 대신 자신을 희생하신 은혜는 믿지만, 그 동일한 주께서 장차 각 사람의 믿는 바에 따른 그의 행실을 심판하러 오신다는 사실은 완강히 거부한 것이다.

오늘날, '예수 믿고 복 받는다'고 가르치고 '오직 은혜로 구원받는다'고 말하면서, 그 은혜를 탐욕과 방탕을 합리화하는 방패로 삼는 경우는 얼마나 많은가. 이 '썩어지고 더럽고 허무한 세상'이 이미 하나님의 진노 아래 놓여 있으며, 우리가 눈으로 보는 이 하늘과 땅은 종말에 불에 살라 없어질 것이라는 설교를 들은 적이 언제가 마지막인가? 우리가 그토록 의지하는 십자가에 달리신 주께서, 그날에 천군 천사들을 대동하시고 각 사람을 그 행위대로 갚으시는 공의로운 심판주로 오신다는 사실을 명확히 선포하는 강단은 얼마나 되는가? 주의 진리를 부분적으로만 선포하고 가르치는 것은, 부족한 것이 아니라 거짓된 것일 수 있다는 베드로후서의 강력한 경고 앞에서 주의 교회는 겸손히 엎드러져야 한다. '주(主)요 구주(救主)이신 예수 그리스도'에 관한 '온전한 진리'를 모두 선포하여, 우리의 신앙에 거짓이 들어오지 않도록 모든 노력을 기울여야만 한다.

'행동하시고' 말씀하시는 하나님

하나님께서 행하신 일은 오직 하나님께서만 설명하실 수 있다. 하나님께서는 '행동'으로 자신을 '계시'하신다. 창조하시는 행위, 구원하시는 행위로 자신이 어떤 분이신지, 어떤 뜻을 갖고 계신지를 드러내 펼쳐 보이신다. 하지만 그러한 하나님의 계시의 행동을 바로 이해하려면 반드시 하나님께서 자신의 행동을 스스로 설명하신 '말씀'이 있어야 한다. 그래서 하나님께서는 자신을 행동으로뿐 아니라, 말씀으로 드러내 알리심으로써 자신의 행동이 다른 식으로 오해되거나 왜곡되지 않도록 하신다.

이런 성경 계시에 관한 내용을 이해한다면, 지금 베드로가 변화산에서 겪은 일과 들은 말씀의 관계도 이해할 수 있다. 우선, 베드로를 포함한 그 세 제자들 앞에 어떤 놀라운 하나님의 행동-계시가 일어났다. 예수께서 영광스러운 형체로 변화하신 것이다. 그것은 하나님께서 장차 어떻게 그 아들을 영화롭게 하시며, 부활의 주로 삼으실 것인지를 미리 보여 준 사건이다. 그 행위를 통해 하나님은 자기 아들을 죽음에서 일으키실 뿐 아니라, 만유의 주로 삼으실 것임을 보여 주셨다. 동시에, 영광스럽게 변화된 그 예수의 양 옆에는 모세와 엘리야가 나타나 보였다. 그것은, 이렇게 부활의 영광으로 드러나실 예수 그리스도는 바로, 모세와 엘리야 곧 율법과 선지자, 즉 구약의 모든 예언의 말씀이 성취되는 그 절정이심을 보여 준다. 이런 의미를 명확히 드러내어 설명이라도 하시듯, 주께서 변화되신 그 사건에 바로 뒤이어, 하늘로부터 소리가 전달되었던 것이다.

이런 순차는 하나님께서 자신을 드러내시는 방식이다. 행동으로 자신을 계시하신 후에, 곧이어 자신의 행동-계시를 자신의 말씀으로 설명하심으로써 그 행동의 의미를 밝히시는 것이다. 하나님의 행동은 오직 하나님의 말씀만이 설명할 수 있다. 비유적으로 말하면, 어떤 사람이 한 행동을 그 동기나 목적 그리고 그 의미에 대해서 그 자신 외에 누가 더 정확히 설명할 수 있는가? 그런 것과도 유사하다. 예컨대, 홍해를 가르신 구속의 사건은 오직 하나님의 말씀으로만이 그 의미를 해석할 수 있는 것과 같다. 그것은 단지 '과학적 현상'이나 '초자연적 현상'이 아니다. 그것은 풍성한 영적 의미를 담고 있는 하나님의 구원 행동이다. 역사 속에서 일어난 하나님의 초역사적이고, 영적인, 자기 계시의 행동인 것이다.

교회여, 만반의 준비를 갖추라!

지금 베드로가 증언하는 변화산의 사건과 하늘에서 전달된 말씀도 이와 같다. 영광스럽게 변화되신 예수님의 모습은 과연 무슨 의미인가? 그것은 하늘로부터 난 소리가 전달한 내용 그대로이다: "이는 내 사랑하는 아들이요, 내 기뻐하는 자라"(1:17; 참조. 마 3:17). '내 사랑하는 아들'이라는 표현은 시편 2:7을 배경으로 한다. 시편 2편은 왕으로 취임하는 대관식(戴冠式)을 위한 시이다. 다윗 왕국의 왕들은 기름을 부어 왕으로 임명했지만, 종말에 오신 약속된 '그 다윗의 아들'(마 1:1)은 올리브기름이 아니라 하늘로부터 오신 성령으로 기름 부으심을 받아 '영원한 나라'의 '영원한 왕'이 되셨다(마 3:15-17; 참조. 삼하 7:12-15; 겔 34:23-24; 37:24-28). 즉, 변화산에서 영광된 모습으로 변화하신 예수는, 하늘로부터 난 소리에 의해, 그가 바로 구약에서부터 약속하신 그 영원한 종말의 다윗 왕국을 다스릴 메시아, 곧 하늘의 하나님께서 자기의 영으로 기름 부으셔서 영원한 왕권을 그에게 주신 그 아들이심이 확증된 것이다.

하늘로부터 전달되어 내려온 또 다른 소리 '내 기뻐하는 자라'는 말씀은 이사야 42:1의 확증이다. 하나님께서 그 아들을 기뻐하시는 이유는 그가 고난을 통해서라도 하나님 아버지를 순종하사 그 뜻을 이루어 드리실 자이기 때문이다. 이사야 40-66장은 '여호와의 종의 노래'이다. 그 가장 중심인 53장에는, 초기의 교회가 십자가에서 죽으신 주님께 해당하는 말씀으로 가슴 깊이 품었던 그 '죽임을 당한 어린양'의 노래가 들어 있다. 교회가 잘 알고 있는 '나를 위해 죽으신 예수', '내 죄를 위해 십자가에서 돌아가신 예수'는 하나님께서 기뻐하시는 뜻을 이루기 위해 죽기까지 순종하신 종, 하나님께서 기뻐하실 만한 종이셨다.

하지만 동시에, 그 '기뻐하시는 종'은 '사랑하는 아들' 곧 만유 위에 통치하시는 전권(全權)을 가지신 왕이시다. 그가 지금도 하늘의 하나님 보좌 우편에 앉으셔서, 원수가 발등상이 되기까지 통치하고 계신다(행 2:35; 시 110:1). 오늘날, 교회는 십자가에서 죽으신 예수 그리스도에 머물러 있는 경우가 많은 듯하다. 그것만도 엄청난 은혜요, 하나님을 아는 놀라운 지식이다. 하지만 동일한 그 주께서 지금도 온 세상을 통치하시며, 장차 반드시 심판하러 오시는 절대 주권자시라는 사실도 결단코 잊어서는 안 된다. 그분이 왕이 되신 것과 우리가 그분의 백성이 된 것도, 실은 그분께서 다시 오실 때 완성될 그 '새 하늘과 새 땅'에 들어가 그 영원한 나라를 주와 함께 다스릴 목적이 가장 최종적이고 가장 결정적이라는 사실도 결코 잊어서는 안 되는 것이다.

가장 종말론적인 교회가 가장 현실적인 교회이다. 역사를 읽어 보면, 현재의 세상을 위해 가장 의미 있고 가장 많은 일을 하는 그리스도인들은, 오히려 현세가 아니라 그 너머에 있는 하늘나라, 장차 오는 새 하늘과 새 땅을 더 많이 생각했던 그리스도인들이다(C. S. Lewis). 베드로전서와 후서의 관계가 꼭 이러하다. 세상의 더러움과 썩어짐과 허무를 피하여 달아나, 새 하늘과 새 땅에 합당한 신적 성품에 전념하는 교회만이, 오직 이 땅에서 세상 사람들 가운데서 하나님의 이름을 높이며 저들을 하나님께로 향하게 하는 제사장의 역할을 충실하게 다할 수 있다. 그러므로 이미 와 있고, 또한 충만히 이루어질 그 영원한 나라를 바라보라.

교회여, 십자가는 놀라운 은혜요 구원이다. 동시에 십자가는 세상을 나가는 출애굽의 홍해이다. 그리스도와 함께 건너가야 한다. 십자가에 달려 우리를 위해 돌아가신 예수 그리스도는 하늘에 오르셔서 하나님 보좌 우편에 앉으신 '주'(큐리오스, κυρίος, 1:2, 11; 3:18)가 되셨다. 그가 왕이시다. 그가 통치하신다. 그가 다시 오신다. 그가 심판하신다. 이 세상은 이미 끝났다! 하나님의 진노 아래 놓여 있다. 그 영원한 나라, 더러움과 썩어짐과 허무함을 이긴 나라가 왔고, 지금도 오고 있고, 반드시 온다. '주' 되신 예수 그리스도가, 곧 세상에서 우리를 건져 내실 '구주'(소테로스, σωτῆρος, 1:1, 11; 3:18)이시다. 그가 종말에 불에 타 없어질 이 세상으로부터 우리를 구하여 내시리라. 교회여, 속히 짐을 싸고, 마음의 허리를 동이고, 주를 따라 이 영원하고 참된 출애굽의 길에서 앞으로 나아가라! 세상의 죄와 죽음과 허무의 권세로부터 속히 달아나라! 오직 신적 성품에 참여함으로 그 영원한 나라에 들어갈 만반의 준비를 갖추라!

'말씀하시고' 행동하시는 하나님

베드로가 산에서 들었던 것은 하늘로부터 '전달된'(에넥떼이세스, ἐνεχθείσης,

17절) 소리였다. 베드로는 다른 두 제자들과 함께 그 소리가 하늘로부터 '전달된'(에넥떼이산, ἐνεχθεῖσαν, 18절) 것임을 강조한다. 모두 '신적 수동태'(divine passive)라는 형식으로 기록되어 있다. 그 소리를 낸 주체가 명확히 기록되어 있지 않지만, 그 소리가 들린 것을 수동태로 기록함으로써, 그 소리를 내신 주체가 하나님이심을 암시적으로 표현하는 방식이다. 결코 제자들이 스스로 만들어낸 소리가 아니었다. 그들이 교묘하게 꾸며 낸 신화가 아니다. 하늘로부터 난 그 소리는 아무런 가감 없이 그대로 '전달되어' 그들에게 전해진 것이다. 조금 후에 베드로는 이렇듯 하나님께로부터 '전달되었다'는 것이 말씀-계시를 이해하는 데에 얼마나 결정적인 요소인지 설명할 것이다.

지금은 이 '말씀'이 또한 장차 하나님께서 자신을 계시하실 '구원 행동'을 가리키고 내다본다는 사실을 기억하자. '이는 내 사랑하는 아들'이라는, 하늘로부터 전달되어 온 하나님의 말씀은 변화산에서 영광의 모습으로 변화하신 그 예수가 곧 '영원한 나라'를 유업으로 받아 다스릴 그 약속된 메시아임을 확증하시는 말씀이다. 앞서 잠시 언급했듯이, '내 사랑하는 아들'이라는 표현은 시편 2:7에서 오고, 이 본문은 사무엘하 7:12-15에 기록되었듯이 장차 오는 종말의 '다윗의 아들'에게 주실 '영원한 나라'와 그의 영원한 왕권에 대한 약속을 재해석한 것이다. 이스라엘의 왕들은 이런 영원한 왕권에 대한 약속의 부분적이고 불완전한 실현이었던 것이다.

하지만 '종말의 다윗의 아들'은 약속을 따라 오셨다(마 1:1). 그리고 그분은 올리브기름이 아니라, 하늘로부터 내려오는 성령으로 기름 부으심을 받아 영원한 하나님 나라의 왕으로 등극하셨다(마 3:15-17). 그래서 그의 나라는 우선적으로 성령 하나님께서 통치하시는 나라이다. 부활 생명의 통치이며, 그래서 죄 사함과 은혜의 통치, 영원한 사랑의 통치이다. 또한 말씀이신 그리스도의 통치 곧 진리의 통치이며, 모든 관계를 회복하는 의의 통치이다. 이 영원한 나라가 이미 '주의 강림'(1:16)을 통해 결정적으로 시작되었다. 그리고 '새 하늘과 새 땅'으로 완결될 것이다(3:13). 다니엘도 이 '영원한 나라'와 '영원한 왕권'을 가진 '인자'를 보고 예언했다.

"내가 또 밤 환상 중에 보니 인자 같은 이가 하늘 구름을 타고 와서 옛적부터 항상 계신 이에게 나아가 그 앞으로 인도되매 그에게 권세와 영광과 나라를 주고 모든 백성과 나라들과 다른 언어를 말하는 모든 자들이 그를 섬기게 하였으니 그의 권세는 소멸되지 아니하는 영원한 권세요 그의 나라는 멸망하지 아니할 것이니라"(단 7:13-14)

그래서 '이는 내 사랑하는 아들'이라는 소리가 하늘로부터 전달되어 들렸을 때, 이제 그 영원한 왕권을 가진 왕에 대한 이 '말씀'은 또한, '그 아들'이 기필코 그 영원한 나라를 가져오시는 하나님의 또 다른 최종적 '구원 행동'을 바라보도록 인도하는 것이다. 하나님의 약속의 말씀은 또한 그 말씀을 따른 하나님의 구원 행동을 예상하게 하고 그것을 기다리게 한다. 그래서 베드로는 변화산에서 들은 그 소리, 그 아들 예수에 관해서 하늘로부터 전달되어 들린 그 말씀을, 곧 장차 하나님께서 최종적 종말에 행하실 거대하고 영광스러운 구원 행동에 대한 확실한 증거로서 제시하는 것이다. 말씀하신 하나님께서는 그 말씀대로 반드시 성취하신다. '빛이 있으라!' 말씀하셔서 빛이 있었던 것처럼, '이는 내 사랑하는 아들'이라고 확증하신 그 '말씀'은 곧, 그 아들이 장차 온전히 다스릴 그 영원한 나라가 반드시 오는, 하나님의 최종적 구원 행동에 대한 확고한 증거가 되는 것이다. 이런 식으로, 베드로는 그다음 19절에서 '종말에 대한 예언의 말씀'을 종말의 심판과 최종적 구원 사건에 대한 '더 확실한 예언'으로 제시하는 것이다.

그러므로 하나님의 구원 행동을 바로 설명할 수 있는 것은 오직 하나님의 말씀이다. 그리고 오직 하나님의 말씀만이 장차 행하실 그의 구원 행동을 설명한다. 종말의 심판과 새 하늘과 새 땅에 대한 약속은, 그러므로 결단코 인간이 만들어 낸 이야기도 아니고, 과학적 추측으로 예견할 수 있는 것도 아니다. 오직 자신을 말씀과 구원 행동으로 계시하시는 하나님 자신의 일관성에 근거하는 것이다. 행동하시는 이가 말씀하시고, 말씀하시는 하나님께서 행동하신다. 그러므로 하나님의 말씀에 착념해야 한다. 하나님의 말씀을 통해, 우리는 우리가 받은 구원의 크기와 깊이, 높이와 넓이, 그 풍성함의 전모를 알 수 있다. 알아서 그 말씀 안에 있는 생명과 경건을 먹고 자라 신적 성품에 참여하고 성장하는 것이다.

또한 교회가 오직 하나님의 말씀에 착념해야 하는 것은, 그 말씀을 통해 자신을 또다시 구원 행동으로 드러내실 하나님의 역사(役事)를 잊지 않고 기대할 수 있기 때문이다. 말씀으로 자신과 자신의 뜻을 드러내신 하나님께서, 그 말씀대로 '마지막 날들의 그 마지막'에 최종적 구원 행동으로 자신을 드러내 보이실 것이다. 지금 하늘 보좌 우편에 앉으셔서, 원수가 발등상이 되기까지 통치하시는 '주' 예수 그리스도께서, 그 마지막 날에 참으로 심판주요 또한 우리의 '구주'로서 자신을 나타내실 것이다.

그날이 오기까지, 예수 그리스도의 교회는 그의 '택하심과 부르심을 굳게' 하여야 한다. 오직 신적 성품에 참여하며 하늘의 생명과 경건 안에서 성장하기를 힘써야 한다. 그렇게 하여 실족하는 일이 없도록 해야 한다. 이같이 하면, '우리 주 곧 구주 예수 그리스도의 영원한 나라에 들어감을' 우리에게 넉넉히 허락하실 것이다(1:10-11). 아멘, 주요 또한 구주이신 예수 그리스도를 영원토록 찬송합니다. 주여 다스리소서! 구주 예수여 오소서! 이 세상 악에서 우리를 건지소서! 당신의 영원한 영광의 나라가 속히 임하게 하소서!

삶으로
내리는 뿌리

말씀을 '기억'해야 하는 이유

신약과 구약을 통틀어, '기억하라'는 명령이 많다. 왜 그렇게 '기억해야' 할 것을 강조하는가? 기억의 반대는 '망각' 즉 '잊어버리는' 것이다. 왜 사람은 잊어버리게 되는가? 아이가 아니라 노인이 때로 치매에 걸리듯이, 망각은 죽음의 한 현상이다. 배터리가 다된 핸드폰이 켜지지 않듯이 그래서 메모리칩에 저장된 모든 자료들을 불러올 수 없듯이, '잊어버리는' 것은 일종의 죽음의 현상이라 할 수 있다.

반대로, 하나님은 영원히 살아 계시므로 잊지 않으신다. 하나님은 아무것도 잊지 않으신다. 모든 사실들이 그분 앞에 벌거벗은 듯이 드러나 있다. 이 세상은 죽음이 지배하는 곳이므로, 또한 '망각'의 땅이다. 인간은 그래서 죽음을 이기려는 노력의 일환으로 '기억하는 것'에 집착했다. 헬라의 철학자들은 '진리'를 '알레떼이아'(ἀληθεία)로 불렀는데, 이는 '잊은 것을 복구한다'는 의미이다.

그래서 저들은 진리를 찾아가는 과정을 '회상'(recollection) 즉, '원형'(原型)의 세계에 대한 기억을 불러일으키는 과정, 곧 '대화'(dialogue)라고 생각했다. 진리를 사랑하는 학문 곧 '철학'(philosophy)은 그래서 '대화'를 통한 '회상'의 과정이었다. 우리가 잊은 원래의 '이상적'인 세계, '이데아'(Idea)의 세계를 찾아가는 것이다.

구약에 나타나는 히브리 사상에서 '진리'란 사뭇 다른 개념이다. '에멧'(אֱמֶת)으로 표시할 수 있는 진리 개념은, '아멘'(Amen) 하듯이 '진실로 그러하다'는 의미이다. 그것은 변하고 사라지는 세상의 그 모든 더러움과 썩어짐과 허무함의 공격에도, 처음부터 끝까지 한결같이 그 존재를 잃지 않는, 영원히 실재하는 존재의 참된 신실함, 능력을 가리킨다. 그래서 끝까지 살아 있는 것, '살았고 영원하신' 말씀이 진리이다. 악인은 바람에 나는 겨와 같으나, 의인은 영영히 선다. 그런 것이 진리이다.

그러므로 성도가 주의 구원하심과 약속의 말씀을 '기억한다'는 것은, 세상의 죽음의 세력과 싸우는 가장 강력한 방법 중에 하나이다. 말씀을 읽고, 묵상하고, 그것을 머리에만이 아니라, 가슴과 삶에, 손으로 발로, 육신으로 구현하고 새겨 '기억하는' 것이 진리를 배우고 소유하여 진리의 길을 가는 참된 과정이다. 진리이신 말씀이 살았고 영원한 것처럼, 그 말씀을 이런 식으로 '기억하는' 성도 역시 살았고 영원할 것이다. 하나님의 말씀을 읽는 것, 그의 구원과 약속을 기억하는 것보다, 죽음이 망각의 힘으로 지배하는 이 세상을 이기는 강력한 방법은 없다. 말씀을 읽으라. 기억하고, 기억하고, 기억하라.

4. 성경적인 성경관과 성경 해석법(1:19-21)

베드로가 '기억하라'고 거듭해서 외치는 것은, 하나님 편에서는 우리의 구원을 위해 모든 것을 다 이루어 놓으셨음을 전제한다. 그래서 '기억함'은 성도가 구원을 누리는 데 있어서 필수적이다. 하나님의 '행동-계시'를 설명하신 그분의 '말씀-계시'를 이해하는 것처럼 성도의 영적 성장에 있어서 결정적인 것은 없다. 하나님께서는 우리의 타락하고 부패한 '존재'를 그 더러움과 썩어짐과 허무함에서 구원해 내시지만, 그 새롭게 주신 의와 생명과 영원을 하나님의 말씀을 통해 충분히 '인식'(認識)함으로써, 그 구원을 누리게 하신다. 문제는 우리이다. 부족한 비유지만, 음식이 풍성히 차려져 있는 밥상이 있어도 그것을 먹고 씹고 소화하려면 내 입이, 내 몸이 움직여야 하는 것과 유사하다. 하나님은 부족함이 없이 행하셨다. 행하고 계신다. 하나님의 말씀을 제대로 다루지 못하면, 하나님께서 행동으로 계시하신 구원이 우리 안에서 충분하고 원만하게 이루어질 수 없다.

그러므로 받은 구원을 이루어 가는 성도에게 가장 중요한 것은 하나님의 말씀이다. 그 말씀은 하나님께서 우리 안에서 실제로 행하신 구원 행동을 설명하며 깨달아 '알게' 하신다. 그럴 때에 성도 안에서 존재적인, 성품적인 변화가 풍성히 일어나는 것이다. 하나님께서 행하신 구원 행동이 그분의 말씀-계시를 통해 그의 안에 그 영적 생명의 역사를 더욱 풍성히 일으키기 때문이다. 그래서 하나님의 말씀을 바로 대하지 못하고, 그것을 무시하거나 왜곡하는 거짓 가르침처럼 '교회 성장'에 치명적인 일은 없다. 이단(異端)이 바로 그런 경우이다. 말씀이 드러내는 정당한 교리를 왜곡하여 다른 가르침을 만들어 냄으로써, 이미 일어난 구원 행동이라도 그 성도에게 제대로 적용되지 못하도록 미혹하여 바른 길을 벗어나게 하기 때문이다.

베드로는 이제부터 말씀을 바로 대하는 일, 바로 해석하는 법에 대해 가르치려 한다(1:19-21). 거짓 교사들을 상대하는 싸움에 있어서 이처럼 중대한 일이 없다. 하나님께서 그 아들을 세상에 보내셨어도, 그 보내신 사실을 선포하고 설명하는 말씀을 그대로 받지 못한다면, 하나님께서 그 아들을 주신 효력이 그에게 미칠 수가 없는 것과 같기 때문이다. 그래서 이단(heresy)들은 한결같이 예수 그리스도에 관한 성경의 바른 증언, 바른 가르침을 기를 쓰고 왜곡하는 것이다. 주께서 십자가에서 죽으시고 부활하사 세상을 이기시고, 죽음을 이기시고, 구원을 주신 '사실'을 바꿀 수는 없기 때문에, 차라리 그 구속의 사실에 관한 '진리'를 거짓으로 바꾸려 드는 것이다. 그것이 '거짓의 아비 마귀'의 일이다(요 8:44). 마귀는 예수께서 십자가 지시는 일을 막지 못했다(참조. 마 4:1-11). 하지만 포기하지 않고(?) 어떻게 해서든지, 예수 그리스도에 대한 성경의 바른 가르침을 왜곡하여 사람들로 하여금 믿지 못하게 하고, 믿어도 잘못 믿도록 미혹하는 것이다(참조. 마 28:11-15; 요일 2:18-22; 4:1-3).

잘못된 성경관, 자의적 성경 해석

'주의 강림'을 부인하고 거짓 가르침을 만들어 내는 거짓 교사들의 근본적인 문제는 무엇인가? 진리를 왜곡하는 그들의 가장 큰 작전은, 성경을 보는 관점과 성경을 해석하는 방식을 왜곡되게 만드는 것이다. 여기가 문제의 뿌리이다. 베드로후서 1장은 거짓 교사들의 거짓 가르침과 그들의 부패한 행실에 대한 교회의 해법을 제시하는데, 그 마지막 단계인 19-21절이 절정이다. 여기서 베드로는 거짓 교사들이 서 있는 기초를 무너뜨리는 치명타를 날린다. 그들은 잘못된 성경관, 잘못된 성경 해석법을 갖고 있다. 그 특징은 한마디로, '성경은 하나님의 말씀이 아니라'는 것이며, 그래서 성경을 '사사(私事)로이' 또는 '자의(自意)로' 해석하는 패역한 태도이다(20절). 어쩌면 베드로후서에서 가장 결정적이라 할 수 있는 이 본문을 조심스럽게 옮겨 보자.

"19절 그런데 우리는 더 견고한 예언의 말씀을 갖고 있습니다. 여러분은 마치 어두운 곳에 빛이 비치듯이, 날이 밝아져서 여러분의 마음에 새벽 별이 떠오르기까지 이것들에 주의하는 것이 옳습니다. 20절 이것을 먼저 알아야 하는데, 모든 예언의 말씀은 자의적으로 해석되어서는 안 된다는 것입니다. 21절 왜냐하면 예언은 어느 때나 사람의 뜻으로 전해진 것이 아니라, 거룩한 성령에 의해 움직이는 사람들이, 하나님에게서 받아 말한 것이기 때문입니다."

성경을 '사사로이'(개역개정) 또는 '자의로'(이디아스, ἰδίας, 20절) 해석한다는 것은, 성경의 저자인 하나님 자신이 의도하신 의미에 개의치 않고, 그 말씀에다 '해석자 자신의 뜻을 임의로' 집어넣어 풀어내는 교만하고 방자한 태도를 가리킨다. 원래 '이디오스'(ἴδιος)라는 말은 다른 사람의 것이 아닌 '자기 자신의'(one's own) 것을 의미하는데, 거짓 교사들은 탐욕을 좇았던 발람 선지자처럼 하나님의 말씀이 아니라 자기 자신을 법(法)으로 삼아 '자기의'(이디아스, ἰδίας) 불법을 좇아가는 자들이며(2:16), 개가 '자기의'(이디온, ἴδιον) 토한 것을 먹듯이 자신이 속해 있는 세상의 더러움으로 돌아가며(2:22), 사도들의 가르침을 무시하고 '자기의'(이디아스, ἰδίας) 정욕을 따라 종말이 없다는 거짓말을 퍼뜨리는 자들이고(3:3), 바울의 어떤 편지도 억지로 풀다가 다른 사람들이 아니라 결국 '자기의'(이디안, ἰδίαν) 멸망을 초래하는 자들이다(3:16). 이처럼, 베드로는 거짓 교사들의 특징이 자기 자신을 기원(起源)과 방법과 목적으로 삼는 '자기밖에 없는' 태도에 있음을 반복해서 묘사하는 것이다.

이렇듯 베드로후서에서 '자의로, 사사로이'라는 표현은 네 번 모두, 근본적으로 거짓 교사들이 성경 해석과 관련하여 드러내는 방자하고도 파괴적인 태도를 꼬집어 말할 때 사용된다. 다시 말해서, 거짓 교사들이 성경을 '자의로' 해석한다는 것은 남의 말에다 '제 것을 집어넣는' 식으로, 다만 말씀을 빌릴 뿐이지 그 말씀의 원래 의미를 빼내 버리고 그 말씀의 권위와 형식만 훔치는 해석학적 도둑질과 같은 방식을 가리키는 것이다. 예를 들어, 당신이 어떤 중요한 말을 친구에게 했다고 치자. 그런데 그 친구가 다 듣는 것 같더니, 그만 당신의 의도와는 전혀 엉뚱하게 자기 맘대로 나쁘게 해석해서 온 군데에 퍼뜨리고 다니면, 당신은 그 사람을 가만히 두겠는가? 그런 것이다. 남의 말을 들을 때에, 그 사람이 의도한 내용을 전후 문맥을 따라 자세히 듣고, 그 사람이 뜻한 바를 듣고자 하는 '겸손'이라고는 찾아볼 수 없는 '제멋대로'의 해석이다. 주로 이단들이나 사이비 교주(似而非 教主)들이 성경을 해석할 때 이런 식으로 하는 것을 볼 수 있다.

그들은 성경의 단어, 구절, 문구를 인용하지만 사실 그 단어, 구절, 문구가 원래 위치한 '전후 문맥'(context)을 아예 모르거나 혹시 알아도 무시한다. 남의 말을 들을 때에, 전후 문맥 다 떼어 내고 자기가 듣고 싶은 부분만 듣는 몰상식하고 무례한 태도와도 같다. 성경을 읽고 해석하는 기본을 배우지 못한 이런 무식한 자들은, 그래서 대체로 어디서 혼자 '직통 계시'를 받았다는 주장을 자주 달고 다니기도 한다. 유다서에 나타나는 거짓 교사들은 이런 특징들을 뚜렷이 보이는데(유 8-10, 19절), 베드로후서의 거짓 교사들은 아직, 이런 '직통 계시'를 받았다는 사이비 성령운동 같은 경향을 보이지 않는다.

베드로후서의 거짓 교사들은 차라리 오늘날의 '세속적 인본주의자들'(secular humanists)과 유사하다. '성경을 어떻게 믿느냐'는 것이다. 혹시 입으로는 하나님의 말씀이라 고백할지라도, 실제로는 성경은 사람들이 쓴 것이므로 오류투성이라고 믿고 있는 자들이다. 이것이 거짓 교사들이 성경을 대하는 특징이다. 말로는 '하나님의 말씀'으로 믿는다고 할지 몰라도, 실제로는 '하나님의' 말씀으로 대하지 않는 것이다. 그들은 성경이 하나님의 말씀으로서, 하나님께로부터 가감 없이 전달되었다는 사실을 믿지 않는다. 그러니까 자기들 마음대로 해석하고, 그렇게 해석하고도 아무런 양심의 거리낌이 없는 것이다.

베드로는 1:19-21에서 바로 이 점을 지적하고, 그들의 잘못된 성경관과 훈련되지 못한 자의적 성경 해석법을 격파한다. 그러고 나서야 비로소 2장에 들어가 거짓 교사들의 부패한 행실을 폭로하고, 3장에 들어서면 그들의 거짓 가르침을 차례로 격파하는 것이다. 그만큼 성경을 어떻게 보느냐 하는 관점과, 어떻게 해석하느냐 하는 방식은 거짓 교사들을 판별하거나 그들의 주장을 분쇄하는 데 결정적인 요소이다. 편의상, 올바른 성경관을 다루는 21절을 먼저 설명하고, 그 후에 거짓 교사들의 '자의적'인 성경 해석을 비판하며 '성경적인 성경 해석법'에 대해 가르치는 19-20절을 살펴보는 것이 자연스러울 듯하다.

(1) 성경적인 성경관(21절)

베드로가 강조하는 성경의 예언의 특징은, 이 말씀들이 하나님께로부터 가감 없이 전달되어 보존된 말씀이라는 사실에 있다. 21절에는 '전달되었다'는 뜻의 용어가 두 번 나온다. 먼저 부정적인 의미에서, 성경의 예언들은 어느 때든지 사람의 뜻을 따라 '전해진'(에넥떼, ἠνέχθη) 것이 아니다. 긍정적인 의미에서는, 그 예언들이 '거룩한 영' 곧 성령에 의해 '움직이는'(페로메노이, φερόμενοι) 사람들이 하나님께로부터 받은 말씀이라는 것이다. 여기서 '전해진'뿐 아니라 뒤에 나오는 '움직이는'('감동하심을 받은', 개역개정)이라는 표현도 모두 '페로'(φέρω, '전달하다'라는 뜻)라는 의미의 용어이다.

흥미로운 사실은, 베드로가 앞의 문단 곧 변화산의 증언에서 하늘로부터 소리가 났다고 했을 때, 그 소리가 영광스러운 위엄에 의해 '전달된'(에넥떼이세스, ἐνεχθείσης, 17절) 소리였다든지 또한, 하늘로부터 '전달된'(에넥떼이산, ἐνεχθεῖσαν, 18절) 소리라고 했을 때 역시 '페로'(φέρω, '전달하다') 동사를 사용했다는 점이다. 이런 사실들은 성경 해석에 관련해서 다음과 같은 매우 중대한 의미들을 내포한다. 첫째는, 21절에서 성경의 예언들이 '사람의 뜻을 따라 전해진' 것이 아니라는 사실은, 20절에서 그 말씀을 '사사로이, 자의로' 해석해서는 안 되는 결정적인 이유를 제공한다. 즉, 그 예언의 말씀은 변화산에서 '전해진' 하늘의 소리의 경우처럼, 마찬가지로 하나님으로부터 '전해진' 말씀이기 때문에, 사람이 그것을 '사사로이, 제멋대로, 자의로' 해석할 수가 없다는 것이다.

둘째는, 성경의 예언의 말씀은 하나님으로부터 직접 '전해진'(에넥떼, ἠνέχθη 동사, 21절) 말씀일 뿐 아니라, 그것을 전달한 사람들 역시 '하나님의 성령에 의하여 전달된, 움직여진'(페로메노이, φέρω 동사, 21절) 사람들이라는 사실이다. 이것은 결국, 거짓 교사들의 '자의적' 성경 해석 자체도 '사람의 부패한 정욕의 뜻을 좇아' 하는 잘못된 해석이지만, 더 근본적으로 그 거짓 교사들 자신이 성령의 조명이나 감화, 변화를 받지 못하는 부패한 성품의 소유자들이라는 사실을 암시한다. 그들은 지속해서 신적 성품에 참여하고 거기서 성장하는 자들이 아니요, 결국 점점 어두워져서 세상의 더러움에 다시 얽히고 진 자들로 판명 날 것이다(1:4-11; 2:20-22).

그러므로 17-18절과 21절에서 무려 4회나 반복된 바대로, '성경의 예언, 성경의 말씀'이 어떤 것이냐 했을 때 베드로가 가장 두드러지게 강조하는 것은 하나님께로부터 그대로 전달되어 전해진 말씀이라는 사실이다. 그 말씀 자체도 '하나님으로부터 전달되어' 나온 것이고, 그 말씀을 기록하고 전달한 사람들 역시 '성령에 의해 전달된, 움직여진' 사람들이기 때문이다. 그래서 성경에 기록된 예언들은 마치 베드로가 변화산에서 들었던 하늘로부터 '전달되어 온' 소리처럼, 위에서부터 그대로 전달되어 온 것이지, 성경의 저자들이 만들었다든지 설혹 받아 말한 것이라도 그것을 그대로 전달하지 않고 변개했다든지 하는 생각은, 처음부터 배제된다.

하나님으로부터, 하나님에 의해 '전달되는' 말씀

베드로가 '전달하다'(페로, φέρω)라는 동사를 사용하는 방식을 자세히 들여다보면, 성경의 말씀은 첫째 그 기원(origin)이 하나님이시며, 둘째 그 전달(delivery) 방식도 하나님에 의한 것이고, 셋째 그 해석(interpretation) 역시 원리적으로 하나님에 의해 '전달'되어야 가능하다는 사실로 요약될 수 있다. 그러니까 그 기원과 전달 그리고 해석에 있어서, 그 처음에서부터 끝까지, 말씀의 원래 의미와는 동떨어진 사람의 자의적인 뜻이 개입할 여지가 없는 것이다. 이 점이 절대적으로 중요하다.

먼저, 하나님의 말씀은 그 기원이 하나님 자신이시다. 21절에서 '사람들이 하나님으로부터 받아'라는 표현은, 성경의 예언의 말씀의 출처 곧 그 기원이 하나님이시라는 의미이다. 사람'으로부터' 나온 이야기, 무슨 교묘한 꾀나 의도로 지어낸 신화 같은 가상적인 이야기가 결코 아니다(1:16). 그 출처가 사람이 아니라 하나님 자신이기 때문이다. 반면에 거짓 교사들의 특징으로 지목되는 '자의적'(20절) 성경 해석 방식은, 성경의 예언이 '사람의 뜻을 따라 전달된 것'(21절)이 아니라는 사실과 직결되어 있고, 더 나아가 그 말씀을 '전달한' 선지자들도 그 말씀이 하나님으로부터 '전달된' 것과 같은 방식으로 성령에 의해 '전달된, 움직여진'(21절) 사람들이라는 사실과 깊이 연결되어 있다. 다시 말하면, 거짓 교사들이 성경을 자의적으로 해석하는 것은 그 해석 방식뿐 아니라, 그들 자신이 성령의 조명을 받지 못하는 부패한 성품의 소유자들이라는 사실이 암시되고 있는 것이다(참조. 2:12-14, 20-22).

한편, 21절에서 '예언'이 정확히 무엇을 가리키느냐에 관해서는 여러 의견들이 있다. 먼저 좁게는, 문맥상 앞에서 언급된 '이는 내 사랑하는 아들이요, 내 기뻐하는 자라'(시 2:7; 사 42:1)를 가리킨다고 보는 입장(Neyrey, 178-179; Harrington, 259)이나, 또는 조금 더 넓게 이런 메시아에 관련된 특정한 본문들만을 지칭하는 것으로 보는 경우(시 2:7-9; 단 7:13-14; 민 24:17)도 있고, 아예 예수님의 재림을 언급하는 신약의 예언들이라 보는 경우도 있다(막 13:26; 살전 5:2; Callan, 2006: 145). 하지만 대체로는, 이 용어가 거의 '성경'과 동의어로 쓰인다는 교부 저스틴(Justin)의 말처럼(*Dial*, 129.1) 메시아에 관한 예언으로 이해되는 구약 전체를 가리킨다고 본다(Bauckham, 224; Kelly, 321).

여기서 베드로의 주된 관심은 역시, 예언의 말씀이 갖는 '기원 곧 출처'이다.

비록 사람들이 '받았지만'(엘라레싼, ἐλάλησαν, 21절), 그 말씀은 하나님의 영, 거룩한 '성령에 의해 움직이는' 사람들이 받은 말씀이다. 너무도 흥미로운 점은, 여기서 흔히 성령의 '감동하심을 받아'로 번역되는 '움직이는'(페로메노이, φερόμενοι, 21절)이라는 표현에서 사용된 용어 역시, 하나님의 말씀이 하나님에게서부터 '전달되었다'라고 했을 때도 똑같이 사용된 '페로'(φέρω) 동사라는 사실이다.

이는 무엇을 가리키는가? 말하자면, 하나님의 말씀은 그 기원, 출처에 있어서도 하나님께로부터 전달되어 온 것이지만, 그 말씀을 받아 전달한 사람들 곧 인간 저자(著者)들 역시 하나님의 말씀이 '전달된' 것과 같이, 하나님의 성령에 의해 '움직여짐'으로써 전달되었다는 것이다. 반면에 거짓 교사들이 '자의로'(20절) 성경을 해석하는 태도는, 곧 성경 예언을 '사람의 뜻에 따라 전달된 것'(21절)으로 보는 관점과 직결된다. 저들이 성경을 자신의 인간적 정욕에 따라 마음대로 해석할 수 있는 것은, 성경 자체가 '인간의 뜻에 따라 기록되고 전달된 것'이라고 보기 때문인 것이다. 베드로는 이런 잘못되고 부패한 발상에 대해, 성경의 예언은 '성령에 의해 전달된, 움직여진 사람들에 의해'(21절) 기록되고 전달된 사실을 강조한다. 초점이 '사람들'에 있다는 사실이 결정적이다. 거짓 교사들의 '자의적' 성경 해석법은 성경이 '사람들에 의해' 기록되고 전달되었다는 것인데, 베드로는 그 '사람들'조차 하나님에 의해 '전달된' 예언의 말씀과 같은 방식으로, '성령에 의해 전달된, 움직여진' 사람들이라고 밝히 말하는 것이다.

즉, 하나님께서 자기 말씀을 전달하실 때, 그 말씀이 그대로 보존될 필요에 따라, 전달 방식으로 택하신 사람들에게도 마찬가지로 동일하게 '거룩한 영'으로 관여하셔서, 그들을 사용하셨다는 의미이다. 비유적으로 예를 들어 보자. 별로 중요하지 않은 편지는 그냥 보통우편으로 보낼 것이다. 하지만 성적 증명서라든지 집문서, 무슨 엄청나게 중요한 사업 계약서 같은 것을 그저 우표 하나 달랑 붙여서 보내는 사람은 없다. 아주 중요하게 취급할 것이다. 빠른 등기에다 내용증명에 수취인이 보낸 내용 그대로를 틀림없이 받아 볼 수 있는 가능한 모든 방식을 사용할 것이다. 하나님의 말씀도 그러하다. 출처만 하나님의 것일 뿐 아니라, 전달 과정도 철저히 하나님께서 보호하시고 보장하시는 방식으로 전해진다.

그래서 이런 표현의 근본적인 의도는, 하나님의 말씀은 비록 인간 저자들에 의해 받아들여지고, 부분적으로나마 이해되고, 또한 그들 나름의 역사적, 사회적, 문학적, 그리고 신학적 배경 안에서 기록되었을지라도, 이런 인간적인 요소들이 그 하나님 말씀의 신적 기원과 의미를 전혀 손상시키지 못한다는 사실에 있다. 흔히, 올바른 성경관에 관해 말할 때, 성경 말씀은 100퍼센트 하나님의 말씀이며 또한 100퍼센트 사람의 말로 되어 있다고 설명하는 경우와 같다. 하나님의 말씀은 그 출처와 전달 과정에서 모두, '하나님 자신의' 말씀으로 보호받고 보전(保全)된다. 그러므로 성경 저자에게 어떤 역사적 상황, 문학적 장르, 혹은 어떤 인간적 배경이 있다 하더라도, 하나님께서 그 사람들에게 자신의 말씀을 맡겨 전달하실 때에는, 동일하게 거룩한 영, 성령 하나님의 '전달하심'으로 전달하셨다는 것이다.

이렇게 하나님으로부터 왔고, 하나님에 의해 전달된 성경 말씀, 특히 예언의 말씀은 그 인간적 기원이나 인간적 전달 과정에서, 전혀 부패되거나 오염된 것이 아니다. 이단이나 사이비 교주들은 비록 성경을 사용하지만, 그들이 자신의 '자의적' 해석의 결과로 만들어 낸 거짓 가르침은 성경의 원저자(原著者)이신 하나님의 거룩하심과 선하심, 그분의 순전한 뜻과는 아무런 상관이 없다. 왜냐하면 그들이 만들어 낸 거짓 가르침은 그 출처가 더럽고 썩어지고 허무한 그들 자신이요, 그 거짓 가르침을 전달하는 그들 자신도 역시 오염되고 부패한 거짓 영에 따른 것이기 때문이다(참조. 유 19절; 요일 2:18-19; 4:1-3).

그러므로 성경에 대하여 함부로 말하는 것을 삼가야 한다. 성경의 인간 저자들만 보지 말아야 한다. 그렇게 다양한 역사적, 인간적 배경, 학력, 경험, 그리고 시대적 차이를 뛰어넘어, 그 많은 저자들이, 장차 오시는 그리스도와 종말의 하나님 나라에 대해 일관된 예언을 하고 있다는 사실은 그런 단순한 비판이 소용없다는 사실을 증명한다. 성경의 모든 책들의 출처, 기원은 하나님 자신이시다. 그 거룩하고 영원한 말씀을 전달하신 이도 하나님이시고, 하나님은 자신의 거룩한 영으로 그 말씀의 전달 과정까지 거룩하게 보전하셨다. 말씀은 오염되거나 부패한 인간의 죄나 세상의 썩어짐의 영향을 받지 않은 채 순전하게 보전되었다. 그 말씀이 우리 앞에 있다.

그래서 말씀을 읽으면, 즉 말씀을 묵상하고 그 말씀을 먹고 그 말씀의 생명으로 살아 보면, 그렇게 읽고 묵상하고 먹고 살아 본 그 사람 자신이 먼저 깨끗해지고 따뜻해지고 생명으로 채워진다. 말씀 자체가 깨끗하고 사랑이 가득하고 죽음마저 이기는 생명으로 가득하기 때문이다. "너희가 진리를 순종함으로 너희 영혼을 깨끗하게 하여 거짓이 없이 형제를 사랑하기에 이르렀으니 … 너희가 거듭난 것은 … 살아 있고 항상 있는 하나님의 말씀으로 되었느니라(벧전 1:22-23). 그러므로 또한, "갓난 아기들 같이 순전하고 신령한 젖을 사모하라 이는 그로 말미암아 너희로 구원에 이르도록 자라게 하려 함이라"(벧전 2:2). 왜 말씀은 우리를 깨끗하게 하며 뜨겁게 하며 살게 하는가? 그 말씀이 하나님 자신에게서 나왔기 때문이다. 하나님 자신이 죄와 분리된 거룩하신 분이시며(벧전 1:15-16), 그분이 곧 사랑이시며(요일 4:8), 그분이 생명의 창조주, 생명의 근원이시기 때문이다.

말씀은 하나님께로부터 우리에게 오는 하늘의 떡이다: "내가 곧 생명의 떡이니라 … 나는 하늘에서 내려온 살아 있는 떡이니 사람이 이 떡을 먹으면 영생하리라"(요 6:48, 51). 말씀은 땅에서 온 것이 아니다. 말씀은 사람에게서 온 것이 아니다. 말씀은 하늘에서 온 것이다. 그 하늘에서 온 참떡을 먹으면, 깨끗해지고 따뜻해지고 살게 된다. 거기에 하늘의 생명과 거룩케 하는 경건이 있다. 해 보라. 먹어 보라. 읽어 보라. 묵상해 보라. 살아 보라. 살아난다. 당신의 영혼이 살고, 죽어 가던 마음이 살고, 파리했던 의지가 살아나며, 상처뿐인 심령이 치유된다. 온전케 된다. 해 보라. 말씀을 먹고, 그 생명과 경건으로 신적 성품에 참여하여, 더욱 힘차게 성장하라. 주께서 기뻐하신다.

말씀을 부인하고 조롱하는 어리석음

그렇다면 성경을 '자의적으로' 혹은 '사사로이' 해석하지 않고 바르게 해석하는 것은 어떻게 한다는 것인가? 우선, 기록된 성경 말씀에 대해 바른 태도를 가져야 한다. 베드로는 기록된 성경의 말씀보다 더 확실한 증거는 없다고 가르친다. 그것은 개인의 신비한 체험과는 비교할 수 없이 견고한 진리이다. 구체적으로, '더 견고한 예언의 말씀'(19절)에서 '예언의 말씀'은 무엇보다 더 견고하다는 말인가? 우리는 이미 앞에서 이 '예언의 말씀'이 예수 그리스도의 오심에 관한 구약의 예언들을 대표로 하는 성경 전체를 가리킨다고 설명했다. 그렇다면 '더 견고한'이란 무엇과 대조해서 하는 말인가? 어떤 학자들은, '더 견고한'이라는 표현이 비교급이 아니라 '아주 견고한'의 경우처럼 단순한 강조나(Neyrey, 183), 아니면 '가장 견고한'의 경우처럼 최상급이라고 생각하기도 한다(Davids, 207). 하지만 '더 견고한'(베바이오테론, βεβαιότερον)을 비교급으로 보지 '말아야 하는' 결정적 이유가 없다.

오히려 문맥은 이미, 기록되어 있는 '예언의 말씀'(19절)과 '변화산의 사건이나 하늘에서 난 소리'(16-18절) 사이를 선명하게 대조시킨다. 이 대조의 강조점은, 베드로가 특별하게 경험한 변화산의 사건이나 하늘에서 난 소리 같은 기이한 현상보다는, 이미 기록된 성경이 '주의 종말'에 관한 한 '더 확실하고 견고한' 예언의 말씀이라는 사실이다. 그러니까 거짓 교사들이 이런 예언의 말씀을 무시하는 것은, 베드로 자신이 경험한 변화산의 확실한 증거보다 더 견고하고 흔들림 없는 증거를 무시하는 것이 된다. 베드로후서 3장에 가면, 거짓 교사들이 종말에 관하여 '거룩한 선지자의 예언한 말씀'(3:2)을 의도적으로 부인하고 조롱하는 모습이 나온다. 저들 역시, 눈에 보이는 대로 세상이 처음 창조 이후 그대로 있다고 조롱했다. 어쩌면 이런 점에서 베드로는 자신의 눈으로 직접 목격한 변화산의 증거보다 기록된 말씀이 더 확실한 증거가 된다고 주장했을 법하다. 어차피 '눈으로 보는 것으로' 판단하고 확신하는 것이라면, 거짓 교사들의 주장이나 베드로의 변화산의 목격담이나 '경험적' 증거에 그치기 때문이다.

그러니까 '기록된' 하나님의 '말씀-계시'는 그가 변화산에서 보았던 그 밝은 빛보다 더 밝고, 그때 하늘에서 나온 소리보다 더 명료하고 흔들림 없는 확실한 증거이다. 몇 배나 더 강력한 빛이고 몇 배나 더 확고한 말씀이다. 기록된 말씀에서 나오는 빛이 더 강렬하다. 왜냐하면 신적 경험도 잠시 강렬하지만, 기록된 말씀은 언제까지나 그 강렬한 계시의 빛을 비추고 있기 때문이다. 하늘에서 난 소리도 기이하고 충격적이지만, 기록된 말씀은 언제나 변함없이, 한 점 한 획도 떨어짐이 없이, 견고하게 주 예수 그리스도의 오심을 그대로 실현할 것이기 때문이다.

이렇게 확고한 말씀을 거부하고 조롱하는 것이, 과연 얼마나 큰 무지와 무모함인지 베드로는 3장에서 더 자세히 설명한다. 거짓 교사들은, 그들이 아무 일 없이 계속될 것이라는 이 세상이 결국 그들이 부인하고 조롱한 바로 '그 말씀으로 불살라지는' 광경을 직접 보게 될 것이다!(3:7) 하나님의 말씀을 부인하고 조롱하는 어리석음이여! 당신이 하나님의 말씀을 부인하고 조롱한다면, 당신이 부인하고 조롱한 그 말씀이 당신을 부인하고 조롱하는 날이 온다. 그날에 당신이 버린 그 말씀이 당신을 버릴 것이다. 말씀을 품으라. 말씀을 끌어안으라. 말씀을 받으라. 모든 온유함으로, 하나님의 말씀을 받고 순종하며 따르라. 그 말씀이 그 말씀을 품은 사람을 살릴 것이다.

삶으로
내리는 뿌리

성경 문맥을 떠난 설교

설교 본문을 정해 놓고, 그 본문을 사용할 때 그 본문이 원래 놓여 있는 그 전후 문맥에서 떼어 내서, 설교자 자신이 결정하고 구성하는 '새로운 문맥' 속에 넣고 설교하는 것처럼 위험한 일이 없다.

왜냐하면 성경 본문 한 구절의 의미는 그 본문이 놓인 전후 문맥 안에서 '하나님 자신의 의도'를 전달하도록 되어 있기 때문이다.

거짓 교사들의 특징은, 아름다운 성경 본문을 읽어 놓고, 그 본문을 원래의 성경 문맥에서 떼어 내면서부터, '자기 자신의 뜻'을 만들어 낸다.

성경 본문을 원래의 문맥에서 떼어 내서, 그 본문을 집어넣는 그 '자신의 문맥'이 곧 '자기 자신의' 철학이요 목적이다. 그리고 그 목적은 종종 말씀으로 하여금 '자기 자신의 정욕'의 정당화를 위해 봉사하도록 만드는 것이다.

기독교 TV 방송 설교를 들어 보라. 그런 설교들이 많다.

(1) 그들은 성경 본문을 읽고 그 말씀을 칭송한다. (2) 금방 그 본문을, 그 본문이 위치한 성경의 문맥에서 떼어 낸다. (3) 그리고 그 떼어 낸 말씀을 '자신이 정한 문맥' 속으로 옮겨 놓는다. (4) 그 '새로운 문맥'을 위해 또다시 다른 성경 구절들을 동원한다. 하지만 그렇게 따온 본문들도 원래의 문맥에서 떨어져 나온 경우가 대부분이다.

(5) 성경 말씀들을 인용하는 것으로 청중이 안심할 즈음에, 자신이 원래 의도했던 '자신이 정한 문맥'의 그 핵심적 주제를 꺼내기 시작한다. 그 주제는

'자기 자신의 정욕'을 달성하는 데 기여하는 전략의 일부이다. (6) 여기쯤 오면 그의 설교는 '조작'이요 '정치'의 차원으로 떨어진다. 이제 설교는 '하나님의' 말씀이 아니라, 자신의 '거짓 가르침'이 된다.

그런 설교에도 제한된 감동이 있을 수 있다. 하지만 그것은 '위로부터' 오는 것이 아니다. 깨끗하지 않기 때문이다. 거기에는 의욕을 부추기는 열정이 있을 수 있다. 하지만 그것은 '말씀의 생명에서' 오는 것이 아니다. 사람의 정서와 의지를 자극하는 '웅변적 화술'(話術)에서 나오는 약간의 자극이다. 사람의 영을 살리지 못하기 때문이다.

말씀을 그 말씀이 위치한 성경 문맥에서 떼어 내서 설명하는 것은, 그 문맥을 통해 드러나는 하나님의 뜻에서 떼어 내는 것이다. 그럴 때에, 말씀은 질식한다. 모든 '인간적인' 한계들 안에 갇혀 버린다. 전하는 이나 듣는 이들은 결국 아무 데도 이르지 않는다. 자기 자신 안에 갇힌다.

하지만 성경 본문을 그 본문이 처한 문맥을 통해 읽고 그렇게 그 뜻을 드러낼 때, 그 말씀은 해석자 자신과 듣는 이들이 갖고 있는 인간적 한계를 깨뜨린다. 이번에는 말씀이 아니라, 우리의 심령이 말씀의 거룩함과 생명에 질식하여 죽는다. 그 말씀의 빛 아래 밝히 드러나고, 그 말씀의 생명이 다시 살리신다. 말씀이 인도하는 또 다른 세계로 옮겨진다.

본문이 놓인 성경 문맥을 떠난 설교는, 그 말씀을 '더럽고 썩어지고 허무한 설교자 자신 안에' 가두는 설교이다. 그가 전파하는 것은 그래서 자기 자신뿐이며, 자신도 듣는 이도 '그 더러움과 썩어짐과 허무함 안에' 갇혀 버린다.

이것이 거짓 교사가 뿜어내는 거짓된 설교의 특징이다. 결국, 말씀을 전혀 '듣지 않는' 것이다. 듣지도 않은 말씀을 어찌 전하랴.

삶으로
내리는 뿌리

살리는 말씀

상담을 자주 하게 되는데, 상담 끝에는 그 사람에게 가장 적합한 성경 말씀을 준다. 그 사람은 그 말씀을 암송할 뿐 아니라, 묵상하고, 생각하고, 곱씹고, 그 말씀 그대로 살아 낼 때까지 그 말씀을 붙들어야 한다. 그 말씀에 의지하여, 그 말씀이 인도하는 곳까지 가야 한다. 거기가 그 사람이 온전히 치유되는 지점이다. 많은 학생들이 그 말씀의 빛과 생명으로, 자신을 보고 세상을 보고 그 힘과 능력으로 자신의 길을 찾아 나가는 것을 보았다.

말씀에는 참으로 능력이 있다. 살리는 능력이다. 말씀에는 생명이 있다. 살게 하는데, 죽은 모든 것을 살게 하는 능력이다. 말씀의 출처(出處) 자체가 생명을 창조하시고 보존하시고 풍성케 하시는 하나님 자신이다.

말씀은 빛이다. 말씀은 인간을 가장 잘 알고, 가장 정확하게 드러낸다. 인간은 본능적으로 생명을 원하지만, 또한 본능적으로 말씀 아닌 다른 것들을 찾아 헐떡인다. 말씀이 빛이기 때문에, 생명을 원하지만 빛으로 나아오기를 힘들어한다. 말씀이 우리를 그 거룩한 빛으로 비추는 이유는, 수치스럽게 하려는 것이 아니라 치유하고 생명을 주기 위함이다.

그러므로 말씀을 '먹으면' 산다. 약(藥)을 받아 놓고 분석하고 쪼개고 낱낱이 살펴본들, 병(病)이 나을 리가 없다. 약을 먹듯, 밥을 먹듯, 말씀은 먹어야 산다. 꼭꼭 씹어 먹듯, 말씀에서 단물이 다 나올 때까지, 그 말씀으로 나의 허기(虛飢)가 다 채워질 때까지, 그 말씀으로 내 두려움과 수치가, 그 굶주림과 슬픔이, 내 교만과 열등감이, 내 어리석음과 어두움이 모두 물러갈 때까지, 그 말씀의 빛을, 그 말씀의 생명을 내 심령과 살과 피에 채워야 한다. 말씀을 그렇게 먹어야 한다.

그래서 그 말씀이 나를 움직이고, 그 말씀의 생명이 내 생명이 되어, 나를 빚어 가고, 이끌어 가야 한다. 결국, 그리스도인이란 말씀이 빚어 낸 새로운 생명, 하늘의 생명, 위로부터 난 생명이다. 말씀을 무시하지 말라. 말씀을 제쳐 두지 말라. 모든 생명, 당신이 원하는 모든 것이 그 안에 있다.

너희들의 빛나는 페이퍼

학생들의 페이퍼를 읽다가 은혜를 받는다. 평가하려 읽은 페이퍼인데, 내가 마음의 무릎을 꿇게 되는 글들이 있다. 진정성 가득한, 말씀의 빛 앞에 정직하게 선 페이퍼들이다. 그들은 이내 그 말씀의 생명에 젖고, 그 말씀의 결을 따라 그 말씀이 인도하는 곳에 선다. 말씀이 그들을 가르쳐 그들을 빛 가운데로 이끌어 가는 것을 보는 것은, 선생인 나로서도 구경꾼이 되어 그저 경탄할 뿐이다.

"나는 내가 가짜 같았다." - JHJ

"나에게 찔림이 많은 이 말씀들을 삶으로 살아 내서 삶으로 보여 주고 싶다." - LDH

"나에게는 주의 날을 사모함이 있는가. 우리는 주의 날을 기다리며 살지 않는다." - KHS

"하나님께서는 하나씩 드러내시고, 떠오르게 하시면서 나를 다시 살리려는 작업을 시작하신 것이다. 너무나도 고통스러웠다. 그리고 이해가 되지 않았다." - JJH

"본문을 보면서, '구원받고 끝'이었던 나의 철밥통 신앙을 반성하면서 구원받은 그 유아의 상태에만 머무르는 것이 아니라 거기서 신령한 젖을 먹고, 더 자라 가 주의 날에 대한 소망과 약속된 새 하늘과 새 땅을 바라보며 그곳에 참여하기 위한 신적 성품을 갖추는 자가 되어야 한다는 진리를 깨닫게 되었다." - HIS

"샛별이 떠올랐다! 말씀이 내 안에, 내가 말씀 안에 오래도록 머무르기 위하여 도우심을 간구한 지 약 3일이 지나, 이제야 말씀의 첫인상을 적는다. 맴돈 찬양은 바로, '저 높은 곳을 향하여'이다." - LSS

"나는 이 말씀을 읽으며 새삼 어떤 뜨거운 마음이 올라오는 것을 느꼈다." - SYJ

"본문의 목적이 심판받는 것이 아닌, 새 하늘과 새 땅에 들어가는 것이 주된 목적이고, 우리가 준비해야 하는 것이라고 이야기해 주고 있는 느낌을 받았다." - PKH

"10절에서 나에게 처음 온 느낌은 두려움이었다. 불에 쓸려 가고 불에 죽어 가는, 예수님을 믿지 않는 사람들을 보게 되면 어쩌지? 눈이 마주치면 어쩌지? 내가 용기가 나지 않아 피해 버린 그 사람들과 내가 만나게 되면 어떡하지? 하나님께서 나를 책망하시면 어떡하지? … 그래서 하나님께서 오래 참고 계시는구나. 내가 움직이지 않아서 내가 복음을 전하고 있지 않아서, 내가 그분을 뜻을 따르지 않아서구나. 그래서 그분의 오래 참으심이 구원이 될 줄로 여기라고 말씀하시는구나, 이렇게 생각하게 되었다." - KSH

"공동서신 시간에 배운 가장 큰 것은, 내가 말씀을 보는 것이 아니라, 말씀이 나를 보게 해야 한다는 것이었습니다." - KHJ

때로는 그 어느 학자의 주석보다 살아 있고, 힘 있고, 따뜻하고, 예리한 저들의 해석을 읽는 기쁨은 이루 말할 수 없다. 말씀의 빛 아래 저들은 오래 거닐었던 것이다. 마치 그분과 함께 에덴동산을 거닐며 줍고 또 따 온 과일들을 먹는 것처럼, 저들의 말씀 해석에는 말씀의 생명이 가득하다. 나는 그것을 먹고 또 즐겁다. 말씀은 너무나 풍요해서, 구하는 자에게 차고 넘치게 내준다.

사랑하는 너희들아. 한 학기 말씀과 씨름하며, 그분과 사귀며, 그리고 또한 서로 사귀며 힘겨운 페이퍼 내느라 매주 고생했다. 너희를 보내도 나는 기쁘다. 말씀과 함께 가니 든든하다. 그분이 너희를 계속해서 말씀의 사귐 가운데 불러내시며, 거기서 너희를 가르치시고 치유하시고 온전케 하시고 빛과 생명으로 가득하게 하시리라. 먼 후일, 더욱더 빛날 너희를 생각하며, 너희들의 빛나는 페이퍼를 읽은 감사와 기쁨을 또 함께 나눈다. 사랑하고 축복한다. 주께서 너희와 항상 함께하시길.

(2) 성경적인 성경 해석법(19-20절)

그렇다면 성경 말씀을 어떻게 해석하는 것이 바르게 하는 것일까? 베드로는 가장 잘못하는 경우를 지적했다. '자의로, 사사로이, 제멋대로' 해석하는 거짓 교사들의 태도이다. 정도의 차이는 있지만 설교자들이 종종 빠지는 함정이다. 성경 본문 한 줄 읽어 놓고는 자기가 하고 싶은 이야기, 하고 싶은 주장, 자기 목적에 맞는 말만 하다가 끝나는 경우이다. 나쁜 설교, 잘못된 성경 해설이다. 거짓 교사라고 할 수 없을지는 몰라도 위험천만한 방식이다. 어떤 설교자는 평생 자기 입맛에만 맞는 성경 구절들만 골라서 설교한다. 그것도 전혀 건강하지 않다. 성경에 충실한 태도도 아니다. 내 생각이 말씀을 재단(裁斷)하는 것이 아니라, 말씀이 내 생각을 잘라 내고 골라내고 담금질하며 깨끗케 하여 말씀의 틀에 맞게 정리해 주어야 한다. 그렇게 하지 않으면, 무수히 말씀을 읽고 가르치며 배워도 자기 자신은 항상 그대로일 것이다.

말씀이 빛이고, 당신이 어둠이다

사람은 말씀 '아래에' 있어야지, 말씀 '위에' 있으면 안 된다. 말씀이 그 아래 놓인 해석자를 그 말씀의 빛으로 비추어야 한다. 해석자는 그 말씀 아래에서 그 말씀의 빛 가운데 낱낱이 드러나야 한다. 왜냐하면 말씀이 '빛'이고 성경을 읽는 당신의 마음이 '어둠'이기 때문이다(19절). 그 반대가 아니다. 19절에서 '어두운 곳에 빛이 비친다'고 할 때, 무엇이 '빛'이고 어디가 '어두운 곳'인가? '예언의 말씀'이 변화산에서 하늘로부터 난 소리, 곧 시편 2:7이나 이사야 42:1만을 가리키든지, 아니면 구약에 기록된 종말에 관한 예언의 말씀이든지, 아니면 '예수 그리스도의 오심'에 관한 예언의 말씀으로서 구약 전체를 가리키든지, '빛'이란 이 문맥에서 '하나님의 말씀'을 가리킨다. 하나님의 말씀이 '빛'이다.

그렇다면 '어두운 곳'은 어디인가? 19절에서 '날이 밝아져서'라는 표현은 객관적이고 역사적인 사건으로서 '주의 오심'의 배경이 되는 이 '어둠의 세상'일 수 있다. 베드로후서에서 '날'(헤메라, ἡμέρα)은 종종 '심판의 날'(3:7), '주의 날'(3:10), '그날'(3:12), 그리고 새 하늘과 새 땅이 도래하는 '날'(3:13)로서 주의 최종적 강림 곧 최후 심판과 그 영원한 나라가 완성되는 날, 그의 재림의 날을 가리킨다(Harvey, 68). 하지만 '너희 마음에 떠오를 때까지'에서 '너희 마음에'(엔 타이스 카르디아이스 휘몬, ἐν ταῖς καρδίαις ὑμῶν)라는 표현은 그 예언의 말씀이 빛을 비추는 영역이 단지 이 어둠의 세상만이 아니라, 그 말씀을 읽고 해석하는 그 해석자의 심령을 포함한다는 사실을 부인할 길이 없다.

혹자는 '너희 마음에'라는 문구가 '떠오를 때까지'와 연결되지 않고, '주의하는 것이 옳다'와 연결된다고 주장하기도 하지만(Callan, 2006: 148), 문법적으로나 문맥으로 보아도 타당성이 적어 받아들여지기 어렵다. 한편 '너희 마음에' 그 예언의 말씀의 빛, 새벽 별이 떠오르는 것을 두고, '주의 강림'과는 상관없는 신자 개인의 어떤 '영적인 계몽'(spiritual enlightenment)을 가리키는 '주관적인 영적 깨달음' 정도의 현상으로 제한하는 주장이 있지만(Bauckham, 226), 이는 치우친 주장이기도 하고, 문맥에서 타당하지 않다. 베드로후서의 거짓 교사들의 주장이 '종말이 없다'는 것이었음을 기억한다면, 베드로가 종말에 관한 예언의 말씀에 대해 이처럼 개인적이고 내면적이며 영적인 의미만을 강조했을 법하지 않기 때문이다.

확실히, 최종적이고 영광스러운 '주의 강림'을 예고한 변화산까지 언급하는 12-21절 전체 문맥을 살펴보면, 19절에서 '날이 밝는다'든지 '새벽 별이 떠오르기까지'라는 표현은, 일차적으로 '주의 강림'은 물론 객관적이고 역사적인 사건을 전제한다. 하지만 동시에, 이미 주께서 그의 성육신과 죽으심, 부활과 승천, 그리고 베드로 자신이 목격한 대로 변화산에서 영광스럽게 변화하신 주의 모습처럼 주의 강림은 이미 왔고 또 오고 있다. 특별히, 주의 강림은 지금도 기록된 말씀을 통해, 그 말씀을 읽고 받아들이는 성도의 심령 안에서 얼마든지 그 말씀의 빛, 그 새벽 별의 영광과 오심을 큰 확신과 소망으로 밝히 드러내 보이신다. 그러므로 종말에 일어나는 '주의 오심'은 이미 일어났고, 아직 그 최종적인 사건이 남아 있지만, 지금도 그 말씀을 통해 성도의 심령에 확연히 조명(照明)됨으로 그 말씀을 받는 성도 안에 큰 확신과 소망으로 다가올 수 있다.

더 나아가, 19-21절에서 베드로의 관심은 무엇보다 성경의 바른 해석에 있음을 간과해서는 안 된다. 거짓 교사들이 종말을 부인하고 부패한 삶의 행태를 퍼뜨리는 위험에 대한 해법으로서 제시된 1장 전체의 문맥을 고려해야 한다. 그리고 1장 후반부인 12-21절은, 거짓 교사들의 거짓 가르침과 부패한 삶의 뿌리와 기초가 되는 그들의 '잘못된 성경 해석학'을 격파하고 있다는 사실이 중요하다. 그러므로 19절에서 '너희 마음에 떠오르기까지'라는 표현은, '주의 강림'에 대한 하나님의 기록된 말씀의 빛이, 객관적이고 역사적인 사건뿐 아니라 그 말씀을 읽는 사람의 심령을 '조명'(illumination)하는 그 일이 충분히 진행되도록 하라는 의미이다.

더 기본적인 가르침은, 무엇보다 해석자 자신이 빛이고, 말씀이 그 해석자의 이성(理性)의 빛에 의해 드러나야 할 무슨 관찰의 대상 정도가 아니라는 사실이다. 오히려, 말씀이 그 관찰자요 해석자인 당신을 비추는 빛이고, 그 말씀을 읽는 당신이 관찰과 해석을 당하는 대상이라는 사실을 지적하는 것이다. 말씀이 빛이고, 그 말씀을 읽은 우리가 어둠이다. 성경을 대하는 이 가장 기본적인 전제를 부인하는 것, 그것이 거짓 교사들의 출발점이다.

그러므로 거짓 교사들은, 그들의 머리가 빛이고 성경 말씀이 어둠이어서, 그들 자신의 생각의 빛으로 비추면 말씀의 의미가 떠올라 그들에게 알아진다는 방식으로 성경을 해석한다. 사실 이런 방식은 과학자들이 개구리를 해부하거나, 학자가 어떤 본문을 분석하고 파악할 때 사용하는 방식이다. 통상 우리가 어떤 글을 이해한다고 할 때, 내 이성의 빛으로 그 본문을 비춘다. 내 생각과 이성의 빛 아래 그 본문을 두고, 그 본문이 내 이성의 빛 아래에서 어떻게 드러나는지를 확인하게 된다. 그러나 성경은 그렇지 않다. 물론, 성경 읽기에서도 우리가 관찰 대상을 분석하고 이해하려고 노력하듯이, 우리의 이성으로 파고들어 분석해야 하는 부분이 있다. 그러나 성경은 하나님의 말씀으로서 그 이상의 대상이다.

그러므로 성경 자체가 하나님의 말씀이요, 말씀이 빛이고 해석자인 우리가 어둠이라고 하면, 성경을 읽고 해석하고자 할 때, 통상 우리가 다른 대상을 파악하여 지식을 얻고자 하는 태도와는 다른 방식을 취해야 한다. 전적으로 하나님을 의지하는 태도와 하나님을 알게 해 달라고 간청하며 기도하는 태도가 필요하다. 예를 들어 보자. 사람이 개구리에 대해서 알고자 하면, 개구리를 해부해서 알아볼 수 있다. 하지만 인격인 사람에 대해서는 그렇게 할 수가 없다. 사람이라면 사귀고 대화해 보아야 알 수 있다. 하나님인 경우에는 어떻게 해야 하는가? 하나님의 말씀을 통해 하나님을 알아 가는 일에 있어서, 개구리를 해부하는 식의 태도로 접근할 수는 없다. 하나님은 개구리가 아니시기 때문이다. 그렇다고 하나님은 그저 또 다른 인격 정도라고 할 수도 없다. 하나님은 창조주(the Creator)시며, 우리를 거듭나게 하사 우리에게 영적 생명을 주신 분(the Giver)이기 때문이다.

이런 면에서, 성도가 하나님을 알아 간다는 것은 전적으로 하나님 편의 구원 행동이 전제되어야 하고, 하나님께서 자신을 말씀으로 계시하시며, 또한 그 말씀의 빛 가운데서 그 말씀을 깨닫게 하시는 과정 역시 하나님의 영께서 '조명'(照明, illumination)하셔야 가능한 측면이 있다. 그러니까 사람이 개구리를 해부해서 알아 가는 것과는 반대로, 사람이 하나님을 알고자 하는 경우에는 하나님께서 우리를 영적으로 살려 놓으시고, 자신을 계시(啓示)하시며, 그 계시된 말씀을 조명해 주셔야 우리가 하나님을 알 수 있는 것이다. 그만큼, 우리가 하나님을 알아 가는 데 있어서는, 하나님의 의지와 주권이 결정적이다. 또한 그만큼, 말씀을 해석하는 우리는 피동적이며 수납하는 자일 수밖에 없다.

그래서 말씀이 빛이고 당신의 이성, 당신의 마음이 어둠이다. 그 어둠은 말씀의 빛 아래서 걷혀 나간다. 그럴 때, 이해가 생긴다. 성경 말씀을 읽고 이해하려면, 물론 내 이성과 경험으로 분석하고 따지고 생각해 보고 질문하며 성경과 대화해야 한다. 또 저절로 그렇게 될 수밖에 없다. 하지만 성경 말씀의 특수성을 알아야 한다. 내가 읽고 해석하고자 하는 대상이 특수하고 다르다는 사실을 인정해야 한다. 그래서 성경 말씀을 읽고 이해하려면, '겸손'의 덕목이 필요하다. '말씀이 빛'이기 때문이다. 그 말씀을 해석하는 내가 '어둠'이다. 그 전제가 있으면, 말씀의 빛이 나를 다 비추고 드러낼 때까지 겸손하게, 그 말씀의 빛 아래서 기다릴 수 있다. 거짓 교사들에게는 찾아볼 수 없는 덕목이다. '교만'은 거짓 교사들의 성경 해석학적 기초이다. '겸손'은 가장 중요한 성경 해석의 덕목이다.

말씀이 빛이기 때문이다: "주의 말씀은 내 발에 등이요 내 길에 빛이니이다"(시 119:105). 그래서 말씀을 읽는다는 것은, 그 말씀의 빛에 드러나는 해석자인 나 자신을 보게 된다는 뜻이다. 말씀 아래 서면 보이기 시작한다. 그 빛 아래서 나 자신이 보이고, 말씀이 가리키는 바가 보이기 시작한다. 말씀 안에 생명이 있고 그 생명에서 빛이 나오기 때문이다: "태초에 말씀이 계시니라 … 그 안에 생명이 있었으니 이 생명은 사람들의 빛이라"(요 1:1, 4). 하나님의 말씀을 받는 사람은 생명을 얻고, 그 생명이 그에게 빛이 된다. 그래서 '생명의 말씀'이다(요일 1:1). 말씀은 생명을 주고 빛을 준다. 어떻게 그럴 수 있는가? 그럴 수밖에 없다. 베드로는 21절에서 이 말씀이 '하나님께로부터' 온 것이며, 하나님의 성령에 의해 '전달된' 것임을 확인하고 강조한다. 하나님 자신이 생명의 근원이시고 그분이 빛이시기 때문이다. 그분 자신의 말씀도 역시 생명과 빛을 줄 수 있다.

예수 그리스도 – '빛을 가져오는 별'이 떠오르기까지

성경을 '자의로, 자기 멋대로' 읽지 않고, 성경 자체가 요구하는 방식대로 읽고 해석하려면 어떻게 해야 하는가? 거짓 교사가 되는 위험을 피하려면 어떻게 해야 하는가? 성경 말씀이 빛이고 해석자 자신이 어둠이라는 전제 외에도, 베드로는 한 가지 더 중요한 사실을 가르친다. 그것은 예수 그리스도 중심의 성경 해석이다. 19절에는 실로 '빛'의 이미지가 가득하다. 어두운 곳에 빛이 비친다. 날이 밝아 온다. 마침내 어둠이 물러가고 새벽 별이 떠올라 파랗게 빛나기 시작한다. 무엇이 새 아침의 빛을 가져오는가? '예언의 말씀'이다. 이 말씀이 빛을 가져온다. 결국 말씀이 예언한 대로 종말이 올 것이다. 주께서 역사의 끝 날에 다시 오실 것이다. 앞서 언급했듯이, 19절에서 '날이 밝아져서'라는 표현은 일차적으로 객관적이고, 역사적인 '종말의 종말'(the end of the End)의 날을 가리킨다.

하지만 '주의 강림, 주의 오심'은 앞서 베드로가 증거한 대로 변화산의 사건에서도 일어났다(16-18절). 장차 끝 날에 오시는 하늘의 '인자'의 위엄스럽고 영광스러운 모습으로 변화하신 예수님의 모습은 그 끝 날이 '이미 와 있다'는 증거였다. 끝 날에 있을 '부활' 곧 죽음을 이긴 썩지 않는 생명이 세상 속으로 들어온 것부터가 역사의 끝이 이미 시작되었다는 돌이킬 수 없는 증거이다. 하나님께서는 '예수 그리스도를 죽은 자 가운데서 부활하게 하심으로 말미암아 우리를 거듭나게' 하셨고, 더럽지 않고 썩지 않고 쇠하지 않는 나라를 유업으로 주셔서 살아 있는 소망을 갖게 하셨다(벧전 1:3-4). 새 하늘과 새 땅은 그가 보내신 아들과 그 아들의 죽으심과 부활을 통해 거듭난 새 언약의 백성 안에서 '이미' 시작되었다: "그런즉 누구든지 그리스도 안에 있으면 새로운 피조물이라 이전 것은 지나갔으니 보라 새 것이 되었도다!"(고후 5:17)

어둠이 이미 지나갔다. 지나가고 있고, 어둠이 전혀 없어지는 날, 빛으로 가득한 그날이 올 것이다: "다시 밤이 없겠고 등불과 햇빛이 쓸 데 없으니 이는 주 하나님이 그들에게 비치심이라 그들이 세세토록 왕 노릇 하리로다"(계 22:5). 그런데 그 빛, 참빛 되신 '그 아들'이 이미 세상이 오셨다: "참 빛 곧 세상에 와서 각 사람에게 비추는 빛이 있었나니"(요 1:9). 그가 참빛이시고, 그가 이미 세상에 오셨으므로, '그날' 그 '종말의 끝 날'은 이미 밝아 오기 시작한 것이다. 베드로후서 1:19에서 '새벽 별'은 예수 그리스도를 상징하는 강렬한 은유이다(민 24:17; 창 49:10; 참조. 마 2:7). '새벽 별'은 문자 그대로 하면 '빛을 가져오는 별'(포스포로스, φωσφόρος)이다. 어둠을 물리치고 아침이 도래하게 하는 상징처럼, 완전한 빛의 나라가 오는 것을 알리는 확실한 증거이다.

그러므로 '새벽 별이 너희 마음에 떠오르기까지'(1:19)라는 표현은, 역사의 끝 날에 오시는 '주의 강림', 주의 재림의 사건을 가리키는 것이라고 보기 어렵다. '주의 오심' 곧 새벽 별이신 예수 그리스도는 이미 오셨다. 성육신으로, 십자가 사건으로, 부활과 승천으로 오셨고, 그의 영 곧 예수의 영(고후 4:10), 성령의 강림(행 2:1-4)으로 오셨고 오고 계시며, 장차 온전히 임할 것이다. 그래서 '새벽 별이 너희 마음에 떠오르기까지'라는 표현은, 성경을 읽을 때에 예수 그리스도께서 우리가 읽는 말씀의 중심으로, 그 말씀이 궁극적으로 가리키는 내용으로 확연히 떠올라 마음에 잡힐 때까지 그 말씀의 빛 아래 머무르라는 뜻이다.

성경에서 이런저런 교훈을 찾아낼 수도 있다. '성공하는 삶의 비결 5단계', 이런 인생철학을 찾아내는 것도 어렵지 않다. 하지만 예수 그리스도가 복음이다. 그가 복이요, 행복이요, 성공이다. 예수 믿으면 성공하는 것이 아니라, 예수가 성공이다. 예수 믿은 것이 성공이다. 예수 그리스도를 설교하고 예수 그리스도를 주어야 한다. 성경이 교회와 세상에게 줄 수 있는 가장 큰 선물은 예수 그리스도이다. 말씀은 예수 그리스도를 가리킨다. 오죽하면 사도 요한은, 예수 그리스도 자신을 '육체를 입고 오신 말씀'으로 표현했겠는가: "말씀이 육신이 되어 우리 가운데 거하시매"(요 1:14). 또한 부활하신 예수님 자신도 '모세와 모든 선지자' 곧 구약 성경이 자신에 대하여 가리키신 것임을 밝히 증거하셨다(눅 24:26-27). 성경의 말씀이 빛이고 새벽 별은 예수 그리스도를 가리킨다면, 성경 말씀의 내용은 예수 그리스도라고 할 수 있다.

'모든 성경'(토타 스크립투라, *Tota Scriptura*)은 예수 그리스도를 가리킨다. 그가

'새벽 별', 곧 세상을 비추시는 빛이시며(요 1:9; 9:5), 어둠을 지나가게 하신, 참빛이시다(요일 2:8). 베드로는 우리가 성경을 읽을 때에, 묵상할 때에, 그 의미를 알고자 할 때에, 결국 그 말씀을 품고 있는 우리 마음에 예수 그리스도, 그 하나님의 온전한 형상이신 그 아들이 뚜렷이 떠오르고 새겨지고 살아 움직이는 듯, 인격과 영으로 만날 때까지 그 말씀의 빛 가운데 머물라고 권면한다. 그것이 하나님의 말씀을 정당하게 대하는 방식이다. 결국, 말씀 해석의 결론은 예수 그리스도여야 한다. 말씀을 정당하게 해석했는데, 결론이 '우리 자신'이고 '나 자신'이고 '어떤 인간 지도자'이고 '우리 교회'이고 '우리 성공'이 나오면 그것은 우리의 성경 해석이 어딘가 잘못되었다는 신호이다. 성경 말씀 자체가 '새벽 별' 곧 예수 그리스도를 드러낸다. 성경 말씀의 근본 구조가 종말론적이고, 그 종말의 핵심도 내용도 예수 그리스도이다. 예수 그리스도로 결론이 나지 않는 해석, 그런 설교, 그런 가르침을 멀리하라. 거짓 가르침에 가깝다. 하나님의 말씀은 '그 아들' 예수 그리스도를 가리킨다.

'때까지'(헤오스, ἕως) – 기다림의 해석학

성경을 자기 멋대로 읽지 않고 성경이 원하는 방식대로 읽는다는 것은 어떻게 하는 것인가? 앞서 설명한 두 가지는 첫째, 말씀이 빛이고 성경을 읽는 내가 어둠이라는 사실을 전제하는 것이다. 둘째는, 성경 말씀은 전체적으로 그리고 핵심적으로 하나님의 아들, 예수 그리스도를 가리킨다는 사실에 기초해야 한다. 이 두 가지를 명심해야 한다. 말씀을 읽을 때, 말씀의 빛 아래서 그 빛이 말씀을 이해하고자 하는 나 자신을 비추시기를 소원하고 간구해야 한다. 그런 자세로 문법을 따져 보고, 그런 겸허한 자세로 본문의 역사적 배경과 문맥과 또한 그 본문을 통해 하나님께서 의도하신 뜻을 알게 해 달라고 간청해야 한다.

인격을 상대할 때도, 묻고 대답을 기다리는 과정이 필요하다. 과학적 대상은 내가 분석하면 그만이지만, 인격은 그렇지 않기 때문이다. 하나님께서 그의 성령을 통해 기록하신 말씀은 더욱 그렇다. 분석하고 질문하지만, 결국 그 말씀의 빛이 해석자인 나 자신부터 샅샅이 그 빛 가운데 드러내도록 허락해야 한다. 그 말씀의 빛이 내 속에서 내 어둠을 다 밝히도록 품고 있어야 한다. 오래도록 그 빛을 품어, 그 말씀 속에 있는 생명과 경건, 영원한 세계가 해석자인 내 속의 더러움과 썩어짐과 허무함을 몰아내도록 해야 한다.

그래서 다윗은 그런 기도를 즐겨 했다: "하나님이여 나를 살피사 내 마음을 아시며 나를 시험하사 내 뜻을 아옵소서"(시 139:23). 잘 알려진 히브리서의 본문에 따르면, 우리가 말씀을 분석하려 할 때 그 말씀의 빛에 샅샅이 드러나고 그 말씀의 칼에 낱낱이 해부되는 것은, 말씀이 아니라 우리의 영과 마음, 우리의 감추어진 동기와 뜻, 숨겨진 삶의 모든 것들이다: "하나님의 말씀은 살아 있고 활력이 있어 좌우에 날선 어떤 검보다도 예리하여 혼과 영과 및 관절과 골수를 찔러 쪼개기까지 하며 또 마음의 생각과 뜻을 판단하나니"(히 4:12). 마치 과학자가 개구리를 해부하듯, 하나님의 말씀이 그 말씀을 읽고 묵상하는 해석자 자신을 해부하신다. 통상 우리가 어떤 대상을 해부하고 분석하여 지식을 얻는 방식과 정반대이다. 하나님의 말씀은 빛이다. 그 빛 안에는 썩지 않는 생명이 있다. 또 그 안에는 하나님의 사랑이 충만하다. 거룩과 생명 그리고 사랑이 충만하다.

하나님 자신이 그런 분이시기 때문에, 그분의 말씀도 정확히 그러하다. '말'(言)이란 원래 그 말을 하는 사람의 인격과 성품, 생명과 의지를 대표하고 전달한다. 이와 유사하게, 하나님의 말씀도 하나님의 성품과 생명, 그리고 그분의 뜻을 대표하고 전달한다. 그래서 사도 요한은, 예수 그리스도를 '육신이 되신 말씀'으로 표현한다(요 1:14). 아들이 아버지를 그대로 드러내기 때문이다. 예수님처럼 하나님 아버지를 정확히 드러내신 분이 없다. 하나님의 말씀이 하나님을 드러내는 것처럼, 하나님의 아들도 하나님 아버지를 정확히 드러내셨다. 그래서 예수님은 '말씀'이신 하나님이다. 그런 칭호를 받기에 부족함이 없으신 아들이시다. "나를 본 자는 아버지를 보았거늘"(요 14:9). 예수 그리스도 안에 거한다는 것은, 말씀 안에 거한다는 것이다. 우리가 그리스도 안에 거한다는 것은, 또한 말씀이 우리 안에 거한다는 뜻이다(요 15:7; 요일 1:1, 10; 2:14).

중요한 것은, 하나님의 말씀이 단지 우리의 이성과 생각과 경험에 의해 분석되고 재단될 대상이 아니라는 사실이다. 예수님이 당신보다 크신 분인 것처럼, 하나님의 말씀도 당신보다 큰 존재이다. 성냥불을 켜서 태양 빛을 밝힐 수는 없지 않은가? 그처럼 어리석은 자가 어디 있는가? 말씀의 빛 아래 서면, 우리의 밝은 이성도 양심도 도덕도 모두 흑암처럼 캄캄한 어둠으로 드러난다. 말씀은 거룩하기 때문이다. 또한 그 말씀 속에는 영원한 생명이 있다. 요한은 예수 그리스도를 '생명의 말씀'(요일 1:1) 또는 '영원한 생명'(요일 1:2)이라 불렀다. 그 말씀의 빛 속에 거룩이 있고, 생명이 있다. 예수 그리스도께서 죄인들을 위해 흘리신 대속의 죽음, 그 보혈이 있다. 거룩하신 하나님 아버지께서 그 빛 가운데 거하는 모든 이들을 위해 준비하신 것은 또한 우리를 향하신 그의 불붙는 듯 뜨거운 긍휼이다. "그가 빛 가운데 계신 것 같이 우리도 빛 가운데 행하면 우리가 서로 사귐이 있고 그 아들 예수의 피가 우리를 모든 죄에서 깨끗하게 하실 것이요"(요일 1:7).

그러므로 베드로는 '너희 마음에 새벽 별이 떠오를 때까지, 그 말씀에 주목하고 기다리라'고 권면한다(19절). '이것들에 주의하는 것이 잘하는 것이다'(호 칼로스 포이에테 프로쎄콘테스, ᾧ καλῶς ποιεῖτε προσέχοντες)라는 표현은, 그 말씀을 주목하고 그 말씀에 착념하라는 뜻이다. 가장 중요한 단어는 '때까지'(헤오스, ἕως)이다. 이것이 성경 말씀을 해석하고자 하는 자에게 가장 중요한 지침이 될 수 있다. 말씀의 빛이 그 말씀을 이해하고자 하는 그 해석자 자신을 온전히 밝혀줄 그때까지, 그 말씀의 빛 앞에서 머물며 기다려야 한다. 자신이 그 빛에 노출되어야 한다. 말씀의 의미가 밝혀지기 전에, 그 의미를 구하는 해석자 자신이 먼저 그 빛에 밝혀져야 한다. 그렇게 말씀의 빛 아래 오래 머물면 머물수록, 그 말씀을 해석하는 해석자 안에서 치유가 일어난다. 지식이 생긴다. 보이기 때문이다. 영과 심령의 시력(視力)이 더욱 회복되기 때문이다(참조. 1:9; 요일 1:1-5).

그 빛 아래서 무엇보다 자신을 알게 된다. 말씀의 빛 아래서 그러므로 가장 먼저 보이는 것은, 그 말씀의 빛으로 드러나는 자기 자신이다. 이렇게 생각해 보라. 당신이 깊이 범죄한 것이 있다. 그것을 회개하고 싶지도 않다. 그 상태가 오래되면, 당신은 그 죄가 실은 죄가 아니라고 말하고 싶어질지도 모른다. 말씀은 그것을 명백히 죄라고 규정한다. 당신은 그 죄를 죄라고 규정하는 성경 말씀이 싫다. 받아들일 수 없다(참조. 요일 1:6, 8, 10). 그런 경우이다. 그런 경우, 말씀의 빛 앞에 서도, 당신은 결국 당신의 어둠으로 그 말씀의 빛을 덮으려 들 것이다. 불가능한 이야기지만, 그렇게 시도할 것이다. 그럴 경우, 당신은 결단코 그 말씀의 뜻을 알 수 없다. 그 말씀으로 치유받을 수도 없다. 그 말씀을 진정으로 이해할 수도 없는 것이다.

그러므로 참된 성경 해석은 해석자 자신의 어둠을 걷으면서 온다. 그 말씀의 의미가 드러난다는 것은, 곧 그 말씀의 의미를 깨닫기 시작하는 해석자 자신의 치유와 함께 시작한다. 역으로, 말씀을 이해하고자 하는 해석자 자신의 치유와 회복이 일어나지 않는 해석은 해석이라고 할 수 없다. 성경은 그런 식으로 읽혀지도록 되어 있지 않다. 성경은 내가 내 이성과 경험의 한계 안에 정리해서 넣는 정도의 말씀이 아니다. 말씀은 하나님께서 그것으로 세상을 창조하신 능력이다. 당신의 영적 생명도 하나님의 말씀, 곧 복음을 통해, '진리의 말씀'으로 주어진 선물이다. 말씀은 성도인 당신을 창조한 것이다.

그런 생명의 말씀을 읽는데, 그 말씀이 당신에게 빛을 주지 못하고, 생명을 주지 못하고, 하나님의 사랑을 주지 못했다면, 당신은 말씀을 잘못 읽은 것이다. 그것이 거짓 교사들의 성경 해석법이다. 그들은 하나님의 말씀을 읽고 해석하고 가르치지만 결코 그 말씀을 따라 거룩해지지 않는다. 도리어 더러워진다. 결코 영적 생명, 하늘의 생명으로 충만해지지 않는다. 탐욕과 함께 세상의 썩어질 생명으로 채워진다. 결코 영원하신 하나님의 임재로 채워지지 않는다. 세상의 모든 것을 갖고 그것으로 채워져도 그들의 허무를 채우지 못한다. 거짓 교사들은 성경을 읽고도, 말씀을 따라 하나님의 형상으로 빚어져 가지 않는다. 말씀을 곡해하고, 자신의 일그러지고 파괴된 형상을 완성한다.

하나님의 말씀을 읽고 이해하고 해석한다는 것은 그러므로 그 해석자로 하여금 신적 성품에 참여하게 하고, 생명과 경건에 이르게 하는 신적 성품에서 자라게 한다. 성경 해석의 결과는 신적 성품이다. 만일 성경을 가르치고 배우는데, 신적 성품에 참여하여 그 신적 성품에서 자라지 않는다면, 그런 성경 해석과 가르침은 어딘가 잘못된 것이다. 성경 말씀은 그렇게 의도된 것이 아니다. '이 말씀을 먹고 살라!'고 주신 생명의 말씀이다. 오죽하면, 예수님께서 '나는 하늘에서 내려온 살아 있는 떡이니 사람이 이 떡을 먹으면 영생하리라'고 하셨는가(요 6:51).

그러므로 베드로가 가르치는 성경적인 성경 해석학은, 하나님의 말씀을 품고, 그 말씀의 빛 안에서, 그 말씀의 빛이 우리 자신의 어둠을 밝히고, 점점 더 확연히 새벽 별이신 예수 그리스도, 하나님의 온전한 형상이신 그 아들을 뚜렷이 볼 수 있을 때까지 그 말씀의 빛 안에 머물라는 것이다. '예수 그리스도의 얼굴에 있는 하나님의 영광을 아는 빛'이 우리의 심령을 가득 채울 그때까지, 그 말씀을 주목하여 그 말씀의 빛 아래서 '오래도록 머물며 기다리는' 것이다. 일종의 '기다림의 해석학'이다.[20] 하나님의 말씀의 충만한 의미를 알기 위해서, 그 말씀을 품고 '기다려야' 한다. 그 말씀의 빛이 비치고 그 말씀의 생명이 움터서, 결국 은혜와 진리가 우리의 심령을 밝히고, 살리고, 고치고, 온전케 할 때까지 기다려야 한다.

사실, 성경 말씀의 충만한 의미를 다 알려면, 역시 교회는 객관적인 역사적 차원에서도 '주의 오심'의 최종적 사건을 기다려야 한다. 새벽 별이신 주 예수 그리스도께서 다시 오셔서, 이 세상의 모든 어둠을 다 물러가게 하실 그날까지

---

20 채영삼, "너희 마음에 떠오르기까지: 베드로후서 1:19에 나타난 '기다림'의 해석학", 〈신약연구〉 10/3 (2011): 689-730.

'기다려야' 한다. 그날에 주께서 다시 오실 때, 하나님의 모든 약속이 온전히 성취될 때, 약속대로 새 하늘과 새 땅이 펼쳐질 때에 모든 것이 알아질 것이다. 그날, 곧 '해나 달의 비침이 쓸 데 없으니 이는 하나님의 영광이 비치고 어린 양이 그 등불(lamp, 호 룩스노스, ὁ λύχνος)이' 되실(계 21:23) 그때에, 우리는 과연 태초에 하나님께서 '빛이 있으라'(창 1:3) 하신 참뜻, 그 충만한 의미를 깨닫게 될 것이다. 마치 '얼굴과 얼굴을 대하여 보는 것처럼'(고전 13:12), 그때에는 하나님의 모든 말씀의 충만한 의미를 알게 될 것이다. 그날에, 하나님과 어린양의 보좌로부터 흐르는 생명수 강에 서서 그 생명수 강물에 목을 축일 그때(계 22:1-2; 7:17), 그날에야 비로소, 우리는 모세가 반석을 치매 반석에서 물이 흘러나왔다든지(출 17:6), 에스겔이 환상 중에 본 성전 문지방에서부터 물이 흘러나왔다든지, 또는 예수님께서 명절 끝 날에 성전에 서서 '나를 믿는 자는 그 배에서 생수의 강이 흘러나오리라'(요 7:38) 하신 말씀의 그 충만한 의미를 직접 보고 듣고 깨달아 알게 될 것이다.

그러므로 성경 말씀을 해석하는 모든 성도의 자세의 첫 번째는, '겸손'이다. 내가 빛이 아니라 말씀이 빛이고, 밝혀져야 하는 것은 우선적으로 어둠인 내 심령과 삶이다. 두 번째는, '예수 그리스도 중심'의 해석이다. 성경 해석을 통해서 드러나야 하는 것은, 우리의 세상적 생존이나 번영, 우리가 생각하는 우리의 행복, 우리가 생각하는 우리 교회의 부흥 발전이 아니다. 오직 예수 그리스도이다. 그분이 복이고, 행복이고, 그분이 하나님께서 우리에게 주신 성공이요 영광이요, 영원한 생명이시기 때문이다. 교회가 세상에 줄 수 있는 가장 큰 선물은 경제적 부흥이나 나라의 안전이 아니다. 예수 그리스도와 그의 영원한 나라이다.

마지막으로, 성경을 해석하는 성경적인 해석법의 자세는 '주목하여 기다림'이다. 성경 해석에 있어서 '말씀이 가는 곳까지 가고, 말씀이 멈추는 곳에서 멈추라'는 종교개혁가의 교훈은 귀하고 유효하다. 지적 호기심에 절제가 요구되는 이유는, 촛불로 태양을 밝혀 낼 수 없는 이유와도 같다. 촛불이 태양보다 밝다고 우긴다면 그것처럼 우스운 일은 없을 것이다. 말씀은 우리를 밝힌다. 우리도 세상처럼 더럽고 썩어지고 허무한 타락한 존재이기 때문이다. 해석자의 오만을 버려야 한다. 성경 해석자는, 성경 말씀에 의해 치유받는 사람이다. 마치 환자가 수술대 위에 누워서 의사의 손길을 기다리는 것처럼, 말씀 앞에 자신을 열어야 한다. 가장 고침을 많이 받은 건강한 사람이 가장 많은 일을 할 수 있는 것처럼, 말씀에 의해 신적 성품에서 성장한 성도가 또한 말씀을 가장 잘 이해할 수 있다.

그러므로 성경학 박사라고 해서 성경 말씀을 더 잘 이해한다는 보장이 없다. 경건하고 영적 생명이 충만하고 하나님의 사랑이 가득하며, 예수 그리스도를 깊이 사랑하는 사람이, 하나님의 말씀을 왜곡하지 않을 수 있는 보장이 더 많다. 똑똑하지만, 그 심령과 삶이 예수 그리스도에게서 먼 성경학자가 성경을 심각하게 왜곡할 수 있는 것처럼, 그 반대로, 그의 신적 성품의 성숙도가 깊고 높은 성도가 하나님의 말씀을 왜곡하지 않을 확률도 더 높은 것이다. 그래서 거짓 교사들은 비록 '가르치는' 교사의 자리를 차지하지만, 자신들의 죄 곧 그들 속에 있는 탐욕과 방탕을 정당화하는 방식으로 성경을 억지로 풀고(3:16), 말씀을 왜곡하여 '지어낸 말'(2:3)로 교회를 미혹하여 넘어뜨리려 하는 것이다.

하지만 그들이 넘어뜨리는 일에 성공하는 대상은 그들 자신뿐일 것이다. 그들은 성경을 왜곡함으로써 교회 안에 은밀하게 멸망을 끌어들이지만, 결국 스스로를 멸망케 하는 자들이다. 그들의 멸망은 확고히 정(定)해져 있다. 주의 참된 교회는 끝까지 보전(保全)될 것이다. 하지만 현실에서는 깨어 있는 분별이 필요하고, 철저한 믿음의 분투가 필요하다. 베드로는 이제부터 본격적으로 거짓 교사들의 부패한 행실들을 폭로하고 그 위험성을 경고할 것이다. 교회여, 썩지 않고, 더럽지 않고, 쇠하지 않는 영원한 나라를 받은 거룩한 교회여, 결단코 그들에게 정해진 확실한 멸망에 참여하지 말라! 오직, 세상의 썩어질 것을 피하여, 주요 구주이신 예수 그리스도를 앎으로써 신적 성품에 성장하는 교회가 될지라!

삶으로
내리는 뿌리

'말씀 맡은 자'에게 필요한 '덕'

말씀 맡은 자는 부지런해야 한다. 원문의 단어 하나하나를 뒤집어 보기를, 마치 강가의 조약돌 뒤집듯, 하나씩 뒤집어 볼 만큼 찬찬하고 꾸준하고 철저해야 한다.

냇가에서 가재 잡을 때는 그렇게 하면서, 성경 볼 때는 대충대충 하는 습관은 어디서 왔는가.

부지런하지 않으면, 말씀을 감당할 수 없다. 성경을 성경대로 해석해 줄 수 있는 신학과 그런 방법론을 꾸준히 갈고 닦을 마음이 없이, 대충대충 설교하려는 태도를 버려야 한다. 먹을 음식도 대충대충 못쓸 재료로 만들지 않듯이, 그것을 먹고 영원히 살 말씀도 그렇게 다루면 안 된다.

부지런하다는 것은, 뜻을 묻기에 지치지 않는다는 의미이다. 내 뜻이 아니라, 성경 안에 있는 그분의 뜻을 찾아, 그 뜻이 나를 깨뜨리고, 넓히고 나를 이전에 있던 곳에서 다른 곳으로, 그분이 계신 자리로 옮겨 놓을 때까지, 그의 뜻을 궁구하여 찾는 갈급함이요, 사랑이요, 기도이다.

오늘날, 말씀을 대하는 신학생, 설교자의 태도가 너무 가볍다. 게으르기 때문일 것이다. 다른 모든 것들에 내가 원하는 대로 시간을 다 쓰고, 남은 시간에 그의 뜻을 찾기 때문이다. 그것은 마치 상대를 앉혀 놓고 말을 시킨 다음, 그저 흘려듣는 태도와 같다.

온 지성과 감성과 신앙과 의지를 다해 들어도, 말씀은 쉽게 그 세계를 열어 보이지 않는다. 조금씩, 조금씩, 여명이 밝아 오듯, 찾는 자에게 비추신다. 말씀을 맡은 자들이여, 교회 앞에서, 강단 앞에서, 성도 앞에서 진실하려거든, 부지런하라. 말씀에 착념하고 부지런히 그 뜻을 찾으라.

"너희가 온 마음으로 나를 구하면 나를 찾을 것이요 나를 만나리라"

(렘 29:13)

성경 읽기, 문맥의 중요성, 겸허한 만남

볕 좋은 가을 오후, 학생들의 성경 해석 페이퍼들을 읽고 있습니다. 한 사람씩 만나기 어려운 수업에서, 한 사람 한 사람의 페이퍼를 읽는 것은, 그 사람을 만나 대화하는 시간이기도 합니다.

글은 사람입니다. 글을 해석한다는 것은 그 사람을 이해한다는 것입니다. 성경 해석도 그렇습니다. 하나님을 이해하고 그분의 뜻, 마음, 의지를 먼저 이해해야 합니다.

성경을 읽어 놓고 '내가 이렇게 해야겠다'고 반성하고 결심하는 내용으로 가득한 페이퍼도 많습니다.

성경을 읽고, 먼저 하나님을 발견하기를, 그분이 누구인지를 발견하고, 그 때문에 감격하고 놀라고 경탄하며, 하나님 때문에 내 틀의 한계를 넘어서는 기쁨, 그것을 먼저 추구하기를 기대합니다.

읽는 것은 만나 사귀는 것이고, 사귐의 목적은 우선 상대방을 이해하는 것, 알아 가는 것이기 때문입니다. 그렇게 되면, 문맥을 떠나 단편적으로 읽고 오해하여 헛된 확신에 사로잡히는 비극을 어느 정도 극복할 수 있게 될 것입니다.

얼마 전, 어떤 장로님이, '믿음에는 행함이 따라야 한다고 해서 믿는 대로 행동했더니 성공했다'는 내용으로 강연을 했다는 이야기를 들었습니다. 문맥을 떠나 성경을 읽은 비극적인 예입니다.

야고보서에서 믿음과 행함에 대한 문맥은, '긍휼에 대한 하나님의 명령'을 실제로 행하라는 문맥입니다. 그러나 그분은 자기 긍정, 성공에 대한 맹목적 '자기 확신'을 그냥 생각만 한 것이 아니라, 불행하게도 그것을 무모하게 행해서, 결국 너무나 많은 사람들에게 빚더미를 안기고, 고통을 주며 불행하게 하지 않았나 생각합니다.

문맥을 떠나 읽는 비극의 전형적인 예는, 요한삼서의 말씀을 잘못 사용한 경우입니다. '네 영혼이 잘됨 같이, 범사에 잘되기를 원하노라'를 세속적 축복을 기원하는 말씀으로 읽는 것입니다. 이 본문이 놓인 요한삼서의 문맥은 진리 안에서 행하는 가이오를 칭찬하고 그가 진리 안에 더욱더 거하기를 기원하는 내용입니다. 진리를 떠나, 불의와 부패로 하나님의 이름을 더럽히며, 잘되라는 이야기가 절대로 아닙니다.

그러므로 성경을 읽을 때에, 하나님이 누구신지에 집중하고, 문맥 전체가 어떤 뜻을 드러내는지를 생각한다면, 말씀을 통해 대면하는 하나님과 대화하는 기본적인 예의는 갖춘 만남이 될 것이라고 생각합니다.

말씀 앞에서, 무례해지지 않기를 연습합시다. 어떤 사람을 앞에 놓고, 내 말만 하거나, 한두 마디 듣고 내 생각대로 판단하고, 내가 그 말을 이용하여 내 욕심을 이루는 데 쓰면, 그에게 나는 더 이상 만나고 싶지 않은 사람이 될 것이기 때문입니다.

먼저 말씀을 겸손히 듣고, 그리고 전체적으로 듣고, 내 생각이 아닌, 하나님의 마음과 생각을 듣겠다는 열망으로 성경을 읽고 묵상해서, 점점 더 풍성한 하나님의 사람으로 성장해 나아갈 수 있기를 기도합니다.
가을볕이 따뜻합니다.

말씀을 들으라

말씀으로 변화되지 않는다.
그냥 들으면 변화되지 않는다.
듣고 전달하기 위해서 들어도 변화되지 않는다.
그것은 물 위를 스치는 바람과 같다.
그렇게 말씀을 들어서는 안 된다.
말씀은 비수를 가슴에 꽂듯
내 가슴에 꽂아야 한다.
거기서 피가 흐르고
기진하고 말씀이 나 아닌 나를
다 소멸할 때까지 그 칼을
빼지 말아야 한다.
그것이 말씀을 듣는 것이다.
그때서야 그 말씀의 생명,
생명의 말씀이 그대를
다시 살게 한다.
말씀을 들으라.

| 제2장 |

거짓 교사들의 부패한 행실과 확정된 심판

교만, 탐욕, 그리고 방탕

(2:1–22)

제2장

거짓 교사들의 부패한 행실과 확정된 심판(2:1-22)

- 교만, 탐욕, 그리고 방탕

응급실에 뛰어든 환자에게는 자세한 설명이 필요치 않다. 일단 흐르는 피부터 멈추게 하고, 터진 상처부터 꿰매야 한다. 가장 긴급하고 꼭 필요한 조치를 해 주고, 단단히 일러 주어야 한다. 어떻게 하면 이 병에서 나을 수 있는지, 어떻게 해야 하는지 정확히 일러 주고 손에 쥐어 주듯 확실히 알려 주어야 한다. 그것이 베드로후서 1장이었다. 2장은 문제 상황을 정확히 진단한다. 건강한 몸속으로 악질 바이러스(virus)가 쳐들어와 몸 곳곳에서 질병을 일으키고 다니는 증상들을 세세히 보여 준다. 교회가 왜 '신적 성품'에 참여하고 이런 면에서 부지런히 성장해야 하는지, 병의 증상과 예상되는 결과를 보여 줌으로써 환자를 설득하는 경우와 같다. 그래서 거짓 교사들이 어떻게 교회의 구석구석을 궤멸시키려 드는지, 어떻게 그리스도의 몸 된 교회 안에서 암적인 존재가 되어 병을 깊게 만드는지, 베드로는 X-Ray로 찍듯, 아니 C.T. 촬영을 하듯 면면히 들여다보게 해 준다. 또한 그 병의 결과와 위험 그리고 강력한 경고까지 곁들인다.

크게 보면, 거짓 교사들이 퍼뜨리는 부패한 삶의 특징은, 교만과 탐욕 그리고 방탕이다. 그들은 '교사'로 활동하고 '가르치기도' 하지만, 그들의 심령 속에 가득 찬 근본적 동기는 그리스도의 주권을 부인하여 제멋대로 하려는 육적 자아에 휘둘리는 것이다. 그래서 탐욕이 뿌리가 되고 방탕이 열매가 되는 부패한 행실을 온 교회 안에 거침없이 퍼뜨린다. 베드로는 매우 다양한 방식으로 그들의 부패한 행실들을 폭로하고, 이에 대한 확실한 심판을 선고한다. 거짓 교사들의 이렇듯 다양한 행태들을 일목요연하게 볼 수 있는 방법이 있다. 그것은 그들의 부패한 행실들이 그들의 부패한 성품에서 나오므로, 이를 1장에서 제시한 '신적 성품'과 상세히 대비시켜 살펴보는 것이다.

'신적 성품'에 '실패한' 거짓 교사들

이렇게 생각해 보자. 베드로가 1:4-7에서 신적 성품의 덕목들을 열거할 때, 거짓 교사들이 실패하는 덕목의 각 영역들을 염두에 두었을 가능성도 없지 않다. 베드로후서 2장은 신적 성품과는 전혀 다른 거짓 교사들의 부패한 성품과 행실들을 적나라하게 열거하고 있기 때문이다. 왜 믿음 다음에 덕이 와야 한다고 강조했는가?

실제로 거짓 교사들은, 자신들이 믿음이 있다고 말했을 테지만 덕을 세우지는 못했다. 그들은 교회에 들어와 있지만, 그들로 인하여 '진리의 도가 훼방을' 받는다(2:2). 이들은 불의한 일을 하고 불의한 처벌을 받으며, 그래서 교회의 '점과 흠'으로 지목된다(2:13). 믿음이 아직 연약한 자들을 굳건하게 세우는 것이 아니라, 도리어 그들을 자신들의 탐욕을 채우는 먹잇감으로 여기고 노략질할 뿐이다(2:14). 성도들에게 '자유를 준다'고 떠벌리지만 결국 자신도 죄의 노예로 무너지고 만다(2:19-22).

덕이 없는 이들에게 지식이 있는가? 이들은 무모한 자들이다. 예수 그리스도를 구주라고 고백하면서도, 실제로는 그들을 통치하는 '주'(主)가 되심을 부인하며 제 고집대로 하는 자들이다(2:1). 노아의 경고를 무시했던 불순종하던 자들처럼 무지한 자들이며(2:5), 주의 천사들도 감히 고발하지 못하는 영적 존재도 무시해 버리고, 자신들이 무슨 지극한 영적 권세를 받은 양 호언장담하며 떠벌리는 자들이다(2:11). 오죽하면 베드로는 이들이 잡혀 죽기 위하여 태어난 '이성(理性) 없는' 짐승처럼 마땅히 생각해야 할 바를 생각하지 못하는 무지한 자들이라고 했겠는가(2:12). 이들의 무지와 무식은 끝이 없다. 거짓 교사들은 결국 자신들이 무슨 말을 하는지도 알지 못했다는 사실을 드러낸다. 종말에 관한 하나님의 기록된 말씀을 부인하는 그들 자신이 곧, 종말에 거짓 선생들이 오리라는 예언의 성취인 것이다(3:3). 그들은 결국 그들이 부인하고 조롱한 그 하나님의 말씀에 의해 불타 버리는 세상과 함께 사라질 어리석은 멸망의 자식들이다(3:4, 7). 그들은 주와 구주이신 예수 그리스도와 하나님을 '알지 못함으로', 신적 성품에 참여하고 또 거기서 자라 갈 수 없는 자들이다(3:18).

지식이 없는 그들에게 절제가 있을 리 없다. 절제 없는 그들은 탐욕과 방탕으로 내달린다. 거짓 교사들의 가장 근본적인 동기는, 하나님을 두려워하고 사랑하여 순복하는 경건이 아니다. 불경건이다. 그 불경건의 뿌리는 그들 속에 있는 절제되지 않는, 스스로 절제하지 않는 탐욕과 방탕의 정욕이다. 그들은 자신들의 음란한 방탕의 정욕을 따라 성도들을 유혹하고(2:2), 실족케 하고(2:18), 파멸로 끌고 간다(2:19-22). 저들의 탐욕은 저들의 브랜드이다. 저들은 '잘 팔리는 복음'을 만들어 낸다. 처음부터 성도들을 통해 자신의 탐욕을 채우기 위해 만들어 낸 거짓 가르침이다(2:3). 거짓 교사들은 단순히 탐욕스러운 사람들이 아니다. 그들은 절제 없는 탐욕을 전문적으로 훈련한 자들이다(2:14). 저들 속에 있는 절제 없는 탐욕은, 개가 그 토한 것으로 돌아가고 돼지가 그 씻었던 구덩이로 돌아가는 것처럼, 끝내 그들을 그들이 나왔다고 '말하는' 그 불경건 속으로 던져 넣어 버린다.

절제가 없는 그들에게 인내가 있을 리 없다. 브레이크가 없는 차는 빗길에 미끄러져도 멈추어 설 수가 없다. 인내가 없다는 것은, 하나님께서 원래 그에게 주신 그 은혜와 영광의 자리, 택하고 부르신 그 자리에 지속적으로 견디어 남아 설 수 없다는 의미이다. 거짓 교사들의 특징은, 하나님께서 주신 그 성도의 자리, 교사의 자리, 썩지 않고 더럽지 않고 쇠하지 않는 나라를 유업(inheritance)으로 받을 '상속자'의 자리를 벗어나 길을 잃는 것이다. 오래 참음으로 부르심과 택하심을 굳게 하는 성도의 인내에서 벗어나 점점 영적 소경이 되어 가는 자들이다(1:9). 그래서 열매가 없다. 하나님을 알아 가지 않기 때문에, 신적 성품에서 성장하지도 않는다. 점점 더 옛 죄를 깨끗하게 하심도 잊어버리는 자리로 추락한다(1:9). 자신만 실족하는 것이 아니라, 시간이 지나면서 점점 더 담대하게 남도 실족하게 하는 교사의 자리에 들어선다(2:1, 14, 18-19). 결국은 저들과 같은 악인들이 회개하고 돌아오기를 '오래 참으시는' 하나님을 오해하고 하나님의 그 긍휼의 인내를 조롱하는 자리에까지 떨어진다(3:8-9).

결국, 그들의 나중은 처음보다 비참하게 된다. 절제 없는 탐욕과 방탕한 정욕의 끝은 불경건이기 때문이다. 거짓 교사들의 특징은 교만이다. 저들은 자기들을 구원하셨다고 스스로 고백하는 자기들의 '주인' 되신 그리스도의 주권을 거절한다(2:1). 높은 지위에 있는 천사들도 함부로 입을 떼기 어려워하는 영적 대상도, 자신의 말 한마디면 복종할 것이라는 듯이 가증하고 무모한 허세를 떤다(2:11). 교만은 불경건의 가장 큰 특징이다. 그리고 그 불경건은 하나님의 말씀을 그들의 무지와 무식으로 부인하고 조롱까지 하는 지경에 이르게 한다(3:3-5). 결국, 그들은 '의의 거하는바' 새 하늘과 새 땅, 곧 '거룩한 행실과 경건'의 신적 성품에 참여하고 성장하는 자들이 들어가는(3:11-13) 그 영원한 나라(1:11) 밖에서 슬피 울며 이를 갈게 될 것이다.

불경건한 그들이 형제를 우애할 리가 없다. 저들이 거짓과 탐욕, 그리고 방탕을 좇아 하는 모든 행실들은 한결같이 형제들을 실족과 파멸로 이끈다. 이들은 교회의 교사들이라고 자처하지만, 교회에 속한 믿음의 형제들의 얼굴에 수치를 끼친다. 이들로 인하여 '진리의 도가 훼방'을 받고(2:2) 형제들과 함께 애찬을 나눌 만큼 교회 안에 들어와 있으면서도, 오히려 그들의 불의한 행실로 인하여 스스로 교회의 '점과 흠'이 됨으로써(2:13) 형제들의 거룩한 믿음에 모욕을 안기는 자들이다. 거짓 교사들은 가르치는 교사의 자리를 자처한다. 그래서 믿음의 형제들이 그들을 우러르고 따르기도 한다. 하지만 거짓 교사들은 한결같이 그들을 유혹에 빠뜨리고, 파멸로 인도한다. 그들은 양 무리를 '먹이는 것'이 아니라, 양들을 '먹는'(2:3, 14, 19) 이리 떼요 짐승들이다(참조. 겔 34:1-16).

결국 그들은 하나님의 사랑에 이르지 못하는 자들이다. 천만부당하게도, 그들은 사랑에 이르는 자들이 아니라 '살인'하는 자들이 된다. 사랑은 상대방을 살려 내는 것이다. 하나님은 우리를 살려 내시기 위해 자기 아들을 아끼지 않으셨다(요일 4:9). 거짓 교사들의 불경건, 그들의 무지(無知), 그들의 부덕(不德), 그들의 불신앙, 무엇보다 그들 속에 타오르는 절제 없는 탐욕과 방탕, 그리고 그 뿌리가 되는 교만 곧 주님의 주권을 인정하지 못하는 '제멋대로의 짐승 같은 자아'가 형제들과 심지어 그들 자신을 '죽이는' 살인 병기가 되는 것이다. 죄의 삯은 사망이다. 그리고 그 죄는 그 죄를 품은 그 사람만이 아니라, 다른 사람들도 죽인다(참조. 약 1:15; 5:6).

거짓 교사들은 믿음에서 덕으로 나아가지도 못하고, 믿음에서마저 파선한 자들이다. 결단코 사랑에 이르지 못한 자들이며, 새 하늘과 새 땅에 들어갈 만한 '거룩한 행실과 경건'도 없는 자들이다. 저들은 하나님과 그리스도를 '알지 못하여' 신적 성품에 참여하지도 거기서 성장하지도 못한 실패한 자들이다. 주께서 택하시고 부르신 거룩한 교회여, 이런 자들에게서 속히 돌아서라!

1. 거짓 교사들의 특징과 그들의 확정된 멸망(2:1–3)

거짓 교사들의 특징은 대체로 셋이다. 첫째가 교만이요 둘째가 방탕이며 셋째가 탐욕이다. 그리고 이 세 가지 특징들에 의해 휘둘리는 거짓 교사들의 결국은, 과거부터 실행되었고, 지금도 예비되어 있으며, 장차 집행될 확실한 심판과 멸망이다. 베드로후서 2장은, 거짓 교사들이 이런 세 가지 악덕(vices)들을 통해 교회 안에서 어떻게 성도들을 실족하게 하며 노략질하는지를 폭로하고, 구약의 판례(判例)들을 활용하여 거짓 교사들에 대한 하나님의 진노와 확실한 심판을 선고한다. 1-3절은, 분명히 이러한 거짓 교사들이 올 것이라는 경고와 그들의 부패한 성품의 특징들 그리고 그들의 확실한 멸망 등, 2장 전체의 주제를 미리 요약적으로 선포한다. 이 간결하고도 중요한 본문을 찬찬히 뜯어보자.

> "1절 그런데 백성들 가운데 거짓 선지자들이 생겼고, 또한 이처럼 여러분 가운데도 거짓 교사들이 있을 것은 당연한 일입니다. 이들은 멸망케 할 분당들을 끌어들일 자들로서, 자신들을 값 주고 사신 주인을 부인한 채 도리어 임박한 멸망을 자신들에게 끌어들이는 자들입니다. 2절 많은 이들이 방탕한 일들을 하는 그들을 좇아 따라나설 것이며, 이로써 진리의 길이 훼방을 받을 터인데, 3절 저들은 탐욕 때문에 지어낸 말들로 여러분을 상대로 돈벌이를 할 것입니다. 이러한 자들에게 심판은 옛적부터 멈추지 않는 것이고, 그들의 멸망은 잠들지도 않는 것입니다."

우선 1절에서 거짓 교사들이 출현할 것임을 예고한 후에, 가장 인상적으로 강조되는 것은 그들의 '멸망'이다. '거짓 교사들은 반드시 멸망한다!'는 메시지이다. 베드로는 이들이 정확히 어떤 일을 어떻게 저지르는 자들인지를 설명하기도 전에, 이미 1절에서부터 이들의 확실한 멸망에 대해 단호히 선고를 내리고 있다. 거짓 교사들은 '멸망에 이르게 할' 분당(分黨)을 교회 안으로 끌어들이는 자들인데, 도리어 '멸망'하는 것은 그들 자신들일 것이다(2:1). 또한 방탕과 탐욕으로 진리의 길, 복음의 길을 훼방하는 저들에 대한 심판은 확실하며, 저들의 '멸망'은 예외 없이 신속히 임할 것이다(3절). 그러므로 1-3절의 목적은 수신자 교회가 결단코 저들을 따라가서는 안 된다는 것과, 나아가 저들의 특징을 상세히 묘사함으로써 교회로 하여금 그들 가운데 들어온 거짓 교사들을 효과적으로 분별해 낼 수 있도록 하는 것이다.

놀라지 말라, 낙심치 말라, 분별하라!

무엇보다, 교회는 거짓 교사들이 그들 가운데 들어와 있을 수 있다는 사실을 명확히 깨닫고 있어야 한다. 그것이 1절의 경고이다. 그럴 리 없다고 생각하는 경우도 있을 수 있기 때문이다. 신앙고백을 입으로 말한다고 그가 참된 말씀의 교사라고 단정할 수 없다는 것이다. 목사 안수를 받았고 성경을 가르친다는 것만으로, 그가 거짓 교사가 아니라고 단정할 근거도 없다. 그러므로 성도는, 교회 안에서 가르치는 교사가 거짓 교사인지 아닌지를 구분해야 할 필요가 생긴다. 어찌 보면 고단한 일이기도 하지만, 하나님의 백성 안에는 예외 없이 거짓 선지자, 거짓 교사들이 있어 왔다. 1절에서 '백성들 가운데 거짓 선지자들이 생겼고'라 할 때, '백성들'은 구약의 이스라엘 백성을 염두에 둔 표현이다. 유대인들에게 있었던 거짓 선지자들은 교회의 거짓 교사들에 상응하는 것이다(Kelly, 326). 거짓 교사들이 '있을 것은 당연한 일입니다'라는 표현은 원래 '있을 것이라'(에손타이, ἔσονται)는 미래형이 실제로는 교회에는 늘 거짓 교사들이 있다는 상시적(常時的) 사실을 가리키기 때문이다. 이처럼, 예수님께서는 자신 이후의 교회 곧 새 언약의 백성들 가운데에도 거짓 선지자들이 있을 것을 미리 말씀하셨다. 저들은 '양의 탈을 쓴 늑대'처럼 그 속을 알아보기 어렵도록 겉모습을 꾸며 교회 안에 들어온다(마 7:15).

그러므로 성도는 우선적으로 모든 말씀의 교사를 다 믿어서는 안 된다. 불편하기는 하지만, 무조건 '아멘, 아멘' 해서는 안 된다. 그것은 주님께서 부탁하신 거짓 교사들에 대한 경고를 무시하는 경솔한 태도이다. 그 교사가 말씀을 말씀대로 가르치는지 자기 자신의 말들을 늘어놓고 억지 주장을 해대는지 분별해야만 한다. 또한 주께서 '열매로 그들을 알리라'(마 7:16) 하셨듯이, 그들의 '열매' 곧 삶의 행함의 결과가 성령의 열매들을 맺는지, 아니면 탐욕과 방탕과 죄의 열매를 맺는지 면밀하게 살피고 주의해야만 한다. 어떤 거짓 교사들은 성도들이 옳고 그름을 판단하지 못하도록 아예 판단력을 마비시켜 놓고, 무조건 충성을 강요한 후에 자신들의 불법한 탐욕을 채우는 악한 일들을 하기 때문이다. 베드로가 2장부터 거짓 교사들의 존재와 특징, 활동과 그들에 대한 심판을 상세히 기록하는 이유는, 성도들이 다가오는 주님의 심판과 영원한 구원을 기억하고 깨어서 거짓 교사들을 분별함으로써, 자신과 교회를 지켜 내도록 돕기 위함이다.

그래서 성도들은 교회 안에 거짓 교사들이 있다는 사실에 대해 놀라거나 당황하거나, 심하게 낙심할 필요도 없다. 물론 거짓 교사들이 주는 피해와 상처는 크다. 하지만 주께서 그리고 사도 베드로도 미리 말한바, 거짓 교사들이 교회 안에서 활동하는 것 자체를 두고, 하나님의 계획이 좌절되거나 교회가 망할 것처럼 당황할 필요는 없다는 것이다. 주께서 밭에 뿌리신 씨앗의 비유에서 말씀하신 대로, 알곡들이 번성하면 가라지들도 함께 자랄 것이다(마 13:24-30). 또한 종말이 더욱 가까이 올수록, 성도뿐 아니라 세상 사람들을 미혹하는 거짓 선지자들과 교회 안에서 주로 성도들을 실족케 하는 거짓 교사들의 활동이 더욱 심해질 것이다(참조. 요일 2:18-23; 4:1-3; 계 13:14; 또한, 막 13:22; 살전 2:3; 딤후 3:1-5). 오히려 교회는 그들이 정확히 어떤 존재들인지 간파하고, 어떤 특징들이 있는지 배우고 적극적으로 분별해야 한다. 무엇보다 저들을 향한 하나님의 심판을 확신함으로써, 믿음과 하나님에 대한 사랑에서 흔들리지 않으며, 동시에 자신을 돌아볼 기회를 얻어, 새 하늘과 새 땅을 바라보며 신적 성품에 참여하는 일에 더욱 힘써야 한다.

거짓 교사들의 여섯 가지 특징

거짓 교사들은 어떤 자들인가? 일단 교회 안에 있는 거짓 교사들은, 과거 이스라엘 백성 가운데 있었던 거짓 선지자들의 특징과 방불하다. 무엇보다, 구약의 거짓 예언자들도 하나님의 말씀의 권위를 무시하며 제 것을 가지고 자의로 예언하던 자들이었다(신 18:20; 렘 14:14; 23:21, 32; 겔 13:2-7). 또한 그들은 고의적으로 백성들로 하여금 장래에 올 종말의 심판에 대해 눈감게 하는 현세적인 평안의 메시지에 집중했다. 백성들의 심각한 죄악과 이에 대한 하나님의 진노에도 불구하고, 그들은 병이 곪아터지도록 '평안과 안전'만을 외쳤던 현세적 쾌락주의자들과 방불한 자들이었다(렘 4:10; 6:14; 23:17; 27:9). 그리고 거짓 예언자들은 예외 없이 하나님의 무서운 심판과 형벌을 받은 자들이라는 특징이 있다(렘 14:15; 23:15; 28:16-17; Bauckham, 238).

이처럼, 베드로후서가 언급하는 교회 안에 들어온 거짓 교사들 역시 하나님의 말씀을 무시하고 조롱하는 교만한 태도뿐 아니라(1:20; 2:1, 11; 3:1-4, 16), 종말의 심판과 형벌이 없다고 조롱하며 현세적인 방탕과 탐욕에 집중하는 점(2:2, 12-15, 19-20), 그리고 저들에게 임하는 하나님의 심판과 형벌이 확실하다는 점까지(2:1, 3, 12, 17, 20; 3:3, 7) 모두 옛 거짓 선지자들의 특징을 그대로 닮아 있다. 베드로후서 2-3장은 이들의 특징을 보다 구체적으로 열거하는데, 2:1과 3절에 반복해서 언급된 그들에 대한 확실한 심판과 멸망을 포함하면, 1-3절이 묘사하는 그들의 특징은 모두 여섯 가지이다.

첫째, 저들은 결국 교회의 바른 신앙에서 분리해 나가는 이단적 가르침을 퍼뜨리는 자들이다(1절). 둘째, 저들은 입으로는 예수 그리스도를 믿는다고 고백하지만, 실제로는 그들의 심령과 삶에서 그리스도의 주권을 부인하는 자들이다. 셋째, 그리스도의 주인 되심을 거부하기 때문에, 제멋대로 행하며 스스로 방탕한 일을 한다. 넷째, 그들의 방탕과 탐욕으로 인해, 복음의 길, 전도의 길, 진리의 길이 막힌다. 다섯째, 성도들을 대상으로 탐욕으로 지어낸 거짓 가르침을 통해 돈벌이를 하는 자들이다. 그리고 여섯째, 남들을 멸망시키려 하지만, 결국 확실히 멸망받는 것은 그들 자신이다. 베드로후서 2장은 거짓 교사들의 이런 여섯 가지 특징들을 반복해서 열거하며 설명하고 경고한다. 1-3절은 서론으로서 이런 특징들을 간략히 언급하며 소개한다.

(1) 분당(分黨)

먼저, 1절의 '멸망케 할 분당들'이라는 표현에서 드러나는 거짓 교사들의 특징이다. '분당들'(하이레세이스, αἱρέσεις)이라는 말은 '이단'(heresy)으로 번역되기도 하는데, 본래는 '자의적으로 선택함'을 의미한다(박윤선, 『공동서신』, 207). 이런 의미에서 거짓 교사들의 자의적 성경 해석을 염두에 둔 듯한, 1:19의 '자의적으로'(이디아스, ἰδίας) 혹은 '사사로이' 또는 '제멋대로'라는 표현과 연속적으로 이어지는 거짓 교사들의 특징이다. 모든 것이 그들의 성경에 대한 잘못된 관점과 제멋대로의 성경 해석에 뿌리박고 있음을 다시 확인하게 된다. 그들의 잘못된 성경관, 제멋대로의 성경 해석학은 곧바로 그들의 파괴적인 교회론으로 드러나고 열매 맺는다.

그래서 '분당'이란, 성경과 교회가 인정한 복음의 진리 곧 예수 그리스도와 구원, 종말과 심판 등에 대한 분명한 진리에서 어긋나는 이단적인 교리를 가르침으로써, 결국 그 복음의 진리를 붙들고 있는 교회 공동체에서 떨어져 나가 이단적인 단체가 되는 것을 의미하게 된다. 요한서신에 가면, '예수께서 육체로 임하심을 부인'하는 거짓 교사들이 배경이 되는데(요일 2:22-23; 4:1-2; 요이 7절) 이들은 결국 교회 공동체로부터 분리되어 나가 그들이 본래부터 참된 진리에 속해 있지 않았음을 드러내는 자들이다(요일 2:19). 베드로후서에서는 나중에 이런 '이단'으로 분명히 드러나기 전에, 이미 교회 안에서 그런 '분당'의 발단이 되는 거짓 가르침을 퍼뜨리기 시작하는 거짓 교사들의 모습을 보여 준다고 할 수 있다.

그러므로 이들은 아직 교회로부터 분리되어 나가기 전, 교회 안에서 결국 이렇게 이단적이 될 가르침을 몰래 끌어들이고 또한 퍼뜨리는 자들이다. 1절에서 '끌어들일'(파레이싹수신, παρεισάξουσιν) 것이라는 모양새는 자신들이 교회 공동체 안에 들어오면서 곁으로 함께 가지고 들어오는 광경을 묘사한다. 교회는 그들의 신앙고백을 듣고 받아들였을 터이지만, 그들은 은밀하게 그들의 거짓 가르침을 숨겨서 끌고 들어온 것이다. 이로 보면, 오늘날 교회에서 새 신자를 교회 공동체 안으로 받아들일 때, 꼼꼼히 신앙과 그 믿는 바를 점검하고 교리 교육을 통해 검증하는 일 없이 마구잡이로 쉽게 피상적으로 대하는 태도가 어떻게 교회를 위험에 빠뜨릴 수 있는지 다시 한 번 생각하게 된다.

(2) 그리스도의 주권 부인

둘째, 저들은 형식적인 신앙고백은 있지만, 마음으로는 자신들을 값 주고 사신 그리스도의 주인 되심을 인정하지도 개의치도 않는 방만한 자들로서, 결국 누구의 말도 듣지 않고 자신들의 정욕이 원하는 대로 할 수밖에 없는 자들이다. 개역개정이 '주를 부인하고'(1절)로 번역했을 때 그 '주'는 통상 부활하시고 승천하셔서 하늘 보좌에 앉으신 '주'(큐리오스, κυρίος)를 가리키는 칭호가 아니라, 노예에게 주인이 있듯이 그를 소유하고 주관하는 '주인'(데스포테스, δεσπότης)을 가리키는 용어이다. 신약에서 '데스포테스'는 보통 집안의 가장이나(딤후 2:21; 딛 2:9), '집안 노예'인 경우 그의 집주인(벧전 2:18) 또는 로마의 황제처럼 실제적 소유권과 통치권을 행사하는 주권자에게 사용된 용어이다. 구약에서도, 하나님께 사용된 경우도 그분의 전능하심이나 그의 전권(全權)을 가리킬 때 사용되었다(수 5:14; 욥 5:8).

거짓 교사들이 예수 그리스도를 그들의 구세주로 고백하고도, 실제적으로 그들의 생각과 삶의 '주인' 된 것을 적극적으로 '부인'한 것은, 그들이 믿는 바가 사도들이 가르친 바와 근본적으로 다른 거짓된 것임을 시사한다. 사도 바울도 당시 '노예'에 관련된 이미지를 사용해서, '죄에게 종노릇'하는 데에서 해방된 자는 그저 제멋대로 사는 것이 아니라, 이제는 '의의 종'이요 '하나님의 종'이 된 것이라고 가르쳤다(롬 6:18-22). 죄에게 종노릇하던 처지에서 해방되어서 전혀 공백 상태로 자신이 주인 된 자리에 가는 것이 아니라, 또 다른 주인 즉, 이번에는 '의'에게 순복하는 종이 되고, '하나님'이 주인 되시는 집에 가서 거기서 '하나님과 주 예수 그리스도의 종'으로 살게 되는 것이다.

지금 베드로후서 2:1에서 사용된 이미지도 이와 같다. 당시 헬라 사회에서, 노예들이 자유인으로 해방되는 길로는, 이교(異敎) 사원의 신에게 일정한 기금(企金)을 바치고 그 대가로 '신의 이름으로 주어지는 해방'(sacral manumission)을 얻거나, 또는 상당한 금액의 대가를 지불하고 노예 신분으로부터 자유를 얻을 수 있었다. 이처럼 노예가 해방되려면 어쨌든 그에 상응하는 값을 치러야 했는데, 지금 베드로후서 2:1에서 '값 주고 사신'(아고라산타, ἀγοράσαντα)이라는 표현은, 노예를 '사고파는 광장'에서 마땅한 돈을 지불하고 노예를 사 오는 어떤 집주인의 행위를 떠올리게 한다. 이런 경우, 노예를 위해 값을 치르고 그에게 자유를 준 사람은 '후견인'(Patron)이 되고, 그 결과로 자유의 신분을 얻은 노예는 그 후견인에 대하여 영원토록 빚을 진 '수혜자'(Client)가 된다. 이런 관계 속에서 수혜자가 후견인의 은혜를 잊고, 후견인에게 마땅히 보여야 하는 충성을 잊거나 그를 영예롭게 하지 않고 혹시 그에게 모욕이 되는 일을 한다면, 그것은 가장 수치스러운 일이 되는 것이다(Neyrey, 191).

신약은 그리스도인들이 얻은 자유를 묘사할 때, 이처럼 '값 주고' 노예를 산 것 같은 이미지를 사용한다. 예를 들어, '값으로 산 것이 되었으니, 그런즉 너희 몸으로 하나님께 영광을 돌리라'(고전 6:20)든지, '너희는 값으로 사신 것이니 사람들의 종이 되지 말라'(고전 7:23), 그리고 '너희가 … 구속(救贖)된 것은 은이나 금 같이 없어질 것으로 한 것이 아니요 … 그리스도의 보배로운 피로 한 것이니라 … 너희 믿음과 소망이 하나님께 있게 하셨느니라'(벧전 1:18, 19, 21, 개역한글), 또한 '각 족속과 방언과 백성과 나라 가운데에서 사람들을 피로 사서 하나님께 드리시고'(계 5:9)와 같은 말씀에서처럼, 죄의 종노릇하는 자리에서 예수 그리스도의 피의 대가를 치르고 자유를 얻었다는 것은, 이제는 자기가 자신의 주인이 되는 자리에 왔다는 것이 아니라, 도리어 '하나님의 종', '의의 종', 곧 하나님과 그리스도께 속하여 그에게 순복하고 그의 경영과 사업을 도모하는 자로 묶여 있다는 것이다.

즉, 그리스도의 대속의 피의 대가로 자유를 얻었지만, 근본적으로 사람이 어디에 '속해 있다'는 소속 상태는 바뀐 것이 없다. 죄에서 의로, 죽음에서 생명으로, 마귀와 세상으로부터 하나님과 그의 그리스도에게로 소속(belonging)과 순복(obedience)의 대상이 바뀌었을 뿐인 것이다. 정말 절대적인 차이가 있다면, 전자에 속해 있을 때는 어쩔 수 없이 죄에 순종하여 죽음과 멸망의 열매를 얻을 수밖에 없었지만, 후자로 옮겨져 왔을 때에는 또한 '어쩔 수 없이'(?) 은혜가 왕노릇하는(롬 5:21) 자리에서 '의의 종'이 되어 영원한 생명의 열매를 얻을 수밖에 없는 길로 이끌려 간다는 사실이 다를 뿐이다. 이런 식으로 그리스도의 대속의 피로 죄의 종 된 자리에서 벗어나 자유를 얻은 자들은 '의의 종'이 된 것이며, 그리스도의 종이 된 것으로, '그리스도의 사랑의 법'(갈 6:2; 요일 3:23)에 복종하여 의의 열매를 맺고, 생명의 열매를 맺을 특권과 능력, 의무가 생기는 것이다.

그러므로 거짓 교사들이 말로는 자신들이 죄에서 해방되었고, 그리스도를 믿는다고 하지만, 공공연히 그들 위에 계신 그리스도의 주인 되심을 부인하고 자행자지(自行自至)하는 것은, 실제로 그들은 자신들을 위한 그리스도의 대속을 믿지도 않을 뿐 아니라, 결국 죄에서 해방되었다는 것도 거짓임을 예고하는 것이다. 베드로는 거짓 교사들이 도리어 '자유를 준다'고 유혹하지만, 결국 그들 자신이 죄의 종이 되어, 처음 죄에서 해방된 것처럼 행동했던 상태보다 훨씬 더 비참한 상태에 이르게 된다고 폭로한다(2:18-22). 결국, 거짓 교사들은 복음의 반쪽만 믿는다고 선전하고 돌아다니는 셈이다. 예수 그리스도를 믿음으로 구원받지만, 실제 자신의 삶에서 그리스도는 아무런 상관도 없다고 가르치는 것과 같다. 이를테면, 한 번 구원받은 사람은 이미 죄 용서를 다 받은 것이므로, 다시는 회개할 필요도 없고, 율법에서 해방된 것이기 때문에 죄를 죄라고 할 수도 없으며, 그래서 '죄를 지을 수도' 없는 것이라고 억지 주장을 한다. 이런 완악한 거짓된 주장들은 요한일서 1:5-10에 잘 반박되어 있지만, 베드로후서 2장에서 우리는 이런 식의 거짓 가르침을 몰래 교회 안으로 끌어들이는 거짓 교사들의 발단을 보게 되는 것이다.

(3) 방탕

거짓 교사들의 세 번째 특징은 방탕이다. 여기서 '방탕'(아셀게이아, ἀσελγεία)이라는 표현은, 종종 '호색'(好色, 개역한글/개정)의 경우처럼 성적으로 방탕한 행위들을 가리키기도 하고(2:7, 18; 유 4절), 조금 더 폭넓게 '부끄러운 행위들'(shameful ways, NIV)로 번역되기도 한다. 원래 뜻은 어떤 '법적 제한이나 도덕적 제한에 개의하지 않는' 방만한 태도에서 나오는 반(反)율법적이고(antinomian) 비도덕적 행위들을 가리키며, 그 결과로서 무모하며 '파괴적인 행위들'(pernicious ways, KJV)을 포함하기도 한다. 이런 방탕, 음란과 같은 무법하고 부끄러운 행위들은, 당대 이방인들이 우상 숭배와 더불어 행했던 술 취함과 난잡한 술잔치에 포함되는 특징적인 행태였다(벧전 4:3). 거짓 교사들은 당시 로마 사람들이 신(神)들을 섬기는 그 이방 성전에서 혹은 그 신들을 예배했던 자들이 모여 난잡한 술잔치에서 행했던, 규제(規制) 없는 음란하고 방탕한 행실들을 그대로 하면서 그래도 괜찮다고 생각하고 말하며 가르쳤던 것이다.

거짓 교사들이 이렇듯 세상에서 행해지는 극도의 방탕한 행실을 교회 안으로 끌어들이고 또한 그것을 멈추지 못했던 이유는, 그들이 이미 그들을 심판하시며 다스리시는 주권자이신 그리스도와 하나님을 '실제적으로' 부인했기 때문이다(2:1). 자신들 안에서 무분별한 방탕을 멈추게 할 어떤 '절제'의 이유도 근거도 찾을 수 없는 것이다. 무엇이 그들의 방탕함을 멈추게 할 수 있는가? 거짓 교사들은, 자신들의 죄를 대속(代贖)하기 위해 피 흘려 죽으신 예수 그리스도를 믿는다고 말로는 고백하지만, 그것으로 끝이다. 소위 '죄 사함 받고 구원 확신한 이후'에는, 그들 마음대로 살아도 되는 것처럼 믿고 있기 때문이다. 그들의 주인은 그리스도가 아니라, 죄를 향한 그들의 정욕이다. 그래서 이들이야말로, 신적 성품에 참여하지도 그 안에서 성장하지도 않는 자들이다(1:4-5). 오히려 더욱더 세상의 더러움과 썩어짐에 참여하여, 결국에는 자신들의 '옛 죄를 깨끗하게 하심'도 - 그것이 사실인지도 모르지만 - 잊어버리는 자들이다(1:9).

거짓 교사들의 이런 무절제한 방탕한 삶의 모습은, 보통 성도들이 예수 믿으면서도 연약하고 부족하여 실수하고 실패하며, 그럴 때마다 통회하고 회개하여 하나님의 뜻에 복종하려 애쓰는 모습과는 다르다. 저들은 아예 자신들의 삶에 그리스도께서 전적인 주권을 갖고 계심을 인정하지 않는 자들이다. 신앙 양심의 가책도 없는 자들이라는 점에서, 보통 신자들이 죄를 짓고 가책을 느끼고 갈등하는 것과는 다소 양상이 다르다 할 수 있다. 하지만 보통 신자들도 구원의 확신을 가졌다고 말하면서 점점 죄에 둔감해지고, 더 나아가 죄를 정당화하며 절제할 수 없는 방탕에 빠진다면, 실제적으로 거짓 교사들의 본질과 운명에서 결코 멀지 않은 자리에 있게 된다. 그러므로 거짓 교사들의 방탕한 행실을 보고 경고를 받아, 돌이켜 자신을 돌아보며 하나님과 그리스도의 간섭과 말씀의 강력한 뜻에 깨어 있도록 몸부림치며, 신적 성품에서 자라 가야 한다. 베드로가 거짓 교사들의 방탕한 행실과 그것을 절제할 수 없는 그들의 잘못된 신앙을 상세히 폭로하는 이유가 여기에 있다.

(4) '진리의 길'을 훼방함

세속적인 방탕한 행실을 교회 안으로 끌어들이고, 또한 3절에서 폭로하는 대로 성도를 단지 돈벌이의 수단으로 여기는 거짓 교사들의 사악한 탐심(貪心)은, 결국 교회에 치명적인 수치를 가져온다. 거짓 교사들 자신뿐 아니라, 그들을 좇다가 함께 실족하는 많은 신자들로 인해 하나님의 이름은 세상 사람들에 의해 모욕을 받으며 진리의 길, 복음 전도의 길은 막히게 되는 것이다. '진리의 길'(헤 호도스 테스 알레떼이아스, ἡ ὁδὸς τῆς ἀληθείας)은 초기 교회 때에 기독교 신앙을 가리키는 전형적인 표현이다. '진리'(요 14:6)이시며 '참 빛'(요 1:9; 요일 2:8)이신 예수 그리스도를 믿고 받아들이며 그분을 따라가는 제자도의 길을 뜻한다. 초기 교회 때 기독교 신앙은 '그 길'(the Way)로 불리곤 했으며(행 9:2; 19:9, 23; 22:4; 24:14, 22; 히 10:20), 또한 '주의 길', '구원의 길'로 일컬어지기도 했고(행 18:25; 16:17), 사도 시대 이후에는 '진리'라는 말만으로 기독교의 바른 가르침을 뜻했다(딤전 6:5; 딤후 2:18; 딛 1:14; Ignatius, *Eph*. vi. 2; Polycarp, *Phil*. iii. 2; Kelly, 328). 거짓 교사들의 방탕과 탐욕의 세속적인 행위들은 자신들의 멸망으로 그치지 않는다. 그들에게 영향을 받고 그들을 좇은 성도들을 더럽힐 뿐 아니라, 더 나아가 '구원의 길'을 훼방하기에 이르는 것이다. 그 결과가 참혹하고 매우 중대하다고 할 수밖에 없다. 진리의 길, 곧 기독교 신앙이 제시하는 구원의 길이 '훼방을 받는다'(블라스페메떼세타이, βλασφημηθήσεται)는 표현은, 저들의 방탕과 탐욕의 결과로 세상 사람들이 하나님의 이름을 모독하고, 더 이상 기독교 신앙이 구원의 길이라고 생각하지 못하도록 나쁜 평판을 초래하게 된다는 뜻이다.

구약의 고대 근동 문화에서처럼, 초기의 신약 교회가 처했던 고대 중동의 문화권에서도 '수치와 영예'(shame and honor)의 문제, 즉 어떤 사람이나 신(神)이나 단체가 세상의 다른 사람들로부터 받는 '평판'(reputation)의 문제는 매우 결정적이었다. 오늘날 경쟁이 극심한 자본주의 사회에서 '성공했는가, 낙오했는가'를 따지는 것만큼이나 예민한 문제였다. 오늘날 어떤 사람이 일단 '성공했다'는 평판을 얻으면, 그가 어떤 불의를 저질렀는지 무슨 부정직한 방법을 썼는지 잘 따지지 못한다. 그만큼 생존 경쟁이 치열하고 '성공'이 절대 가치처럼 되어 있기 때문이다. 교회도 마찬가지이다. 일단 '부흥'했고, '큰 교회, 큰 목사'가 되었다면, 다른 모든 불의하고 잘못된 것은 그저 쉽게 정당화된다. 그만큼, '성공, 실패'가 가장 중요한 성취와 평가의 기준이 되어 있는 것이다.

하지만 초기 교회가 처해 있던 중동 문화에서는, 그 성취와 판단의 기준이 '체면과 명예'였다. 일단 수치스럽게 여겨지면 다른 모든 것이 다 묻혀 버리게 될 만큼, 공중(公衆)의 모욕을 당한다는 것은 가장 큰 실패를 의미했다. 2절에서 '훼방을 받았다'는 것은 '모욕을 받았다'는 뜻으로, 평판을 잃었다거나 불명예스럽게 되었다는 뜻이다. 베드로는 초기의 교회에 매우 익숙했던 주제인 '그들의 이름이나 명예'에 관한 문제를 거론하는 셈이다(Neyrey, 189-193). '하나님의 이름'은 구약에서부터 중대한 주제이다. 세상 열방 모든 민족들을 회복하시기 위해, 하나님께서는 세상에서 택하여 내신 자기 백성 위에 자신의 거룩한 이름을 두셨다(참조. 왕상 8:43; 대하 7:14; 겔 36:21-24). 하지만 유대인들은 하나님의 그 거룩하신 이름을 열방들이 보는 앞에서 더럽히고 그들로 짓밟게 만들었다.

사도 바울은, 유대인들이 하나님의 율법을 받은 특별한 백성이 되었어도 그 율법을 지키지 않음으로써 열방 앞에서 하나님의 이름이 모욕을 당하게 했다는 이사야 선지자의 말을 그대로 인용한다: "기록된 바와 같이 하나님의 이름이 너희 때문에 이방인 중에서 모독을 받는도다"(롬 2:24; 사 52:5). 바울은 유대인들이 율법을 순종하지 않았다는 사실을 지적하고자 '하나님의 이름'을 거론했지만, 공동서신의 저자들은 세상 이방인들 속에서 하나님의 백성이 갖는 제사장의 사명을 강조하는 문맥에서, 보다 적극적으로 '하나님의 이름'이나 '하나님의 영광'의 문제를 다룬다. 야고보서는 세속적이고 탐욕스러운 부자들이 가난한 성도를 압제하며 법정으로 끌고 갈 뿐 아니라, 교회가 짊어지고 있는 '그 아름다운 이름'을 훼방하기까지 한다고 염려한다(약 2:6-7). 베드로전서는 교회가 '이방인들 가운데서 행실을 선하게 가져야' 함을 강조하면서 교회가 악행을 한다고 비난하는 자들로 하여금 하나님께 영광을 돌리게 해야 한다는 사명을 강조한다(벧전 2:12).

베드로후서는 거짓 교사들이 세상 앞에서 '진리의 길을 훼방'할 뿐 아니라, 교회의 '점과 흠'으로 드러난다는 사실을 지적하며 이를 통분히 여긴다(2:13). 요한서신에 오면, 세상은 이미 '악한 자' 아래 놓여 있으며, 하나님의 거룩한 이름을 짊어진 교회는 세상 속에서 그 거룩한 이름을 붙들고 증거하기 위해, 세상과 충돌하며 희생까지 각오해야 함을 강조한다(요일 5:19-21; 계 2:17; 3:12). 무엇보다, 예수님께서 제자들에게 친히 가르치셨으며, 예수님 자신의 간절한 기도 제목이기도 했던 주기도문의 첫 번째 간구가 '아버지여 이름이 거룩히 여김을 받으시오며'(마 6:9)라는 사실은, '하나님의 이름의 신학'이 하나님께서 세상으로부터 부르셔서 다시 '제사장 나라'(벧전 2:9; 참조. 출 19:5-6)의 사명을 주어 세상으로 보내신 '선교적 존재'로서의 교회에게 얼마나 중차대한 주제인지를 새롭게 인식하게 해 준다. 교회가 세상 사람들에게 '선교하는 것'이 아니라, 세상 사람들 속에 있는 '교회가 곧 선교'이다. 세상 이방인들에게 둘러싸여 있는 흩어진 성도들 한 사람 한 사람이, 하나님께서 그에게 자신의 거룩한 이름을 짊어지게 하사, 누구든지 '주의 이름을 불러 구원을 얻게 하시는' 통로 곧 '하나님의 선교'인 것이다.

이런 점에서 거짓 교사들의 방탕과 탐욕의 행위들로 말미암아 교회가 세상 앞에서 하나님의 이름이 모욕을 받도록 방치하는 것은 교회의 가장 큰 수치요 실패이다. 교회가 세상 속에 남아 있는 가장 큰 목적인 '제사장 나라'의 사명에 실패하는 것이기 때문이다. '하나님 아버지의 이름이 거룩히 여김을 받게 하라'는 예수님 자신의 첫 번째 간구요, 그의 제자 된 교회가 이루어야 할 첫 번째 사명이 좌절되는 것이다. 그러므로 '진리의 길이 훼방을 받는' 현실에 대해 교회는 분개하며, 가슴을 치며 통회하고, 자복하여 돌이켜야만 한다. 하나님은 자신의 거룩한 이름이 그저 더럽혀지게 내버려 두시지 않는다. 심판하시고, 다시 그 이름을 거룩하게 할 백성을 세우신다. 교회가 세상에서 복을 받고 크게 되고 범사에 잘되는 것으로, 성공한 것도 안전한 것도 아니다. 교회는 교회가 짊어진 하나님의 이름이 더럽혀지지 않고, 도리어 세상 사람들로 하여금 거룩히 여김을 받게 하는 것을, 최우선의 목표로 삼아야 한다. 이것이 우리 시대 교회의 사명이다.

그렇다면 교회는 어떻게 하나님의 이름이 거룩히 여김을 받게 할 것인가? 그것은 우선적으로 그 거룩하신 이름을 짊어진 교회 자신을 거룩하게 함으로 시작되어야 한다. 기독교 신앙을 '진리의 길'로 묘사하는 것처럼, '진리' 곧 성도가 믿는 바는 그 믿는 바대로 '걸어가야 할 길'로 존재한다. 그 참된 길을 걷지 않으면서 그 참된 진리를 믿을 수 없다. 그것은 거짓이며, 빛 가운데 거한다 하며 어둠 속에서 행하는 일이 된다(요일 1:6, 8, 10). 거짓 교사들은 입으로는 교회가 고백하는 신앙을 똑같이 고백했겠지만, 실제로는 '바른길' 또는 '곧은 길'(유테이안 호돈, εὐθεῖαν ὁδὸν, 2:15)을 벗어나 탐욕을 이기지 못했던 '발람의 길'(테 호도 투 발람, τῇ ὁδῷ τοῦ Βαλαὰμ, 2:15)을 걸은 자들이며, 또한 '의의 길'(텐 호돈 테스 디카이오수네스, τὴν ὁδὸν τῆς δικαιοσύνης, 2:21)을 안 후에도 그 길에서 이탈하여 옛 죄의 길, 세상의 더럽고 썩어지고 허무한 길로 다시 돌아가며, 돌아가서 돌이키지 못하고 그 길의 끝인 멸망까지 이르는 자들인 것이다.

그러므로 '영원한 나라' 곧 '더럽지 않고 썩지 않고 허무하지 않은' 새 하늘과 새 땅으로 부르심을 받는 교회는(1:11; 벧전 1:4), 하늘의 생명과 경건에 속한 모든 신적 능력을 주신 하나님과 그리스도를 앎으로써, 힘써 신적 성품에 참여하고 거기서 성장하는 일에 진력해야만 한다(1:3-8). 이미 주어졌고, 또 들어서서 함께 걷고 있는 이 진리의 길, 거룩한 길, 새 하늘과 새 땅으로 가는 길에서 벗어나지 말아야 한다. 생명수 강이 흐르는 하나님 보좌 우편에 앉아 계신 어린

양이시요 목자 되신 우리 주 예수 그리스도 앞에 이르러 그분께서 우리의 모든 눈물을 닦아 주실 그날까지(계 7:9-17), 성도여, 함께 격려하며(벧전 3:8; 5:9), 우리를 끝까지 지키시며 인내하게 하시는 우리 주요 구주이신 예수를 바라봄으로써(벧전 1:5-9; 5:10), 그가 우리로 반드시 이르게 하실 그 천성(天城)을 향해 흔들림 없이 힘차게 전진할지라.

삶으로
내리는 뿌리

'하나님의 이름' - 우리 시대의 사명

이 시대를 살아가는 성도들이 반드시 기억해야 하는 사명이 있다. 그것은 교회 건축도 전도 폭발도 세계 선교도 아니다. 그런 것들 이전에 먼저 해결해야 할 숙제가 있다. 그것은 '하나님의 이름'이다.

각 지역에서 흩어져 거기서 세상을 대면하고 있는 하나님의 교회는 그들이 세상 한복판에서 살며 짊어지고 있는 그 '하나님의 이름'을 의식해야만 한다. 만일 그 이름이 땅에 떨어져 사람들의 발에 밟히면, 결국 교회 자신도 밟히고 버려질 것이다. 교회의 명운이 그들이 짊어진 그 아름다운 이름에 있다.

주님은 자기 이름을 아끼신다. 열방 중에 높아지셔야 하는 그 이름을 아끼신다. '내가 나의 거룩한 이름을 아꼈노라'고 말씀하신다. 죄 많은 그의 백성들이 이 땅에서 목숨을 부지하는 이유는 하나님이 그 자신의 이름을 아끼시기 때문이다.

그래서 다윗을 통해 이스라엘은 이렇게 기도했다: "자기 이름을 위하여 의의 길로 인도하시는도다." 주님께서 가르치신 기도의 최우선순위도 마찬가지이다: "하늘에 계신 우리 아버지여 이름이 거룩히 여김을 받으시오며." 하나님의 이름을 기억하고 그 이름의 영광을 기억하는 것, 그것이 이 시대의 사명이다.

잊지 말라. 당신과 내가 아무도 모르게 저버린 하나님의 말씀 때문에, 마귀는 춤을 추고 온 우주는 흔들린다. 그리고 잠시 후, 세상은 땅에 떨어진 하나님의 말씀을 보게 된다. 당신과 내가 외로이 광야에서 순종한 그 하나님의 말씀 때문에, 천사들은 춤을 추고 다시 온 우주는 흔들린다. 그리고 잠시 후, 세상은 하늘 위에 높이 들린 그 아름다운 이름을 목격하게 된다.

그분의 이름이 곧 열방의 구원이다. 교회여, 그 이름이 땅에 떨어지지 않게 하라.

– 『야고보서의 이해 : 지붕 없는 교회』 중에서

(5) 탐욕의 종교 장사꾼

그리스도의 주권을 부인하는 교만과 제 정욕대로 행하는 방탕한 행실과 함께, 거짓 교사들의 두드러진 특징은 그들의 탐욕이다. 순서상으로는 2절의 방탕 다음에 나오지만, 실제로는 탐욕이 그들의 교만과 방탕의 뿌리이다. 유다서에 나타난 거짓 교사들의 경우에는 방탕과 음란이 더 강조되지만, 전반적으로 베드로후서의 세속적인 거짓 교사들의 경우에는 탐욕이 더 근본적인 특징이라 할 수 있다(2:13-16). 그들은 탐심을 채우기 위해 거짓으로 말을 지어내 그것으로 가르친다. 그들의 '말들'(로고이스, λόγοις) 곧 그들의 가르침, 설교, 신학 등은 성경 구절들을 이리저리 섞어서 언뜻 보기에 맞는 것 같기도 하고 호소력도 있어 보이지만, 실제로는 성도들로부터 돈을 착취해 내기 위한 것이다. 이것이 베드로가 폭로하는 거짓 교사들의 실체이다.

그들은 '만들어 낸 말들'(플라스토이스 로고이스, πλαστοῖς λόγοις, 3절)로 성도들을 속인다. '만들어진'이라는 표현은 '플라스토이스'인데, 꾸며서 지어낸 것 또는 원래 거기에 없는데 새롭게 지어낸 것 등의 의미를 포함한다. 말로는 성경의 용어들과 정통 신학과 신앙의 용어들을 사용하지만, 결국에는 인간의 탐욕을 부추기고 그것을 채워 주는 세속적인 무속신앙(shamanism)과 다를 것이 없는 가르침을 퍼뜨리는 자들이다. 더러는, 성경에 전혀 없는 용어나 개념들을 만들어서 그것으로 자신의 거짓 가르침을 포장하기도 하는데, 위험하기 짝이 없는 발상인데도 성도들이 속고 따르는 것은, 그것이 일면 성경 말씀의 부분을 따온 것이기도 하고 또한 인간의 탐욕을 채워 줄 것처럼 속이기 때문이다. 거짓 교사들의 '만들어 낸 가르침'은 결국 그 동기와 결과에 있어서 그들의 정체성을 폭로한다.

그 근본적인 동기를 베드로는 '탐욕으로써'(엔 플레오넥시아, ἐν πλεονεξίᾳ, 3절)라고 표현하는데, 여기서 '플레오넥시아'라는 말은 '더 크게, 더 많이 추구하는 모양'을 가리킨다. 통상 목회하기 적정한 양 무리의 수를 백이십 명 내외라고 하지만, 보통의 목회자들은 이에 만족하지 못한다. '성공한' 목회자가 되려면, 수천, 수만을 모아야 한다고 생각한다. 이런 것이 이 시대의 거짓 교사들이 만들어 낸 환상이요 신기루요 바벨탑이다. 어쩔 수 없이 대형 교회가 되는 경우가 있을 수 있고 또 대형 교회가 해야 하는 역할이 따로 있을 수 있지만, 모든 교회가 그렇게 '더 많이, 더 크게' 되는 것을 '성공한' 교회로 우러르게 하며, 또 스스로 그렇게 생각하고 그렇게 말한다면 그런 자들은 자신이 거짓 교사인지 진지하게 점검하고 돌아보아야만 한다.

거짓 교사들의 근본 동기는 '더 크게, 더 많이'라는 탐욕에 휘둘리며 그것을 자신의 성공과 영광과 자랑으로 삼는 부패한 정욕이다. 바로 이런 죄악 된 정욕이 그들의 눈을 멀게 하여, 그들은 성도들이 거룩한 하나님의 소유된 백성임을 잊어버린다. 교회란 결코 그들의 것이 아니며, 오직 심판주요 구주이신 주 예수 그리스도의 것이라는 사실을 까맣게 잊어버리는 것이다. 그들은 성도들을 자신의 돈벌이의 수단으로 생각한다. '돈벌이를 할'(엠포류손타이, ἐμπορεύσονται, 3절) 것이라는 표현은, '이득을 삼으니'(개역개정), '호주머니를 털어 갈 것'(새번역), 또는 '착취할 것'(공동번역, 현대인의 성경) 등으로 번역되기도 하는데, 원래 장사꾼이 사업하는 모양을 가리킨다(참고. 약 4:13). 거짓 교사들은 예수 그리스도의 복음을 비틀고 다시 자신들의 용도를 위해 이리저리 개조해서, 그 왜곡된 복음으로 양 무리를 속이고 그들을 상대로 사업을 하듯 목회를 하는 것이다.

이들은 마치 양 무리를 '먹이라고' 보냈더니 양 무리를 '먹어 버린' 패망한 이스라엘의 거짓 목자들처럼(겔 34:1-16), 양들을 어떻게 잡아먹고, 뜯어먹고, 털어 먹을 수 있는지를 연구하는 자들이다. '양으로 생명을 얻게 하고 더 풍성히 얻게 하는' 것이 아니라, 양을 잡아 자신을 배부르게 하고 더 풍성히 하는 삯꾼 목자들인 것이다(요 10:10-18). 그들의 방법은, 말로는 죄 사함이요 구원이요 천국을 외치지만 실제로는 성도들의 세속적인 탐욕을 부추겨 마치 그것을 자신들이 채워 줄 수 있는 것처럼 속이는 거짓된 가르침과 술수들을 퍼뜨리는 것이다. 베드로는 그들을 '탐욕에 연단된' 자들이라고 부르는데(2:14), 이들은 자신들의 탐욕을 채우기 위해 연구하고 실천하고 많은 경험으로 단련되어, 설사 그 탐욕의 결과로 교회가 실족하고 하나님의 이름이 더럽혀지는 경우에도, 결단코 그 탐욕의 결과로 얻은 세상을 놓지 못하는 자들이다.

그러므로 성도들은 '믿음으로' 산을 움직일 수 있고, '믿음으로' 능치 못함이 없다고 해도, 그 믿음으로 '덕을 세울 수 있는지'도 진지하게 고려해야만 한다. 겨자씨만 한 믿음으로 병을 고치고 기적을 경험해도, 그 믿음으로 덕을 세우지 못한다면 신적 성품에서 성장하지 못하는 것이다. 그런 믿음은 결국 그 자신을 지식 없는 맹신(盲信)이나 하나님이 아닌 사람을 숭배하는 잘못된 광신(狂信)에 빠뜨릴 수 있다. 신적 성품을 향해 자라 가는 바른길, 진리의 길, 의의 길을 벗어난 그런 믿음이 어떻게 절제하며 인내하며, 참된 경건에 이르며, 형제 우애와 참사랑에 이르겠는가. 이기적이고 자신의 탐욕을 채우는 것 외에 신앙을 사용할 줄도, 신앙의 유익도 알지 못하는 자리, 심지어 옛 죄를 깨끗하게 하심도 잊어버리는(1:9) 자리에로 떨어질 수도 있는 것이다.

신앙은 처음보다 나중이 더 중요하다. 나중이 처음을 드러낼 뿐 아니라, 결정한다고 할 수 있을 만큼, 신앙은 그 열매와 결국이 중요하다(2:20; 참조. 약 1:1-4; 5:7-11). 하나님께서 주신 믿음은 덕과 지식, 절제와 인내를 통해, 경건과 형제 우애, 그리고 최종적으로 우리의 삶에 하나님의 사랑, 주 예수 그리스도의 사랑의 온전한 구현(具顯)으로 나타나야 한다. 세상을 얻고 세상과 함께 세상의 길을 가는 것이 아니라, 썩지 않고 더럽지 않고 쇠하지 않는 영원한 나라의 생명과 경건으로 충만히 채워지는 '진리의 길', 바른길, 의의 길로 가야 하는 것이다. 거룩한 하늘의 성도여, 이 '의의 길', 생명의 길, 영원한 구원의 길로 돌이키자. 주께서 부르신 이 '신적 성품의 성장의 길'에서 한 걸음도 벗어나지 말지라.

(6) 멸망을 선고받은 자들

거짓 교사들의 가장 큰 어리석음은 그들이 어디를 향해 달려가고 있는지 모르고 있다는 사실이며, 그들의 가장 큰 무능(無能)은 자신들이 멸망으로 달려가는 그 빗나간 길에서 돌이키지 못한다는 사실이다. 그들 앞에 놓인 것은, 그들이 탈취하여 골수를 빼먹으려는 양 무리의 멸망이 아니라 도리어 그들 자신의 멸망이다. 그들은 그것을 보지 못한다. 혹시 처음에는 영적으로 어떤 감각이 있었는지는 모르나, 지속적으로 더럽고 썩어지고 허무한 세속의 본질을 추구한 결과 그들의 성품이 말할 수 없이 부패하여져서, 더 이상 영원한 나라를 볼 수도 바랄 수도 없는 영적 소경 상태에 들어간 것이다(1:9).

사람이 길을 건너다가 갑자기 자기 앞으로 차가 달려들어 오면 움찔하고 피한다. 위험을 느꼈기 때문이다. 하지만 이들은 그런 감각이 없다. 자신 앞에 확실한 위험과 사망사고(死亡事故), 무서운 심판과 정해진 파멸이 다가오는데도, 이들은 멈추지 않는다. 사람이 패망하는 것은 지은 죄 때문이 아니라, 그 죄에서 돌이키지 않기 때문이다. 거짓 교사들이 그런 경우이다. 1절은, 저들이 교회 안으로 몰래 거짓 가르침을 끌어들인다고 말한다. 나중에 이단적 시비에 휘말릴 만한 비성경적이거나 또는 아예 성경에 없는 이야기들을 꾸며 낸 것인데, 이것으로 성도들을 대상으로 돈벌이를 하여 자신의 탐욕을 채우고자 하는 목적으로 만들어 낸 거짓 가르침이다.

1절의 표현은 이들이 얼마나 어리석은 일을 한 것인지를 잘 드러내 보여 준다. 나중에 이단이 될 만한 거짓 가르침을 가만히 '끌어들일 것'(페레이스악수신, παρεισάξουσιν)이라는 표현 속에는 원래 '인도하다'(아고, ἄγω)라는 의미의 동사가 들어 있다. 그런데 이들은, 신속한 멸망이 그들 자신에게 임하고 있다는 사실을 까맣게 모르는데, 여기서 '임하고 있는'(에파곤테스, ἐπάγοντες)이라는 표현 역시 '인도하다'(아고, ἄγω)라는 동사의 파생어이다. 그러니까 베드로는 일종의 언어유

희를 통해서, 스스로 남을 인도하는 교사라고 자처하는 거짓 교사들이 실제로는 얼마나 어리석으며 무능한지를 보여 주려 하는 것이다. 거짓 교사들은 자신들의 탐욕 때문에 거짓 가르침을 지어내 교회를 파멸로 '이끌려' 하지만, 도리어 그들이 '이끄는' 것은 그 자신들(헤아우토이스, ἑαυτοῖς) 위에 달려와 덮칠 신속한 멸망인 것이다. 그러니까 거짓 교사들이 지도자로서 양 무리를 잘못 '인도하는' 대가는, 오히려 그들 자신을 멸망으로 '인도하는' 결과뿐이라는 엄중한 선고이다.

불과 1-3절까지 단 세 구절에서, 베드로는 1절에 이어 3절에서도 한 번 더 거짓 교사들의 신속한 멸망을 힘주어 강조한다. 그들에 대한 심판이 그만큼 확실하므로 그런 어리석은 자들을 결단코 따라가지 말라는 뜻이다. 그들을 따르다가 그들과 함께 '진리의 길', '의의 길'을 벗어나면, 그들이 내달리는 멸망의 길에 함께 서게 되고 결국 그 멸망에 참여할 것이기 때문이다. 베드로는 저들을 향한 심판이 '즉각적이고, 신속할'(탁시넨, ταχινὴν, 1절) 뿐 아니라 옛적부터 그런 악행에 대한 심판의 판례들이 있었고, 또한 그 심판에 따른 형벌의 집행 역시 조금의 지연도 없이 착실히 이루어질 것임을 확신시킨다(3절).

'옛적부터 멈추지 않는 것'(3절)이라는 표현에서 '멈춘다'는 말은 원래 '작동하지 않는'(우크 아르게이, οὐκ ἀργεῖ)이라는 뜻으로, 첫째는 그런 자들을 향한 심판이 확실히 선고되었다는 것과, 둘째로 그런 심판의 선고에 따른 형의 집행이 마치 행해지는 둥 마는 둥 하는 경우가 전혀 없었다는 의미이다. 단지 엄포나 협박의 수준이 아니라는 말이다. 분명히 심판이 있고, 반드시 형의 집행이 실현되었으므로, 이번에도 예외가 있을 것이라든지, 그런대로 지나갈 것이라고 편하게 생각하면 전혀 잘못 계산한 것이라는 경고이다. 거짓 교사들이 혹시 주장하는 대로, 이를테면 '입으로 신앙고백을 했고, 믿었으니 구원받았으며, 더 이상 심판도 종말도 없으며, 지켜야 할 법도 없이 자유를 누리자'는 그런 태도로 스스로를 속이고 다른 이들을 속인다면, 그 결과는 참혹할 것이라고 경고하는 셈이다.

베드로후서에 나타난 거짓 교사들은 아마도, 바울이 선포했던 '오직 믿음으로 의롭다 함을 얻는다'는 복음을 오해했고(2:1; 3:16), 동시에 '반율법적인'(antinomian) 태도와 함께 그들의 중심에 있는 세속적인 방탕과 탐욕을 채우기 위해 거짓으로 '자유를 준다'는 허망한 약속을 퍼뜨림으로써 성도들을 실족하게 하는 자들이었다. 이로 보건대 이들은, 자신들이 고백한다고 하는 '그 믿음의 행함'을 판단하시는 하나님, 그 믿음의 열매를 따라 그들의 믿음의 본질도 심판하시는 하나님을 잊은 자들이며, 사람을 '외모로 보시지 않고 각 사람의 행위대로 심판하시는'(벧전 1:17) 하나님을 두려워함이 없는 지극히 '현세적이고도 세속적인 설교자들'이었을 것이다.

이들은 하나님께서 세상을 말씀으로 창조하셨으며, 그 말씀으로 붙들고 계시고, 그 말씀으로 심판하신다는 사실을 '일부러 잊어버리고자' 한다(3:5). 하나님의 최종적인 심판과 종말이 없다 하며 오히려 이런 확실한 언약의 말씀을 '조롱하는' 것이다(3:3-4). 하나님께서 장차 불로 심판하실 이 세상도 그들의 눈에는 그저 그대로 영원히 있을 것처럼 보이고, 또 하나님의 말씀이 아니라 그렇게 자신들의 눈에 보이는 대로 생각나는 대로 가르치는 것이다. 실제로는 하나님께서 악인들에 대하여 오래 참으심으로 그들조차 모두 회개하고 돌이키기를 기다리시는 '길고 긴 오래 참음의 시간'이지만, 그들의 생각에는 하나님께서 심판을 잊으셨거나 원래부터 공갈이었거나 아니면 취소한 것이 아니냐는 식으로 생각하는 것이다.

2:3에서 거짓 교사들의 멸망은 '잠들지도 않는'(우 누스타제이, οὐ νυστάζει) 것이라는 표현은 그래서 역설적이다. 그들은 아마도 하나님께서 그의 심판의 말씀과 함께 아주 '잠들어 버리신 것이 아니냐?'고 조롱하고 다녔을지 모른다. 그러나 하나님도 잠들지 않으셨고(참조. 시 121:1-8; 사 51:9), 하나님께서 말씀하신 심판도 종말도 새 하늘과 새 땅의 약속도 결코 잠든 것이 아니다. 그보다 더 잠

들지 않고 확실히 깨어서 반드시 실행될 것이 있는데, 그것은 거짓 교사들 '자신들의 멸망'(헤 아폴레이아 아우톤, ἡ ἀπώλεια αὐτῶν)이다. 이 세상이 하나님의 말씀으로 창조된 것이 확실하다면, 이 세상이 그들의 눈에 여전히 있는 그대로 존재하는 것처럼, 심판과 재창조의 종말에 대한 하나님의 약속의 말씀도 그만큼이나, 그보다 더 확실하게 실행되는 것이다.

베드로는 이제부터, 4절 이하에서 22절까지 거짓 교사들의 임박한 멸망이, 과거 이스라엘의 역사에서 행해진 '판례들'(cases)을 통해 볼 때 얼마나 확실한 것인지를 증명하고자 한다. 그리고 3장에 들어서면, 거짓 교사들에 대한 확실한 심판에 대한 선고가 종말의 날에 어떻게 '잠들지 않은 채' 생생하게 집행될 것인지를 보여 줄 것이다. 그러므로 2:3에서 '옛적부터'(엑크팔라이, ἔκπαλαι)라는 표현은 2:4-22에 열거되는 옛적의 판례들에 대한 예고이고, '잠들지도 않는'다는 표현은 3:1-13에서 펼쳐지는 미래의 심판과 우주의 갱신을 예고하는 표현이다. 과거에나 미래에나, 거짓 교사들의 멸망은 확실하다. 현재에 그럴듯해 보이는 그들의 거짓 가르침, 왜곡된 복음, 순전하지 않은 복음, 사람의 탐욕과 방탕을 부추기는 말들, 그들의 속이는 말들에 결코 속지 말라는 것이다. 거룩한 주의 교회여, 거짓 교사들에게 속지 말라! 저들의 신속한 멸망의 길을 좇지 말라! 저들로 저들의 멸망을 얻게 하고, 주의 신실한 교회는 그들에게서 신속히 돌이켜야 한다.

삶으로
내리는 뿌리

'생명나무 헌금' 설교

항간에 거짓 교사들이 떠돈다고 한다. '생명나무와 선악을 알게 하는 나무'에 관한 설교를 하는데, 도무지 그 출처가 어디인지 의심스럽다.

'선악을 알게 하는 나무는 먹지 말라' 했으니, 옳고 그름을 따지지 말라는 뉘앙스로 가르친다. 자기가 하는 모든 거짓말이나 부정부패에 대해서도 '선악을 분별하는 죄'를 범하지 말고, 그저 입 다물고 순종하라는 식으로 설교하는 것이다.

어떤 이는 아예, '생명나무 헌금'이라는 것을 만들어서, 당장 헌금하면 자신이 축복기도를 해 주며 그러면 병도 금방 낫는다고, 무당도 잘 안 하는 천박한 사기행각으로 양 무리를 털어 먹는 신종 거짓 교사 짓을 하고 다닌다 한다.

또 '생명나무 헌금'까지는 아니지만, 헌금 잘 내면, 그 돈이 투자 대비 30배, 60배, 100배의 소득으로 돌아온다는 기이한 '음성'을 듣고 떠벌리는 자도 있다 한다. '음성' 듣지 말라. 하나님의 말씀을 '사사로이'(벧후 1:20) 해석하지 않으려는, 정직하고 순전한 마음을 위해 기도하라.

생명나무, 선악을 알게 하는 나무, 무슨 '직통 계시' 듣는다는 거짓 가르침을 주의하라. 주의 신실한 목자들은 주께서 피 흘려 값 주고 사신 주의 거룩한 양 무리를 지켜 보호하여야 한다.

"그들이 탐심으로써 지어낸 말을 가지고 너희로 이득을 삼으니 그들의 심판은 옛적부터 지체하지 아니하며 그들의 멸망은 잠들지 아니하느니라"(벧후 2:3)

당신이 무당인가

하나님의 말씀을 맡은 자가 되어서 무당 노릇을 하면 안 된다. 창조주 하나님, 생명의 근원이신 하나님을 떠난 인간 세상이 가장 절실하게 찾는 것이 오히려 '생명'이다. 생명을 주신 '그 하나님'을 찾아야 끝나는 갈증인데도, 그 창조주 하나님을 모르니, 눈앞에 있는 생명만 갈구하는 것이다. 그것도 하나님 없는 제한된 생명인데도 거기에 목을 매는 것이다.

하나님을 떠난 인간 세상의 가장 근본적인 문제는 죽음, 곧 생명의 결핍이다. '다 먹고살자고 하는 일'인 셈이다. '잘 먹고 잘살아 보세'보다 더 강력한 국가 이념도 없다. 경제가 종교이다. 잘 먹고 잘사는 것이 최상의 가치이다. 세상은 그런 곳이다. 그런데 교회도 여기에 장단을 맞추고 '예수 믿으면 더 잘 먹고 더 잘산다'를 복음으로 팔아먹는 무당 같은 짓을 한다.

물론이다. 하나님을 아는데, 생명의 근원이신 하나님을 만났는데, 생명을 누리는 것은 당연하다. 예수 믿는데 복 받지 않기가 어렵다. 하지만 그것이 복음은 아니다. 하나님도 예수님도, 우리가 잘 생존하는 데 필요한 '부적'처럼 팔아먹는 무당 짓을 그만두어야 한다. 하나님은 그렇게 작은 분이 아니시다. 그 아들이 우리를 인도하시는 길이, 겨우 그 정도의 생존이 아니다.

예수가 누구신가? 영원한 생명이시다. 영원한 생명을 가진 이에게, 이 땅의 제한된 생명을 누리는 것이 무슨 더 큰 복이 된다는 것인가. 그 영원한 생명을 누리고 살아 내는 것이 성도의 삶이거늘, 복음을 세상 복으로 바꿔 버린 기독교 무당들이 너무 많다. 생존을 팔고, 더 나은 생존을 팔아서 교회를 꾸리는 거짓 교사들이다.

그런 거짓 교사들을 우러르며 지금도 수많은 목회자 후보생들이 그 미혹된 길을 따르고자 준비하고 있다. 당신이 무당인가. 생명의 하나님을 떠난, 이 세상의 가장 절대적인 종교는 그래서 '무속신앙'이다. 무당은 거룩이나 윤리나 역사의식 같은 것은 묻지 않는다. 국회의원이 될 것인가 아닌가, 떼돈을 벌게 될 것인가, 아닌가에 관심이 있다.

거룩을 떠난 세상 복을 파는 설교자, 의의 진실과 공의를 덮고 세상 축복을 팔아먹는 무당 같은 목사, 그래서 그런 세상 복을 받아 세상처럼 더러워지고 썩어지고 허무한 길을 따라가는 멸망의 자식들에게서 돌이키라. 당신은 목사인가, 무당인가. 스스로에게 물어보라.

세상의 더 나은 생존을 위한 생명을 판매하는 자인가, 그 아들의 영원한 생명을 전달하는 자인가. 그 둘이 부딪치는 자리에서 당신은 무엇을 택하라고 가르치는가. 왜 목사가 되어서, 무당 짓을 하는가. 당신의 종교는 기독교인가 무속신앙인가.

실로 무속신앙은 위대하다. 그 어느 종교도 집어삼킬 만큼 강력하다. 이 땅에 거룩한 말씀의 씨앗이 떨어져도, 무속신앙이라는 토양이 모두 집어삼킬 기세이다. 어찌하여 참포도나무를 심었는데 들포도가 올라오는가. 토양이 삼킨 것이다. 신학교에 다녔는데 무당이 되어 버린다. 바알의 제사장들이여, 복음의 길로, 진리의 길로 돌이키라. 미혹의 길에서 떠나라.

하나님 없는 생명은 거짓된 것이다. 헛된 것이다. 더러워질 수밖에 없다. 그 아들을 따라감이 없이도, 생명을 얻고 누릴 수 있다는 거짓에서 돌이키라. 거짓 교사들이 가는 길을 보라. 그들은 사망의 열린 입 속으로 들어간다. 당신과 당신이 이끄는 양 무리는 거기서 돌이키라. 당신이 무당인가. 그 아들의 영생의 말씀을 맡은 자여, 그 거룩한 사명의 길에 굳게 서라.

"좁은 문으로 들어가라
멸망으로 인도하는 문은 크고 그 길이 넓어 그리로 들어가는 자가 많고
생명으로 인도하는 문은 좁고 길이 협착하여 찾는 자가 적음이라
거짓 선지자들을 삼가라 양의 옷을 입고 너희에게 나아오나
속에는 노략질하는 이리라"(마 7:13-15)

2. 확정된 멸망, 구약의 판례(2:4-16)

거짓 교사들은 승승장구하는 것처럼 보인다. 설사 그들의 커다란 흠과 수치스러운 죄악이 드러난다 해도 끄떡없어 보인다. 원래부터 '하나님의 거룩한 이름과 평판'에는 관심이 없기 때문에, 자신들의 부패로 인해 하나님의 이름이 모욕을 당한다 해도 그들은 크게 동요하지 않는다. 탐욕에 연단된 자들이기 때문이다. 다른 것은 다 놓아도, 탐욕을 놓치지 않는 것이 거짓 교사들의 본질이다. 결국 아무 일도 일어나지 않는 듯이 보인다. 하나님의 심판도 없어 보인다. 복음을 세속적인 돈벌이와 방탕의 수단으로 왜곡하고, 그 때문에 세상조차 저들을 비난하며 하나님의 이름을 모욕한다 해도, 저들은 베어 버리기 전 가라지들처럼 쑥쑥 자란다.

하지만 저들의 심판은 예비되어 있다. 가라지는 곧 베어 불에 태운다. 가을이 오기 때문이다. 추수 때가 되기 때문이다. 하나님의 구원에서 멀어지는 자들의 특징은 영적인 근시안이 되어 멀리 보지 못하는 것이다. 그들의 부패한 성품이 그들의 영적인 시야를 가리기 때문이다. 죄악을 계속하며 그 회개치 않은 죄악으로 인해 부패해 가는 그들의 삶과 성품은, 자신들의 코앞에 다가온 하나님의 심판과 두려운 멸망 앞에서도 여전히 무모한 짓을 하게 만든다. 그들은 영적으로 무지(無知)해진다. 하나님을 알지 못하게 된다. 자기 아들이라도 거기서 죄를 보실 때에는 아낌없이 버리실 만큼(마 27:46; 시 22:1), 각 사람을 외모로 보지 않으시고 그 믿음과 믿음의 열매인 행함을 따라 심판하시는(벧전 1:17), 거룩하시고 진실하시고 공의로우신 하나님이시라는 사실을 잊게 된다. 하나님께서 공의로운 심판을 미루시는 것을 두고, 저들은 하나님이 '주무신다'고 말하며 조롱까지 한다. 심판이나 종말 같은 것은 없고, 오늘도 내일도 '평안하다, 평안하다, 평안하다'를 반복한다.

정말 저들이 말하는 대로 세상은 어제처럼 오늘도 그대로 있고, 심판도 종말도 없는 것 같다. 이 첫 번째 세상이 모두 불살라질 것이라는 말씀은 전혀 그럴 듯해 보이지 않는다(3:7). 세상이 정말 창조 이후로 그대로 있지 않은가. 이런 기회에, 거짓 교사들은 현실적으로, 세속적으로 가장 잘 먹혀드는 식으로 복음을 왜곡한다. 결국 예수 믿어 '잘 먹고 잘살고 잘 즐기는 것' 외에 크게 다른 중요한 목적이 없는 가르침으로 대중의 인기를 차지한다. 하나님의 은혜는 남용되고 오용된다. 하나님의 은혜가 나타나 우리를 양육하시되 '경건하지 않은 것과 이 세상 정욕을 다 버리고 신중함과 의로움과 경건함으로 이 세상에 살고' 또한 '구주 예수 그리스도의 영광이 나타나심을 기다리게'(딛 2:11-13) 하는 은혜의 참된 역사를 방해한다. 도리어 하나님의 은혜를 빙자하여 자신들의 불법을 덮고, 회개하지 않는 심령으로 계속해서 악에 거하여 그 악으로 인해 스스로 썩어간다.

정말 심판은 없는가? 베드로는 이제부터, 과거에 이런 자들이 어떤 심판을 받았으며 어떤 멸망을 당했는지 그 판례들을 낱낱이 열거하고자 한다. 하나님은 결단코 그들의 죄악을 간과하지 않으신다. 베드로는 구약에서 세 가지 판례들을 꺼낸다. 첫째는 창세기 6장에 나오는 '타락한 천사들'(4절)의 경우이고, 둘째는 창세기 7-8장에 나오는 '노아의 홍수'(5절)의 예, 그리고 마지막으로 창세기 19장에 기록된 '소돔과 고모라'(6-8절)의 죄악과 그 멸망에 관한 판례이다. 모두 창세기에 나오는 이 오래된 판례들은 오늘날 우리 자신에게도 결코 낯선 이야기들이 아니다. 베드로가 과거의 이 판례들을 꺼낸 이유는, 동일한 심판이 요구되는 일들이 지금 우리 곁에서 일어나고 있기 때문이다. 모두에게 '거울'이 될 만한 이 엄중하고도 흥미로운 본문을 자세히 살펴보자.

(1) 판례(a) – 타락한 천사들(4절)

첫 번째 판례는 타락한 천사들에 관한 것이다. 4절의 '범죄한 천사들'이라는 표현의 배경에는 창세기 6:1-4가 있다. 저들이 어떤 범죄를 어떻게 한 것인지는 정확치 않으나, 이들은 원래 거하던 하늘의 영역으로부터 쫓겨난 천사들이라는 것과 땅에서 사람의 딸들을 취하여 아내로 삼았다는 것으로 비난받았음을 알 수 있다. 결과는 추방이었다. 하나님께서는 범죄한 천사들을 하늘로부터 쫓아내셨고 흑암으로 결박하셔서 '죽음의 처소'에 던져 넣으셨다. 베드로의 엄위하고 생생한 묘사는 이러하다.

> "4절 왜냐하면 하나님께서는 범죄한 천사들을 아끼지 않으시고, 흑암의 사슬로 결박해서 심판 때까지 '삼 겹의 어둠으로 둘러싸인 죽음의 처소'에 던져 넣으셨기 때문입니다."

'자신의 지위를 떠남'

베드로의 이 본문에서는 타락한 천사들의 죄가 정확히 무엇인지 묘사되지 않는다. 흥미롭게도 유다서는 타락한 천사들에 대하여 유사한 내용을 전하는데 두 가지 명확한 사실을 지적한다(유 6-7절). 첫째는 이들이 '자기 지위를 지키지 아니하고 자기 처소를 떠난' 천사들이라는 것이며(유 6절), 둘째는 소돔과 고모라와 그 이웃 도시 사람들도 이 타락한 천사들의 죄와 '동일한 방식으로 음행을 저지르며 다른 육체의 뒤를 쫓아다녔다'는 점이다. 여기서 '다른 육체'(사르코스 헤테라스, σαρκὸς ἑτέρας)가 무엇이었나 하는 것이 관건인데, 유다서의 이 본문과 병행을 이루는 베드로후서 2:4와 또한 이 두 본문의 공통된 배경이 되는 창세기 6:1-4을 고려하면, 이 '다른 육체'란 천사들이 사람의 딸들을 탐했던 것처럼(창 6:2), 하나님께서 창조를 통해 정해 놓으신 성적 결합의 질서나 범주를 깨는 식의 음행을 뜻하는 것으로 볼 수 있다. 예컨대, 남성과 남성, 여성과 여성, 혹은 사람이 짐승과 성적 결합을 추구하는 경우처럼, 창조를 통해 '신적 질서'(divine order)가 정해 놓은 대상과는 범주적으로 '다른 육체'를 향한 방탕한 정욕을 좇는 행위라 할 수 있다.

이렇게 보는 입장은, 앞서 언급했던 대로 '자신의 지위를 지키지 않고 자기 처소를 떠난' 것으로 특징지어지는 타락한 천사들의 죄의 본질과도 잘 어울린다. 핵심은 하나님께서 창조 세계를 통해 허락해 주신 '자신의 자리'를 벗어나서 무질서한 영역으로 빠져들었다는 사실이다. 창조의 세계에서 모든 피조물에게는 각기 하나님께서 은혜로 허락해 주신 '자리, 위치'가 있다. 천사는 하늘에서 하나님 보좌 앞에서 하나님을 섬기는 영적 존재이다. 그들이 땅에 내려와 땅에 있는 사람의 딸들을 탐닉한 것은 - 그것이 어떤 의미였든지 - 유다서의 표현대로 자신의 지위와 처소를 심각하게 떠난 행위였다. 하늘에 머물러야 했던 영적 존재들이, 하늘-땅의 경계를 멋대로 넘어선 것이며, 천사-인간의 범주도 깨 버린 것이었다. 소돔과 고모라 사람들이 이런 패턴(pattern)의 죄를 따라 '다른 육체'를 따라 음행을 저질렀다는 것도, 이런 식의 '범주를 깨는' 죄 즉, '자신의 지위와 위치'를 심각하게 벗어나 예컨대, 남자-남자, 여자-여자, 그리고 사람-동물 관계에서 성적(性的) 일치를 통해서까지 그 다른 범주에 들어 있는 존재와 결합함으로써, 창조 세계의 신적(神的) 질서를 근본적으로 교란하고 도전하는 결과를 가져오는 중범죄를 가리키는 것으로 보인다.

이런 해석의 장점은, 천사들이나 소돔과 고모라 사람들이나 탐닉하는 대상은 달랐겠지만, 두 경우 모두 하나님의 창조 세계 안에 있는 신적 질서 안에서 '자기 지위와 처소'를 떠난 행위라는 점에서 설득력이 있다. 그리고 이것은 베드로후서나 유다서의 거짓 교사들에게도 적실하게 들어맞는 본질적인 죄의 특징이다. 유다서에서 거짓 교사들은 결국 캄캄한 흑암에 돌아갈 '유리하는 별들'(아스테레스 플라네타이, ἀστέρες πλανῆται, 유 13절) 곧, 하나님께서 허락하신 자신의 지위와 위치를 '벗어나 다른 길로 들어선' 자들, 길을 잃어 영원히 자신의 자리를 찾지 못하는 버려진 자들을 뜻한다. 그래서 유다서는 '믿음의 도를 위해 힘써 싸우는' 성도들이 그리스도를 위하여 '지키심'을 입도록(유 3절), 그리고 무엇보다 하나님의 사랑 안에서 '자신을 지키도록' 강력히 권면하는 것이다

(유 21절). 거짓 교사들의 미혹의 본질은, 하나님의 세계 안에서 우리 자신이 받은 지위와 영광, 그 특권과 자리를 벗어나 그것을 모두 잃게 하는 것이다. 이것이 유다서가 그토록, 교회가 하나님의 사랑 안에서 자신을 지켜야 한다고 강조하는 이유이다.

'자신의 자리를 이탈'함과 '자신을 지킴'에 대하여 유다서처럼 명확하지는 않지만, 베드로후서 역시 이와 유사한 논조를 펼친다. 거짓 교사들은 '하나님의 말씀을 떠난' 자들이다. 저들은 성경을 '자의적으로, 제멋대로' 해석한다(1:20). 저들은 자신들을 죄에서 값 주고 사신 예수 그리스도의 '주권'을 의도적으로 부인하고 벗어나서, 자신들의 정욕을 자신의 주인으로 삼고 그 탐욕과 방탕이 이끄는 길을 따라가는 자들이다(2:1-3). 천사들도 어쩌지 못하는 천상의 위계질서라도 자신들만은 예외인 것처럼 행세하는 자들이며, 거짓되고 망령된 권세를 주장하는 속이는 자들이다(2:10-11). 풍요와 자유를 약속하며 미혹하지만 결국 그들을 위해 예비된 '캄캄한 어둠'(2:17) 속으로 빨려 들어가는 '멸망의 종'(2:19)들인 것이다.

하나님께서는 우리에게 창조 세계 안에서 어떤 지위와 위치를 주셨다. '사람' 곧 '하나님의 형상'으로 지음 받은 인간이 인간으로서, 인간답게 살다가 가는 것처럼 어려운 일이 또 있을까. 사람이 세상을 살면서 '돈'이 되지 않고, '쾌락'이 되지 않고, '짐승'이 되지 않고, 끝까지 '사람으로, 하나님의 형상으로' 살아간다는 것은 하나님의 크신 은혜가 필요한 어려운 과제이다. 남편이 남편으로서, 아내가 아내로서, 부모가 부모로서, 자녀가 자녀로서, 자신의 자리를 지키며 그에 합당하게 살아간다는 것 자체가 삶의 성공이다. 그만큼 쉽지 않기 때문이다. 마찬가지로, 하나님께서 은혜로 주신 '성도의 자리'를 지키며, 죽을 때까지 하나님의 거룩한 성도로서 성도답게 살고 또 죽는다는 것도 여간 어려운 일이 아니다. 집사가 집사로, 권사가 권사로, 장로가 장로로, 목사가 목사로 살다가 목사답게 죽는 것도 하나님의 귀한 은혜가 절대적으로 필요한 진지한 사명이다.

더구나 하늘의 백성, 장차 오는 새 하늘과 새 땅을 유업으로 받아 다스릴 교회로서, 죄와 죽음과 허무가 다스리는 이 세상을 지나가면서, 과연 그 영광스러운 지위를 상속받은 교회답게 살아가는 사명 역시 지대하고 무거운 책무이다. 그래서 베드로는 '자신의 지위와 위치를 떠난' 거짓 교사들의 미혹을 받는 교회, 저들을 따라 함께 그 은혜의 자리, 그 영광의 자리, 그 진리의 길, 의의 길을 벗어나도록 유혹을 받는 교회를 향해, 끊임없이 '신적 성품'에서 지속적으로 성장해 나가도록 독려하는 것이다: "오직 우리 주 곧 구주 예수 그리스도의 은혜와 그를 아는 지식에서 자라 가라"(3:18). 그것만이 이 땅의 교회가 하나님께서 은혜로 허락하신 영광스러운 새 언약 백성의 지위와 자리를 끝까지 견고하게 지켜 내는 길이기 때문이다. 그 길만이, 그 끝에 영원한 나라 곧, '의의 거하는바' 새 하늘과 새 땅에 이르는 거룩한 길, 생명의 길이기 때문이다: "그러므로 사랑하는 자들아 너희가 이것을 미리 알았은즉 무법한 자들의 미혹에 이끌려 너희가 굳센 데서 떨어질까 삼가라"(3:17).

어떤 '지키심'을 받을 것인가?

하나님께서 정하신 세계에서 자신에게 주어진 지위를 지키고 그 자리에 남아 있다는 것은, 사실 하나님께 지음 받은 존재가 할 수 있는 가장 '적극적인' 일이다. 그것이 쉽지 않기 때문이다. 그것은 사랑과 순종이 있어야 가능한 일이다. 하나님께서 인간을 만드시고 또한 그분을 사랑하고 순종할 자유도 주셨기 때문이다. 하나님께서 주신 자리, 인간의 자리, 성도의 자리에 제대로 남아 있는 것이 복이다. 그 자리에서 성도는, 하나님의 모든 충만한 복과 생명, 지혜와 권능, 의와 거룩, 하나님께서 통치하시는 모든 복된 통치를 받아 누리기 때문이다. 그래서 그 자리를 벗어나는 것이 가장 고통스러운 일이 된다. 거기는 하나님의 생명과 은혜, 의와 진리의 복된 통치를 거부하는 자리이기 때문이다.

베드로후서의 본문은, 하나님께서 주신 마땅한 자리를 벗어나 이탈한 자들이 이르는 곳은 '캄캄한 흑암'이라고 말한다. 빛 되신 하나님의 통치를 거부한 자리이기 때문이다. 거기는 또한 '죽음의 처소'이다. 생명의 하나님의 통치를 거부한 자리이기 때문이다. 이렇듯 하나님께서는 자신의 지위와 처소를 떠난 범죄한 천사들을 첫째 '흑암의 사슬'로 결박하신 후에, 둘째 '죽음의 처소'에 던져 넣으셨고, 셋째 장차 '심판 때까지' 거기에 가두어 지키신다. 결박하시고 던져 넣으시고, 때가 되면 심판하시는 것이다. 마치 오늘날 범죄자를 구속(拘束)하고 기소(起訴)하여 재판하는 절차와 유사하다. 범죄자가 구속되면, 수갑을 채우고 일단 구치소에 감금한 후에 교도소로 보내어 재판을 통한 선고와 형을 집행하기까지 가두어 둔다.

유사하게, 하나님께서는 범죄한 천사들을 결박하시는데 '흑암의 사슬들로'(세이라이스 조푸, σειραῖς ζόφου, 4절) 묶어 두신다(참조. 개역개정, '어두운 구덩이에 두어'). 천사들은 영적 존재이므로 진짜 사슬 같은 것으로 묶을 수 없다. 그래서 '흑암의 사슬들'이라는 표현은, 범죄한 천사들이 그들이 자처해서 빠져 들어간 그 흑암, 빛 되신 하나님께서 통치하시는 하늘에서 쫓겨난 어둠의 처소에서 나오지 못한다는 뜻이 된다. 여기서 그들이 '지키심을 받는 자들'(테루메누스, τηρουμένους, 4절)이란 표현은 매우 역설적이다.

통상 하나님의 지키심을 받는 것은 복된 일이다. 성도는 종말에 나타나기로 예비된 구원을 얻기 위하여 믿음으로 말미암아 하나님의 능력으로 '지키심을'(벧전 1:5) 받는 은혜를 누린다. 하나님께서 여러 가지 시험과 환란 가운데서도 그들을 지키시는 것이다. 이처럼 성도는 하나님 아버지의 사랑을 입고 예수 그리스도를 위하여 '지키심'을 입는 자이며(유 1절), 또한 끝까지 하나님의 사랑 안에서 자신을 '지켜야' 한다(유 21절). 하나님의 지키심은 이렇듯 세상의 시험과 고난 속에서 성도가 누리는 크나큰 특권이요 은혜이다.

하지만 역설적으로, 거짓 교사도 하나님의 지키심을 입는다(?). 원래 '지킨다'(테레오, τηρέω)는 표현 속에는 목자가 양을 지키듯, 혹은 간수가 감옥에 갇힌 죄수를 지키듯 지킨다는 의미가 있다. 하나님의 지키심이, 성도에게는 목자의 지키심이지만 거짓 교사들에게는 간수의 지키심이 되는 셈이다. 한쪽은 구원으로 지키심을 얻고, 다른 쪽은 종말의 심판 때까지 혹은 '심판을 위하여'(에이스 크리신, εἰς κρίσιν, 2:4) 지키심을 받는다. 양 무리가 목자의 보호를 빠져나가지 못하는 것은 크나큰 은혜이지만, 선고받은 죄수가 감옥을 빠져나가지 못하도록 간수가 지킨다는 것은 변개될 수 없는 엄중한 형벌을 예고하는 것이다. 이나저나, 지키심을 받는다. 당신은 하나님의 어떠한 지키심 속에 있기를 원하는가?

어둠의 사슬, 죽음의 땅은 어디인가?

하나님께서 자신의 처소를 떠난 천사들을 사슬로 묶으시고 그들 자신의 힘으로는 빠져나오지 못하도록 지키시는 그 '어둠의 처소'는 어디일까? 4절은 연이어서, 하나님께서 저들을 '삼 겹의 어둠으로 둘러싸인 죽음의 처소'로 던져 넣으셨다고 말한다. 개역개정이 단지 '지옥에 던져'라고 번역했지만, 원문의 의미는 '죽음의 처소에 집어넣도록(타르타로사스, ταρταρώσας) 넘겨주었다'(파레도켄, παρέδωκεν)는 뜻이다. '넘겨준다'는 표현은 재판정에서 형을 선고하여 집행되기 전에 감옥으로 죄수를 넘겨주는 모습을 생각나게 한다.

한편 그들을 '죽음의 처소에 둔다'는 표현은 원래 '죽음의 처소'를 가리키는 '타르타루스'(Tartarus)의 동사 형태이다. 이 '타르타루스'는 종종 '지옥'으로도 번역되는데, 히브리어에서 '지옥'에 해당하는 '스올'(Sheol)과 같은 장소이며 나중에 '하데스'(Hades)라고 불리는 '죽은 자의 땅'을 가리키기도 한다. 성경에서 지옥을 뜻하는 용어들은 이 외에도 '무저갱'(Abyss)이나 '게헨나'(Gehenna, '힌놈의 골짜기', 원래 예루살렘 성 밖에 있던 '쓰레기 소각장') 혹은 여기서 유래한 용어인 '불못'(Lake of Fire) 등이 있다. 굳이 구분을 하자면, '타르타루스' 곧 죽음의 땅을 의미하는 스올이나 하데스 그리고 무저갱이 마치 최종 심판이 행해지기 전에 죄수들을 가두어 두는 '구치소나 교도소' 같은 곳이라면, 상대적으로 '게헨나'나 '불못'은 그 죄수에게 선고된 형(刑)이 최종적으로 집행되는 사형장 같은 곳이라 할 수 있다.

그렇다면 베드로후서 1:4에서 범죄한 천사들이 넘겨져서 던져진 그 '어둠의 처소', 종종 '지옥'(개역개정)으로도 번역되는 그 '죽음의 땅'은 정확히 어디인가? 4절에서 동사 형태이기는 하지만 '타르타루스'로 언급된 이곳은 '삼 겹의 어둠으로 둘러싸인 죽음의 땅'이다. 하늘로부터 쫓겨난 범죄한 천사들이 다시는 스스로 하늘로 돌아갈 수 없도록 갇혀 있는 '감옥'이며 '지옥'으로도 불리는 곳이다. 정확한 위치를 알 수는 없겠지만, 하늘에 있던 타락한 천사들이 쫓겨나 떨어져 갇힌 곳이며 어둠과 죽음이 특징인 처소라는 점에서, 이를 '이 세상'이라 보는 견해도 있다는 사실은(박윤선, 『공동서신』, 210) 현재의 이 '세상'의 본질이 무엇이냐에 대해 시사하는 바가 많다.[21]

이 세상은 '더럽고 썩어지고 허무함'이 본질인 타락된 영역이다. 죄와 죽음과 하나님 없는 허무가 지배하는 곳이다(벧전 1:4). 그리고 '공중의 권세 잡은 자 마귀'(엡 2:2)가 일시적이고 제한적으로 지배하는 곳이며, 그래서 그는 '세상 임금'(요 12:31; 16:11)으로 불리기도 한다. 그리고 타락한 천사들에게서 유래했을 더러운 귀신들이 가득한 곳이 이 세상이다. 예수님께서 이 땅에 오셨을 때, 그 많은 귀신들을 쫓아내시고 죄를 사하셨으며, 죽음을 이기시고 부활하심으로써, 그리고 승천하사 성령을 보내심으로써, 죄와 죽음과 허무 곧 더러움과 썩어짐과 허무함이 지배하는 이 세상을 이기고 승리하셨다(요 16:33). 그분을 통해, 이 세상에 '의와 생명과 하나님의 성령이 통치하시는 하나님의 나라'가 전격적으로 회복되었고, 지금도 회복되고 있으며, 장차 그가 다시 오실 때 '새 하늘과 새 땅'으로 온전히 회복될 것이다(3:13; 계 21:1).

---

21 베드로전서 3:19의 '옥에 있는 영들'도 창세기 6:1의 타락한 천사들을 배경으로 하는 표현으로 '이 세상'을 가리킨다(Michaels, Elliot, Davids). 채영삼, 『십자가와 선한 양심』, 305 참조.

그러므로 예수 믿고 복 받아 이 세상을 얻는 것이 성공한 믿음일 수가 없다. 예수 믿어서 '금'(돈, 재물, 성공)을 얻는 믿음이 성공한 믿음이 아니라, 여러 가지 시련 가운데서라도 '금보다 귀한 순전(純全)한 믿음'으로 남는 것이 '성공한 믿음'이다(벧전 1:7). 예수 믿고 복을 받아 세상을 얻어도, 그 세상은 '더럽고 썩어지고 허무한' 본질을 벗어날 수 없다. 그래서 '예수 믿고 복 받고 망하는' 일이 오히려 흔한 것이다. 이스라엘 백성이 그랬고, 서구의 교회가 그랬고, 지금 이 땅의 교회가 서 있는 길이다.

예수 믿고 이 세상을 얻는 것이 복이 아니라, 예수를 믿은 것이 이미 이 세상을 나간 것이다. 하나님께서 예수 그리스도의 구원 사역을 근거로, 성령의 역사를 통해, 믿는 자들을 이 세상에서 '분리'시켜 내신 것이다(벧전 1:2-3). 그리고 이 세상에 '제사장 나라'로 다시 보내신 것이다. 그래서 교회는 이 세상에서 '임시 거주 외국인이요 여행자'로 지나간다. 이 세상이 타락한 천사들이 갇혀 있는 어둠과 죽음의 처소라면, 감옥이요 지옥인 이곳에서 온전히 나가는 것, 곧 출애굽(exodus) 하는 것이 구원일 것이다.

그런데 이 세상과는 다른 그 '새 하늘과 새 땅'의 본질인 부활 생명과 의와 성령의 통치가, 주 예수 그리스도를 통해 이 땅에 전격적으로 들어오기 시작했다. 종말 이후에나 시작될 미래가, 주 예수 그리스도의 죽으심과 부활 사건을 통해 악한 자 마귀가 임금 노릇하는 이 세상에 전격적으로 침입(invasion)한 것이다. 적진(敵陣)은 그 본부부터 폭격을 맞고 허물어지기 시작했다. 마귀는 하나님의 아들을 십자가에 못 박은 죄로 범죄자로서 영벌(永罰)의 심판을 선고받았다. 귀신들은 쫓겨났고, 이제 하나님과 그리스도의 통치 곧, 죄 사함의 통치, 은혜의 통치, 성령의 통치, 진리의 통치, 의의 통치가 바닷물 밀려오듯 이 세상 안으로 쏟아져 들어오기 시작했다.

죄로 더러워지고 죽음으로 썩어 가고 하나님 없는 허무에 갇힌 이 세상은 사실상 끝났다. 지금 사라지고 있고, 장차 온전히 갱신(更新, regeneration)될 것이다

(고전 7:31; 고후 5:17; 벧후 3:10-12; 계 21:5). 의와 생명과 영원한 나라가 '시작되었고', 전격적으로 '다가오고' 있다. 그래서 예수 믿고 세상 복을 받는 것이 복이 아니라, 예수님 자신이 복이다. 예수 믿고 세상 복을 얻는 것이 복음이 아니라, 예수님 자신이 복음이다. 그가 새 하늘과 새 땅의 시작이기 때문이다. 당신이 들은 복음은 어떤 복음인가?

'아끼지 않으시고'

하나님께서는 범죄한 천사들을 '아끼지 않으시고' 끝내 심판하셨다(4절). 천사들뿐 아니라, 5절에 나오는 대로 노아 시대 때 물로 심판하신 옛 세상도 결국 '아끼지 않으셨다.' 5절의 한글 번역은 '용서하지 아니하시고'로 되어 있지만, 이는 하나님께서 용서하지 않으시려 했다는 오해를 불러일으키는 번역이다. 4절의 경우와 마찬가지로 5절의 '아끼지 않으시고'(우크 에페이사토, οὐκ ἐφείσατο)라는 표현은, 오히려 하나님께서 용서치 않으려 하시는 모습보다 간절히 용서하고자 하시나 그럴 수 없었다는 인상을 남긴다.

원래 '아낀다'는 표현은, 그 대상이 원래 갖고 있는 어떤 가치를 인정해서 버리기 어려워하고 있는 상황을 연상하게 한다. 예를 들어 보자. 맛있는 빵을 얻었는데 먹으려는 순간 어디에 부딪혀서 땅에 떨어뜨렸고, 그만 한쪽이 진흙탕물에 젖고 말았다. 순간 이런 생각이 들 수도 있을 것이다. '더러운 물에 젖은 쪽만 뜯어내고 빵의 다른 부분은 남겨 보자'고. '아깝다'는 생각 때문일 것이다.

본문의 뉘앙스도 다르지 않다. 천사들도 귀하다. 인간 편에서 보면, 천사들은 더 영적이고 높은 존재처럼 보인다. 하나님께서 충분히 '아끼실 만한' 존재들이다. '옛 세상'도 마찬가지였다(5절). 하나님께서 지으신 후에 '보시기에 좋았더라'고 하셨던 아름다운 세상이었다. 타락한 천사들과, 그들을 따라 자기의 지위와 위치를 벗어나 무법(無法)하고 방탕하고 탐욕스러운 죄악으로 내달렸던 악인들이 나빴던 것이지, 이들의 무대가 되는 세상이야 어찌 아깝지 않겠는가. 하지만 천사들의 경우에도 그리고 노아의 때 그 옛 세상의 경우에도 '죄의 오염'은 온 세상을 부패하게 하는 지경에 이르렀다. 그들의 '탈선'(脫線)의 결과는 총체적인 심판을 피할 수 없을 정도였던 것이다. 그래서 하나님께서 '아끼지 않으셨다'는 것은, 죄와 불경건이 초래하는 결과가 돌이킬 수 없이 파괴적일 수 있다는 진리를 알려 준다.

사람이 유혹을 받고 범죄할 때도 '아깝다'는 생각을 하게 된다. 썩은 사과도 버리려면 아깝다. 잘못하면 썩은 부분을 먹을 위험이 있지만, 다 버리기에는 아깝다고 느끼는 것이다. 배가 정말 고프다면, 비록 쉰 음식이라도 덜 쉰 부분을 골라서 버리지 않고 먹고 싶을 것이다. 아깝다고 느끼기 때문이다. 우리는 때로, 사랑의 하나님께서 '설마 그렇게까지 하실까'라고 상상한다. '너그럽게 간과하시겠지'라고 생각할 수도 있다. 하지만 베드로가 열거하는 구약의 판례들은, 하나님께서 '아끼지 않으셨다'는 엄위함의 증거를 보여 준다. 마치 좋은 의사가 환자를 살리기 위해 환부를 과감히 도려내듯이, 하나님께서 그 선하고 좋고 아름다운 부분이라도, 죄에 심각하게 오염되었을 때는 '아끼지 않으셨다'는 사실을 반드시 기억해야 한다.

그만큼 하나님 앞과 하나님의 세계에서 불법, 죄, 불경건은 설 자리가 없다. 너무 심하다고 느끼는가? 하지만 하나님이야말로 오래 참고 기다리지 않으셨는가. 노아가 장차 오는 심판에 대해 외칠 때, 모두 듣지 않고 조롱하고 비웃지 않았는가. 하나님께서 그 세상을 '아끼지 않으신' 것은, 죄인들이 오래도록 그런 말씀의 초청과 회개의 부르짖음을 '전혀 아끼지 않고 버려둔' 결과이지 않았는가. 경고를 들어야 한다. 반드시 들어야 한다. 늦기 전에 들어야만 한다. 주변에서 당신에게 고함치는 '의의 전파자'는 누구인가? 당신은 귀를 기울이는가? 당신을 '아끼시는' 하나님께 돌아오라.

삶으로
내리는 뿌리

악(惡)의 현상학

악이 악으로 드러날 때, 처음에는 부끄러워한다. 빛 가운데 드러났기 때문이다.

조금 지나면, 악은 죄를 변명한다. 죄를 죄가 아닐 수도 있다고 말한다. 빛 가운데서 악으로 남아 있을 수 있다고 생각한다.

조금 더 지나면, 악은 죄가 죄가 아니며 오히려 선이 악이라고 주장한다. 빛은 빛이 아니며, 어둠이 빛이라고 주장한다. 자신의 어둠에 스스로 갇히기 시작한다.

아주 더 지나면, 악은 선을 없애려 든다. 빛이 남아 있는 한, 자신이 어둠일 수 없기 때문이다. 빛을 없애는 것, 완전한 무지(無知) 속에 들어가는 것만이 완전한 흑암 속에 들어가는 것만이 살길이라고 생각한다.

그것이 악이 스스로의 무지, 자신의 어둠에 갇히는 방식이다. 그것이 심판이다. 악은 그 죄 때문에 망하는 것이 아니라, 그 죄에서 돌이키지 못하는 자신의 어둠 때문에 파멸한다.

그래서 돌이킴, 빛으로 나옴, 자백함, 자신을 보는 것, 빛을 보는 것, 걸어 나오는 것, 회개보다 귀한 길은 없다. 생명의 길이다.

"악을 선하다 하며 선을 악하다 하며 흑암으로 광명을 삼으며
광명으로 흑암을 삼으며 쓴 것으로 단 것을 삼으며

단 것으로 쓴 것을 삼는 자들은 화 있을진저"(사 5:20)

"하나님은 빛이시라 그에게는 어둠이 조금도 없으시다는 것이니라 …
만일 우리가 우리 죄를 자백하면 그는 미쁘시고 의로우사 우리 죄를 사하시며
우리를 모든 불의에서 깨끗하게 하실 것이요"(요일 1:5, 9)

바벨탑과 십자가

"천국을 목표로 삼으면 지상도 얻게 될 것이다. 지상을 목표로 삼으면
아무것도 얻지 못한다." - C. S. 루이스

'바벨탑'은 계속 쌓아 올리는 것이다. '인생의 목적은 자아실현'(self-realization)이라는 근대주의(近代主義)의 목표처럼, 할 수 있는 한 자기 자신을 확장하고 높고 크게 쌓아서 널리 퍼뜨리는 것을 그 이상(理想)으로 한다. 과업과 실적(實績)이 그 사람의 가치와 의미를 평가한다. 무엇을 이룩했으며, 무엇을 남겼느냐가 그의 삶이 얼마나 위대했느냐를 결정하기 때문이다. 에덴동산, 모든 것이 하나님의 은혜요 그가 주신 영광을 덧입어 살던 그곳으로부터 쫓겨 나온 인류는, 저주받은 세상에서 '땅을 갈고 땀을 흘려야 먹을 수' 있었다. 자신의 힘으로, 자신의 방법으로, 자신의 목표를 향해 일구고 가꾸고 얻어서 쌓아 놓고 크고 많게 소유하는 것이 곧 자신의 영광이 되는 식의, '하나님 없는 삶', 허무한 삶을 시작한 것이다.

복음은 이 모든 것을 거꾸로 돌려놓는다. '십자가'는 자기 자신이 근원이고 방법이고 목적인 타락한 인간의 삶을 다시, 은혜와 영광의 세계로 돌려놓

는다. 십자가의 세계는 '자아실현'의 세계가 아니라, '관계실현'(關係實現)의 세계이다. 사람이 다시, 사람이 되는 이유는 하나님과의 바른 관계를 회복했기 때문이다. 십자가의 세계, 은혜의 세계 안에서, 사람의 목적은 자기 자신과의 관계, 이웃과의 관계, 세상과의 바른 관계의 회복 속에서 성취된다. 그 모든 관계를 다 깨고 자아를 실현하는 것을, 결코 성공이라고 부르지도, 업적이라고 부르지도 않는다.

십자가의 세계, 은혜의 세계, 영광의 세계에서는, 하나님과 바른 관계, 자신과 바른 관계, 이웃과 그리고 세상과 바른 관계를 회복한 사람이 성공한 사람이다. 그에게는 따로 자신의 업적이나 일구어 낸 영광이 필요 없다. 십자가의 세계 안에서, 비할 바 없는 영광은 하나님의 선물이다. 선물로 주신 그 아들이 '지극한 영광의 광채'이시다. 그 아들의 '의'(義)와 거룩, 지혜와 생명, 부와 존귀, 구원과 능력이 모두 그의 것이다(고전 1:30).

그래서 십자가의 세계 안으로 들어간 사람은, 그의 평생의 수고와 노력이 더 이상 자신의 의와 헛된 영광의 바벨탑을 세우는 것으로 소모되지 않는다. 그의 일은 이제, 하나님께서 그에게 은혜로 주신 '썩지 않고 더럽지 않고 쇠하지 않는' 생명, 의, 구원, 영광을 '결단코 잃지 않도록 지켜 내는' 것이다. 하나님의 사랑 안에서, 그 은혜 안에서, 그 부르심과 택하심을 '굳게 하는' 것이다. 인간이 세상에서 따로 일구어 낼 영광이 없기 때문이다. 예수 그리스도라는 '업적' 외에 다른 '성과'를 얻을 일도 없기 때문이다.

그러므로 성도의 모든 싸움은, 성도의 복된 은혜의 자리를 '지키는 것'이다. 이것이 성도의 가장 큰 경건의 내용이다. 인간이 하나님께서 주신 원래의 자리, 그 은혜와 영광의 자리를 벗어난 것이 '타락'이기 때문이다. 그래서 십자가로 회복된 사람은, 하나님의 형상으로 회복하시는 하나님의 생명과 경건의 능력 안에 머무는 것이 자신이 힘써야 할 최선의 일이 된다. 사람으로 지음 받았으므로 사람의 자리를 지키는 것이다. 결단코 하나님이 되지도, 짐승이 되지도, 돈이 되지도, 쾌락이 되지도 않기로 결단하고, 그 성도의 영광스러운 자리, 하나님의 아들의 형상을 닮게 하시는 그 은혜의 자리에 굳게 서는 것이다. 거기서 터가 굳어져, 세속의 그 어떤 방해나 유혹이나 미혹이나 핍박이나 훼방이나 속임에도 흔들림 없이, 이 복되고 영원한 생명의 자리를 지키는 것이다.

성도의 싸움은 그래서 뜻밖의 싸움이다. 스스로 무엇을 성취하려는 싸움이 아니라, 하나님께서 주신 모든 은혜를 잃어버리지 않는 싸움이다. 썩어지고 더럽고 허무한 세상과 함께 불타서 사라질 바벨탑을 '쌓는' 싸움이 아니다. 그 불의 심판을 견디어 내고도 남는 십자가의 비밀과 영광을 '지켜 내는' 싸움이다. 세상의 눈에는 소극적으로 보이지만, 영적으로 보면 가장 적극적인 싸움이다. 그것이 가장 적절하고, 겸손하고, 지혜롭고, 치열한, 진짜 성도의 싸움이다. 헛된 싸움을 싸우지 말라.

"하나님의 사랑 안에서 자신을 지키며 영생에 이르도록
우리 주 예수 그리스도의 긍휼을 기다리라"(유 21절)

(2) 판례(b) – 노아의 홍수(5절)

그렇다면 하나님께서 '아끼시는' 것은 무엇인가? 사람마다 자신이 아끼는 것들이 있다. 새로 산 차를 아끼기도 하고, 소중한 벗을 아끼기도 하고, 혹은 은밀한 죄를 아끼기도 한다. 하나님께서는 무엇을 아끼시는가? 다른 것들을 다 아끼지 않으셔도 하나님께서 아끼시는 것이 있다. 5절에 나오는 대로 '경건한 사람들'이다. 왜냐하면 하나님께서 '아끼지 않으신' 옛 세상을 '불경건한 자들의 세상'으로 묘사하기 때문이다. 하나님께서 그들을 아끼지 않으셨던 이유는 그들의 불경건 때문이고, 반대로 하나님께서 아끼셔서 구원하신 노아는 '경건한' 사람이었다.

그러니까 경건한가 아니면 불경건한가가 최종 구원의 기준인 셈이다. 구원받는 믿음이란 그래서 경건의 열매가 있는 믿음이다. 믿음은 있다고 말하는데 그 사람과 삶이 불경건하고 패역하다는 것은 곧 그의 믿음이 거짓된 것임을 증명하는 셈이다. 거룩하신 하나님을 믿는 믿음이 어떻게 불경건에 이를 수 있는가. 그럴 수는 없다. 참된 믿음, 구원받는 믿음, 거룩하신 하나님을 믿는 믿음을 가진 사람은 자신도 거룩하며 경건함에 이른다. 그리고 한 사회 속에서 교회의 경건함, 성도의 경건함은 그들의 구원에만 그치지 않는다. 성도의 경건에는 그들 자신의 구원, 그 이상의 중차대한 의미가 있다. 노아의 경우가 그러했다. 새롭게 번역한 5절의 말씀을 읽어 보자.

> "5절 또한 옛 세상을 아끼지 않으셨는데, 하지만 여덟 번째 사람 곧 의의 전파자 노아를 불경건한 자들의 세상에 덮친 큰 홍수로부터 지키셨던 것입니다."

세상을 구하는 '경건'

세상을 구하려면 어떻게 해야 할까? 어떻게 하는 것이 세상을 위해 가장 복된 행위가 될까? 농업을 열심히 해서 많은 곡식을 산출해 많은 굶주린 사람들을 먹일 수도 있다. 국회 같은 곳에 가서 약자들을 보호하는 좋은 법들을 제정하여 많은 사람들이 도움을 얻게 할 수도 있다. 그것도 세상을 크게 유익하게 하는 길이다. 과학적 발명을 통해서 놀라운 기술을 발전시킴으로써 많은 사람들을 유익하게 할 수도 있고, 이전에는 고치지 못했던 병을 고칠 수 있는 새로운 의술을 개발하는 것도 세상을 유익하게 하는 방편이다. 만일 하나님이 존재하지 않으신다면, 이런 방법들 외에 세상을 위해 할 수 있는 다른 최선의 방법들이 따로 없을 것이다.

물론, 구체적으로 이런 일들을 통해 세상을 실제로 유익하게 할 수 있다. 하지만 만일 세상이 하나님에 의해 창조되었고, 하나님께서 이 세상을 다스리는 일을 위해 사람을 만드셨다면 사정은 조금 달라진다. 세상을 대하여 그런 모든 유익한 일들을 하기 전에, 그보다 더 근본적인 해결책이 있어야 한다. 하나님이 창조주이신 것이 맞는다면, 이 세상을 보존하고 잘 다스리는 일에 있어서 가장 우선되어야 하는 것은, 그에게 다스림의 권세를 위임하신 하나님을 경외하느냐의 여부이다. 과연 그가 하나님을 사랑하고 순복하여 그의 뜻대로 피조 세계를 대할 것이냐, 그렇지 않을 것이냐이다. 이것보다 더 결정적인 문제는 없다.

피조 세계는 창조주이신 하나님께로부터 그 생명을 빚지고 있다. 창조주 하나님이 생명의 근원이시다. 그분께서 생명을 주시지 않으면, 생명을 누릴 수 있는 존재는 없다(요 1:3; 행 17:28; 고전 8:6; 골 1:16). 피조 세계는 하나님께로부터 거룩을 빚지고 있다. 죄로 인해 거룩하신 하나님께로부터 분리되기는 했지만, 하나님께서는 여전히 그의 거룩하심으로, 이 세상의 죄가 완전히 세상을 썩어짐으로 변질시키지 못하도록 은총을 베풀고 계신다. 이 세상은 허무를 이기지 못한다. 하지만 이 세상에서도 무엇인가를 하며 의미를 찾고, 또 역사를 통해 우리 삶의 의미가 후대에도 남을 것을 기대하는 것은, 영원하신 하나님께서 이 세상을 붙들고 계시며 최후의 갱신을 통해서 새롭게 하시고 보존하실 것이라는 기대 때문이다.

그래서 세상을 다스리는 문제에 있어서는, 생명의 근원이시며 거룩하시고 또한 영원하신 하나님께 속한 대리 통치자들이 필요하다. 그것이 중생하여 회복된 새로운 인류, 곧 지금의 하나님의 백성 된 교회이다(참조. 마 3:15-16; 4:1-11, 12-25). 하나님께서 이 피조 세계를 다스리는 일을 사람에게 맡기셨기 때문에, 그 사람이 어떤 사람이냐가 결정적이다. 우리들에게는 늘 이 죄악 되고 부패하고 허무한 '세상이 문제'이지만, 하나님께는 그런 세상을 자신의 뜻대로 다스릴 '사람이 문제'인 것이다.

그것이 창세기에 기록된 대로, 첫 사람 아담이 하나님의 말씀을 버리고 범죄하자(창 3:1-24) 곧 죄가 세상에 들어오고 죄의 결과인 사망이 세상을 지배하여 세상이 허무함의 종노릇하게 된 원인이다(롬 5:12-21). 하나님께서 이 세상을 통치하시기 위해서는 '경건한 사람'이 필요하다. 하나님께서는 그런 사람, 그런 하나님의 백성들을 통해, 자신의 생명과 거룩 그리고 그 영원하심이 그들뿐 아니라 또한 그들을 통해 피조 세계를 회복하고 보존하도록 하신다. 사도 바울이 로마서에서 고백한 그대로, 모든 피조물들은 허무한 데 굴복하면서도 하나님의 아들들이 나타나기를 고대하는 것이다(롬 8:19-22).

당신도 '여덟 번째 사람'인가?

그래서 경건이 세상을 구한다. 소돔과 고모라의 예고된 멸망 직전까지, 의인 열 명을 찾으셨던 것처럼, 하나님께서는 우리에게서 '세상을 구하는 경건'을 찾으신다. 노아의 시대가 이와 같았고, 노아는 하나님께서 새로운 세상을 위해 찾으시는 사람이었다. 5절은 하나님께서 홍수에서 건진 사람(들)을 언급하는데, 많은 영어 번역들의 경우처럼(RSV/NRS/NIV) 개역개정은 '노아와 그 일곱 식구'로 풀어서 설명했다(참조. 창 8:18). 하지만 원문에는 '여덟 번째 사람, 노아'(오그둔 노아, ὄγδοον Νῶε; KJV)로 되어 있다. 베드로전서 3:20에서 홍수로부터 구원받은 사람을 '여덟 명'(옥토 프쉬카이, ὀκτὼ ψυχαί)이라 한 표현과 유사한 맥락이다.

왜 '여덟'이라는 숫자가 강조될까? 베드로의 이런 일관된 강조는, 당시 초기 그리스도인들 사이에서 '여덟'이라는 숫자가 제7일째인 안식일 다음에 일어난 '주 예수 그리스도의 부활'을 기념하는 날이며, 그래서 또한 '새 창조'(New Creation)를 상징하는 숫자였다는 사실과 관련이 있다. 이는, 베드로전서 3:20의 전후 문맥에서 심판을 지나 펼쳐지는 '하늘의 영역'(벧전 3:22)에 대한 언급뿐 아니라, 베드로후서 2:5의 전후 문맥에서도 '옛 세상'(2:5; 3:5-7)과 '새 하늘과 새 땅'(3:10-13)이 대조되는 것을 볼 때 더욱 분명하게 드러난다. 노아는 당시 옛 세상과 함께 홍수 심판으로 사라졌던 불경건한 사람들과는 달리, 심판 후에 펼쳐졌던 새로운 세상, 새 창조의 세상에 적합했던, 그 새로운 나라를 위한 새사람으로서 '여덟 번째' 사람이라 칭함을 받았던 것이다.

그렇다면 노아의 어떤 특징이 그로 하여금 '여덟 번째 사람' 곧 장차 오는 '새 하늘과 새 땅'에 적합한 사람이 되게 하였는가? 베드로는 2:5에서 노아의 특징을 하나 더 추가한다. 그는 '의의 전파자'(디카이오쉬네스 케루카, δικαιοσύνης κήρυκα)였다는 것이다. '의'(義)는 베드로후서가 매우 중요하게 다루는 개념이다. 서신의 인사말에서 언급된 '우리 하나님과 구주 예수 그리스도의 의로 말미암아'(1:1)라는 표현에서 그 '의'는 구체적으로 성부 하나님의 언약적 신실함과 그 언약을 따라 아버지의 뜻에 자신을 드리신 예수 그리스도의 순종하심 그리고 그 결과로 믿는 자들에게 주어진 선물로서의 '의'를 뜻할 것이다. 하지만 믿음을 통해 이런 '의'를 선물로 받은 성도는 지속적으로 성장하여, 덕을 갖추고, 덕에 지식을, 지식에 절제를, 절제에 인내를, 인내에 형제 우애를, 형제 우애에 사랑을 갖춤으로써, 실제로 '의로운' 신적 성품을 갖추어 간다(1:4-7). 이런 의미에서 '의'란 하나님께서 창조하시고 또 재창조하시는 그의 세상을 구성하고 지탱하는 '모든 바른 관계'(righteous relationships)를 의미할 것이다. 하나님께서 정하시고 말씀하신 모든 바른 관계들, 곧 '의'를 이루어 갈 때, 거기에 하나님의 생명과 거룩 그리고 영원한 임재가 함께하는 화평(shalom)의 세계가 드러나는 것이다.

그러므로 성도는, 하나님 아버지와 그 아들 예수 그리스도께서 주신 선물로서의 '의'를 믿음으로 받아, 모든 의로운 바른 관계, 곧 하나님과의 관계, 자기 자신과의 관계, 이웃과 그리고 세상과의 바른 관계 속에서 실제로 의로운 자로 성장해 간다. 그것이 신적 성품이며, 그런 의와 거룩의 성품을 갖춘 자가 장차 오는 새 하늘과 새 땅에 들어가 그 영원한 나라를 다스리기에 적합한 백성이 되는 것이다. 이런 점에서 베드로가 새 하늘과 새 땅의 특징을, '의의 거하는 바'(3:13) 곧 '의'가 영속적으로 내재하여 죄나 불의의 방해 없이 펼쳐지고 시행되는 것으로 묘사한 것은 결코 우연이 아니다. 즉, 선물로서 주신 '의'(1:1)를 받은 성도가 신적 성품에 참여하고 성장하여 '의로운' 자들로 성장하며(1:4-11; 또한, '의의 길', 2:21), 바로 이들이 '의가 거하는' 새 하늘과 새 땅, 그 영원한 나라에 들어가는 것이다(3:14, 17-18).

이런 점에서 2:5의 본문이 노아를 묘사할 때, 그가 단지 '의를 전파했다'고 말하지 않고, 그를 의의 '전파자'(케루카, κήρυκα)라 했다는 것은 흥미롭다. 성경이 자주 강조하는 바이기는 하지만, 성경은 하나님의 백성의 어떤 행위들을 요구한다기보다, 그런 행위들을 항상 행하여 열매 맺을 수 있는 '그런 사람들'이 되는 것을 요구한다(참조. 약 1:22, '듣기만 하는 사람', '행하는 사람'). 베드로후서도 새 하늘과 새 땅이 오는 것을 선포하면서, 최종적으로 '너희는 어떠한 사람이 되어야 하겠느냐!'(3:11)라고 묻는 것이다. 믿음으로 '의'를 선물로 받아 '의롭다 하심을 입은' 사람은, 그 '의로운 관계' 안에서 성장해야 하며, 그것이 그로 하여금 '의의 거하는바' 새 하늘과 새 땅에 들어가 살기에 합당한 사람으로 만든다는 사실을 잊지 말아야 한다.

'오직 믿음으로 의롭다 함을 받은'(롬 3:28; 갈 2:16; 참조. 벧후 1:1) 것을 확신하는 당신은 어떠한가? 그 '의'(義) 곧 하나님께서 창조 세계에 의도하신 그 모든 바른 관계 안에서 지속적으로 성장하고 있는가? 하늘에 속한 생명과 경건의 능력을 힘입고 누리며, 그 안에서 실제로 의를 행하며 또한 '의로운 사람'으로 성장하고 있는가? 그 옛날 노아가 의를 전파하면서, 스스로도 그 새 창조의 세계에 적합한 자로 준비되었던 것처럼, 우리도 '의가 거하는 새 하늘과 새 땅'을 선포하면서 우리 자신도 그 '의의 나라' 즉, 모든 바른 관계 안에서 하나님의 생명과 거룩 그리고 그의 임재가 충만한 그 나라에 합당한 백성으로 변모해 가야 한다. 그것이 이미 이루어진 구원('선물로 받은 의')이며, 현재 이루어지고 있는 구원('의의 신적 성품')이고, 또한 장차 온전히 이루어질 구원('의가 거하는 새 창조의 세계에 들어감')이다. 당신은 구원받았는가? 지금도 구원받고 있는가? 장차 구원받게 될 것인가? 힘써 신적 성품에 참여하라.

(3) 판례(c) – 소돔과 고모라(6–8절)

하나님께서 인간의 역사에 결정적으로 개입하시는 순간에는, 그만큼 결정적인 심판과 구원의 사건이 일어난다. 그분 자신의 오심이 불경건한 자들에게는 '뜻밖에' 닥쳐온 종말이요, 그분을 기다리며 그 말씀에 순종하느라 인내하며 견딘 자들에게는 '기어코' 성취되는 구원의 순간이 된다. 그 결정적인 순간까지는, 모호함이 증대할 것이다. 악인들은 계속해서 악을 행하고도 벌 받지 않고, 의인들은 선을 행하고도 오히려 고통당하며 기다려야 하는 기간이다. 거짓 교사들은 '그것 봐라, 아무 일도 없지 않느냐, 그저 손해 보는 일은 피하고 적극적으로 네 탐욕을 채우라'고 선전하고 가르치는 기간이요, '의의 전파자'들은 듣기에 괴롭기만 한 '의의 길'과 '인내', 그리고 올 것 같지 않은 '새 하늘과 새 땅' 곧 '의의 거하는바' 새 세상을 준비하라고 설교하는 기간이다.

악인(惡人)이 자신의 코앞에 닥쳐오는 심판의 날을 보지도 못하고 준비하지도 못하는 이유는, 그의 심령이 그만큼 죄와 악에 더럽혀지고 부패하여 아주 어두워지기 때문이다(1:8-9). 소돔과 고모라에 살았던 사람들도 바로 그런 경우였다. 6-8절은, 하나님께서 결코 '불경건'한 자들을 간과하지 않으시고 반드시 심판하신다는 또 하나의 판례를 보여 준다. 6-8절의 말씀은, 창세기 18-19장에서 펼쳐지는 '소돔과 고모라의 멸망'이라는 대하드라마의 축소판처럼 읽힌다. '거짓 교사들의 활동과 그들에 대한 심판'이라는 2장의 전체 주제 아래서 살펴보면, 소돔과 고모라의 멸망과 함께 롯의 역할에 대한 진지한 질문이 생긴다. 본문을 상세히 들여다보자.

> "6절 또한 잿더미가 된 도시들인 소돔과 고모라에 파멸을 선고하심으로써, 장차 있을 불경건한 자들에게 표본으로 남게 하셨고, 7절 한편, 의로운 롯은 하나님 없는 자들의 방종한 행실들에 의해 고통당하던 중에 건져 냄을 받은 것입니다. 8절 이는, 그 의인이 그들 가운데 처하여, 날이면 날마다 보여지고 또 들리는 것들에 의해, 그 의로운 영혼이 그들의 무법한 행위들로 시달렸기 때문입니다."

심판의 원인 – 동성애? 불의?

6절은, 하나님께서 소돔과 고모라의 성읍들을 잿더미로 만들어 버리셨다는 사실을 기록한다. 끔찍한 결과이다. 그 풍요한 도시에서 별일 없이 살고 있었던 그들로서는 전혀 생각지도 못했던 재앙이었을 것이다. 그들의 뜻대로 되지 않았다. 하나님께서 심판을 선고하셨기 때문이다. 돌이킬 수 없는 심판의 원인은 무엇이었던가? 성벽이 튼튼하지 않아서였는가? 성을 지키는 군사들이 없었던가? 소돔과 고모라는 그 지역 자체가 비옥하여 부유한 도시들이었다(창 13:10). 성읍들을 안전하게 지키기에 재력이나 군사력이 부족하지는 않았을 것이다. 그들이 순식간에 잿더미로 불타 버렸던 원인은, 오히려 그들의 '불경건'이었다(2:6).

일단, 소돔과 고모라의 멸망을 통해서 받아야 하는 교훈이 있다면, 그리스도인들은 그들이 속한 사회에서 사람들의 '불경건'에 예민하게 반응해야 한다는 것이다. 사람들이 인정하든 그렇지 않든, 그들의 세상을 통치하시는 분은 하늘의 하나님이시기 때문이다. 무엇보다 교회 자신이 '경건'에 힘써야 한다. 어쩌면 그것이 교회가 자신이 속한 사회에 가장 크게 기여하는 길이다. 하나님께서는 소돔과 고모라를 향해 심판을 선고하시기 전에, 그들 가운데서 '의인들'을 찾으셨다(창 18:20-33). 그 성읍들에 거하면서 거기서 '의와 공평'을 행하는 자들이었다. 소돔과 고모라에는 그렇듯 그 안에서 의와 공평을 행하는 의인들이 거의 없었다. 그 결과로 소돔과 고모라는 불의와 불공평이 가득한 패역한 도시가 되었다. 그것이 저들의 불경건의 내용 중 하나였다.

오늘날, 소돔과 고모라가 자주 사람들의 입에 오르내리는 이유는 그 안에서 행해졌다고 하는 '동성애'(homosexuality) 때문이다. 남자끼리의 성행위를 뜻하는 '남색'(男色, 아르세노코이테스, ἀρσενοκοίτης, 유 7절)이라 하는데 이를 영어로 '소돔 사람'(Sodomy)으로 불러 왔던 것도, 기독교 문화권에서는 오랫동안 소돔과 고모라를 동성애와 연관 지어 왔다는 사실을 보여 준다. 무엇보다, 창세기 19장에서 소돔 사람들이 롯을 찾아온 나그네들('천사들', 창 19:1-2, 11-12)을 강간하려 했다는 점은 설사 소돔 사람들이 나그네들을 핍박하고 압제했던 포학한 행위의 사례라고 하더라도 그 방식이 '동성애적 강간'이었다는 사실을 덮지는 못한다. 롯이 자기의 딸을 내주려고까지 했지만, 소돔 성 주민들이 그마저도 거부했다는 점은 그들의 동성애적 광기(狂氣)와 그 패역함이 어느 정도였는지를 뚜렷이 보여 준다(창 19:8-9).

소돔과 고모라의 멸망의 원인이 동성애가 아니라고 주장하는 학자들은 종종 에스겔 16:49-50에 호소한다(참조. 눅 17:28-33). 소돔의 죄악은 그들의 '교만함'에 있으며 양식의 풍족함과 태평함에도 불구하고 '가난하고 궁핍한 자를 도와주지 아니한' 데에 있다고 보는 것이다. 즉 '의와 공평'함을 시행하지 않고 가난한 자들을 억압한 죄이다. 또한 이런 사실은, 창세기 18장에서 소돔과 고모라의 죄악을 언급하는 문맥에서도 확인된다. 창세기 18:20에 '소돔과 고모라에 대한 부르짖음이 크고 그 죄악이 심히 무겁다'는 말씀이 있는데, 이는 바로 그 앞 절인 19절에서 하나님께서 아브라함을 택하신 이유가 그와 그 후손들로 하여금 '여호와의 도를 지켜 의(義)와 공도(公道)를 행하게 하려' 하심이라는 내용과 극적인 대조를 이룬다. 다시 말하면, 소돔과 고모라(창 18:20)는 '의와 공도'(창 18:19)를 버린 대표적인 타락한 도시들로 묘사되는 것이다. 아브라함은 이 타락한 도시들을 심판할 대리자로서, 여호와의 도를 지키며 '의와 공도'를 시행하는 새로운 백성의 선조로 묘사되는데, 실제로 하나님은 소돔과 고모라의 멸망을 두고 아브라함과 변론하시며 그 성읍들에서 의와 공도를 행하는 의인들을 찾으셨던 것이다(창 18:16-33).

이처럼 소돔과 고모라의 심판의 원인에는, 저들이 가난한 자들을 핍박하고 나그네들을 폭행했던 '불의와 불법'이 있었다. 하지만 그들의 불의와 불법한 행위들 가운데 심각한 한 사례로서 '동성애적' 관행이 언급된 것도 부인할 수 없는 사실이다(창 19:1-11). 또한 소돔의 불의가 언급된 에스겔 16장에는, 소돔의 죄악 가운데 '가난하고 궁핍한 자를 도와주지 않은' 항목이 있을 뿐 아니라 그들이 '거만하여 가증한 일'을 한 것에 대해서도 질타하신다(겔 16:50). 이 '가증한 일'이 우상 숭배와 그에 따른 '방탕한' 행실을 지칭한다면(참고. 2:7), 심판과 멸망을 부른 소돔의 죄악은 단지 사회-경제적 이유나 혹은 도덕적-성적 타락만이 아니라 총체적이라 할 수 있다. 사실, 소돔의 두 가지의 죄악 곧 그들의 '불의한 폭압'과 '동성애적인 타락상'은 동전의 양면처럼 짝을 이룬다고 할 수 있다. 둘 다, 가증한 우상 숭배의 경우처럼 '탐욕'(greed)의 발로이다.

탐욕은 우상 숭배이다(골 3:5). 탐욕은, 근본적으로 잘못된 대상을 향한 뒤틀린 정욕이다. 마땅히 하나님을 사랑하도록 창조된 사람이 피조물을 숭배하는 것이다. 사람의 가치보다 돈을 더 숭배하고 사랑하여 가난한 자들을 억압하고 약탈하는 불의를 저지르는 것도 탐욕 때문이다. 이렇듯 탐욕을 '잘못된 대상을 향한 잘못된 정욕, 혹은 사랑'으로 본다면, 남자가 남자를 향해, 여자가 여자를 향해, 또는 사람이 짐승을 향해 성적인 결합을 추구하는 왜곡된 정욕은, 하나님께서 정하신 창조의 질서 곧 피조물들 간에 정해진 바른 관계, 곧 생명의 관계를 파괴하는 '탐욕'의 결과이다. 그래서 소돔의 죄는 총체적으로 '탐욕'의 죄라 할 수 있다.

흥미롭게도, 베드로후서에 나타난 거짓 교사들의 죄의 본질도 다르지 않다. 저들은 재물에 대한 탐욕으로 거짓을 지어 만들어 가르칠 만큼 탐욕에 연단된 자들이다(2:3, 14). 동시에 음란과 방탕도 그들의 부패한 행실의 특징이다(2:2, 14, 18). 그리고 그들의 거짓 가르침은 진실하신 하나님의 말씀이 아닌, 자신들의 세속적 정욕을 섬기기 위한 가증한 짓이었다. 결국 거짓 교사들은 그들의 탐욕과 방탕, 가증한 거짓으로 인해 멸망받을 것이다. 그들의 심판과 멸망을 어떻게 확신할 수 있겠는가? 소돔이 그 증거이다. 그들도 본질상 다르지 않은 불경건을 행하다가, 하늘로부터 유황과 불이 비같이 내려 그 성에 거하는 모든 백성과 땅에서 난 것들이 모두 불타고 뒤엎어져 잿더미가 되고 말았다(창 19:24-25). 하나님께서는 탐욕의 죄를 그저 두고 보지 않으신다. 반드시 심판이 있다. 소돔의 멸망의 증거는, 당신과 내가 오늘 탐욕에서 돌아설 것을 경고한다.

롯, '길에 버려진 소금'

하나님께서 전격적으로 역사에 개입하실 때에는 심판과 함께 구원도 일어난다. 앞서 큰 홍수로 심판이 있었을 때 '의의 전파자' 노아가 건짐을 받고 새 땅으로 인도함을 받았던 것처럼, 소돔과 고모라의 심판에서 살아남은 사람으로서 이번에는 '롯'을 소개한다. 그런데 의문이 생긴다. 노아는 확실히 의인이라고 할 수 있겠지만, 롯의 경우는 의구심이 든다. 그는 정말 의인이었을까? 확실히 롯은, 노아의 경우처럼 적극적으로 '의'를 전파하거나 장차 오는 심판을 대비하여 무슨 조치를 강구한 것처럼 보이지 않는다. 롯이 자신의 사위들에게 장차 임하는 소돔의 심판에 대해서 말했을 때, 사위들이 장인인 롯의 말을 '농담'으로 여겼을 만큼 그의 말은 가벼웠다(창 19:14). 아마도 평소에 롯 자신의 행실이 그의 말을 뒷받침해 주지 못했을 가능성이 높다. 더구나 롯이 천사들의 강권에 못 이겨 자신의 아내와 두 딸들에게 경고하고 그들을 이끌어 내야 할 때에도, 롯은 어떤 이유에서인지 지체했고, 결국 롯을 포함해서 그의 아내와 두 딸을 무너지는 소돔 성 밖으로 끌어낸 것은 천사들의 손이었다(창 19:15-16). 말하자면 롯은 심판을 받아 멸망하는 소돔 성을 '제 발로' 걸어 나온 것도 아닌 셈이다. 천사들에게 이끌려 나왔는데, 그것도 하나님께서 아브라함의 간구를 들어주셨기 때문이다(창 18:22-33; 19:29). 그렇다면 이런 롯을 어떻게 의롭다 할 수 있겠는가?

하지만 7절은 분명히 롯에게 '의로운'(디카이온, δίκαιον)이라는 형용사를 붙인다. 그렇다면 롯은 어떤 점에서 의롭다고 평가를 받았을까? 7-8절에 나타난 바를 따라 롯이 의롭다고 볼 수 있는 근거는, 그가 소돔 성 사람들의 불경건하고 방탕한 행실들을 보면서 고통을 당했고, 이로 인해 그의 심령이 날마다 시달렸다는 것이다. 7절에서 롯이 '고통을 당했다'(카타포누메논, καταπονούμενον)는 표현은 그들의 악행을 보고 들으면서 마음이 '짓눌리고 상하도록 고생했다'는 뜻이다. 8절에서 '시달렸다'(에바사니젠, ἐβασάνιζεν)는 표현도 유사하게, 동의할 수 없고 동조할 수도 참여할 수도 없는 일에 대해 양심이 상하고 날마다 부대껴서 상처가 나고 고통스러웠다는 모양새를 나타낸다. 창세기 19장에서 천사들을 나그네로 집에 들였다가, 그들을 강간하려 했던 소돔 사람들로 인해 고통을 겪었던 롯의 이야기가 보여 주듯이, 롯은 그들의 죄에 동조(同調)하지 않았고 확실히 핍박을 받았음이 분명하다.

그렇다면 유다서의 '의로운 롯'이라는 평가는 어떻게 보아야 할까? 종합적으로 평가하면, 롯은 영향력은 없었지만 당대의 불경건과 불의를 애통하는 성도였다고 정리할 수 있다. 그는 소돔의 불의와 패역에 동조할 수 없었다. 하지만 그런 불경건한 세상에 대해 하나님의 의의 심판을 선포할 만큼 적극적이지는 못했다. 세속적인 영향력에 간신히 저항하면서도, 제 식구들조차 거기서부터 꺼내지 못했을 만큼 선한 영향력을 끼치지 못했던 것이다. 원래 성경에서 '의'(義)란, 우선적으로 하나님과의 바른 관계이다. 거기서부터 출발해서 자신과의 관계, 이웃과의 관계, 세상과의 관계에서 하나님께서 정하신 바른 관계를 이루어 나가, 그 바른 관계들을 통해 하나님의 거룩과 생명의 통치가 충만한 화평을 지향하게 된다. 롯은 하나님과의 관계에 있어서 간신히 자신의 목숨을 건질 만큼의 경건이 있었을 뿐, 노아처럼 장차 오는 심판과 새 세상을 선포하지도 못했고, 자신의 시대를 도전하며 당시의 하나님의 백성을 지킬 수 있었던 정도의 의인은 아니었다. 소돔의 멸망 사건을 기록한 창세기 18-19장에서, 그런 역할은 오히려 롯이 아니라 아브라함이 담당하고 있다.

한편, 노아를 최대치의 영향력 있는 경건한 의인이었다고 말한다면, 롯은 최저치의 수준에서 겨우 자신의 목숨만 건지는 성도였다고 할 수 있다. 이런 점에서, 부정적인 상징이지만 롯은 이 시대의 그리스도인의 표상처럼 떠오른다. 날마다 시대와 교회의 불의를 보며 애통하지만, 선한 영향력을 끼칠 수 없을 만큼 그 불경건과 불의에 젖어 있는 그리스도인들이다. 세상 이방인들 속에서 저들을 하나님께로 이끌 '제사장 나라'이어야 하지만, 저들로 하여금 하나님께 영광을 돌리게 하지 못하고 도리어 복음을 '농담거리'로 전락시키는 믿음의 실상이 없는 명목상의 그리스도인들이 곧 우리들의 자화상(自畵像)이 아닌가. 그래서 롯의 비참과 애통, 그의 슬픔과 실패는 고스란히 이 시대의 교회인 우리 자신의 몫이 된다. 여기서 어떻게 일어날 수 있을까?

롯은 확실히 소돔의 심판과 멸망에서 건짐을 받았다. 베드로후서의 표현은 예리하고 섬세하다. 하나님께서 롯을 '건져 내셨다'(에루사토, ἐρρύσατο, 2:7)는 표현은, '구원받았다'는 말이지만 그 뉘앙스가 다소 다르다. 마치 장작불 속에서 타들어 가는 장작을 꺼내는 것 같은 경우이지(참조. 슥 3:2), 그 타다 만 장작이 온전한 조각품으로 변화되었다는 뜻은 포함되어 있지 않다. 하나님의 구원은 '건져 내심'(rescue)뿐 아니라 '회복하심'(restoration)까지 포함하는 것이다. 그런데 롯의 경우는 '건져 내심'만 두드러졌다. 마치 예수 그리스도의 기초 위에 쌓은 것들은 모두 불타 버리고, 겨우 자신만 그 불 가운데서 구원을 얻은 것 같은 구원인 셈이다(고전 3:13-15).

오늘날로 하면 '칭의' 곧 '의롭다 하심'을 받았다고 주장하면서, '성화' 곧 '거룩하게 됨'은 없어도 되는 것처럼 믿는 태도이다. 그래도 '구원받았으니 된 것 아니냐?'고 물을지 모른다. 그런 정신과 태도가 정확히 '롯의 영향력 없는 신앙'의 본질이다. 건짐 받았다는 것은 회복을 위한 것이며, 칭의는 성화를 위한 것이다. 하나님과 바른 관계에 들어간 롯이 소돔 성안에 존재했던 이유는 '제사장 나라'가 되라는 것이었다(출 19:5-6; 벧전 2:9-10). 그가 맺는 다른 모든 관계에서 '바른 관계 곧 의'가 회복되는 '화평'(shalom)의 나라를 추구하라는 것이었다. '의에 주리고 목마른' 삶을 살라고 하신 것이다. 결단코 그 자신만을 위한 것만이 아니었다. 롯은 그 패역한 성안에서 '소돔의 소금'이고 '고모라의 빛'이어야 했다(마 5:13-15). 하지만 결국, 롯은 맛 잃은 소금, 길에 버려져 사람들에게 짓밟힌 소금이 되고 말았던 것이다.

구약에서 '소금'은 변치 않는 언약을 상징하거나(레 2:13; 대하 13:5; 민 18:19) 귀하고 긴요한 물품이기도 하지만(스 4:14; 7:22), 종종 심판의 상징으로 묘사되기도 한다(창 19:26; 신 29:23; 겔 47:11; 습 2:9). 롯의 아내가 소금 기둥이 된 경우도 부정적 심판을 상징하는 경우로서, 그 땅이 저주의 심판을 받아 황폐해졌다는 뜻이 된다. 소돔은 결국 심판을 피하지 못했다. 하나님과 그의 나라를 알았던 '의로운 롯'이 그들 가운데 있었어도 소용없었다. 그의 '애통'과 '고통'은 그 자신만의 것이었다. 소돔 성 사람들을 향한 하나님의 애통과 하나님의 고통스러운 긍휼을 롯은 얼마나 알았을까? 하나님은 소돔 성의 부패와 그 임박한 심판에 대해서 롯을 찾아가지 않으시고, 아브라함과 의논하려고 찾아가셨다. 롯은 소돔 성의 타락과 불경건이 '불편했지만', 그들의 불의함과 반역을 하나님 앞에 가지고 나아가는 제사장의 마음은 부족했던 것 같다. 그가 선한 영향력을 끼치며 무엇을 했다는 흔적도 없다.

롯은 확실히 그들 가운데서 짠 '소금'이 되지 못했다. 맛 잃은 소금이 되어, 결국 길에 버려진 소금이 되었다. 도리어 그의 아내가 성을 벗어나 도망치던 길에서 소금 기둥으로 변했다는 것은 그 땅의 저주와 황폐함의 상징으로 남아 있다. 교회가 세상에서 소금의 맛을 잃을 때, 그 세상의 심판과 결코 무관하지 않다. 노아는 '여덟 번째' 사람, 새 하늘과 새 땅의 사람으로 인정받는다. 롯은 겨우 불 가운데서 건짐을 받았지만, 세상 속에서 '제사장 나라'의 역할을 감당하지 못한 사람이다. 롯의 애통은 그 울림이 크다. 그는 무엇을 위해 울었던가. 오늘날 하나님과 그의 거룩하고 영원한 나라를 알지만, 더럽고 썩어지고 허무한 세상에 대하여 아무런 선한 영향력을 끼치지 못하는 교회를 위하여 울어야 한다. 그런 우리 자신을 향해, 울어야 한다. 오늘날 '롯'과 같은 수많은 그리스도인들은 맛 잃은 소금, 길에 버려지기 직전에 놓인 자신들의 운명 앞에, 깊이깊이 통곡해야 한다. 그리고 일어서야 한다. 우리는 세상의 '빛과 소금'이다. 제사장 나라이다. 이 사명을 회복해야 한다.

삶으로
내리는 뿌리

'사랑의 회복과 진리 안에서'

수업 중에, 동성애에 대해 어떻게 해야 하는지 묻는 문제가 나왔다. 한 학생이, '나도 죄인이고 그들도 죄인인데, 유별나게 그들만 특정한 죄를 짓는 것처럼 비난하는 것은 옳지 않은 것 같다'는 의견을 냈다.

그렇게 생각할 법하다. 세상에서는 통상 죄를 '누군가에게 피해를 주는 차원'에서 판단하기 때문에, 동성애가 죄라면 살인보다는 경미한 죄일 수 있다. 당사자 간의 일인데 간섭할 것이 무엇이냐 하는 생각 때문이다. 개인들 간의 선택에 관한 일이어서, 그들의 권리라는 것이다.

그러나 그리스도인들이, '동성애도 죄이고 나도 죄인이니 그들만 비난할 것이 없다'고 말하는 것은 조금 더 생각해 보아야 한다. 나도 너도 죄인이다. 하지만 우리가 '살인을 축하하는 퍼레이드'나 '거짓말 경진대회'를 열지는 않는다.

핵심은, '동성애가 아무런 문제가 없는 정상적인 사랑'이라는 주장 때문이다. 그런 주장만을 하는 것이 아니라, 그것을 퍼레이드로 하기 때문이다. 정말 동성애가 이성애처럼 정상적이며, 선택의 문제이고 권리의 문제인가.

학계에서 종종 언급되는 어떤 해석은, 소돔과 고모라의 죄가 가난한 자와 나그네를 핍박하는 죄였지, 동성애가 초점이 아니라고 설명한다. 그렇게 볼 수 있다. 하지만 동성애가 그런 경제적 억압과 착취의 도시에서 나타난 특징적이었던 죄악이라는 사실도 역시 지울 수 없다. 둘 다, '탐욕이 우상이 된 사회'의 '도착(倒錯)적인 사랑'의 두드러진 현상이기 때문이다.

그래서 가난한 자들에 대한 핍박을 지적하는 것도 중요하지만, 그것을 동성애에 대한 면죄부로 쓸 수는 없다. 동성애는 성경적으로 보면, 혼돈(chaos)의 상징이다. 창조 질서의 전복(reversal)을 알리는 선명한 표시이다. 가난한 자를 억압하고 탈취하는 것을 '소수의 권리'라 하지 않듯이, 동성애도 소수의 권리문제로 치부할 수 없다.

오늘날 동성애를 포스트모던 사회의 '관용'으로 받아들이는 것도, 너그러워 보이기는 하지만 근시안적이고 무책임한 태도이다. 그렇게 하면 관용 속에서 생명이 넘치는 사회가 올 것 같지만, 그렇지 않기 때문이다. 성경은 누누이, 진리가 없는 사랑은 생명을 담보할 수 없다고 가르친다. 창조주 하나님이 생명의 근원이시다. 그런데 그분은 거룩하시다.

그래서 거룩 없이, 의(義) 없이, 바른 관계 없이는 생명이 지속될 수 없다. 불편하지만, 손을 씻지 않고 건강을 유지할 수 없는 것과 같다. 하나님의 진리를 배우는 일은, 누구에게나 쉽지 않다. 힘겹지만, 우리가 그렇게도 원하는 생명은 항상 거룩과 함께 간다. 생명을 원하지만 거룩을 배우기는 너무나 힘든 우리에게, 그래서 진리는 늘 부담일 수밖에 없다.

그분은 사랑이시다. 그래서 죄를 '관용'하지 않으신다. 생명이 거룩과 함께 가기 때문이다. 상대를 무조건 관용하는 것이 아니라, 살려 내는 것이 사랑이기 때문이다. 그의 나라와 통치에는 질서가 있기 때문이다. 조화와 평강, 곧 생명을 누리는 샬롬(shalom)은, 그래서 질서에 대한 순복에서 오는 것이다.

"우리가 그들의 맨 것을 끊고 그의 결박을 벗어 버리자 하는도다"(시 2:3)

하나님을 떠난 세상은 종종, 이 질서를 거부하는 것을 자유로 이해하곤 한다. 질서가 억압으로 악용되는 세상에서 질서를 부정적(negative)으로 경험했기 때문이다. 마찬가지로 세상에서 권위는 종종 억압의 상징이다. '사랑하라, 저항하라, 레볼루션!' 하지만, 어떤 사랑인가. 사랑이라고 모든 사랑이 다 살리지는 않는다. 무엇에 저항하는가. 저항이라고 다 용기 있는 것은 아니다. 어떤 혁명인가. 혁명이라고 다 진정한 자유를 주지는 않는다.

사랑은 가장 강렬한 것들 중에서도 강렬한 힘이다. 우상 숭배가 뒤집어진 사랑이듯이, 동성애도 뒤틀어진 구조 속에 놓인 사랑이다. '사랑'이라는 점에서는 '진실'할 수 있지만, 뒤틀어진 구조라는 점에서는 비극적이다. 동성애가 살인보다는 피해를 덜 주는 죄일지 몰라도, 상징적으로는 매우 결정적이다. 그것은 질서의 균열을 알리는 신호요, 저수지의 물을 쏟아 내는 균열의 시작이기 때문이다.

성경에서 '권위자'인 하나님은 한없이 겸손하신 분이시다. 그분은 자신의 권위를 섬김을 위해 사용하신다. 그분이 다스리시는 세상은, 질서의 세상이다. 그리고 그 질서는 억압이 아니다. 그 질서는 자유와 조화, 생명과 샬롬을 보장한다. 확실히, '관용'의 시대이다. 하지만 '진리'는 변치 않는다. 깨뜨리면, 깨뜨린 대가를 돌려줄 만큼, 진리란 견고한 무엇이다. 높은 빌딩 위에서 떨어지면 다치듯이, 고속도로를 역주행하면 모두 다치는 것과 같다.

세상은 '관용'을 노래할 것이다. 어떤 이들은, 예수님이 동성애에 대해 침묵하셨고 그것은 관용으로 받아들일 수 있다고 주장한다. 예수님은 '수간'(獸姦)에 대해서 한마디도 하지 않으셨다. 관용해서가 아님은 물론이다. 누구나 그렇지만, 말을 하지 않는 데에는 여러 가지 이유가 있다. 말할 필요가 없는 경우도 있다. 고등수학 책에서 덧셈, 뺄셈을 가르치지는 않는다. 산상수훈은 하나님 나라 백성의 윤리이다. 남자와 여자가 결혼한 것을 나눌 수 없고, 여자를 보고 음욕을 품어도 지옥 간다는 엄위한 말씀인데, 하물며, 남자와 남자이랴.

진리 혹은 교리를 권력과 억압의 산물로 보는 것은, '말씀'을 떠난 타락한 세상이 '말'을 악하게 사용하기 때문이다. 하지만 교회는 말씀으로 말을 다스려야 한다. '진리를 폭력으로 쓰는 권력'은 타락의 특징이다. 하지만 참된 권위이신 하나님은 진리를, 섬김과 생명을 위해 쓰신다. 교회도 그렇게 해야 한다.

동성애가 우상 숭배가 보여 주는 질서의 전복과 혼돈의 한 표시라면, 탐욕으로 점철된 이 사회 속에서, 마찬가지로 탐욕의 죄에서 전혀 자유롭지 못한 교회도 무릎을 꿇어야 할 것이다. 탐욕은, '다른 사랑'이다. 마땅히 하나님을 사랑하고, 마땅히 이웃을 바르게 사랑하지 못하는, 잘못된 방향으로 내달리는 사랑이다. 그래서 교회가 먼저, 돌이켜야 한다.

하나님의 사랑 안에서, 그의 진리 안에서, 교회는 모든 이들과 함께 돌이키는 길을 가야 한다. 단연코, 사랑이 없다면, 진리가 진리로 전달되지 않는다. 하지만 사랑한다면 반드시 '진리를 말해야' 한다. 사랑이 없는 진리가 폭력일 수 있는 것처럼, 진리를 말하지 않는 사랑도 거짓 관용이다. 사랑을 회복하고, 사랑 안에서 진리를 말하고 행하기를 배우자. 그것이 교회가 가야 할 길이라 믿는다.

삶으로
내리는 뿌리

'사랑'의 사전적 정의와 바벨탑 아래서

"그러나 범죄자들이 저버리고 왜곡한 단어를 무슨 수로 되살린단 말인가?"
_ 엘리 위즐

흥미롭다. '사랑'을 정의하는데 '남녀관계'를 넣느냐, 빼느냐에 따른 문제가 있단다. 국립국어원에서 사전에 '사랑'이라는 단어를 정의하여 싣는데, 여론이 문제이다. 성적 소수자를 배려하는 분들이 반론을 제기한 상태이다.

두 가지 생각해 볼 일이 있다. 하나는 사랑이 무슨 '뜻이냐' 그 의미를 찾는 일이고, 또 다른 하나는 그것의 의미를 누가 '정하느냐'이다. 믿는 우리에게는, 그 의미 결정을 성경이 하고 하나님께서 하신다. 사랑이 무엇인가? 말(言)은 실재(reality)를 반영한다. 어떤 대상을 보고 가슴이 뛰고 그립게 되는 것이 사랑인가? '오래 참는 것'이 사랑인가?

오래 참음은 얼핏 '사랑' 같아 보이지 않는다. 하지만 '실재'는 변하지 않는다. 진리는 언제나 거기에 버티고 있다. 살아 보라. 어떤 쪽이 더 사랑에 가까운가. 사랑이 무엇인가? 성경이 말한다. 그리스도께서 보여 주셨다. 하나님이 사랑이시다. 누가 그 의미를 결정하는가? 말씀하시고 창조하신 하나님이시다.

세상은 그렇지 않다. 인생과 역사는 '말'의 의미를 찾아가는 혼돈의 여행길이다. 사랑이 무엇인가? 정의가 무엇인가? 화평이 무엇인가? 성공이 무엇인가? 무엇이 복인가? 바벨탑 아래서 사는 삶의 가장 큰 특징은, 혼돈이다. 말이 그 실재이신 하나님, 그 원형(arche)이신 말씀을 잃었기 때문에, 그 의미를 잃는다. 혼돈과 더러움과 썩어짐과 허무함으로 빠져든다.

하나님은 세상을 말씀으로 지으셨다. 말씀이 말의 본질을 보여 준다. 말을 정의하고 싶으면, 말씀을 보라. 세상은 하나님을 떠났다. 세상 속에서는 말의 의미를 찾기 어렵다. 세상은 자신을 지으신 하나님께서 결정하지 못하게 한다.

하나님을 떠났기 때문이다. 인간 스스로가 말의 의미를 결정하고, 그 의미에 다시 매이고, 그 의미로 자신을 파괴한다. 혼돈과 파괴의 땅이다. '사랑한다'는 말로 당신은 당신과 당신이 사랑하는 대상을 얼마나 파괴해 왔는가?

하나님 나라, 하나님의 통치를 회복한다는 것은, 그래서 '말'을 회복한다는 것과도 같다. 그것은 오직 '말씀'으로만 된다. 말씀에 착념하라. 바벨을 허물라. 혼돈에 빛을 비추라. 말씀의 자녀들이여, 아담처럼 그분을 따라, 모든 것에 이름을 붙이라.

그리고 그의 영으로 살아 내야 한다. 그것이 재창조, 새 하늘과 새 땅의 사명이다. 말씀으로, 혼돈의 세상을 빛의 코스모스(cosmos)로 바꾸라. 그대는 이 혼돈과 허무의 바벨탑 아래서 무엇보다, 진리의 사람, 말씀의 사람이어야 한다. 사랑이라는 이름으로 서로를 파괴하는 모든 이에게 긍휼을….

(4) 최종 판결문 – 거짓 교사들의 교만, 탐욕, 방탕(9–14절)

판사가 피고인의 죄목에 해당하는 이전의 판례들을 열거함으로써 자신의 판결의 정당성과 필연성을 논증하듯, 베드로는 앞에서 세 가지의 판례들을 제시한 후에 이제 거짓 교사들의 불경건에 대해서도 결단코 이와 다르지 않은 심판이 있을 것임을 선고(宣告)한다. 그 선고의 내용은 크게 세 가지인데, 저들의 교만과 방탕 그리고 탐욕에 대한 피할 수 없는 심판이다. 순서상으로는 탐욕이 가장 뒷부분에서 지적되지만, 15절 이후에 발람 선지자의 예가 추가로 첨부되면서 거짓 교사들의 탐욕이 그들의 교만과 방탕의 근본적 동기라는 점이 부각되고 있다. 탐심은 우상 숭배이다(골 3:5). 하나님 아닌 다른 것들을 사랑하는 탐욕은 반드시 방탕과 함께 가게 되어 있음도 사실이다.

(A) 교만, 탐욕의 싹

그러므로 교만과 탐욕과 방탕은, 마치 멸망당하는 부패한 성품의 '삼위일체'적 요소처럼 서로 완벽히 짝을 이룬다. 교만이 하나님을 바로 사랑하지 못하는 태도라면, 탐욕은 세상을 바로 사랑하지 못하는 것이고, 방탕은 사람을 바로 사랑하지 못하는 것이라 할 수 있기 때문이다. 반대로, 하나님을 바로 사랑한다면 겸손을 이루게 될 것이다. 세상을 바로 사랑한다면 세상을 숭배하지 않고 지식과 절제로 다스릴 것이다. 사람을 바로 사랑한다면, 사랑의 이름으로 상대방을 파괴하지 않고 덕을 세우게 될 것이다. 이렇게 보면, '교만과 탐욕과 방탕'은 하나님과 세상 그리고 사람에 대하여 '겸손과 절제와 덕'의 관계가 파괴된 상태라 할 수 있다.

탐욕(lust)은 하나님을 사랑하지 않고 그런 사랑으로 세상을 전심으로 사랑하는 것이다(참고. 약 1:8-11; 4:8). 탐욕을 통해 인간은 자기만족을 숭배하며 자기를 극대화한다. 그런 면에서 교만은 탐욕이 자라 하나님을 대적하여 드러내기 시작하는 싹이다. 결국은 '사랑의 문제'이다. 잘못된 대상을 잘못된 방식으로 잘못된 목적을 위해 사랑하는 사랑이 제자리를 찾고, 치유받고, 회복되는 것이 결정적이다. 거짓 교사들은 하나님의 사랑을 받고 하나님을 사랑하는 그 은혜의 자리에서 떠나, 자신의 탐욕을 사랑함으로써 교만과 방탕의 더럽고 썩어지는 멸망의 길로 들어서게 된 자들인 것이다. 저들에 대한 최종 판결문(9-14절) 중에 먼저, 저들의 무모한 교만이 두드러지게 나타나는 9-11절의 내용을 자세히 살펴보자.

"9절 주께서 경건한 자들을 시험에서 건져 내시고, 불의한 자들은 심판 날에 형벌을 받도록 가두어 두어야 함을 알고 계십니다. 10절 특별히, 더러운 정욕으로 육체를 뒤쫓아 다니는 자들과 주권자들을 우습게 여기는 자들, 함부로 날뛰며 자기밖에 모르는 자들, 이들은 두려워 떨지 않고 영광들을 모독하는 자들인데, 11절 하지만 힘과 능력이 더 큰 천사들이라도, 그 영광들을 모독하는 송사를 하지 않은 것입니다."

주께서 '알고 계신다'

왜 불의한 자들이 심판받지 않을까? 왜 악한 일을 하는 자들에게는 아무 일도 없을까? 저렇게 사악한 일을 하고도 이렇게 아무렇지도 않을 수가 있는가? 도리어 더 권세를 부리고 더 떵떵거리지 않는가? 이렇게 불만스러워하는 것은 단지 인간의 짧은 생각 때문이다. 해가 떠오르는 것을 막을 수 없다면, 아침 이슬이나 풀의 꽃 같은 것은 한낮의 뜨거운 태양의 열기에 모두 말라 버리게 된다(시 37:1-10). 이처럼 악인들에 대한 심판은 자명하고 또 확실하다. 때로 심판은 정확하며 무섭다. 반드시 오고야 말기 때문이다. 그런데도 사람들은 하나님께서 심판주로서 하셔야 할 일을 마치 '잊고 계신' 듯이 불평한다: "주여 깨소서 어찌하여 주무시나이까 일어나시고 우리를 영원히 버리지 마소서"(시 44:23; 사 51:9). 시편 기자는 탄식 속에서 이렇게 부르짖었지만, 그것은 하나님께서 정말 심판과 구원을 잊으셨다고 믿었기 때문에 쏟아 놓은 말이 아니다. '이스라엘을 지키시는 이는 졸지도 아니하시고 주무시지도 아니하시리로다'(시 121:4)는 확신에서 부르짖은 간청이다.

하지만 베드로후서의 거짓 교사들은, 하나님께서는 우리가 이 땅에서 경건하든 불의하든 크게 신경 쓰지 않는 분으로 묘사하고 그렇게 확신하며 가르쳤을 것이 분명하다. 저들은 주께서 다시 오신다는 사실 자체를 부인하고 조롱까지 하였다(3:3-4). 그것은 저들이 처음부터 그들을 구속하셨다고 '고백했을' 그들의 주인이신 예수 그리스도의 주권을 거부하고 제멋대로 행동하기로 했을 때부터 예상된 결과이다(2:1-2). 하지만 주께서는 경건한 자들을 구원하시고 불의한 자들을 심판할 줄을 '알고 계신다'(오이덴, οἶδεν, 3:9). 정작 그들 앞에 어떤 심판이 닥쳐오고 있는지 '모르는' 자들은 거짓 교사들 자신이다. 저들은 자신들이 모르는 말을 하는 셈이다.

종종 악인들이 그렇듯이, 저들은 스스로 하나님을 모독하기 위해서 퍼뜨리는 말들이 오히려 그들 자신의 멸망을 예고하는 예언의 일부라는 사실조차 모른다. '종말이 없다'면서 조롱까지 하는 거짓 교사들의 발언은, 오히려 '종말'에 거짓 교사들이 있을 것이라는 예언이 성취되고 있다는 증거이다(3:3). 거짓 교사들은 종말을 부인했지만, 그들의 존재 자체가 종말이 왔다는 증거였던 셈이다. 이 명확한 사실을 거짓 교사들 자신들만 모르는 것이다. 오래 묵은 죄들과 썩어서 빛을 다 잃어 가는 그들의 부패한 심령이 그들의 눈을 어둡게 만든 것이다(1:9; 참조. 요일 2:11).

중심(中心)이 교만한 자들

거짓 교사들은 틀림없이, 예수 그리스도가 자신들을 위해 피 흘려 죽으신 구주(救主)라고 하면서도, 그가 자신들의 심령과 삶의 주인이라는 사실은 거부한 자들이었다(2:1). 그들은 중심에서부터 자신들 위에 주인으로 계시는 분이 없는 자들이었던 셈이다. 그들은 속으로, '나는 결코 누구의 말도 들을 필요가 없는 완전한 자유를 갖고 있다'고 생각했을 법하다. 신자가 하나님 말씀의 권위를 버리면, 아무것도 남지 않게 된다. 그 권위의 빈자리에, 자신의 탐욕과 걷잡을 수 없이 날뛰는 자신의 정욕만이 그 왕좌(王座)를 차지하게 된다. 10-11절은 이렇듯, 실제적으로 자신의 머리 위에 아무런 권위도 놓지 않는 거짓 교사들이 어떻게 자신들의 탐욕과 방탕의 썩어진 정욕으로 지극히 높은 권위들을 모독하고, 제멋대로 방만하게 말하고 행동하는지를 묘사한다. 이어서 베드로는 이런 광경을 두고 저들이 마치 '이성(理性) 없는 짐승들'(2:12) 같다고까지 비난한다. 저들은 하늘에서 쫓겨난 천사들과 마찬가지로, 하나님께서 정해 주신 그들의 지위와 위치를 떠난 자들이다. 질서라고는 없는 자들이다. 그들은 넘볼 수 없는 권위를 짓밟고 제멋대로 행동하는 자들이다.

그래서 거짓 교사들의 우선되는 특징은, 권위를 무시하는 태도이다. 겉으로 그렇게 하는 것이 아니라, 중심으로부터 그렇게 한다. 주권자들을 '우습게 여긴다'는 것은 분자적으로 '눈을 내리깔고 쳐다보는'(카타프로눈타스, καταφρονοῦντας, 10절) 태도이다. '주권자들'(퀴리오테토스, κυριότητος)이란, '주'(퀴리오스, κυρίος) 되신 하나님과 예수 그리스도로부터 정당하게 권위를 위임받은 자들이다. 예컨대, 하나님의 말씀을 가진 선지자요 교회로부터 존경받는 권위자라 하더라도, 거짓 교사들은 자신들의 장삿속이나 정치적 이권(利權)에 맞지 않으면 그 권위자들을 속으로 비웃고 우습게 여긴다. 자신들이 가진 대중적 인기, 성도들을 속여 끌어모은 재산의 규모, 그리고 자신들을 좇아 함께 멸망으로 내달리는 그들의 추종자들 때문에 마음이 든든하고 아무것도 두렵지 않다고 느끼기 때문이다. 그들은 그들 위로 홀연히 임하는 급박한 심판을 전혀 알지 못한다. 도살장에 끌려가는 짐승처럼 '도살의 날'(참조. 약 5:1-5)에도 여전히 교만하며, 여전히 불의하며, 여전히 자신의 탐욕의 배를 불리며, 여전히 더러운 정욕을 채우는 일에만 골몰하는 무지하고 어리석은 짐승 같은 자들이다(2:10, 12).

이들에게 가치 있고 중요한 판단의 기준은, 그들의 탐욕(플레오넥시아, πλεονεξία, 2:3)의 크기에 비례한다. 과연 '얼마나 크며, 얼마나 많으며, 현실적으로 얼마나 세냐'이다. 그 기준에 미달하면, 모두 마음으로 깔볼 대상에 속한다. 겉으로는 가증한 웃음을 내비칠지 몰라도, 저들은 하나님께서 주신 참된 권위를 인정하지 않는다. 그럴 필요가 없기 때문이다. 그만큼 이들은 무모하다. '함부로 날뛴다'(톨메타이, τολμηταὶ, 10절)는 표현은, 무식하기 때문에 무모한 짓을 겁없이 저지르는 모양을 가리킨다. 가끔씩 재벌가의 자제(子弟)가 상식에 벗어나는 고약한 죄를 짓고도 고개를 빳빳이 들고 '뭘 잘못했냐'는 식으로 나서다가, 검찰에 소환되고 재판을 받고 나올 즈음에는 자신이 저지른 일이 얼마나 부끄럽고 어처구니없는 망발이었는지를 조금이나마 알게 되어, 고개를 푹 숙이고 납작 엎드린 자세로 바뀌는 경우를 보게 된다. 마치 그런 것처럼, 거짓 교사들은 하나님의 심판이 저들의 머리 위로 떨어질 때 깨닫게 될 사실을 전혀 알지 못한 채, 마음속의 거만(倨慢)을 저들의 무분별하고 무모한 행동으로 거침없이 표출하는 상태를 보여 준다.

그 이유가 무엇일까? 그것은 다시 한 번, 저들이 처음부터 '주인' 되신 주 예수 그리스도의 주권을 거부한 데에서 찾을 수 있다. 저들에게는 자신들을 복종시켜야 할 법이 없고, 자신들을 그 앞에 순복시켜야 할 주권자가 없는 것이다. 그들 자신의 숨겨진 탐욕이 그들의 주인이고 그 결과인 방탕이 그들의 법이기 때문이다. 거짓 교사들의 태도는 일관되다. 그들이 성경을 '자의로'(이디아스, ἰδίας, 1:20), 곧 제멋대로 해석하는 것처럼, 그들은 권위에 대해서도, 법에 대해서도 제멋대로이다. 2:10에서, 거짓 교사들이 권위에 대하여 '자기밖에 모르는 자들'(아우타데이스, αὐθάδεις)로 표현된 것도 역시 같은 맥락이다. 자기 뜻이 우선이고, 그 뜻은 자신의 부패한 정욕에 휘둘리는 것이고, 그들이 그런 탐욕과 방탕을 본질로 하는 자기 의지를 거짓 가르침으로 포장해서, 그것을 끝까지 관철하는 고집스러운 면모를 보이는 것이다.

그러므로 거짓 교사들은 그럴듯한 성곽(城郭)을 지어 놓고 거기에 거하는데, 겉으로는 거짓 가르침의 성벽으로 두르고, 그 안에는 자신의 탐욕을 채우는 방탕의 궁궐이 있으며, 더 안쪽 곧 그들이 지어 놓은 밀실에서 저들은 실제로는 하나님과 주 예수 그리스도가 아닌 '세상'이라는 우상 앞에 절하고 그것을 엎드려 숭배하는 자들이다. 하지만 이들의 성곽은 하루아침에 무너질 모래 위에 지은 집이다(마 7:26-27). 하나님과 주 예수 그리스도의 말씀에 기초해 있지 않고, '자기의 뜻' 위에 서 있기 때문이다. 이들의 자기 고집과 허황된 교만은, 하나님께서 지으신 능력 있는 천사들도 넘보지 않는 권세를 함부로 주장하여, 하나님과 그리스도의 주권을 모독하는 데까지 이른다.

거짓 교사들의 망령된 '영적 권위'

10절 하반절과 11절에서, 거짓 교사들이 무모하게 모독하는 그 '영광들'이 누구를 지칭하는지 확정하는 일은 쉽지 않다. 그 '영광들'이란, 성도들을 말하는가? 하나님과 주 예수 그리스도를 가리키는가? 혹은 모세나 엘리야와 같은 교회의 유력한 인물들인가? 아니면, 당시의 어떤 정치적 지도자들을 뜻하는가? 거짓 교사들은 10절이 폭로하는 바대로 하나님께 주권을 위임받은 모든 '권위자들'을 깔보는 태도를 보인다. 하지만 11절에서 거짓 교사들이 '그 영광들'을 모독했다는 것은 다소 특별한 경우이다. 11절의 '영광들'(독사스, δόξας)은 원래, 물리적 세계에서 해와 달이 '빛나는' 물체들인 것처럼, 천상에서도 빛나는 '천사들과 같은 영적인 존재들'을 가리킨다.

또한, 거짓 교사들이 목도한 '영광들'이 천사들인 경우, 그들은 선한 천사들인가, 악한 천사들인가? 사실 10절 하반절과 11절의 본문은 유다서 8절과 병행을 이룬다. 그리고 유사한 이 두 본문은, 사라진 모세의 시체를 두고 천상의 보좌 앞에서 천사장 미가엘과 참소하는 마귀가 서로 변론하는, 중간기의 해석 전통을 그 배경으로 하고 있다(*Testamens of Moses*). 모세는 그 무덤의 위치가 알려지지 않았는데, 마귀는 그 모세의 시체를 다시 백성들에게 돌려주라 하고, 천사장 미가엘은 그렇게 하면 모세를 우상으로 숭배할 위험이 있다고 변론하는 장면인 것이다. 그런데 '주 앞에서' 이렇게 모세의 시체를 두고 천사들이 변론하는 과정에서, '더 큰 힘과 능력을 가진 천사들' 곧 천사장 미가엘과 그의 사자들도 자기보다 낮은 지위에 있는 악한 천사 곧 마귀라도 자신이 직접 송사(訟事)하는 판단을 내리지 않고, 마귀를 경책하고 판단하실 권한을 '주께' 맡긴 것이다 (참조. 신 34:5-6; Davids, *2 Peter and Jude*, 59-63). 그런데 자신들의 중심이 거만에 눈이 멀어 버린 이 거짓 교사들이 마치 자신들이 미가엘보다 더 영적으로 권위 있는 존재라도 되는 것처럼, '영광들' 곧 미가엘도 직접 송사하지 않았던 마귀와 같은 악한 천사들을 꾸짖고 모독하는 말들을 남발하는 경우인 것이다.

그러므로 거짓 교사들이 모독한 '영광들'이란 일차적으로 '마귀' 같은 존재들이며(박윤선, 『공동서신』, 213), 간접적으로는 미가엘도 포함하는 '지위가 높은 천사들'로 볼 수 있다. 그러나 핵심은 거짓 교사들이 궁극적으로 심판주이신 '주' 하나님과 예수 그리스도의 주권을 경시하는 사악한 태도이다. 천사장 미가엘도 높은 지위에 있었지만 자신이 친히 마귀를 판결하지 않은 것은, 마귀를 존중하거나 두려워했기 때문이 아니다. '주 앞에서'(파라 큐리오, παρὰ κυρίῳ, 11절) 주께서 심판하실 권세를 존중하였기 때문에 입을 다물었던 것이다. 거짓 교사들에게는 그런 분별력이 없다는 것이다.

즉, 거짓 교사들이 훼방하는 판결을 감히 사용하고, 만용을 부리는 행태는, 그들이 '타락한 천사들'이나 '마귀'와 같은 영적 존재들, 즉, '영광'으로 창조되었던 자들 그리고 아직도 하나님의 섭리하에서 영적 권세를 행사하는 영적 존재들에 대해, 그들이 마치 그런 영적 존재들을 스스로 제압할 수 있는 것처럼, 훼방하는 판결을 내리고 '공적(公的)으로 모독'하는 언행도 쉽게 하는 것이다. 쉽게 말하면, '사탄아, 귀신들아, 내가 너를 저주하노니…' 이런 식으로 말하고 행동하면서, 마치 자신들이 이런 영적 존재에 대해 매우 잘 알고, 모든 것을 파악하고 그들의 영적 권세도 뜻대로 어찌할 수 있는 것처럼 말하고 행동하는 것이다.

하지만 이들이 하는 언행의 본질은 그런 영적 권세들을 대적(對敵)하는 것이 아니라, 그렇게 함으로써 스스로 하나님의 권위를 훔치는 일을 하고 있는 것이다. 그들은, 특별히 권위를 대하는 태도에 있어서 심각한 문제를 드러낸다. 그들은 하나님의 이름을 빌려서 모든 권위를 깔보고, 스스로 모든 권위를 행사하려고 하는 것이다. 그들이 이런 권위의 탈을 쓰고 하는 일은, 그들의 더러운 정욕을 마음대로 용인하고, 마음대로 행하면서도, 그 죄악을 가리려는 것이다. 거짓 교사들은 자신이 사탄을 제압한다는 둥, 귀신을 제어한다는 둥, 그런 식의 영적 권위를 과시(誇示)하고 자랑하지만, 실제로는 자신들의 탐욕을 채우고 더러운 정욕을 좇는 생활을 스스로 정당화하는 것이다. 이것이 12-14절에 역력히 드러나 있다.

영적 권위를 주장하는 숨은 계략

오늘날 자신의 영적 권세가 하늘의 천사들보다 낫다든지, 마귀라도 자신의 호령 한마디에 굴복한다든지, 누가 이런 식으로 말하며 떠벌린다면 그는 단지 이단(異端)이 아니라 노골적으로 자신이 하나님이거나 재림 예수라고 주장하는 정신 나간 '사이비 종교'의 교주에 가까울 것이다. 하지만 실제로 교회 안에 숨어 있는 거짓 교사들은 항상 그렇게 '도발적인' 방식으로 영적 권위를 주장하지는 않는다. 그보다는 자신들의 다른 '영적 능력'을 내세워, 결국 하나님 말씀의 권위를 훼손시키는 데 주력한다.

이런 사실은, 베드로후서 2:10b-11에서 거짓 교사들이 천사들의 권위를 모독하는 현상이, 당시에는 '천사들을 통해 전해졌다'고 믿었던 '율법'을 경시하는 태도와 궤를 같이한다는 점에서 확인될 수 있다. 유다서에 나타나는 거짓 교사들의 경우에 훨씬 더 뚜렷하게 드러나지만, 베드로후서에서도 거짓 교사들이 천사들을 훼방했다는 구절이 있는 것은, 결국 그들이 율법을 경시했다는 사실과도 깊은 연관이 있음을 반증한다. 다시 말하지만, 율법은 천사들의 손을 통해 주어졌다고 믿었던 것이 당시의 통상적인 이해였기 때문이다(참조. 갈 3:19; 골 2:8, 20). 결국, 거짓 교사들이 하나님의 말씀을 '제멋대로' 해석하는 태도(1:20)는, 천상의 질서인 천사들을 모독하고 함부로 자신들의 영적 권위를 내세우는 그들의 소위 '신령한'(?) 태도와 잘 부합된다.

거짓 교사들은 근본적으로 그리스도의 주권을 인정하지 못하는 자들이다(2:1). 그 뿌리 깊은 반역적 태도, '자기 속에 자기밖에 없는' 그들의 부패한 본성이, 결국 천사들에 대한 무모한 모독으로 나타난 것이다. 그것은 또한 하나님과 그리스도께서 주신 법(法), 곧 그의 말씀과 명령을 무시하는 그들의 거만한 태도와 짝을 이룬다. 거짓 교사들이 천상의 영적 권위자들인 천사들을 모독하면서 그들에 대하여 큰소리친 것은, 천사들을 통해 주신 율법이 아니라 자신들의 거짓 가르침을 더 권위 있는 것으로 만들고 싶었기 때문이다. 거짓 교사들은 스스로 자신의 부패한 정욕을 자신의 주인으로 삼아, 결국 하나님도 그리스도도 없고, 하나님의 말씀도 없는, 궤도를 벗어난 '유리하는 별들'(유 13절)처럼 '죄와 사망과 허무의 삼 겹의 어둠 속'으로 빨려 들어가는 자들이다. 주 예수 그리스도로 말미암아 '의와 생명과 영원'한 나라를 약속받아 누리는 주의 거룩한 교회여, 속히 이런 자들에게서 돌아설지라.

삶으로
내리는 뿌리

비판을 마주할 때

누가 나를 비판하면, 그것이 아무리 황당해도, 변명하고 방어하기 전에, 일단 하나님 앞에 가져가야 한다. 그리고 그 안에도 정말 내가 고쳐야 할 지적들이 있는지 정직하게 살펴보아야 한다. 있으면, 겸허히 인정하고 하나님 앞에서 바로잡아야 한다. 그분 앞에서 다 드러내어 놓고 생각해 보아도, 근거 없는 비난이라면, 개의치 말고 의연히 가던 길을 가라.

참된 말은 반드시 사랑 가운데서 하게 되어 있다. 그래서 성경은 당사자에게 먼저 조심스럽게 말하라고 권면한다. 모욕을 주지 않는 방식으로 해야 한다. 잘못을 지적해야 하는 이유와 목적은 그 잘못을 한 형제를 돌이켜서 회복시키기 위함이기 때문이다. 사랑이 목적이다. 잘못한 그 사람을 돌이켜 전혀 잘못한 적이 없었던 사람처럼 회복시켜 주기 위함이다. 그런 목적이 확실할 때, 그런 마음으로, 입을 열어야 한다.

잠언에서, 많이 듣지만 분별력이 없는 사람을 단순한 사람이라고 한다. 귀가 얇은 사람이다. 들을 말을 듣지 않고, 아무것이나 듣고 아무것에나 흔들린다. 어린 사람이다. 여기에, 저기에 적그리스도가 있다 한다. 우리나라에 재림주만 수십 명이다. 하나님 어머니도 있다. 주지도 않은 예언이나 환상을 보았다며 점쟁이 노릇을 하는 신자들도 수두룩하다. 시간이 그렇게 많은가. 무엇보다 주의 말씀에 귀를 기울이라. 순결하고 참되고 진실한 말씀을 듣고 깨닫기에도 시간이 없다. 내가 무엇을 듣고 있는지 주의하라. 성경 말씀에 합당치 않은 말들은 흘려버리라. 단순해서 어리석은 자가 되지 말라. 사람은 스스로 잘 속는다. 약하기 때문이다. 자신을 깊이 보지 못하면, 왜곡되고 비틀린 나 자신을 통해 다른 사람을 본다. 먼저 성령 안에서, 진리 안에서 나 자신을 보라. 이 일에 실패하면 어둠에 붙잡히기 쉽다. 이런 사람은 종종 성경을 왜곡한다. 헛된 환상을 본다. 왜곡된 은사를 통해 카리스마를 주장하고 다른 사람을 속이고 미혹한다. 그렇게라도 하지 않으면 안 되는 절박한 처지에 있기 때문이다. 먼저 치유받아야 한다. 빛 가운데 거해 건강해져야 한다.

쉬운 길은 없다. 정당하게 성장하는 데에서 오는 고통과 수고를 피하면, 나머지는 스스로를 속이고 남을 속이는 수밖에 없다. 오늘도 주어진 몫의 성실한 길을 가라. 가족을 돌보고, 숙제를 하고, 화평과 사랑과 용서를 추구하고, 맡겨진 사람들을 위한 사랑과 수고의 땀을 흘리라. 거룩과 경건의 길을 고집하라. 모든 선하고 아름다운 것과 더불어 주께서 주신 평강을 누리라. 말하는 일에, 듣는 일에 성숙한 자가 되자.

(B) 탐욕, 잘못된 사랑의 뿌리

닭이 먼저인지 달걀이 먼저인지 알기 어려울 만큼, 거짓 교사들의 탐욕과 방탕은 앞서거니 뒤서거니 하며 이들의 특징들로 묘사된다. 2:1-3에는 '그리스도의 주권을 부인'(1절)한 저들의 교만이 저들의 '방탕과 탐욕'(2-3절)의 근본적 원인처럼 소개되어 있다. 유다서에 나타난 거짓 교사들도 역시 이런 세 가지 특징들을 갖는데, 베드로후서의 거짓 교사들의 경우보다 저들의 방탕이나 음란한 활동이 더 강조되어 있다(유 4, 8, 16, 18, 23절). 그만큼 베드로후서는 거짓 교사들의 탐욕을 두드러지게 강조한다고 할 수 있다.

탐욕은 잘못된 사랑이다. 마땅히 하나님을 향해야 할 그 사랑으로 그만큼 세상과 피조물을 사랑하는 왜곡된 현상이다. 어찌 보면 거짓 교사들이 하나님께 대하여 교만하고 천사들의 권위를 모독하는 것이나, 형제들과 이웃을 대하여 방탕한 것은 모두 저들이 '탐욕' 곧 '잘못된 사랑'에 연단된 자들이기 때문이다. 그런 의미에서 거짓 교사들을 묘사하는 12-14절은, 모든 것이 비틀어지고 어그러진 타락한 이 세상에서 시달리는 우리 자신에 대한 묘사일 수도 있다. 그 아들 안에서 하나님의 사랑을 받고 있고, 또한 하나님을 사랑한다 하지만, 우리 역시 여전히 잘못된 사랑으로 고통당하고 있기 때문이다. 흡사 X-Ray로 찍어 놓은 것처럼 거짓 교사들의 내면을 그대로 투사하는 12-14절의 이 본문에 우리 자신의 '잘못된 사랑들'도 겸허히 비추어 보자.

> "12절 이 자들은 생각 없는 짐승들로서 잡혀 썩어지기 위해 태어난 종자들인데, 자신들의 무지 때문에 모독을 일삼다가, 그들의 썩어짐 가운데서 썩어지는 자들입니다. 13절 불의한 삯으로 불의를 당하고, 대낮에 호화로운 잔치를 쾌락으로 여기며, 여러분과 함께 먹을 때에 자신들의 속임수로 먹고 마시며 흥청거리는 오점과 수치입니다. 14절 그들은 음심이 가득한 눈을 가지고, 죄짓기를 그치지 않으며, 굳세지 못한 영혼들을 유혹하는 자들로서, 탐욕에 연단된 마음을 가진, 저주의 자식들입니다."

무지(無知), 하나님의 사랑에서 떠남

사람이 '무지'하다는 것은 하나님의 사랑에서 떠나 있다는 뜻이다. 생각과 판단이 어두워지는 이유는 그 사람 안에 사랑과 생명이 적기 때문이라고도 할 수 있다. 충분한 사랑과 넉넉한 생명이 자리 잡은 심령에는 빛이 거한다. 하나님의 사랑과 생명이 주는 내면의 빛으로 말미암아 사람은 죄 된 것들 가운데서 의롭고 선한 것을 볼 수 있는 시력을 얻는다. 지식은 생명과 사랑으로써 가능해지는 것이다(참조. 요 1:1-4; 벧전 1:2-11). 베드로는, 하나님의 '그 많으신 긍휼을 따라' 그 심령이 거듭나게 된 성도에게 '너희가 … 전에 알지 못할 때에 따르던 너희 사욕(邪慾)을 본받지 말라'(벧전 1:14)고 권면한다. '알지 못할 때'란, 하나님의 긍휼을 입지 못하던 때, 그의 은혜로 성도의 속에 하나님의 사랑이 부어져 하나님의 자녀가 되기 전에(참조. 롬 5:5; 요일 3:1), 더럽고 썩어지고 허무한 세상과 본질상 다르지 않은 심령이었을 때를 가리킨다.

거짓 교사들은 하나님과 그리스도를 안다고 말했을 터이지만, 실제로 그들은 전혀 하나님을 알지도 그의 긍휼을 입은 적도 없었던 것처럼 '자신들의 무지를 따라'(엔 호이스 아그누신, ἐν οἷς ἀγνοοῦσιν, 12절) 행동했다. 그들은 주권자이시고 구원자이신 그리스도를 알고 있고 그래서 의의 도를 알았다고 고백했을 것이다(2:20-21). 하지만 실제로는, 정말 그 은혜를 받은 적이 없었던 사람처럼 그 은혜의 복음이 인도하는 의의 길 곧 하나님의 사랑 안에서 바른 사랑을 배우며 성장하는 경건한 삶에 실패했으며 도리어 다시 세상의 더럽고 썩어지고 허무한 나락으로 떨어진 자들이었다(2:22; 참조. 1:8-9).

12절은 거짓 교사들에 대한 가감 없는 폭로로 가득 차 있다. 짐승처럼 '생각 없는'(알로가, ἄλογα) 혹은 '이성(理性) 없는'(개역한글/개정) 존재라는 말은 저들이 인간으로서의 양심과 도덕마저 상실한 정도의 부패한 지경에 떨어져 있음을 뜻한다. 그들 안에는 인간으로서의 생명의 빛이 거의 사라져 버려서 오직 그들의 탐욕과 방탕의 죄로 이미 죽음의 선고가 내려진 삶을 살고 있는 모습이다. '썩어짐'(프쏘라, φθορά; '멸망', 개역한글/개정)과 직접 관련된 용어가 거짓 교사들을 묘사하는 12절에만 무려 세 번이나 반복된다. 저들의 본성은 썩어짐의 종노릇하는 데 붙잡히고, 그들 자신의 썩어짐으로 썩어져 간다. 저들을 향한 심판은 이미 저들의 타락한 본성 안에 가득하다는 인상을 주기에 충분하다. 그들은 이미 심판을 받은 것이나 다름없다. 이토록 썩어짐에 갇혀 있는 자들이 어떻게 '썩지 않고 더럽지 않고 쇠하지 않는' 나라를 들어가겠는가. 또한 그 '의와 생명과 영원'의 나라로 부름 받은 거룩한 성도가 어찌 짐승과 같은 거짓 교사들의 말을 듣고 저들을 따라가며 저들의 멸망의 길을 함께 가겠는가.

12절의 말씀은 이미 이들이 '하늘의 유업'과는 상관이 없으며, 더 나아가 저들 안에 '성령'이 있을 수도 없음을 시사한다(참조. 유 19절). 인간의 이성과 양심도 없는 짐승으로 '태어난 것'(게겐네메나, γεγεννημένα)이라고 한 것은, 거짓 교사들이 겉으로는 그리스도인의 행세를 할 뿐 아니라 성도들을 가르치고 설교하는 목자의 자리에 있을 수도 있으나, 저들의 본성이 애초에 성령의 거룩하게 하심을 입어 거듭난 적이 없을 뿐 아니라(참조. 벧전 1:3) 인간의 양심과 이성도 잃어버릴 만큼 부패한 자리에 떨어져 있음을 냉혹히 지적한다.

그러므로 거짓 교사들의 특징은 정확히 '신적 성품'의 본질적 내용과 반대되는 자리에 놓여 있다. 저들의 썩어짐과 무지의 본성은 '생명과 경건'(1:3)이라는 신적 능력에 정반대되는 성향이기 때문이다. 저들은 신적 성품에 참여한 적도 없을 뿐 아니라, 거듭난 심령으로 생명과 경건에 참여하고 또한 그 안에서 성장해 가는 거룩한 성도들을 방해하며 실족케 하려는 자들이다. 그렇다면 교회는 어떻게 이런 독버섯 같은 거짓 교사들을 분별해 낼 수 있을까?

'불의한 삯'을 사랑한 참혹한 결과

거짓 교사들의 부패한 본성은 그들의 부패한 삶으로 드러난다. 열매로 그 나무를 알리라 하신 주님의 말씀 그대로이다(마 7:20). 성도는 단지 그들의 화려하고 그럴듯한 '말만' 들어서는 안 된다. 먼저는 그들의 가르침이 동반하는 '영적 정서'에 주목해야 한다. 곧 그들의 가르침이 '시기, 다툼, 헛된 자랑, 교만, 요란, 모든 악한 일들'을 불러일으키는지, 아니면 그들의 가르침이 항상 '성결하고 화평하고, 관용과 양순과 긍휼과 선한 열매, 편견과 거짓이 없는 화평함'을 불러일으키는지 주목하고 살펴야 한다(참조. 약 3:13-18). 그리고 그들이 삶으로 결론을 짓고 드러내는 열매들을 살펴야만 한다. 하나님의 말씀을 배우고 가르친다는 것은 그대로 그렇게 하는 사람의 삶으로 드러나기 때문이다.

이런 맥락에서 13절과 14절은 거짓 교사들의 탐욕이 어떻게 저들의 음란하고 방탕한 행위의 뿌리가 되며, 또한 그 결과가 어떻게 교회에 오점과 수치를 안겨 주는지를 효과적으로 묘사한다. 두 구절 안에 다양한 묘사들이 있지만, 크게 나누면 아래와 같은 구조로 배열되어 있음을 알 수 있다:

A 탐욕 - 불의한 삯을 추구함

B 무모한 방탕

C 거짓으로 속임 - 성도를 대상으로

C' 오점과 수치 - 세상을 대상으로

B' 방탕과 미혹

A' 탐욕 - 탐욕에 연단된 마음

(보충: 발람의 탐욕을 좇는 자들, 15-16절)

역시 '탐욕'이 전후를 두르는 중심된 특징으로 부각되고 있다(A, A'). 거짓 교사들이 불의한 삯을 추구하는(A) 현상은 14절 끝에 나오는, 저들이 아예 탐욕으로 훈련된 자들이라는 정체성 때문이다(A'). 더구나 이 종합적인 묘사의 끝에서 베드로는, 거짓 교사들이 구약의 발람 선지자의 오명(汚名)을 따라 그 뒤를 좇는 탐욕의 충실한 후예들이라는 보충 설명까지 곁들인다. 그만큼, 베드로후서의 배경이 되는 거짓 교사들에게는 탐욕이 큰 특징이 된다. '탐욕'(플레오넥시아, πλεονεξία)이란 표현은 그 안에 '더 크게, 더 많이'라는 의미가 들어 있다. 이들이 복음이라든지 성령, 구원, 보혈 등 성경의 온갖 귀한 내용을 입에 담는 이유는, 결국 탐욕 때문에 '거짓으로 말을 지어내어' 성도들을 상대로 물질적인 이득을 탈취하려는 탐욕 때문인 것이다(2:3). 그것을 통해 그들은 끝없이 '더 많이, 더 크게'를 부르짖으며 탐욕의 끝인 썩어짐과 멸망으로 내달리는 것이다.

'불의의 삯'(미스톤 아디키아스, μισθὸν ἀδικίας)이란, 아마도 저들이 거짓 가르침을 가르치는 대가로 요구했을 법한 부당한 사례였을 것이다. 당시 교회의 순회 전도자들은 이방인들에게 복음을 전하면서 그것이 '은혜의' 복음이라는 사실이 오해받지 않게 가능하면 그 이방인들에게 어떤 재물이나 보상을 받지 않도록 주의했다. 가이오가 속한 교회가 칭찬을 받은 이유가 바로 그런 순회 전도자들을 잘 섬기고 지원했기 때문이다(요삼 5-7절). 하지만 거짓 교사들은 아마도 그들의 설교나 가르침의 대가로 부당한 사례를 요구했을 가능성이 높다. 예컨대, 오늘날 설교 한 편을 전하고 수백만 원씩 받는 것도 상식적이지도 정당해 보이지도 않는 경우라 할 것이다. 소위 '부흥 사경회' 때 어떻게 하면 많은 헌금을 걷어 낼 수 있을지 이를 고안하며 또 강요하는 설교자라면, 지금 13절이 가리키는 '불의의 삯' 곧 정당하고 바람직한 사례에서 벗어나는 경우라 할 수 있다.

말씀을 전하는 자가 그에 대한 사례를 받는 것은, '밭에서 일하는 소의 입에 망을 씌우지 말라'(딤전 5:18; 신 25:4)는 말씀처럼, 정당하지만 또한 적절해야 한다. '불의'의 반대는 '의'인데, 그것은 바른 관계 곧, 주는 자나 받는 자가 모두 그런 관계를 통해서 피차 덕을 세우고 더욱 경건에 이르게 되는 아름다운 방식이라는 뜻이다. 거짓 교사들이 추구했던 '불의한 삯'은 사례를 주는 자나 받는 자가 모두 그 일을 통해서 실족하고 더러워져서 결국 피차 불경건에 떨어지게 되는 악습(惡習)을 가리키는 것이다. 말씀을 전하는 자들을 마땅히 더욱 존귀하게 대해야 한다(딤전 5:17). 깨끗하게 한다는 것이 차갑게 한다는 것은 아니다. 말씀을 전하는 자의 수고를 알아주고, 마음으로부터 나오는 사랑과 존경을 표시하는 것은 덕스러운 일이다. 다만 이미 피차 부당한 삯임을 알고 있는 마당에, 성도들이 눈물과 피와 땀으로 하나님께 드린 귀한 헌금을 개인의 탐욕을 채우는 도구로 악용하는 것은, 결코 심판을 피하지 못할 죄악이 됨을 잊지 말아야 한다.

하지만 거짓 교사들이 심판을 피하지 못하는 이유는, 그들이 탐욕에서 돌이키지 못하기 때문이다. 저들이 불의의 삯으로 이미 '불의해진다'(아디쿠메노이, ἀδικούμενοι, 13절)는, 흥미로운 표현이다. 불의한 재물, 불의한 사례를 취해서 결국 그들 자신이 '불의하게 되는' 모양을 가리키기 때문이다. 그 방식은 다양할 수 있다. 어쩌면 불의한 재물에 대한 탐욕으로 생긴 그들의 불의함이 이미 '흠'으로 남았고 '점 또는 수치'로 드러난 일을 가리키는지도 모른다(13절). 발람 선지자가 좋은 예이다(15절). 그는 불의한 삯을 탐한 결과로 이스라엘 역사에 두고두고 탐욕 때문에 망한 거짓 교사의 원조(元祖)라는 수치스러운 이름으로 남게 되었다. '불의하게 되었다'는 표현은 또한, 거짓 교사들이 하나님의 법정에서 이미 불의한 자들로 판결이 난 것과 같다는 뜻일 수도 있다. 불의한 재물을 취하고 그들은 영원히 불법자로서 마땅한 형벌을 선고받은 셈이다. 그 좋은 예가 유다이다. 유다 역시 예수를 팔아넘기고 '불의의 삯'을 취했지만 결국 스스로 목숨을 끊는 비극으로 생을 마쳤다(행 1:18).

결국 거짓 교사들은 자신들의 탐욕으로 취한 불의한 삯으로 자기 자신에게 가장 큰 피해와 해악을 끼친 것이다. 그들이 불의한 삯으로 한 일은, 자기 자신을 불의하게 만들어 버린 일뿐이라는 것이다. 베드로의 이런 논조는 거짓 교사들을 소개하는 2장 초반부터 나오는데, 그들은 멸망케 할 이단을 교회 안으로 가만히 끌어들이지만 결국 자신들의 멸망만을 스스로 취하는, 한 치 앞을 보지 못하는 어리석은 자들인 것이다(2:1).

'불의해진다'는 표현은 또한, 불의한 재물을 취하는 도덕적 결단과 행위가 그 사람 자신에게 영향을 주어 스스로 더럽고 썩어지고 허무한 '성품'으로 변질되게 한다는 뜻일 수도 있다. 이런 맥락에서 14절은, 저들이 아예 '탐욕에 연단된 마음을 가진' 자들이라고까지 묘사한다. 여기서 '연단된'(게굼나스메넨, γεγυμνασμένην)에 들어 있는 '굼나조'(γυμνάζω)라는 동사는 '연습하다, 훈련하다'의 뜻으로, '교육 기관'을 뜻하는 독일어의 '김나지움'(Gymnasium) 혹은 흔히 '체육관'을 뜻하는 '짐'(Gym)과 같은 현대적 용어들도 여기서 파생되었다. 그러니까 거짓 교사들은 스스로 탐욕을 품은 것에 대해 괴로워하고, 쉽게 슬퍼하며, 자주 회개하는 그런 종류의 사람들이 아니다. 이들은 자신들의 사리사욕(私利私慾), 그 탐욕의 본성을 만족시키기 위해 의도적으로 연습하고 단련하는 자들이다. 마치, 체조선수가 끊임없이 뜀틀을 넘으며 전문적인 코치를 받고 전략을 짜서 연습하고 훈련하듯이, 이들은 틈만 나면 성도들의 돈을 어떻게 갈취할 수 있을지 연구하여 그럴듯한 거짓 교훈들과 구호들을 만들어 내며, 그것을 또한 서로 코치해 주고 꾸준히 연습하여, 이론과 실전에서 모두 탐욕을 채우는 데 능한 수완을 부리는 자들인 것이다. 그래서 마치 발레를 오랫동안 연습하고 체조대회에 나가 여러 번 트로피를 탄 경력 있는 운동선수의 발뒤꿈치처럼 자신들의 '마음을'(카르디안, καρδίαν, 14절) 아주 두껍고 단단해지도록 탐욕으로 연단시켜 놓은 자들이다.

그렇게 탐욕으로 철갑(鐵甲)을 두른 듯한 마음을 과연 무엇으로 녹이며 부드럽게 할 수 있을까? 거의 방법이 없는 것이다. 마치 왼손잡이 사사(士師)였던 에훗이 매우 비둔했던 모압 왕 에글론을 칼로 찔렀을 때 그의 칼이 그 살진 배의 기름에 엉겨 빠지지 않았던 것처럼(삿 3:12-22), 탐욕으로 굳어져 버린 이들의 마음은 말씀의 검으로 찔러도 잘 들어가지 않을 만큼 단단한 심령이 된 것이다. 그들이 회개하지 않고 심판을 피하지 못하는 이유가 여기에 있다. 하나님의 말씀이 심기고(약 1:18, 21) 성령께서 살같이 부드럽게 하신 마음(겔 11:19; 36:26), 하늘의 바람이 막힘없이 드나드는 가난한 심령(마 5:5)이 되어야 할 그 '마음'이, 오랫동안 탐욕과 그로 인한 회개치 않은 죄들로 굳어져 돌같이 되어 버렸기 때문이다. 사람이 심판을 피하지 못하는 것은 지은 죄 때문이 아니라, 그 죄에서 돌이키지 못하는 완악함 때문이다. 거짓 교사들을 반면교사로 삼아 성도는 자신 안에 있는 탐욕과 회개치 않은 것을 수시로 돌아보고 끊임없이 돌이켜야 한다. 언제나 하나님의 말씀에 쉽게 반응하는 '살 같은 마음'으로 절제하고 인내하며 참된 경건에 이르러야 한다.

삶으로
내리는 뿌리

그날에 알리라, 주께서 아시리라

거짓 교사들아, '하나님은, 헌금 낼 때 배추색과 파란색 지폐를 금방 알아보신다'고 협박하지 말라. 해마다 새 종류의 헌금 봉투 늘리면서, '정해진 헌금 쪼개서 내지 말라'고 위협하지 말라. 많이 낸 순서부터 주보 헌금 명단에 발표하는 너 거짓 교사여, 헌금 잘하면 복 받는다고 거짓으로 말하지 말라. 그러면 예수 안 믿는 재벌은 헌금 잘 내서 그 큰 복(?)을 받은 것인가. 그래서 그 큰 복 속에서 저리 망하기도 하는 것인가. 그런 복 받을 필요 없으면, 헌금 안 해도 되는 것인가.

당신이 무당인가. 입만 열면 '복 타령', 입만 열면 '돈 타령'에, 거룩한 교회는 더럽혀지고, 성도들은 상처받고, 성도들은 실망한다. 당신이 평생 섬겨야 할 하늘 같은 주 예수 그리스도의 성도들이 실족한다. 당신이 메고 빠져야 할 연자 맷돌이 몇 개인가. 헤아려 보라.

헌금을 가르치기 전에, 그 전에 먼저, 교회의 헌금이 어떻게 깨끗하게, 어떻게 가난한 자들을 위해 쓰이는지, 하나님의 성도들이 언제나 확인할 수 있도록, 항상 투명하게 공개하라. 믿을 만하고, 선한 일로 기쁨을 주는 헌금이 되게 하라. 성도들의 피와 땀이고, 눈물과 헌신의 고혈(膏血)이다. 그 헌금으로 당신의 영광을 짓지 말라.

거짓 목자들아, '각자 믿음으로, 감사함으로, 즐겨 내게 하라'는 말씀대로 하라. 성도를 협박하고 위협하고, 공갈로 강제하여 걷지 말고, 오직 믿음으로 구원받는 성도들이, 오직 믿음으로 드리게 하라. 오직 믿음으로, 하나님을 믿고, 성도들을 믿고, 말씀을 믿으라.

믿음이 없는 거짓 목자들아, 돈을 믿지 말고, 심리학을 믿지 말고, 경영학을 믿지 말고, 세상 성공을 믿지 말고, 자기 욕심을 따라가지 말고, 그 욕심 따라가다 성도들을 수렁에 빠뜨리지 말고, 오직 말씀을 믿고, 말씀대로 하라.

당신이 무당인지, 예수 그리스도의 목자인지, 그날에 알리라. 주께서 아시리라.

(C) 사치와 방탕, 탐욕의 독버섯

거짓 교사들의 사치와 쾌락을 추구하는 태도 그리고 음란과 방탕은, 그들의 마음 중심에 있는 세상을 사랑함 곧 탐욕에서 피어나는 독버섯들이다(앞의 도표에서 B와 B′). 탐욕으로 불의하게 재산을 모아서 무엇을 하겠는가? 세상에서 하나님을 모르는 어리석은 부자들처럼, 거짓 교사들도 그들의 사치와 방탕으로 쾌락을 누리는 일에 빠져, 자신의 코앞에 다가온 종말을 잊고 또한 바로 옆에서 고통당하는 가난한 이웃을 볼 눈이 없어, 기어코 멸망의 길을 걸어가게 된다(참조. 약 5:1-6). 그것은 탐욕의 꽃이지만, 먹을수록 독(毒)이 퍼져 끝내 먹은 사람을 죽음으로 몰고 가는 독버섯이다.

저들은 대낮에도 방탕한 잔치를 열고 그것을 쾌락으로 여기며 즐긴다(2:13). 여기서 말하는 '방탕한 잔치'(트루펜, τρυφήν)는 '사치스러움'을 뜻할 수도 있지만, 문맥상 '방탕'(아셀게이아, ἀσελγεία, 2:2)과 맞닿은 용어로서, 도덕적으로 금기(禁忌)시되는 어떤 타락한 행동들일지라도 쾌락을 위하여 제한 없이 마음껏 추구하는 그런 연회를 뜻한다(G. Green, 279). 거짓 교사들은 그리스도의 주권을 부인한 자들이므로(2:1) 그들의 삶을 통제하고 지도할 말씀이 없다. 곧 그들 위에서 그들의 자유를 하나님의 영광과 이웃의 덕을 위해 사용하게 하시는 그리스도의 주권과 가르침이 없는 것이다. 설혹 그들이 입으로 그런 것을 가르치며 말해도, 실제로 그들은 그런 말씀에 개의치 않는 자들이다. 하나님의 은혜를 말하지만, 삶에서 율법에 나타난 하나님의 영광과 이웃 사랑의 요구는 저버린 자들이다. 그들에게 남은 것은, 세속적인 사치와 쾌락의 추구이다.

이들의 중심에는, 베드로전서가 가르친 대로 '자유가 있으나 그 자유로 악을 가리는 데 쓰지 말고 오직 하나님의 종과 같이 하라'(벧전 2:16)는 말씀이 설 자리가 없다. 저들은 스스로 자유를 얻었다고 확신하며 더 나아가 연약한 성도들에게 '자유를 준다'고 가르쳤을 것이다(2:19). 당시에 '자유'는 기독교적으로나 로마라는 세속 사회에서, 오늘날 '복'이나 '성공'이라는 단어가 갖는 매력 이상의 흡인력이 있었던 가치였다. 그래서 당시 거짓 교사들의 가르침은 마치 오늘날, '오직 은혜로, 오직 믿음으로 구원받으니, 한 번 죄 사함 받으면 영원히 죄를 회개할 필요도 없다'는 식으로 가르치면서 동시에, 그러니 이제 '예수 믿고 물질 축복, 건강 축복, 세상 축복 받자'를 주된 복음의 내용으로 가르치는 '잘되고 복 받는 성공 복음'의 절묘한 결합과도 유사하다. 확실히, 거짓 교사들은 그리스도인의 자유를 남용하고 오용하는 데 전문가였다. 그것으로 세상의 더러운 것과 썩어지는 것과 허무한 것을 취하고, 스스로도 그렇게 되었을 뿐 아니라 자신들의 거짓 가르침으로 남들도 함께 더럽혀지고 썩어지고 허무해지도록 만들었던 것이다. 실로 '저주의 자식들'이다(2:14).

예수를 믿는다고 말하면서도, 이들은 삶 속에서 실제로는 쾌락을 추구하는 것 외에는 진정한 다른 목적을 갖지 않는 자들이다. 오늘날로 말하면 '예수 믿고 복 받는' 것이 신앙의 전부여서, 그 복을 받고 누리는 것 외에 신앙에 있어 크게 목적으로 갖는 것이 없는 경우와도 유사하다. 거짓 교사들도 죄 사함 받고 재물을 얻고 쾌락을 누리는 것으로 신앙의 내용을 삼은 것이다. 더구나 '대낮에'(13절) 그런 방탕한 연회를 즐겼다는 것은 이들이 종교적으로는 어떻게 보였는지 모르나, 실제로는 무모하리만큼 불경건하다는 사실을 보여 준다. 그런 도덕적으로 방탕한 술잔치는 대체로 밤에 열게 된다. 구약에서도 그리고 로마 당시에도 술 취하고 방탕한 일은 '밤에' 적합한 행위였다(참고. 롬 13:12-13). 어둠 속에서 그런 어두운 일을 하는 것이 덜 부끄럽기 때문이다.

하지만 이들은 그런 '수치'나 사람들의 '평판' 따위에는 크게 괘념하지 않는다. 이들에게 중요한 것은 자신들의 사치와 쾌락뿐이다. 그 쾌락의 욕구가 채워지는 것 외에 그들이 진정으로 염려하거나 두려워하는 것은 없다. 그들은 이미 '종말이 없다'고 가르치는 중이고, 그래서 '심판주도 심판도 없다'고 가르치고 있기 때문이다(3:1-4). 그러면 할 수 있는 일이 무엇이 남는가? 세상에서 기회 있는 대로 담대히 쾌락을 채우며, 속히 더러워지고 점차 썩어져서 결국 허무한 세상 속으로, 멸망의 어둠 속으로 빠져 들어갈 뿐이다. 기독교는 가장 '현세적'일 때 가장 타락한다. 반대로 C. S. 루이스가 말했던 대로, 현재의 세상에 '빛으로 소금으로' 값진 삶을 살고 세상 사람들을 위해서도 중대한 기여를 했던 그리스도인들은 모두 실상은 '장차 오는 하늘의 영원한 나라'에 온 마음과 소원을 빼앗긴 자들이었다.

불의하고 파괴적인 사랑

흥미로운 점은, 거짓 교사들이 무모할 만큼 대담하게 벌이는 대낮의 '방탕한 잔치'는 정확히 당시에 하나님을 알지 못하는 이방인들이 자신들의 무지한 정욕대로 타락한 본성을 따라 추구하던 행위였다는 점이다. 앞서 언급했듯이, 13절에서 '방탕한 잔치'(트루펜, τρυφήν)나 그렇게 '잔치할 때에'(엔트루폰테스, ἐντρυφῶντες)라는 표현은, 베드로전서 4:3에서 당시 이방인들이 환락을 위해 즐기던 다양한 술잔치들을 방불케 하는 연회인데 대체로 음란과 우상 숭배까지 포함하기도 했다. 그러니까 거짓 교사들은 교회 속으로 세상을 적극적으로 끌고 들어온 것이다. 하나님을 알지 못하는 이방인들이 방탕하게 하던 술잔치를, 교회 안에 들어와서 그리고 성도를 가르친다고 하면서 그것도 대낮에 그런 잔치를 쾌락 삼아 즐긴 것이다.

통상 이방인들의 술잔치에는 음란과 더불어 우상 숭배가 포함되어 있는데, 베드로후서 2:13-14의 본문에는 저들이 이런 연회를 벌였다는 것과 음란에 대한 언급이 있지만 우상 숭배는 직접적으로 언급되어 있지 않다. 하지만 '탐욕이 곧 우상 숭배'(골 3:5)라는 사실을 생각하면, 저들이 비록 교회 안에 있었지만 하나님이 아닌 자신의 탐욕을 숭배한 이교도와 방불한 자들이었음을 깨닫게 된다. 실제로 탐욕은 13-14절의 포괄적인 주제이며 15-16절에 이어서 강조되는 바, 거짓 교사들은 이방인들과 다를 바 없이 방탕한 연회와 음란을 추구했을 뿐 아니라 자신들의 탐욕을 자랑하며 거기에 머리를 조아리고 경배하는 타락의 삼위일체의 모습을 그대로 재현하고 있는 것이다.

또한 거짓 교사들은 자신들만 방탕한 잔치를 벌였을 뿐 아니라, 다른 사람들도 실족케 하는 데까지 나아간다. '음심이 가득하며 죄짓기를 그치지 않는 눈'으로 굳세지 못한 영혼들을 유혹했다(14절)는 말씀은 저들의 방탕한 술잔치와도 관련이 있어 보인다. '음심'(모이칼리도스, μοιχαλίδος)이라는 표현은 문자적으로 '간음 행위'를 뜻할 수도 있고 '간음하는 여인들'을 뜻할 수도 있다. 전자의 의미라면 매번 여인을 볼 때에 간음을 범할 뜻을 품고 바라본다는 뜻이 되고, 후자의 경우라면 언제나 불법한 관계를 맺으려는 의도로 간음하는 여인들을 찾는 데 혈안이 되어 있다는 의미이다.

어느 경우이든, 이들은 죄짓기를 쉬지 않는 눈, 아무리 죄를 지어도 자신의 정욕을 채우지 못하는 그런 눈을 갖고 있는데, 그것은 그들의 마음이 끝없는 정욕을 채우는 쾌락 이외에 다른 결정적인 목적과 의도를 갖지 못했기 때문이다. 이들은 거짓된 영적 권위로 위장해서 그 목사의 권위에 순종하는 양 무리를 늑탈하는 자들이다. 예컨대, 귀신을 쫓는다거나 병을 고쳐 주겠다고 안수기도를 하면서 성도들을 성추행하거나 무참하게 짓밟는 거짓 선지자들이 이에 속한다. 종교적 권력은 종종 목사에게 영적, 도덕적 눈이 멀어 버릴 위험한 기회를 제공한다. 거짓 교사들은 이에 무방비로 넘어간다. 원래 탐욕 곧 잘못된 사랑이 그들의 중심에 있는 근본적 동기였기 때문이다. 그들은, 미숙한 성도가 자신의 종교적 권력에 순복할 때 마치 야생 동물이 먹잇감을 노리듯이 그들을 덮치며, 그렇게 하고도 아무런 후회나 회개가 없는 '방탕에 연단된 마음'을 가진 자들이다.

그래서 다시 한 번, 이들에게는 그리스도가 '주인'이 되시거나 '심판주'가 되시지 않는다는 사실을 짚고 넘어가야 한다(2:1). 거짓 교사들은 통상 음욕에 시달려 고통당하며 시험에 들까 근신하고 회개하려는 그런 심령을 가진 자들이 아니다. 저들은 이미 주인 되시고 심판주 되신 그리스도의 주권을 인정하지 않은 채, 오히려 적극적으로 죄를 지으려 하고 또 계속 죄를 지어도 다 채울 수 없는, 절제 없는 자유와 방탕한 정욕에 휘둘리는 자들이라고 할 수 있다. 끝내 이들은 굳세지 못한 영혼들, 즉 신앙에 있어 굳게 서지 못한 연약한 성도들을 유혹하여 실족케 한다. '유혹하는'(델레아존테스, δελεάζοντες, 14절)이란 표현은, 야고보서 1:14에서 사람이 자기 욕심에 끌려 '미혹된다'고 할 때처럼 '속아 넘어간다'는 뜻이다. 거짓 교사들은 믿음이 연약한 성도에게 복음을 왜곡해서 설명하며 이런 식으로 '자유를 준다'(19절)고 속여서 자신들의 정욕을 채우는 수단으로 사용한다. 욕심에 끌려 미혹되며 죄를 잉태하고 그 죄가 장성하면 여지없이 사망을 낳는 것이다. 결국 자신도 죽고 상대방도 죽이는 '죽이고 파괴하는 사랑'의 결말을 보게 되는 것이다.

이렇듯, 거짓 교사들 속에서는 '신적 성품'을 찾아볼 수가 없다. 저들은 하나님을 알지 못하는 무지하고 어리석은 이방인들이 탐닉하는 쾌락을 찾아 나서며, 절제 없는 방탕을 즐기고, 믿음과 소망과 사랑 안에서 인내하고자 하는 흔적 없이 쉬지 않고 죄짓기를 구하는 자들이다. 그 결과는 형제 우애와 사랑이 아니라, 그나마 이제 시작한 형제의 신앙을 파괴하며 결국 사람의 영혼을 병들게 하고 죽이는 살인의 자리에까지 이르는 것이다. 신적 성품에서 성장하는 대신 거짓 교사들은 전혀 그 반대의 성품, 세상의 본질인 더럽고 썩어지고 허무한, 그래서 '파괴적인' 성품을 가진 자들이다. 그것은 저들의 아비 마귀가 거짓말쟁이요 살인하는 자인 것을 그대로 증명한다(요 8:44). 거짓 교사들은 그 악한 자 마귀의 손아귀에 붙잡힌 이 세상의 충실한 증인들인 셈이다.

문제는, 그런 자들이 교회 안에 들어와 있고 그 안에서 활동한다는 사실이다. 거짓 교사들은 경건을 연습하다가 실패하여 갈등하고 고통을 느끼며 회개와 성장의 길을 걷는 자들이 아니다. 이들은 본성 자체가 거듭나지 않은 육적인 정욕뿐이고 그것으로 자신을 더럽고 썩어지게 하며 성도들을 실족시킨다. 그러므로 교회는 항상 경각심을 가지지 않을 수 없고, 스스로를 돌아보고 근신해야 할 뿐 아니라, 연약한 양들이 짐승들에게 물려가지 않도록 주의하여 지키고 보호해야 한다.

무엇보다, 하나님의 사랑 안에서 자신을 지키며 끊임없이 믿음으로부터 시작해서 참된 사랑에 이르기까지 신적 성품에서 자라 나가야 한다. 믿음을 가졌지만 덕을 세우지 못하는 신앙으로는 결코 하나님의 사랑에 이르지 못한다. 덕을 세우려면 지식이 있어야 한다. 어떻게 하는 것이 참으로 나 자신을 사랑하는 것이며, 이웃을 사랑하는 길인가. 절제 없이 참사랑에 이를 수도 없다. 그리고 인내해야 한다. 주께서 우리를 강건하게 하시고 생명과 경건에 있어 충분히 성장하게 하시기까지 주께 순복하고 인내하며 견디어야 한다. 그럴 때에 하나님과 사람 앞에서 칭찬받을 만한 경건에 이르게 될 것이다. 그 경건 안에서 형제 우애를 누려야 한다. 깨끗한 사랑, 상대방을 살리는 사랑에 이르도록(요일 4:7-11) 신적 성품에서 성장해 나가야 한다.

'거짓 사랑'에서 오는 쾌락

13-14절에서 보여 주는 거짓 교사들의 방탕한 삶은 저들이 실제로 하나님의 사랑 안에 거하고 있지 않다는 사실을 보여 준다. 저들은 하나님을 알지 못하는 상실(喪失)한 마음을 가진 이방인들처럼 그 끝이 허무한 쾌락을 향해 제한 없이 내달리는 방탕한 모습을 보여 주기 때문이다(참조. 롬 1:18, 24; 엡 2:3). 브레이크 없는 차처럼, 저들은 멈출 수도 없고 다 채울 수도 없는 죄 된 욕망에 자신을 내맡기는 모습을 볼 수 있다. 다만, 그런 방탕한 생활을 겉으로는 문제가 없는 종교생활로 덧씌우고 있을 뿐이다. 그러니까 '거짓'된 교사들이다. 양의 가죽을 덮어쓴 늑대들인 셈이다. 속이는 것을 의도적으로 하기 때문에 대범하고, 스스로 그 안에 갈등과 죄책감도 없는 타락한 심령을 가진 자들이다.

이들이 교회 안으로 세속적인 방탕한 사상과 부패한 습관들을 끌고 들어온다. 이들은 교회의 교사, 목사, 설교자, 지도자의 자리에 있기 때문에 성도들이 속기 쉽고 따르기 쉬운 점을 악용한다. 겉은 교회의 교사들인데, 그 속은 세속적인 쾌락주의자들과 다르지 않은 가치관과 목적을 갖고 있는 것이다. 양의 탈을 쓴 늑대처럼, 성도들을 속이고 있는 것이다. 특별히 베드로후서가 언급하는 거짓 교사들의 사치와 쾌락, 음욕의 만족을 추구하는 태도는 당대의 세속주의적인 쾌락주의 사상이 짙게 드리워져 있다.

당시 쾌락주의를 주창했던 '에피큐리언'(Epicurean)들은 단지 고통을 피하기 위한 정도의 쾌락을 추구한 것이 아니었다. 그들은 쾌락을 '최고의 가치'로 격상시켰다. 디오게네스(Diogenes Laertius)는 에피큐러스(Epicurus)의 삶과 철학에 대해 망라하면서 에피큐러스 자신이 한 말을 소개한다: "우리가 행하는 모든 행동들의 결말은 결국 고통과 두려움에서 온전히 자유하게 되는 것이다. … 그런 까닭에 우리가 쾌락을 복된 삶의 '알파요 오메가'라고 부르는 것이다. 쾌락은 우리가 추구하는 최고의 선(善)이다"(*Ep. Men*. 10.128). 이처럼 에피큐러스는 쾌락으로써 마음의 모든 두려움이 제거되어야 한다고 말했는데, 이러한 쾌락주의적 생각은 대중에게 널리 회자되었다(G. Green, 278).

물론 에피큐러스는 틀렸다. 인간을 고통과 두려움으로부터 해방시키는 것은 쾌락이 아니라 하나님의 사랑이다: "사랑 안에 두려움이 없고 온전한 사랑이 두려움을 내쫓나니"(요일 4:18). 쾌락은 본질상 일시적이어서 감각 기관들을 모두 소멸시키지 않는 이상, 더 허무하고 더 깊은 고통으로 이끌 뿐이다. 인간의 근원적인 두려움과 고통을 치유하고 충만히 채우는 것은 하나님의 사랑뿐이다. 사랑은 빛처럼 비추어 들기 시작하면 두려움이라는 냉기(冷氣)를 뿜어내는 어둠을 내쫓는다. 사랑 안에 두려움이 없어지는 것이다. 어둠 속에 숨어 있던 차갑고 얼어붙은 고통들도 하나님 사랑의 따뜻한 빛이 강렬해질수록 아침 이슬처럼 사라진다. 하나님의 사랑 안에 거하는 심령은 지속적이고 충만한 빛과 기쁨을 누리게 된다.

한편 에피큐로스는 "그 어떤 쾌락도 그 자체로서는 악하지 않다"('no pleasure is in itself evil')고 했으며, 동시에 "신(神)들은 아무런 관심도 없다. 그들은 우리의 분노나 친절한 감정 따위에 아무런 영향도 받지 않는다. 장래에 벌을 받을 것을 두려워할 필요도 없다. 왜냐하면 영혼은 죽음 후에는 없어지기 때문이다. 그리고 장래의 심판 따위는 아예 없기 때문이다"(Lactantius, *Div. Inst.* 3.17; G. Green, 279)라고 말함으로써, 인간이 쾌락을 추구하는 데에는 선악(善惡) 간에 판단할 필요도, 그것을 판단할 심판주도 심판도 전혀 없다고 가르쳤다. 쾌락이나 종말의 심판에 대한 당대의 이런 세속 철학의 사상과 태도는, 베드로후서의 거짓 교사들의 그것들과 아주 닮아 있다.

물론 쾌락이라는 감각 자체가 선하거나 악하지는 않다. 하지만 쾌락의 추구와 관련해서 선악 간에 판단하는 심판주나 심판이 없다는 것은 거짓이다. 감각이 쾌락을 느끼는 기능 자체는 인간 조건이다. 맛있는 음식을 먹으면 입이 즐겁고 배가 부르다. 그것은 좋은 느낌이다. 하지만 그것도 과식을 하거나 상해 버린 음식을 먹으면 탈이 나고 고통을 느낀다. 문제는 그렇게 느껴지는 감각의 기능이 아니라, 세상의 음식이 상하기도 하고 인간이 절제를 못 하기도 한다는 것이다. 에피큐리언들이 쾌락 자체를 긍정한 것은 크게 틀리지 않은 판단이다. 당대의 고상한 철학자들처럼 인간의 이성(理性, logos)으로 감각을 통제하고 억압하는 것이 수준 높은 삶이라는, 가능하지도 않고 편향된 주장에 맞서는 그럴듯한 논리요 사상인 셈이다.

문제는 세상이다. 쾌락 자체는 인간 조건이요 인간에게 주어진 선물이지만, 그 좋은 선물이 이 타락한 세상의 구조와 함께 얽혀 있다는 사실, 그것이 문제이다. 하나님을 떠난 세상은 '더럽고 썩어지고 허무함' 곧 죄와 죽음과 허무에 갇혀 있기 때문이다. 쾌락주의자들은 인간의 쾌락의 긍정적인 면을 보았지만, 그들 자신을 포함해서 이 세상 전체가 오염과 부패와 소멸이라는 거스를 수 없는 강력한 힘에 종속되어 있다는 사실을 간과해 버린 것이다. 그것이 그들의 무지요 어리석음이다. 배부르게 먹었지만 상한 음식을 먹었다면 쾌락이 아니라 고통을 느낀다. 적당히 먹지 않고 위장이 찢어지도록 먹었다면, 로마인들이 그랬던 것처럼, 배 속에 있는 음식을 모두 게워내는 고통을 치른 후에야 또 먹는 즐거움을 느낄 수 있는 것이다. 감각에는 한계가 있고, 또 세상에는 썩은 음식이 있다.

세상은 죄로 오염되어 있는 영역이다. 바른 질서, 의(義)가 깨어진 곳이다. 그래서 아무런 쾌락이나 다 추구해도 좋은 것이 아니다. 잘못된 쾌락은 더 큰 고통을 낳기도 한다. 고속도로를 주행하면서 중앙선을 넘어 반대편 차도로 역주행한다면, 그것을 '자유'라 부르든 또는 순간적인 쾌감과 스릴을 느끼든, 그것은 잠깐뿐일 것이다. 더 큰 고통, 어쩌면 돌이킬 수 없는 고통이 코앞에 기다리고 있기 때문이다. 보이지는 않지만, 사람들 간에도 바른 질서, 의의 질서가 있다. 그 바른 관계 속에서 사귐을 누리는 것이지, 그 의의 관계를 깨뜨리면서 쾌락을 추구할 수는 없다. 그것은 고속도로를 역주행하는 것처럼 더 큰 고통을 가져오기 때문이다. 사랑해서 파괴하는 사랑도 있고, 살리는 사랑도 있다. 거짓 교사들이 추구하는 쾌락은 이처럼, 잘못된 대상을 향한 잘못된 방식의 사랑이다.

'살리는 사랑'과 신적 성품

세속적인 쾌락주의자들이나 베드로후서의 거짓 교사들은 이미 종말의 심판주나 심판을 부인했다. 그것은 눈가림이요 속임수이다. 이 세상이 의의 질서, 마땅한 바른 질서의 구조로 지음 받았다는 사실 즉, 하나님의 말씀으로 지음 받은 세상이라는 사실을 애써 부인하고 무시한 것이다(3:1-5). 이 세상은 텅 비어 있는 공백 상태(vacuum)가 아니다. 원래는 하나님의 의의 질서가 붙들고 있고 그 안에 하나님의 생명이 충만했지만, 하나님을 떠난 이 세상은 이제 깨어진 의, 불의(不義)한 질서 안에서 죄와 죽음과 허무의 강력이 거센 폭풍과 바람처럼 만물을 휘젓고 있는 곳이기 때문이다. 거기서 선악의 판단, 의와 불의의 판단, 바른 관계에 대한 판단 없이, 그리고 그런 판단에 대한 창조주요 심판주의 최종적 심판에 대한 경외심 없이, 자신의 정욕을 따라 쾌락을 따라 마음 가는 대로 산다는 것은 마치 광풍(狂風)이 몰아치는 바다에 작은 돛단배를 띄우고 자기가 원하는 항구에 도착하겠다고 바라는 것처럼 어리석고 무모하기 짝이 없는 태도인 것이다.

쾌락 자체는 인간 조건이요 선물이지만, 그 쾌락은 의의 질서 안에 있을 때에만 자유로워지고 또한 지속적이며 충만해진다. 잘못된 대상을 향하여 잘못된 방식으로 추구되는 쾌락은 반드시 잘못된 목적지 곧 파괴와 파멸에 이르게 된다. 그러므로 쾌락주의자들과 거짓 교사들은 적극적으로 말씀을 부인하고, 그리스도의 주권과 하나님의 심판을 '부인해야만' 하는 것이다. 그렇지 않다면 쾌락을 지극한 선으로 조건 없이 높이고 숭상할 수가 없기 때문이다. 하지만 그들의 주장과는 상관없이 사실이 바뀌지는 않는다. 아무리 쾌감이 최고라도, 고속도로를 역주행하는 쾌감은 순식간에 최악의 고통으로 바뀔 수 있는 것이다. 마찬가지로, 거짓 교사들과 그들의 허망하고 속이는 가르침을 따르는 자들은 결단코 '의의 거하는바'(3:13) 새 하늘과 새 땅에 들어갈 수 없다. 거기야말로 충만한 즐거움이 '의와 함께' 영원히 지속되는 나라이다.

그러므로 '더럽지 않고 썩지 않고 쇠하지 않는' 새로운 세상으로 부름 받은 교회는, 죄와 죽음과 허무의 강력이 역사하는 이 세상 한복판에서 끊임없이, 말씀에 따라 저 참된 사랑의 항구에 도달하도록 방향타를 굳게 잡아야만 한다. 참된 사랑의 대상을 향해, 참된 사랑의 방식으로, 참된 목적을 위해 사랑을 연습하고, 그 참된 사랑 안에서 모든 두려움을 정복하며 온전히 자라 가야 한다. 믿음에서부터 덕을, 덕에 지식을, 지식에 절제를, 절제에 인내를, 인내에 경건을 더하고, 경건에 형제 우애를 더하여 사랑에 이르러야 하는 것이다.

사랑이라도 모두 상대방을 살리는 것이 아니다. 너무 사랑해서 상대방을 파괴하고 죽이는 사랑도 있기 때문이다. 하나님을 진정 모르는 쾌락주의자들과 거짓 교사들의 특징은 그래서 그들의 왜곡되고 허무하고 파괴적인 사랑에서 극적으로 드러난다. 그러므로 교회는 부지런히 신적 성품에 참여하고 성장하여야 한다. 비록 치열하고 고단하지만 그 복된 성장의 과정을 통해, 자신의 잘못된 사랑을 치유하며 온전한 사랑, 생명을 살리는 사랑에 이르러야 한다. 하나님께서 이런 사랑으로 우리를 먼저 사랑하셨으므로, 우리도 이런 사랑으로 서로 사랑하는 사람으로 성장하는 것은 얼마든지 가능하다(요일 4:7-11). 교회에게 이렇게 참된 사랑이 가능하다는 사실은 얼마나 복된 일인가.

(D) 거짓과 수치, 탐욕의 열매

13-14절은 거짓 교사들이 성도들을 '속이는' 모습과 결국 '오점과 수치'로 남는다는 내용이 그 중심부를 차지한다(앞선 도표에서, C와 C′). 먼저 '여러분과 함께 먹을 때에'(13절)라는 표현은 저들이 교회로 함께 모였을 때, 예수 그리스도의 죽으심을 기념하여 떡을 떼고 포도주를 마시는 '주의 만찬'(Lord's supper)을 포함하는, 성도 간의 사랑의 교제를 위한 애찬(love feast)을 가리킬 것이다(참조. 유 12절). 그리스도의 죽으심을 기념하는 자리이고 그 아들을 주신 아버지의 사랑 안에서 성도 간에 거룩한 사랑을 나누는 만찬의 자리이다. 하지만 거짓 교사들은 자신들이 즐겼고 또 여전히 즐기고 있는 '대낮의 쾌락의 향연'의 습관을 이런 거룩한 성도의 교제를 위한 사랑의 만찬의 자리에도 끌고 들어오는 것이다.

양의 탈을 쓴 늑대

이런 애찬의 자리에서, 거짓 교사들이 '그들의 속임수'로 먹고 마셨다는 것은 정확히 무엇을 어떻게 했다는 것인가?(13절) 여기서 '속임수로'(아파타이스, ἀπάταις, 개역개정)라고 번역된 용어는, 비슷한 내용이 나오는 유다서 12절의 '너희의(성도의) 애찬에'라는 표현에서 그 '애찬'을 뜻하는 '아가파이스'(ἀγάπαις)와 발음이 비슷하다. 베드로가 이 구절을 알았었든지 혹은 유다서와 함께 공통된 자료가 있었든지, 베드로가 굳이 이 단어를 택한 이유가 무엇인지 문제가 될 수 있다. 또한 '아파타이스'(ἀπάταις)의 의미도 명확히 정하기 어렵다. 크게 보면 '쾌락'(dissipation)을 뜻하든지 또는 '속임'(deception)을 뜻할 수도 있기 때문이다.

먼저 이 단어가 '쾌락'을 뜻한다면, 거짓 교사들은 주의 만찬이나 애찬으로 함께 모였을 때 자신들의 쾌락을 추구하는 태도를 그대로 행함으로써 거룩한 주의 만찬과 '사랑(아가페, agape)의 교제'인 애찬을 더럽히는 행태를 떠올려 볼 수 있다. 바울이 묘사하는 대로, 주의 만찬 때에 형제들을 기다리지 않고 먼저 온 자들이 흥청망청 먹고 마심으로써, 주의 몸 된 교회의 성도 간의 우애를 깨뜨리고 사랑을 더럽히며 주의 만찬을 행하는 자리에서 죄악 된 행위를 했던 경우를 이런 예로 들 수 있다(고전 11:17-34). 이처럼 거짓 교사들은, 이방인들이 먹고 마시며 즐기고 놀던 그 방식 그대로 분별없이 '자신들의 쾌락을 따라' 성도의 애찬도 주의 만찬도 그들의 불경건으로 한껏 더럽혔던 것으로 볼 수 있다.

한편 '너희의 속임수로'에서처럼 베드로후서 2:13의 '아파타이스'를 '속임수'를 의미하는 것으로 본다면, 거짓 교사들은 주의 만찬이나 애찬을 적극적으로 성도를 속이는 기회로 삼았다는 뜻이 된다. 저들은 의식적으로 자신을 위장(僞裝)하는 것이며 처음부터 성도들이 생각하는 주의 만찬이나 애찬의 의미 같은 것은 염두에 두지 않았다는 것이다. 또한 결과적으로도 성도들과 함께 먹고 마시면서도 저들을 미혹할 의도로 거짓으로 속여서 이득을 얻을 의도로 접근했다는 것을 생각하면(2:3), '저들의 속임수'라는 표현이 더 적절해 보이기도 한다. 하지만 어떤 경우로 번역을 해도, 두 가지 의미가 서로 보완적이고 서로를 배제하지 않는다. 주의 만찬이나 성도의 애찬에 참여하면서 늘 세상에서 하던 대로 쾌락과 탐욕을 좇았다는 것은, 그것이 원래 의도였든지 혹은 단지 그런 결과를 가져왔던 것인지 상관없이 '속임수'라는 판정에 적절하기 때문이다.

결론적으로 거짓 교사들은 '양의 옷을 입고 나아오나 속에는 노략질하는 이리'(마 7:15)라는 주님에 표현에 딱 맞는 자들이다. 겉모습은 다른 성도들이 하는 그대로 흉내를 내지만, 그 속은 탐욕과 방탕이 가득한 것이다. 그리고 결과적으로 더럽고 썩은 세속적인 악습을 끌어들인다. 교회는 이들을 경계하고 단호히 대처해야 한다. 오늘날 이들은 어떤 모습으로 다가오는가? 어떤 식으로 노략질하는가? 예컨대 이들은, 성경에 없는 각종 헌금을 종류별로 만들어 그것을 율법처럼 강요하고 해마다 다양한 헌금 봉투들을 개발하는 자들일 것이다. 예컨대 이들은, 성도에게는 '하늘에 보물을 쌓으라'며 헌금을 강요하고, 정작 자기 자신은 이 땅에 재물을 쌓고 또 쌓고 자식에게까지 물려주려 혈안이 되어 버린 늑대 같은 자들이다. 예컨대 이들은, 은퇴할 때에도 자신들이 원하는 대로 거액의 전별금(餞別金)을 주지 않으면 교회가 두 쪽이 나도 절대로 교회를 놓을 수 없다고 떼를 쓰는 자들일 것이다. 또한 이들은 교회 안에서 중대한 범죄를 저지르고도 하나님의 은혜를 남용하고 모독하며, 그것을 아무렇지도 않게 여기게 할 뿐 아니라 도리어 많은 사람들을 실족케 하며 타락의 길로 이끄는 자들일 것이다.

교회여, 깨어 거짓 교사들의 속임수와 그 불의한 길에서 돌이키라. 저들의 길은 끝없는 수치요 패망이며, 저들은 확실한 멸망을 예약한 자들이다. 저들의 길을 따르지 말며, 의의 길에 굳게 서라(2:21). 오직 거룩한 말씀으로 교회를 지키며, 생명과 경건에 속한 모든 것을 주신 하나님을 따라 신적 성품에 참여하고 부지런히 성장해 가야 한다.

점과 흠, 교회의 실패와 수치

악한 일에 결과가 없을 수 없다. 욕심이 잉태하면 죄를 낳고 죄를 그대로 두면 장성하여 사망을 낳는다(약 1:14-15). 덕도 지식도 절제도 인내도 없는 믿음으로는, 결코 경건에 이를 수 없다. 형제 우애도 불가능하고 사랑에 이르기는커녕 '살인'에 이른다. 그 죄는 자신을 죽일 뿐 아니라 다른 사람들도 죽이는 비참한 결과를 가져온다(참조. 약 1:15와 4:2, 그리고 5:6). 교회 안으로 숨어 들어온 거짓 교사들의 경우도 마찬가지이다. 그들의 세속적인 탐욕과 세속적인 쾌락의 추구는 그들이 거리낌 없이 자행하는 '거짓말'과 함께, 그들 자신에게 확실한 멸망을 약속해 준다. 그들은 자신들의 거짓과 부패한 심령으로 다른 성도를 속이고 거기서 이득을 얻으려 하지만 결국 자신들의 확실한 멸망을 예약받는다.

또한 그들은 교회의 '점과 흠'이 된다. 교회도 피해를 입고, 그런 교회를 바라보는 세상 이방인들도 그들로 인해 피해를 입는다. 하나님의 거룩한 이름도 더럽혀진다. 그래서 베드로는 거짓 교사들에 관해 이리도 적나라하고 긴 편지를 남기는 것이다. 저들을 분별해 내라는 것이다. 그리고 거룩한 교회, 더럽지 않고 썩지 않고 쇠하지 않는 나라를 유업으로 약속받은 주의 교회는 결단코 저들을 따르지 말라는 것이다. 저들은 불의한 길, 멸망의 길, 수치의 길로 들어선 자들이기 때문이다. 교회는 저들로부터 돌아서야 한다. 도리어, 더럽지 않고 썩지 않고 쇠하지 않는 생명과 경건의 길, 의의 길, 신적 성품의 길에 견고하게 서서 지속적으로 성장하여 장차 그 영원한 나라에 들어가기에 부족함이 없도록 준비하고 또 준비해야 한다는 것이다.

정확히 하면 '점과 흠'(스필로이 카이 모모이, σπίλοι καὶ μῶμοι, 13절)이라는 표현은 같은 사실을 반복한 것으로 여겨진다. 하지만 '점'으로 번역된 용어는 마치 흰 와이셔츠에 더러운 흙탕물이 튀어 묻은 것처럼 '오점'(汚點)의 뜻에 가깝다면, '흠'에 해당하는 단어는 '비난받을 만한 일' 또는 '불명예'나 '수치'(shame)에 해당하는 의미를 갖는다. 이렇게 보면 '오점'은 거짓 교사들로 인해 교회에 남겨진 실패의 흔적이라 할 수 있고, 상대적으로 '수치'는 그런 실패 때문에 세상 이방인들 앞에서 불명예로 드러난 현상이라 할 수 있다. 원문이 허락하는 한도 내에서 이렇게 풀어 설명하는 유익이 있다면, 그것은 오늘날 교회 안에서 거짓 교사들이 만들어 내는 오점뿐 아니라, 그로 인한 대사회적인 수치와 불명예가 끼치는 해악이 지대하기 때문이다.

기독교는 온갖 악한 말들로 공격을 받고 있다. 오늘날처럼 초기 기독교 시대에도 그러했다. 베드로는 그의 첫 번째 편지에서 이미, 교회가 세상 이방인들 속에서 선한 행실로써 하나님의 이름이 거룩히 여김을 받도록 하는 '제사장 나라'의 사명이 얼마나 결정적이고 중요한지 설명했다(벧전 2:9-12). 교회가 그러한 제사장 나라의 역할을 다하기 위해서는, 세상 사람들도 알아듣는 '양심'의 수준에서 악한 일들을 하지 말아야 한다. 그보다 더 선한 일을 모범적으로 할 뿐 아니라 그 이상의 불의한 고난이라도 그리스도의 본을 따라 견디어 냄으로써 세상 사람들로 하여금 하나님의 이름을 부르게 하고 그들을 하나님 앞으로 인도해 내는 사명을 목숨을 다해 감당해야 하는 것이다(벧전 2:18-25; 3:18).

그러나 무엇보다, 교회는 악행 즉, 세상 사람들이 자신들의 양심과 도덕적 기준에서 볼 때에도 실패와 수치가 되는 악한 일을 피해야만 한다. 그것이 기본이다. 하지만 바로 이 부분에서, 거짓 교사들은 세속적으로도 타락한 관행을 교회 안으로 끌고 들어와 이를 '거짓으로 지어낸 말'로 속여서 마치 그것이 성경의 가르침인 양 속여 행함으로써, 저들의 실패로 인하여 교회로 하여금 완연한 타격을 입게 하고 그뿐 아니라, 세상 이방인들로 하여금 교회가 짊어지고 있는 하나님의 거룩한 이름이 더럽혀지게 만드는 죄악을 범하는 것이다.

공동서신 전체가 그렇지만, 베드로전후서에서도 구원은 우선적으로 '세상으로부터의' 구원이다. 세상은 더럽고 썩어지고 허무한 본질을 갖고 있기 때문에, 하나님을 떠난 이 세상으로부터 구원을 받아 '썩지 않고 더럽지 않고 쇠하지 않는' 영원한 나라를 유업으로 받은 교회는, 다시 세상으로 돌아갈 수 없다. 다시 세상의 더러움으로 돌아갈 수 없고, 다시 세상의 썩어짐에 동참할 수 없으며, 다시 세상의 허무한 헛된 영광을 따라갈 수가 없는 것이다. 그런데 이 '의의 길'에서 다시 교회의 덜미를 붙잡는 자들이 바로 양의 탈을 쓰고 교회 안으로 들어온 이리 떼, 거짓 교사들이다. 이들은 자신들의 실패와 오점으로 교회를 더럽힐 뿐 아니라, 그것을 세상 앞에서 수치거리로 만들어 하나님의 영광을 가리고 그 거룩하고 크신 구원의 이름을 땅에 떨어뜨리는 데에 지대한 공헌(?)을 한다. 마귀가 원하던 일을 성취하여 복음의 길, 진리의 길을 모독하고 막히게 하는 것이다.

그러므로 교회는 적극적으로 거짓 교사들의 거짓과 싸워야 한다. 그들의 '거짓으로 지어낸 말들'을 하나님의 거룩한 말씀으로 분별하고 분쇄하고 바로잡아야만 한다. 예를 들면 이런 것이다. 예배당은 교회가 아니다. 신약 성경에서 교회란 한 번도 건물을 가리킨 적이 없다. 교회는 성도이다. 성도가 성전이다. '성전 건축'이란 하나님의 성령이 친히 그 안에서 거하시는 성도를 '신령한 집'으로 세워 가는 것이다. 그러므로 '교회 성장'이란 성도가 그리스도로 충만하여 그리스도를 닮아 성장하고 성숙해 가는 것이다. 70년대 개발도상국이었던 이 나라의 구호가, '모여라, 돈 내라, 집 짓자'였던 것처럼 그런 세속적인 축복의 도식을 그대로 교회로 끌고 들어온 실패를 반드시 돌이키고 바로잡아야 한다.

말씀으로 '거짓된 말'을 바로잡는 것, 그것이 거짓 교사들을 분별해 내고 교회를 저들의 실패와 수치로부터 지켜 내는 첫걸음이다. 그것이 교회의 실패로 인해 땅에 떨어진 아버지의 이름을 다시 거룩히 여김을 받도록 하는 첫걸음이다. 교회여, 주님께서 가르쳐 주신 주기도문의 첫째 되고 가장 중요한 이 간구를 우리의 심령과 온 삶으로 간절히 올려 드리자. '하늘에 계신 우리 아버지여, 이름이 거룩히 여김을 받으소서.'

삶으로
내리는 뿌리

공포(恐怖) 목회

경쟁적인 목회 현장에서 자신의 목장을 든든히 지키려면, 어느 정도 성도들을 하나로 묶는 리더십이 필요할 것이다. 그런 리더십이, 참으로 말씀의 진리와 사랑의 인격, 그리고 삶의 모범에서 우러나는 권위에 대한 자연스러운 존경과 자발적인 순복으로 되면 좋겠지만, 실제는 그렇기가 어렵다. 목회자도 인간이므로 실수하고, 성도라 불리는 무리들 가운데서 어쩌면 마치 이리처럼 악한 자들도 섞여 있을 수 있기 때문이다. 그래서 목회자는 진리의 말씀과 사랑의 인격, 삶의 모범만으로도 부족할 수 있는 지리이다. 성도들의 미숙함이나 더러 악한 자들에게 휘둘리지 않는, 분별력 있는 지혜와 단호한 권위를 갖추기도 해야 하는 것이다.

하지만 '공포 목회'는 그런 류의 것이 아니다. 말씀의 진리도 갖추지 못하고, 사랑의 인격도 아니며, 삶의 모범도 보이지 못하면서, 성도들에게 '두려움'을 조장하여 지배하는 식의 '무례한' 목회이다. 어쩌다가 그리 되었는지는 모르나, 더러 규모 있는 교회로 성장하여 힘이 생겼는데, 이런 식의 '공포'로 성도들을 '관리'하려는 목회에 질린 성도들을 보게 된다.

너무 물러 터져서, 성도를 거짓과 위험으로부터 지키지 못하는 것도 문제일 것이다. 하지만 마치 독재자가 하듯, 성도들 사이에 공포심을 조장하고, 말씀에 위배되지 않았지만 자신의 말에 따르지 않는 자를 '왕따'시키는 발언을 공개적으로 하며, 성도들을 알게 모르게 겁박하는 식의 목회를 한다면, 그것은 참으로 안타까운 일이 아닐 수 없다.

어찌할까. 성도가 더 깨어나는 수밖에 없지 않은가. 더욱 진리의 말씀에서 성장하고, 마땅히 두려워할 분을 두려워해야 할 것이다. 오직 한 분 하나님만 두려워할 때, 다른 모든 두려움에서 해방되는 길을 찾을 수 있기 때문이다. 그것은 성도로서 쉽지 않은 길이기도 하지만, 마땅히 가야 할 길이기도 하다. 그리고 꾸준히 '사랑 안에서, 참된 것'을 해 나가야 한다.

온 교회의 담임 목사님은 한 분 예수님뿐이다. 나머지는 전부 인간이요, 부사역자들이다. 결코 하나님의 존귀한 성도 앞에서 그들을 '내 것'처럼 군림하는 자세로 대해서는 안 된다. 그것은 그리스도의 것을 도적질하는 마음자세에서 나오기 때문이다. 진리의 말씀을 버리고, 사랑의 인격도, 모범된 삶도 버리면, 주의 거룩한 교회로 내 욕심을 채우는 일밖에 남지 않기 때문이다.

한편, 모든 성도는 한 분 담임 목사님이신 예수님만 두려워하고, 그분의 말씀만을 순복하여야 한다. 그래서 '말씀 맡은' 자로 세움 받은 부사역자들을 존중하고 순복해야 한다. 하지만 그것도 하나님의 말씀에 합당할 때뿐이다. 만일 목회자가 부족하다면, 성도들이 품어 주고 기도로 사랑으로 온전한 길로 인도할 수 있다. 그리고 그렇게 하는 것이 아름답다.

다만, 진리의 말씀에 충실하고, 사랑의 인격으로 성장해 가며, 삶으로 모범을 보이는, 그리고 지혜로운 권위를 가진 주의 일꾼들을 달라고, 간절히 기도하자. 주께서 교회를 불쌍히 여기사, 주의 몸 된 교회인 성도를 바로 섬길 착하고 충성된 '종'들을 달라고, 부족한 우리라도 그렇게 되게 해 달라고, 간절히 간구하자.

삶으로
내리는 뿌리

복음의 사역자

사역자가 가진 능력은
오직 예수뿐이다.
다른 것을 연습하지 말라.
예수가 진정 그대의 능력인가.
사역자가 전해야 할 것은
오직 예수뿐이다.
다른 것을 전하지 말라.
설교단을 더럽히는 짓을 그치라.
사역자의 받을 보상은
오직 예수뿐이다.
오늘날 이것이 가장 어렵다.
믿음의 보상이 세상이라고 가르치는
거짓 목자들에 속지 말라.
예수님이 복음이다.
복음의 사역자가 되어라.

(5) 주문(主文)과 보충 설명 – 발람의 예(15–16절)

'저주의 자식이라!' 14절 끝에 있는 이 한 문장은 거짓 교사들의 교만, 탐욕과 방탕, 그리고 교회를 미혹한 결과 그들의 실패와 하나님의 이름을 더럽힌 죄악에 대한 법정적인 선고에서 최종적인 판결을 요약한 주문과도 같은 역할을 한다. 저들에게 합당한 형벌, 최종적인 처벌이 선고된 것이다. 그리고 베드로는 곧이어 보충적인 설명으로 발람 선지자의 예를 든다. 어찌 보면 탐욕이 특징인 거짓 교사들과 가장 직접적인 관련이 있는 경우라고 할 수 있다. 발람의 죄악과 그 어리석음에 관한 15-16절의 본문을 찬찬히 살펴보자.

"15절 곧은길을 내팽개치고 미혹되어, 브올의 아들 발람의 길로 좇아갔는데, 이는 불의의 삯을 사랑했기 때문입니다. 16절 하지만 그도 자신의 불법을 인하여 꾸짖음을 들었는데, 말 못 하는 나귀가 사람의 목소리로 소리를 내어 그 선지자의 미친 것을 막아섰던 것입니다."

거짓 교사들에 대한 선고 – 주문(主文)

우선 14절에서 거짓 교사들은 '저주의 자식들'(카타라스 테크나, κατάρας τέκνα) 인데, '무엇의 자식들'이라는 표현은 그들이 그 '무엇'이라는 본질적인 특징을 가진 자들이라는 의미이다(Arichea, 128). 그러니까 법정에서 선고된 형벌과 같은 '저주'(curse)가 그들의 본질적인 특징이라는 의미이다. 이를테면, 마치 죄수의 옷에 붙은 수인(囚人) 번호처럼 거짓 교사들은 그들의 가슴에 이미 '저주'라는 형벌의 선고를 달고 다니는 자들이다. 그래서 '저주의 자식'이라는 표현은, '저들은 하나님의 저주 아래 있도다!'(TEV)라는 선고로서, 하나님께서 확실하게 저들의 죄악에 합당한 형벌을 내리실 것을 공표하는 표현이다.

특별히 '자식들'이라는 표현은, 거짓 교사들이 원래부터 복음의 말씀이나 성령의 거룩하게 하심으로 거듭난 적이 없다는 점을 시사한다. 신약에서 '저주의 자식'이라는 표현은 근본적이고 또한 최종적인 판결에 해당한다. 세상의 공중 권세를 잡은 자를 따르는 불순종의 아들들, 타락하여 죄 된 본성을 따라 육체와 마음이 원하는 것을 그대로 하는 '진노의 자녀'와 같은 표현이다(엡 2:2-3; 참조. 벧전 1:14). 하지만 베드로후서는 유다서의 경우와는 달리, 거짓 교사들이 성령을 받지 않았다는 사실을 노골적으로 지적하지 않는다(유 19절). 그래서 이들이 교회 안에서 모두를 헷갈리게 하고 혼돈스럽게 한다는 사실은 오히려 교회 안에 있는 거짓과 탐욕, 방탕에 대한 경계의 중요성을 더욱 일깨운다. 거짓 교사들이 교리적으로 명확하게 드러나지 않기 때문에, 교회는 더욱 주의하고 분별하여 말씀을 살피고 자신을 지키는 일에 열심을 내야 할 필요를 깨닫게 되는 것이다.

그러나 2:14의 끝에서 베드로가 거짓 교사들을 향해서 '저주의 자식들'이라 선고한 것은, 저들이 본질적으로 '하나님과 우리 주 예수를 앎으로써'(1:2), '부르신 자를 앎으로써'(1:3) 신적 성품에 참여하고 또 그 안에서 자라 가지도 못하고 그럴 수도 없는 존재들이라는 사실을 폭로한 셈이다. 비록 교회 안에 은밀하게 숨어 들어왔지만, 저들은 알곡들 사이에 뿌려 놓은 가라지들이다(마 13:25-30). 베드로후서는 이 가라지들이 알곡들 사이에서 함께 자라고 있는 모양을 보여 준다고 할 수 있다.

그래서 베드로후서에서는, 거짓 교사들이 가라지들이라는 사실 곧 '저주의 자식들'이라는 사실이, 요한서신의 경우와는 달리(요일 2:21-22) 그들의 교리적인 이단성으로 쉽게 확인되지 않는다. 오히려 그들의 행위의 열매들, 곧 그들이 거짓으로 지어낸 말들로 자신의 사리사욕을 채우고자 물질을 탐하는 행위, 대낮에도 방탕과 사치를 즐기는 어리석은 만용(蠻勇), 자기 위에서 자기를 다스리시는 하나님의 말씀을 제멋대로 해석하고 영적 권위를 함부로 주장하는 오만을 보고 판단해야 하는 것이다. 믿음으로 한다고 하는 행위들은 그러므로 단순히 도덕적 차원의 문제가 아니다. 그런 행위들이 열매로 달리는 그 뿌리, 그 나무의 본질을 드러내기 때문이다. 그들의 믿음이 과연 무엇이었는지가, 그들의 교만, 탐욕 그리고 방탕으로 드러날 때, 베드로는 그들을 향해 그들이 실은 '저주의 자식들'이라고 선고하는 것이다.

그러므로 야고보서가 가르치는 대로, 우리의 행함은 우리의 믿음이 진짜인지, 가짜인지를 드러내는 분명한 증거임을 잊지 말아야 한다. 선한 열매를 맺지 못하는 믿음, 행함이 없는 믿음은 죽은 것이기 때문이다(약 2:14-26). 주께서 '열매로 그들을 알리라'(마 7:20) 하신 그대로이다. 하나님의 은혜를 방탕과 탐욕거리로 바꿔 버리는(유 4절) 시대를 사는 그리스도인들이, 반드시 기억하고 점검하고 분별하여, 주께서 부르신 그 '의의 길'(2:21)에서 떠나지 말아야 한다. "그러므로 사랑하는 자들아 너희가 이것을 미리 알았은즉 무법한 자들의 미혹에 이끌려 너희가 굳센 데서 떨어질까 삼가라"(3:17).

'발람의 길' - 보충 설명

피고인에 대한 형벌을 선고한 후에, 간혹 그 선고의 이유나 취지를 보강하기 위해 보충적으로 설명하는 경우가 있다. 거짓 교사들이 왜 하나님의 저주의 심판을 받을 수밖에 없는지 다시 한 번 명확하게 밝히고자 하는 의도이다. 15절에서 발람의 예를 들어 시작하는 이 보충 설명은 실제로는 2장 끝 절인 22절까지에 이른다. 그 보충 설명의 핵심적 내용은, 거짓 교사들이 '바른 길'(15절), '의의 길'(21절)을 떠나 미혹되었다는 것이다. 결국 그들은 '이긴 자'가 아니라 '진 자'(19절)가 되었고, 그 나중이 처음보다 더 심해졌다는 것이다(20절).

베드로는 구원을 '썩지 않고 더럽지 않고 쇠하지 않는 나라'를 유업으로 받은 것으로 표현한다(벧전 1:3-4). 그런데 그 '보배롭고 지극히 큰 약속'(1:4)을 받은 신자가, 다시 세상의 '썩어지고 더럽고 허무한' 데에로 돌아가 거기서 뒹구는 삶으로 결론이 난다면, 그것은 그가 처음부터 그런 구원을 받은 자도 아니라는 증거가 될 것이다. 그래서 베드로는 거짓 교사들이 발람의 길을 좇아 탐욕을 따라 더러운 이득을 취하며 방탕한 삶을 살았다는 것을, 그들의 구원의 실패의 증거로 재확인하는 것이다.

발람의 사건은 민수기 22-24장에 자세히 설명되어 있는데, 거기서 발람은 모압 왕 발락의 간청을 받아 이스라엘을 저주하라는 요구와 함께 엄청난 금, 은, 보화를 약속받는다. 발람은 처음 두 번째까지는 여호와께서 주시는 말씀을 그대로 전하여 이스라엘을 축복하다가, 세 번째 그 유혹에 굴복하여 길을 떠난다. 하지만 그렇더라도 발람은 이스라엘을 두려워해 저주해 주기를 원했던 모압 왕의 청대로 하지 않았고, 끝까지 하나님께서 주시는 대로 이스라엘을 축복하는 말씀만 전했다. 민수기의 이야기를 읽어 보면, 확실히 발람은 끝까지 하나님이 주시는 말씀만 전한 것이라 할 수 있다.

탐심으로 말씀을 왜곡한 죄

그렇다면 이런 발람을 두고 굳이 그를 '불의의 삯을 좇은' 거짓 선지자로 몰아붙이는 것은 너무하지 않은가? 그가 무엇을 잘못했기에 이런 전설적인 불명예를 뒤집어쓴 것일까? 단서들이 없지는 않다. 먼저는 유다서 역시 거짓 교사에 대해 저주를 선포하면서('화 있을진저!') 발람을 언급한다. 그리고 그들이 '가인의 길', '고라의 패역'과 더불어 '발람의 어그러진 길'로 몰려갔다고 말하는데, 여기서 '발람의 어그러진 길'로 번역된 문구는 원래 '발람의 삯의 속임'(테 플라네 투 발람 미스투, τῇ πλάνῃ τοῦ Βαλαὰμ μισθοῦ, 10절)이라는 뜻이다.

우선, '발람의 삯'은 모압 왕 발락이 제안했고 선지자 발람이 받았던 그 재물을 가리킨다. 그리고 '속임'이라는 말은 '미혹되어 바른길을 떠나는 것'을 가리킨다(참조. 약 5:20). 그래서 '발람의 삯의 속임'이라는 표현은, 발람이 그 불의한 재물을 받아 '속았던' 혹은 '미혹되어 바른길을 떠났던' 전례를 가리킬 수 있고, 또는 발람이 받았던 그 불의한 재물에 지금도 '속는 것'을 가리킬 수도 있다. 어떤 경우이든, 발람이 받았던 재물로, 발람 자신이 '바른길을 떠났다'는 것은 기정사실화되어 있는 것이다.

베드로후서 2:15의 본문도 명확히 꼬집어 말하듯이, 발람은 '불의한 재물을 탐했다'는 것이 후대의 판정이다. 즉, 그가 결과적으로 모압 왕의 요구대로 하나님의 택한 백성을 저주하지 않고 하나님이 주시는 말씀대로 그들을 축복했다는 사실은 그대로 있다 하더라도, 후대의 평가는 발람이 분명 그 '불의한 재물'의 제안을 거절하지 못하여 하나님의 말씀을 왜곡하려 했다는 의도를 놓치지 않고 있는 것이다. 그런 흔적은 민수기의 본문에서도 분명히 드러난다. 발람이 처음 두 번은 거절했지만, 세 번째는 가겠다고 하고 길을 나섰다. 발락이 거듭해서 신하들을 보내 높은 지위와 많은 재물을 약속하자, 발람은 '집에 은, 금을 가득 채워 준다 할지라도 능히 여호와 내 하나님의 말씀을 어기어 덜하거나 더하지 못하겠다'(민 22:7-18)고 말하지만 말미를 둔다.

즉, 그 달콤한 제안을 가져온 발락의 신하들을 그 밤에 가지 못하도록 붙든 뒤 기다리게 해 놓고, '여호와께서 내게 무슨 말씀을 더하실는지 알아보리라'(민 22:19)고 말함으로써, 그의 마음이 흔들리며 탐심으로 인해 나뉘기 시작한 모습을 보여 주는 것이다. 하나님께서는 처음부터 발람에게 '너는 그들과 함께 가지도 말고 그 백성을 저주하지도 말라'(민 22:12)고 단언하셨다. 발람은 하나님의 뜻을 너무도 명확히 알고 있었다. 도대체 무슨 이유로, 하나님께서 자신의 백성을 저주하시겠는가? 그것은 물어볼 것도 없이 자명한 사실이다. 그런데 발람은 그 밤에 무슨 이유로 하나님께 뭐라고 다시 물어보았겠는가?

이스라엘이 무슨 중대한 범죄를 행하여, 모압에 의해 징벌을 당해야 할 상황도 아니다. 발람이 하나님의 뜻을 다시 묻겠다고 한 계기와 상황도 있을 수 없는 경우이다. 발람이 하나님께서 이미 주신 '말씀'을 알면서도 무슨 말씀을 다시 하실지 모르겠다고 말을 흐린 것은, 모압 왕의 신하들이 와서 높은 지위와 많은 재물을 약속한 그 유혹의 '말'을 '들었기' 때문이다. 그래서 마음이 나뉜 것이다. 발람이 길을 떠나자, 여호와의 사자가 길을 막아선 정황도 이를 반증한다. 하나님께서 허락하셨다는 것(민 22:20)도, 발람이 자신의 탐욕의 동기를 숨기고 졸랐을 것이며, 하나님께서는 그의 탐심으로 인한 고집대로 행하도록 버려두신 것이라 할 수 있다(참조. 롬 1:28). 발람이 결국 모압 왕의 청을 따라 저주를 하지 않고 이스라엘을 축복한 것도, 이런 면에서 보면 발람 자신도 어쩔 수 없는 하나님의 강권적 간섭에 의한 것이었다고 결론지을 수 있다(민 23:5, 12; 24:2).

그러므로 발람이 탐심에 의해 발락의 청을 듣고 길을 떠났다는 것, 그 사실이 발람이 '불의의 삯에 속은' 결과이며, 또한 '발람의 불의한 삯으로 속는' 현상이다. 발람이 탐심에 끌려 명백한 하나님의 말씀도 거절하고 그 말씀을 왜곡하려 했다는 사실이, 베드로후서가 지적하는 거짓 교사들의 죄 곧 자신들의 탐심을 채우기 위해 하나님의 말씀을 '자의로'(1:20) 해석하고, '거짓으로 말을 지어내는'(2:3) 죄와 일치하는 것이다. 베드로는 명백히, 거짓 교사들도 그 '불의의 삯'을 하나님의 말씀보다 더 '사랑했다'(헤가페센, ἠγάπησεν, 2:15)는 사실을 지적한다. 민수기의 본문에 함축적으로 들어 있던 발람의 행동의 근본적 동기를 들추어 명확히 말한 것이다. 그는 하나님의 말씀을 맡은 선지자로서 하나님의 말씀보다 그것을 버리더라도 얻을 수 있는 세상 지위와 재물을 탐했고 그것을 선택한 것이다.

'말씀'을 버리고 '탐욕'을 따라간 결과

그 결과 발람은 '탐욕의 어그러진 길'로 나아갔다. 그는 아침에 일어나 첫째, 나귀에 안장을 지우고 둘째, 모압 귀족들과 함께 길을 떠난다(민 22:21). 먼저 나귀에 관련된 사건이 흥미롭다. 여호와의 사자가 진노함으로 나타났는데, 나귀는 그 천사를 알아보고 발람은 알아보지 못한다. 짐승도 알아보는 주의 사자를 발람은 보지 못할 만큼 눈이 어두워진 것이다. 탐심은 영적인 눈을 멀게 한다. 하나님을 앎으로써 신적 성품에서 자라지 않으면, '소경이 되어 옛 죄를 깨끗하게 하심도 잊는' 것과 같다(1:8-9).

그리고 발람은 영문을 모르고 더 이상 길을 가려 하지 않는 나귀를 세 번이나 후려친다. 그런데 하나님께서 나귀의 입을 열어 주셔서 나귀는 '왜 나를 때리느냐?'고 되묻고, 발람은 이렇게 호통을 친다: "네가 나를 거역하기 때문이니 내 손에 칼이 있었더면 곧 너를 죽였으리라"(민 22:29). 이 대목을 읽는 주의 깊은 독자라면, 발람이 말 안 듣는 자기 나귀에게 했던 그 말이 꼭 하나님께서 그의 주인이 되신 선지자 발람에게 하실 수 있는 심판의 선고라는 사실을 눈치챌 것이다. 발람은 주인 되신 하나님의 말씀을 거스르고 탐심을 따라가는 자기 자신이 마땅히 받아야 할 처분을 자기 입으로 선고하고 있는 셈이다. 즉, 자신이 무슨 일을 하고 있는지 전혀 모른다는 뜻이며, 그만큼 탐욕으로 눈이 멀어 있고 영적 판단력도 상실한 상태임을 보여 준다.

베드로후서에 나타난 거짓 교사들도 꼭 이와 같이 주인의 말을 듣지 않는 나귀와도 같고, 하나님의 말씀을 거스르고 자신의 탐욕을 좇아가는 발람과도 같은 것이다. 베드로는 이 대목을, 말 못 하는 나귀가 발람 선지자의 불법을 책망했다고 해설한다(2:16). 정확히 하면 '그 자신의 탈법'(이디아스 파라노미아스, ἰδίας παρανομίας)이라는 표현인데, '그 자신의'(이디아스, ἰδίας)는 거짓 교사들의 잘못된 자의적 해석을 지적할 때 곧 그들이 '그 자신의 것으로, 혹은 자의적으로, 또는 제멋대로'(이디아스, ἰδίας, 1:20) 성경을 해석하는 태도를 가리킬 때 사용된 용어이다. 그러므로 '그 자신의 탈법'(脫法)이란, 거짓 교사들에게 있어서 그들이 지키려고 드는 '법'이 결국 하나님의 말씀이 아니라 그들 자신의 탐욕일 뿐이며, 그 탐욕에서 나오는 그들 자신의 뜻이 그들에게는 최고의 법이 되었다는 것이다. 그렇게 해서 그들은 '의의 길, 곧은 길'을 벗어나 제 지위와 처소에서 탈선하게 된 것이다(참조. 2:4; 유 6절).

그 결과는 무엇인가? 민수기에 기록된 발람의 이야기에 따르면, 발람은 그의 나귀 곧 짐승이 가기를 꺼려하는 길을 가고자 한 사람이다. 탐욕을 따르는 길이 그러하다. 나귀는 진노하시는 여호와의 사자를 보았다. 발람은 하나님의 말씀을 거부하고 탐욕을 따라가는 그 어그러진 길의 끝을 보지 못했다. 거짓 교사들도 이와 같다. 저들은 '육체를 따라 더러운 정욕 가운데서 행하며 주관하는 이를 멸시하는' 자들이다(2:10). 발람의 나귀는 멈추려 했지만, 거짓 교사들은 본래 잡혀 죽기 위해 태어난 이성 없는 짐승처럼 썩어질 것을 쫓아다니며 스스로 썩어지며 결국 썩어지는 멸망에 이르는 것이다.

거짓 교사들이 발람의 후예라는 사실을 기록하는 베드로의 필치는 과감하고 단호하다. 이들은 짐승만도 못한 자들인 셈이다. 발람의 나귀가 본 여호와의 사자를, 거짓 교사들은 보지 못한다. 발람의 나귀보다 못한 눈먼 짐승들인 셈이다. 혹독한 평가이다. 결국 영적인 눈이 어두워지고 들을 귀가 막혀서, 자신이 짐승의 길을 가고 있음도 깨닫지 못하는 것이다. 오호라, 참으로 기가 막힐 일이다. 탐욕의 무서움에 다시 한 번 소스라치게 놀라야 한다. 신적 성품에 참여하도록 부르심을 받은 모든 성도는, 하나님의 말씀을 거스르는 탐심에 대해 소스라치게 놀라는 경각심을 가져야 한다. 언제 어떻게 우리의 심령이 어두워질지 모르기 때문이다. 언제 어떻게 그 썩어짐의 멸망의 길에 들어설지 모르기 때문이다. 깨어 하나님의 사랑 안에서 자신을 지켜야 한다(유 1, 21절).

삶으로 내리는 뿌리

이 시대의 '발람'

자신의 탐욕을 따라 '의의 길'을 저버렸다고 평가받는 선지자 발람, 그는 비참한 생애를 살았다. 발람을 생각해 보면 가련한 마음도 든다. 그가 설교를 잘못한 것이 아니다. 그가 하나님의 백성을 향해 전한 메시지는 모두 하나님의 말씀이었다. 하나님께서 그가 말할 때 입술을 붙드셔서 틀린 말을 하지 않도록 하셨다. 자기 백성을 사랑하셨기 때문이다. 하지만 발람은 대대로 탐욕을 좇아간 거짓 교사의 대명사로 남았다. 하나님께 쓰임 받고 자신은 버림받았기 때문이다.

그러므로 모든 설교자는 이 점을 두려워해야 한다. 하나님의 말씀을 전하고, 하나님께 쓰임 받고 자신은 불에 던져지는 마른 막대기 같은 신세가 될 수 있기 때문이다. 발람이 그러했다. 하나님은 손해 보지 않으신다. 거짓 교사가 날마다 곤혹스럽게 하는 교회에서도 연꽃처럼 아주 순수한 성도가 자라나는 것을 본다. 하나님의 돌보심과 역사하심이다.

물론 거짓 교사들은 자신에게 주어진 심판의 길을 간다. 발람이 그러했고, 발람을 따르는 무수한 거짓 교사들이 그러하다. 오늘날, 발람과 같이 '탐욕의 복음'을 선전하는 대표적인 거짓 교사가 있다면 누구를 떠올릴 수 있을까? 아마도 미국 캘리포니아에서 '수정교회'(Crystal Cathedral)를 세우고 '긍정신학'을 전파했던 로버트 슐러(Robert Schuller) 목사가 이에 근접하지 않을까 생각한다.

'예수 믿고 자기 꿈을 이루라'는 그의 메시지는 널리 퍼져서 수많은 추종자들을 만들어 냈고 많은 교회들을 오랫동안 미혹했다. 하지만 정작 로버트 슐러 목사가 세운 수정교회는 '파산'하고 말았다. 사방을 수정과 같은 유리로 덮어 멋지게 치장했던 그 예배당은 경매에 붙여져 천주교에 넘어갔고, 교회를 자신의 아들과 딸에게 물려주었던 슐러 목사는 결국 파산했다. 그것이 그가 평생 설파한 '긍정신학'의 말로(末路)였다. 진리와 거룩 없이 생명은 존재하지도, 지속되지도 않는다. 거짓 교사들은 진리 없이도 생명이 있다고 가르치는 바알의 제사장들이다. 이들에게서 속히 돌아서야 한다. 그래야 산다.

'바른길'을 떠난 '성령충만'

성령충만이 돈의 집중과 권력의 오만으로 이어지는 거짓 가르침이 다시는, 이 땅의 교회들 휩쓸지 않도록 깨어 말씀으로 싸워야 한다.

신약 성경에서 성령충만은, 반드시 말씀의 순종으로 이어진다. 성령충만은 은사를 통해 돈을 모으지 않는다. 성령충만은 은사의 과시로 권력을 행사하지 않는다.

성령충만해서 예수님은 '광야'로 가셨다(마 4:1-11). 가서 오직 말씀에 순종하심으로, 탐욕과 교만과 세상 영광을 버리시는 일에 분투하시고 끝내 성공하셨다.

성령충만해서, 돈과 교만과 세상 영광을 얻는다는 거짓 가르침이 다시는 이 땅의 교회에 발붙이지 못하게 해야 한다.

성령충만해서 예수님은 병자를 고치시고 죽은 자를 살리시고 복음을 전파하신 후에, 비우시고 나누시고 결국, 자신의 목숨까지 내주셨다.

성령충만의 끝은, 거짓과 부정직과 축재(蓄財)와 하나님의 이름에 대한 모욕(侮辱)이 아니라, 순종과 비움과 나눔과 십자가이다.

말씀과 함께 가지 않는 성령충만은 거짓이다. 거짓 가르침에서 돌이키라.

"그들이 바른 길을 떠나 미혹되어 브올의 아들 발람의 길을 따르는도다"

(벧후 2:15)

3. 거짓 교사들의 정체와 결말(2:17-22)

결국, 거짓 교사들은 어떤 자들인가? 거짓과 교만, 탐욕과 방탕을 특징으로 하는 거짓 교사들의 정체는 무엇인가? 베드로는 이미 이들에게 '저주의 자식들'(2:14)이라는 최종 선고를 내렸다. 그리고 저들은 하나님의 말씀을 버리고 탐욕을 따라간 '발람의 후예들'로 드러난다(15-16절). 이제 베드로는 더욱 최종적으로 거짓 교사들의 정체를 명확히 밝힌다. 저들은 '교사들'이지만 가르치는 바가 없다. '물 없는 샘'이다(17절). '자유를 준다'고 가르치지만 본인들 자신이 '썩어짐'의 종노릇하는 자들, 곧 명확하게 '세상에 진 자들'(18-19절)이다. 세상의 본질이 썩어짐인데, 썩어짐의 종노릇한다면 세상에 진 것이기 때문이다. 그것이 거짓 교사들의 정체이다.

세상에 져서 세상처럼 더러워지고 썩어지고 허무하게 된 것, 그것이 또한 거짓 교사들의 결말(結末)이다. 그들의 처음은, 마치 이집트를 나와 홍해를 건너 광야로 나온 옛 이스라엘처럼 세상에서 해방된 것처럼 보였다. 하지만 그들은 곧 하나님의 말씀을 버렸고 그들이 나왔던 세상으로 다시 돌아가 그 세상처럼 되었다. 그들의 운명도 불로 심판받아 없어질 이 세상과 다르지 않을 것이다. 이것이 그들의 '나중'이다(20절). 그들의 결말이다. 그들의 '나중'은 그래서 그들의 '처음'보다 더 심한 더러움과 썩어짐과 허무함이다. 이제 그들은 그 무엇으로도 돌이킬 수 없는 결말에 이르렀다. 그들은 세상과 함께 심판을 피하지 못한다.

각기 거짓 교사들의 정체와 결말을 묘사하는 17-19절과 20-22절은 그래서 그 배경에 이 '세상'에 대한 베드로의 근본적인 이해인 '더러움과 썩어짐과 쇠함'(혹은, 허무함)이라는 범주에 맞추어 진행된다(참조. 벧전 1:3-4). 우선 17-19절은 거짓 교사들의 썩어짐('멸망', 개역개정, 19절)에 집중하는 반면, 20-22절은 그들이 이렇게 썩어짐으로 되돌아갈 수밖에 없는 원인 곧 그들의 '더러움'(20절)에 집중한다. 죄의 삯은 사망 곧 썩어짐이다(참조. 롬 6:23). 베드로는 구원을 '세상에서 부르심을 받아 하늘로, 영원한 나라로 들어가는' 것으로 묘사한다(1:11; 3:13-14; 벧전 1:4). 그런데 사람이 다시 세상의 본질에 참여하여 그 죄와 사망과 허무의 영역으로 되돌아간다는 것은, 그가 처음부터 부르심을 받은 자가 아님을 증명하는 셈이 된다.

그러므로 썩지 않고 더럽지 않고 쇠하지 않는 유업을 '산 소망'으로 약속받아 누리고 있는 성도는, 반드시 썩어지고 더럽고 허무한 세상을 이기며 신적 성품에 참여하고 성장하는 성도이다. 더러 실패도 하고 실수도 하지만, 그는 서서히 그리고 지속적으로 신적 성품에서 '성장'한다. 베드로가 거짓 교사들의 정체를 세상에 진 자들로 폭로하며, 그들이 결국 다시 세상의 더러움으로 돌아간 자들임을 지적하는 이유가 바로 여기에 있다. 직접 간접으로 거짓 교사들의 흙탕물을 뒤집어쓴 수신자 교회를 향해 강력히 경고하고 싶기 때문이다.

(1) 정체 – '자유'하나 세상에 '진 자'들(17–19절)

거짓 교사들은, 겉으로는 많은 약속을 하지만 실제로는 완전히 '패배한 자들'이다. 17절부터 19절까지 거짓 교사들에 대한 묘사는, 겉 다르고 속 다른 그들의 정체를 그대로 드러낸다. 그들은 겉보기와는 전혀 다르다. 한마디로, 속이는 자들이다. 세상을 살다가 속은 경험이 더러 있을 것이다. 인터넷 화면에서는 너무나 세련되고 괜찮은 물건처럼 보였는데, 막상 저렴한 가격으로 사고 보니 싸구려요 막 만든 쓸모없는 물건을 받아든 느낌 같은 것이다. 한창 유행한다는 음식을 그것도 TV에 나온 유명한 맛집에 가서 먹었는데, 전혀 기대 이하였던 경우와도 유사하다. 물론 본문이 상정하는 상황은 그보다 훨씬 심각한 경우이다. 이력서에 나열한 높은 학력이나 현란한 경력을 보고 목회자를 초빙했는데, 그런 자의 설교가 세속적이고 더러워서 듣기조차 힘들고, 항시 재물을 탐하며 때로 방탕한 짓도 불사하며, 이로 인하여 많은 성도가 실족하고 하나님의 이름이 더럽혀지는 경우가 이에 해당할 것이다. 이처럼 17절에서 19절까지는, 거짓 교사들이 내세우는 헛된 약속들이나 가르침과는 달리 그들 자신이 얼마나 헛되며 속이는 자들이며, 또한 스스로 패배한 자들인가를 생생하게 묘사한다. 거짓 교사들을 분별하는 기준이 될 이 중요한 본문을 꼼꼼히 살펴보자.

> "17절 이 자들은 물 없는 샘이요 광풍에 휩쓸려 가는 안개이며, 흑암의 그늘에 갇혀 있는 자들입니다. 18절 소리 높여 참으로 헛된 자랑을 지껄이며, 미혹된 데에서 행하는 자들에게서 겨우 피해 나온 이들을 육체의 정욕을 따라 방탕한 일로 유혹합니다. 19절 그들에게 자유를 약속하지만, 정작 그들 자신은 썩어짐에 종속된 노예들입니다. 누구든 어떤 이에게 지면, 그에게 종이 되는 것이기 때문입니다."

그리스도의 생명이 빠진 가르침

'물 없는 샘'(페가이 아뉴드로이, πηγαὶ ἄνυδροι, 17절)이란 말 그대로 샘물이 있는 자리인데 정작 가 보니 물이 없는 경우이다. 모래사막이나 광야가 많은 중동 지방에서 '물 없는 샘'이란, 마치 오아시스(oasis)인 줄 알고 힘들여서 가 보니 아무것도 없는 '신기루'(mirage)인 경우와 같다. 얼마나 허망한가. 사막을 건너는 사람에게 물 한 모금은 생명과도 같다. 그 마실 물을 구하려고 뜨거운 뙤약볕을 견디고 찾아간 샘물을 보니 이미 바닥이 드러난 지 오래된 모래 구덩이였다면 그 실망감은 또 얼마나 크겠는가. 오늘날 교회 강단의 많은 설교들이 그러하다. 그 안에 말씀의 생명이 없는 설교, 세속적이기만 한 설교, 세상의 철학과 도덕과 윤리, 아니 그보다 세속적으로 성공하는 몇 가지 단계 정도로 그 귀한 설교 시간을 메우는 경우가 얼마나 많은가? 그것은 샘에서 시원한 생수가 아니라 모래 한 바가지를 떠서 삼키는 것처럼 황당하고 고통스러운 일이다.

하나님의 말씀에는 생명이 있다. '태초부터 있는 생명의 말씀'(요일 1:1)이다.

태초에 말씀이 계셨고 그 말씀 안에는 생명이 있었다(요 1:1, 4). 예수님께서 이르신 말씀이 '곧 영이요 생명'이며, '영은 생명을 살린다'(요 6:63). 하나님의 말씀을 선포하고 가르치는 자, 곧 말씀의 교사는 성령 안에서 말씀의 생명을 전달하는 자이어야 한다. 그렇게 하려면, 예수 그리스도만을 전해야 한다. 그분 안에 생명이 있기 때문이다. 그분이 말씀이시다(요 1:14). 말씀을 가르치는 자가 예수 그리스도의 생명을 전하지 못하면, 물 없는 샘이 된다. 듣는 성도를 목마르게 하며 체하게 하며 결국 굶어 죽게 만든다. 거짓 교사에게는 말씀의 생명이 없다. 그들은 애초에 성경을 '제멋대로, 사사로이, 자의로' 해석하기 때문이다(1:20).

성경을 읽고 설교를 시작하지만, 그 내용의 출처도 자기 자신 곧 세상의 세속적 생각이요, 그 내용도 세상의 세속적 탐욕이며, 그 전달 방식도 인간의 탐심을 유혹하고 격동시키는 방식으로 한다. 그 내용도 출처도 전달 방식도 진리와는 거리가 멀다. 성경에 있는 말들을 사용하지만, 결국 '탐심을 채우라'는 유혹이 골자이다. 예수 믿으면 당신의 탐욕이 채워지고, 세상을 얻게 될 것이라고 가르치는 것이다. 거룩해지고 깨끗해지고 의로워지며, 하늘의 생명, 영원한 나라를 바라보게 함은 없다. 장차 오는 심판을 준비하여, 오늘을 거룩하게 살라는 경계와 가르침도 적다. 어떤 성도는, 목사님이 입만 열면 '축복과 헌금'을 반복해서 계속 듣고 있으면 속이 울렁거릴 정도라고 토로하는 것도 들었다. 그런 경우이다. 하나님께서 이 세상을 임시 거주자요 여행자로 지나가는 성도에게, 먹을 것과 입을 것 그리고 영육 간에 필요한 복을 주시는 것은 당연하고 또 성도가 간구할 내용이다. 하나님은 복 주시기를 기뻐하신다.

하지만 세상 복이 복음은 아니다. 복음은 오직 예수 그리스도이다. 그분 안에서, 세상이 아니라 하나님을 전심(全心)으로 사랑하는 삶이다(약 1:21; 4:8-10). 그분을 따라 이 세상에서 '임시 거주 외국인과 여행자'로서 선한 양심의 길, 의로우신 자로서 불의한 우리를 대신하여 고난을 당하시며 우리를 하나님께로 이끄신 제사장이신 그분의 길을 따르는 것이다(벧전 2:11-25; 3:16-18). 복음은 그분으로 말미암은 영원한 생명, 삼위 하나님과의 사귐이다(요일 1:1-10). 예수 믿고 복을 받아 세상을 다 얻어도 결국 세상과 함께 더러워지며 썩어지며 허무하게 된다면, 그것은 복이 아니라 저주이다. 거짓 교사들이 가는 길에서 돌이켜야만 한다. 저들과 함께 가지 말라.

세속적 사상(思想)과 풍조(風潮)에 휩쓸리는 자들

세상의 유행과 풍조에 휩쓸려 가는 것은 어려운 일이 아니다. 바람이 불면 바람 부는 대로 몸을 맡기는 일은 그 바람을 거슬러 걷는 것보다 훨씬 힘이 덜 들기 때문이다. 거짓 교사들은 세상의 세속적 사상이나 풍조에 저항 없이 따라 함께 흘러가는 자들이다. 저들이 하나님의 말씀을 '자의로, 제멋대로' 해석하는 것도(1:20), 실제로는 말씀을 거스르는 세속적 풍조에 자신을 맡기기 때문이다. 반면에 '썩지 않고 더럽지 않고 쇠하지 않는' 나라를 유업으로 받은 교회가, 그 '영원한 나라'(1:11) 곧 '의의 거하는바 새 하늘과 새 땅'(3:13)을 향해 가는 순례의 길에서 전진하려면, 기필코 거룩하고 생명 가득하며 영원한 말씀에 의지해야만 한다. 하나님의 말씀은 '깨끗하고 썩지 않는 씨이며 살았고 영영히 거하는' 말씀이기 때문이다(벧전 1:22-25). 오직 하나님의 말씀만이, 교회로 하여금 이 죄와 죽음과 허무의 권세가 지배하는 세속의 강풍(强風)에도 그 주어진 영광된 지위와 복된 은혜의 자리를 지키고 끝내 이기게 하는 본질적이고 실제적인 전략이 된다(참조. 요일 2:13-17).

그러므로 교회는 부지런히 거짓 교사들의 세속적 가르침을 분별하고 그 미친 바람에 휩쓸리지 않도록 자신을 지켜야 한다. 세상의 모든 죄악 된 더러운 풍조, 결국 썩어질 것을 복음으로 둔갑시키며 최고의 가치로 여기게 하는 타락한 사상, 그리고 헛된 영광을 구하는 허무함에 갇힌 욕망에 휩쓸리지 않도록 전력을 기울여야만 하는 것이다. 거센 바람에 직면했을 때 앞으로 발을 내딛기가 어려울 때도 있다. 하지만 가야 할 방향이 그쪽이라면, 맞바람을 견디면서라도 가야 하는 것이다. 세상에서 부는 바람은 늘 우리를 그 세상의 본질인 더러움과 썩어짐과 허무함으로 몰고 가는 바람이다. 교회는 그 영원한 나라에 이르는 길에서 부는 이 역풍(逆風)을 견디어야 한다. 그런데 거짓 교사들은 바로 이 죄와 죽음과 허무의 광풍(狂風)을 아예 교회라는 안전지대 안으로 끌어들이는 자들인 것이다. 그들의 가르침을 듣고, 그들을 따라가서는 결단코 교회가 약속받은 그 영원한 나라, 의와 생명이 거하는 영원한 나라에 이를 수 없음은 자명하다. 도리어 세상 한복판, 그 더러움과 썩어짐과 허무함에 이를 뿐이다.

17절 후반부에서, 저들을 '광풍에 밀려가는 안개'요, 저들을 위하여 '캄캄한 어두움이 예비되어 있다'는 것은 바로 이런 의미이다. '광풍'(라이라포스, λαίλαπος, 개역개정)이란 파괴적으로 휘몰아치는 바람이나 태풍 같은 것을 가리킨다(Arichea, 133). 대개 이런 광풍은 그리 오래가지 않는다. 파괴적이면서도 일시적인데, 거짓 교사들은 이런 거센 바람에 휩쓸려 가는 아침 안개 같은 존재들이라는 것이다. 한때 세상을 휩쓰는 세속적인 사조나 유행 같은 것으로 그 자체로 하나님 나라의 가치관에 맞지 않을뿐더러 일시적인 풍조이다. 거짓 교사들은 이런 시류에 편승해서 그런 세속적 가치관이나 삶의 방식을 교회 안에 유행처럼 퍼뜨리는 것이다. 하지만 그 광풍이 그치고 사라지면, 그런 바람에 휩쓸리던 거짓 교사들의 '신학이나 구호'도 함께 사라지고 마는 것이다. 겉으로는 성경적 용어들과 복음적 내용으로 포장하지만, 그 속은 철저히 세속적인 풍조를 따라가는 신학이요 설교요 가르침인 것이다. 통상 교회도 그 시대 속에 있기 때문에 그 시대 전체의 흐름을 잘 보지 못하여, 그런 세속적 흐름이 교회 안에 교묘히 스며들어 오는 것을 종종 분별하지 못하는 것이다.

하지만 거짓 교사들과 그들의 가르침은 그런 가르침이 유행하게 된 세속적인 풍조가 힘을 다하면, 함께 흔들리고 그 한계를 드러낸다. 70년대 이후 한국이 경제 개발에 박차를 가하며 '잘살아 보세'가 풍조였을 때, 교회에서도 '예수 믿고 복 받자'는 것을 최고의 목표로 설교하고 가르쳤던 것이 그 적절한 예라

하겠다. 물론 '잘살아 보세'라는 시대정신이 가졌던 긍정적인 기능도 있다. 하지만 동시에 그 물질주의적이고 무한 경쟁적 삶의 목표와 방식에 동반된 파괴적인 역기능은 만성적 부패와 불공정, 물질만능주의와 사회의 양극화 현상을 불러오기도 했다. 마찬가지로 '예수 믿고 복 받자'는 구호를 따라갔던 한국 교회도 일정 부분 희망과 위로를 준 측면이 있지만, 역시 불의와 부패에 무기력하고 탐욕을 숭상하여 세속과 다르지 않은 모습을 노출시켰다. 교회는 세속적 사조나 풍조가 가는 대로 막연히 따라갈 수 없다. 오히려 때로 역풍을 맞으면서도 '더럽지 않고 썩지 않고 허무하지 않은 영원한 나라'의 사상과 풍조를 이 땅 위에 불러와야 한다. 그것이 교회가 세상 속에 존재하는 이유이다. 교회는 세상 속에서 세상이 아니라 교회가 되는 일로 부르심을 받았기 때문이다.

이미 감옥에 갇힌 거짓 교사들

17절이 염두에 두는 당시의 거짓 교사들은 어떠한 자들이었는가? 저들은 종말이 없다, 심판이 없다 하며 세속적 탐욕과 쾌락에 빠진 자들이었다. 겉으로는 정통 신앙을 고백하지만, 실제로 그들은 뼛속까지 세속적인 자들로서 성도를 자신들의 돈벌이로 삼아 그 중심의 탐욕을 채우는 수단으로 여긴 자들이다. 겉모습만 교회의 신앙을 표방했지, 속으로는 무신론적 세속주의자들과 크게 다르지 않았던 자들이다. 오늘날, 어떤 자들이 이런 거짓 교사들의 범주에 해당하는지는 엄격한 분별과 조심스러운 판단이 필요할 것이다. 하지만 누구나 베드로후서가 경고하는 거짓 교사들의 특징들을 발견할 때, 자신과 주변을 돌아보고 경계해야 함은 물론이다. 거짓 교사들에 대해 이토록 무서운 심판을 선고하는 이유는, 교회로 하여금 깨어 주의하게 하려는 데에 있기 때문이다.

17절의 끝에서 저들에게 '캄캄한 어둠이 예비되어 있다'(개역개정)고 할 때 '캄캄한 어둠'(조포스 투 스토쿠스, ζόφος τοῦ σκότους) 혹은 '어둠의 그늘'은 지옥 곧 '스올'(Sheol)을 의미한다(참조. 유 13절). 앞서 2:4에서 타락하여 하늘에서 쫓겨난 천사들이 던져진 그 '삼 겹의 어둠'(조푸 타르타르오사스, ζόφου ταρταρώσας)으로 묘사된 '죽은 자의 땅'과 다르지 않은 곳이다. 만일 이곳이 이 세상이라면, 타락한 천사들은 이 세상에서 결단코 나오지 못하도록 갇혀 있고, 그래서 이 세상이 불로 심판을 받을 때 함께 불의 심판을 받아 멸망할 자들인 셈이다. '지키심을 받고 있다'(테테레타이, τετήρηται)는 표현은 완료형인데 거짓 교사들은 이 어둠 속에 갇혀 있고, 마치 죄수가 간수의 감시를 받고 있어서 그 감옥에서 나오지 못하듯이 그들의 죄에 대한 심판과 형벌로 인해 그곳에서 빠져나올 길이 없는 경우와 같다.

그만큼 이 표현은 역설적이다. 성도들은 반대로, 하나님의 사랑 안에서 지키심을 받고 있기 때문이다. 교회는 이미 이 '더럽고 썩어지고 허무한' 세상 곧 죄와 죽음과 하나님 없는 허무에 갇힌 세상으로부터 '거룩하게 되었으며'(벧전 1:3-4, 13-16), 이제도 아버지의 사랑 안에서 지키심을 받고 있다. 그들은 잠시 고난을 받지 않을 수 없게 되었지만, 최종적 구원의 때까지 믿음을 통하여 하나님의 능력으로 보호하심을 입고 있고(벧전 1:5), 끝까지 그리스도를 위하여 지키심을 받을 것이다(유 1, 21절). 죄와 죽음을 이기신 예수 그리스도의 죽으심과 부활을 근거로 해서, 성령께서 아버지 하나님의 뜻을 따라 거룩하게 하심을 입은 교회는, 그래서 본질상 이 세상에 속해 있지 않다. 성도는 그 본질이 죄가 아니라 의(義)요, 사망이 아니라 부활 생명(生命)이요, 허무가 아니라 하나님의 임재 속에서 영원(永遠)을 소유한 자들이 되었기 때문이다.

교회의 운명은 그래서 거짓 교사들의 운명과 같지 않다. 거짓 교사들은 본질상 세상과 같은 길을 가는 자들이다. 그러므로 오늘날의 교회 안에는, 새 하늘과 새 땅의 본질을 갖고 생명과 의와 영원의 길을 가는 자들이 있고, 세상과 함께 거짓 교사들을 따라 더럽고 썩어지고 허무한 길 곧 그 끝은 심판이요 멸망의 길을 가는 자들이 '섞여' 있다(참조. '알곡과 가라지', 마 13:24-30). 그래서 깨어 경계하고 분별하며 근신하고, 지속적으로 신적 성품에 참여하여 성장하여야 한다.

시간이 지날수록 자신 안에서 의에 대한 주림과 목마름이 더해 가는지, 가난한 심령으로서 세상의 그 무엇으로도 채울 수 없는 하늘의 신령한 기쁨과 만족이 더해 가는지, 언제나 부활 생명을 담대히 누리며 살아 있는 소망 가운데 더욱 굳게 서 가는지를 확인해야 하는 것이다. 나는 점점 더 세속적이 되어 가는가? 아니면, 점점 더 신적 성품에 참여하여 성장해 가는가? 자신의 성장의 방향이, 자신이 속해 있는 영역을 드러낸다. 나무는 그 열매로 알려지기 때문이다. 거짓 교사들도 그 삶의 열매로, 성도 역시 그 삶의 열매로 드러난다. 주님의 엄위한 말씀이다: "이러므로 그들의 열매로 그들을 알리라"(마 7:20).

'은혜의 복음'과 '세속적 탐욕'의 조합

17절이 거짓 교사들의 정체와 그 결국을 말한다면, 18-19절은 그들이 어떻게 그들의 정체를 노출하며 어떻게 해서 그런 참혹한 결말에 이르게 되는지를 보여 준다. 그들의 정체는 한마디로 세상이다. 그들은 본질상 세상과 다르지 않은 자들이다. 그래서 결국 세상과 같은 길, 심판과 멸망을 예약받은 것이다(3:10-12). 그렇다면 거짓 교사들은 어떻게 그들의 '세속성'을 드러내는가? 첫째, 헛된 자랑을 지껄인다(2:18). 둘째, 영적으로 미숙한 자들을 정욕으로 유혹한다(18절). 셋째, 저들에게 자유를 약속한다(19절). 마지막으로, 그들 자신이 썩어짐의 종노릇하는 '진 자들'이다(19절).

거짓 교사들이 교회 안에 들어와 있지만 본질상 세상에 속해 있고 세속성을 드러낸다는 것은, 앞서 살펴보았듯이 그들의 탐욕과 방탕의 행위들에서 잘 나타난다(참조. 2:2-3, 12-13). 여기서도 저들은 '헛된 자랑'을 지껄임으로써 저들의 탐욕적 본성을 표출한다. 저들은 '헛된 자랑을 지껄이는데', '헛된'(마타이오테토스, ματαιότητος)이란 '속이 텅 빈, 무가치한, 쓸모없는'의 뜻으로, 이 세상이 헛되고 무의미하며 허무한 것과 일맥상통하는 표현이다. 베드로는 깨끗하게 하지도 못하고 구원하지도 못하는 조상의 전통을 따르는 유대교를 언급할 때 '헛된

(마타이아스, ματαίας) 행실'이라 표현한 바 있다(벧전 1:18). 그 안에는 실제 사람을 거룩하게 하거나 생명을 주는 것, 하나님께 가까이 가도록 하는 능력이 결여된, 열매 없는 그런 말들을 가리키는 것이다. 거짓 교사들이 지껄이는 설교나 가르침은 그렇듯 너무나 세속적이어서 '물 없는 샘'(2:17) 같으며, 비를 내릴까 하여 기대하고 바라보지만 결국 '바람에 밀려가는 물 없는 구름' 같고 '뿌리까지 죽어서 뽑힌 열매 없는 가을 나무' 같은 것이다(유 12절). 겉보기에는 무슨 생명을 주는 것 같고, 무슨 의미가 있는 것 같은데 결국은 성도의 영이 먹을 수 있는 그리스도의 영원한 생명은 주지 못하는 껍데기만 그럴듯한 세속적인 자랑과 가르침인 것이다.

거짓 교사들의 설교나 가르침은 이처럼 허망하고 쓸모없는 자랑들로 가득 차 있는데, 이를테면 자신은 무슨 신령한 계시를 받았다느니, 자신이 말만 하면 즉시 병이 낫는다느니, 자신이 기도해서 '점지'를 받은 땅에 투자하면 몇 배를 벌 수 있다는 식으로 속이고 또 속여, 자신들의 더러운 탐욕에서 나오는 세상의 더러움과 썩어짐과 허망한 오물을 거룩한 교회에 흩어 뿌리는 지옥의 자식들인 것이다. 오죽하면 베드로는 이들의 거짓되고 헛된 가르침을 두고, 저들이 '지껄인다'(프뗑고메노이, φθεγγόμενοι, 18절)고까지 표현했는데, 이는 정확히 16절에서 말 못 하는 나귀가 이를테면, '꺽꺽대며 소리 냈던'(프떽싸메논, φθεγξάμενον) 것과 같은 동사이다. 거짓 교사들의 설교나 가르침을, 실은 양들을 잡아먹겠다는 짐승의 꺽꺽대는 소리에 비유한 것이다.

결국 이들이 '헛된 자랑'의 말을 지껄이는 이유는 성도의 유익이 아니라, 그런 거짓된 목회를 통해 양들을 먹이지 않고 '자기 몸만 먹이고자' 함이 폭로되는 것이다(유 12절). 저들은 예수님께서 양에게 생명을 주고 더 풍성히 주시는 것처럼 그렇게 양을 먹이지 않고(요 10:10), 도리어 '양을 먹는' 삯꾼들이요 실은 이리 떼인 것이다(참조. 겔 34:1-16; 마 7:15). 거짓 교사들이 헛된 자랑의 말을 통해 성도들에게 얻고자 하는 것은 그들의 탐욕과 방탕의 정욕을 채우는 일이다. 재물의 이득을 취하려 할 뿐 아니라, 그들을 육적인 정욕의 대상으로 삼기도 하는 것이다. 18절 후반부에 나오는, 영적으로 미숙한 자들이 거기서 빠져나온 그 '미혹된 데에서 행하는 자들'이라는 표현은, 통상 '믿지 않는 자들'과 같은 의미로 '미혹된 길' 즉 '진리의 길'에서 떠나 자신의 죄 된 정욕을 따라 사는 자들을 가리킨다(참조. 3:17; 또한, 약 5:20; 요일 4:6; 롬 1:27; 엡 4:14). 더구나 그 '미혹된 데, 잘못된 데'(in error)를 '겨우 피해서 나왔다'(18절)는 표현은 베드로후서의 수신자들인 성도들이 세상의 '썩어질 것을 피하여'(1:4) 나왔다는 것과 같은 표현이다.

그러니까 거짓 교사들은 '이제 갓 예수 믿은 초신자들' 곧 '신의 성품에 참여하고 거기서 성장해야 할'(1:4-11) 성도들에게 덕을 끼쳐 온전히 세우기는커녕, 도리어 자신들의 탐욕을 채울 대상으로 여기고 유혹하며 공략하는 것이다. 마치, 이제 막 껍질을 깨고 나와 푸르고 넓은 바다를 향해 끼우뚱대며 모래밭을 헤쳐 나오는 새끼거북을 순식간에 낚아채는 갈매기들처럼, 저들은 아직 말씀 안에서 든든히 뿌리를 내리지 못한 초신자들을 속이는 말 헛된 말들로 유혹하여, 그 성도들이 겨우 피해 나온 더럽고 썩어지고 허무한 세상으로 다시 끌고 가는 것이다(참조. 벧전 2:1-2). 초신자들은 자기 안에 영적 생명은 있지만, 자신이 듣는 것이 과연 말씀에 합당한지 아니면 거짓인지를 제대로 구분하지 못하는 경우가 많다. 성경 구절들을 섞어 그럴듯하게 꾸며 말하면, 그것이 비록 거짓되고 속된 말이라도 마치 낚싯바늘에 꿰인 떡밥처럼 자신이 먹을 수 있는 깨끗한 말씀인 줄 알고 꿀꺽 삼켜 버리는 것이다.

18절 후반부의 '육체의 정욕을 따라 방탕한 일(아셀게이아이스, ἀσελγείαις)로 유혹'한다는 것은 정확히 하면, 죄악 된 육체적 욕망을 따라 금기시된 무법한 일들을 하도록 유혹하는 것이다. 굳이 예를 들자면, 2세기의 영지주의적 분파였던 '카르포크라티언'(Carpocratians) 이단의 경우처럼 신앙의 이름으로 성적 죄악들을 허용했던 사례를 생각할 수 있다. 하지만 이런 영지주의적 이단의 경우는 상당히 후대이므로, 베드로후서가 기록된 당시에 그런 선례(先例)가 있을 수는 있지만 직접적 배경일 가능성은 적다. 대신, 베드로후서의 배경으로 당시의 쾌락주의적 세속주의의 영향을 고려할 수 있다. 이를테면 거짓 교사들은, 바울이 가르쳤던 '오직 믿음, 오직 은혜'의 복음과 함께 육체의 정욕을 채우는 쾌락주의적 행위가 정당하다는 식으로 가르쳤을 것으로 보인다.

서론에서도 살펴보았지만, 베드로후서의 거짓 교사들의 특징이 당시 세속적인 쾌락주의적 사상과 행태와 유사한 것이 사실이다. 쾌락주의자들은 육체의 욕구를 크게 중시했다. 그 시조(始祖)격인 에피큐러스 자신은 육적 욕망을 제한하려 하지 않았는데, "육체의 욕구는 결코 굶주리게도, 목마르게도, 잦아들게도 해서는 안 된다"(Sententiae Vaticanae 33)고 했고, "내 자신으로서는, 미각이나 성적 쾌락, 청각의 즐거움, 그리고 눈을 즐겁게 하는 어떤 형체나 그것들의 움직임들을 제외하고서는 그 어떤 선(善)도 생각할 수 없다"고 말하기도 했다(Athenaeus 12.546E; G. Green, 296). 그러니까 금욕주의와는 전혀 거리가 먼 것이다. 일단 육체의 욕망은 하나님께서 주신 '좋은 선물'(*dona bona*)로서 그리고 인간의 조건으로서 그 자체로 악하지도 선하지도 않다고 할 수 있지만, 당시의 쾌락주의자들이 육체의 정욕을 채우는 방식은 세상의 '더럽고 썩어지고 허무한' 것을 거부하지도 분별하려 하지도 않았다는 점에서, 교회는 그것을 액면 그대로 받아들일 수 없는 것이었다. 욕망 자체는 인정하지만, 그것을 채우는 대상과 방식 그리고 동기와 목적이 잘못되면, 교회도 얼마든지 그들이 피해서 나온 그 세상처럼 마찬가지로 더러워지고 다시 썩어지고 허무한 데로 빠질 수 있기 때문이다.

아마도 거짓 교사들은, 예수 그리스도의 '자유의 복음'(갈 5:1)이 그런 세속주의적 쾌락주의의 사상이나 삶의 방식과 전혀 충돌하지 않으며 얼마든지 용납되기 때문에 아무렇지도 않다고 가르쳤을 것이다. 여기에는 복음의 왜곡이 교묘히 스며들어 있다. '오직 믿음, 오직 은혜'의 복음과 함께 얼마든지 세속적 탐욕을 채워도 된다는 '세속적 복음'의 기본 구조를 따르는 것이다(참조. 유 4절). 하지만 그것은 야고보서에서 '나뉜 마음'(디프쉬코스, δίψυχος, 약 1:8; 4:8)으로 지목하는 세상 속의 교회가 실족하는 첫걸음이며, 베드로 사도가 핵심적으로 경고하는 '자유의 잘못된 사용' 즉, '자유로 악을 가리는 일'로서, 교회로 하여금 세상 속에서 '하나님의 종'으로 살아 이방인들 가운데 '제사장 나라'로 살아야 하는 사명을 실패하게 하는 단초가 되는 것이다(벧전 2:9-16).

삶으로
내리는 뿌리

믿고 마음에 의심하지 아니하면

– 문맥(文脈)과 문맹(文盲) 사이

비참한 일은, 오늘날의 수많은 설교자, 정말 유명한 자들까지 포함해서, 성경 본문을 읽고 자기 하고 싶은 틀에 맞추어 설교하는 경우가 허다하다는 것이다. 맞는 점이 있지만, 부분이기 때문에 항상 오해를 불러일으키기 쉽다. 문자적 의미로는 그런 면이 있지만, 전후 문맥이 그렇지 않기 때문에 오해에 가까운 해석이 되어 버리고 만다.

성경의 한 구절을 이해하려고 할 때, 가장 중요한 것은 문맥이다. 우선 한 구절의 인접한 전후 문맥만 들여다보아도 오해를 피할 길이 열린다. 더욱 온전하게 이해하고 싶다면, 더 폭넓은 문맥을 고려해야 한다. 예컨대, 마가복음이면 마가복음이라는 전체 문맥을 보아야 한다. 예수님이 병을 고치시고 기적을 일으키셨지만, 마가복음 전체 문맥을 보면, 그것은 하나님의 뜻을 순종하시고자 한 전체 사역의 일부였다. 그래서 예수님에게 병 고침을 받은 사람, 그분의 기적의 권세를 경험한 사람은 역시, 그분을 좇아 십자가의 길까지 따라가도록 되어 있는 것이다. 전체의 문맥 속에서, 부분을 보는 눈을 가지려면, 그래서 문맥에 대한 이해가 절대적이다.

마가복음 11:20-25이 대표적 예이다. 23절에는 이 유명한 구절이 나온다. "누구든지 이 산더러 들리어 바다에 던져지라 하며 그 말하는 것이 이루어질 줄 믿고 마음에 의심하지 아니하면 그대로 되리라." 이 구절만 달랑 보면, 누구든지 어떤 일이 일어날 줄을 확신하는 신념, 긍정적 생각과 믿음이 1퍼센트라도 있으면 그대로 된다는 신념의 기적을 가르치는 것처럼 보인다.

24절은 더하다. "무엇이든지 기도하고 구하는 것은 받은 줄로 믿으라 그리하면 너희에게 그대로 되리라." 그래서 원하는 것은 기도하고, 구하는 것은 받았다고 고백하면, 그대로 된다는 긍정적 신념의 기적을 가르치는 구절로 자주 사용된다. 그래서 그런 신념의 힘을 가진 '내가 얼마나 대단한 존재이냐'라는 것이다. 한술 더 뜰 수 있다. 예수님께서 무화과나무에 열매가 없는 것을 보시고 저주하신 후(마 11:13), 뿌리째 마른 것(마 11:20)을 두고, '그거 봐라. 이런 긍정적 믿음이 없는 자는 이렇게 저주를 받는 것이다'라는 해석까지 덧붙이면 거의 황당무계한 무지의 수준이다.

전후 문맥을 보라. 무화과나무에 열매가 없어 저주하시는 사건의 문맥은, 곧 예루살렘의 돌이킬 수 없는 죄악과 이에 대한 임박한 심판이다. 대제사장들이 강도가 되었고, 성전이 강도들의 소굴이 되었다(마 11:17). 가장 거룩한 곳이 가장 세속적 탐욕과 정치적 모략으로 가득 찬 곳으로 변질되었다. 예수님이 소돔과 고모라같이 변해 버린 이 예루살렘 성전의 멸망을 예고하신다. 열매 없는 무화과나무를 저주하신 것이다. 하나님께서 심어 두시고 오래 기다렸지만, 열방 가운데서 그 나라의 의의 열매 맺기를 기다리셨지만, 끝내 열매가 없는 무화과나무 같은 이스라엘에게 이제, 드디어 심판을 선고하신 것이다.

하지만 그 누구의 눈에도, 당시 예루살렘 성전은 전혀 망할 것 같지 않았다. 시온 산 정상에 우람하게 서 있는 성전의 정문은 금딱지로 발라 놓아 멀리서도 햇빛에 번쩍였고, 누구나 알아볼 수 있는, 이스라엘의 자랑이요 영광의 상징이었다. 하지만 주님의 거룩하시고 불꽃같은 눈에, 그 성전에 가득했던 탐욕과 세속적 더러움은 스스로를 숨길 수 없었다. 예수님께서 "누구든지 이 산더러 들리어 바다에 던져지라 하며"라고 하셨을 때, 과연, '이 산'은 그 성전이 서 있던 시온 산이 아니고 무엇이었겠는가? 누가 70년 후에, 그 거룩한 성, 그 큰 건물이 무너지리라고 상상이나 했을까? 누가 시온 산이 바다에 던져지리라고 상상이나 했을까?

그러나 예수님을 믿는 믿음으로 보면, 그런 거대한 건물 성전쯤은 얼마든지 바다에 던져질 수 있다. 성전은 기도하는 곳이다. 거기서 기도하면 하나님께서 들으신다고 했던 중보의 장소이다. 그런데 이제는 예수님께서 말씀하신다. "내가 너희에게 말하노니 무엇이든지 기도하고 구하는 것은 받은 줄로 믿으라"(마 11:24). 강조점은 '내가'에 놓여 있다. 이제는 성전이 아니라 예수님 자신이 기도의 응답을 보장하신다. 예수님의 이름으로 한다. 예수님이 '이 산 위에 서 있는 성전'을 대신하시는 '종말의 참성전'이시기 때문이다. 예수님이 '무엇이든지'라고 하신 것은, 그래서 이제부터 모든 기도의 중보는 성전이 아니라 예수님을 통해서 이루어진다는 선포이다. 예루살렘에 대해 심판을 선고하신 문맥에 정확히 들어맞는다.

25절은 이것을 더욱더 명확히 한다. 성전은 죄 사함을 받는 곳이다. 당시 성전은 헛된 제물에 가증한 제사를 드리고 있었다. 예수님이 말씀하신, '너희가 구해서 무엇이든 다 이루어지는 기도'는, 사실상 우선적으로, 죄 사함의 기도이며, 그리고 그것은 화해의 회개를 전제함을 가르치신다(마 11:25). 그래서 무엇이든 이루어지는 기도는 우선적으로 용서와 화해의 기도이다. 그것은 예수 안에서 그 응답이 거의 직방이다. 이제는 예수의 이름으로 기도 응답과 사죄의 은혜가 얼마든지 일어난다. 왜냐하면 이제는 예수 안에 거하는 그 제자들, 곧 믿는 이들이, 예수 안에서 예수의 뜻을 따라 용서하고 용서받는 참성전, 참교회가 될 것이기 때문이다. 그들이야말로 '(부패한 성전이 서 있는) 이 산을 통째로 들어 바다에 던질 수 있는 믿음' 곧, 건물 성전을 대치하는 '예수에 대한 믿음'을 가진 놀라운 자들이기 때문이다.

그러므로 문맥을 보라. 마가복음 11:20-25을 예수님이 말씀하시고 행하신 그 문맥을 따라 읽으면, 이렇게 되는 것이다. 긍정신학, 신념신학을 가르치는 것이 전혀 아니다. 오히려 정확히 그 반대이다. 이미 우리는 우리가 아무리 세속적 욕심을 따라 기도해도, 하나님께서 하나님의 뜻에 합하지 않으면 우리에게 허락하지 않으신다는 사실을 알고 있다. 2살짜리 어린아이가 면도날을 달라고 하면 주는 아버지는 없다. 정욕으로 쓰려고 잘못 구하는 것은 주시지 않는다(약 4:1-4). 그런 것을 받는 것이 저주이다. 하나님 믿고 복 받고 망한 것, 그것이 예수님께서 정죄하신 당시 예루살렘의 운명이었다. 그분이 저주하신 무화과의 운명이었다. 심겼고 피었지만, 하나님께서 원하시던 열매는 없어서, 그래서 뿌리까지 마르게 된 것이다.

그런데도, 세속적 신앙에 대한 이런 무시무시한 경고의 본문을 눈 뜨고 보면서도, 또다시 이 본문을 세속적 신앙의 소원 성취로 읽게 하는 능력, 그런 역사는 과연 어디에서 온 것일까?

문맥(文脈)을 무시하면, 읽어도 문맹(文盲)이다. 보아도 보지 못한다. 읽어도 알지 못한다. 그리고 소경이 소경을 인도하면 구렁텅이에 빠진다. 어쩌다가 더 많은 사람을 인도하게 되면, 그저 더 많은 사람과 함께 구렁텅이에 빠질 뿐이다.

하나님의 말씀을 하나님의 마음으로 듣고 싶은가? 한 구절을 떼서 자기 식으로 읽지 말고, 문맥을 읽으라. 전체 문맥을 보라. 더 나아가, 신약과 구약을 같이 읽고 이해해야 한다. 하나님의 전체 뜻과 계획, 그분의 성품 전체를 깨닫도록 애써야 한다. 그것이 그분에 대한 최소한의 예의가 아닌가. 그분을 사랑하는 일 아닌가. 그분을 참으로 예배하고 경외하는 일 아닌가!

– 『삶으로 내리는 뿌리』 중에서

'자유' 개념의 타락과 세상의 부패한 본질

그렇다면 거짓 교사들은 어떤 '자유'를 어떻게 약속했는가?(2:19) 정확히 알 수는 없다. 전통적으로는, 바울이 전파했던 이신칭의의 복음 곧 '율법의 행위로 말미암지 않고 예수 그리스도를 믿음'으로 구원받는다는 복음이 주는 자유를 오해한 자들로 보아 왔다(Kelly, 345-347). 최근에는 베드로후서에 나타난 거짓 교사들이 종말과 종말의 심판을 부인하는 것을 근거로, 저들이 주장했던 자유는 당시 신들은 인간사에 개입하지 않고 그래서 미래의 심판도 없다는 세속 철학의 가르침에 관련된다고 보기도 한다(Bauckham, 275-276; Moo, 148-150).

두 견해 모두 타당성이 있다. 그리고 이 둘 중 어느 한 견해를 선택해야 한다기보다, 둘 다가 그 배경에 있다고 보는 것이 더 사실에 근접할 것이다. 베드로는 이미 거짓 교사들이 바울의 서신들을 왜곡해서 해석하는 사실을 잘 알고 있으며 이를 경계하고 있다(3:16). 또한, 2:19의 전후 문맥에서 거짓 교사들이 그 '자유'를 줄 수 있다고 유혹했던 대상은 이제 막 세상의 더러움과 썩어짐에서 돌이켜 거룩한 믿음을 갖기 시작한 미숙한 초신자들이었다는 점도 이를 뒷받침한다. 이처럼 거짓 교사들이 이 미숙한 신자들에게 '자유를 준다'고 유혹했는데, 결국은 그 신자들이 다시 세상의 더러움과 썩어짐에 빠지게 되었다는 사실도 거짓 교사들이 '복음의 자유'와 '세속적 쾌락의 자유'를 혼동하게 만들었으리라는 짐작을 가능케 한다.

예컨대, 율법도 다 폐했으며 우리가 '한 번 얻은 구원은 영원한 구원'이어서 무슨 짓을 해도 죄가 되지 않는다는 식으로 가르쳤을 법하다. 이런 식으로 거짓 교사들은 바울이 전한 '율법 아래의 저주로부터의 해방'(갈 3:10-13; 롬 3:20-28)이라는 '복음이 주는 자유'를 왜곡하여, 반율법적이면서 동시에 세속적 쾌락주의적인 '방탕과 뒤섞은 자유'를 가르쳤을 것이다. 바울이 전한 복음에 관련해서뿐 아니라, 실로 '자유'는 로마의 정치, 사회, 문화 속에서 뿌리 깊고 중요한 대중적인 주제였다.

당시 로마는 인류를 자유인과 노예로 나누었고, 자유인도 원래부터 자유인이었던 경우와 노예였다가 후에 자유를 획득하여 자유케 된 노예로 나눌 만큼 엄격한 신분제를 유지했다(Gaius, Institutiones 1.9; 참고. 갈 3:28; 요 8:33; J. Green, 1 Peter, 74). 베드로후서의 수신자들 대부분이 노예이거나 사회적으로 충분한 자유를 누리지 못하는 저소득층이었을 것을 생각하면, 그 당시 '자유'라는 말은 마치 오늘날 '성공'이나 '복'이라는 단어처럼 시대적으로 상당히 대중적이고 매력적으로 들리는 모토(motto)였음이 분명하다. 당시에 '자유'는, 오늘날 모두가 그렇게 되기를 원하는 '성공'처럼이나 흡인력이 있는 사회적 가치였기 때문이다.

하지만 인구의 1/3에 해당하는 노예들의 노동력과 비참한 삶에 기반한 로마 사회가 정치적으로 노예에게 자유를 주리라는 것은 혁명 이외의 방법으로는 생각하기 어려운 일이었을 것이다. 그래서 2:19에서 거짓 교사들이 가르쳤던 '자유'가 정치적 자유일지 모른다는 가능성은 설득력이 떨어진다. 그보다는 자유에 대한 막연한 사회적 동경이 자유에 대한 다양한 철학적, 사회-문화적 해석들을 촉발했을 개연성이 더 높다. 이런 면에서 기독교 신앙도 진정한 자유에 대한 영적, 공동체적, 신앙적, 그리고 실제적 응답이었지만, 당시의 쾌락주의가 설파했던 자유도 그런 시도 중 하나였다. 노예들에게는 불가능했겠지만, 쾌락주의가 즐겨 말했다고 전해지는바, '원하는 대로 살아라'(live as you like!) 또는 '원하는 대로 해라'(do as you please!)와 같은 슬로건은 단편적이나마 그들이 자유를 어떻게 생각했는지 엿볼 수 있게 해 준다. '모든 것이 가하다'(고전 6:12)고 했던 고린도 사람들의 구호도 당시 이런 세속적 쾌락주의가 칭송했던 자유 개념과 멀다고 할 수 없다(채영삼, 『공동서신의 신학』, 299).

물론 쾌락주의자들이라고 해서 전적으로 감각적 쾌락만을 절대 선(善)으로 추구한 것은 아니었다. 왜냐하면 그들도 감각적 쾌락의 지나친 추구가 또 다른 고통을 낳는다는 것을 알고 있었기 때문이다. 하지만 쾌락주의에서 자유를 추구하는 방식은, 사도 베드로가 염두에 두는 '세상의 더러움과 썩어짐'을 분별하고 피하는 거룩 안에서 추구하는 자유와 비교할 수 있는 종류의 것이 아니다 (2:19-20; 벧전 1:4). 그런데 거짓 교사들은 이 둘을 뒤섞은 것이다. 복음이 주는 자유를 세상의 더러움과 썩어짐과 허무함에 참여하는 쾌락주의적 자유와 함께 뒤섞은 것이다. 유다서에서 '하나님의 은혜를 방탕한 것'('색욕거리', 개역한글, 유 4절)으로 뒤바꾸는 거짓 가르침과 다르지 않은 현상이다.

결국 거짓 교사들은 복음이 주는 자유라는 이름을 빌렸지만 그들이 가르친 복음의 자유는 껍데기요 대의명분이요 종교적 표지에 불과한 것이었고, 그 실제 내용은 하나님을 알지 못하는 무지한 사람들이 추구하는 자유와 전혀 다를 것이 없는 자유를 추구하게 한 것이다. 성경에서 말하는 자유와 하나님을 떠난 세상이 가르치는 자유는 근본적으로 다르다. 이를테면 '자유'의 개념 자체가 타락한 것인데, 세상은 '자유'를 떠올릴 때 위에서 언급한 것처럼 '제한 없이 마음대로 하는 것'을 떠올리는 것이다. 프랑스 혁명의 기치가 '모든 금지하는 것을 금지하라!'는 식이었던 것처럼, 세상이 추구하는 자유는 인간의 존엄과 천부의 권리를 압제하는 것에 저항할 뿐 아니라, 인간과 피조 세계에 주어진 마땅한 창조의 질서, 의와 생명과 평강(shalom)의 질서도 함께 깨뜨리는 경향을 벗어나지 못하는 것이다. 시편 2편에서, '우리가 그들의 맨 것을 끊고 그의 결박을 벗어 버리자 하는도다 하늘에 계신 이가 웃으심이여 주께서 그들을 비웃으시리로다' 하신 그대로이다(시 2:3-4). 하나님과 그의 나라를 떠난 세상이 '자유'를 생각할 때, 그 자유는 그러므로 거짓되고 그 개념 자체가 타락한 것이 아닐 수 없다.

모든 제한을 벗는 것을 자유라고 생각하게 된 것이다. 인간이 하나님처럼 될 수 있다는 자유, 인간이 짐승처럼 될 수 있고, 인간이 얼마든지 돈이나 쾌락이 될 수도 있다는 착각에서 오는 자유는 사실, 이 피조 된 세상이 하나님의 말씀으로 지음 받았다는 사실을 잊어버린, 자유에 관한 타락한 개념이다. 피조 된 이 세계는 하나님의 말씀으로 지음 받았고, 지금도 그 말씀에 의해 붙들림을 받고 있다(창 1:1; 요 1:1-3; 벧후 3:5-7; 히 1:3; 11:3). 비록 죄와 죄로 말미암은 사망, 그리고 하나님 없는 허무로 인하여 그 근본적인 말씀의 구조, 의의 구조가 깨어지고 훼파된 세상이지만, 이 세상에는 아직도 여전히 하나님의 말씀으로 지어진 바 그 근본적 구조, 구별, 체계가 남아 있는 것이다.

그런데 인간이 하나님의 이 말씀, 그리고 그 말씀으로 지음 받은 세상의 근본적 제한과 구조, 법도와 질서를 깨뜨리고 넘어서는 것을 '자유'라고 생각한다는 것 자체가 인간의 이성(理性)이 타락하여 어둠과 무지 속에 있다는 증거이다. 물고기가 물에서 나와 뭍에서 사는 것을 자유라고 부르지 않는다. 고속도로에서 중앙선을 넘어 반대편 차선으로 역주행하는 자유는 순간 짜릿할 것이다. 하지만 그것은 생명을 보존하고 더 풍성케 하는 자유가 아니다. 도리어 망하게 하는 자유이다. 거짓 교사들이 복음의 자유라고 지껄이면서 속으로 추구한 자유가 그런 세속적인 자유였다. 오늘날로 하면, 복음이 주는 구원이라고 말하면서 실은 세상적인 성공을 팔고, 그렇게 왜곡된 복음으로 자신의 탐욕을 채우며 자신과 함께 성도를 세상의 더러운 것과 썩어지고 허무한 것으로 망하게 하는 거짓 가르침이 바로 그것이다.

하지만 이는 거대한 속임수이다. 교활한 착각인 것이다. 하나님의 거룩과 생명의 질서, 그 의와 생명의 통치 질서, 곧 그의 말씀을 떠난 세상은 그저 사람이 그 안에서 마음대로 하면 자유롭게 되는 공백(vacuum) 상태가 결코 아니다. 타락한 이 세상 안에는 이미, 죄와 죽음과 허무의 강력한 권세가 지배하고 있는 것이다. 무엇을 해도 속히 더럽게 하고 썩어지게 하고 허무하게 하는 바람, 그 미친 광풍(狂風, 2:17)이 항상 불고 있는 것이다. 그래서 세상 안에서 하나님의 말씀 없이 '자유'를 누리고자 하면 이내 더러워지고 썩어지고 허무한 일에 참여하게 된다. 그리고 거기서 성장(?)하게 된다. 욕심이 잉태하면 자연스럽게 죄를 낳고, 죄를 그대로 두면 장성하여 사망을 낳는 구조가 항상 통용되는 곳(약 1:15), 거기가 세상인 것이다.

그러므로 거짓 교사들은 기름에 물을 타듯, 복음의 자유에 세상의 자유를 뒤섞고 변질시킴으로써, 자유(엘류떼리안, ἐλευθερίαν, 2:19)라는 이름으로 도리어 그들이 미혹한 교회를 더러운 죄와 썩어지는 사망과 하나님 없는 허무에 굴복시켜, 결국 교회가 들어선 '의의 길'(2:21)에서 멈추게 하고 다시 세상으로 돌아가게 만든다. '하나님의 종'이 아니라 다시 '세상의 종노릇'하게 만드는 것이다. 베드로가 처음부터 너희가 '자유하나(엘류떼로이, ἐλεύθεροι), 그 자유로 악을 가리우는 데 쓰지 말고 오직 하나님의 종과 같이 하라'(벧전 2:16, 개역한글)고 권면한 것도 이 때문이다. 그 배경에는 과연 '세상이 무엇이냐'에 대한 철저하고 깊은 신학적 이해가 있다는 사실에 주목해야 한다.

창조주 하나님이 말씀으로 지으신 세계 안에서 인간이 누리는 자유는 오직 그의 말씀 안에서 주어진다. 그 아들이 죄에서 자유케 해야 자유한 것이며, 진리가 우리를 자유케 하는 것이다(요 8:32, 36). 중앙선을 넘지 않고 마음껏 달릴 때, 운전자는 비로소 가장 안전하게 최대의 즐거움을 누릴 수 있듯이, 하나님의 말씀으로 구조화된 의(義)의 질서를 '순복하는' 것이 '주'께서 다스리는 나라에서 자유를 누리는 가장 자연스러운 방식인 것이다(참조. 벧전 1:17; 2:13; 3:22; 행 2:36; 시 110:1). 그래서 그 영원한 나라도 '의의 거하는바' 새 하늘과 새 땅이다(3:13). 자유가 그 안에서 행해져야 하는 그 근본 구조가 다 깨어진 이 타락한 세상이 아니라, 하나님의 말씀을 따라 의와 생명과 영원의 질서와 통치가 회복된 새 세상이다. 거기서 우리의 자유는 비로소 하나님의 말씀과 일치하는 길을 달리며 그 원래의 모습을 되찾을 것이다.

그러므로 성도는 부지런히, 이 왜곡된 세상 속에서도 세상의 타락한 본질이 아닌, 예수 그리스도로 말미암은 부활 생명과 참된 경건에 이르게 하는 신적 성품에 참여하여 거기서 꾸준히 성장하도록 힘써야 한다. 구원이란 결국 이 세상이 아닌 '썩지 않고 더럽지 않고 쇠하지 않는 나라'를 받고 그 나라를 누리고 그 영원한 나라에 들어가는 것, 그 거대한 출애굽, 진정한 영적, 총체적 출애굽이다. 그 영원한 나라에 들어갈 '자유'를 받은 것, 그것이 구원이다. 잊지 말라! 구원은 이동(移動)이다.

'세상에서' 이겼으나, '세상에' 진 자들

19절의 마지막은, 거짓 교사들이 세상에 진 자들임을 폭로한다. 저들은 성도를 상대로 거짓 가르침을 가르쳤고 그것도 재물의 이득을 취하려고 했으니(2:3) 세상적으로 성공한 자들이었을 수 있다. 이를테면 세상에서 세상 사람들이 치열하게 경쟁하여 성공을 쟁취하듯이, 저들은 번성하는 '종교사업'으로 번성하여 세상'에서도' 성공을 누렸을 법하다. 하지만 그들의 교회는, 거룩한 말씀과 성령 안에서 부르심을 받은 대로 그 썩지 않고 더럽지 않고 쇠하지 않는 영원한 나라에 참여함으로써 신적 성품에서도 성장한 교회는 아닌 것이다. 그리하여 거짓 교사들은 세상적 기준으로 세상에서는 성공했을지 모르나, '세상에'는 진 자들이 된다. 세상에서 세상의 방식대로 성공하는 것은, 세상을 진정으로 이기느냐 아니면 세상의 본질에 져 버리느냐 하는 문제와는 별개이다. 세상에서 이기고 나서도, 세상에 져 버릴 수 있기 때문이다. 거짓 교사들이 바로 그런 자들이다.

저들은 자신을 따르는 미숙한 신자들에게 자유를 준다고 약속하면서도, 정작 그들 자신은 썩어짐에 종노릇하였다(19절). '약속하면서도'(에팡겔로메노이, ἐπαγγελλόμενοι)라는 표현은 그들의 설교나 가르침이 주제넘은 것이었음을 암시한다. 베드로후서의 문맥에서 '약속한다'는 것은 '보배롭고 큰 약속'(에팡겔마타, ἐπαγγέλματα)에서처럼, 하나님께서 언약 관계 안에서 자기 백성을 부르시는 행위를 생각나게 하기 때문이다(1:4). 거짓 교사들의 육적인 탐욕은 결국 하나님과 그리스도의 권위도 개의치 않는 무모한 교만과 월권행위로 나타난다(2:10-11). 이미 하나님의 은혜와 진리의 세계 안에서 자신들에게 주어진 지위와 위치를 완연히 벗어난 모습이다(참조. 유 6, 13절). 그 질서, 그 '의의 길'(2:21)을 벗어난 자에게는 이미 자유란 없는 것이다.

또한 다른 이에게는 '자유'를 약속하면서, 정작 '그들 자신'(아우토이, αὐτοι) 은 썩어짐에 종노릇하는 자들이 되었다는 것은, 그들이 남을 속이고 자신을 속일 만큼 거짓되고 어둠에 갇혀 있음을 보여 준다. 저들은 자신들이 그것이 무엇인지 모르는 것을 남에게 가르치고 그것으로 미혹한 것이다. '썩어짐'(프또라스, φθορᾶς)이란 세상의 주된 특징이다. 베드로는 세상의 본질적인 특징인 죄와 죽음과 하나님 없는 상태를, 더러움과 썩어짐과 허무로 표현하는데, 이런 이해는 베드로전후서에서 편만하게 나타나며 그 선포와 가르침의 틀을 제공할 만큼 신학적으로 근본적인 위치에 놓여 있다.

'썩어짐'이란 세상이 죄 아래 있고 하나님과 분리되어 있는 결정적인 현상이요 또한 결과이다. 세상은 썩어짐의 통치 아래 매여 있을 수밖에 없다. 거짓 교사들이 '자유'라는 이름으로 자신을 방기했을 때, 그들은 세상을 지배하는 죄와 사망의 세력에 붙잡혀 가도록 스스로를 던져 넣은 셈이 된 것이다. 마치 그 안에 떨어지면 발을 뺄 수가 없어서 다시 나오지 못하는 깊은 늪처럼, 세상은 말씀의 통치를 벗어난 자유를 주장하는 자들의 발목을 잡아끌고 그 더러움과 썩어짐과 허무함의 무저갱 속으로 끌어 내린 것이다. 그들은 거기서 다시 나오지 못한다. 사망 권세의 흑암에 갇힌 바 된 것이다(2:17).

거짓 교사들이 썩어짐의 '종들이'(둘로이, δοῦλοι) 되었다는 것은, 베드로의 표현으로 하면 역설적이다. 베드로는 이미 너희가 '자유하나 그 자유로 악을 가리우는 데 쓰지 말고, 오직 '하나님의 종들'(떼우 둘로이, θεοῦ δοῦλοι)과 같이 하라'(벧전 2:16, 개역한글)고 권면했다. 하나님의 종으로서, 저들의 회복된 선한 양심으로 그리스도를 따라 의로운 고난을 받으며 세상 이방인들을 하나님 앞으로 인도해야 할 제사장 나라로서의 사명을 까맣게 잊고 아주 내동댕이친 채, 거짓 교사들은 도리어 주께서 저들을 자유케 하신 그 세상의 더러움과 썩어짐 속으로 다시 기어들어 간 것이다. 무엇 때문이었는가?

이런 점에서 베드로전서 2:16은 베드로후서 2:19에 빛을 던져 준다. 하나님의 종들로 부르심을 받은 교회가 다시 세상의 썩어짐의 종들로 전락하는 것은, 그들에게 주어진 복음의 자유를 잘못 사용했기 때문이다. 그 자유로 예수 그리스도의 길, '의의 길'(2:21)을 따라간 것이 아니라, 그 자유 안에서 죄 곧 세상의 더러움에 참여하는 것을 도리어 정당화하는 악을 범하고, 그 악을 그 거룩한 복음의 자유로 가리고 덮은 까닭인 것이다. 자유에는 '무엇으로부터의 자유'가 있고 또한 '무엇을 위한 자유'가 있다. 하나님께서 옛 언약의 백성인 이스라엘을 애굽의 종노릇하는 데에서 꺼내신 것은 다시 애굽으로 집어넣기 위해서가 아니었다. 광야에서 말씀으로 체질과 사상과 삶이 변화를 받아, 결국 가나안 땅에 들어가 거기서 하나님의 말씀을 실현하고 열방 족속들 앞에서 현시(顯示)하는 자유를 위해서였다.

교회도 마찬가지인 것이다. 율법의 저주로부터의 자유, 율법의 행위로 구원받는 것이 아니라 오직 그리스도를 믿음으로, 오직 은혜로 구원받는 자유를 얻었지만, 그 자유는 동시에 하나님과 교회, 그리고 하나님을 떠난 세상을 하나님께로 향하게 하고 되돌리게 하는 특권과 사명을 위한 특별한 자유, 복된 자유인 것이다. 오늘날, 예수 믿고 구원받고 예수 믿고 복 받은 한국 교회에게 있어서 가장 중요한 주제가 있다면, 그것은 '자유'의 사용에 관한 문제일 것이다. 여기기 신학적으로나 신앙적으로, 그리고 교회적으로도 가장 치명적이고 가장 아프고 가장 어려운 부분이다. 그리스도인의 자유를 철저히 깨닫고 알고 누리는 것은 너무도 중요하지만, 그만큼이나 더 중요하고 결정적인 일은 교회가 그 복음의 자유를 세상 한복판에서 '어떻게 사용하는가!'이기 때문이다.

그리스도인의 '온전한' 자유

'그리스도인의 자유'는 그만큼 중요하고 결정적인 주제이다. 바울은 '자유의 사도'(apostle of freedom)로 알려져 있을 만큼, 복음이 주는 자유를 강조했다. 그가 선포한 자유는 주로, 율법의 지배와 율법의 행위, 그리고 그로 인해 죄인 된 인류 위에 쏟아진 심판의 저주로부터의 자유이기 때문일 것이다(갈 3:10-13; 롬 3:20-28). 상대적으로 베드로는 그 복음의 자유를 '세상 속의 교회'라는 상황에서 재해석한다는 특징이 있다. 베드로에게 있어서 복음이 주는 자유란, 예수 그리스도의 부활하심으로 말미암아 거듭난 성도 속에 살아 있는 소망으로 주어진 '썩지 않고 더럽지 않고 쇠하지 않는 나라' 안에 놓여 있다. 곧 이 더럽고 썩어지고 허무한 세상으로부터의 자유이다(1:3-11; 벧전 1:2-4). 즉, 바울은 유대교 곧 옛 언약을 상대하여 예수 그리스도의 복음이 주는 자유, 율법 아래 갇힌 죄인에게 임해 있는 저주로부터의 자유를 선포했지만, 동일한 복음의 자유를 베드로는 로마라는 거대한 세상, 하나님을 모르고 온갖 더러움과 썩어짐과 허무함으로 교회를 공격하는 그 세상에 대하여 '의와 생명과 영원의 나라'라는 복음으로 선포한 것이다. 이를테면, 율법의 저주로부터 해방된 교회는 또한 죄와 죽음과 허무에 갇힌 이 세상으로부터도 해방된 것이다. 그것이 예수 그리스도의 복음이 주는 자유의 온전한 모습이다. 이렇듯, 베드로는 바울의 복음을 보완하고 온전케 한다.

한편, 바울의 복음을 오해한 자들 곧 '오직 믿음으로 구원 얻는 복음이 주는 자유'를 오해한 자들이 있었을 것이다(3:16). 그들은 율법으로부터 자유했으니 마음대로 해도 좋다고, 그래도 은혜는 취소될 수 없으며 죄가 더한 곳에 은혜가 더하므로(롬 5:20) 선한 행위는 필요 없으며, 우리의 죄는 완전히 말소되었고 그래서 죄를 지을 수도 없고 회개도 필요하지 않다는 식으로 가르쳤을 법하다(요일 1:8, 10). 오늘날, 율법의 저주에서 해방된 자유, 오직 믿음으로, 오직 은혜로 구원 얻어서 자유하다고 하지만, 그 자유 속에서 도리어 세상의 더러움과 썩어짐과 허무함으로 돌아간 경우는 얼마나 많으며, 얼마나 특징적인가. 소위 '예수 믿고 천당 간다'고 확신하지만 세상 사람보다 더 세속적인 그리스도인이 얼마나 많은가.

그러나 예수 그리스도의 죽으심으로 말미암아 율법의 저주에서 속량을 받은 교회는 동시에, 그의 부활하심으로 말미암아 죄와 사망 권세 아래서 썩어지는 세상으로부터도 해방된 것이다. 할렐루야! 교회는 율법의 행위로 말미암지 않는, '오직 그리스도를 믿음'이 주는 자유 속에서(갈 5:1), 또한 얼마든지 선한 행실로 이방인들 가운데서 하나님의 이름이 거룩히 여김을 받게 하며(벧전 2:16), 또한 얼마든지 하늘의 생명과 경건에 속한 모든 것들을 받고 누리며 신적 성품에 참여할 수 있다(1:4-11). 이것이 베드로가 강조하는 복음의 자유이며, 주께서 주신 자유의 더욱 온전한 모습이다.

성공한 교회

그러므로 우리를 율법의 저주에서 십자가의 대속으로 속량하신 예수 그리스도의 승리를 헛되이 해서는 안 될 것이다. 교회는 세상과의 싸움에서도 마찬가지로 승리해야 하고 승리할 수 있다. 주께서 세상에 대하여 승리하셨기 때문이다(요 16:33). 베드로후서 2:19에서 '자유와 종'의 대조적 개념은 '이기고, 지는' 대조적 개념과 짝을 이룬다. 이기면 자유를 누리고, 진다면 이긴 자의 종이 되는 것이다. 여기서 '진 자'(개역개정)로 번역된 '패배당했다'(혯테타이, ἥττηται)는 당시에 대중들이 쓰는 전쟁 관련 용어였고, 전투에서 이긴 자는 진 자를 포로와 노예로 삼는 것이 또한 당시의 관행이기도 했다(Bauckham, 277). 무엇보다 19절의 문맥은, 군사적 전투가 아니라 세상을 상대하여 싸우는 싸움이다. 세상의 더러움과 썩어짐과 허무함에서 건짐을 받은 사람이, 이제는 세상과 싸우는 전투의 결과로 다시 그 세상 속으로 끌려 들어간 것을 의미하는 것이다.

로마 사회에서 그것이 전쟁이든 운동경기이든 이기고 지는 것은, 오늘날 스포츠 스타가 엄청난 각광을 받듯 대중적으로 중요한 가치였다. 예를 들어, 요한계시록의 배경이 되는 아시아의 일곱 교회가 위치한 도시 중에 하나인 서머나(Smyrna)는, 그 부와 엄청난 건물들 그리고 과학과 의료 분야에 있어 유명세를 떨칠 만큼 화려하고 아름다운 도시였다. 아에리우스 아리스티데스(Aelius

Aristides)의 보고에 의하면, 주전 150년경 서머나의 광장 한가운데에는 제우스(Zeus) 신에게 바치는 제단이 있었고, 그와 더불어 서머나에서 숭배되었던 다른 신들 가운데 '승리'를 상징하는 의미의 이름을 가진 '니케'(Nike)라는 여신도 있었다. 이와 관련해서 같은 '승리하다'(니카오, νικάω)라는 동사에서 파생된 '이기는 자'(호 니콘, ὁ νικῶν)라는 칭호는 요한계시록에서 자주 사용되는데(계 2:26; 3:5, 21; 5:5; 21:7), 그만큼 그리스도인들 사이뿐 아니라 대중적으로도 높이 칭송받는 칭호였음을 보여 준다. 일례로, 서머나의 영웅들 중 유명했던 티베리우스(Tiberius Claudius Rufus)는 수많은 운동경기에서 승리하여 이름을 떨쳤고 황제들에게도 인정을 받아 올림피아의 명예시민이 되었으며, 서머나 시민들이 그의 동상을 세우기도 했다(E. Schnabel, *Early Christian Mission*, 822-823).

오늘날도 '니케'라는 여신의 이름을 딴 스포츠용품 브랜드가 있을 정도로, 승리에 대한 집착은 동서고금을 막론하고 보편적이다. 더구나 무한경쟁의 질주를 막지 못하는 물질주의적 신자본주의의 국제 사회에서, 경쟁과 승리는 거의 최고의 덕목으로 자리 잡았다. 무조건 이겨야 한다는 것이 시대정신처럼 된 것이다. 하지만 과연 누구와 싸워서 어떤 승리를 거둘 것인가? 그리스도의 희생으로 자유를 얻은 교회는 세상 속에서 누구와 어떻게 싸워 왔던가?

베드로후서 2:19의 문맥에서 교회가 싸워야 하는 진정한 전투란, 사람을 죽이거나 원형경기장에서 투사를 넘겨 쓰러뜨리는 일이 물론 아니었다. '이긴 자'가 되는 것도 그런 전투나 운동경기에서 오는 것이 아니었다. 교회가 전력을 다해 이기고자 분투했던 전투는 세상과의 싸움이었다. 로마라고 하는 거대한 이교적인 종교-정치-사회-문화 집단이 모든 방면에서 교회를 압박하고 핍박해 왔을 때, 그들은 세상과 그 악을 대항하는 싸움에서 '이긴 자들'이 되기를 소원한 것이다(계 3:21; 5:5; 15:2).

또한 중요하게도, 교회가 세상에 대하여 '이긴 자들'이 될 수 있는 근거는 오직 예수 그리스도께서 이미 세상을 이기셨기 때문이다(요 16:33). 부활하시고 승천하셔서, 하나님 없이 허무함과 무의미(無意味)함의 종노릇하는 헛된 세상 한복판으로(전 1:2), 영원하신 하나님의 충만한 임재를 보장하시는 성령을 보내셔서 세상을 심판하시고 정죄하시며 승리하신 것이다(요 14:16, 26; 15:26; 16:7; 행 2:1-4).

그러므로 죄와 죽음, 그리고 하나님 없는 반역적 세상을 끝내 '이기신' 예수 그리스도, 십자가로 율법과 죄의 권세를 깨뜨리시고(골 2:14) 죽은 자들 가운데서 부활하사 죽음을 이기신 예수를 따라, 교회도 얼마든지 세상의 더러움과 썩어짐의 강력을 훼파하고 승리할 수 있는 것이다. 할렐루야! 그뿐 아니라, 온갖 우상과 잡신(雜神)들을 숭배하며 방탕과 탐욕의 부패에 머리 숙이라고 압박하는 로마라고 하는 거대하고 위협적인 세상 앞에서, 교회는 이미 하늘에 오르시어 하나님 보좌 우편에 앉으셔서, 로마 황제의 보좌를 그의 발등상으로 삼고 만유를 통치하시는 '주'(퀴리오스, κύριος, 1:1; 또한, 행 2:36; 벧전 1:3; 시 110:1) 예수 그리스도를 따라, 얼마든지 세상을 이기는 것이다.

결국 베드로는, '세상에서' 세상의 방식대로 싸워 세상보다 더 많은 것을 가져서 세상적으로 '이긴 자'가 된다 할지라도, 결국 '세상에' 져서 세상처럼 더럽고 썩어지고 허무한 자리로 떨어진다면 그것은 교회가 싸워야 하는 가장 본질적인 싸움에서 실패한 것이라고 경고한다. 세상에서 '성공한 교회, 부흥한 교회'가 되었을지는 몰라도, '세상 속에서 교회가 되는 교회의 사명'에는 실패한 것이다.

그러므로 성도는 비록 전쟁에서 패배하고, 운동경기에서 패배하고, 혹은 사업에 실패하고, 혹은 성공하지는 못했더라도, 더럽고 썩어지고 허무한 세속(世俗)으로부터 자신을 지켜 내는 이 치열한 싸움에 끝내 승리해야 한다. 그것이 참된 승리이다. 베드로가 그토록 사랑하고 권면했던 로마 변두리에 흩어져 있던 주의 교회들도 역시 같은 싸움, 곧 세속으로부터 자신을 지키는 정결한 경건의 싸움(약 1:27), 그 화려하고 위협적이고 위험한 세상 속을 임시 거주 외국인과 여행자처럼 지나가며(벧전 1:1-2; 2:11), 온갖 불의한 고난을 참아 내고도 온전히 제사장 나라의 사명을 다하려는 싸움(벧전 2:11-3:22), 그리고 세속의 더러움과 썩어짐과 허무함에 맞서 끝없이 신적 성품에서 성장하고자 하는 그 싸움(1:4-11), 그리고 온 세상을 거짓과 증오와 파괴로 휘젓는 악한 자 마귀를 대적하여 하나님 아버지와 그 아들 예수 그리스도와 함께 성령 안에서 사귀는 그 사귐 가운데 끝까지 남아 있고자 하는 치열한 싸움(요일 1:1-10), 결국 하나님의 사랑 안에서 자기를 지키는 싸움에서 승리해야 하는 것이다(유 1, 21절). 그것이 세상을 '이기는' 성공한 교회이다.

삶으로
내리는 뿌리

구원에 관한 거짓 가르침을 경계하라

Q. 안녕하세요 교수님. 정말 이해가 되지 않아 질문드려요. 예수님의 대속 사역으로 거듭났고 구원받은 우리에게 천국은 보장되어 있는 것인데 왜 회개하며 내세를 소망해야 하는 건가요? 그러니까 죄를 짓고 회개하지 않아도 복음을 앎으로써 천국은 보장되어 있는 거죠? 복음을 안다는 그 자격만으로 천국은 확정된 거죠? 또 어떤 분이 말씀해 주기를 예수님의 그런 '대속 사역에 대한 사실을 앎 = 곧 회개'라고 하는데 맞나요?

A. 그런 생각은 이단적인 가르침에 가깝습니다. 죄에 대하여 회개하는 것이, 복음을 아는 참된 증거이기 때문입니다. 거꾸로 말해서, 죄에 대한 회개가 없으면서 복음을 안다고 하는 것은 거짓입니다.

> "그를 아노라 하고 그의 계명을 지키지 아니하는 자는 거짓말하는 자요"(요일 2:4)

'예수님의 대속 사역으로 거듭났고 구원받은 우리에게 천국은 보장되어' 있다고 말할 수 있습니다. 그러나 거듭난 영적 생명, 죄와 죽음을 이긴 부활 생명을 가지고 있으면서, 죄를 회개하지 않고 사망으로 계속해서 내달리는 것은 불가능한 일입니다.

즉, '복음을 알고 있으면서' 죄를 지었는데 회개가 나오지 않는다는 것은, 살아 있다고 생각하는데, 차에 치이고도 하나도 아프지 않은 것과 같습니다. 살아 있는 게 아니라, 살아 있다는 환상에 사로잡힌 것일 가능성이 높은 것입니다.

또한, 구원받은 우리가 '내세를 소망해야' 하는 것이 아닙니다. '소망할 수밖에' 없습니다. 왜냐하면 구원받은 자의 생명은, 죄와 죽음을 이기신 그리스도의 부활 생명이기 때문입니다. 이 세상은 죄와 죽음 아래 있어서, 더럽고 썩어져 갑니다. 우리 속에 있는 부활 생명은 당연히, 썩지 않고 더럽지 않은 나라를 소망하는 '살아 있는 소망'입니다.

> "우리 주 예수 그리스도의 아버지 하나님을 찬송하리로다 그의 많으신 긍휼대로 예수 그리스도를 죽은 자 가운데서 부활하게 하심으로 말미암아 우리를 거듭나게 하사 산 소망이 있게 하시며 썩지 않고 더럽지 않고 쇠하지 아니하는 유업을 잇게 하시나니 곧 너희를 위하여 하늘에 간직하신 것이라"(벧전 1:3-4)

그러므로 구원을 받았다고 생각했는데, 전혀 내세, 장차 오는 하나님의 나라가 기대가 되지 않는다면, 그것은 애초에 '거듭난 생명, 부활 생명'을 얻은 적이 있었던 것인지조차 의심해야 합니다.

'죄를 짓고 회개하지 않아도, 복음을 앎으로써 천국은 보장되어 있는 거죠?'라는 말은 그러므로, '거짓의 아비' 마귀의 속삭임입니다(요 8:44).

복음을 '안다'는 것은 영적 생명의 인식적 작용입니다. 영적 생명이 있는 사람이 죄를 회개하지 않는 것은 불가능하므로, 복음을 안다는 것과 죄를 회개하는 것은, 한 생명을 분리할 수 없는 것처럼 분리할 수 없는 것입니다. 이 둘을 분리시키는 것은, 마귀의 거짓된 책략입니다.

"그는 처음부터 살인한 자요 진리가 그 속에 없으므로 진리에 서지 못하고 거짓을 말할 때마다 제 것으로 말하나니 이는 그가 거짓말쟁이요 거짓의 아비가 되었음이라"(요 8:44)

마지막으로, 예수님의 대속 사역을 받아들여서 구원을 받았다는 것은, 예수님을 영접한 결과입니다. 예수님의 '대속의 피'만이 아니라, '예수님 자신'을 받아들였기 때문에, 그의 대속의 공로가 나에게 역사하는 것입니다. 이 둘을 분리할 수 없습니다.

예수 믿는 것은 그러므로 구원 티켓을 얻은 것이 아니라, 예수님을 받아, 예수님과 함께 연합한 것입니다. 예수 믿고 구원받은 사람은, 그래서 예수님과 연합하여 그와 함께, 죄에 대하여 세상에 대하여 죽고, 그와 함께 의에 대하여 하나님에 대하여 사는 것입니다.

오직 그와 함께, 그분 안에서, 그분만 따라가는 것입니다. 예수님이 죄에 대하여, 의에 대하여 하신 말씀 그대로를 순종하며, 회개하며, 신실하게 따라가는 것입니다.

'예수님'을 믿으십시오.

율법주의와 그리스도인의 자유, 그리고 덕(德)

Q. 교수님, 주일 오후 3시의 찬양예배에만 참석해도 그것이 공예배에 참석한 것과 같이 주일성수 한 것일까요?

A. 사랑하는 ○○아, 네 말을 들으니 오래전에, 어떤 학생이 상담해 온 내용이 생각나는구나. 그 학생이 다니는 교회는 오전 11시 대예배를 빠지면 지옥 갈 것처럼 정죄하는 분위기여서, 자신의 할아버지의 임종이 다가오는데 자기의 기도 제목이, '제발, 주일 오전 11시에 돌아가시지 않게 해 달라'는 것이었다는 말도 들었다. 설마 그 정도로 고민스러운 상황은 아니겠지.

사랑하는 ○○아, 주님께서 우리에게 주신 '성령 안에서 부디 자유'하기를 바란다. '신령과 진정'으로, '말씀과 성령 안에서' 다른 믿음의 가족들과 함께 하나님께 예배했으면, 그것으로 충분하다. 또, 부활하신 주님을 믿는 우리에게는, 모든 날들이 전부 '주일'이고 모든 날을 거룩하게 살아야 한다. 우리가 정한 '일요일' 하루를 주일로 정해서, 그날 11시에 드리는 예배만 '공예배'이면, 얼마나 많은 성도들이 실족하며 평생 '2등 크리스천'으로 전락하겠니.

그렇다면 주일 오전에 어쩔 수 없이 운전을 해야 하고, 회사를 지켜야 하고, 식사를 준비해야 하는 일을 해야 하는 성도들, 혹은 그 시간에 편의점을 지켜야 하는 그 많은 아르바이트 청년들은 어떻게 '공예배'에 참석하겠니. 물론 그런 직업을 피할 수 있다면 좋겠지만, 그것은 어떤 이들에게는 어려운 사정이 되기도 한단다.

사랑하는 ○○아, 우리는 '율법 아래'에 있지 않고, '그리스도 안에' 있다. 그리스도 안에서는, 오직 그를 믿음과 그의 사랑의 법을 행하는 것 외에, 다른 특정한 날을 지키거나, 특정한 규례를 지키는 것으로 우리가 정죄받거나, 심판을 받지 않는다. 그래서 신앙 안에서 주께서 주신 자유를 지켜야 한다. 부디, 오직 예수 그리스도를 믿는 믿음으로 '의롭게' 하심을 믿고, 교회가 정한 여러 규칙들 때문에 상처받거나 실족하지 않기를 바란다.

하지만 한편으로, 사랑 안에서 덕을 세우기를 부지런히 힘써야 한다. 온 교회가 '함께 모여' 예배하기로 정한 시간이라면, 온 성도들과 함께 보조를 맞추려는 노력이 필요하겠지. 예컨대, 개인적인 여가를 즐기겠다는 이유로 굳이 오후 예배를 선택한다면, 그것은 전혀 덕스럽지 않은 일이겠지. 복음이 준 자유를 절대 놓쳐서는 안 되지만, 동시에 그 자유로 자신의 악을 가리는 함정에도 빠지지 않도록 주의해야 할 것이다.

그러니까 쉬운 일은 없다. 좌로나 우로나 치우치지 말기를 연습해야 한다. 성도 각자가 깨어 말씀을 잘 읽고 생각하고 따라가야 한다. 모든 것을 교회에 맡긴 채 맹목적으로 따라가는 것도 바람직하지 않다고 생각한다. 오직 말씀에 근거하여, 신앙 양심과 덕을 따라 부지런히 분별하고, 언제나 참된 복음의 길을 따라가도록 힘써야 한다.

무엇보다 복음에 기초한 교회는, 주께서 명하신 '사랑의 법' 외에, 다른 규율들, 율법주의적 규칙들로 성도들을 옥죄거나 정죄하는 분위기를 만들어서는 안 된다. 성도의 훈련은, 사랑과 선을 향한 격려와 사랑의 설득으로 하는 것이지, 정죄하는 방식으로 해서는 안 되기 때문이다. 오직 은혜 안에서 훈련을 잘 감당하여, 참으로 '신적 성품'에서 성장하는 귀한 성도가 되기를 기도한다.

(2) 결말 – '처음'보다 비참한 '나중'(20-22절)

신앙생활은 처음보다 나중이 더 중요하다. 아니, '나중'이 '처음'을 드러내고 결정한다고까지 말할 수 있다. '열매를 보아 그 나무를 아는' 것이다(마 7:20). '오직 믿음으로 구원받는다', '오직 은혜이다', '사망에서 생명으로 옮겼느니라!' 등, 이 모든 복음의 선언은 가슴 벅차고 감격스럽다. 흔히 TV에 연예인들이 나와 과거에는 어떻게 살았는데 이제는 예수 믿고 또 어떻게 살게 되었다고 간증하듯이, 획기적인 전환점이 생긴 것이며 모든 것이 새로운 놀라운 출발점에 선 것이다. 그것은 황홀하기까지 하다. 평생 혼자 살 것만 같았던 총각이 드디어 아리따운 아가씨와 결혼식을 올린 것이다. 다음 날 아침 일어나 보니, 여전히 그 아리따운 아가씨가 곁에 있고 된장찌개까지 끓여 주는 것이다. 그것은 놀랍고 달콤한 경험이다.

하지만 그 신혼의 기쁨이 반드시 그 이후의 수많은 고된 날들 동안 한결같이 지속되지는 않는다. 부부는 수없이 많은 날들을 함께 보낸다. 때로 지루하고 때로 고통스러운 날들 속으로도 함께 지나간다. 어떤 때에는 견딜 수 없는 거대한 파도가 덮치기도 한다. 그 모든 날들 동안에도 함께 견디어 낸다면, 그 후에 거센 파도가 잠잠해지는 날들에 과연 신혼 때와는 또 다른 깊고 평온한 그리고 무언가 지속적인 기쁨을 맛보게 될 것이다. 노년이 아름다워야 그 인생이 아름다운 것이었다고 할 수 있다. 그런 것이다. '이신칭의'(以信稱義)의 놀라운 복음으로 구원을 확신했는데, 결국 하나님 앞에 서서 그 앞에 펼쳐지는 새 하늘과 새 땅을 밟을 수 없다면, 그 끝이 다시 허무하고 썩어지고 더러운 세상과 함께 가는 심판의 어두움이라면, 그 신앙의 끝은 그가 처음에 확신했던 그 구원이 과연 어떤 것이었는지 그 본질을 드러내 보여 줄 뿐이다. 그것은 비참한 일이다.

그러므로 신자는 끊임없이 구원의 감격 속에 있으면서도, 자신이 확신하는 그 구원이 참으로 성경이 제시하는 검증의 기준에 맞는지, 그 참된 구원의 실재가 그의 생각과 태도, 결정과 선택, 행위와 삶 속에서 열매로 드러나는지를 늘 깨어 확인해 보아야 한다. 거짓 교사들의 특징과 그들의 정체 그리고 그들의 결말에 관한 베드로후서 2장의 충격적이고 또한 오늘날 우리에게 너무도 적확한 이 말씀은 이제 20-22절에서 그 절정에 이른다. 그것은 거짓 교사들의 결말에 관한 내용이고 동시에, 그들의 거짓 가르침과 탐욕, 방탕, 그리고 그 어리석음에 미혹되어 곁길로 빠질 수 있는 세상 속의 교회에 대한 강력한(!) 경고이기도 하다. 이제, 다소 듣기에 괴롭고 읽기에도 버거우나 우리를 살려 낼 이 생명의 말씀 속으로 들어가 보자.

> "20절 그래서 만일 주요 구주이신 예수 그리스도를 아는 지식으로 말미암아 세상의 더러운 것을 피해 달아났다가, 그런 것들에 다시 얽매이고 지고 나면, 그들에게 그 나중이 처음보다 더 나쁘게 된 것입니다. 21절 그들에게는 그 의의 길을 알지 못하는 편이, 알고 나서 그들에게 주어진 거룩한 계명들을 저버리는 것보다 나았을 뻔했습니다. 22절 참으로, '개들이 자기들이 토한 것에게로 돌아갔으며, 돼지가 도로 그 흙탕물에 뒹군다'는 속담이 그들에게 응한 것입니다."

'네 시작은 창대했으나'(20절)

가끔 식당이나 어떤 매장에서 한쪽 벽에 걸려 있는 액자에 이렇게 쓰여 있는 경우를 본다: "네 시작은 미약하였으나 네 나중은 심히 창대하리라"(욥 8:7). 거짓 교사들의 운명은 그 반대이다. 그들은 시작은 창대하게 했을지 모르나, 그 나중은 지극히 미약하게 끝난다. 아니, 그보다 훨씬 심각한 종말을 맞게 된다. 왜 그런 결과가 나오는가? 20절은 마치, 갈라디아서에서 바울이 '다시 율법 아래서 행하는 율법의 행위'로 돌아가려는 위험에 대해 경고하는 것과 비슷하다. 거기서 바울은, 이미 예수 그리스도를 믿음으로 성령을 받은 자들이 다시 할례를 비롯한 율법의 행위들로 되돌아가려는 것을 꾸짖는다: "너희가 이같이 어리석으냐 성령으로 시작하였다가 이제는 육체로 마치겠느냐"(갈 3:3).

지금 베드로도 동일한 논조이다. '너희가 이같이 어리석으냐. 하늘에 간직된 썩지 않고 더럽지 않고 쇠하지 않는 나라의 소망으로 시작했다가, 다시 더럽고 썩어질 세상과 함께 멸망의 길을 가겠느냐.' 이렇게 질타하는 것이다. 다만 바울은 '율법 아래로' 되돌아가는 것을 염려하였지만, 지금 베드로는 '세상 속으로' 다시 빠져 들어가는 것을 경고하는 점이 다를 뿐이다. 그리고 이 차이는 중대하고 크다. 왜냐하면 베드로후서의 거짓 교사들은 아마도 율법 아래로부터 해방된 자유를 주장하고 가르쳤으나, 다시 세상의 더러움에 얽매여 그 썩어짐에 종노릇하는 자리로 떨어진 자들일 것이기 때문이다. 이런 점은, 오늘날 우리 자신에게도 너무나 뚜렷한 증상이기에 더욱 의미심장하다. '예수 믿고 구원받았다'고 확신하는 우리 자신이 너무도 세상적이지 않은가. 세상처럼 더럽고 썩어지고 허무한 일에 매여 있지 않은가.

사실 2:20의 전반부는 1:1에서 4절 중반, 그러니까 '신적 성품에 참여하라'는 권면이 나오기 직전까지를 요약한 내용처럼 보인다. 2:20의 '주요 구주'라는 표현은 각기 1:1과 2절에 언급되며, 11절에는 똑같이 '주요 구주'로 묶여 나온다. 또한, 2:20의 '예수 그리스도를 아는 지식'이라는 표현은, 1:2과 3절의 각기 '주 예수를 앎으로'와 '부르신 자를 앎으로'라는 표현을 요약한 것이며, 마지막으로 2:20의 '세상의 더러운 것을 피해 달아났다'는 묘사는 역시 1:4의 '너희로 정욕을 인하여 세상에서 썩어질 것을 피하여'라는 표현과 매우 유사하다.

이렇게 보면 앞서 밝혔던 대로, 2:20의 전반부 내용은 1:1-4에서 '신적 성품에 참여'해야 할 근거로 제시된 여러 가지 조건들을 다시 언급한 것으로 볼 수 있다. 즉, 거짓 교사들은 마땅히, 하늘에 오르셔서 하나님 보좌 우편에 앉아 계신 '주'(Lord) 예수 그리스도를 따라가야 하며(벧전 3:18-22), 장차 오셔서 이 세상을 향한 하나님의 진노로부터 우리를 구원해 내실 '구주'(Savior)이신 예수 그리스도를 기다리는 가운데(3:10-14; 벧전 1:9; 유 21절), 죄와 죽음과 허무의 권세에 갇혀 멸망받게 될 세상으로부터 건짐을 받아 그 더러움과 썩어짐을 피하는 구원에 관해 들었다. 그리고 그들은 그런 신앙을 입으로 고백하기도 했을 것이다. 하지만 바로 그 때문에 그들은 더욱더 '생명과 경건'에 속한 모든 것을 받아 신적 성품에 참여하여 거기서 성장하는 방향으로 가지 않고, 도리어 자신이 빠져나왔다고 확신했던 그 세상으로 도로 들어가, 거기에 얽매이고 빠져나오지 못하는 신세가 되어 버린 것이다.

20절 후반부의 '얽매이고'(엠플라켄테스, ἐμπλακέντες)라는 표현은 말 그대로 뒤섞이거나 꽈배기처럼 서로 엇갈려 꼬여서 꼼짝달싹 못 하게 된 상태를 가리킨다. 마치 가시넝쿨에 발이 얽혀 아무리 몸부림쳐도 점점 더 빠져나오지 못하게 되는 상태를 떠올리게 한다. 세상의 죄와 죽음과 하나님 없는 허무의 지배 아래로부터 분리되어 삼위 하나님의 뜻과 역사와 거룩하게 하심으로 해방되었는데(벧전 1:3-4), 결국 다시 그 더러움과 썩어짐과 허무한 것에 뒤섞이고 서로 얽혀서 빠져나오지 못할 만큼 되었다는 뜻이다. 어떻게 하다가 이렇게까지 되었을까?

20절의 끝에서 세상의 더러움과의 싸움에서 '진다'(헤톤타이, ἡττῶνται)는 표현은, 앞서 언급했듯이 저들이 받았다고 하는 구원, 줄 수 있다고 했던 그 자유가 그들로 하여금 세상을 이기지는 못하게 했다는 뜻이다. 저들이 믿는다고 고백했을 예수 그리스도는 세상을 이기셨다(요 16:33). 세상을 지배하는 죄와 죽음의 권세, 하나님 없는 허무의 권세를 깨부수고, 십자가와 부활과 승천 그리고 성령을 이 땅에 보내심으로 승리하셨다. 거짓 교사들에게는 이러한 그리스도의 승리의 흔적이 없다. 저들은 세상에 완전히 져 버린 자이다. 그들의 설교나 가르침, 구호나 주장이 어떠하든지, 그들의 처음은 나중보다 더 심하게 된 것이다.

여기서 '심하게 되어 버렸다'(게고넨 케이로나, γέγονεν … χείρονα)는 말은, 마치 원래 있던 상처가 이제는 아주 곪아서 썩기 시작한 모양을 생각나게 한다. 처음의 상태보다 더 나빠진 것이다. 비록 종교적 생활을 하고 경건의 모양을 흉내 냈지만, 결국 그의 내면과 삶이 믿기 '이전보다 더' 더럽고 썩어지게 되었다면,

그런 상태가 심각해지면 그것은 그가 시도했던 종교적 생활로는 더 이상 회복할 수 없는 지경에 이르게 된다. 타락한 자들 중에 가장 악질적인 경우가 종교적으로 타락한 자라는 말이 있는 것처럼, 이들은 무엇으로도 다시 돌이키기 어려운 부패 속에 떨어지는 것이다(참조. 히 6:6). 마치 심한 병에 걸린 환자들이 '스테로이드'와 같은 강력한 항생제를 쓰는데, 그렇게 해서 깨끗해진 상태에 다시 바이러스가 침입하면 그 번지는 속도와 파괴력은 걷잡을 수 없게 되는 경우와 유사하다.

구약에서 이스라엘은 노예 되었던 땅 애굽에서 나왔지만 그 전부가 '약속의 땅'에 들어간 것은 아니었다. 많은 자들이 불신(不信)과 불순종(不順從)으로 광야에서 죽었다. 그들에게는 차라리 애굽에서 노예로 그나마 '오이와 부추'를 먹으며 그런대로 사는 편이 더 나았던 것일까?(민 11:5) 베드로후서 2:21의 논조는 그런 것이다. 정말 '더 나았기' 때문에 하는 말이 아닌 셈이다. 죄 가운데 있는 것과 겉모습으로 교회에 나와 신자 흉내를 내는 것 중에, 어느 것이 더 나은가? 그러므로 차라리 죄 가운데 있었던 쪽이 '더 나았을 것'이라는 말은 거의 조롱에 가까운 표현이다. 막상막하인 셈이다. 후자가 더 가증하다는 점에서, 그리고 다시는 동일한 종교적 노력을 시도해 볼 길도 막혔다는 의미에서 더 절망적일 뿐이다.

마찬가지로, 구약에서 예루살렘은 거룩한 도시요 하나님이 거하시는 큰 성(城)이었다. 거기에 그 많은 짐승들의 피로 드린 제물과 제사장들과 율법의 교훈이 있었다. 하지만 마음에 할례를 받지 못한 백성이 지속적으로 타락해 갔을 때, 그 예루살렘은 소돔 같고 고모라 같은 곳이 되었을 뿐 아니라(사 1:10; 렘 23:14), 더 나아가 하나님의 아들이 십자가에 못 박힌 곳이라는 가장 치욕스러운 '악'(惡)의 소굴로 전락했다(계 11:8; 참조. 히 6:6). 결국 그 '거룩한 성'으로 불렸던 예루살렘은 주후 70년경 아주 파괴되어 멸망하고 말았던 것이다. 그리스도의 죽으심과 부활 생명으로 말미암아 진실로 거듭난 성도는, 생명과 경건에 있어서 '점점 더' 성장해 나가게 되어 있다. 영적 생명은 그 성장을 멈추지 않고, 그 영적 생명의 표시들을 드러내 보여 주기 때문이다.

더럽고 썩어지고 허무한 세상을 살면서, 성도가 더러움과 썩어짐과 헛된 것들의 유혹을 받지 않을 수는 없다. 하지만 그는 그의 안에 있는 생명과 경건에 속한 모든 것을 받은 은혜로 말미암아 그런 것들을 '붙잡지 않으며'(벧전 2:11), 하나님과 주 예수 그리스도를 앎으로 점점 더 신적 성품에서 '성장'해 나간다(1:4-7). 당장 모든 것이 성숙해지지는 않지만, 당장 넘어지고 실수하는 것을 완전히 중단할 수는 없지만, 아이가 자라 나가듯, 그의 나중은 처음과 비교할 수 없이 충만한 생명과 경건의 꽃을 피워 내고 그 풍성한 열매를 달기 시작하는 것이다. 적어도, 내일이 오늘보다, 다음 달이 지난달보다, 내년이 작년보다 신적 성품의 성장에 있어서 훨씬 더 나아졌다면, 그것은 그가 영원한 나라를 향하여 착실히 전진하고 있다는 분명한 증거가 된다. 그러므로 자신과 교회를 돌아보고 점검하여, 더욱 신적 성품에 참여하고 성장하도록 힘써야 한다.

정말 '의의 길을 알았던' 것인가?(21절)

그렇다면 베드로후서의 거짓 교사들은 소위 오늘날 어떤 사람들이 말하는 대로, 처음에 구원을 받았지만 나중에는 '구원에서 탈락한' 것인가? 즉 구원받은 자들인데 중간에 그만 그들의 부패한 행위로 세상에 얽매이고 져서 '구원에 실패하게' 된 것인가? 2:20에 나오는 표현을 사용해서 말하자면, 거짓 교사들은 정말 '의의 길을 알았던' 것일까? 20절과 21절에는 '안다'라는 표현이 3회나 나온다. 먼저 20절에서 '우리 주 되신 구주 예수 그리스도를 앎으로써'에 쓰인 '에피그노시스'(ἐπίγνωσις)는 1:2에서 쓰인 용도와 같은 것으로서, '우리' 곧 '성도'들이 하나님과 그리스도를 아는 참된 지식을 가리킨다(또한, 1:3, 8). 하지만 이런 '안다'라는 표현이 2:20에서 거짓 교사들에게 적용될 때, 저들이 정말 '알았다'는 것이 아니라 '만일 앎으로써 세상의 더러움을 피했다면'이라는 가정적 상황에서 쓰인다는 사실이 중요하다. 여기서 '피했다면'(아포퓨곤테스, ἀποφυγόντες, 부정과거형)이 '만일'(에이, εἰ)과 함께, 비현실적인 가정적 상황을 설정하기 때문이다. 실제로는 처음부터 피하지 못했고, 다만 교회 안으로 들어와 신앙이 있는 것처럼 가장했을 뿐인 것이다.

마찬가지로, 20절 후반부에 나오는 상황 역시 가정적이다. 만일 저들이 피했다가 다시 얽매여서 졌다고 가정하면, 그 나중이 처음보다 훨씬 나쁘게 된 것이라는 의미이다. 사실은 저들이 세상의 더러움을 피한 것이 아니었지만, 마치 세상의 더러움을 피한 것처럼 착각하고 또 위장했다는 점 때문에, 그들의 세속적인 본질이 이전보다 더 심해진 것처럼 보이게 되었다는 것이다. 이를테면, 만일 거짓 교사들이 처음부터 세상의 더러움을 피했다고 떠벌리지나 않았다면, 지금 그 더러움에 얽매여서 진 상태가 '더 나쁜' 상태가 되지는 않았을 것이라는 의미인 것이다. 본문은 그래서 마치, '차라리 피했다고 말이나 하지 말지 그랬냐'는 식으로 꼬집는 것이다. 20절의 '저희'와 '우리'의 대조는 이런 면에서 돋보인다. 말하자면 거짓 교사들은 교회 안으로 몰래 들어와서, '우리' 주요 구주이신 예수 그리스도를 알고 세상의 더러움을 피한 '우리'처럼 행세한 것이다. 따라서 20절에서 '저희'라고 표현된 거짓 교사들이 진정으로 '우리' 주요 구주이신 예수 그리스도를 '우리'가 알았던 것처럼 알았을 리가 없다. 저들은 처음부터 자신들의 정체, 곧 분리해서 나갈 이단적 가르침을 믿고 있었던 사실을 속이고 교회 안으로 들어온 '거짓' 교사들이기 때문이다.

21절의 '의의 길'(텐 호돈 테스 디카이오수네스, τὴν ὁδὸν τῆς δικαιοσύνης)이란 2:2에 언급된 '진리의 길'처럼 명백히 하나님과 바른 관계에 들어가는 믿음의 도리이다. 특별히 그 믿음 안에서 주 예수 그리스도와 연합하여 그리스도의 의를 선물로 받을 뿐 아니라, 그의 말씀의 의로운 질서와 하나님을 경외하는 지혜를 따라 사는 길을 강조하는 표현이다(참조. 잠 8:20; 12:28; 16:17, 31; 17:23; 21:16, 21). 그러므로 거짓 교사들이 정말로 그 '의의 길'을 '알았었더라면' 다시 세상의 더러움에 얽매여서 지는 자들이 되지는 않았을 것이다. 그렇다면 저들은 처음부터 믿지 않았던 자들인가? 그렇게 말할 수밖에 없다.

저들은 결국 '분당'을 초래할 이단적 가르침을 가지고 교회에 몰래 들어왔을 뿐, 실제로는 복음의 '자유'도, 그들의 주인 되신 그리스도도 알지 못한 자들이다(2:1). 유다서에서 거짓 교사들은 명확히 '육에 속한 자들이며 성령은 없는 자들'(유 19절)로 폭로된다. 베드로후서의 경우에는 이처럼 노골적이지는 않으나, 거짓 교사들은 '범죄한 천사들'(2:4), '옛 세상에 속한 자들'(2:5), '소돔과 고모라의 패역한 백성들'(2:6)과 동급을 이루는 멸망받을 자들과 함께 분류된다. 심지어 이들은 '본래 잡혀 죽기 위해 태어난 짐승'(2:12) 같은 자들이며, 끝내는 '의의 길', '곧은 길'이 아니라 그들의 조상 '발람의 길' 곧 하나님의 말씀을 거역하고 자기의 탐욕을 좇아가는 패역한 자들로 판명난다(2:15).

결국 베드로후서에서 거짓 교사들은 결정적으로, '저주의 자식들'이라는 선고를 받는다(2:14). 이들이 비록 명목상 하나님의 백성들 안에 들어와 있다 하더라도 그들은 오래전 '거짓 선지자들'의 경우처럼, 교회 안에 들어온 '거짓 교사들'이며(2:1), 양이 아니라 양의 옷을 입고 '노략질하는 이리'(마 7:15)로서 본질상 성도와 다른 존재들인 것이다. 입으로 신앙고백을 하는 '교인'이라고 다 구원받을 성도는 아니다. 알곡들 가운데 가라지가 섞여 있다(마 13:24-30). 따라서 거짓 교사들이 세상의 더러움에 '졌다'는 것은, 거꾸로 말해서 그들은 신적 성품에서 성장하지도 않았으며 당연하겠지만 처음부터 신적 성품에 참여한 자들도 아니었음을 시사한다. 그들은 겉으로는 교회 안에 몰래 들어와 세상의 더러움을 피한 듯이 보였을 것이다(2:1). 거짓되고 헛된 가르침으로 교회를 선동하고 인기도 얻었을 것이다. 하지만 그들은 곧바로 그들이 속해 있던 세상의 더러움 속으로 돌아갔다. 그들은 자신들의 본질을 이길 수 없었고, 그들의 형식적인 종교로는 처음부터 이길 수 없었던 싸움을 싸운다고 떠벌렸던 것이다.

그러므로 베드로의 권면에 따라, 교회는 끊임없이 분별하고 근신해야 한다.

주께서 '나무도 좋고 열매도 좋다 하든지 나무도 좋지 않고 열매도 좋지 않다 하든지 하라 그 열매로 나무를 아느니라'(마 12:33)고 말씀하신 그대로이다. 하지만 스스로 성도라고 고백하는 사람의 열매를 보고 그 진위(眞僞) 여부를 판단함에 있어서, 이 땅에서는 그리고 우리로서는 현상적으로나 절대적으로나 최종적으로 확신할 수 없다. 예컨대, 심각하게 더럽고 부패한 열매를 맺었던 경우라도, 철저히 회개하고 돌이킬 가능성도 남아 있기 때문이다. 그러므로 이 땅의 교회에서 가라지를 솎아 내는 일은, 주께서 오셔서 친히 행하실 때 그의 손에 넘겨져 있다(마 13:30, 40-43).

또한 마찬가지로, 신앙을 고백하는 신자가 구원의 길에서 자신의 구원을 의심할 필요가 전혀 없는 절대 확신의 상황이 될 수도 없다. 진정으로 구원받은 성도의 표시는, 자신의 구원을 '두렵고 떨림으로' 확신한다는 사실이다. 만일 심각한 죄를 지어도 고통이 없고 두려움도 없고 회개도 따르지 않는다면, 그것은 원래부터 그에게 영적 생명이 없었다는 뚜렷한 신호가 될 수도 있기 때문이다. 그러므로 진정으로 구원받은 성도, 베드로 식으로 하면 세상의 더러움과 썩어짐과 허무함에서 건짐을 받은 성도는, 항상 세상의 더러움과 썩어짐과 허무함에 휩쓸려 갈 것을 두려워하며 근신한다. 그것은 자신이 썩지 않고 더럽지 않고 쇠하지 않는 나라에 대하여 살아 있는 소망을 갖고 있다는 복된 증거이면서 동시에, 끝까지 인내하고 싸워서 결국 그 영원한 나라에 이르러야 한다는 강력한 경고요 격려이다. 참된 성도는 그래서 더욱더 신적 성품에 참여하고 그 생명과 경건의 맛을 보고 그 안에서 자라 간다. 처음부터 거듭남의 그 부활 생명이 그 속에 없었던 자는, 잠시 세상의 더러움을 피한 것 같더라도 결국 다시 그 더러움 속으로 돌아간다. 돌아갈 뿐 아니라, 거기서 돌이키지 못한다. "있는 자는 받을 것이요 없는 자는 그 있는 것까지도 빼앗기리라"(막 4:25).

'나중'이 '처음'을 드러낸다(22절)

신앙생활은 그 처음만큼이나 나중이 중요하다. 나중이 처음을 결정한다고 할 수도 있다. 그 나중이 처음에 있었던 그 '신앙의 참본질'을 그대로 드러내기 때문이다. 밭에 콩이 아니라 '돌'을 심어 놓으면, 아무리 기다려도 아무것도 나지 않는다. 콩이 아니라 팥을 심어 놓으면, 콩이 아니라 팥이 난다. 그리스도의 죽음을 이긴 부활 생명이 심긴 사람은, 하늘의 생명과 경건의 싹을 틔우고 신적 성품의 꽃을 피우며 그 썩지 않고 더럽지 않고 영원한 경건의 열매를 맺는다. 그러므로 성도는 신적 성품의 내용들을 차근차근 짚어 보며 자신이 어디쯤 와 있는지, 어떤 부분이 부족한지를 점검해야 한다. 거기가 자신 속에 있는 영적 생명이 성장하고 있는 생장점(生長點)이 다다라 있는 부분일 것이기 때문이다.

거짓 교사들이 교회 안으로 몰래 들어와, 세상의 더러움을 피한 것 같아도 결국 그 더러움에 다시 돌아가 거기에 얽매이고 져 버리게 되고 마는 것은, 결국 그들 안에 죄와 죽음을 이기신 예수 그리스도의 영적 생명이 없기 때문이다. 그들 안에 예수 그리스도가 없음, 그분의 부재(不在)가 드러난 것이다. 그들은 원래 어떤 자들이었는가? 22절에 인용된 속담의 우선적 강조점은, 이미 버렸던 어리석은 행동으로 되돌아갔다는 데에 있다. 하지만 그것을 개와 돼지의 경우로 빗대어 말했다는 사실도 의미심장하다. '참된 속담'에서 '속담'은 교훈이라는 뜻으로 구약을 번역한 칠십인경(LXX)에서 '잠언'(Proverb)의 표제어이기도 하다(잠 1:1). 또한 '개들이 자기들이 토한 것에게로 돌아갔으며'라는 속담은 잠언 26:11에 있는 내용과도 유사한데(Kelly, 350), 당시 로마 사회에서도 충분히 회람되었을 법하다.

오늘날 개들은 애완동물로 사랑받기도 하지만, 고대 로마 시대에 개들은 들판과 거리에서 배회하는 경멸과 비참의 상징이었고, 특히 유대 사회에서는 부정(不淨)한 동물로 여겨졌다(눅 16:21). 더구나 어떤 사람을 '개'라 부르는 것은 고대에서도 지금과 마찬가지로 심한 모독이었다(삼상 17:43; 시 22:16). 또한 개처럼 돼지들도 부정(unclean)한 짐승들이며(레 11:7; 신 14:8), "돼지들 역시, 맑고 깨끗한 물에서보다는 가장 냄새나고 더러운 흙탕물 속에서 뒹굴기를 즐긴다"(알렉산드리아의 클레멘트, *Exhortation to the Greeks*, 10.92.4)는 말이 회자되었을 만큼, 돼지가 흙탕물에 뒹군다는 것은 잘 알려진 사실이었다(G. Green, 307).

이로 볼 때, 22절에서 베드로가 거짓 교사들에게 내린 최종적인 선고는 결정적이라 하지 않을 수 없다. 저들은 교회 안에 몰래 들어와 세상의 더러움을 피한다고 '위장'했지만, 결국 그러지도 않았고 그럴 수도 없는 자들임이 만천하에 드러났다. 토한 것을 다시 주워 먹는 광경은 상상하기에도 역겹다. 보통 사람은 그렇게 하지 않기 때문이다. 사람은 그것이 더럽다는 것을 알기 때문이다. 개들은 그렇지 않다. 더러움에 대한 감각이 없는 것이다. 돼지의 경우도 마찬가지이다. 잘 씻겨 놓으니 좋다고 다시 더러운 시궁창에 뒹구는 돼지의 모습을 보면, 사람은 분명 허탈감을 느낄 것이다. 돼지는 그것이 무엇인지 모르기 때문이고, 사람은 그것이 더러운 짓이라는 사실을 잘 알고 있기 때문이다.

결국, 22절에서 베드로는 거짓 교사의 정체와 그 결말에 대해 매우 심한 발언을 한 셈이다. 거짓 교사들이 실상, '개나 돼지' 같은 자들이라 한 것이나 다름없기 때문이다. 개나 돼지가 당시 유대인들이 혐오하는 부정한 짐승이며 혹은 일반적으로 고대 사회에서 종교적으로도 깨끗하지 못한 짐승으로 알려져 있었다는 사실을 감안하면, 이는 매우 충격적이고 파격적인 선언이다. 흥미롭게도, 22절에서 개가 '자기의 토한 것'에 돌아간다고 할 때, 그 '자기의'(이디온, ἴδιον)라는 표현은 1:20에서 거짓 교사들을 빗대어 성경을 '자의로'(이디아스, ἴδιας) 푼다고 했던 표현을 떠올리게 한다. 그뿐 아니라, 베드로는 이미 그들을 '잡혀 죽기 위해 태어난 이성 없는 짐승'(2:12)으로 질타했고, 말 못 하는 나귀에게 빗대어 표현하기도 했다는 점을 고려하면(15-16절), 22절에서 그들 자신이 '개, 돼지'와 방불한 자들이라고 힐난하는 것이 전혀 갑작스러운 태도는 아니다. 거짓 교사들이 명목상 교회 안에 들어와서 그리스도인의 이름을 달고 있는 채로, 세상의 더러움에 얽매이고 거기에 지는 일을 보는 것은, 교회와 세상 모두에게 충격적인 일이다. 그들이 짊어지고 있는 '성도, 그리스도인'이라는 이름, '하나님의 거룩한 이름'이 갖는 기대치에 비해 그들의 실상이 너무나 세속적이고 더럽고 썩어질 것이기 때문이다.

하지만 22절에서, 개들이 토한 것을 다시 먹고 돼지가 씻었다가 다시 시궁창에 뒹구는 사실보다 충격적인 부분은, 거짓 교사들이 실상은 개나 돼지처럼 '더러움'을 분별하지 못하는 자들이었다는 사실이다. 그들은 본질상, '개요 돼지'였으니 개나 돼지가 개나 돼지의 짓을 하는 것은 어쩌면 당연한 일이었다는 결론인 것이다. 그들은 처음부터, 죄와 죽음과 허무를 이기신 예수 그리스도의 죽으심과 부활, 그리고 성령의 거룩하게 하심을 입은 자들이 아니었다. 그들은 그리스도가 이루신 부활의 승리를 근거로 성령께서 거룩하게 하사 거듭나게 하신 성도가 아니었던 것이다. 세상의 더러움으로 돌아가 거기에 얽매여서 졌다는 것이 그 증거이다. 예수 그리스도는 '이긴 자'이시다. 죄를 이기셨고, 죽음을 이기셨고, 하나님 없는 허무를 이기신 분이다. 그 이기신 분을 믿고, 그분과 연합하고, 그분이 그의 안에 살아 계신 성도는 다시 세상의 더러움과 썩어짐과 허무함에 온전히 얽매여 거기에 질 수 없다. 그래서 신적 성품에 참여한 자들은 더욱더 그 신적 성품에서 성장해 나가야 하는 것이다.

마지막으로, 22절에서 '참속담이 저희에게 응하였다'는 표현도 주목할 만하다. 우선, '저희에게 응하였다'(숨베베켄, συμβέβηκεν)는 말은 '견고하게 되었다'는 뜻인데, 그 개와 돼지에 대한 속담이 '거짓 교사들에게 딱 들어맞았다'는 의미이다. 동시에, 개나 돼지이기 때문에 개나 돼지의 행동을 한다는 식으로, 거짓 교사들은 세상의 더러움을 더러움인 줄 모르고 거기 다시 얽매이는 행동을 할 뿐 아니라, 그런 행동들은 정말 개나 돼지에게 딱 맞는 행태들이고, 그래서 그들은 원래부터 그런 존재들이라는 뉘앙스도 배제하지 않는다. 거짓 교사에 관한 한, 그 개와 돼지에 대한 속담은 모든 면에서 맞아 들어가는 셈이다.

이와 관련해서 또한, 어떤 '속담이 그들에게 응했다'는 식의 표현은, 뒤이어서 3장부터 나오는 거짓 교사들의 특정한 태도, 즉 종말에 관한 하나님의 약속이 '전혀 응하고 있지 않다!'(3:3-4)고 조롱하는 그들의 태도를 염두에 두고 미리 빗대어 하는 말처럼 들린다. 거짓 교사들은 종말에 관한 하나님의 약속의 말씀이 '응하지 않을 것이라'고 조롱하며 훼방한다. 그런데 정작 그들에게 '응한 말씀'이 있다. 그것은 그들이 '개처럼 토한 것을 먹고, 돼지처럼 씻었다가 다시 시궁창에 뒹군다'는 속담이다. 무엇인가 '응하고, 성취된다.' 그런데 거짓 교사들에게 응한 예언(?)은 비참하기 짝이 없다.

그렇게 비참하기 짝이 없는 자들, 자신에게 어떤 말이 응하게 되는지도 모르는 무지하고 어리석은 자들이 감히, '하나님의 약속'이 응하지 않을 것이라고 떠벌리는 것이다. 그것은 얼마나 어리석은 일인가! 저들은 자신들도 알지 못하는 말을 하며, 자신들도 알지 못하는 짓을 하는 것이다(2:11-12). 그렇다면 하나님의 거룩한 성도가, 이렇듯 어리석고 무지한 거짓 교사들의 말에 휘둘리고 그 더럽고 썩은 행위들에 휩쓸린다면, 그것은 또한 얼마나 어리석은 일인가! 그래서 베드로는 끊임없이, 신적 성품에 참여하고 거기서 성장하여 굳게 서라고 권면하는 것이다. 분별하여, 하나님의 사랑 안에서 교회로서의 자신의 부르심과 그 영광된 지위와 사명을 지켜 내야 하기 때문이다(유 1, 21절).

삶으로
내리는 뿌리

강도 만난 강도사에게

정말 따뜻하고 존경스럽고 모범적인 지역 교회 목사님들, 노회들이 거의 대부분일 것이다. 하지만 간혹, 강도사 인허 서류를 놓고 지역 노회의 어떤 자들이 강도사들에게 금품을 요구한다는 등의 소문을 듣는다. 헛소문이기를 바라지만, 혹여나 그런 일이 사실이라면 참으로 비통한 일이 아닐 수 없다.

서류에 도장 받으려고 작은 선물을 들고 찾아갔는데 '봉투'는 갖고 왔냐는 둥, 창세기에서 야곱이 선물로 상대의 마음을 누그러뜨리는 걸 못 읽었냐는 둥 한다는데, 신학과 신앙은 물론, 상식도 양심도 팔아 버린 자들 이야기이다.

시찰회에서 도장 하나를 쥐고 그런 썩은 짓을 하는 거짓 목자들이야 주께서 심판하시리라고 굳게 믿지만, 문제는 그렇게 시작하기도 전에 상처받는 목회 후보생들이다. 어린 마음에 벌써 그렇게 큰 상처를, 그것도 선배 목사라는 자에게서 받을 때 얼마나 힘들지….

더 근심스러운 것은, 아예 벌써부터 쉽사리 적응하는 졸업생들이 혹시 있을까 하는 염려이다. 간혹 눈치로 알아서 봉투를 건네주고, 그것을 잘한 처신이라고 믿는 강도사도 있다는 이야기를 듣는다. 그동안 신학교에서 무엇을 어떻게 가르쳤는지 자책과 회한이 든다. 그렇게 시작해서 어떻게 한국 교회와 사회의 희망이 되겠냐고 묻고도 싶어진다.

개혁주의니, 예수를 닮는다느니, 성경을 따른다는 구호를 내걸고, 그런 짓을 하는 자의 신앙이 온전할 것이라고 믿지는 않는다. 거짓 목자는 목자장(牧者長)께서 엄중히 심판하실 것이다. 하지만 그렇게 손을 놓고만 있을 수도 없다. 신학교도 이참에 강도사들에게 설문조사를 해서, 혹여나 그런 피해 사례가 있었다면 모아서 총회에서 논의를 해야 하리라고 생각한다.

우선은, 주의 부탁으로 양들을 찾아 떠나는 그 길에서, 뜻밖에 '강도'(強盜)를 만난 '강도사(講道師)들'에게 낙심하지 말라고 격려하고 싶다. 좌절하지도 타협하지도 말자. 적어도 사람을 두려워하지 않으며, 오직 구주요 심판주이신 하나님, 우리 목자장이신 예수님만 두려워하고 순복할 마음이 있다면, 이겨 나갈 길이 있으리라.

엎드려 기도할 때, 주께서 지혜를 주시기를 기도한다. 용기를 주시기를 기도한다. 꺾이지 않고 바른길을 갈 믿음과 굳은 의지를 주시기를 기도한다. 강도 만난 강도사여, 그대가 거룩한 성도들 앞에서 강론해야 할 바로 그 '말씀'을 따라, 이 일에서도 승리하기를 격려한다. 간절히 기도한다.

시대착오적 목회

신약 성도들을 데리고 구약 시대로 되돌아가 하는 목회이다. 일천번제 예물을 드리고 예배당 건축을 '성전 건축'이라 부르며, 목사는 선지자의 상을 받고 성도는 선지자를 섬기는 상을 받는다. 성령을 받은 성도들에게, 떠돌던 '쉐키나'의 임재가 있다고 선포하고, 목사는 제사장 노릇에 여념이 없는 교회이다.

과거로 돌아갈 뿐 아니라, 곁길로도 간다. 목사가 구약의 제사장 노릇을 할 뿐 아니라, 이 땅의 오랜 뿌리인 무속인의 노릇도 하기 때문이다. 성도가 이사 가면 이사 날짜를 기도로 받고, 하나님의 계시라며 성도가 계약한 집도 해약하라 한다. 구약 시대와 무속신앙이 뒤섞인 이 땅의 신약 교회의 모습이다.

예수님께서 허물어 버리신 '돌로 지은 성전'에 목을 매게 하고, 부활하신 예수님께서 친히 '산 돌'이 되셔서 함께 지어져 가는 '성령의 전' 곧 '살아 있는 성전'인 성도는 들러리이다. 이집트의 노예처럼 밤낮 진흙을 이겨 벽돌을 만들고, 높은 탑을 쌓는 일에 등골이 휘는 것이다.

어찌하여, 하나님께서 그 아들을 보내셔서 성취하신, '다 이루신' 것을 무효로 되돌리는 것을 목회라 부르는가. 구약의 율법을 훈련 삼아 일시적으로 할 수는 있지만, 이해도 못 한 채 '갓 쓰고 자전거 타는' 식으로 신약 성도가 되어 구약 시대를 살게 해서는 안 될 일이다. 예수님께서 성취하신 것을 거꾸로 돌리지 말라. 성도에게 예수 그리스도를 돌려주어야 한다.

교회는 성도이다. 교회의 머리는 예수 그리스도이다. 교회는 그의 몸이다. 교회에게는 오직 그리스도만을 주어야 한다. 목회자들이여, 예수를 믿고, 예수를 받고, 예수를 누리고, 예수를 전해 주고, 오직 예수로 살자.

| 제3장 |

하나님의 말씀과 세상의 종말, 새 하늘과 새 땅

종말과 심판을 부인하는 거짓 가르침

(3:1–16)

제3장

하나님의 말씀과 세상의 종말, 새 하늘과 새 땅(3:1-16)

- 종말과 심판을 부인하는 거짓 가르침

구원이란 무엇인가? '예수 믿고 천당 가는 것'인가? '예수 믿고 복 많이 받는 것'인가? 아니면, '행위가 아니라 믿음'으로 구원받기 때문에 그냥 '믿기만' 하면 되는 것인가? 오늘날 구원에 대한 이해만큼 왜곡되고 잘못 알려진 것이 따로 없다. 혹자는 구원을, 하나님의 통치가 이 땅에 임하는 것이며 그것은 주로 사회 속에서 '공의'(公義)를 실현하는 것으로 이해하기도 한다. 중요한 일이다. 하지만 예수 믿고 세상 복 받는 것을 최고의 복음으로 여기는 '세속적인 번영신학'이나, 반면에 세상에서 가난한 자를 위해 정의를 행하는 것을 절대 복음으로 여기는 '유물론적(唯物論的) 해방신학'의 태도는, 둘 다 '현세주의적'이라는 점에서 같은 자리에서 만난다. 둘 다, 마치 '이 세상이 전부'인 것처럼 여기는 관점에 뿌리박고 있기 때문이다.

하지만 말씀의 가르침은 그렇지 않다. 베드로후서 3장이 펼쳐 보이는 세상의 본질과 그 운명은 무엇보다 철저히 종말론적이다. 종말론적이면서, 전적으로 예수 그리스도 중심이며, 또한 종말에 드러날 하나님의 주권적 개입을 강조한다. 세상이 전부 우리 하기 나름에 달려 있지만은 않다. 세상의 운명은 이미 결정되어 있다. 하나님께서 개입하셔야 끝나는 일이 있다. 그래서 교회 곧 성도가 집중해서 할 일도 정해져 있다. 그것은 물론, 멸망당할 이 세상의 복을 탐하는 세속적 신앙이 아니다. 그것이야말로 거짓 교사들이 빠져드는 멸망의 길이다. 그렇다고 종말과 그 이후의 새 하늘과 새 땅에 관한 모든 실재(reality)에 관한 일이, 오늘날 불의한 세상에서 가난한 자를 위한 정의를 구현하는 것만으로 온전히 대치되지도 않는다. 베드로는 처음부터 세상의 본질을 꿰뚫는다. 세상은 어느 정도 아름답다. 세상은 여전히 누릴 만하고, 그 안에 있는 남아 있는 생명도, 선도, 양심도, 정의도, 풍요함도 아직 구하고 찾고 누릴 만하다. 비록 하나님을 떠났지만, 세상은 여전히 하나님의 일반은총 아래서 그 혜택을 보기 때문이다. 전부 파괴된 것이 아니다. 다 소멸된 것이 아니다. 아직도, 세상은 하나님이 원래 지으신 창조의 모습을 조금이나마 보존하고 있다.

그렇다고 세상의 본질을 오해하면 안 될 것이다. 그것이 공동서신이 줄기차게 강조하는 핵심적인 통찰이다. 베드로 역시 이 점을 명확히 한다. 세상은 그것이 가장 선하고, 가장 아름답고, 가장 영광스러워 보일 때에도 여전히 본질상, 그리고 전체적으로 '죄와 죽음과 허무'의 권세 아래에서 지배받고 그 안에 철저히 갇혀 있기 때문이다. 그 죄의 권세, 죽음의 권세, 하나님 없는 허무의 권세는, '예수 믿고 복 받는 신앙'으로 세상 복을 아무리 많이 받아도 해결되지 않는다. 오히려 예수 믿고 세상 복을 받아 더러워지고 썩어지고 허무한 나락에 떨어지는 성도, 교회, 지도자도 많다. 그래서 예수 믿고 세상 복 받는 것 자체가 기쁜 소식, 곧 복음이 아니다.

다른 한편으로, 예수 믿는 신앙을 불의한 세속 사회 속에서 억압당하고 눌린 자를 위한 정의 구현으로 환원시키고 대치시켜 버리는 태도에도 한계가 있다. 정의는 가난한 자들을 보호하고 선을 장려하는 데에 긴급하고 유익하며 반드시 필요하지만, 그렇다고 그 어떤 사람도, 교회도, 신학도, 우리의 부분적인 정의도, 희생적인 사랑도, 세상을 구원하는 메시아의 자리를 대치할 수는 없다. 사람을 죄의 권세에서, 죽음의 권세에서, 하나님 없는 허무의 무저갱에서 끌어내는 것은 결국 정의 구현도 정치적 해방도 아니다. 정의가 '악'(惡, the evil)을 제한할 수는 있지만 소멸하지는 못한다. 오직 그 아들 예수 그리스도만이 악을 소멸하신다. 이미 그의 십자가로 소멸하셨다(요 13:31-33). 그리고 다시 오셔서 완전히 소멸하여 불못에 던져 넣을 것이다(계 20:11-14). 하나님 아버지께서 '세상을 이처럼 사랑하사' 보내신 것은, 오직 그 아들 예수 그리스도이다(요 3:16). 그 아들이 자유케 해야 사람도 세상도 죄에서, 죽음에서, 허무에서 자유케 된다(요 8:36).

그래서 죄와 죽음을 이기신 예수 그리스도의 부활로 말미암아, 성령으로 거듭난 성도 안에는 '살아 있는 소망' 곧 '썩지 않고 더럽지 않고 쇠하지 않는 나라'에 대한 소망이 살아 숨 쉬고 있다(벧전 1:3-4). 그들은 진짜 그런 나라 곧 죄와 죽음과 하나님 없는 허무의 권세가 사라진 통치를 이미 누리고 있으며, 또한 장차 그런 하나님의 나라에서 살게 될 것을 알고 또 기다리고 있기 때문이다. 예수 그리스도의 복음으로 말미암아 성령으로 거듭난 성도는 그 사실을 정확히 알고 있다. 왜냐하면 그의 안에 숨 쉬고 있는 영적 생명 자체가 십자가에서 죽고 부활하신 예수 그리스도의 죄와 죽음에 대한 승리의 증거이기 때문이다. 참된 성도 안에는 그렇듯 또한, 하나님 없는 허무를 대체하는 하나님의 영 곧 예수의 영, 성령께서 함께 거하신다.

그러므로 교회는 본질상 죄와 죽음과 허무의 종노릇하는 이 세상 속을 지나가지만, 이 세상의 그 타락한 본질에 얽매여, 그 심판과 멸망에 함께 참여할 수 없는 존재이다. 세상을 지나가지만, 세상에 붙잡히지 않는다. 그들은 세상에서 임시 거주 외국인이요 지나가는 여행자들이다. 이 땅에서, 악을 행하지 않을 뿐 아니라, 마땅한 선을 행하고 더 나아가 악을 악으로 갚지 않는 지극한 선을 행하여 제사장 나라의 역할을 다하는 제사장 공동체이다(벧전 2:11-3:17). 장차 '의가 거하는바 새 하늘과 새 땅'에 들어갈 자들로서 지금 여기에서도 그 나라의 모든 바른 관계들 곧 '그 나라의 의에 주리고 목마른 자들'이며 '화평'을 만들어 가는 하나님의 자녀들이다(3:13-14; 마 5:6, 9; 약 3:18). 그 바른 관계의 시작이시며 실현이신 예수 그리스도 안에서 이미 '영광'을 누리며, 장차 더 큰 영광을 위하여 그의 '의의 길', '선한 양심의 길', 그 십자가 고난의 길을 끝까지 다 가는 자들이다(벧전 3:18-22).

거짓 교사들은 그렇지 않다. 그들은 본질상 이 세상에 속해 있다. 겉으로는 세상의 더러움을 피해 교회 안으로 들어온 것 같지만, 결국 자신들이 세상의 더러움과 썩어짐과 하나님을 대적하는 허무에 사로잡혀 있고, 그런 권세에 굴복할 수밖에 없는 '세상의 종들'임을 드러낸다. 그것이 베드로후서 2장의 결말이다. 저들은 세상에서 빠져나온 듯이 보였지만, 결국은 세상의 더러움에 얽매여 거기에 져 버린 자들임이 드러났다(2:20-22). 구원이란 '율법의 저주'에서 해방되는 것뿐 아니라(갈 3:13), 죄와 죽음과 허무에 갇혀 있는 세상으로부터 해방되는 것이다(1:3-4; 벧전 1:3-4, 18). 그래서 구원에 실패하는 모습도 다시 세상의 더러움과 썩어짐과 허무함으로 돌아가는 것으로 드러난다. 반대로, 하나님의 부르심과 택하심을 받은 성도의 가장 큰 특징은, 세상의 더러움과 썩어짐과 허무함에서 벗어나 생명과 경건의 신적 성품에 참여하고 이에 성장하여 열매 맺는 삶이다.

그렇다면 과연 어떻게 해야 지속적으로 신적 성품의 열매를 맺을 수 있는가? 어떻게 해야 세상의 더러움과 썩어짐과 허무함에 얽매이지 않을 수 있는가? 베드로후서는 1장에서 거짓 교사들의 치명적인 결함이 그들의 '자의적 성경 해석'에 있음을 지적했다(1:20). 저들은 자신들의 탐욕에 휘둘리는 채로 성경을 해석한다(2:16; 3:3). 거짓 교사들은, 사람의 심령과 삶을 깨끗하게 하는 살아 있고 영원한 말씀을 받지 못하는 자들이다(참조. 벧전 1:22-25). 말씀을 읽을 때에 그들은 자신들의 정욕에 눈이 멀어 그 심령의 탐욕을 따라 해석하는데, 그렇게 스스로 지어낸 말들로 자신의 더럽고 썩어질 탐욕을 채우고자 하기 때문이다. 그들은 하나님의 말씀으로 자신은 물론 듣는 이들도 깨끗하게 하거나 살리지 못하고, 하나님의 영원하신 임재도 가져다주지 못하는 것이다. 그들은 물 없는 샘이요, 비 없는 구름이요, 미친 바람에 휩쓸리는 안개와 같은 자들일 뿐이다(2:17).

하나님의 말씀에 대한 거짓 교사들의 이러한 무감각과 무능력한 특징은, 특별히 그들이 세상의 종말과 심판에 대한 성경의 약속의 말씀들을 믿지 않고, 조롱하며, 일부러 잊고자 하는 태도에서 극명하게 드러난다. 베드로후서 3장은 이런 점에서, 하나님의 말씀의 엄위함과 위대함과 그 영원함을 근거로, 세상의 종말과 그 종말을 비웃고 조롱하는 거짓 교사들의 무지와 어리석음 그리고 피할 수 없는 심판을 강조한다. 더불어, 하나님의 신실한 말씀은 온전히 성취되는데 결국 '의'가 거하는 새 하늘과 새 땅이 이루어질 것이다. 그리고 말씀으로 회복되는 그 재창조의 세상, 두 번째 세상, 죄와 죽음과 허무가 사라진 그 영원한 나라에 들어갈 자들은, 첫 번째 세상의 썩어진 본질을 피하여, 삼위 하나님의 은혜와 역사를 따라 신적 성품에 참여하고 거기에서 자라 가는 성도임을 다시금 천명한다.

누가 새 하늘과 새 땅에 들어가는가? 이보다 중요한 문제는 없다. 세상의 종말을 바라보며, 이미 시작된 두 번째 출애굽, 영원한 출애굽, 곧 심판 아래 놓인 세상으로부터 해방되어 그 영원한 나라에 들어가는 거대한 이동이 이미 시작되었고, 진행 중이고, 곧 완성될 것이다. 그러므로 장차 오는, 이미 결정된 하나님의 진노의 심판에서 우리를 건져 내실 '구주'(소테로스, σωτῆρος, 1:1, 11; 3:18) 예수 그리스도만을 의지하고 따라가며, 오직 그 안에서 의와 부활 생명과 그의 영으로 충만하여, 부지런히 신적 성품에 참여하는 교회가 되어야 할 것이다.

베드로후서 3장은 이러한 논지로 진행되는바, 뜻밖에도 지금 세상과 장차 오는 세상에 대하여 매우 놀랍고 중대한 사실을 전해 준다. 그동안 별로 주목받지 못한 본문이지만, 이 본문만큼 웅장하고 뚜렷하게 이 세상과 장차 오는 세상의 심판과 재창조에 관하여, 그리고 그 비밀과 구원의 열쇠에 관하여 놀라운 가르침을 주는 본문도 많지 않다. 우선 3장은 선지자들과 사도들이 기록한바 '그 약속의 말씀을 기억하라'는 주제로 시작한다(3:1-2). 왜냐하면 거짓 교사들이 나와서 그 약속의 말씀에 대해 조롱하며 자신들의 경험에 의지하여 종말이 없다고 훼방하기 때문이다(3-4절). 이에 대해 베드로는 거짓 교사들이 '그저 있다'고 말하는 이 세상은 실상은, 그들이 조롱하는 그 말씀으로 지음 받았고, 심판의 때까지 그 말씀으로 보존되고 있음을 지적한다(5-7절).

결국, 하나님의 약속의 말씀은 세상의 재창조로 성취되며, 그 보배로운 약속을 받은 교회는 신적 성품에서 온전히 성장해야 한다(8-14절). 마지막으로, 베드로는 하나님의 말씀과 그 말씀을 해석하는 일이 얼마나 중차대한지를 바울의 서신을 언급하며 다시금 상기시킨다(15-16절). 그리고 끝인사에 해당하는 17-18절에서 베드로는, 서신의 인사말에서 언급한 세상으로부터의 부르심과 신적 성품의 성장에 대해 다시 한 번 강조하며 권면을 마친다. 이제 이 귀한 말씀을 차례로 자세히 살펴보자.

1. 말씀을 기억하라(3:1–2)

위조지폐를 판별해 내기 위해서는, 정작 다양한 위조지폐들보다는 진짜 지폐를 오랫동안 꼼꼼하게 뜯어보는 길이 가장 빠르고 정확한 방법이라는 말이 있다. 베드로는 세상의 종말과 심판에 대한 거짓 교사들의 거짓말을 경고하기 전에, 그보다 먼저 수신자들이 반드시 기억해야 할 하나님의 말씀을 상기시키고자 한다. 무엇이 참된 약속의 말씀인지 그리고 누가 그 말씀을 전한 것인지를 먼저 뚜렷이 기억하는 일이 필요하다고 본 것이다. 여러 말을 듣고 판단하기 전에, 그 말들을 누가 했는지 알아보는 일이 더욱 중요하다. 과연 그 말이 나온 출처가 믿을 만한가? 혹시 '가짜 뉴스'는 아닌가? 어디서 누가 만들어 퍼트린 말인가? 듣고 생각하기 전에 먼저 확인해 보아야 하지 않겠는가. 베드로의 지혜로운 전략이 담긴 1-2절의 본문을 귀 기울여 들어 보자.

> "1절 사랑하는 자들이여, 이것은 이미 두 번째 여러분에게 쓰는 편지입니다. 이것들로써 여러분에게 뒤섞이지 않은 순전한 생각을 기억나게 함으로써 일깨우려는 것인데, 2절 곧 거룩한 선지자들에 의해 예언된 말씀과, 여러분의 사도들에 의해 전해진 주요 구주의 계명을 생각나게 하려는 것입니다."

'사랑하는 자들이여'(아가페토이, ἀγαπητοι)라고 부르는 것은 단지 호격(vocative)으로서 문단의 전환을 알리는 정도가 아니다. 이는 종종 수신자 된 성도가 하나님의 은혜와 거룩의 언약 관계에 있음을 표시하는 호칭으로 쓰이기 때문이다(참조. 벧전 2:11; 4:12; 유 3, 17, 20절; 요일 2:7; 3:2; 4:1, 7). 하나님의 부르심과 택하심의 긍휼을 입은 자들임을 상기시키는 표현이다. 반면에 '저들은' 그렇지 않다. 바로 앞부분인 2:20-22에서 서술한 거짓 교사들의 운명을 보라. 그들은 결코 하나님의 긍휼을 입은 자들의 모습이 아니다. 저희들과 '여러분'('너희', 개역개정/한글)은 전혀 다른 존재들이라는 뜻이다. 그러므로 '사랑하는 자들이여'라고 부를 때, '하나님의 거룩한 부르심과 그 크신 긍휼로 택하심을 입은 언약 백성들인 너희'임을 생각나게 하고(참조. 벧전 1:3-4), 그래서 더욱더 하나님의 그 신실하신 언약적 사랑 안에 거해야 하고 또 그럴 수밖에 없는 자들임을, 곧 하나님의 사랑을 받고 그 사랑 안에 거하며 그 사랑을 드러내며 사는 교회일 수밖에 없음을 새롭게 불러일으키고자 하는 것이다.

'기록된 성경의 말씀을 따라' 생각하라

베드로가 수신자 된 교회에게 편지를 쓴 것이 이번이 처음은 아니다. 1절이 언급하는 '두 번째 편지'(듀테란 에피스톨렌, δευτέραν ἐπιστολήν)는 무엇인가? 베드로후서 3장만을 가리키는가, 아니면 후서 전체인가? 사실, 서신서 중간에 서신 전체의 특징이나 경위에 대해 언급하는 것은 다소 이례적이다. 만일, '이것이 두 번째 편지입니다'라는 식의 소개가 서신서의 서두에 나왔으면 쉽게 납득이 될 것이다. 이런 점을 생각하면, 3:1에서 '두 번째 편지'를 언급하는 것은 이 두 번째 편지가 단지 3장만을 가리킨다는 인상을 준다.

하지만 그렇게 보기 어렵다. 3:1-4에 포함된 어구들이나 언급하는 주제들은 분명히 베드로후서 앞부분, 2장이나 특히 1장에서도 등장하는 익숙한 내용들이라는 점을 고려하면, '두 번째 편지'는 후서 전체를 가리킨다고 판단할 수 있다. 우선 1절에서 거의 문자적으로 번역한 '뒤섞이지 않은 순전한 생각'이라는 표현을 살펴보자. 여기서 '생각'(디아노이안, διάνοιαν)이란 마음의 정신 작용으로서 어떤 사물, 문제를 보는 이해나 관점을 가리킨다. 거기에 '뒤섞이지 않은 순전한'(에일리켄, εἰλικρινῆ)이란 문맥상, 거짓 교사들의 세속적 철학이나 사상에 오염되지 않은 말씀 그대로, 즉 구약의 선지자들이 예언한 말씀 그대로 그리고 그것을 따라 사도들이 가르친 바를 그대로 따르는 이해나 관점을 가리킨다.

그런데 흥미롭게도, 베드로는 아마도 그가 쓴 '첫 번째' 편지였을 베드로전서에서, '그러므로 너희 마음의 허리를 동이고'라고 권면할 때에 바로 이 '마음, 생각, 이해'(디아노이아, διανοία)라는 용어를 사용한다(벧전 1:13). 그때의 문맥도 1:1에서 12절까지, 하나님의 '그의 많으신 긍휼대로'(벧전 1:3) 부르시고 택하신 교회의 구원과 그 영광에 대해 설명한 직후였다. '썩지 않고 더럽지 않고 쇠하지 않는' 나라를 유업으로 받은 백성이니, 그러므로 그런 관점, 그런 이해, 그런 생각으로 마음을 무장하여, '전에 알지 못할 때에 따르던 너희 사욕을 본받지 말고, 오직 너희를 부르신 거룩한 이처럼 너희도 모든 행실에 거룩한 자가 되라'(벧전 1:14-15)고 권면했던 것이다.

베드로후서 3:1의 전후 문맥도 이와 크게 다르지 않다. 이미 2:20-22에서 베드로는 거짓 교사들이 어떻게 더러운 정욕을 좇아 세상의 더러움과 썩어짐으로 되돌아가는지에 관해 경고한 바 있다. '사랑하는 자들'인 '너희'는 그렇게 되지 말아야 하고, 그럴 수도 없다. 하나님의 긍휼을 입은 자들로서, 수신자들은 특별히 그들이 듣고 배운 하나님의 말씀에 따라 생각하고, 그 말씀이 주는 이해와 관점으로 생각과 마음을 단단히 무장해야 하는 것이다. 하나님의 말씀은 무슨 '도깨비 방망이'가 아니다. 그것으로 뚝딱해서 내가 원하는 복을 얻는 수단이 아니다. 여기서 하나님의 말씀은, 우리 자신뿐 아니라 세상과 역사의 본질과 그 종말 그리고 그 이후를 바라보는 진실된 이해, 사실적 관점이다. 무엇이 '진짜 실재'인가?(What is really real?) 무엇이 진짜 실제로 일어나는 일이며, 일어나고 있고, 일어날 일인가? 그것은 오직 참된 사실을 드러내 보여 주는 하나님의 말씀에 의하지 않고는 알 수 없다. 베드로는, 바로 이 하나님의 말씀의 진실성을 근거로 생각하고, 판단하고, 모든 것을 바라볼 것을 요청한다.

말씀 무시 + 직통 계시 = 이단의 시초

이처럼 베드로가 언급한 '둘째 편지'는, 1-4절의 내용을 토대로 볼 때 베드로후서 1-2장의 내용을 포함하거나 생각나게 한다는 점에서, 후서 전체를 가리킨다고 보기에 무리가 없다. 더구나, 3:1의 '기억나게 함으로써 일깨운다'(디에게이로 엔 휘포므네세이, διεγείρω ἐν ὑπομνήσει)는 표현은 1:13에서 베드로가 자신의 죽음을 앞두고 '주 예수 그리스도의 능력과 [다시] 오심'에 관해서 수신자들을 '기억나게 함으로써 깨어 있게 하는'(디에게이레인 엔 휘포므네세이, διεγείρειν ἐν ὑπομνήσει)이라는 표현과 정확히 일치한다. 기억나게 하려는 내용에 관해서도 다르지 않다. 3장에서는 '주께서 강림하신다는 약속의 말씀'이다(3:2-4). 1장에서도 기억해야 하는 것은 '우리 주 예수의 능력과 강림하심'이다(1:16).

더 중요한 강조점이 있다. 3장과 1장에 걸쳐서 베드로가 주의 강림에 관해 강조하려는 바는, 약속의 말씀의 확실성이다. 3장에서 베드로가 수신자들을 기억나게 함으로써 일깨우고자 하는 바는, 선지자들이 예언한 말씀과 사도들이 전해 준 주요 구주이신 예수 그리스도의 계명의 말씀이다(3:2). 마찬가지로, 1장에서 베드로는 주의 강림하심에 관해서 자신이 변화산에서 경험한 사건보다 '더 확실한 예언의 말씀'을 생각나게 하고자 한다(1:15, 19). 그러므로 세상의 종말과 구주 예수 그리스도의 다시 오심, 그리고 최종적 심판과 새 하늘과 새 땅의 재창조 사건은, 모두 구약에서 선지자들이 미리 보고 말했던 예언의 말씀과 주님 자신의 약속의 말씀을 전해 준 사도들의 가르침에 철저히 의존한다.

종말과 심판에 관한 한, '새로운 계시'는 없다. 누군가가 자신이 하나님으로부터 '새로운 계시'를 받았다고 주장한다면 그것은 이단 사설이 분명하다. 베드로후서 다음에 기록된 유다서에 나오는 거짓 교사들은 '꿈꾸는 자들'로서 확실히 소위 '직통 계시'를 받았다는 망령된 영적 권위를 내세워 성도들을 미혹한다(유 8, 15, 19절). 요한일서에 가면 그런 자들은 확실히 마귀로부터 거짓 영을 받은 거짓 선지자들로 규정된다(요일 2:22-23; 4:1-3). 베드로후서의 거짓 교사들은 아직 그렇게까지 퇴행한 단계는 아닌 듯하다. 하지만 기록된 말씀을 가볍게 보고, 자기 자신의 더러운 정욕에 휘둘리는 이성과 경험에 근거하여 판단하는 그 세속적인 신학과 신앙은, 향후 유다서나 요한일서에서 보듯 '바른길, 의의 길, 진리의 길'을 떠나 확연히 거짓 영의 부림을 받는 이단이 되는 길로 미혹되어 들어선 탈선의 시초이다.

그러므로 성경에 기록된 말씀에 대한 사소한 태도, 그 말씀의 뜻을 이해하기에 게으른 태도를 극도로 경계해야만 한다. 오직 그 말씀을 부지런히 궁구하여, 자신의 뜻이 아니라 성경 안에 있는 하나님의 뜻을 찾아 그 말씀으로 자신을 깨끗하게 하고 또한 살아 있는 소망으로 채움으로써 그 말씀이 가리키는 바를 정직하고 확연하게 볼 수 있을 때까지 그 말씀의 빛 가운데 머물러 있어야 한다(1:19-21). 이런 식의 성경 읽기를 게을리하면, 결국 자신의 더러운 정욕에 따라 왜곡된 마음으로 성경을 읽게 되고, 서서히 말씀을 떠나 지어낸 말로 살게 되며, 결국은 거짓 가르침에 이끌려 진리의 길을 벗어나 유다서나 요한일서가 경고하는 이단의 자리까지 미끄러지게 되는 것이다.

'말씀'을 대적하는 '거짓말들'의 어리석음

그러므로 베드로는 2절에서 여러 가지 방식으로, 우리에게 전해진 '기록된 성경 말씀'의 권위와 중요성을 강조한다. '거룩한 선지자들에 의해 예언된 말씀'이라는 표현은 가까이는 베드로후서 1:18-21을 생각나게 한다. '거룩한 선지자들'(하기온 프로페톤, ἁγίων προφητῶν)은, 베드로가 '거룩한 산'에서 들은 하늘의 소리보다 더 확실한 '예언'을 생각나게 하며, 그들은 하나님께로부터 나온 말씀을 '거룩한 영'(프뉴마토스 하기우, πνεύματος ἁγίου)에 의해 전달한 사람들이다(1:21). 하나님의 말씀은 전적으로 하나님'으로부터' 나온 것이며, 하나님에 '의해' 전달된 것이며, 그래서 오직 하나님의 거룩한 영의 조명(照明) 아래서 이해하도록 되어 있다. 따라서 해석자 자신이 더럽고 썩어지고 허무한 세상 정욕에 붙잡힌 상태에서, 그 하나님의 말씀과 거룩한 영의 빛을 거부하고 가린 채로 성경을 읽는 것이 바로 거짓 교사들이 '자의로, 제멋대로'(이디아스, ἰδίας, 1:20) 성경을 읽어 멸망하는 태도의 근본 원리인 것이다.

구약 성경에 기록된 말씀과 더불어 베드로는, 주의 강림 곧 예수 그리스도께서 다시 오셔서 심판하시며 세상과 역사의 종말과 재창조를 이루시는 사건에 관한 사도들의 가르침을 재확인한다. 2절 후반부를 문법과 문맥을 고려해서 풀어서 옮기면 이와 같을 것이다: "주요 구주께서 여러분에게 보내신 사도들에 의해 전해 주신 계명을 생각나게 하려는 것입니다." 먼저, '여러분의 사도들'(톤 아포스톨론 휘몬, τῶν ἀποστόλων ὑμῶν)이라는 표현을 두고 이 '사도들'은 다소 늦은 시기의 '속(續)사도들'이라 보는 견해는 근거가 희박하다(참조. 유 17절). 1세기 후반이나 2세기 초반의 기독교 문헌들은 그저 '사도들'이라 부르든지 아니면 종종 그들을 구약의 선지자들과 엮어 부르는 경우는 있어도(2 *Clem*. 14.2; Polycarp, *Phil*. 6.3), '여러분의' 혹은 '우리들의' 사도들이라 부른 적은 없다는 것이 정설이기 때문이다(Davids, 261).

2절 후반부에서, 실제적인 주어는 '주요 구주'이신 예수 그리스도이다. 그분께서 '여러분에게' 보내신 사도들이 전해 준 계명, 곧 그가 다시 오신다는 그 종말에 관한 예언의 말씀에 착념하라는 의미이다(참조. 마 24:29-31; 막 13:24-27; 눅 21:25-28). 사도들이 전해 주었지만 그 계명은 예수 그리스도 자신의 예언의 말씀이라는 점이 중요하다. 특별히, 이 대목에서 예수 그리스도를 '주와 구주'로 묘사한 것은 더욱 큰 의미가 있다. '주'(큐리오스, κύριος)는 명확히 부활하시고 승천하사 하나님 보좌 우편에 앉아 다스리고 계신 '이긴 자'이신 예수 그리스도의 주권적 통치를 강조하는 칭호이다(참조. 행 2:34-36; 시 110:1).

또한 '구주'(소테로스, σωτῆρος)는 장차 다시 오셔서, 죄와 죽음과 하나님을 반역하는 권세에 붙잡힌 세상을 향한 하나님의 진노의 심판으로부터 자기 백성을 건져 내실 예수 그리스도의 칭호이다. 흥미롭게도, 베드로후서 1장에서 신적 성품에 참여하는 교회가 장차 들어가게 될 그 종말의 하나님 나라를 '우리 주 곧 구주 예수 그리스도의 영원한 나라'로 부른 것은, 동일하게 세상의 종말에 관한 논란을 언급하는 3:2에서 예수 그리스도를 '주요 구주'로 부른 것과 일맥상통한다. 지금 부활, 승천하셔서 하늘 보좌 우편에 앉아 온 세상을 통치하시는 '주'께서, 그의 원수가 발등상이 되기까지 기다리셨다가, 그 마지막 날에 '구주'로 오셔서 세상의 심판과 재창조를 주도하실 것이라는 그분 자신의 예언의 말씀에 착념하라는 메시지인 것이다.

구약의 선지자들은 이 엄청난 종말의 심판과 구원의 사건을 내다보았다(참조. 벧전 1:10-12). 그리고 주께로부터 듣고 그의 보내심을 받은 사도들도, 세상의 종말과 심판, 최종적 구원과 재창조를 마무리하실 주요 구주이신 예수님 자신의 말씀을 교회에 충실히 전달한 것이다. 2절에서 기억해야 할 '말씀, 명령 또는 계명'(엔톨레스, ἐντολῆς)이란, 단순히 우리가 순종해야 할 명령이나 율법적 조항을 가리키는 표현이 아니라, 종말에 예수님께서 성취하시고 선포하신 새 언약의 복음과 그 명령의 총체를 가리킨다. 요한일서 3:23에서 사용된 방식 그대로이다: "그의 계명(엔톨레, ἐντολὴ)은 이것이니 곧 그 아들 예수 그리스도의 이름을 믿고 그가 우리에게 주신 계명(엔톨렌, ἐντολὴν)대로 서로 사랑할 것이니라." 결국, 교회가 세상의 종말에 관하여 붙들어야 할 말씀은, 하나님 자신과 주요 구주이신 예수 그리스도의 말씀뿐이다. 누구도 다른 세상 철학이나 인간의 사조(思潮) 혹은 무슨 직통 계시 같은 허망하고 무지한 말을 섞을 수가 없다.

베드로는 기록된 성경의 예언의 말씀과 사도들이 주께로부터 받아 그대로 전달한 주 예수 그리스도 자신의 예언의 말씀 외에, 결단코 다른 말들의 권위를 인정하지 않는다. 교회의 혼돈, 종말에 관한 거짓 가르침, 그로 인한 교회의 타락과 부패는 모두 하나님의 기록된 말씀에 착념치 않고, 그 말씀에서 떠나, 거짓말들의 파도를 타고 떠밀려 가는 데에서 비롯된다. 교회가 할 일은, 말씀을 떠난 말들을 만들어 내는 것이 아니다. 오직 하나님께서 주신 계시의 말씀인 성경을 '기억하는' 것이다. 주제넘은 성경 읽기는 거짓 교사들의 특징이며, 멸망에 이르는 진노의 심판은 언제나 성경을 자신의 부패한 정욕을 따라 왜곡하는 자들의 몫이다.

베드로는 1절과 2절에서 말씀을 '기억하라'는 점을 반복해서 강조한다. 1절에서도 '기억나게 하려' 한다고 했고, 2절에서 다시 한 번 '기억하라'(므네스떼나이, μνησθῆναι)고 당부한다. 주가 강림하신다는 약속의 말씀에 관해서 베드로는 이미 1장에서도 주 예수 그리스도의 지시하신 말씀을 '기억하는' 일의 중요성을 여러 번 강조했다(1:12, 13, 15). 하나님의 말씀은, 하나님께서 행동으로, 사건으로, 자신을 계시(啓示)하셨고 하고 계시고 또한 그렇게 하실 것에 대한 하나님 자신의 설명이요 의지의 표현이다. 실재(reality)를 뒤흔드는, 새롭게 창조하시는 존재적 변화는 창조주요 주권자이신 하나님 자신의 몫이다. 사람이 하는 일은 그 존재적 변화를 가져오시는 하나님 자신의 말씀을 '기억하는' 것이다. 종말의 사실에 관한 하나님의 말씀을 잊든지, 기억하든지, 그 말씀에 대한 반응이 있을 뿐이다. 그 말씀에 대적하여 다른 말들을 쏟아 놓을 존재가 아닌 것이다.

인간은 이런 식으로 처음부터 하나님에 대하여 의존적이며 부차적인 존재이다. 우리 자신이 창조주가 아니다. 우리가 세상의 종말과 재창조에 대해서, 이렇다 저렇다 말할 권한이나 능력이 있는 존재가 아니다. 마치 먹을 양식이 없으면 굶어 죽듯이, 인간은 인간 외부에 존재하는 어떤 실재, 곧 하나님 자신의 존재와 그분의 의지 없이 스스로 존재하지 못한다. 그런 것이다. 그러니 지금 자신들이 창조하지도 않은 세상의 종말에 대하여 왈가왈부하는 거짓 교사들은 얼마나 허망하고 어리석으며 무지한 존재들인가? 저들은 하나님께서 장차 행하실 '계시-행동'을 예언하신 '말씀-계시'에 대해 무엇을 대등하게 논할 독립적인 존재가 되지 못한다. 그들은 하나님이 아니다. 그런데 하나님 행세를 하며 그분의 계시의 말씀을 대적하고 있는 것이다. 그들은 얼마나 자가당착적이며 모순된 말과 행동을 하고 있는가!

베드로는 이제, '말씀'을 대적하는 거짓 교사들의 허망하고 거짓된 '말들'의 잔치가 얼마나 더러우며 욕된 것인지, 또한 그런 거짓말들이 어떻게 도리어 그들 자신의 심판과 멸망의 증거가 되는지 상세하게 밝힐 것이다.

삶으로
내리는 뿌리

깨끗하지 못한 설교

어색한 설교가 있다. 웃기지 않는 개그를 뿌려 대는 설교이다. 딱히 설교할 본문의 내용과 밀접한 관계가 없는데, 그냥 관심을 집중시키려고 하는 개그이다. 어색한 설교이다. 꼭 하려면, 설교 내용과 관련이 깊은 위트 있는 이야기여야 한다.

서투른 설교도 있다. 헬라어 단어 하나를, 그 단어가 쓰인 문맥을 떠나, 헤쳐 풀어 설명하는 경우이다. 그것은 서투른 것이다. 단어 하나의 의미는 그것이 놓인 원래 문맥이 결정한다. 서투른 헬라어 단어 풀이, 한자 풀이를 설교의 중심으로 삼는 설교는 서투른 설교일 것이다.

무례한 설교도 있다. 목사라고 해서 상식을 다 아는 것처럼 말하는 것이다. 실제로 성도들 중에는 전문가들이 많다. 전문가들 앞에서, 단지 설교단에 서 있다는 이유, 목사라는 이유로 상식을 꿰뚫는 듯이 말하는 것은, 청중을 무시하는 무례한 설교가 될 것이다.

하지만 어색한 설교도 참을 수 있고, 서투른 설교도 애써 들어 줄 수 있다. 무례한 설교도 그런대로 견딜 수 있다. 하지 말아야 하는 설교가 있다. 그것은 깨끗하지 못한 설교이다.

깨끗하지 못한 설교란, 자신의 정치적 견해나 주관적인 입장을, 설교라는 틀에 담고, 목사라는 권위로 포장하고, 더구나 '거룩한' 말씀을 빙자해서, 하나님의 거룩한 성도들을 더럽게 하는 행위이다.

목사 자신도, 정치적 입장이나 견해가 있을 수 있다. 설교 중에 그런 편향이 새어 나올 수 있다. 그런 것은 어쩔 수 없기도 하고 극복해야 할 부분이다. 하지만 '의도적으로 명확하게' 자신의 정치적 편향을 선전하고 유도하는 설교는, 깨끗지 못한, 더러운 설교이다. 하나님의 복음과 그의 거룩한 성도 앞에서, 주제넘은 월권을 행사한 것이기 때문이다.

하나님 나라에는 누구나 초대되어야 한다. 복음은 모든 이들의 것이다. 예수님은 철저한 보수이셨고 또한 급진적인 진보이셨다. 그래서 세리도 바리새인도 창녀도 군인도, 모두 그에게 나아와 죄 사함 받고 하나님의 백성이 될 수 있었다. 그 나라의 가치관이 선포되는 것은 옳지만, 그것을 세상 정치적 편향으로 선동하고 나누어서는 안 된다. 말씀은 보수, 진보, 의인, 죄인, 남자, 여자, 부자, 가난한 자, 유대인, 이방인, 우파, 좌파, 모두를 회개케 하고, 모두를 돌이켜 하나님과 그의 나라로 초대하는 것이기 때문이다.

강단은 거룩해야 한다. 거룩하려면, 전하는 말씀이 깨끗해야 한다. 그것은 하나님의 사랑과 진리로 가득한 복음 외에는 다른 것을 섞지 않으려는, 설교자의 자제력 있는 결단과 하나님 앞에서의 겸손에 의해 이루어진다.

하나님의 성도들은 목사의 것이 아니다. 도적질하지 말라. 이 세상의 것도 아니다. 착각하지 말라. 오직 예수 그리스도의 것이다. 예수 그리스도의 것에는, 오직 예수 그리스도만 주(主)이셔야 한다. 선거철이 다가온다. 교회여, 강단을 거룩하게 지키라. 단연코, 깨끗하지 못한 설교를 피하라.

삶으로
내리는 뿌리

성경을 더 잘 이해하고 싶다면?

- 성경신학의 필요성

질문을 자주 받는다. '나의 성경 해석은 왜 발전이 없는가? 해석하라는 절차대로 다 했는데, 설교가 빈약하다.' '어떻게 하면 단순한 QT 수준을 넘어서서, 더 깊이 묵상하고, 더 깊이 이해할 수 있는가?'

이런 경우, 많은 것들이 필요하겠지만, 근본적으로 성경신학을 접하라고 권하고 싶다. 우선 가장 간단한 방법을 시도할 수 있다. 주석들을 보면, 앞이나 뒤에, 그 해당 성경에 드러난 다양한 주제들을 정리해 둔 부분들이 있다. 그것부터 숙지하면 좋겠다.

예를 들어, 야고보서라면, 야고보서에 나타난 주제들, 교회론, 구원론, '하나'라는 개념, 믿음과 행위의 관계, 말의 중요성, 세상과 재물, 종말론 등등.

그다음은, 좁게는 창세기의 신학, 레위기, 사사기의 신학, 마내복음의 신학, 요한복음의 신학, 로마서, 야고보서, 요한계시록의 신학 등 성경 각 권의 신학을 주의 깊게 살펴보는 일이다. 그러면서 점점 구약신학, 신약신학이라는 틀을 보게 되고, 성경신학이라는 큰 틀을 접하게 된다.

꼭 이런 순서를 따를 필요는 없지만, 이런 과정은 결국 당신을 천천히 조직신학적 체계로 인도할 것이다. 보통은 조직신학을 먼저 하게 되는데, 원래는 성경신학에서 조직신학으로 넘어가는 것이 자연스러운 과정이다.

성경 해석에서 성경신학이 중요한 이유는 자명하다. 생각해 보라. 성경의 어떤 본문 1절에서 10절까지를 이해하고자 한다면, 그 본문이 나오게 된 바탕에는 '사상'이라는 것, 곧 저자의 어떤 일관된 관점이나 일관된 생각이 깔려 있기 마련이다. 이것이 성경신학의 단초가 된다. 이것을 잡아내면, 본문 이해가 더 쉬워진다.

성경 해석은 본문 몇 절과의 씨름 같지만, 실상 그렇지 않다. 저자의 생각의 틀과 폭, 깊이와 일관성을 얼마나 이해하고 있느냐가 오히려 더 중요하다. 소위 '문맥'의 중요성이다. 문맥에도 여러 차원이 있지만, 저자가 갖고 있는 사상적 문맥보다 중요한 것은 없다. 그것이 성경신학이다.

오늘날, 성경신학의 실종은, 그만큼 강단의 빈약함을 반영한다. 해석학적 방법론들은 난무하지만, 결국 그런 기발한 해석학적 방법론들로 찍어 내는 것은, '자기 자신의 신학'일 확률이 높다. 그 '자기 자신의 신학적 틀'을 '성경 자체가 갖고 있는 신학적 틀'로 대치하기 전에는 아무리 열심히 해석해도, 결국 자신의 자화상만을 보기 쉽다.

성경신학이란 다름 아닌, 성경 계시와 역사를 통해 알게 되는 하나님에 관한 지식이다. 성경 계시 전체에 나타난 하나님과 그분께서 일하시는 방식에 익숙해지는 것이다. 성경에 나타난 그분을 알면, 그분이 하신 기록된 말씀을 이해하는 것이 쉬워진다는 말처럼 당연한 말이 어디에 있는가. 성경 해석을 잘하기 원하면, 성경신학에 관심을 두고 오래, 깊이, 폭넓게 익히기를 권한다.

2. 말씀과 거짓 교사들(3:3-4)

악인들의 가장 큰 특징 중 하나는 정작 자신들이 하는 일이 무엇인지 모른다는 사실이다. 그만큼 어둡기 때문이다. 자신의 입으로 내뱉는 말인데, 그 말의 뜻을 스스로 알지 못한다. 죽은 나사로를 살리신 예수님을 두고, 대제사장인 가야바가 한 말을 들어 보라: "한 사람이 백성을 위하여 죽어서 온 민족이 망하지 않게 되는 것이 너희에게 유익한 줄을 생각하지 아니하는도다 하였으니"(요 11:50). 당시 가야바는 단지 예수를 죽여 없애려는 간교한 살의(殺意)에서 내뱉은 말이었지만, 바로 그런 악한 자의 어리석은 말을 통해서라도 하나님은 더 높은 차원의 섭리로 자신의 뜻을 이루어 가신다. 그런데 그 악인은 자신이 한 말의 그 깊은 뜻을 전혀 짐작도 못 한다. 그런 것이다.

예수님께서 십자가에 달려 돌아가실 때, 유대인의 지도자라는 사람들이 했던 어리석기 짝이 없던 말도 그러했다: "그가 남은 구원하였으되 자기는 구원할 수 없도다"(마 27:42). 그들은 분명 조롱하겠다고 좋아서 비아냥거리며 한 말이었다. 하지만 바로 그 말은 뜻밖에도, 그때 십자가에서 드러나고 있는 하나님의 은혜와 긍휼의 사건을 놀랍도록 정확히 표현한 것이었다. 또한 그만큼 놀라운 사실이 또 있는데, 그것은 정작 그 악인들은 자신이 지껄인 그 말이 정말 무엇을 뜻하는지 전혀 짐작도 못 했다는 것이다. 그것이 악인의 어두움이다. 자신의 죄와 악에 의해 스스로 어둠 속에 갇혀, 자기가 무슨 말을 하는지도 모르게 된 것이다. 베드로는, 명백히 다가오는 종말과 심판의 사실에 대하여 알지 못하고 조롱하는 거짓 교사들의 태도를 이런 식으로 꼬집어 그들의 어둠을 폭로한다. 그들이 조롱하는 바로 그 말씀이 그들의 무지와 어리석음의 증거이다. 3-4절에 기록된 이 역설적인 본문을 함께 읽어 보자.

"3절 무엇보다 이것을 알아야 하는데, 날들의 마지막에, 제 자신의 정욕을 따라가며 조롱하는

> 자들이 조롱하며 올 것입니다. 4절 그리고 그가 오신다는 약속이 어디에 있느냐, 조상들이 잠든 이후에도 만물이 창조의 처음부터 이와 같이 계속 있다고 말할 것입니다."

'조롱하는 자들이 조롱하며' 온다는 말은 '조롱'(엠파이그모네, ἐμπαιγμονῇ)이라는 특징을 강조한 표현으로, 거짓 교사들이 기록된 약속의 말씀을 얼마나 경시하고 우습게 여기는지를 보여 준다. 단순히 소홀히 대하거나 실수로 잘못 해석하는 정도가 아니라 그것이 비록 성경에 기록된 말씀일지라도 이를 적극적으로 '조롱'하는 태도를 가리키는 것이다. 거짓 교사들이 평소에 기록된 말씀을 어떻게 대하는지, 사도들을 통해 전해진 주의 가르침(2절)을 어떻게 대했는지를 알 수 있는 단서이다. 어쩌면 오늘날, 성경이 전적으로 하나님의 성령에 의해 기록된 '거룩한 계시'의 말씀이라는 확신을 버린 채, 성경에는 그저 '하나님의 말씀도' 있지만 인간의 실수로 기록된 내용들도 있다는 혼합적 태도를 가진 사람들을 떠올리게 한다.

계시로서의 성경은 이미 베드로가 1:19-21에서 확고하게 논증한 바가 있다. 기록된 성경의 말씀은 그 출처가 하나님이시오, 그 전달도 성령께서 하신 것이며, 그 해석도 성령의 조명이 없이는 불가능한 계시의 말씀이다. 하지만 거짓 교사들은 세속적인 철학과 사조에 귀를 기울인 자들이었으므로, 성경도 당시의 다른 신화들처럼 어느 정도는 신의 계시이고 어느 정도는 만든 이야기들이 섞여 있다고 보는 느슨한 태도를 취했을지 모른다. 그래서 성경이 명확하게 예언하는 종말의 심판이나 재창조의 사실이 그들의 경험과 생각에 맞지 않을 때, 그들은 그것은 '공교하게 만든 이야기'(1:16)라며 쉽게 조롱할 수 있었을 것이다.

'이디오스' 크리스천(*Idios* Christian)

그러나 베드로후서가 묘사하는 거짓 교사들은 성경 해석 자체에 진지한 자세를 보이는 자들이 아니었다. 오히려 저들은 고의적으로 성경의 기록된 말씀을 왜곡할 수도 있는 자들이었음이 분명하다. 베드로가 지적하는 바에 따르면, 저들이 기록된 예언의 말씀도 우습게 여기고 오히려 이를 조롱할 수도 있었던 까닭은 저들이 근본적으로 '자기 자신의'(이디아스, ἰδίας) 정욕에 휘둘려 지껄이기 때문이다(3절). 저들이 하는 말은 해석학적으로 무슨 의미가 있는 방식을 따른 것이 아니라, 자신의 탐욕, 더러운 이득이나 방탕의 구실을 찾으려는 정욕을 따라 지어낸 말들이라는 것이다. 사용하는 용어나 개념, 주제들은 모두 성경에서 가져올지 모르지만, 전체적으로 지향하는 바는 그래서 결국 듣는 이들과 그렇게 가르치는 거짓 교사들 자신의 더러운 정욕을 만족시키는 동기와 목적에 봉사하는 말들인 것이다.

성경에 기록된 예언의 말씀들은, 모두 우리의 경험이나 심지어 상상을 뛰어넘는 미래에 관한 것이며 또한 하나님께서 가져오시는 하늘에 속한 실재(reality)에 관한 것들이어서, 우리의 제한된 경험과 이성의 능력으로 쉽게 재단하고 판단하기 어려운 내용들이 많다. 그러므로 사도 베드로가 이미 가르친 바대로, 말씀의 빛이 해석자의 심령을 조명하여 해석자 자신의 어둠이 모두 물러갈 때까지 그 말씀의 빛 아래에 머물고 기다리는 겸허한 자세가 요구된다. '내가 빛이고 성경 말씀이 어둠'이라는 오만한 태도를 버리고, '말씀이 빛이고 내가 어둠'이기 때문에 '내 영적 어둠, 도덕적 어둠, 지성적 어둠, 죄 된 의지의 완고한 어둠'이 마치 새벽 별이 떠오를 때 짙은 어둠이 물러가듯, 오직 그 말씀의 빛으로, 그 거룩하시고 사랑이신 성령의 빛으로 모두 물러가게 해 달라고 간구하는 자세로 연구하고 기도하며 말씀을 해석해야 한다.

거짓 교사들의 성경 해석의 특징은 바로 이런 겸허함, 듣는 자세, '하나님의 말씀이 맞고, 내가 틀렸습니다'라고 고백하는 자세가 없다는 것이다. 그들은 이미 다른 무엇과도 타협할 수 없는 자기 자신의 정욕을 만족시키겠다는 완고한 의지로부터 시작한다. 하나님의 깨끗하고 생명을 주시는 말씀이 그의 더럽고 죽은 심령을 치유하고 회복할 여지를 막고 자신의 완고한 어둠 속에 갇힌 채로 말씀을 대하는 것이다. 그 닫힌 심령의 중심에는 '자신의 정욕'이 자리 잡고 있다. 그 더럽고 썩어지고 허무한 정욕이 어리석고 무지한 말을 지껄이게 만드는 것이다.

이처럼, 베드로후서에 나타난 거짓 교사들의 가장 두드러진 특징은 처음부터 끝까지 '자기 자신'에 근거하는 '제멋대로'의 태도라고 할 수 있다. 저들의 성경 해석은 이미 '자의적인'(이디아스, ἴδιας) 즉, 자기 자신의 정욕에 따라 휘둘리는 의지와 생각으로 성경을 읽고 가르치는 망령된 태도이다(1:20). 이들은 '자기 자신의'(이디아스, ἰδίας) 탈법(脫法)적인 고집을 따라 행하는 자들이며(2:16), 개처럼 '자기의'(이디온, ἴδιον) 토한 것에 돌아가는 자들이요(2:22), 결국 '자기 자신의'(이디안, ἰδίαν) 멸망을 초래하는 자들이다(3:16). 정도의 차이는 있지만, 하나님의 거룩한 성도들도 때로, 자주, 이런 '자기 자신'에 근거하는 생각과 판단에 휘둘린다. 이런 모습을 두고, 사도 베드로가 즐겨 하는 표현을 사용해서, '이디오스(ἴδιος) 크리스천'이라고 하면 지나친 말이 될까.

'이디오스 크리스천'은 결국 모든 생각과 판단의 중심에 성경에 기록된 하나님의 계시의 말씀이 있지 않고, 도리어 자신의 정욕, 즉 본질상 더럽고 썩어지고 허무한 것으로 달려가는 자신의 타락한 본성의 정욕을 그 중심에 두고 섬기는 그리스도인이다. 그의 중심에는 '자기의 세속적 정욕'이 있고, 그를 결정적으로 움직이는 뜻과 의지와 정서는 사실상 모두 거기서 유래한다. 만일 누가 진정으로 거듭난 그리스도인이라면, 도리어 그의 중심에는 그를 구원할 능(能)이 있는 복음의 말씀, 그 살았고 영영히 거하는 하나님의 말씀이 그 심령 속에 심겨 있을 것이다(약 1:18, 21; 벧전 1:23-25). 그렇다면 그는 성경에 기록된 말씀에 따라 생각하고 판단하는 습관을 가져야 한다. 그렇지 않으면 쉽게 자신의 타락한 정욕에 따라 생각하고 판단하게 될 것이기 때문이다.

성도는 자신이 그것으로 말미암아 거듭나게 된 그 생명의 말씀을 따라 생각하고 판단함으로써, 그 말씀으로 빚어져 가는 사람이다. 하나님을 앎으로써 신적 성품에 참여하여 성장하는 일도, 오직 하나님의 말씀에 의존하여 생각하고 삶으로써 가능하다(1:3-8). 하나님의 말씀이 우리의 생각과 말을 치유하고 회복하여, 하나님의 의(義) 곧 그가 창조하시고 다스리시는 바른 질서의 세계 안에 거하게 하실 때, 비로소 우리는 그 안에서 참된 자유와 영원한 생명의 풍요를 누리게 되기 때문이다.

그렇지 않고 어떤 교인이 스스로 거듭난 그리스도인이라 말하고 '예수를 믿고 구원의 확신'이 있다고 말하더라도, 성경에 기록된 하나님의 말씀에 주의하며 그 말씀에 근거해서 생각하며 판단하고 선택하는 일에 등한히 한다면, 그는 쉽사리 '이디오스 그리스도인' 곧 '제멋대로의 그리스도인'이 되는 길로 빗나가게 될 위험에 처한다. 그 빗나간 길, 즉 말씀의 길, 의의 길, 진리의 길에서 탈선하여 미끄러져 들어간 그 길이 바로 거짓 교사들이 다니는 길이며, 거기서 거짓 교사들은 말씀을 떠난 '이디오스 그리스도인'들을 낚아 자신들의 멸망의 수렁으로 끌고 가는 것이다.

종말과 심판을 부인하는 진짜 이유

그러므로 그리스도인이 세상으로부터 건짐을 받아, 썩지 않고 더럽지 않고 쇠하지 않는 나라를 향하여 신적 성품에서 성장하는 일은, 그가 과연 하나님의 말씀을 어떻게 대하느냐에 달려 있다 해도 전혀 과언이 아니다. 4절에 나타난 거짓 교사들의 특징은, 우선은 명백히 성경에 기록된 약속의 말씀을 무시하고, 자신들의 눈에 보이는 대로 자신의 경험에만 의존하는 데에서 확연히 드러난다. '그가 오신다는 약속이 어디에 있느냐'는 말은, 아무리 기록된 말씀이 그렇게 말한다 해도, 자신들의 눈으로 보고 듣고 경험하는 바에 의해 검증이 되지 않으면 믿을 수 없다고 주장하는 태도이다. 하지만 거짓 교사들이 실제로 약속의 말씀을 믿지 않는 이유는 그들이 눈으로 보지 못했기 때문이 아니다. 사실은 그들이 '자기의 정욕을 따라' 생각하고 판단하기 때문이다.

애굽에서 이스라엘 백성을 이끌어 내실 때, 하나님께서는 모세를 통하여 바로 왕 앞에서 열 가지 재앙을 일으키셨다. 만일 믿음이 눈으로 보고 경험하는 것에 근거하는 것이라면, 바로 왕은 그의 눈앞에 펼쳐진 기적들을 확실히 보았기 때문에 믿었어야 했다. 하지만 그렇지 않았다. 또한 그 많은 기적들을 함께 목격하고 홍해가 갈라지는 기적의 한복판을 지나 광야에서 그 많은 기적들을 경험했어도, 그때 광야에 있던 이스라엘 백성이 모두 믿고 가나안 땅에 들어간 것은 아니었다. 예수님의 경우도 마찬가지이다. 병자들을 고치고 굶주린 백성을 기적적으로 먹이시며 심지어 죽은 자를 살리셨어도, 그것을 듣고 본 자들이 모두 믿은 것은 아니었다. 믿음은 기적을 보고 경험한 데에서 나오지 않는다. 그 마음에 '자기의 정욕을 따라 생각하고 판단하겠다'는 완악함이 있는 한, 거짓 교사들은 그들의 눈앞에서 종말의 완연한 증거들이 펼쳐져도 결단코 성경에 기록된 약속의 말씀의 신실함을 믿지 않으려 들 것이다.

거짓 교사들이 자신의 더러운 정욕을 따라 생각하고 판단한다는 사실은, 그들이 결국 보고 싶은 것만 보고 그것이 전부인 양 판단하여, 말씀이 가르치는 바의 사실을 들으려 하지 않는다는 데에서 잘 나타난다. 저들이 '만물이 창조의 처음부터 이와 같이 계속 있다'(4절)고 주장하는 것도 기록된 말씀이 가르치는 바와 다르다. 노아 때에 세상은 물의 넘침으로 말미암아 멸망했다(6절; 창 7:6-24). 창조의 처음부터 그대로 있었던 것이 아니다. '조상들이 잠든 후'라는 표현은 유대 문헌에서 통상 구약의 족장들을 가리키는데, 여기서는 예수님 이후 첫 번째 사도들의 세대를 가리킨다고 보기도 한다(Bauckham, 290-291). 우선 후자의 경우는 그럴듯하게 들린다. 예수님께서 재림하신다는 약속은 예수님 자신의 말씀처럼 초기 사도적 교회에게 매우 임박한 종말의 신호로 들렸었다(마 16:28; 24:34; 요 21:22-23). 하지만 예수님 당시의 세대나 그 이후의 세대에 걸쳐서도 임박한 재림은 이루어지지 않았고, 지금 거짓 교사들의 조롱도 소위 '재림의 지연'(delay of parousia)에 대한 문제와 연루되어 있을 법하다.

그러나 '조상들이 잔다'라는 표현이 초기 기독교 문헌에서 예수 이후 첫 사도들의 세대를 가리키는 의미로 사용되지 않는다는 사실 외에도, 4절의 거짓 교사들의 조롱은 그렇게 치밀한 것처럼 들리지 않는다. '창조의 처음부터 이와 같이'라는 표현이 그런 증거인데, 거짓 교사들은 예수님의 임박한 재림에 대한 약속이나 초기 교회의 그러한 뜨거운 기대에 대한 조직적인 반론을 한다기보다, 세속 철학이나 풍조에서 세상을 보듯 만물이 눈에 보이는 그대로 아무 일 없이 계속된다는 경험적 지식에 따라 조롱하는 것이기 때문이다. 자기들의 눈에 보기에, 세상은 처음부터 지금까지 그대로 있고, 또 앞으로도 눈에 보이는 그대로 있을 것으로 생각된다는 것이다. 아니, 정확히 표현하면, 반드시 그래야만 하는 것인지도 모른다. 세상은 있는 그대로 있고, 종말도 없으며, 심판은 더더욱 없어야, 지금 그들이 퍼뜨리는 거짓된 자유에 대한 가르침이나 그들의 영적, 도덕적 타락도 아무런 심판 없이 지나갈 것이기 때문이다. 종말이 있고, 심판이 있다는 것은, 정욕을 따라 제멋대로 살려는 인생에게 얼마나 거추장스러운 것인가!

'이미' 시작된 종말에 참여하지 못한 자들

거짓 교사들의 속내는 그런 것이다. 그러나 사실, 세상 끝에 있게 될 심판과 최종적인 구원의 사건은 '이미' 일어났다. 이것이 베드로가 처음부터 전한 복음이다. 장차 오게 될 최후의 심판과 첫 번째 세상의 해체(解體), 그리고 그 이후에 펼쳐지는 세상은, '의가 거하는바 새 하늘과 새 땅'이다. 그 신천신지(新天新地)의 특징은 의와 생명과 하나님께서 친히 함께하시는 영원한 임재이다. 곧 '더럽지 않고, 썩지 않고, 쇠하지 않는 나라'인 것이다(벧전 1:4). 그런데 하나님께서 그 아들을 세상에 보내셔서 그의 죽으심으로 '이미' 죄의 권세를 깨뜨리시고, 부활하심으로 죽음의 권세도 깨뜨리셨으며, 하늘로부터 성령을 보내셔서 하나님 없는 허무도 이기게 하신 것이다. 이것이 예수 그리스도의 첫 번째 강림으로 성취된 종말이다. 종말은 그래서 예수 그리스도의 첫 번째 오심으로 성취되었고, 장차 다시 오심으로써 온전히 성취된다.

거짓 교사들이 그저 눈으로 보고 세상에 종말이 없다고 하는 조롱의 말은 그러므로, 도리어 그들의 심령이 전혀 주 예수 그리스도의 '능력과 강림하심'에 대해 아는 바가 없다는 사실을 폭로한다. 베드로는 주께서 첫 번째 오신 사건이 바로 다시 오실 재림 사건의 실현이요 확실한 보증이라는 사실을 잘 알고 있었다. 주께서 십자가의 고난을 받으러 예루살렘에 올라가시기 직전 거룩한 산에서 영광의 모습으로 변화되신 사건은, 바로 세상 끝에 영광의 심판주로 재림하실 예수님의 모습을 미리 보게 된 사건이었다(1:16-18; 마 17:1-13).

그리고 그 무엇보다, 예수 그리스도의 부활하심으로 말미암아 성령의 거룩하게 하심으로써 거듭나게 된 성도들의 속에 있는, 썩지 않고 더럽지 않고 쇠하지 않는, 하늘에 간직된 유업에 대한 살아 있는 소망이야말로(벧전 1:3-4) '이미 시작된 종말'의 현존(presence)을 강력히 증명하는 것이다. 그래서 하늘의 생명과 경건에 속한 신적 성품에 참여하는 이 땅의 교회는 세상 끝 곧 '날들의 마지막에'(에프 에스카톤 톤 헤메론, ἐπ' ἐσχάτων τῶν ἡμερῶν, 3절) 펼쳐질 새 하늘과 새 땅에서 살기에 합당한 새 백성의 재창조인 것이다. 예수 그리스도의 교회는 그런 면에서, 세상 끝 종말의 종말, 곧 새 하늘과 새 땅이 우선적으로 실현되고 있는 지상의 유일한 '종말론적 처소'(eschatological locus)이다.

그러니 거짓 교사들은 얼마나 무지한가! 그들은 알지 못하는 말을 지껄인다(2:12). 더구나 '조롱하는 자들이 와서 조롱하는' 현상은 특징적으로 '날들의 마지막' 때에 있을 현상이다. 예수님께서도 이미, 마지막 때에 거짓 교사들이 양의 옷을 입고 와서 성도를 미혹할 것임을 말씀하셨다(2:1; 마 7:15; 24:23-25). 그러므로 종말에 관한 기록된 예언의 말씀을 조롱하며 나타난 거짓 교사들의 존재가 역으로, 종말이 가까이 왔다는 확실한 증거가 되는 셈이다. 그들은 자신들이 하는 말과 행동의 의미를 전혀 알지 못하고 지껄이는 것이다. 그들은 왜 그렇게 어두워졌는가?

아니 차라리, 거짓 교사들은 처음부터 복음의 빛, 말씀의 빛을 받은 적이 없다고 해야 할 것이다. 저들은 멸망케 할 이단을 교회 안으로 몰래 끌어들이며 잠입한 '가짜 그리스도인들'이었다(2:1). 양들이 아니라 늑대였고, 성도가 아니라 그 본성은 '잡혀 죽기 위해 태어난 이성 없는 짐승'(2:12)과 다름없는 자들이었다. 시간이 지날수록 더욱 신적 성품에 참여하여 생명과 경건에서 성장하는 자들이 아니라, 나중에는 결국 세상의 더러움으로 다시 돌아가 얽매이고 져서 멸망에 이를 저주의 자식들이다(2:14, 19-22).

반면에 성도는 보배롭고 지극히 큰 약속을 받은 자들이다. 거짓 교사들은 주께서 오신다는 '약속(에팡겔리아, ἐπαγγελία)이 어디 있느냐?'고 묻는다(2:4). 어디에 있는가? 그리스도의 부활로 말미암아 성령의 거룩하게 하심으로 거듭난 성도라면, 이 질문에 확실하게 대답할 수 있다. '그 보배롭고 큰 약속들'(에팡겔마타, ἐπαγγέλματα, 1:4)은 그들의 심령 안에 '살아 있는 소망'으로 살아 있기 때문이다! 왜냐하면 그들은 새 하늘과 새 땅에 편만할, 죽음을 이긴 예수 그리스도의 부활 생명으로 거듭났다. 그들 속에서 날마다 그들을 생명과 경건을 향하여 새롭게 하시는 성령의 역사가 그 확실한 증거이다. 그러므로 '있는 자는 받아 넉넉하게 되되 없는 자는 그 있는 것도 빼앗기리라'(마 13:12) 하신 주님의 말씀 그대로이다. 지금도, 장차 오셔서 완성하실 그 영원한 나라의 의와 생명과 하나님의 임재를 누리는 교회여, 그의 많으신 긍휼을 따라 받은 그 은혜와 영광의 구원을 결단코 빼앗기지 말라!

그리스도를 주는 설교

어떤 설교는 내내 어떻게 하면 성공하는지를 가르쳐 주려 애쓴다. '이렇게 하면 잘산다. 저렇게 하면 성공한다. 성공한 사람들에게는 몇 가지 법칙이 있다.' 성경의 거룩한 나라, 썩지 않고 더럽지 않고 쇠하지 않는 영원한 나라의 복음을 포장지만 뜯어 다른 싸구려 상품에 씌워 파는 어리석은 거짓 선지자들의 설교이다. 저들은 복음을 모른다. 성경 말씀은 저들의 싸구려 가짜 복음을 포장하는 포장지일 뿐이다.

또 다른 설교는 교회가 중심이다. 어떻게 하면 성도들을 쥐어 짜내 '우리 교회' 성장에 도움이 되게 할 것인가에 초점을 맞춘다. 봉사와 충성, 결국 헌금과 두말없는 헌신이 큰 교회를 이루게 한다고 가르치기에 여념이 없다. 목사는 사장이고, 헌금 내는 시간이 예배의 절정이다. 성도들은 노예처럼 취급받는다. 당회장실은 회장님 방처럼 견고하고 접근이 어렵다. 이들도 하나님 나라를 팔아 기업 같은 '내 교회'를 만드느라 여념이 없다. 정작 교회인 성도들은 예수 그리스도에 굶주려 있다.

그리스도와 그의 영광, 그의 고난, 그의 성숙, 그의 사랑, 그의 길을 설교하면서도 그것으로 가슴이 채워지고 그것으로 만족스러운 그런 설교, 그런 목회자, 그런 교회 만나기가 하늘의 별 따기처럼 어려운 시대가 되었다.

도적들이여, 주께서 피 흘려 사신 성도들 앞에서 너의 값싼 상품을 팔지 말라. 거짓 목자들아, 교회를 기업 삼아 너의 왕국을 세우려 그 존귀한 성도를 종으로 부려 먹는 사악한 거짓 목자들아, 주께서 너희들에게 내릴 심판의 날의 무서움에 떨라.

그리스도께서 피 흘려 값 주고 사신 존귀한 성도들에게 오직 그리스도를 주라. 설교자들이여, 마음을 순결하게 하고 지극히 높으신 하나님의 성도들 앞에서 두려워 떨라. 입술의 말과 마음의 생각이 주요 심판주이신 하나님 앞에 받으실 만한 것이게 하라.

주여, 이 땅의 교회를 거룩하게 하소서. 정결하게 하소서.

오직 주 예수 그리스도의 교회, 주 예수 그리스도의 말씀으로 씻으시고 채워 주소서.

우리를 불쌍히 여기사, 치유하시고 회복하여 주소서.

아버지의 이름을 위하여 우리를 불쌍히 여기사 회복하여 주소서.

선물

성경이 보여 주는 하나님은 광대하시기 이를 데 없다. 누구도 그 광대하심의 크기를 측량할 수 없을 만큼 크시다.

그런 분이 너무나 구체적이시다. 성경은 온갖, 가장, 너무도 작은, 모든 디테일이 살아 있는 구체적 이야기들로 채워져 있다.

그렇게 광대하신 분이 그렇게 구체적으로 찾아오시고 개입하시고 우리 가운데서 섬세하게, 천천히, 꾸준히 일하신다.

그러므로 우리의 일상은 너무도 놀라운 무대이다. 아무도, 하나님 자신처럼, 이 작은, 매일의, 구체적인 일상을 놓쳐서는 안 된다.

오늘 하루, 먹는 사과, 입는 가죽 옷, 잠깐의 거짓말, 팥죽 한 그릇, 베고 자는 베개, 몰래 하는 증오, 신을 벗는 일, 작은 물맷돌, 후회의 눈물, 약속, 바다의 모래, 하늘의 별들, 어느 것 하나 놓칠 수 없는 일상이다.

너무나 광대하시고 너무나 구체적이신 우리 하나님이 너무나 멋지시다.

그분 때문에, 우리의 일상은 영원한 가치로 빛이 난다. 오늘은, 그분의 선물이다.

3. 말씀과 세상의 심판(3:5-7)

'만물이 창조의 처음부터 이와 같이 계속 있지 않은가!'(4절) 이것이 거짓 교사들이 했던 주장이다. 자기들의 눈에 보이는 대로 말한 것이다. 천지를 창조하신 하나님 자신의 말씀을 따라 말한 것이 아니라, 자신들의 경험과 생각에 근거해서 주장한 내용이다. 베드로는 이제부터 이 주장이 어떻게 잘못된 것인지를 논증할 것이다. 그것은 근본적으로 다른 시각이다. 거짓 교사들의 눈에는 경험적으로 볼 때 '그저 그대로 있는' 세상 같지만, 세상은 그저 우연히, 저절로, 스스로 존재하는 것이 결코 아니다. 하나님 없이 세상은 존재할 수도 유지될 수도 없다. 그동안 별로 주목받지 못했지만, 지금 우리가 살고 있는 이 세상의 본질과 운명에 대하여 놀라운 사실을 알려 주는 이 보석 같은 본문을 주의 깊게 살펴보자.

> "5절 참으로 저들은, 하늘들이 오래전부터 그리고 땅은 물에서부터 나와 물로 말미암아 하나님
> 의 말씀으로 인해 함께 서 있는 이것을 잊기를 원하고 있는 것입니다. 6절 이로써 그때 세상은
> 물의 홍수로 말미암아 멸망하였지만, 7절 이제 하늘들과 땅은 그의 말씀에 의해 보존되고 있으
> 며, 경건치 않은 자들의 심판과 멸망의 날을 위한 불의 심판을 위해 간수되고 있습니다."

사실상 거짓 교사들이 '세상은 처음부터 그대로 있다'고 조롱한 것은, 결국 '하나님은 아무 일도 하지 않으며, 혹시 없을지도 모르고, 설령 있다 해도 결코 세상사에 간섭하지 않는 존재이다'라고 주장하는 것이나 다름없다. 하나님이 세상을 창조했을지도 모르나, 설사 창조했다 하더라도, 그 세상의 보존이나 운명 그리고 그 세상 속에서 살아가는 사람들에 대하여 전혀 간섭하지 않는, 실제로는 있으나 마나 하는 존재라는 주장인 셈이다.

거짓 교사들의 이런 주장은, 서구 근대 계몽주의 이후에 두드러지게 나타났

던 '이신론'(理神論, Deism)과도 유사한데, 신(神)은 마치 세상을 '태엽시계'처럼 창조해 놓고, 그 시계가 태엽을 따라 저절로 돌아가도록 둔 채, 세상의 운행에 대하여는 전혀 간섭하지 않는 존재라고 본 사상이다. 거짓 교사들의 주장도 이와 크게 다르지 않다. 말로는 '하나님이 있다' 하지만 세상에는 관여하지 않는다고 여기는, 사실상 무신론(無神論)에 가까운 세속 사상이다. 세상은 창조주의 의지나 그의 간섭 없이 자기 나름의 뜻대로 진행된다는 것인데, 거짓 교사들이 처음부터 '자신들을 값 주고 사신 주인을 부인한'(2:1) 것도 이와 같은 맥락이다. 주인 없는 세상에서, 자신들의 부패한 정욕을 따라 마음대로 살아도 그것을 판단하거나 심판하거나 책임을 물을 존재가 없어진 것이다. 마음대로 해도 좋을 세상에 홀로 남겨진 것인데, 그것을 거짓 교사들은 '자유'라고 불렀을 것이다(2:19). 그러나 그것은 '자유'가 아니라 '고독'(孤獨)이며, 그 모든 더러움과 썩어짐과 허무함의 무거운 짐을 홀로 지고 가야 하는, 영원히 예비된 캄캄한 흑암에 돌아갈 '유리하는 별들'(유 13절)의 세상일 뿐이다.

세상을 붙들고 계시는 '하나님의 말씀'(5절)

베드로가 5-7절에서 지적한 내용의 핵심은 '말씀'에 있다. 거짓 교사들이 조롱한바, '창조 이후로 세상이 그대로 있는'(4절) 진짜 이유는, 하나님 자신이 그의 말씀으로 창조하신 세상을 또한 여전히 그 '말씀으로' 붙들고 계시기 때문이라는 것이다. 5절에서 '하늘들'(우라노이, οὐρανοὶ)이라는 표현은 하늘이 여러 겹으로 되어 있다는 구약과 유대교의 사상에 따른 것이며(3:12; 참조. 시 68:33; 사 34:4; 마 24:29), 무엇보다 하늘들과 땅이 '오래전부터(엑크팔라이, ἔκπαλαι) 있어 왔다'는 것과 '땅이 하나님의 말씀으로 인해 함께 서 있다'는 표현은, 하나님께서 세상을 말씀으로 창조하신 후에 피조 된 이 세상을 그저 버려두지 않았다는 사실을 강조한다. 그러므로 세상을 창조한 그 말씀은, 그 말씀대로 창조된 세상을 지속적으로 유지하는 근본적인 능력이요 원리이다. 창조된 이후로 세상이 여태껏 '그대로'(4절) 존재하는 이유는 그러므로 결코 우연이 아닌 것이다. 하나님께서 손을 떼신 것은 더더욱 아니다. 말씀으로 창조된 이 세상은 지금도(!) 그로 인해 지음 받은 바로 그 말씀으로 인해 유지되고 있는 것이다. 세상이 지금도 하나님의 말씀으로 인해 '함께 서 있다'(순에스토사, συνεστῶσα, 5절)는 것은, 세상이 지금도 하나님의 말씀의 지속적인 능력이 아니면 한순간도 '스스로 홀로 설 수 없다'는 엄연한 사실을 강조한다. 더구나 세상을 창조하고 유지하는 그 말씀은 '하나님의 말씀'(토 투 떼우 로고, τῷ τοῦ θεοῦ λόγῳ, 5절)이다. 이 표현은 주격 2격의 표현으로, 하나님께서 말씀으로 세상을 창조하신 것도 그리고 지금도 매 순간 유지하시는 것도 모두 하나님 자신의 '선하시고 지속적인 신실하신 의지'(!)가 아니면 그렇게 될 수 없다는 의미를 함축하고 있다. 하나님은 세상을 창조하신 그 사건 당시에만 세상에 개입하신 것이 아니라, 그 이후 단 한순간도 세상을 놓으신 적이 없다.

말씀으로 지음 받은 이 세상이 또한 그 말씀으로 유지된다는 사실은 성경에 잘 알려져 있지만, 드물게 강조되는 진리이다. 히브리서 1:3에서 '그의 능력의 말씀으로 만물을 붙드시며'라고 했을 때 '붙드시며'(페론, φέρων)라는 표현은 문자 그대로 하면 '짊어지고 이끌고 가고 있다'는 이미지를 준다. 하나님께서 그의 말씀으로 창조하신 세상을, 오늘도, 매 순간, 또한 그의 말씀으로 붙드신다. 만일 하나님 자신의 이러한 선하시고 신실하신 의지가 없다면, 세상은 단 한순간도 더 존재할 수 없는 것이다.

'잊기를 원함' – '인격적 우주'

그러므로 '세상이 처음부터 이렇게 그대로 있는' 것은 결코 우연이 아니다. 하나님의 부재(不在) 때문도 아니다. 조금 후에 베드로는 바로 피조 세계의 이런 지속성이 하나님 자신의 '오래 참으심'의 의지 때문이라고 밝힌다(9절). 말하자면 이 세상은 창조 때부터 지금까지, 그리고 그 종말에 있어서도 한결같이 '인격적(人格的)인 우주'인 셈이다. 이 세상은 하나님 없이, 하나님의 인격과 의지를 담고 있고 또 성취하는 그 능력의 '말씀' 없이 홀로 존재하는 세상이 결코 아니다. 바로 이런 점 때문에, 거짓 교사들의 주장이 그 본질에 있어서 어떻게 세상에 대한 것만이 아니라 하나님 자신을 향한 외면이요, 이탈이요, 무지이며, 사악(邪惡)한 어둠인지가 철저히 드러난다.

그들이 '세상이 처음부터 그대로 있다'고 조롱한 것은 그래서 마치, 주인이 분명히 집 안에 떡하니 앉아 있는데, 그것을 보면서도 '이 집은 빈집이네'라고 말하는 무례하고 악한 모독과도 같다. 거짓 교사들의 조롱이 이런 식으로 의도적인 것이었다는 점은, 그들이 이 창조의 사실과 이 피조 세계가 여전히 하나님의 말씀에 의해 붙들려 그 말씀으로 인해 존립되고 또한 유지된다는 사실을 모르지 않으면서도 차라리 '잊기를 원하고 있다'는 베드로의 지적에 의해 거침없이 폭로된다. 거짓 교사들은 이 모든 것을 모르지 않았다. 그런데 그것을 부러 잊고자 했던 것이다.

거짓 교사들이 '잊기를 원하고 있다'(5절)는 것은, 이 세상이 하나님이 계시지 않는 빈집과 같은 곳이라고 믿고 싶어 하는 그들의 '고의적인 왜곡'뿐 아니라, 그들이 실제로 그런 사실을 '잊어 가고' 있다는 사실도 내포한다. '잊는다'(란따네이, λανθάνει, 5절)는 표현은, 이미 1:12-16에서 베드로가 변화산의 사건을 통해 '주의 능력과 강림하심'을 '생각나게 하려 한다'는 권고로 여러 차례 강조한 주제와 깊이 관련되어 있다(1:12, 13, 15, 16). 베드로는 종말에 주의 오심에 관해 끊임없이 '생각나게 하려' 하고, 거짓 교사들은 '일부러 잊으려고' 하는 경향으로 서로 맞서 있다. 동시에, 베드로는 주의 종말이 반드시 올 것이며 이를 잊지 않으려면 힘써 신적 성품에 참여해야 한다고 가르친다. 반면에, 거짓 교사들은 도리어 더럽고 썩어지고 허무한 세속에 참여하고 거기서 더욱 부패한 성품으로 변질되어 간다. 그 결과로서 베드로는 1:9에서 신적 성품에서 성장하지 못하고 도리어 퇴보하는 경우, 그는 영적 시력을 잃어 '멀리 보지 못할' 뿐 아니라, 결국 그의 옛 죄가 깨끗해졌음을 '잊게 되는' 혹은 '잊는 결과를 받는'(레뗀 라본, λήθην λαβὼν) 지경에 이르게 된다고 경고한다.

이렇게 보면, 거짓 교사들은 신적 성품에서 멀어져 점점 더 세상처럼 더러워지고 썩어지고 허무한 일들에 참여해서 거기서 영적 시력을 잃고, 그리스도의 오심으로 이루어 주신 '죄의 대속'(代贖) 사건뿐 아니라 그가 다시 오심으로 심판하시고 성취하실 종말의 사건들도 잊게 됨을 알 수 있다. 더 나아가, 거짓 교사들은 '주의 오심'에 관하여 점점 더 잊게 될 뿐 아니라 아예 고의적으로 '잊기를 원하는' 단계로 나아가며, 이로써 하나님의 말씀을 부인하고 조롱하는 나락으로 떨어지기까지 한다는 사실을 확인할 수 있다.

그러므로 우리는 여기서, 하나님과 하나님의 말씀 그리고 그가 지으신 세계에 대한 지식이, 결코 신적 성품의 성장이나 세속의 더러움과 썩어짐 그리고 허무함을 피하는 경건과 분리될 수 없다는 사실을 다시 한 번 분명히 깨달아 알 수 있다. '하나님을 안다'는 것은 '의와 생명과 영원의 삶'을 산다는 것이며, 그로 인해 하나님의 '거룩함과 생명과 그의 임재'가 가득한 심령과 성품으로 변화해 나간다는 사실을 뜻한다. 경건 없이 하나님을 아는 지식이 존재할 수 없고, 하나님을 아는 지식은 반드시 경건을 수반한다. 이 둘을 분리하는 것, 그것이 거짓 교사들의 출발이요(참조. 약 2:14-3:12) 주된 특징이다(2:17-19).

말씀과 물, 옛 세상의 멸망(6절)

경건치 않은 자들은 세상의 멸망과 함께 멸망한다. 이것이 하나님의 말씀을 조롱하는 거짓 교사들의 불경건의 끝이다. 원래부터 생명은 경건과 함께 간다. 생명을 창조하시고 붙드시는 창조주 하나님이 거룩하시기 때문이다. 그러므로 생명을 원하는 자는 또한 경건을 구해야 한다(벧전 3:10-12; 시 34:12-14). 거룩은 죄의 오염에서 벗어난 상태이다. 하나님만 거룩하시므로, 사람은 하나님께 '속하게 됨으로써' 거룩을 얻고 그 하나님 안에 거함으로써 거룩을 유지할 수 있다. 청결을 유지할 때 건강을 보존하는 것처럼, 더럽고 오염된 상태에서는 생명을 유지할 수 없다. 더러워지면 썩게 되고, 부패하게 되면 죽고 사라지고 허무하게 된다. 물질적 세계에서나 도덕적 세계에서 그리고 영적 세계에서도 마찬가지이다. 경건과 생명은 짝을 이루며, 경건 없는 생명은 본질상 더러움과 썩어짐과 허무함을 피하지 못한다. 세상이 그렇고, 그런 세상에 속하여 그런 세상에 계속해서 참여하고 얽매이기를 원하는 거짓 교사들의 운명이 그러하다(2:20-22).

그런데 베드로가 옛 세상의 심판과 멸망을 묘사하는 방식이 흥미롭다. 6절에서 '옛 세상' 혹은 '그때의 세상'(호 토테 코스모스, ὁ τότε κόσμος)은 노아 시대의 세상으로, 당시 땅에 거하며 패역하고 불경건하며 강포한 자들과 함께 심판을 받아 멸망당한 세상이다(창 6:6, 13; 7:23). 6절 맨 앞에 나오는 '이로써'(디 혼, δι' ὧν)라는 문구는 문법적으로, 5절에 나오는 '말씀과 물'을 함께 지칭하든지 아니면, '물들' 즉 하늘의 궁창에 있는 물과 땅의 물을 가리키는 것일 수 있다. 문법적으로는 후자일 가능성이 더 많지만, 6절 후반부에도 '물'이 또 언급되는 점은 어색하다(Arichea, 148-149). 오히려 '말씀과 물'이 둘 다 5절에서 하늘과 땅이 조성된 근거와 방식 모두를 가리킨다면, 바로 이 창조의 근거와 방식 자체가 동시에 창조된 세계의 멸망의 근거와 방식이 된다는 역설이 성립된다.

다시 말해서, 노아 시대의 세상은 하나님의 말씀으로 지음 받았고 특징적으로 '물'(water)에 의해 그 틀이 형성되었다는 사실을 알 수 있다. 특히, 땅이 '물에서 나와서 물로 말미암아 있게 되었다'(5절)는 것은, 하나님께서 땅을 드러내게 하실 때 말씀으로써 하늘과 땅의 물을 한곳으로 모으시고 한계와 질서를 정해 놓으신 사실을 배경으로 한다는 점이 흥미롭다(창 1:9). 따라서 지금도 하늘(또는, 궁창)의 물과 땅이 분리되어 있고, 바다와 육지가 분리되어 있다는 사실은 하나님께서 말씀하신 그 질서가 여전히 작동하고 있다는 사실을 말해 주기도 한다.

그런데 노아 시대의 심판과 멸망도 '이로써'(6절) 즉, '말씀과 물'이라는 창조의 근거와 방식을 따라 이루어진 것이다. 이 점이 역설적이다. 왜 '물의 홍수'로 멸망했는가? 이 질문을 다른 식으로 표현하면 이렇게 된다. 즉, 왜 그때의 세상에서 '물'은 제 위치에 있지 못하고 하늘로부터 쏟아졌으며 또한 땅에 범람했는가? 5절에서 밝힌 창조의 근거 곧 하나님께서 말씀으로 세상을 지으시고 그 하늘과 땅의 구분 그리고 땅과 바다의 구분에 있어 결정적인 '물'의 위치를 그의 엄위한 창조의 '말씀'으로 한계를 정해 놓으셨기 때문이라 할 수 있다.

그러므로 노아의 홍수라는 물의 심판은 결국, 그때의 창조 세계를 틀 짓고 있던 '물'이 제 위치를 떠나 그 창조의 질서를 도리어 파괴하는 수단으로 역전된 사실에 있다. 다시 말하자면, 하나님의 말씀이 그 피조 세계의 구조를 떠받치고 있던 그 '물'의 위치와 한계를 더 이상 '붙드시지 않은' 것이다. 그것은 하나님께서 당시의 세상을 물로 심판하시겠다고 '말씀'하신 사실에서 분명히 드러난다(창 6:7; 7:4). 새로운 말씀, 곧 심판의 말씀이다.

'말씀'을 붙잡으라

이렇게 보면, 베드로후서 3장에서 거짓 교사들이 종말에 관한 하나님의 약속의 '말씀'을 조롱한 것이 얼마나 무시무시한 결과를 초래한 오만(傲慢)인지 깨닫게 된다. 노아의 시대 때 불순종하며 종말에 관한 하나님의 '말씀'을 듣지 않았던 불경건한 자들은 결국 그 말씀이 거두어진 파멸의 세상과 함께 물의 심판을 받았다. 그 사실이 엄연히 거짓 교사들 앞에도 무서운 경고로 서 있기 때문이다. 오늘날도 마찬가지이다. 하나님의 기록된 약속의 말씀을 경홀히 여기며, 제멋대로 해석하며, 심지어 자신의 탐욕을 따라 지어낸 말과 생각에 맞지 않기 때문에 쉽게 조롱하는 자들이여, 너희에게 다가오는 심판이 곧 너희가 버린 말씀 없는 세상의 파멸임을 알아야 할지라.

하나님의 말씀을 버리면, 그 버린 말씀이 그를 심판한다. 반대로, 그가 붙든 그 말씀이 심판의 날에 그를 붙들어 줄 것이다. 하나님의 창조의 말씀이 지금도 만물을 붙들고 있다. 심판이란, 하나님께서 그 말씀을, 그 말씀이 여전히 붙들고 있는 그 세상으로부터 거두시는 결과이다. 창조의 능력이며 지금도 만물을 붙드시는 하나님의 말씀이 빠져 버린 세상은, 곧 심판과 파멸을 의미한다. 노아의 시대에 있었던 '그때의 세상'이 '물의 넘침'으로 파멸된 이유가 여기에 있다. '말씀'이 세상을 붙들고 있다. 그 '말씀' 없이 아무것도 존재하지 않는다.

베드로와 늘 함께 다녔던 사도 요한(행 1:13; 3:1; 4:19)은 이렇게까지 말했다: "태초에 말씀이 계시니라 이 말씀이 하나님과 함께 계셨으니 이 말씀은 곧 하나님이시니라 그가 태초에 하나님과 함께 계셨고 만물이 그로 말미암아 지은 바 되었으니 지은 것이 하나도 그가 없이는 된 것이 없느니라"(요 1:1-3). 결단코, 말씀을 놓지 말라. 무슨 일이 있어도, 말씀을 붙잡으라. 말씀에게 버림받지 않으려거든, 말씀을 버리지 말라. 그 안에 '생명'이 있다. 그리고 그 생명은 사람들의 '빛'이다(요 1:3-4). 그 빛이 비치는데 그 빛을 보지 못한다면 그는 '어둠' 속에 갇혀 있는 것이다. 거짓 교사들이 그러하다. 무슨 일이 있어도, 말씀을 받았다면 그 말씀의 생명을 누리고 그 생명의 빛 가운데 더욱 거하여야 한다. 거기서 그 생명과 경건을 향해 더욱더 깊이 그 빛과 진리, 은혜와 사랑 안으로 들어가야만 한다. 그 생명과 빛으로 충만한 심령과 성품, 그 진리와 사랑으로 충만한 사귐 가운데로 나아가야 한다(요일 1:1-4).

말씀과 불, 현재 세상의 보존과 멸망(7절)

그때의 세상은 물의 넘침으로 멸망했다. 노아 시대의 세상이었다. 그때도 하나님의 심판의 말씀, 종말에 관한 약속의 복음을 듣지 않고 조롱하던 자들이 있었다. 그 불경건한 자들은 물로 심판받은 '그때의 세상'과 함께 멸망했다. 이런 패턴은 '지금도' 마찬가지이다. 7절에서 '하지만 이제 하늘들과 땅은'이라 할 때, '이제'(눈, νῦν)는 물의 넘침으로 심판을 받았던 그 이후의 세상을 가리킨다.

노아 때의 그 심판의 홍수가 그치고, 노아와 그 일곱 식구 곧 '여덟 식구'(벧전 3:20; 벧후 2:5)는 이를테면 '새 하늘과 새 땅'에서 다시 '생육하고 번성하는' 창조의 축복을 받고 새 출발을 했다(창 9:1). 하나님께서는 '다시는 물로 심판하지 않겠다'고 약속하시고 무지개를 그 징표로 주셨다(창 9:11-17).

그리고 '이제 하늘들과 땅'은 여전히 말씀에 의해 보존되고 있다. '그 동일한 말씀으로'(토 아우토 로고, τῷ αὐτῷ λόγῳ)는 어떤 말씀을 가리키는가? 문맥적으로 보면 5절에 명확히 언급된, 세상을 창조하시고 또한 붙드시는 '하나님의 말씀'(토 투 떼우 로고, τῷ τοῦ θεοῦ λόγω)과 짝을 이룬다. 6절에서 '그때의 세상'이 물의 넘침으로 멸망한 사실의 배경에도 바로 그 창조와 보존의 말씀이 전제되어 있다. 그래서 7절의 '그 동일한 말씀'은, 아마도 '그때의 세상'을 창조하고 보존하고 심판했던 바로 그 말씀을 뜻하는 것으로 보아도 무리가 없다. '바로 그 말씀' 즉, 세상을 창조하신 능력의 말씀, 그리고 그 피조 된 세상을 떠나지 않고 붙들고 유지했던 바로 그 말씀, 또한 그렇게 하나님의 말씀, 하나님의 뜻으로 지음 받고 보존되었던 그 세상에서 하나님의 말씀을 거역하고 그 뜻을 짓밟으며 패역했던 경건치 않은 자들을 그 세상과 함께 멸망시켰던 그 심판의 말씀, 바로 그 말씀이 지금도 이 세상을 붙들고 있다.

그러므로 7절에서 '그 동일한 말씀' 곧 이라는 표현은, 하나님의 말씀의 창조와 보존의 능력뿐 아니라 심판을 실행하시는 엄위하신 말씀이라는 사실도 함께 강조하는 표현이 될 수밖에 없다. 이를테면, 우리가 어떤 중요한 기관의 장(長)을 맡을 인물을 선정할 때, 그가 과거에 이와 유사한 지도자의 자리를 맡아 일했던 경력이 있다면, 그를 신뢰하여 선택하는 일이 덜 어려울 것이다. 마치, 그런 식이다. '바로 그 말씀'이란, 창조부터 노아 시대까지의 그 세상을 만들고, 붙들고, 심판까지 했던 바로 그 말씀이다. 그 말씀이 '지금도' 우리가 눈으로 보고 그 안에서 사는 '이 세상'을 만들었고, 붙들고 있고, 마찬가지로 심판할 수 있다는 전제가 깔려 있는 표현인 것이다. 그때의 세상과 마찬가지로, 지금도 불경건한 자들이 가득 메운 세상이라면, 얼마든지 심판을 받을 수 있다. 이 세상을 창조하고 또한 붙들고 있는 '바로 그 말씀, 하나님의 말씀' 없이, 이 세상은 존재할 수도 없었고, 존재하지도 않고, 앞으로 존재할 수도 없다.

그러니, 하나님의 말씀을 경홀히 여기며, 조롱까지 하는 거짓 교사들의 불경건과 어리석음은 얼마나 어두운 것인가! 그들은 마치 자신들이 서 있는 토대를 허무는 자들과 같다. 자신들이 붙잡고 있는 밧줄을 스스로 끊어 버려 밑도 없는 수렁, 무저갱에 빠져드는 무참하고 비참하고 무지한 자들이다. 다만, 지금 이 세상은 '바로 그 말씀'으로 보존되고 있는 중이다. '보존되고 있다'(테떼사우리스메노이, τεθησαυρισμένοι)는 표현은 완료형으로, 하나님께서 이 세상을 그의 말씀으로 보존하시되, 창조 때부터 혹은 노아의 물 심판 이후부터 지금까지도 '한결같이, 신실하게' 보존하고 계심을 강조한다. 변함이 없으시다. 그러므로 이렇게 아무 일도 없는 것같이 보이는 이 세상 자체가 매 순간마다 하나님의 말씀의 능력, 하나님께서 이렇게 보존하고자 하시는 그분 자신의 '선하시고 신실하신 의지'(意志)의 표현임을 깨닫고 잊지 말아야 한다.

또한 7절의 '보존되고 있다'고 할 때, 그 의미는 하나님께서 이 세상을 그의 말씀으로, 마치 보배로운 보화, 귀한 보물처럼 선하고 아름답게, 풍성한 은혜로 붙드시고 계신다는 뉘앙스도 풍긴다. 모든 것이 하나님의 은혜이다. 창조뿐 아니라, 지금 이 세상이 이렇듯 보존된다는 것도 하나님의 선하시고 자비하신 말씀의 은혜요 능력 때문이다. 그러나 5-6절에서도 그러했듯이, 7절에서도 이 세상을 '보존하시는' 말씀은 동시에 이 세상을 '심판하실' 말씀이다. 역설적이고 양면적이다. 정확하게 '그때의 세상'을 창조하시고 붙드시고 심판하셨던 '바로 그 말씀'의 능력과 역할 그대로이다. '지금 이 세상'은 그 동일한 말씀으로 심판의 날까지 '간수되고 있다'(테루메노이, τηρούμενοι). '간수된다'는 것은 마치 간수가 감옥의 죄수를 감시하고 지키듯이, 포도원지기가 포도원을 지키듯이 지키는 모양을 가리킨다.

하지만 바로 뒤이어, '경건치 않은 자들의 심판과 멸망의 날까지'라는 표현이 따라오므로, 그때까지 '간수된다'는 것은 굳이 긍정적인 표현으로 보기 어렵다. 마치 형벌을 선고받은 죄수가 그 형(刑)이 집행되는 날까지 감옥에서 기다리듯이 결코 도망치거나 피하지 못하도록 엄격하게 지키는 모양새를 가리킨다. 그러므로 이 세상을 보존하고 지키시는 말씀의 능력은, 이 세상을 은혜와 선하심으로 보존하기도 하지만, 동시에 경건치 않은 자들과 더불어 죄와 죽음과 허무에 갇혀 있는 세상의 부패한 본질에 대한 엄위한 심판을 위해 지키시기도 하는 것이다. 결국, 창조 때뿐만 아니라 이 세상의 지속적인 보존과 심판에 있어서도 결코 '말씀의 존재(存在)와 그 역사'(役事)를 배제할 수 없다는 것이 5-7절의 중요한 논점이다.

거짓 교사들은 혹시 세상이 말씀으로 창조되었다는 사실은 인정할지 모르나, 그 하나님의 창조의 말씀이 '지금도 이 세상에 관여하는가'에 대해서는 조롱 섞인 부인으로 일관한다. 이들은 세상의 더러움에 얽매여서 진 자들로서(2:20), 더러움과 썩어짐과 허무함에 종노릇하는 이 현재의 세상에 대한 심판과 멸망에 참여할 자들이다(2:9, 12). 종말의 심판과 멸망은 '경건치 않은 사람들'(톤 아세벤 안쓰로폰, τῶν ἀσεβῶν ἀνθρώπων)을 향한 것이다. 그런 자들이 이 세상과 함께 심판받고 멸망받는다는 것은, 그러므로 그 '경건치 않은 사람들'이 심판과 멸망을 받을 수밖에 없는 '죄와 죽음과 하나님 없는 허무'로 더러워지고 썩어지고 쇠하여 가는 이 세상에 '참여하고, 거기에 얽매여 있다'는 사실을 의미한다.

그러므로 베드로가 선포하는 예수 그리스도의 죽으심과 부활, 승천과 통치, 그리고 재림의 복음은 곧, 죄와 죽음과 허무에 장악된 이 세상으로부터 빠져나오는 '제2의 출애굽'이다. 그리하여 '더럽지 않고 썩지 않고 쇠하지 않는 나라', 지금도 이미 하늘에 '간직되어'(테테레메넨, τετηρημένην, 벧전 1:4) 예비된 그 나라, 곧 그 마지막 날에 펼쳐질 '새 하늘과 새 땅', 그 '영원한 나라'(1:11)에 들어가는 것, 그것이 복음, 기쁜 소식이다. 반대로 구원에 실패한다는 것, 심판과 멸망에서 나오지 못한다는 것은 또한, 죄와 죽음과 허무의 지배 아래 있는 이 세상에 다시 얽매이며 져서 그와 함께 같은 운명에 처함을 뜻할 것이다. 그것이 거짓 교사들의 운명이다. 이들은, '자신들의 썩어짐 가운데서 썩어지는 자들'(2:12)이다. 결국, 이런 거짓 교사들에게 미혹되어 함께 세상의 더러움에 얽매이며 거기에 지고, 썩어짐 가운데서 썩어지는 자들은 영원토록 허무한 곳에 이르게 될 것이다.

특별히, 베드로는 6절과는 대조적으로 7절에서 '지금 이 세상'의 종말이 '불로써'(퓨리, πυρί) 심판받을 것이라고 밝힌다. 구약에서부터 세상의 종말에 불의 심판이 있을 것이라는 예언은 자주 있어 왔다(신 32:22; 시 97:3; 사 30:30; 60:15-16; 말 4:1). 세례 요한도 종말에 불의 심판이 있을 것으로 내다보았다(마 3:11-12). 하지만 이 '불'(火)이 정확히 무엇을 가리키는지는 알 길이 없다. 구원과 심판의 맥락에서 불은 통상, 태워서 정화(淨化) 즉 깨끗하고 거룩하게 하는 수단일 수도 있다. 혹은, '꺼지지 않는 불에 태우시리라'(마 3:12)는 표현처럼 끝없는 형벌의 고통을 가리킬 수도 있다. 나아가 베드로후서 3:10-13의 경우처럼 적극적으로 '해체'(dissolution)를 의미할 수도 있다. 다만 지금 3:5-7의 문맥에서 분명하게 확인할 수 있는 것은, 7절에 나타난 불의 심판이 6절의 경우와 동일한 패턴을 따른다는 사실이다.

즉, '그때의 세상'에서는 그 세상의 형성의 특징이었던 '물'(궁창과 바다)의 한계를 정해 주고 그 구조를 붙들고 있던 말씀이 거두어지는 심판이었다면(6절), '지금 이 세상'을 보존하고 있는 말씀이 거두어질 그때에는, '물'의 넘침이 아니라 '불'의 소멸이 그 근본 구조를 해체하는 역할을 할 것이라는 점이 다를 뿐이다. 하지만 세상을 붙들고 있는 말씀이 세상을 심판하는 말씀으로 그 역할이 바뀌는 그 방식은 6절과 7절에서 모두 동일하게 나타난다. 구원의 말씀은 곧 심판의 말씀이다. 그 말씀을 받는 자는 건짐을 받지만, 받지 못하는 자는 심판을 피하지 못한다. 그것이 정확히 거짓 교사들의 운명이다. 그들의 종말은 기다렸다가 확인할 필요도 없는 셈이다. 지금 그들이 버리고 조롱한 그 말씀이, 그 마지막 날에 그들을 불로 사를 것이다. 그 심판의 불에 참여하지 않으려거든, 지금 이 구원의 말씀을 붙들어야 한다. 그 말씀을 통해 하나님과 주요 구주이신 예수 그리스도를 아는 지식으로, 의와 생명과 영원의 신적 성품에 참여하고, 그 부르심과 택하심을 굳게 해야 한다(1:10).

삶으로
내리는 뿌리

세상을 붙들고 있는 것

보이는 것은 존재하며 보이지 않는 세계, 하나님의 세계는 존재하지 않는다고 말하는 것은 사실 매우 피상적인 발상에 기인한다. 실제로는 그렇게 말하기 어려운 증거들이 많기 때문이다. 의심하는 자들은 물을 것이다. 하나님이 어디 있는가? 그분이 세상을 만들었다는 것을 어떻게 아는가? 세상은 그저 우연히 물질로부터 발생하고 진화한 것이 아닌가? 무슨 보이지 않는 질서가 있다는 말인가?

최근에 탈북자들의 이야기가 많이 들려온다. 인간으로서 그들이 겪는 고통은 이루 말할 수가 없다. 북한을 탈출한 어떤 용감하고 지혜로운 여성의 이야기를 들은 적이 있다. 아버지가 너무 아파, 약값을 벌기 위해 중국으로 갔는데, 그녀는 거기서 자신이 중간 브로커에 의해 인신매매로 팔렸다는 사실을 알게 되었다. 200만 원에 팔린 몸으로 도착한 곳은 홀어머니와 그 아들이 사는 허름한 시골 집이었다.

그녀는 너무나 무서운 밤을 보냈고, 극심한 공포로 인해 벌벌 떨면서도 자신이 여기서 어떻게 살아 나갈 수 있을까를 고민한 끝에, 그다음 날 아침 난생처음 본 중국 시어머니에게 '사랑합니다. 어머니'라고 말했다고 한다. 자신을 처음 본 북한의 앳된 소녀가 부들부들 떨며 자기에게 그렇게 말하는 모습을 보자, 시어머니는 울컥하며 불쌍한 마음이 들어 그녀를 끌어안아 주었다고 한다. 그 후에 그녀는 중국의 그 시골 마을에 그런대로 적응했고 딸아이를 하나 낳아 잘 길렀다. 그러던 중에, 점차 마을에 소문이 나서 결국은 중국 공안(公安)이 들이닥쳤고, 그녀는 아직 젖먹이인 딸아이를 거기 두고 그만 북으로 끌려가고 말았다.

정치범이나 탈북자들과 같은 '체제에 반역한' 자들을 가두는 북한의 참혹한 교화소(教化所)에서 그녀는 무려 5년 동안이나 강제노동에 시달렸다. 온갖 학대를 받으면서도 오직 딸아이를 생각하며 버틴 그 긴 세월이 드디어 끝나자, 그녀는 그다음 날로 다시 탈북을 시도했다. 하지만 그 길로 다시 붙잡혀 보위부에 끌려갔다. '이제는 죽었구나'라고 생각했는데, 심문을 받는 과정에서 고개를 들어보니 자신과 대학동창인 공산당 간부가 자신을 취조하고 있었다. 둘은 눈물을 흘리며, '어쩌다가 이리 되었는지' 안타까워했다. 그 대학동기의 선처로 그녀는 중국으로 돌아갈 수 있었고 딸과 남편, 시어머니를 다시 만나게 되었다. 그리고 갑자기 북으로 잡혀갔던 아내를 애타게 기다려 왔던 남편은 중대한 결정을 내렸다.

그녀를 베트남으로 보내 한국으로 귀화시키겠다는 계획이었다. 중국에 있어 보아야 다시 잡힐 터이니, 아내의 안전을 위해서 그렇게 하는 것이 최선이라는 남편의 배려였다. 그녀는 결국 대한민국의 국민이 되었다. 그리고 대한민국 여권을 손에 쥐고 다시 중국에 갔을 때, 그녀는 남편이 병으로 죽었다는 사실을 알게 되었다. 그녀의 남한 행은 남편의 마지막 선물이었던 것이다. 손녀딸을 데려가는 것을 반대하는 시어머니를 설득해서, 결국 그녀는 딸아이를 남한에 데려왔고, 이제는 날마다 아이가 '엄마, 나 너무 너무 행복해요' 하는 소리를 듣는단다.

우리 시대의 비극적인 이런 이야기를 길게 하는 이유가 있다. 인간이 단지 '물질'이라는 공산주의의 유물론(唯物論)적 사상, 사람을 돈 주고 매매하는 인신매매단의 잔혹함, 단지 먹을 것을 얻기 위해 국경을 넘은 것이 5년 동안 강제노동을 해야 하는 중죄(重罪)가 되어 버린 기가 막힐 정도의 반(反)인권적인 북한의 체제, 이런 지옥 같은 세상에서 그래도 이렇게 '인간다운' 모습들이 가능했던 것은 무엇 때문인가? 인간의 마음에 있는 '긍휼', 다른 사람을 불쌍히 여기는 마음, 자식을 사랑하고, 친분이 있는 사람에게 해악을 끼치지 못하는 인간 속에 남아 있는 양심, 모두의 마음속에 살아 있는 그런 '인지상정'(人之常情)은 도대체 어디에서 온 것인가? 공산주의 사상이 만든 것인가? 인간이 후천적으로 교육을 받아 배워서 장착한 기능인가?

존재하는 모든 것은 인간을 포함해서 오직 '물질'뿐이라는 사상, 그래서 인간을 물건처럼 처분해도 된다는 공산주의의 체제 아래서, 그래도 누군가에게 따스한 희망을 주며 아직은 세상이 지옥이 아니라고 믿게 만드는 그 '선(善)함'은 어디서 온 것인가? 인간이 죄로 인해 망가뜨린 이 세상이 이렇게 버티고 있는 이유는 오직, 하나님께서 인간 안에 심어 놓으신 그런 양심, 선한 마음이 남아 있기 때문이 아닌가. 인간들이 세상을 아무리 거짓되게 뒤틀고 못쓰게 망가뜨려도, 하나님께서 세상 속에 심어 놓으신 이 사랑의 질서, 상대방을 불쌍히 여기는 그런 인격적인 생래(生來)의 법칙은 여전히 남아 있어서, 세상이 더욱 악해지지 않도록 보존하며 그래도 아직은 살 만한 세상으로, 혹은 보다 살 만한 세상을 기대할 수 있도록 지켜 내는 것이다. 인간이 망치고 하나님이 지키는 세상인 셈이다.

하나님은 인간 안에 무엇이 옳고 선한 것인지, 무엇이 사랑이고 살리는 길인지 알고 또한 그것을 행하는 선한 마음을 심어 놓으셨다. 고슴도치도 제 새끼를 위할 줄 알듯이, 악인이라도 자기 자식을 사랑하는 타고난 법칙을 거스르지는 못한다. 돌아보면, 죄와 악으로 파괴된 이 세상이라도 여전히 남아 있는 하나님의 은혜의 흔적, 그의 말씀의 원리의 흔적이 남아 있고 또한 분명하다. 하나님을 알 만한 것이 그 속에 있지만, 하나님께 감사하지도 않고 그를 영화롭게도 하지 않는 무지한 사람들이 가득한 세상, 우리의 악이 망가뜨리고 있는 세상인데도, 하나님은 여전히 이 세상을 그의 헤아릴 수 없는 자비와 은혜로 붙들고 계시는 것이다.

파괴된 자연 속에 때로 홍수가 있고 물이 범람하지만, 하나님은 여전히 물이 바다의 경계를 넘지 못하도록 제한하고 계신다. 우주의 별들은 제자리를 지키며, 여전히 서로 충돌하지 않는 균형 속에서 운행된다. 비록 세상에 악이 창궐하지만, 아직 그 악으로 모든 것이 파괴되지 않도록, 하나님은 선을 장려하시고 견고히 지탱하고 계신다. 창조주요 구원자요 심판주의 그런 자비와 오래 참으심을 조롱하고 모독하는 그 많은 어리석은 사람들을, 하나님은 오늘도 참고 받아 주고 계신다. 참으로 상상하기 어려운 자비이다. 확실히, 인간이 부인할 수 없는 창조의 질서가 인간 속에, 이 세상 안에 깊이 자리 잡고 있고, 여전히 작동하고 있다. 하나님이 세상을 그의 '말씀으로' 지으셨기 때문이다. 그것은 '우연'이 아니라, '은혜'이다. 캄캄하고 흐린 밤하늘에 빛나는 별들처럼, 오직 고개를 들어 바라보는 자에게 보이는 창조주의 뚜렷한 흔적이다.

노인의 기도

새벽 다섯 시에 일어나 기도를 한다.
자신을 위한 간단한 기도와 자녀들,
식구들, 교회 식구들을 위한 기도를
마치면, 선교지를 위해 기도한다.

러시아, 중국, 아프가니스탄, 필리핀,
방글라데시, 칠레, 네팔, 한국 선교사가
나가 있는 곳은 생각나는 대로 모두
기도한다. 복음 잘 전하시고, 선교사들
지켜 주시라고.

선교지를 위한 기도를 마치면,
나라를 위한 기도를 시작한다.
대통령과 국무위원, 국회의원들,
국방장관, 내무부, 외무부, 국정원,
농림축산부, 교육부, 산림청 등
나라 두루 잘 지키시고 온 백성
평안하게 다스리도록 기도한다.

다음, 각지에서 수고하는 공무원들,
경찰, 군인, 소방수들, 119 구조대원,
해양경찰, 병원 의사들, 간호사들,
간병인들까지 위해 기도를 마치면,
이제 나라에 불행한 교통사고 없도록,
각종 버스, 철도, 비행기, 선박,
마을버스, 응급구조버스, 그리고
식당 배달 오토바이들도 지켜 주시기를
기도한다.

뭐 이런 식으로 한국 땅의 오만 가지

일들을 위해 다 기도를 마치면, 아침 일곱 시다. 노인은 이렇게 매일을 내가 생각지도 못하는 기도 제목들을 열거하며 기도하신다. 치매 걸릴 수가 없다며 웃으신다.

나라가 왜 이렇게 잘 돌아가는지 궁금했는데, 이 땅에 이런 기도를 드리시는 연로하신 성도님들이 많기 때문이라는 생각도 든다. 그들의 기도 제목은 평범하고 사소해 보이지만, 어찌 보면 모두 하나님이 하셔야 할 일들이다.

아우구스티누스는 이런 말을 한 적이 있다. '하나님은 모든 것을 혼자 하실 수 있지만, 아무것도 혼자 하시지 않는다.'

노인의 기도를 우습게 보지 말라. 하나님 심심하지 않으시도록, 하나님과 함께 온 세상을 돌보시는 분들이다.

4. 말씀과 세상의 재창조(3:8-14)

『놀라운 하나님의 은혜』라는 책에서 필립 얀시가 들려준 '기다림'에 관한 이야기가 있다. 대략 이런 이야기이다. 자기를 사랑하는 아버지의 교훈을, 그저 엄격하고 고지식하기만 한 간섭으로 여긴 딸이 끝내 지루하고 촌스럽고 갑갑한 자기 고향을 떠난다. 어린 소녀가 이른 곳은 디트로이트라는 거대하고 삭막한 도시였고, 그녀는 거기서 간섭하는 사람 없는 '자유'를 잠시 만끽한다. 하지만 돈이 떨어지고 날은 춥고, 이내 굶주리고 오갈 데 없는 처지가 된다. 그녀에게 뻗쳐 온 어둠의 손길을 따라, 그녀는 몸을 팔게 되고 약물에 중독되어 간다. 어느 날 거울에 비친 자신의 모습. 앳되고 부모의 사랑 안에서 밝기만 했던 표정은 온 데 간 데 없다. 춥고, 배고프고, 버려진 채, 그녀는 건물 모퉁이 길가에서 쪼그려 자다가, 바람결에 굴러온 우유 팩을 본다. '아이를 찾습니다'라는 광고가 실려 있었다. 이 소녀는 생각했다. '과연, 내 아빠, 엄마도 나를 찾으실까.'

자신은 없었지만, 불현듯, 고향 생각에 울컥했다. 봄날의 따뜻한 햇살. 뛰어놀던 들판이며 붉게 열린 체리, 함께 놀던 귀여운 강아지. 지루했지만 행복했던 날들이 떠오르자, 소녀는 더 이상 거기 찬 길거리 바닥에 누워 있을 수 없다. 용기가 조금 생기자, 집에 전화를 걸어 본다. 받지 않는다. '어디 가신 걸까. 이사를 가신 걸까. 나를 잊기로 하셨나. 그렇지, 끝까지 말을 듣지 않고 집을 나와 버린 못된 딸에게 얼마나 화가 나셨을까.' 더 자신이 없어진다. 하지만 전화를 또 걸지 않을 수 없다. 이번에도 받지 않는다. 소녀는 결심한다. 그리고 그 먼 고향집 전화응답기에 모기만 한 목소리로 이렇게 남긴다. '아빠, 엄마, 저예요. 제가 며칠 몇 시에 버스를 타고 우리 동네 정거장을 지나가요. 거기에 나와 주신다면, 거기서 내려 집으로 갈 거예요. 안 나와 주셔도 이해해요. 아무도 없다면, 내리지 않고 그냥 갈게요.' 수화기를 내려놓고, 소녀는 잠시 운다. 안도감이기도 하고, 불안해서이기도 하다.

소녀를 태운 버스는 한참을 달린다. 저녁 무렵이다. 소녀는 화장을 지우고, 몇 마디 할 말을 연습하기도 한다. 무어라고 말씀드릴까. 도대체 뭐라고 말할까. 몇 번을 졸다가, 고향 정거장에 가까이 왔다는 안내방송을 듣는다. '아무도 없다면, 만일 아무도 없다면….' 소녀는 실망하지 않기로 한다. 마음을 굳게 먹는다. 결국 늦은 저녁 버스는 속도를 줄이며 터미널로 들어선다. 어찌 될까. 소녀가 근심 어린 눈으로 차창을 내다본 순간, 창밖에 서 있는 나무의 가지마다 노란 손수건들이 매달려 펄럭인다. 환영 현수막도 보인다. '축, 환영! 귀향을 환영!' 터미널에 가득 서 있는 친지들, 아빠, 엄마, 동생, 오빠, 할머니까지. 소녀는 쏟아지는 눈물을 주체하지 못한다. 어떻게 버스를 내렸는지. 버스는 떠나고, 소녀는 남아 식구들 앞에 고개를 떨구고 서 있다. '아빠, 죄송….' 아빠는 소녀의 말을 막는다. '얘야, 잘 왔다. … 아무 말 하지 않아도 된다. 집에 가자. 모두 널 기다리고 있단다.'

베드로후서 3:8-9을 읽으면 이런 이야기가 떠오른다. 세상은 삭막한 곳이 아니다. 하나님은 우리를 버리지 않으셨다. 잊지도 않으셨다. 그 소녀가 집을 떠난 후, 아버지는 제대로 잠을 이룬 밤이 없었을 것이다. 날마다 소식을 기다리고, 날마다 터미널에 나왔을지 모른다. 혹시라도 오는지, 아니, 돌아오기는 할는지. 8절이 묘사하는 하나님은 바로 이런 애타는 아버지 같으신 분이다. 하나님이 이런 아버지이심을 안다면, 이 세상은 어둡고 삭막한 버려진 도시가 아니라 벚꽃 화사하게 핀 봄날의 고향 동네 같은 곳으로 변한다. 8절이 주는 인상이 그런 것이다. 거짓 교사들은 이 모든 사실을 '잊기를' 원했지만, 하나님은 한 번도 '잊으신' 적이 없다. 잊으신 것이 아니라, 오래 참고 기다리신 것이다.

(1) 인격적인 우주(8-9절)

그래서 베드로는 8-9절에서 이 세상이, 거짓 교사들이 일부러 잊어버린 것처럼 버려진 세상이거나 혹은 우리가 스스로 심판주가 되어 마음대로 판단해도 좋은 세상이 아님을 일깨운다. 하나님은 이 세상을 잊으신 적이 없다. 도리어, 이 세상은 하나님 없는 삭막한 물질적 우주, 무의미한 우주, 우연한 장소가 아니라, '인격적인 우주'이다. 하나님께서 사람과 함께하시는 따뜻한 집과 같은 장소이다. 하지만 베드로는 10절에서 심판의 날이 올 것임도 확실하게 선포한다. 이 세상은 더러움과 썩어짐, 허무함에 붙잡혀 있고, 정화(淨化, purification)와 갱신(更新, regeneration)의 과정을 거쳐야만 한다. 하나님과 사람이 다시, 함께 거하며 살아갈 새 집을 지어야 하는 것이다. 그렇다면 그 '새 집' 곧 '새 하늘과 새 땅'에 들어가 살 사람들은 어떠해야 하는가? 베드로는 이 문제를 다룸으로써 '말씀과 세상'(3:1-14)에 대한 광대하고 깊고 놀라운 본문, 신약의 우주론과 종말론을 집중적으로 다루는 이 중요한 본문을 마무리한다. 우선 8-9절을 읽어보자.

> "8절 하지만 이 한 가지만큼은 여러분이 잊어서는 안 됩니다. 사랑하는 여러분이여, 그것은 주께는 하루가 천 년 같고 천 년이 하루 같다는 사실입니다. 9절 주께서는, 어떤 자들이 늦어진다고 생각하는 것처럼, 그 약속들을 지체하지 않으십니다. 도리어 우리를 향하여 오래 참으셔서, 누구도 멸망하기를 원치 않으시고 모든 이들이 회개하기에 이르기를 원하십니다."

갑자기 따뜻해지는 '시간'

현대인들은 분(分), 초(秒) 단위로 산다. 약속을 해도 '몇 시, 몇 분에 봅시다' 이렇게 하지, '해질녘에 만납시다' 이런 식으로 잘 말하지 않는다. 어떤 사건 중심이라기보다는, 정확히 계량된 시간 개념을 갖고 있다. 요즘도 한적한 시골에 가면 그렇지만, 고대에는 시간을 생각할 때 지금보다 훨씬 더 사건이나 절기를 중심으로 생각했다. 8절을 이해하려면, 대략 이런 개념을 염두에 두고 시작하면 유익할 것이다. 그보다 먼저, '사랑하는 여러분이여'(아가페토이, ἀγαπητοι)라고 부르는 칭호는 단순한 호격이 아니다. 5절에서, 하나님께서 세상을 말씀으로 창조하시고 유지하시는 사실을 '일부러 잊으려는' 거짓 교사들과 정확히 대조하려는 의도가 깃들어 있는 칭호이다. 저들은 하나님의 말씀, 창조의 언약(言約)을 잊으려 한다. 하지만 베드로는 '사랑하는 자들아'라고 부름으로써, 하나님의 언약 안에 있는 하나님의 백성이, 즉 하나님의 언약적 사랑을 받고 그 사랑 안에서 하나님을 사랑함으로써 참된 빛과 지식 안에 거하고 있음을 일깨우고자 한다.

언약이란, 하나님과 그의 백성 사이에 맺은 약속의 사건이다. 그래서 '사랑하는 자들아'라는 칭호를 통해 베드로는, 수신자들이 거짓 교사들과는 달리 지금도 그 언약적 사랑 안에 거하고 있다는 사실뿐 아니라, 그분의 언약이 창조와 보존의 사건으로 지금도 지속되고 있음을 확인하는 것이다. 그래서 '이 한 가지만큼은 여러분이 잊어서는 안 됩니다'(헨 데 투토 메 란따네토 휘마스, "Εν δὲ τοῦτο μὴ λανθανέτω ὑμᾶς)라고 당부하는 것이다. '여러분'을 강조한 것은, 수신자들은 그 언약, 그 말씀을 받아 지키고 있으며 그 언약의 말씀 안에 거하고 있기 때문이다. 하나님의 언약의 말씀을 붙들고 있는 자들에게 있어서, '이 한 가지만큼'은 결코 잊어서는 안 된다는 것이 본문의 강조이다. 그 한 가지는 무엇인가?

그것은 하나님께서 보시는 시간에 대한 관점이요(사역 8절 후반), 즉 주의 강림과 최후의 심판 그리고 구원에 관한 약속에 대한 태도 그리고 지체하시는 듯이 보이는 진짜 이유에 관한 내용이다(9절). 하나님과의 영원한 사랑의 언약 가운데 있는 수신자 교회가 시간과 종말에 관해서 반드시 알아야 할 것은, '주께는 하루가 천 년 같고 천 년이 하루 같다'는 사실이다. 이는 무슨 뜻인가? 구체적으로는 대략 세 가지 해석의 가능성에 의해 뒷받침된다고 본다. 첫째는, 창세기에 세상의 창조는 6일이 걸렸다고 기록되어 있는데(창 1:31-2:1) '주께는 하루가 천 년 같기' 때문에, 그때의 '하루'는 하나님의 관점에서의 1일이라고 볼 수 있고, 이처럼 세상의 창조가 6일 만에 이루어졌다는 것은 하나님의 관점에서 기록된 것이고, 실제로는 6,000년이 걸린 것이라 보는 견해이다.

둘째로, 하나님에게는 하루가 천 년 같다는 것은, 아담이 살았던 나이를 보아서 그렇게 추정할 수 있다고 보는 견해이다. 하나님께서는 아담이 선악과를 먹으면 '반드시 죽으리라'고 경고하셨다(창 2:17). 그런데 아담은 선악과를 먹고도 930세를 살다가 죽었다(창 5:5). 선악과를 먹은 즉시 죽었어야 했는데 실제로는 천 년 정도를 더 살다가 죽었다. 이런 사실을 보아, 하나님께 하루는 천 년을 뜻하는 것이라 생각하는 것이다. 셋째로, 창조가 완성되는 메시아의 시대가, 창조 때로부터 6,000년 또는 '새 하늘과 새 땅'의 숫자인 8을 염두에 둔 8,000년 후에야 도래할 것이라고 보는 견해도, 주께는 하루가 천 년 같다는 발상을 뒷받침한다고 보는 견해이다(G. Green, 325-326; Bauckham, 250).

하지만 '천 년이 하루 같다'는 표현을 그렇게 문자적으로 계산하는 것은 통상 이런 숫자들을 상징적으로 사용하는 신약 성경의 관행과 어울리지 않는다(참조. 계 20:2-7). 원래 '주께는 하루가 천 년 같다'는 표현은 시편 90:4에서 온 것이다: "주의 목전에는 천 년이 지나간 어제 같으며 밤의 한 순간 같을 뿐임이니이다." 무엇보다 이 말씀은, 영원하신 하나님과 잠깐 있다가 없어지는 인생을 대조하는 문맥이다. 하나님은 산이 생기기 전, 땅과 세계도 만드시기 전, 곧 영원부터 영원까지 계시는 하나님이시며, 이와 대조적으로 인생은 아침에 돋는 풀과 같은 존재이며, 잘하면 80을 살아도 수고와 슬픔뿐이며 신속히 날아가는 존재인 것이다(시 90:1-10). 더구나 이 시편의 저자는, '주의 노여움의 능력과 주의 진노의 두려움'을 깨닫기를 경고하며, 순간의 인생을 사는 인간은 '지혜로운 마음'을 얻어, 주의 긍휼을 간구해야 한다고 권면한다(시 90:11-13).

베드로가 하나님의 말씀을 경홀히 여기고 조롱하며 무시하는 거짓 교사들과 그들의 선동에 흔들릴 수도 있는 연약한 수신자 교회를 향해, '주께는 하루가 천 년 같고, 천 년이 하루 같다'고 단언하는 문맥과 취지도 앞서 언급한 시편 90편의 문맥과 다르지 않다. 영원부터 영원까지 계시는 '광대하신' 하나님에게, 인간이 '길다'고 느끼는 시간은 아무것도 아니다. 반대로, 인간이 '짧다'고 느끼는 시간이라도 하나님의 관점에서는 '천 년처럼 길 수도' 있다. 왜냐하면 물리적인 시간의 길이는, 영원히 계시는 하나님에게 '길이'로서의 의미가 없기 때문이다. 다만, 하나님께 시간이란 '인물과 사건'이 주는 '의미'가 더욱 결정적이다. 성경에서 종말은 그저 물리적인 시간이 다 흘러서 끝날 시간이 되었기 때문에 오는 것이 아니다. 돌아와야 할 하나님의 자녀들이 다 돌아올 때 끝나는 것이다. 어느 아버지가 집 나간 딸이, 아들이 아직 돌아오지 않았는데 집 문을 걸어 잠그고 집을 떠나는가. 그 아이가 집을 떠난 그날, 그 시간을 기점으로 그 아버지의 시간은 멈춰 있는 것이고, 그 아이가 드디어 돌아와 아버지의 품에 안기는 그 순간에, 그 멈춰 있던 시간은 다시 흐르는 것이다.

이렇듯 성경에서 시간은 '인물과 사건'을 중심으로 움직인다. 역사의 끝에 오게 되어 있는 심판주(審判主)이신 하나님의 아들, 모든 사람을 심판할 권세를 받으신 그 아들이 이미 이 땅에 오셨기 때문에, 종말은 이미 시작된 것이다. 마지막 날에 떨어지게 될 하나님의 진노가 이미 이 땅 위에 쏟아졌다. 다만, 그 무서운 형벌이 그분의 아들 위에 떨어졌다는 사실이 놀라울 뿐이다. 종말의 심판은 이미 십자가에서 시작되었다. 하나님의 아들이라도 그가 우리의 죄를 대신 짊어지셨을 때, 하나님은 그 죄에 대한 공의로운 형벌을 지체하지 않으셨다. 죄의 삯은 사망이다. 다만 죄인인 우리가 아니라, 그 죄를 모두 짊어지신 그 아들이 죽임을 당하셨을 뿐이다. 이렇게, 구원과 심판의 역사, 하나님께서 주관하시고 섭리하시는 종말의 시간은 사건과 인물 중심으로 이해되는 것이다.

그것은 물리적인 시간, 기계적인 시간을 중심으로 살아가는 바쁜 현대인들에게도 실은 마찬가지이다. 아침에 학교 다녀온다고 인사하던 딸이, 아들이, 저녁이 되어도, 주말이 되어도, 1년, 2년, 3년이 되어도 돌아오지 못하게 되었다면, 그 어머니, 그 아버지에게 그날, 그 시간, 그 아이가 인사하고 나갔던 그 시간은 영원히 잊을 수 없는 순간이 된다. 그 순간을 기점으로 부모의 인생은, 그 전과 후로 나뉘어 버리는 것이다. 아이와 함께 살았던 인생, 그리고 아이가 나간 날,

그리고 그 아이 없이 지내는 인생, 이렇게 나뉘는 것이다.

그것이 지금 베드로후서 3:8이 '주께는 하루가 천 년 같고, 천 년이 하루 같다'고 말씀할 때, 전달하고자 하는 의미이다. 집 떠나 행방을 알 수 없는 자식을 기다리는 부모에게 하루는 천 년 같을 것이다. 천 년이라도 그 부모는 하루같이 기다리고 또 기다릴 것이다. 그런 것이다. 가장 중요한 것은, 돌아와야 할 자녀가 돌아오는 그 일이기 때문이다. 그 일이 있어야 멈추었던 시간은 비로소 다시 흐르는 것이다. 그때, 그 아이가 부모의 품에 돌아오는 그때에는 비록 단 하루를 함께 살아도 천 년을 사는 것처럼 의미가 있을 것이다. 하지만 그 아이가 없다면 천 년을 살아도 하루밖에 살지 않은 것처럼 허탈하기만 할 것이다. 시간은 원래 그렇게 인격적인 것이다.

'늦어지는 종말'에 대한 세 가지 시각

그렇다면 종말은 왜 그렇게 지체되는 것처럼 보이는 것일까? 거짓 교사들은 아예 그 원인을 하나님 자신이 종말을 잊어버렸거나 관심이 없거나 상관하지 않는다는 식으로, 마치 하나님이 직무 유기를 하는 게으른 분인 것처럼 비방했다. 그러나 베드로는 9절에서 그 진짜 원인을 밝힌다. 그 핵심 내용은 세 가지이고, 각기 세 가지 다른 관점에서 보는 시각들을 제공한다.

첫째는, 거짓 교사들의 관점이다. '어떤 자들'(티네스, τινες)은 거짓 교사들과 그들의 가르침에 휩쓸려 그렇게 생각하고 말하게 된 일부 성도들을 가리킬 것이다. 이들은 세상이 그들이 보는 그대로 있고, 종말에 관한 약속의 말씀도 이루어질 기미가 전혀 없어 보이는 이유를, 하나님의 '늦으심'(브라두테타, βραδύτητα)으로 간주하는데, 말은 그렇게 했지만 실제로는 하나님은 '게으르거나 무관심'하다는 의혹이 짙게 내포된 조롱이다. 오늘날도, 많은 사람들이 성경에 기록된 종말에 관한 말씀 곧 종말의 심판과 영원한 구원에 대한 말씀을 그저 있으나 마나 한 것으로 치부한다. 우리의 실제의 삶이, 종말에 관해 약속하신 하나님의 말씀과 관계없이 돌아간다면, 마치 이 세상에서의 삶이 영원할 것처럼, 교회가 이 땅의 '임시 거주 외국인이요 여행자'가 아니라(벧전 2:11-12), 이 세상을 얻고 이 세상에서 영원히 살 것처럼 산다면, 그것은 말로는 어떻게 고백할지 모르나 실제로는 종말을 부인하는 거짓 교사들의 '현세적이고 세속적인 복음'과 크게 다를 바가 없는 것이다. 하나님의 말씀에 근거하지 않은 이런 생각, 이런 시각, 이런 태도에 대하여, 베드로는 '주께서 늦으시는 것이 아니라'고 단언한다.

그리고 두 번째로, 베드로는 하나님 자신의 시각을 드러내 보여 준다. 하나님의 말씀을 떠나 생각하는 자들에게는 하나님이 무관심하게 보일지 모르나, 정작 성경은 종말이 늦어지는 이유가 하나님께서 우리에 대하여 '오래 참고 계신다'(마크로쑤메이, μακροθυμεῖ)는 사실 때문임을 알려 준다. 우리가 어떤 사람의 행동의 이유를 진실로 이해하려면, 그 사람 자신이 직접 고백하는 내용을 들어 보는 편이 가장 정확할 것이다. 우리는 사람을 오해할 때가 많다. 흔한 이야기로, '어렸을 때 우리 엄마는 자장면을 싫어하는' 줄로 알았던 시절도 있는 것이다. 자식을 위해, 자식이 먹는 것으로도 자기 배가 불러서, 자식이 그 자장면을 다 먹기를 바라서 '엄마는 자장면이 싫어'라고 하신 말씀을 그대로 믿은 철없던 때가 있는 것이다. 커서 엄마의 마음을 아는 나이가 된다면, 그런 말씀에 그저 눈물만 나는 것이다. 베드로는 하나님께서 종말의 심판을 늦추시는 이유가, 순전히 오래 참으시기 때문이고, 더구나 그 오래 참으심은 바로 그분을 오해하고 조롱하기도 하는 '여러분 때문'이요 '여러분을 위한' 것(에이스 휘마스, εἰς ὑμᾶς)이라고 밝힌다. 참으로 뜻밖이다. 당황스러워야 맞고, 그렇다면 '우리는', '나는' 과연 어떻게 반응해야 맞을지 생각해 보아야 한다.

9절의 마지막 부분은, 여전히 하나님 자신의 관점이요 하나님의 의도를 드러낸 말씀이지만, 비교적 수신자인 '우리' 자신의 관점을 고려하여 설명된 내용이라 할 수 있다. 종말이 늦어지는 것은, 하나님이 종말에 관한 약속, 그 진노의 심판과 영원한 구원의 약속을 잊으셨거나 세상에 손을 떼시고 더 이상 간섭 안하시거나, 그래서 우리 맘대로 뜻대로 살아도 좋다는 뜻이 아니다. 실상은, 불신앙과 죄, 불경건과 불의에 대한 하나님의 거룩하신 진노가 임박해 있다. 실상은, 하나님을 신뢰하고 그의 뜻을 좇아 의(義)를 구하며 생명과 경건에 속한 신적 성품에 참여하는 자들에게 예비된 영원한 구원이 임박해 있다. 하지만 이 모든 것을 늦추시는 이유는 하나님 자신이 품으신 '뜻' 때문이다. 세상에 대한 결론은 났지만 그 결론의 집행을 늦추시는 이유는, 하나님의 뜻이 우리의 '멸망이 아니라 구원'이기 때문이다.

하나님은 '어떤 누구도'(티나스, τινας) 멸망하는 것을 원치 않으신다. 물론 거짓 교사들도 여기에 포함될 것이다. 하나님의 사랑의 대상에는 제한이 없다. 가끔 이단들을 어떻게 대해야 하는지 묻는 성도들이 있다. 요한이서 10절에서, 누구든지 예수 그리스도에 대한 바른 가르침을 버리고 이단 사설을 믿고 퍼뜨리는 자들을 '집에 들이지도 말고 인사도 말라'고 한 것은 무슨 뜻인가? 만일 당신의 부모나 자녀, 형제가 신천지 이단에 빠졌다면 어떻게 할 것인가? 한집에서 살아야 하고 인사도 해야 한다. 여기서 '인사도 말고 집에 들이지도 말라'는 경계의 권면은, 그들을 믿음의 식구들을 대하듯, 예컨대 구역 모임이나 성경 공부 모임에 끼어드는 경우처럼, 믿음의 공동체의 구성원으로 받아 주는 식의 교제를 나누지 말라는 것이다. 그렇다면 어떻게 해야 하는가? 이단에 빠졌더라도, 그가 부모고 형제라면 누구든 결코 포기하기 어려울 것이다. 유다서는 이들을 향해서도 가능하면 건져 내고, 그들의 회복과 구원을 위해 긍휼히 여기라고 당부한다(유 22-23절).

하나님의 뜻은 긍휼이요 구원이다. 누구도, 거짓 교사들조차, 멸망에 이르기를 원치 않으신다. 사실, '우리가 죄인 되었을 때'(롬 5:8), 그리스도께서 우리를 위하여 죽으셨을 때, 그때 우리는 그의 원수요, 이단보다 더한 악인들이었음을 기억해야 한다. 하나님은 '그 누구도' 멸망에 이르기를 원치 않으신다. 그것이 그분이 '원하시는바'(불로메노스, βουλόμενός), 그분의 뜻이요 의도이다. 거짓 교사들이 하나님의 이런 깊은 '의도, 원하시는바 그 뜻'을 알았다면, 그렇게 경망스럽게 함부로 지껄이지 않았을 것이다. 우리도 함부로 생각하고 말하지 말아야 한다. '오늘'이라는 주어진 이 시간을, '오늘도' 기다리시며 건져 내기를 원하시는 하나님 아버지의 긍휼을 따라, 그 긍휼을 흘려 보내며 살아야 한다. 그것이 종말을 '옳게 기다리는' 태도이며, 참된 종말론적 신앙의 삶이다.

하나님께서는 '도리어(알라, ἀλλὰ) 모든 이들이'(판테스, πάντας) 회개하기에 이르기를 원하신다(9절). 하나님은, 세상을 파괴하고 벌주기 위해 노심초사하는, 불만족스러워 화가 잔뜩 난 어떤 신이 아니다. 하나님은 우리의 죄에 대하여 근심하신다(창 6:6; 엡 4:30). 수없이 말씀하시고 권면하시고 경고하신다. 예컨대 '죄가 관영하여'(창 6:5; 15:16, 개역한글)라는 표현은, 인간이 그 죄를 고집하여 더 이상 아무런 권면이나 경고를 듣지 못할 만큼 완고해지고, 그 죄의 결과가 돌이킬 수 없을 만큼 가득 찼을 때를 뜻한다. 심판과 멸망은 하나님이 원하시는 바가 아니라, 돌이키지 않는 죄인이 피할 수 없이 이르는 길의 결국이다. 사람은 죄 때문에 멸망당하는 것이 아니라, 그 죄에서 돌이키지 못하기 때문에 파멸된다.

9절의 마지막은, 모든 사람이 회개에 '이르기를' 즉 더 풀어 말하면, 회개에 '이르는 여유를 갖게'(코레싸이, χωρῆσαι) 하려 하신다는 뜻으로 해석할 수 있다. 그러므로 심판과 멸망은 차라리, 인간의 완고한 불신앙과 죄악이 스스로 선택하는 결과라는 편이 옳다. 하나님이 '원하시는' 바는, 거짓 교사들을 포함한 '모두'가 돌이켜 회개하는 것이다. 아직, '오늘'이라는 기회가 있을 때에, 돌이켜야 한다. 하나님의 긍휼하심과 오래 참으시고 기회를 주시는 사랑을 우습게 여겨서는 안 된다. 하나님은 당신을 잊으신 적이 없다. 당신이 하나님을 잊은 것이다. 하나님은 당신을 기다리지 않으신 적이 없다. 당신이 도망친 것이다. 하나님은 등지고 달아나는 당신의 등에도 따뜻한 햇살을 비추고 계신다. 어리석은 자여, 돌이키라!

삶으로
내리는 뿌리

눈물을 흘리며

눈물을 흘리며
씨를 뿌리는 자는

오늘도 아무도 알아주지 않는
곳에서 눈물을 흘리며
복음의 일에 순종하는 자는

굳이 쉬운 길을 버리고
옳은 길을 가려고 오늘도 눈물을
흘리며 빈 들에 서는 자는

이런 순종이 무슨 열매를 맺을지
알지 못한 채, 갈라 터지고 메마른
심령에 오늘도 사랑과 뜨거운 희망의
말씀을 심는 자는

그 은혜를 받고도 은혜로 여기지
않는 자들을 향해서 오늘도

값없이 햇살을 비추시는 아버지처럼
온전한 자녀가 되려는 자는

아무도 나와 있지 않은 예배당에서
홀로 자리를 지키며, 주의 백성
한 사람을 위하여 오늘도 눈물을
흘리는 자는

오늘도,
내일도, 한결같이
눈물로 씨를 뿌리는 자는

기쁨으로 그 단을
거두리로다
(시 126:5-6)

(2) 세상의 심판과 재창조, 그리고 경건(10–14절)

무릇 '지혜'란 장차 될 일을 생각하고 행동하는 데에서 나온다. 여름철 베짱이보다, 뜨거운 여름에도 부지런히 움직여 먹을 것을 쌓아 놓는 개미가 더 지혜롭다는 것은, 더 이상 먹을 것이 남아 있지 않을 겨울이 곧 다가올 것이기 때문이다. 그래서 보험도 들고, 저축도 하는 것이 아닌가. 하지만 보험이나 저축으로는 감당할 수 없는 미래가 있다. 아무리 분주하게 살고 부지런히 모으고 넉넉히 쌓아도 그런 것들만으로는 결코 당해 낼 수 없는 종말이 있다. 그것이 최후의 심판이고, 세상의 멸망이고, 새 하늘과 새 땅, 그 영원한 나라가 물질적 차원에서도 본격적으로 시작되는 바로 그 최후의 날, 그 새 날이다. 그래서 영원의 관점에서 현재를 선택하고 살아가는 것, 그것이 종말로부터 얻는 지혜이다. 그 종말의 새 날 이후에 펼쳐질 새로운 세상에서 거하며 살아가려면 무엇을 어떻게 준비해야 하는가?

공동서신 전체가 그렇지만, 베드로후서 역시 이렇듯 '세상'이 무엇인가에 대한 철저한 복음적 선포와 사실에 근거한 권면을 펼치고 있다. 세상은 그저 '처음 창조할 때와 같이 그냥 있는'(3:4) 그런 안정된 영역이 결코 아니다. 베드로후서의 절정에 해당하는 마지막 본문들은, 지금 우리가 눈으로 보고 손으로 만지는 이 세상이 '어떻게 끝날 것이며' 과연 '어떤 새로운 세상이 펼쳐질 것이고' 그래서 '과연, 그런 세상에 들어가 살려면 무엇을 어떻게 준비해야 하는지'를 명확히 가르친다. 신약에서도 드물게 나오는, 세상의 끝과 그 새로운 시작에 관한 이 본문을 면밀히 들여다보자.

"10절 그러나 주의 날이 도적같이 올 텐데, 그때에 하늘들은 큰 소리와 함께 떠나갈 것이며, 근본적 원리들이 불에 녹아져 풀어지고, 땅과 그 안에 있던 일들이 드러나 발견될 것입니다. 11절 이로써 이 모든 것들이 풀어질 것인데, 여러분은 과연 어떤 사람이 되어야 마땅하겠습니까.

거룩한 행실과 경건함으로써, 12절 하나님의 날이 임하기를 바라보며 열망하십시오. 그로 인해 하늘들이 떠나가 풀어지고 근본적 원리들이 불에 타 녹아질 것입니다. 13절 하지만 우리는 그의 약속을 따라 새 하늘과 새 땅, 의가 거하는 그곳을 바라봅니다. 14절 그러므로 사랑하는 여러분, 이것들을 바라봄으로 점도 흠도 없이, 평강 가운데서 그에게 발견되기를 힘쓰십시오."

세상이란 무엇인가? 세상은 원래 무엇으로 되어 있으며, 장차 어떻게 될 것인가? 이런 질문들은 통상 '우주론'(cosmology)에 해당한다. 교회는 구원론에 대해 많이 들었고 잘 알고 있다. 소위 '구속사'(救贖史) 혹은 '구원의 역사'(history of salvation)에 대해서도 낯설지 않다. 하지만 성경은 '세상'에 대해 무엇을 가르치는가? 이런 질문에는 그리 익숙지 않다. 오늘날에는 예수 믿고 구원받았다고 확신하면서도, 세상이 무엇인지도 모른 채 그저 세상에서 성공하는 것이 복이라고 믿고 가르친다. 성경은 구원이 무엇이며, 역사가 무엇인지도 가르치지만, 세상이 무엇인지도 정확히 가르친다. 베드로후서의 본문이 바로 그러하다.

'세상'은 무엇이며, 어떻게 될 것인가?

베드로는 이미 이 세상이 '말씀'으로 지음 받았고, 그 창조의 말씀이 이 세상의 근본적 질서를 유지하고 보존하며, 동시에 그 말씀이 거절당하고 심판의 말씀이 선고되던 순간 옛 세상은 물의 넘침으로 말미암아 홍수로 멸망했다는 사실을 밝히 드러냈다(3:5-6). '지금의 하늘들과 땅' 역시 동일한 말씀으로 보존되고 있다. 그리고 지금의 세상이 멸망하는 경위도 역시 창조하시고 보존하시는 말씀과 관련이 깊을 것이다. 세상에 대한 최후의 심판이 불로 말미암는다고 했을 때(7절), 그 '불'이 정확히 무엇을 의미하는지는 알 수 없지만 문맥을 통해 불의 심판과 연관된 여러 중요한 사실들을 알아낼 수 있다.

먼저 10절은, 불의 심판이 모든 것을 태워 버린다는 사실을 알려 주기도 하지만, 그 결과로 그동안 감추어져 왔던 '땅의 모든 일들'이 하나님의 심판대 앞에서 밝히 드러나게 된다는 사실을 강조한다. 모든 것이 불에 풀어지고 나면 아무것도 숨길 수 없는 상태가 온다. 그것이 곧 심판이다. 베드로는 이 짧은 문장 하나에 무려 네 개의 동사를 사용함으로써, 주의 강림의 날, 최후의 심판의 날을 급박한 어조로 강렬히 묘사한다. 주의 날이 도적같이 '올 것이다', 하늘들이 큰 소리를 내며 '떠나갈 것이다', 세상의 근본 원리들이 '풀어질 것이다', 결국 땅에 감추어져 있던 것들이 밝히 '드러날 것이다.' 마치 네 개의 문들이 순차적으로 열리듯, 결국 모든 것이 밝히 드러난다. 그날에는 하나님 앞에서 각 사람이 아무것도 숨길 수 없다. 그렇게 만드는 것이 심판에 사용되는 '불'의 용도이다. 그때는 각 사람이 심판하시는 하나님의 불꽃같은 눈을 피할 길이 없게 된다.

'주의 날'(헤메라 큐리우, ἡμέρα κυρίου)은 주께서 자신이 주 되심을, 만유의 심판주요 통치자이심을 밝히 드러내시고 증명하시는 날이다. 모든 민족과 나라, 모든 열방이 각자의 언어로 그가 '주'이심을 인정할 수밖에 없는 날이다. 심판의 날이다(마 25:31-34). 그분이 하나님 아버지로부터 모든 사람을 심판할 권세를 받으신 분임이 만천하에 드러나는 날이다(요 5:22). 그날이 '도적 같이'(호스 클렙테스, ὡς κλέπτης) 온다는 것은 무슨 뜻인가?(살전 5:2, 4; 계 3:3) 밤에 집에 도둑이 들 것이라고 예상하면서 잠이 드는 경우는 거의 없다. 갑자기, 예상 외로, 뜻밖에, 생각지 않은 때에 생각지 않았던 방식으로 들이닥친다는 것이다. 하지만 주의 강림은 미리 예고된 사실이다.

베드로는 거듭해서 주의 강림을 여러 가지 방식으로 '기억나게' 하고자 했다(1:12-21). 사도들의 증언이 있고, 예수님 자신의 약속의 말씀이 있고, 구약의 선지자들의 예언들이 있다. 그런데도 거짓 교사들은 '일부러 잊고자' 했다. 그들에게 그 심판의 날, 종말의 날은 '도적같이' 올 것이다. 세상에 빠져 세상밖에 모르는 자들에게, 그 세상이 심판의 불에 타서 해체되는 날은 '뜻밖'일 것이다. 노아 때의 홍수 심판도 그러했다. 그 홍수의 비가 쏟아지기 시작한 그날까지 저들은, 방주를 지으며 그 심판의 날을 경고했던 노아를 조롱하고 비웃었다(벧전 3:20; 벧후 2:5). 그때까지, 시집가고 장가가며 세상의 일에 몰두했다(마 24:37-39). 듣지 않았고, 조롱했고, 잊어버렸고, 잊기를 원했다. 그런 모든 자들에게 그 심판의 날은 '도적같이' 올 것이다.

하지만 지금부터 세상의 더러움을 피하며, 그리스도를 믿음으로 생명과 경건에 이르게 하는 '모든 신적 능력을 이미 받고'(1:3) 누리며, 신적 성품에 참여하여 성장하는 성도들에게 그날은 전혀 도적같이 오는 것도, 뜻밖의 황당한 날도 아니다. 그들은 이미 '더럽고 썩어지고 허무한' 세상에서 '임시 거주 외국인이요 여행자'로 살고 있고, 지금도 '하늘에 간직된, 썩지 않고 더럽지 않고 쇠하지 않는 나라'(벧전 1:4)를 누리며 바라며 간절히 기다리고 있기 때문이다. 그 '영원한 나라'(1:11)에 이미 이르신 '양 무리의 목자와 감독' 되신 예수 그리스도를 따라가는 교회에게 그날은, 두렵고 떨리는 날이기는 하나, 기대와 말할 수 없는 기쁨의 날, 더 큰 은혜의 날이 될 것이다(벧전 1:7-9).

하늘과 땅의 종말론적인 '해체'

'주의 날' 곧 최후의 심판의 날이 이르면 어떤 일들이 벌어지는가? 종말에 일어나는 하늘과 땅의 대변혁과 그에 따른 종말의 윤리를 서술하는 베드로후서 3:10-14는 그야말로 베드로후서의 절정이라 할 수 있을 만큼 엄청난 광경을 묘사한다. 지금 우리가 눈으로 보는 이 세상은 마치 어마어마한 용광로에 들어가듯, 심판의 불 속에서 그야말로 '거듭나게' 된다. 아마도 기존의 이 세상이 그 지배 아래 있던, 죄와 죽음과 하나님 없는 허무의 권세로부터 빠져나오는 광경일 수도 있다. 세상은 대변혁을 겪는데, 그것은 소멸(annihilation)은 아니다. 이 모든 종말론적인 불 속을 지나고 난 뒤 세상은 '새 하늘과 새 땅'으로 변화되기 때문이다. 하나님은 자신의 창조 세계를 소멸하지 않으신다. 완성하신다.

10-14절은 흥미롭게도, 이 종말론적인 우주적 대변혁을 반복해서 묘사하면서 그 사이사이에 그런 종말을 맞이하는 하나님의 새 백성이 과연 어떻게 응답

해야 할 것인지를 반복해서 강조한다. 이 흥미롭고도 중대한 본문의 구조를 분석해서 도표로 그려 보면 아래와 같다:

A '주의 날' a 하늘들이 떠나감

b 체질('스토이케이아')이 녹아지며, 땅이 해체됨

c 감춰졌던 일이 드러남(10-11절 상반절)

B 종말의 윤리 – 거룩한 행실과 경건한 사람이 되어야 할 필요성(11절 하반절)

A' '하나님의 날' a' 하늘들이 떠나가 풀어짐

b' 체질('스토이케이아')이 타서 녹아짐(12절)

B' 종말의 윤리 – '의가 거하는', '점도 흠도 없이, 평강 가운데서'

c' 성도가 드러남(13-14절)

크게 보면, 10-14절은 종말과 윤리의 교차적 서술이다. 즉, 종말을 설명하고 그에 상응하는 윤리를 강조하며(A-B), 이런 구조를 다시 한 번 반복하는 형태이다(A′-B′). 물론 성경이 어떤 주제를 인접 문맥에서 반복할 때 같은 내용을 무의미하게 반복하지 않는다. 덧붙여지는 변화가 있고 그것이 강조점이 되는 경우가 많다. 예컨대, A는 '주의 날'로 시작하고, 하늘과 땅의 종말론적 변화를 묘사한 후에(a, b), 땅에 감춰졌던 일이 드러나 발견된다고 알려 준다(c). 하지만 동일한 현상을 묘사하는 A′에서는, '주의 날'이 아니라 '하나님의 날'이라 부르고, 하늘과 땅의 종말론적 변화도 조금 다르게 묘사된다(a′, b′). 그리고 무엇보다, 이번에 드러나 발견되는 것은 '너희'이다. 성도가 그날, 하나님 앞에 어떻게 드러나 발견될 것인가를 묻고 도전하며 마무리되는 것이다(c′).

그렇다면 하늘과 땅은 그 마지막 날에 어떤 변화를 겪게 되는가? 우선, '주의 날'(A)과 '하나님의 날'(A′)은 어떤 차이가 있는가? 두 가지 표현이 모두 최후의 심판과 구원의 날을 지칭한다는 점에서는 차이가 없다고 할 수 있다. 하지만

'주의 날'(A)에서 '주'(퀴리오스, κύριος)가 베드로후서에서 특징적으로 부활, 승천하사 하나님 보좌 우편에 앉으신 예수 그리스도를 가리키고, 10-11절 상반절의 문맥에서 볼 때 결과적으로 이 '주' 앞에서 '모든 일들이 드러나' 심판에 이른다는 데에 강조점이 있다고 볼 수 있다. 반면에, '하나님의 날'(A′)에서 '하나님'(떼우, θεοῦ)은 성부 하나님을 가리킬 수도 있고 혹은 예수 그리스도를 지칭할 수도 있다. 이보다 조금 더 명확한 사실은, 12-14절에서도 역시 하늘과 땅의 해체라는 심판이 전제되지만, '성도가 하나님 앞에 어떻게 드러나야' 할 것인가가 언급됨으로써 조금 더 구원의 모티브를 강하게 내비친다는 점이다. 그러니까 A와 B, 그리고 A′와 B′는 종말에 일어나는 하늘과 땅의 변화와 그에 상응하는 윤리를 강조하지만, 전체적으로는 심판에서(c) 구원으로(c′) 초점이 옮겨 가고 있는 셈이다.

결국, 종말에 하늘과 땅은 불에 타서 해체되고 말 것이다. 그리고 감춰졌던 모든 일들이 드러나게 될 것이다. 성도는 과연 어떤 모습으로 하나님 앞에 드러나야 할 것인가? 이것이 10-14절의 전체적인 논지이다. 정확하게 그날에 어떤 일들이 어떻게 일어나는지를 재구성해 보기 위해 조금 더 세밀하게 들여다보자. 우선, 그 마지막 날, 하늘은 어떻게 될 것인가? 10절에서는 하늘들이 '큰 소리를 내며, 떠나갈 것이라'고 말하는데, 12절에서는 조금 더 구체적으로 하늘들이 '불타서 풀어질 것이라'고 묘사한다. 그러니까 하늘들은 실제로 그 종말의 심판의 불에 의해 타올라 붕괴되고 해체됨으로써 떠나가게 되는 것으로 볼 수 있다. 원인은 심판의 '불'이다. 과정은 그 불에 의해 해체되는 것이고, 결과는 사라지는 것이다. 조금 더 자세히 살펴보자. 먼저 10절에서 하늘들이 '떠나갈 것이다'(파렐류손타이, παρελεύσονται)라는 현상과 표현의 배경은 이사야 34장에 나오는 '하늘의 만상이 사라지고 하늘들이 두루마리 같이 말리되'이다(사 34:4). 명확히 하나님의 진노의 심판을 배경으로 한다(사 34:1-10). 요한계시록은 이와 같은 날을, '어린 양의 진노'가 쏟아지는 '진노의 큰 날'로 부르는데 그날에도 '큰 지진이 나며 해가 검은 털로 짠 상복 같이 검어지고 달은 온통 피 같이 되며 하늘의 별들이 무화과나무가 대풍(大風)에 흔들려 설익은 열매가 떨어지는 것 같이 땅에 떨어지며 하늘은 두루마리가 말리는 것 같이 떠나가는' 날로 묘사한다(계 6:12-14).

특히, 그날에 이처럼 하늘에 엄청난 변화와 진동이 있게 될 때, 이와 더불어 '큰 소리'(로히제돈, ῥοιζηδὸν)가 날 것이다(3:10). 이 큰 소리를 천둥과 같은 하나님의 음성으로 보는 견해도 있지만(시 18:13-15; 77:18; 104:7; 암 1:2; 욜 3:16; Bauckham, 315), 이는 실제의 소리를 표현한 용어로, 뱀이 '쉿쉿' 하는 소리나, 불이 거세게 타오르면서 '쉬쉿, 타닥타닥' 하며 내는 소리, 혹은 화살이 날아가며 '쉬익' 하고 내는 소리 등을 묘사할 때 쓰인다. 지금 베드로후서의 문맥에서는, 하늘이 거센 '불'에 타오르며 균열이 나고 쪼개지고 무너져 내리면서 나는 소리를 묘사하는 것으로 이해되기도 한다(Arichea, 154). 이런 해석은 베드로후서 3:12에서 하늘들이 '불에 타서'(퓨루메노이, πυρούμενοι)라는 묘사에 의해 뒷받침될 수 있다. 또한 이렇게 하늘들이 불에 타서 큰 소리를 내며 붕괴되는 결과는 하늘들이 '풀어지는' 혹은 '해체되는' 것이다. 그래서 10절에서 하늘들이 '떠나가는' 것은 12절에서 묘사하는 대로 하늘들이 불에 타서 '해체될 것'(루떼손타이, λυθήσονται)이기 때문인 것이다.

이런 해석은 또한, 10절에서 땅의 변화 즉, 땅 역시 '불에 타서' 해체되는 과정과도 역시 잘 어울린다. 물론, 이 심판의 '불'이 과연 무엇이겠는가에 관해서는 추정도 어려운 상황이다. 다만, 앞서 7절에서 보는 대로 장차 세상이 '해체'될 때 심판의 수단으로 등장하는 '불'은, 그 불의 심판을 위해 간수되고 있는 이 세상을 보존하고 있는 '말씀'과 깊은 관련이 있다는 사실만이 분명할 뿐이다. 그러므로 보존하는 말씀과 심판하는 불은 깊은 관련이 있다. 구체적으로, 이 세상을 보존하는 말씀이 더 이상 이 세상을 보존하지 않을 그때에 심판의 불이 등장한다는 것은, 심판받아 해체되는 이 세상을 붙들고 있었던 '말씀'의 '부재'(不

在, absence)가 곧 심판의 불로 이어진다는 사실을 강조한다. 즉, 심판의 불은 창조와 보존의 말씀의 '부재'를 나타내는 극명한 현상이라 할 수 있다. 마치, 악(惡)이 선(善)의 부재이듯이, 심판의 불은 하나님의 말씀이 더 이상 이 세상을 붙드시기를 그만둘 때, 그 말씀이 떠나 버린 피조 세계에 일어나는 붕괴와 해체의 과정을 특징적으로 보여 주는 현상이다.

이렇게 보면, 거짓 교사들이 '말씀을 부인하고 조롱하는' 태도는 스스로 최후의 '불의 심판'을 자기 자신에게 불러오는 것이나 다름없다. 그만큼, 하나님의 말씀, 창조와 보존의 말씀, 종말에 관한 예언의 말씀에 대한 우리의 태도는 다름 아닌 우리 자신의 미래와 영원한 운명을 가름하는 결정적인 잣대인 것이다. 말씀은 창조와 보존, 그리고 심판에 있어서도 결정적인 역할을 하기 때문이다. 그렇다면 '말씀의 부재'로서의 심판과 땅의 해체는 어떻게 관련되는가? 10절이 언급하는 '근본적 원리들' 혹은 '체질'(體質, 개역한글)은 무엇이며, 이것이 해체된다는 것과 그래서 땅과 그 안에 있던 일들이 드러나게 되는 것은 어떻게 이해할 수 있는가?

먼저, '체질'로 번역되는 '스토이케이아'(στοιχεῖα)가 무엇이냐 하는 문제이다. 당시 헬라 문화권에서 이 용어는 물질적 세상을 구성하는 기본적인 원소들(elements) 즉, '물, 불, 공기, 흙'과 같은 구성 요소들을 가리켰다(*TDNT* 7:672-679). 그렇다면 베드로후서 3:10에서도 마찬가지로 '스토이케이아'는 이런 물질적 기본 구성 요소들을 가리키는가? 문제는, 베드로가 전개하는 대로 이 세상의 창조에 관한 성경의 전제가 당시 헬라 철학이나 문화적 이해와는 근본적으로 다르다는 데에 있다. 당시 세속 철학 사상이 이 세상을 '물, 불, 공기, 흙'과 같은 것으로 되어 있다고 보았다면, 베드로는 성경의 창조관을 따라 이 세상은 근본적으로 '말씀'으로 지음 받았다고 보기 때문이다. 심지어 창조 세계의 질서와 관련된 '물'을 언급할 때에도, 여전히 가장 근본적인 창조의 원리는 하나님의 '말씀'이었다(5-6절).

또한, '스토이케이아'가 단순히 '물, 불, 공기, 흙'과 같은 물질을 언급하는 것이라면, 그것이 녹아져 해체될 때 어떻게 '땅과 그 안에 있던 일들이 드러나게 되는' 것인지 이해하기 어렵다. 그래서 '스토이케이아'를 다르게 해석하기도 하는데, 태양이나 달, 별과 같은 행성들을 가리킨다고 보기도 한다(사 34:4; *2 Clem.* 16:3). 하지만 이 경우는 하늘에 있는 행성들이 땅의 해체와 어떻게 연관되며 또한 그것들이 떨어지고 사라질 때 어떻게 땅의 모든 것들이 드러나게 되는지도 명확치 않다.

마지막으로, '스토이케이아'는 유대적이고 신약적인 세계관에서 피조 세계를 통치하는 '천사적 권능들'(angelic powers, 갈 4:3; 골 2:8, 20)과 같은 근본적인 원리들로 이해하기도 한다(Davids, 238-239; 참조. Bauckham, 300). 이런 해석이 유력하다고 생각되는 이유는, 피조계를 구성하는 근본적인 원리인 '스토이케이아'가 단순히 헬라 사상에서 말하는 '흙, 물, 불, 공기'와 같은 물질적 단위가 아니라 천사적 권능들이라고 보는 편이, 이 세상이 '말씀'으로 창조되었다고 보는 신약적인 우주관과 잘 어울리기 때문이다. '천사적 권능들'이라는 것은, 베드로전서에서 예수 그리스도께서 부활하시고 승천하셔서 하나님 보좌 우편에 앉으심으로 만유의 '주'로 등극하셨을 때 그의 발아래 복종시킨(벧전 3:22) '천사들과 권세들과 능력들'과 같은 모든 우주적 질서와 통치 원리들에 포함된다는 점에서도 설득력이 있다.

모든 것이 드러나는 끔찍한 날!

무엇보다 베드로후서 3:10의 문맥을 보면, 심판의 날에 불타 해체되는 '근본 원리들'(스토이케이아)은 현재의 세상을 유지, 보존하는 하나님의 말씀을 보조하는 통치 원리들로서, 특히 지금 땅의 모든 것들이 드러나지 않도록 구조화하고 제한하며 다스리는 원리들이라고 할 수 있다. 흥미롭게도, 신약의 다른 곳들에서 '스토이케이아'는 '초등학문'(개역개정)으로 번역되면서, 그리스도와 대조되는 세상에 속한 질서를 가리키기도 하고(골 2:8, 20), 더 나아가서 그리스도를 믿기 전에 거기에 매여 종노릇하던 세상의 근본 통치 원리로서의 율법을 가리키기도 한다(갈 4:3, 9). 특히 신약이나 유대교 전통에서, 율법이 천사들을 통해서 모세에게 건네졌다는 전승(갈 3:19; 히 2:2; 참조. 골 2:18) 등, 율법이 천사들과 관련되어 있다는 사실은 잘 알려져 있다.

그렇다고 해서, 베드로가 말하는 종말의 심판의 불이 통치의 원리인 율법 자체를 불태워 없애는 것은 아닐 것이다. 율법의 내용은 변치 않는 하나님의 선하신 뜻으로 영속적이다(마 5:18; 롬 7:12). 하지만 그리스도가 오시기 전까지, 율법은 온 세상을 하나님의 의로우신 말씀 아래 가두는 보조적인 틀로서, '후견인과 청지기'와 같은 통치 원리로 작동했고, 그리스도께서 다시 오실 그때는 그 현존하는 보조적인 통치 기능마저 완전히 허물어져 버릴 것이라고 짐작해 볼 수 있다.

이는 마치, 베드로후서 3:5-6에서 창조된 세계를 보존하는 '말씀'의 제한과 통치가 '물'이라는 보조적 통치 수단에 의해 발현되었던 것과도 유사하다는 사실을 알 수 있다. 노아 홍수 이후에, '말씀'에 의해 보존되고 간수되는 지금의 세상은 더 이상 '물'이 아니라, '스토이케이아' 즉 피조 세계의 근본 원리들에 의해 통제되고 제한되고 있는 것이다. 그러므로 노아 시대의 세상이 '물'로 말미암아 심판받았던 것처럼 지금의 세상은 '불'로 심판을 받는데, 그 '불'은 실제로 '스토이케이아' 즉 말씀이 세상을 붙들고 통치하는 보조 수단인 '근본 원리들'의 해체를 뜻한다는 것이다. 다만, 물의 심판 때에는 물이 온 세상을 덮는 방식으로 멸망이 왔지만, 불의 심판 때에는 세상의 틀을 유지하고 있는 '스토이케이아'가 무너짐으로써, 그 '안에 있는 일들'(타 엔 아우테 에르가, τὰ ἐν αὐτῇ ἔργα, 10절)이 더 이상 감추어진 상태로 남아 있을 수 없는 상태, 즉, 하나님 앞에서 벌거벗은 것처럼 드러나게 된다는 점이 다를 뿐이다.

베드로후서 3:10에서 심판의 불에 '스토이케이아'가 불타 녹아져 '풀어진다'(루떼세타이, λυθήσεται)는 것은 말 그대로 무슨 건물이 불에 타서 녹아 무너져 내리듯, 그 건물을 떠받치고 있던 철근이나 기둥, 기초들이 모두 허물어져 해체된다는 의미이다. 흥미롭게도 '해체된다'는 표현은 10-14절에서 세 번 나오는데, 이처럼 10절에서 세상의 근본 구조요 원리들이 '해체된다'고 할 때뿐 아니라, 12절에서는 그때에 '하늘들'이 불에 타서 '해체될 것이라'(루떼손타이, λυθήσονται)고 말하고, 마지막으로 11절에서는 모든 것이 이렇게 '해체될 때에'(루오메논, λυομένων)라는 형태로 한 번 더 사용된다. 이렇듯, 종말에 하늘과 땅은 그 모든 것을 지탱하고 있는 근본 원리들과 함께 심판의 불에 의해 타올라 총체적으로 붕괴되고 해체된다고 할 수 있다.

그리고 흥미롭게도 그 총체적 해체의 결과는 모든 것의 '소멸'이 아니라, 도리어 그동안 현재의 질서와 구조 안에서 감춰졌던 것들이 모두 드러나는 것이다. 10절에 의하면, 땅과 그 안에 있던 모든 일들이 '발견되어질'(유레떼세타이, εὑρεθήσεται) 것이라 하는데, 이는 마치 그때에는 지금 우리에게는 드러나지 않은, 땅에서 행한 모든 죄와 그 안에 숨겨진 악들이 더 이상 감출 길 없이, 하나님의 불꽃같은 눈앞에 그대로 드러나게 되는 불가피한 상황을 묘사하는 것으로 볼 수 있다. 노아의 홍수 이전에는, 말씀이 바다의 경계를 정하여 물이 땅으로 넘치지 못하도록 제한했다가, 결국 물이 넘침으로 홍수의 심판이 세상을 멸망시켰다. 이처럼 지금의 세상도 역시 한 번 더 말씀으로 보존되고 있지만, 그날에는 세상의 근본 구조와 질서, 원리들이 불에 타서 무너져 세상이 무너지고 해체된다는 것이다.

한편, 노아의 홍수 때에는 죄인들의 죄악이 드러났다고 하기보다는 물에 덮여 소멸되었다고 할 수 있다면, 마지막 때에 불의 심판은 세상의 해체를 통해 오히려 그동안 드러나지 않았던 모든 숨은 죄와 악들이 하나님 앞에서 감출 길 없이 드러나 최후의 심판에 직면한다는 점이 차이가 있다. 그날의 끔찍함을 상상하기 어려울 정도이다. 만일 사람이 다른 사람의 마음속에 있는 모든 죄악을 그대로 들여다볼 수 있게 된다면, 아니, 우리 모두의 죄들이 아무런 가림막 없이 온 세상, 모두에게 그대로 드러난다면, 과연 어떤 일이 일어나게 될까? 최후에 있을 불의 심판은 바로 그런 날을 의미한다. 과연 그 끔찍한 날을 누가, 어찌 견딜 수 있겠는가!

삶으로
내리는 뿌리

창조론, 종말론, 그리고 성경

친구 학자들과 대화하는 중에 창조론 이야기가 나왔다. '젊은 지구론, 늙은 지구론, 지적 설계론, 유신론적 진화론, 무신론적 진화론' 등등.

성경이 구체적으로 설명하지 않는 측면이 있지만 명확한 것은, 하나님이 이 세상을 자신의 '말씀'으로 창조하셨다는 것과, 지금도 '그 말씀'으로 이 세상을 유지, 보존하고 계신다는 사실이다.

더 나아가, 성경은 종말에 관한 '하나님의 말씀'을 조롱하는 불경건하는 자들과 함께, 이 세상을 '그 동일한 말씀으로 불사르기 위하여 간직'하고 있다고 밝힌다(벧후 3:7).

그러므로 창조의 과정이 정말 어떠했는지만큼이나 중요한 사실은, 이 세상이 '불의 심판'을 받아 해체된다는 사실이다.

그것보다 더 중요한 사실은, '지금의 하늘과 땅'이 불에 녹아지고 난 후, '의(義)의 거하는바, 새 하늘과 새 땅'이 펼쳐질 그때, 과연 당신이 거기에 들어가 살 사람인가를, 지금 반드시 물어야만 한다는 것이다.

모든 것이 궁금하지만, 다 알지 못해도 좋을 것이 있고, 반드시 확인해야만 할 것도 있다.

"이 모든 것이 이렇게 풀어지리니 너희가 어떠한 사람이 되어야 마땅하냐"

(벧후 3:11)

어떠한 사람이 되어야 마땅하겠느냐!

신약 성경을 읽다 보면, 말씀의 모든 관심이 거의 교회 곧 성도를 향해 있다는 사실을 알 수 있다. 베드로후서의 경우처럼 신적 성품에 참여하며 성장하여 그 썩지 않고 더럽지 않고 쇠하지 않는 나라에 합당한 열매를 맺으라는 내용이 강조된다. 사람은 자연스럽게 무슨 일을 하고 싶고 업적을 내고 싶고 하나님과 세상 앞에 어떤 영광스러운 과업을 성취하고 싶어 한다. 돌을 떡으로 만든다든지, 성전 꼭대기에서 뛰어내린다든지, 세상의 모든 권세와 영광을 한손에 쥐고 흔드는 식의 대단한 '사업'을 꿈꾸기 쉬운 것이다. 교회의 사역을 해도 큰 예배당을 짓고 막대한 예산으로 많은 큰일들을 해내고 싶어 한다. 그런데 신약 성경은 뜻밖에 '허탈한'(?) 목적에 집중한다. 자주 '너희가 어떠한 사람이 되어야 하겠느냐'라고 묻기 때문이다. 교회는 성도이다. 성도가 곧 교회이다. 교회의 성장은 그래서 성도의 성장이며, 교회의 일이란 교회인 성도 한 사람, 한 사람이 신적 성품에 참여하고 성장하는 일이다.

신약 성경은 왜 이토록 교회인 성도 자신의 성도다움, 교회의 교회다움을 요구하는가? 인간은 본능적으로 큰일을 해서 큰 업적을 내고 싶어 하지만, 하나님께서 이루고 싶어 하시는 업적은 바로 우리 자신이 그의 형상을 닮아 변화하며 그리스도의 장성한 분량까지 성장하는 것, 곧 그의 신적 성품에 참여하여 온전한 백성으로 성장하는 것이다. 사람에게는 늘 세상이 문제이다. 그래서 세상에서 모든 난관을 극복하여 성공하고 큰일을 이루어 내고 싶어 한다. 하지만 하나님께는 세상이 전혀 문제되지 않는다. 전능하신 분이요 창조주시오 심판주이시며 재창조의 하나님이시기 때문이다. 지금이라도 새 하늘과 새 땅을 가져오시는 데에 능력에 관한 한 문제가 없으시다. 문제는 사람이다. 하나님께서 이 세상을 다시 창조하신다 해도, 만일 그 새 하늘과 새 땅을 다스릴 '새 백성'이 없다면, 첫 사람 아담이 실패했던 것처럼 다시 세상은 죄와 죽음과 허무에 갇혀 버리고 말 것이다.

그래서 베드로는 지금 세상이 심판의 불로 해체되고 난 후, 새 하늘과 새 땅이 펼쳐질 그때에 그 '썩지 않고 더럽지 않고 쇠하지 않는' 나라에 들어가 그 나라를 '의'와 거룩한 생명으로 다스리며 영원하신 하나님과 함께 그 하나님의 뜻대로 통치할 새 백성이 요구된다고 가르치는 것이다. 사람에게는 세상이 문제이지만, 하나님께는 사람이 문제인 것이다. 아담이 실패했고, 이스라엘이 실패했고, 오직 그 아들만 승리하셨다. 그리고 그 아들을 믿고 그 아들 안에서 썩지 않고 더럽지 않고 쇠하지 않는, 그리스도의 의와 부활 생명 그리고 성령 안에서 태어나고 성장하는 새 백성, 새 인류가 요청되는 것이다. 그것이 교회이다. 그래서 장차 새 하늘과 새 땅을 가져오실 전능하신 하나님께서는 지금, 교회로 하여금 교회 되게 하시는 일에 모든 관심과 역량을 집중하고 계시는 것이다.[22]

그러므로 베드로가 최후의 불의 심판을 선고하면서, 하늘과 땅의 모든 것이 이렇게 녹아지고 풀어져서 해체되어 그 안의 모든 일들이 주 앞에서 벌거벗은 것같이 드러날 때에, 과연 '너희' 곧 교회인 성도는 '어떠한 사람이 되어야 하겠느냐!'라고 묻고 있는 것이다. 세상의 창조와 타락, 구속(redemption)과 재창조의 역사의 전(全) 과정 속에서, 지금 하나님께서 주력하시는 부분은 바로 교회이기 때문이다. 지금 단계에서, 재창조(re-creation)하실 새 하늘과 새 땅을 유업으로 받아(3:13-14; 벧전 1:4) 그 새 세상을 다스릴 하나님 백성의 창조보다 결정적인 일은 없다. 그리고 예수 그리스도 안에서 그 '새 백성'이 이미 창조되기 시작했다. 그래서 하나님께서 이 세상에 보내신(요 3:16) 그 아들의 죽으심과 부활로 인해 거듭난 새 언약 백성의 탄생, 그리고 그 아들이 승천하셔서 교회에 보내신 성령의 임재와 현재적 통치가 바로 새 하늘과 새 땅의 결정적인 시작이다. 이

---

22 필자는 이를 '재창조는 창조의 역순이다'라는 원리로 표현한다. 창조 때에는 세상이 먼저 지음 받고 사람이 나중이었지만, 재창조는 사람부터 거듭나고 세상이 중생(regeneration, 고후 5:17)하게 된다. 사람이 피조세계의 통치, 하나님의 나라의 통치에 실패한 데에는 사람의 타락이 원인이었기 때문이다. '새사람'의 창조가 새 하늘과 새 땅의 시작이다. 참조. 채영삼, 『삶으로 드리는 주기도문』(이레서원, 2014), 82-95, 특히, '창조, 타락, 그리고 재창조.'

영원한 나라가 완성될 때 그 나라에 넉넉히 들어가기 위해(1:11), 이 땅 위의 교회는 지금도 누리고 있는 그리스도의 의와 부활 생명의 삶에 더욱 적극적으로 참여하여야 한다. 그러므로 '교회가 교회 되는 일' 외에 교회가 전념해야 할 다른 일이 없다. 베드로는 그래서 수신자 된 교회에 적극적으로 신적 성품에 참여하고 거기에서 성장해야 한다고 격려하는 것이다.

소망의 윤리 – '거룩한 행실과 경건', 어떻게 준비해야 하는가?

당신은 지금 무엇을 간절히 바라고 있는가? 아무리 신실한 그리스도인이라 해도, 온 세상이 심판의 불에 타올라 붕괴되고 드디어 새 하늘과 새 땅이 펼쳐지는 그날, 그 하나님의 진노와 심판의 날을 간절히 사모하고 기다리는 신앙은 오늘날 그리 흔하게 찾아 볼 수 있는 모습이 아니다. 그 대신 더러 극단적 '이단'들이 사이비 교주의 거짓 가르침을 따라 율법주의적인 시한부(時限附) 종말론을 만들어 성도와 세상을 미혹하는 일이 있는 것도, 실상은 성경을 바로 믿는다는 교회가 성경이 마땅히 가르치는바, 세상의 종말과 그 너머의 '신천신지'가 펼쳐지는 '복된 소망'(blessed hope)을 제대로 가르치지 않기 때문일 것이다. 오늘날 교회가 '소망'은 이단에게 빼앗기고 '사랑'은 세상에 빼앗긴 채, 오직 '믿음'만 갖고 있는 것은 아닌지 모르겠다.

물론, 믿음과 소망과 사랑은 전혀 서로 분리되지 않는다. 복음이 선포하는 대로 '오직 그리스도를 믿음'으로 구원받는다고 할 때(롬 3:19-28), 그 믿음의 대상이신 예수 그리스도는 십자가에서 죽으심으로 우리를 '율법의 저주'에서 해방시켜 주셨을 뿐 아니라(갈 3:10-14) 부활하셨고, 승천하셨고, 지금도 하나님 보좌 우편에서 통치하시며(행 2:34-36), 무엇보다 다시 오셔서 심판하시고 새 하늘과 새 땅을 다스리실 분이시다. 그러므로 우리의 믿음은 반드시 복된 소망을 그 내용으로 한다. 우리가 믿는 내용 자체가, 예수 그리스도와 그분이 가져오셨고 또한 가져오고 계시는 그리고 장차 온전히 가져오실 새 하늘과 새 땅에 대한

'살아 있는 소망'에 관한 것이다(벧전 1:3). 이 살아 있는 소망으로부터 우리의 사랑은 깨끗해지고, 세상에 의해 결코 소멸되지 않는, 끝까지 더욱 뜨겁게 타오르는 거룩하고 영원한 사랑으로 성장하는 것이다(벧전 1:20-25; 4:8).

베드로전후서는 이렇듯, '소망의 신학'을 중심으로 펼쳐진다. 만일 바울서신을 '믿음의 신학'이라고 부를 수 있다면, 베드로전후서는 소망의 신학이고, 요한의 신학은 '사랑의 신학'이라고까지 할 수 있다. 믿음, 소망, 사랑은 서로 분리될 수 없이 각 사도들의 서신과 신학에 포함되지만, 그래도 강조점이 서로 조금씩 다른 것이다. 베드로는 처음부터 소망을 강조했다. '율법의 저주'에서 우리를 해방하는 복음을 설명하는 것이 서신의 목적이 아니었으므로, 바울처럼 '오직 예수 그리스도를 믿음으로'를 강조할 필요가 없었다. 베드로전후서의 구원론은, 오히려 그 거대하고 화려하며 부패하고 적대적인 로마 곧 썩어지고 더럽고 허무한 세상을 배경으로 하는 복음이었다. 그래서 예수 그리스도의 죽으심과 부활, 그리고 그가 보내신 성령으로 말미암아 이 땅에 전격적으로 침입해 들어온 '의와 생명과 하나님의 임재'의 영원한 나라를 받은 교회는, 그 '썩지 않고 더럽지 않고 쇠하지 않는 나라'에 대한 살아 있는 소망으로 굳게 서야 한다(1:1-11; 벧전 1:1-9). 그리하여 이 세상을 '임시 거주 외국인과 여행자'로 지나가며(벧전 1:1; 2:11), 자신 속에 밀려들어 오는 '더럽고 썩어지고 허무한' 세상의 부패한 통치를 신적 성품으로 극복하며 전진하는 것이다.

그러므로 베드로는 교회가 '이 세상 안에서' 바라고 기대하는 것 이상으로, '이 세상 너머에서부터' 밀려오는 '새 하늘과 새 땅'에 대한 확실하고 살아 있는 소망에 사로잡혀야 한다고 열변을 토한다: "이 모든 것이 이렇게 풀어지리니 너희가 어떠한 사람이 되어야 마땅하냐!"(3:11) 먼저, '마땅하냐'(데이, δεῖ)라는 표현은, 그럴 수밖에 없고 그렇게 되어야 함을 강조한다. 다른 길이 없다. 왜냐하면 지금 아무 일도 없어 보이는 이 세상은 그날에 심판의 불에 의해 전부 타올라 붕괴될 것이기 때문이다. 그것은 사실이다. 사실보다 더 강한 것은 없고, 하나님의 말씀보다 더 확실한 사실은 없다.

또한 11절 전반부에서 '풀어질 것'(루어메논, λυομένων)이라는 표현은, 앞서도 언급했지만 건물이 붕괴되듯이 아무것도 견고하게 남아 설 수 없는 상태를 가리킨다. 그렇다면 대조적으로, 11절 후반부에 있는 '거룩한 행실과 경건함'은 그 심판의 불에도 '붕괴되지 않을' 무엇이다. 모든 것이 불에 타 무너져 내린 큰 화재에도 살아남아 그 재난의 현장에 우뚝 서 있는 생존자들처럼, 최후의 심판 때에 모든 것이 붕괴되어 무너져 내려도 무너지지 않고 끝까지 남는 것, 도리어 더욱 굳게 서서 새롭게 열리는 새 하늘과 새 땅으로 들어가는 유일한 것, 그것이 '거룩한 행실과 경건'이라고 가르치는 것이다. 지금은 아직 아무것도 그 심판의 불에 타 무너져 내리지 않았다. 그래서 지금 베드로가 교회에 주문하는 '거룩한 행실과 경건'은 그것이 과연 얼마나 견고한 것인지 다 드러나지 않았다. 오히려 지금은 세상의 악인들이 세운 바벨탑이 훨씬 더 찬란하고 견고해 보인다. 그러나 경건치 않은 모든 것, 거룩하지 않은 이 모든 것들은 심판의 불에 의해 완전히 재가 되어 버릴 것이다. 하지만 그날에도 타지 않는 것, 그날에도 무너지지 않는 것, 그것만 남을 것인데, 그것이 '거룩한 행실과 경건'이다.

그날, 그 최후의 불의 심판의 날, 아무것도 남지 않을 것이다. 당신의 재물도, 화려한 예배당이나 명예도, 무슨 성공과 실패도, 졸업장이나 상패도, 업적이나 자랑도 모두 그 '심판의 불'에 타 잿더미로 변할 것이다. 지혜는 종말을 생각하는 데에서 온다. 교회는 정말 세상 끝에, 약속대로 새 하늘과 새 땅이 펼쳐질 때, 거기에 무엇을 가지고 들어가야 할지 진지하게 생각해 보아야 한다. 베드로는 뜻밖에도, '거룩한 행실과 경건'이 남는다고 가르친다. 그렇다면 지금 다른 모든 것을 잃어버린다 해도, '거룩한 행실과 경건'은 빼앗겨서는 안 되는 무엇이다. 목회자가 성도의 숫자가 늘어나는 것을 헤아리며 기뻐하고 즐거워하듯, 사업가가 재물이 늘어 가는 것을 기쁨으로 여기듯, 성도는 오직 거룩한 행실과 경건에 있어 성장하는 일을, 은행 통장에 잔고가 쌓이는 든든함보다 더 든든하고 즐겁게 여겨야 하는 것이다. 그것이 훨씬 더 지혜로운 일이기 때문이다. 종말에 그 심판의 불로 온 세상이 타오르는 그날에, 최후의 정산(精算)의 대차대조표에서 결국 '순익'(純益)으로 남을 것은 오직 우리 자신의 '거룩한 행실과 경건'뿐이기 때문이다.

'거룩하게 살라'고 하면, 무엇이 떠오르는가? 보수적인 기독교인이라면 술, 담배 하지 않는 것이나, 남을 미워하여 복수하지 않는 것, 혹은 방탕과 탐욕에 관련된 죄를 떠올리게 될지 모른다. 또한, '거룩하게 살라'고 하면, 주로 개인적인 성화(聖化)의 모습이 떠오르기도 한다. 하지만 우선 베드로전서의 문맥에서 '거룩하게 살라'는 명령은, 주로 '이방인들 가운데'에서 '제사장 공동체'의 역할을 하는 교회의 '선한 행실'의 삶을 가리킨다. 베드로는 이미, 교회가 '거룩한 자들이 되어야 한다'는 것은, 곧 썩지 않고 더럽지 않고 쇠하지 않는 나라를 유업으로 받아 누리며, 자신을 부르신 하나님 아버지를 따라 이 세상을 여행자로 지나갈 때 반드시 힘써야 할 내용임을 강조했다(벧전 1:11-16). 그것은 더 구체적으로, '살아 있고 영원한 말씀'(벧전 1:23-25)으로 거듭난 교회가 그 순전하고 신령한 말씀을 먹으며 성장함으로써, '산 돌'이신 예수님 안에서 '신령한 제사'를 드리는 '거룩한 제사장'으로 사는 것이다(벧전 2:1-5).

또한 교회가 '거룩한 제사장'으로 산다는 것은, 베드로전서의 문맥에서는, '의인으로서 불의한 자를 대신하여 저들을 하나님 앞으로 인도하신' 예수 그리스도를 따라, 세상에서 이방인들 가운데서 선한 양심으로 선한 행실을 함으로써, 저들을 역시 하나님 앞으로 인도하는 제사장의 역할을 가리킨다. 베드로전서에서 '거룩한 행실'은 다분히, 세상 이방인들 가운데서 악한 행실을 하지 아니하며(벧전 3:17; 4:15), 저들도 행하는 마땅한 질서도 주를 위하여 순복하고(벧전 2:13-14; 3:13), 더 나아가 악을 악으로 갚지 않고 의로운 고난을 통해 지극히 선한 길, 은혜의 길, 십자가의 길을 제시하는 거룩한 제사장의 삶을 가리키는 것이다(벧전 2:16, 19; 3:9, 16-17). 단순히 칭의 받은 성도가 성화를 이루어야 한다는 차원이 아니다. 세상 속의 교회, 그 선한 행실로 말미암아 이방인들로 하여금 하나님께 영광을 돌리게 하는 거룩한 제사장 나라의 사명을 가리키는 것이다(벧전 2:11-12). 그런 의미에서 교회는 세상 속의 여러 민족들 가운데 유일한 '거룩한 민족'이며, 유일한 '제사장 공동체'로 부름 받아 하나님의 긍휼 안에서 아름다운 덕을 온 세상에 선포하는 사명을 성취하는 것이다(벧전 2:9-10).

마찬가지로 베드로후서에서 '거룩한 행실'은, 세상의 더럽고 썩어지고 허무한 것들을 좇는 삶과 적극적으로 대조된다. 복음을 듣고 믿은 후에 받은 '거룩한 명령'을 저버린다는 것은 곧 세상의 더러움을 피했다가 다시 거기에 얽매여서 지는 삶을 가리킨다(2:20). 그것은 복음이 주는 자유와 은혜를 남용하여, 혹시 '율법의 저주로부터 자유'했다고 생각하나, 다시 세상의 더러움과 썩어짐과 허무함으로 돌아가 스스로 더러워지고 부패해지고 허무해지는 삶이다. 이런 삶을 지속한다는 것은 결국 그의 영적 시력마저 멀게 만들어서 그의 옛 죄가 깨끗해졌다는 그 '거룩의 확신'도 뒤흔들고 말 것이다(1:9). 그러므로 종말에 자신을 구원하는 '거룩한 행실'이란, 그가 썩지 않는 부활 생명을 받아 참된 경건에서 자라 가는 그 신적 성품의 열매이다(1:4-8).

그러므로 최후의 심판을 견디는 '경건'은, 술, 담배 하지 않고 주일 예배 빠지지 않는 정도의 경건을 가리키는 것은 아닐 것이다. '경건'이란 하나님을 진실로 '두려워하고 사랑하여 순복하는' 신앙의 성숙한 모습이다. 베드로전서에서는 야고보서와 마찬가지로, 근본적으로 이 세상과 하나님 사이에서 단연코 언제나 하나님을 택하는 신앙을 가리킨다(약 1:8; 4:4-10). 왜냐하면 베드로전서가 선포한 복음은 우선적으로 썩지 않고 더럽지 않고 쇠하지 않는 나라, 곧 그 본질에 있어서 썩어지고 더럽고 허무한 세상과는 '근본적으로 다른' 나라에 대한 살아 있는 소망에 관한 것이기 때문이다. 경건 곧 하나님을 두려워하고 사랑하며 그에게 순복한다는 것은, 그러므로 이 세상을 상대화시키는 '절대적인 소망의 복음' 때문에 가능한 것이다. 새 하늘과 새 땅이 반드시 온다. 이것이 우리가 믿고 바라는 복음의 내용이다. 그래서 세상 속의 교회는 결코 세상의 더럽고 썩어지고 허무한 것에 무너지지 않는다. 그럴 수 없는 것, 그것이 마지막 날 성도를 구원하는 경건이다.

경건은 하나님을 '두려워하게' 만든다. 그가 이 세상을 심판하시는 진노의 주님이시오 그 진노에서 믿는 자들을 건져 내시는 구주이시기 때문이다(1:1, 11; 3:18). 오직 하나님만 두려워하기 때문에, 세상의 다른 모든 주권자들이나 권세들이라도 '두려워하지 않을 수' 있다. 베드로는 우리가 두려워할 대상은 오직 하나님뿐임을 강조한다(벧전 2:17-18; 3:2, 14). 사람은 세상의 권세자들을 포함해서 그가 누구이든 결코 두려워할 대상이 아니라, 온 세상을 통치하시는 '주를 위하여'(벧전 2:13; 3:5) 마땅히 존중하고 공경해야 할 대상으로 정의된다. 또한 참된 경건은, 썩어지고 더럽고 허무한 세상을 사랑함으로 흔들리고 시험에 들고 실족하는 삶이 아니라, 오직 하나님과 주 예수 그리스도, 그리고 그의 교회를 뜨겁게, 끝까지 사랑하는 사랑의 삶을 가리킨다(벧전 1:22; 2:8; 3:8).

그러므로 이러한 경건은 단지 종교적 행위가 아니다. 하나님께서 예수 그리스도를 믿는 자들에게 이미 주신 '신적인 모든 능력'으로 인하여 얼마든지 성도가 얻어 누리고 또한 거기서 자라 갈 수 있는 그런 경건이다(1:3-4; 3:18). 세상에는 없지만, 성도에게는 그의 믿음을 통하여 얼마든지 공급되는 하늘의 신령한 은혜로 얻어 누리고 열매 맺을 수 있는 신적 성품의 덕목이다. 믿음에서 덕을 갖춘 자리로 나아가며, 그 덕을 세우기 위한 풍성한 지식을 갖고, 거기에 절제와 오랜 인내를 통해 얻게 되는 열매로서의 경건인 것이다. 이런 경건은 세상이 무너져도 하나님 앞에서 흔들림이 없는 경건이다. 세상의 죄와 죽음과 허무를 이기신 예수 그리스도의 의와 부활 생명, 그리고 그분의 임재가 우리 안에서 만들어 내는, 세상을 이기게 하는 신적 성품의 강력한 능력이다. 거기에 형제 우애와 사랑이 더해지는 이런 경건, 세상이 어찌할 수 없는 경건이다. 하나님의 모든 신적 능력을 받아 세상 속에서 진실로 연단된 이러한 참된 경건이 성도를 최후의 불의 심판에서 건져 내는 구원 얻는 믿음의 본질이요, 신적 성품의 강력이다.

당신은 무엇을 기대하며 바라보고 있는가?(12-14절)

소망은 인간 조건이다. 무엇을 바라고 기대하지 않는 사람은 없기 때문이다. 사람이 살아간다는 것은, 무엇인가를 바라고 기대하며 찾는 과정이다. 그래서 소망은 인간됨의 본질이다. 어떤 사람이 누구인지 정확히 알려면, 그가 바라고 있는 소망이 무엇인지 물어보면 된다. 그런 것이다. 얼마나 많은 그리스도인들이 '주께서 다시 오시는 그날'을 기다리고 있을까? 베드로는 3:12-14에 걸쳐 무려 세 번이나 '바라보고 열망하라'(프로스도카오, προσδοκάω, 12, 13, 14절)는 동사를 사용해서, 이 땅에 남아 있는 성도의 삶의 중심이 장차 오는 새 하늘과 새 땅에 대한 '살아 있는 소망'이어야 함을 강조한다.

진정으로 오늘날의 교회의 위기는, 복음이 매우 일방적으로 '현세적으로' 해석되고 있다는 사실에 있다. 성경 전체를 통해 하나님의 뜻이 무엇인지를 묻기보다는, 거짓 교사들의 '자의적'인 해석에 따라 성경에서 자신들의 입맛에 맞는 부분만 골라 설교하는 세속적인 설교의 흙탕물이 교회를 뒤덮은 지 오래이다(1:20-21). 성경을 하나님의 계시의 말씀으로 믿는다고 말하면서도, 성경에서 자신의 '세속적 복음'에 맞는 본문만 취사선택해서 설교하는 자는, 마치 상대방이 아무리 여러 말로 설명해도 자신이 듣고 싶은 부분만 듣고 마음대로 오해하고 또 그 오해한 말들을 퍼뜨리는 악한 사람과도 같다(2:3, 18-19). 그런 사람을 친구로 두고 싶어 하는 사람은 없을 것이다.

하나님도 그러하시다. 하나님의 말씀을 자의로 왜곡하고 퍼뜨리는 거짓 교사들에 대한 심판은 이미 결정되어 있고 신속히 집행될 것이다(2:3-17). 오늘날의 교회가 설교 강단에서 애써 지워 버리려고 하는 것은 심판에 관한 메시지이다. 온 세상이 물건을 사고파는 데 익숙해져 있으므로, 설교도 물건처럼 소비자의 입맛에 맞게 만들어 '잘 팔아야' 하기 때문에 성경 말씀을 있는 그대로 전달하고자 하는 신실한 설교자가 많지 않은 것이다. 물론, 모든 진리는 사랑 안에서, 사랑을 위하여 전달해야 한다. 하지만 진리가 없는 사랑은 사랑이 될 수 없는 것처럼, 성경이 명확히 말하는 이 세상의 종말과 하나님의 엄중하고 두려운 심판의 사실을 전하지 않는다면, 그런 설교자는 진정으로 주님의 양 무리를 사랑하는 것이 아니다.

암에 걸린 환자에게 '괜찮습니다. 다 잘될 거예요. 긍정적인 마인드로 생각하고 사세요'라고 말만 하고, 그 암을 치유할 처방을 해 주지 않는다면 그런 자는 의사가 아니라 살인자일 수밖에 없다. 설교자는 자신의 설교를 듣고 있는 그 양 무리도 자신의 양 무리가 아니며, 전달하는 말씀도 자신의 말씀이 아니라는 사실을 명확히 알고 있어야 한다. 오직 하나님의 양 무리에게, 하나님의 말씀을 전달할 뿐인 것이다. 거짓 교사들의 특징은, 하나님의 양 무리를 자신의 탐욕을 채우는 비즈니스 상대로 생각한다는 것이요, 하나님의 말씀을 그렇게 자기의 정욕을 따라 마음대로 해석해도 괜찮다고 생각하는 오만과 패역이다.

이 세상은 끝난다. 이것이 베드로후서의 말씀이 선고하는 종말에 관한 사실이다. 지금 우리가 그 안에서 '예수 믿고 복 받고 잘살자'고 하는 이 세상, 우리가 눈으로 보고 손으로 만지는 이 세상은 마지막 날, 최후의 심판의 불에 의해 해체될 것이다. 베드로는 10-11절에 이어 다시 한 번 '하늘들이 떠나가 풀어지고 근본적 원리들이 불에 타 녹아질'(12절) 것임을 명확하고 확실하게 선포한다. 하늘과 땅에 대해서 각기 다르게 표현했지만, 모두 온 세상을 붕괴시키는 심판의 불 때문에 일어나는 하나의 현상이다. 앞서 설명했듯이 '근본적 원리들'(스토이케이아, στοιχεῖα) 역시, 땅의 구성에만 해당되는 표현이라기보다 하늘을 포함해서 현재의 세상 전체를 떠받치고 있는 다양한 차원의 근본 구조들을 가리킨다.

마치 건물을 지탱하고 있는 모든 골조(骨組)들과 그 터가 붕괴되어 무너져 내리는 것처럼, 죄와 죽음과 하나님 없는 허무의 파괴적인 지배 아래서, 하나님의 말씀에 의해 일시적이고 제한적으로 유지되고 있던 이 세상의 근본 구조들이 모두 불타 재가 되어 무너져 버리는 것이다. 그날이 온다. 지금도 죄와 죽음과 허무 아래 갇혀 있는 이 세상이 이나마 유지되는 것은, 오직 하나님의 말씀의 은혜와 능력이요(3:7) 그 심판의 날을 유보하시고 모두가 회개하기를 기다리시는 하나님의 오래 참으심 외에는 다른 이유가 없는 것이다(3:9).

이것이 지금의 세상을 바라보는 성경적 시각이다. 당신이 어떤 건물 안에 있는데, 곧 그 건물이 화재로 인해 붕괴될 것이라는 사실을 듣게 되었다면, 당신은 과연 어떻게 할 것인가? 모든 것을 집어치우고 당장 뛰어나오지 않겠는가? 그런데 같은 사무실에 있는 동료들은 어떻게 할 것인가? '나 몰라라' 내팽개치고 혼자만 뛰어나올 것인가? 상황이 이렇게 급박한 것이다. '예수 믿고 이 세상에서 부자 되는 복음'으로는 감당할 수 없는 성경적 사실이다. 예수 믿고 얻은 재물과 건강, 사업과 이 생(生)의 복들도 모두 이 심판의 불을 감당할 수 없다. 재가 되는 결과를 피할 수 없을 것이다. 그러면 결국 무엇이 남는가?

베드로는 세상 끝에 일어날 심판의 불, 곧 온 세상을 태워 붕괴하고 해체시킨 종말의 대화재만을 선포하고 있지 않다. 그 후에 펼쳐질 '새 하늘과 새 땅'의 기쁘고 복된 소식이 절정이다. 하나님의 계획은 우리의 재앙과 멸망이 아니다. 하나님은 우리를 구원하고자 하신다. 치유하고 회복하고자 하신다. 우리가 망쳐 놓은 이 세상을 하나님은 그날에 온전히 깨끗하게 하시며, 완전히 살려 놓으시고, 영원토록 아름다운 곳으로 회복하신다. '새 하늘과 새 땅'(카이누스 데 우라누스 카이 겐 카이넨, καινοὺς δὲ οὐρανοὺς καὶ γῆν καινὴν)이라는 표현에서 두 번 반복된 '새로운'이라는 용어는, 최후의 불의 심판 이후에 오는 전혀 다른 새로운 질서를 뜻한다. 지금 이 세상에는 없는 전혀 다른 종류의 새로움이다.

우선, 그때에 펼쳐지는 새 하늘과 새 땅은 여전히 '하늘과 땅'이라는 점에서는 연속적이다. 하나님께서는 이미 창조하신 자신의 피조 세계를 소멸하지 않으신다. 결코 버리지 않으시며, 도리어 회복하시고, 결국 완성하신다. 하지만 이번에는 '새' 하늘과 '새' 땅이다. 지금의 세상과 불연속적이다. 어떤 점에서 새로운가? 그것은 그 '영원한 나라'가 '썩지 않고 더럽지 않고 쇠하지 않는' 나라라는 점에서(벧전 1:4; 벧후 1:11), 불의 심판 후에 펼쳐질 '새' 하늘과 '새' 땅은 여전히 하늘과 땅이지만, 다시는 '죄와 죽음과 하나님 없는 허무'가 지배할 수 없는 새로운 세상이라 할 수 있다(계 21:1-5). 거기는 죄가 없고, 죽음이 없고, 하나님 없는 허무가 없다. 대신, '의의 거하는바' 새 하늘과 새 땅인 것이다.

'의가 거하는바' 새 하늘과 새 땅

그런데 놀랍고 중대한 사실은, 하나님께서 이 세상에 보내신 그 아들을 통해(요 3:16; 요일 4:10) 그 '썩지 않고 더럽지 않고 쇠하지 않는 나라'가 그 아들을 믿고 그 아들 안에 거하는 성도 가운데 이미(!) 임해 있고, 좋은 땅에 떨어진 씨앗처럼 지금도 강력하게 성장하고 있다는 사실이다. 베드로는 이것을 '살아 있는' 소망이라고 부르고(벧전 1:3) 또한 '신적 성품에 참여하는 삶'이라고 부른다. 아직은 죄와 죽음과 허무를 벗어난 '하늘과 땅'을 우리는 보지 못했다. 세상은 더러움과 죄악, 무지와 거짓으로 오염되어 있다. 환경만 오염된 것이 아니다. 우리의 도덕성도 오염을 벗지 못한다. 아무리 훌륭한 교육도 인간을 그 도덕적, 영적 타락으로부터 구원할 수 없다. 인간은 영적, 지적, 도덕적 무지 가운데 갇혀 있다. 그것이 죄 곧 어둠의 결과이다.

마찬가지로 세상은 죽음이 지배하는 곳이다. 이 세상은 아무리 좋고 아름다운 순간이라도 순식간에 죽음의 손아귀에 붙잡힐 수 있는 곳이다. 금요일에, '엄마, 아빠, 수학여행 다녀오겠습니다'라고 인사하고 나간 아이가 그 차가운 바닷속에 갇혀 나오지 못한 그 아픔을, 우리 모두는 너무나 뼈저리게 알고 있다. 말하기 불편하지만, 인정하고 싶지도 않지만, 이 세상은 결단코 안전한 곳이 아니다. 죽음의 그늘은 어디에나 드리워 있다.

하나님 없는 허무는, 온갖 중독을 만들어 낸다. 과도한 술 취함, 지나친 성적 탐욕, 멈추지 못하는 도박, 약한 이웃을 짓밟으면서까지 그 방향을 멈추지 못하는 과도한 물욕(物慾)이나 명예욕은 하나님 없는 허무한 인간의 심령이 스스로를 채울 길 없어 하는 파괴적 증상들이다. 세상은 깨어져 있다. 하나님을 떠나 있고, 오염되었으며, 하나님 없는 허무와 죽음의 그늘 안에 갇혀 있다.

이 죄와 죽음과 허무의 권세를 어떻게 할 것인가? 하나님은 자신의 아들을 세상에 보내셨다. 그 아들이 죄를 이기셨고, 죽음에서 부활하셨으며, 하나님의 영 곧 성령을 이 땅에 보내셨다. 그래서 그의 이름이 '임마누엘'(마 1:23) 곧, '하나님이 우리와 함께하신다'이다. 주 예수 그리스도가 있는 곳에, 그분이 믿음으로 영접되고 사랑과 순종을 받으시는 곳마다, 죄의 권세가 무너진다. 그분께서 우리의 죄를 대신하여 십자가에서 죽으셔서, 우리를 위한 대속 제물, 화목 제물이 되셨기 때문이다(벧전 1:18-19; 요일 2:2; 4:10). 우리는 용서받았고, 그리스도의 대속의 피를 근거로 언제나 용서받을 수 있으며, 또한 우리에게 죄 지은 자를 용서함으로써 얼마든지 하나님의 용서와 이웃 간의 화평을 누릴 수 있다. 그뿐 아니라, '죄를 그치신 분'(벧전 4:1) 안에서 그분을 따라 더 이상 죄의 종노릇하지 않을 수 있다. 도리어 선한 행실로 이 세상에서 제사장의 사명을 감당하는 것이다.

예수 그리스도를 믿고 그분의 복음이 전파되는 곳마다, 죽음을 이기신 부활 권세가 다스린다. 죽음의 그늘이 걷히고, 부활 생명이 모든 것을 살려 내기 시작한다. 마른 땅에 생명의 강수가 흘러 꽃이 피고 열매가 맺히듯이, 영적 생명이 없는 심령과 삶에 죽음을 이긴 생명의 영께서 생명과 치유와 회복의 역사를 일으키신다. 다시는 사망이 우리를 끌고 가지 못한다. 이미 부활 생명으로 거듭난 성도는, 의(義)의 열매를 맺기 위해 의의 사람이 되어 간다. 하나님께서 세상에 보내신 그 아들을 믿고 영접하는 그 믿음이, 의(義) 곧 '바른 관계'의 회복의 시작이다. 거기서부터, 사람은 자신과의 관계, 이웃과의 관계, 세상과 역사와의 관계에서, 하나님의 말씀이 가르치는 바대로 모든 '의'를 회복해 가기 시작하는 것이다. 그는 하늘의 복을 받은 자이므로, '의에 주리고 목마른' 복된 사람이 된다.

베드로는 죄와 죽음과 하나님 없는 허무와 반역을 완전히 극복한 그 '영원한 나라'를, '의가 거하는바' 새 하늘과 새 땅이라고 특징짓는다(3:13). 우선 '거한다'는 표현은, 마치 여행자가 더 이상 낯선 땅을 떠돌지 않고 자신의 집에 돌아와 정착하는 모양을 그려 준다. 하나님께서 정하신 그 모든 '바른 관계들'을 가리키는 그 '의'가 이 세상에서는 어디 정착할 곳 없이 방황하고 떠돌다가, 드디어 죄와 죽음과 허무의 지배가 심판의 불에 타 사라지고 붕괴된 후 펼쳐진 그 새 하늘과 새 땅에서는 마치 자신의 고향에 돌아온 사람처럼 땅을 파고 집을 짓고 거기 거주하는 모양을 그려 주는 것이다. 그 신천신지는, 하나님의 모든 바른 질서, 모든 바른 관계가 마치 씨앗처럼 심어지고 꽃피어서 풍성하게 열매 맺는 곳, 그래서 그 의의 결과인 평강과 그 평강한 질서 안에 충만한, 영원한 생명으로 넘치는 곳이다. 그 의와 평강이 거하는 새 하늘과 새 땅이, 바로 하나님의 아들, 다윗의 아들, 하나님께서 세상에 보내신 그 아들 예수 그리스도의 죽으심과 부활, 그리고 그가 보내신 성령의 오심으로 전격적으로 지금 여기에서 시작된 것이다(참조. 사 11:1-9; 61:1-3).

이런 면에서, 베드로후서의 초반부터 나오는 '의'라는 표현은 중요한 의미를 지닌다. 처음에 1장에서 베드로는 수신자들을 향해 '우리 하나님과 구주 예수 그리스도의 의를 힘입어 동일하게 보배로운 믿음을 받은 자들'이라고 묘사했다(1:1). 이때의 '의'는 하나님의 언약적 신실함이거나 주로 그 신실하심의 결과로 믿는 이들에게 주어진 은혜의 선물로서 예수 그리스도의 '의'를 의미한다. 하지만 2장에서 사용한 '의'의 개념은 여기서 다소 진전된 내용이다. 예컨대, '옛 세상'이나 '경건치 않은 자들'과 대조해서 '오직 의를 전파하는 노아'(2:5)라는 표현에서 노아가 전파한 '의'는 단지 하나님 자신의 뜻이나 신실함과 더불어 우리 자신과 이 세상을 향해 하나님께서 요구하시는 '바른 관계들', 곧 하나님과의 바른 관계인 경건을 기초로 한 나머지 모든 '마땅한 관계들'을 포함한다.

더 나아가, 2:21에서 명확히 언급된 '의의 길'(텐 호돈 테스 디카이오쉬네스, τὴν ὁδὸν τῆς δικαιοσύνης)은 '진리의 길'(2:2)의 다른 표현으로, 하나님과 사람 그리고 세상과의 모든 바른 관계를 포함하는 복음의 길을 가리킨다. 그런데도 '복음의 길'이라 표현하지 않고 '의의 길'이라 묘사한 까닭은, '세상의 더러움'에 다시 얽매여서 지고 나면, 도저히 유지할 수 없는 그런 의미의 '의'이기 때문일 것이다(2:20). 이처럼, 베드로후서에서 '의'의 개념은 단순히 율법 아래서 율법의 행위로 말미암지 않고 '예수 그리스도를 믿음으로 얻는 의'에서 머물지 않고, 하나님께서 말씀으로 창조하신 이 피조 된 세상 안에 장착된 모든 바른 관계의 구조를 통칭하는 의미에서의 '의'의 개념이 강하게 드러난다.

그리고 그 절정은 역시, 3:13의 '의의 거하는바, 새 하늘과 새 땅'이라 할 때, 그 '의'에 대한 묘사이다. 여기서의 '의'는 곧 '더러움과 썩어짐과 허무함이 지배하는' 현재의 세상에서는 온전히 실현될 수 없는 '의' 곧 지금은 파괴되어 신음하고 있지만, 하나님께서 창조하셨고 지금도 유지하고 계시고 또한 장차 완성하실 모든 '바른 관계'의 구조이다. 그 '의'는 지금 현재의 세상에서는 '자리를 잡고 거하고 있지' 못하는 상태이다. 다만, 그 '의'는 먼저 그 아들 안에 있고, 또한 그 아들을 믿고 영접하고 그 아들 안에 거하는 모든 성도 안에 은혜의 선물로 주어졌다. 그리고 교회는 그 은혜의 선물인 '예수 그리스도의 의' 안에서, 그 바른 관계를 통해 주어진 '모든 은혜'를 따라 '의의 사람들'로 성장해 나가는 것이다(1:4; 벧전 5:10). 베드로는 이것을 신적 성품에 참여하는 교회라 부르는데, 그들은 예수 그리스도의 의를 받은 자들로서, '그 보배롭고 지극히 큰 약속'을 따라 세상의 썩어질 것과 더러운 것을 피하여(1:4), 그리스도의 부활 생명과 죄를 이기신 참된 경건에 이르도록 믿음에 덕을, 덕에 지식을, 지식에 절제와 인내를, 인내에 경건을, 경건에 형제 우애와 사랑에 이르는 참된 교회, 세상을 이기는 교회이다. 이런 교회가, 지금의 세상이 심판의 불에 타올라 사라지고 난 후 펼쳐지는 새 하늘과 새 땅에 넉넉히 들어갈 하나님의 새 백성이다.

새 하늘과 새 땅에 들어가기에 합당한 사람

마지막으로, 베드로는 이처럼 장차 '의가 거하는바 새 하늘과 새 땅'이 오는 것은 '그의 약속을 따라'(카타 토 에팡겔마 아우투, κατὰ τὸ ἐπάγγελμα αὐτου) 그대로 이루어질 것임을 확실히 한다. 종말에 관한 약속의 '말씀'은 베드로후서 3장 전체의 주제이다. 하나님의 말씀을 조롱하던 거짓 교사들은 사실, 스스로의 멸망을 자초하는 것이다. 그들 자신의 존재 자체가 종말이 이미 왔다는 사실의 반증(反證)이기 때문이다(3절). 그들이 무시하고 조롱하는 바로 그 말씀으로, 하나님은 이 세상을 지으셨을 뿐 아니라, 그런 거짓 교사들도 숨 쉬고 살아가는 이 세상을 붙들고 유지하고 계신다. 마치 주인의 포도원에서 농사를 짓고 그 산물(産物)을 주인에게 드리지 않는 악한 포도원 일꾼들처럼(마 21:33-44), 이들은 하나님의 은혜를 방탕거리로 삼는 악인들이다(참조. 2:21-22; 유 4절). 말씀을 능멸하는 자들은, 그들이 능멸한 말씀에 의해 심판받을 것이다. 왜냐하면 주의 약속의 말씀 그대로, 이 세상은 경건치 않은 자들과 함께 멸망할 것이기 때문이다. 주의 약속의 말씀 그대로, 그 말씀을 붙들고 세상을 이기는 성도는 새 하늘과 새 땅에 넉넉히 들어갈 것이기 때문이다.

14절에서 '그러므로'(디오, Διό)는 이제껏 한 모든 선포와 권면의 총 결론이 시작된다는 신호이다. 그래서 어떻게 하라는 것인가? 베드로는 우선, 수신자 된 성도를 '사랑하는 자들아'라고 부름으로써, 다시 한 번 약속의 말씀을 붙들고 그 말씀을 떠나지 않으며, 그 말씀 안에 거할 것을 간곡히 권면한다. '사랑하는 자들아'(아가페토이, ἀγαπητοι)라는 호칭은, 하나님의 신실한 언약적 사랑을 받아, 그 사랑 안에 거하며 또한 그 사랑으로 하나님을 사랑하는 자들을 부르는 호칭이다. 하나님의 사랑 안에 거하며, 그 사랑을 떠나지 않고, 도리어 그 사랑으로 자신과 교회와 열방을 사랑하는 것이, 세상을 향한 헛된 사랑을 이겨 내는 길이다.

무엇보다 베드로는, 이런 언약적 사랑 안에서 그 언약의 말씀이 가리키는 복된 미래를 '바라보고 열망할'(프로스도콘테스, προσδοκῶντες) 것을 재차 권면한다. 시간이 갈수록, 신앙생활을 오래하면 할수록, 나이가 들면 들수록, 성도는 지나온 '찬란했던 나의 과거와 그 업적'이 아니라, 하나님께서 주신 복된 약속의 말씀에 따른 그 미래에 더욱 열정적이 되어 가야 마땅하다. 비록 이 세상에서는 자주 좌절되고 깨어지고 불행했지만, 끝내 하나님의 온전한 '의가 거하는 새 하늘과 새 땅'이 올 것을 믿고 바라보며, 점점 더 그 의의 나라를 열망하고, 점점 더 그 '의에 주리고 목마른' 자가 되어, 지금 이 땅에서도 간절하고 구체적으로 그 '의의 씨앗'을 심고 그 '의의 나무'를 돌보는 소망의 삶, 헌신의 삶으로 나아가야 한다.

그러므로 성도의 마땅한 소망이요 간절한 소원은, 이 모든 것들이 주 앞에서 낱낱이 드러나는 심판의 날, 종말의 그날에, 주 앞에서 온전한 모습으로 발견되는 것이다. 14절의 '발견되는 것'(유레떼나이, εὑρεθῆναι; '나타나기를', 개역한글/개정)이라는 표현은 10절에서 모든 것이 불에 타서 풀어진 채 '발견되리라'(유레떼세타이, εὑρεθήσεται; '드러나리로다', 개역한글/개정)는 것과 동일한 표현이다. 최후의 불의 심판으로 인해 모든 것이 붕괴되고 그동안 감춰졌던 모든 일들과 함께 우리 각자가 과연 어떠한 사람이었는지가 주 앞에서 그대로 드러날 것이라는 의미이다. 그때는 감출 수 없다. 그날에는, 우리가 믿음을 통해 받는 모든 신적 능력들을 통해(1:3), 과연 생명과 경건에 이른 신적 성품으로 변모했는지가 있는 그대로 드러나게 될 것이다. 지금 세상에 존재하는 모든 것들은 불타 없어질지라도, '생명과 경건에 속한 모든 것'은 그 심판의 불을 견딘다. 심판의 불은 그런 종류의 불인 셈이다.

신앙의 지혜란, 장차 종말에 무슨 일이 어떻게 일어날 것인지에 대한 하나님의 말씀에 주의하는 데에서 시작한다. 그 말씀이 가르치는 바가 '가장 현실적인 현실'(reality)이기 때문이다. 1년 뒤에 땅값이 떨어질 곳이라면, 그곳에 땅을 사두려 하지 않을 것이다. 정말, 종말에 관한 베드로후서의 말씀이 있는 그대로 사실이라면, 가장 현명한 일은 그 불의 심판이 온 세상을 태워 붕괴시키고 해체시키는 그날을 견디는 '거룩함과 경건'을 준비하는 삶이 될 것이다. 세상이 그런 삶을 어리석다고 생각하는 것은, 종말에 관한 그들의 생각이 성경에 기록된 사실에 근거하고 있지 않기 때문이다. 그런 것이다. 만일, 지금 이 세상이 심판의 불에 해체되는 것이 맞는다면, 교회가 집중해야 하는 일은 무엇이 될까? 베드로는 '점도 없고 흠도 없이 평강 가운데' 거하라고 가르친다. 그것만이 남기 때문이다.

그 마지막 날, 거센 심판의 불길에 우리가 세운 거대한 예배당 건물이 남을 리가 없다. 그날에 우리가 짊어진 모든 직함들, 경력들이 남을 리도 없다. 무엇이 남는가? 무엇이 그 심판의 불을 견디는가? 학위인가? 재산인가? 건물인가? 업적인가? 베드로는 앞서 그것을 '거룩한 행실과 경건'(3:11)이라고 말했다. 14절에서는 '점도 없고 흠도 없이' 그리고 '평강 가운데' 거하는 삶에 대해 말한다. '점도 없고 흠도 없는'(아스필로이 카이 아모메토이, ἄσπιλοι καὶ ἀμώμητοι)은 무슨 의미인가? 우선, '점도 없고 흠도 없이'라는 표현은 '완벽해야' 한다는 뜻은 아닐 것이다. 우리 중 누구도 심판대 앞에서 스스로 완벽할 수가 없다. 그러면 엉망진창이어도 '오직 믿기만 하면' 그 심판의 불을 견딜 수 있다는 것인가? 구원은 그렇게 '기계적'이고 '도식적'인 믿음으로 설명되지 않는다. 우리는 믿음으로 이미 '예수 그리스도의 의'를 받았고, 그리스도와 함께 부활 생명과 참된 경건에 이르게 하는 모든 신적 능력을 받았다(1:4). 그래서 '예수 믿었다'는 것은, 그 부활 생명과 예수 그리스도의 의를 받아 이미 신적 성품에 참여한 존재가 되었다는 뜻이다. 그렇다면 종말에 '점도 없고 흠도 없이' 드러나야 한다는 것은, 이미 신적 성품에 참여한 성도로서 더욱더 그 신적 성품에서 성장한 모습으로 드러나야 한다는 의미가 된다.

믿음뿐 아니라, 덕을 갖추고, 덕을 위한 지식을, 그리고 지식에 절제를 갖춘 신적 성품으로 성장해야 한다. 그리고 절제에 인내를 더하여 참된 경건에 이르고, 거기에 형제 우애와 사랑을 더하여 그 사랑 안에 뿌리내릴 뿐 아니라 거기서 꽃을 피우고 많은 열매를 맺는 인생이 되어야 하는 것이다. 바로 이런 신적 성품, 이런 삶이 '점도 없고 흠도 없는' 삶일 것이다. '점과 흠이 없다'는 것은 베드로전서 1:19에서처럼 '흠 없고 점 없는 어린 양 같은 그리스도'에서 사용된 표현이다. 하나님 앞에 '제물'(祭物)로 드려지기에, 그 자체로서 결함도 없고 비난받을 일도 없는, 온전한 상태를 가리킨다(참조. 출 29:1, 38). '점도 없고 흠도 없는'이라는 표현은 그래서 두 가지 다른 특성들이 아니라, '순전함'(purity; wholeness)을 가리키는 중복적인 표현이라 보기도 한다(Davids, 291-292). 베드로전후서의 문맥에서는, '내가 거룩하니 너희도 거룩하라'(벧전 1:15-16)는 명령과 다르지 않은 내용이며, 더 구체적으로는 '썩어지고 더럽고 허무한' 세상과는 본질적으로 다른, '예수 그리스도의 의와 부활 생명 그리고 그의 영으로' 변화되는 온전한 신적 성품에 대한 요청으로 볼 수 있다.

하지만 실제적으로, 어떤 성도가 '흠도 없고 점도 없이' 주 앞에 드러날 수 있을까? 우리는 허물과 실수가 많은 사람들이다. 세상에서 여러 가지 시험들을 겪고, 온전한 사람으로 성장해 가는 데에는 어쩔 수 없이 고된 인내를 거쳐야 한다. 조금 더 실제적으로, '점과 흠'이라는 표현을 생각해 보면, '점'은 그 자체로서 어떤 결함이 생긴 것이고 '흠'은 그래서 받는 수치나 비난을 염두에 둔 표현으로 볼 수 있다. 예컨대, '이 하얀 와이셔츠는 검정 잉크 자국이 묻어서, 입을 수 없게 되었다'는 식으로 '점과 흠'이란 그 자신의 결함으로 인해 어떤 용도에 적합하지 않게 된 상태를 가리킨다.

그런데 스스로의 힘으로 의롭지도 못하고 거룩할 수도 없는 그리스도인이 어떻게 흠도 점도 없는 자리에 이를 수 있는가? 우선 그리스도인에게는 예수 그리스도 자신이 그에게 '의가 되시고, 거룩함과 지혜와 구원함'이 되신다(고전

1:30). 동시에 그런 온전하신 그리스도를 받은 그리스도인들은 또한 의롭고 거룩하고 지혜로운 하나님의 사람으로 성장할 수 있고 또한 그래야 한다. 성도가 신적 성품에 참여할 뿐 아니라, 그 안에서 '계속해서 자라 가는 것'(3:18)이 결정적이다. 그렇게 '자라 가는 일'이 중요한 것은, 마치 몸에 난 작은 상처나 흉터들도 성장하면서 점점 더 옅어지고 사라지는 것처럼, 영적 생명을 가진 성도가 신적 성품으로 성장하면서 점점 더 온전한 모습에 이를 수 있기 때문이다.

무엇보다 교회는 명백한 종말의 심판이 코앞에 닥친 듯이, 그 심판의 날, 새 하늘과 새 땅의 약속이 실현되는 그날을 열정적으로 기대하고 기다려야 한다. 그런 복된 소망 가운데서 점과 흠이 없이, 또한 '평강 가운데서'(엔 에이레네, ἐν εἰρήνῃ, 14절) 드러나도록 부지런히 힘써야 한다. 여기서 '평강'은 '하나님과의 화평'을 가리킨다고 보기도 하지만, 문맥적으로는 앞서 13절에서 새 하늘과 새 땅을 묘사하는 특징으로 언급된 '의가 거하는바'라는 표현과 깊은 관련이 있다. '평강'이란 '의' 곧 '바른 관계'가 뿌리를 내리고 꽃피고 열매 맺는 의의 결과이기 때문이다. 하나님은 말씀으로 세상을 지으셨다. 그렇게 피조 된 세상의 특징은 그 말씀의 '의' 곧 '바른 관계들의 구조'이다. 하나님과 우리, 우리와 이웃, 하나님과 세상, 우리와 세상, 이런 모든 관계들이 하나님의 원래의 뜻대로 바르게 충족된 상태가 바로 하나님께서 주시는 생명이 충만한 상태, 곧 평강의 상태이다.

이렇듯 '의와 평강'은 서로 긴밀한 관계, 뗄 수 없는 관계로 묶여 있다(참조. 약 3:13-18; 사 11:1-9; 61:1-3). 그러므로 평강 곧 생명과 평안이 보장되는 복된 세상은 '의' 곧 '바른 관계'의 회복이 없이는 불가능하다. 하나님과의 바른 관계가 '경건'이라면, 이웃과의 바른 관계는 '사랑과 공의'일 것이다. 그러므로 교회가 '점도 없고 흠도 없이 평강 가운데서' 발견된다는 것은, 이러한 모든 '의의 관계'를 온전히 회복하고 충만하게 채운다는 뜻이다. 하나님과 주 예수 그리스도께서 주신 '의의 선물'을 믿음으로 받아 누리면서, 동시에 실제로 하나님과 이웃, 세상과의 바른 관계를 적극적으로 추구하여 회복함으로써 그 모든 관계를 채우는 충만한 생명을 회복하여 유지하며 견고하게 하는 삶을 사는 것이다.

베드로는 그 마지막 날에 주 앞에서 그렇듯 '순전하고 온전하게' 나타나도록, 그런 결과를 위하여 '부지런히 애쓰라'(스푸다싸테, σπουδάσατε, 14절)고 권면한다. 이 표현은 정확히, 베드로가 앞서 신적 성품에 참여하라고 독려했을 때에 사용했던 바로 그 용어이다(1:5, '모든 부지런함으로'). 믿음이 있다고, 그 믿음으로 천국 간다고 안심하지 말고, 내 믿음이 덕을 세우는 믿음인지 점검하고 그렇지 않다면 부지런히 배우고 애써서 덕이 있는 믿음으로 나아가라는 것이다. 그런 식으로, 덕이 있는 믿음에 더욱더 지식을 더하고, 지식이 있는 믿음에 절제를, 절제를 할 줄 아는 믿음에 끝까지 견디는 인내를, 그리고 참된 경건에 이를 뿐 아니라, 거기에 최종적으로 형제 우애의 넓은 마음과 하나님 아버지의 '그 많으신 긍휼'을 교회와 세상으로 막힘없이 흘려 보내는 신적 성품의 사람들로 성장하기까지, 최선의 노력을 다하고, 모든 힘을 다 쏟아, 이 일에 정진(精進)하라는 것이다.

구체적으로, 베드로전서는 이렇게 '흠도 점도 없이 평강 가운데 드러나는' 삶을, 세상 속의 교회가 거듭난 심령의 새롭게 된 양심으로 선한 행실을 통해 제사장 나라의 사명을 다하는 삶으로 묘사한다. 베드로후서는 그것을, 세상의 더럽고 썩어지고 허무한 모든 유혹과 공격을 이겨 내는 '의와 생명과 영원'을 담은 신적 성품의 성장이라고 가르치는 것이다. 그러므로 교회는, 내적으로는 신적 성품에 참여하고 지속적으로 성장하면서, 외적으로는 세상 속의 교회로서 선한 행실을 통해 제사장 나라의 역할을 신실하게 감당함으로써, 새 하늘과 새 땅에 들어가기에 합당한 사람들로서 자신을 준비할 수 있고, 또한 그렇게 해야 한다. 그렇게 하는 것이, 그 심판의 불을 견디는 '거룩한 행실과 경건, 흠과 점이 없이 평강 가운데에서' 자신을 드러내는 길이기 때문이다.

삶으로
내리는 뿌리

초인종 의인(義人), 그 청년이 남긴 교훈

> "안씨는 지난 9일 오전 4시 20분쯤 서울 마포구에 있는 5층짜리 건물에 불이 났을 때 유독 가스에 질식해 20일 오전 숨졌다. 불이 난 날 안씨는 가장 먼저 건물에서 빠져나와 119에 신고를 하고도 건물로 다시 들어갔다. 화재 사실을 모른 채 잠든 이웃을 깨우기 위해서였다. 안씨의 희생 덕분에 원룸 21개가 있는 이 건물에서 다른 사망자는 나오지 않았다. 그러나 정작 안씨는 건물 5층 옥상 입구 부근에서 유독 가스에 질식해 11일 만에 숨졌다." _ 조선일보, 2016년, 9월 9일자, 인터넷 판

가슴 뭉클한 이야기이다. 가장 먼저 건물에서 빠져나왔지만, 다시 들어갔다는 대목이 눈물겹고 또 감동적이다. 왜 다시 들어갔을까. 건물에 불이 난 것을 알지 못한 채, 자고 있던 그 사람들을 그냥 둘 수가 없었기 때문이었다. 119 구조대가 오려면 아직 멀었고, 너무 위험한 상황이라고 판단했을 것이다. 갈등하지 않았을까? 자신의 꿈과 미래도 있었는데…. 그는 성우가 되기를 원했던, 그래서 그 작은 원룸에서 자신의 꿈을 키워 갔던 건실하고 듬직한 청년이었다. 무엇이 그를 다시 건물로 뛰어들게 했을까? 무엇이 그로 하여금, 자신의 꿈과 미래를 접어 두고 그 불타는 건물 속으로 다시 뛰어들어가게 했을까?

그는 복도마다 가득한 매연을 뚫고 들어가 방마다 초인종을 눌렀다. 문을

두드려 자던 사람들을 깨웠다. 저들은 하나같이 건물을 뛰어나와 살았지만, 이 청년은 계속 방마다 초인종을 누르며 사람들을 깨워 내보냈다. 결국 그는 매연에 질식하여 28세라는 참으로 짧고 아름다운 생애를 마쳤다. 그의 인생은 실패한 것일까?

형언할 수 없는 많은 감동과 깊은 생각거리를 남기는 이 청년의 이야기는, 이 땅에서 그리스도인인 우리의 삶이 어떠해야 하는지 돌아보게 한다. 세상에 사람의 목숨을 귀히 여기고, 마땅히 해야 할 일을 위해서 자신을 던지는 이런 청년도 있는데, 그렇다면 이 세상이 불의 심판으로 타서 해체되고 붕괴될 것을 말씀을 통해 확연히 듣고 알고 있는 그리스도인들은 어떻게 살아야 하는가?

청년은 자신의 삶을 담보로 그 불길에 뛰어든 것이다. 이 세상에서 자기 하고 싶은 일들을 다 하고 복음을 전할 수 없다. '의의 전파자'가 될 수 없다. 정말 이 세상이 불의 심판으로 멸망한다면, 우리 그리스도인들도 '초인종 의인들'이 되어야 한다. 사람들을 거짓 가르침과 헛된 사상과 철학에서 깨어나도록 해야 한다. 세상이 이처럼 멀쩡해 보여도, 썩어지고 더럽고 허무한 이 세상은 불의 심판으로 하나님 앞에, 벌거벗은 것같이 드러날 것을 애타게 선포해야 한다. 계속 두드려 깨워야 한다. 잠든 강단을, 세속에 취한 성도와 목회자들을 깰 때까지 두드려 깨워야 한다.

이 세상이 전부가 아니다. 불타는 건물 밖으로 뛰어나가듯, 이 세상은 나가야 할 곳이다. 하나님의 통치가 이 땅에 임하기를 바라고 애쓰는 모든 노력은, 결국 그런데도 '새 하늘과 새 땅'이 펼쳐지는 그날을 기다리는 소망으로 집결되어야 한다. 사람들을 죄와 사망, 하나님 없는 허무와 반역의 통치로부터 끌어내야 한다. 우리의 생애를 다 잃더라도, 그 절박하고 긴급한 일에 전력을 다해야 한다. 우리는 새벽을 깨우며 불타는 건물에서 사람을 구해내던 그 초인종 의인, 그 청년의 가슴을 갖고 있는가? 긍휼의 불, 사랑의 불,

그 진리의 불이 우리 가슴에 활활 타올라야 한다.

주여, 우리의 날들을 사용하소서. 우리로 '의의 전파자들'이 되게 하소서. 우리의 짧은 나그네 길을 주께 드리나이다. 모두 주의 나라 위해 사용하여 주소서. 우리를 깨우시고, 교회를 깨우시고, 세상을 깨우소서. 아버지의 나라가 임하게 하옵소서.

5. 종말에 관한 말씀과 성경 해석(3:15–16)

학생들은 학기말에 최종적으로 기말시험을 본다. 준비되지 않은 학생에게 기말시험은 '도적같이' 온다. 아무리 시간이 많았어도, 차일피일 미루고 놀다가 맞닥뜨리는 기말시험은 황당하기 그지없다. 계속 놀고 싶은 학생은 기말시험이 있다는 사실도 '일부러 잊으려' 할 것이다. 하지만 엄연히 존재하는 사실을 없앨 수는 없다. 거짓 교사들은 마치 기말시험이 없다고 믿는 학생들과도 같다. 그렇게 믿고 싶겠지만, 학기말이 되면 기말시험은 반드시 찾아온다. 기말시험은 정해져 있고 반드시 온다. 잊으면 잠시 편할 수는 있겠지만, 결과를 감당하지 못한다. 차라리 피부릴 생각을 버리고, 어차피 피할 수 없는 기말고사라면 정신 바짝 차리고 부지런히 준비하여 좋은 결과를 내겠다고 결심하는 편이 훨씬 정신 건강에 나은 것이다.

3:15과 16절은 바로 이런 문맥이다. 베드로는 다시금, 거짓 교사들이 퍼뜨리는 기만과 나태, 특별히 모든 이들에게 기회를 주시는 하나님의 오래 참으심을 오해하고 조롱하는 태도 그리고 그 근거가 되는 성경 말씀의 무식하고 왜곡된 해석을 꼬집어 지적한다. 구원받았고, 받고 있고, 그 구원을 온전히 이루실 주께서 부르고 택하신 성도는, 결단코 그들의 거짓과 엉터리 성경 해석에 귀를 기울이거나 흔들리지 말아야 한다. 마지막으로 다시 한 번 거짓 교사들의 방만하고 어리석은 공격을 경계하는 귀중한 말씀을 새겨들어 보자.

"15절 우리 주의 오래 참으심을 구원으로 여기십시오. 이처럼 또한 우리의 사랑하는 형제 바울도 하나님께서 그에게 주신 지혜를 따라 여러분에게 썼습니다. 16절 그리고 또한 그의 모든 서신들에서 이런 것들에 대해 말하는 것처럼, 거기에 이해하기 힘든 어떤 것들이 있고, 훈련되지 못하고 견고히 서지 못한 자들이, 나머지 서신들도 이렇게 왜곡하여 그들 자신의 멸망을 초래하는 것입니다."

베드로는 15절에서 다시 '하나님의 오래 참으심'이라는 주제로 돌아온다(3:8-9). 확실한 종말의 심판과 그에 따른 준비가 긴급한 마당에, 무엇보다 이런 사실을 왜곡하고 교회로 하여금 나태와 부패의 늪에 빠지게 만드는 거짓 교사들의 거짓 가르침을 바로잡아야 하기 때문이다. 수신자들이 '점도 없고 흠도 없이 평강 가운데' 거하도록 하는 일이 중요한데, 그렇게 하지 못하는 가장 결정적인 걸림돌이 바로 종말에 관한 거짓 가르침이다. 세상의 종말이 없고, 심판이 없고, 새 하늘과 새 땅이 없다면, 교회가 부활 생명과 참된 경건, 의와 화평 가운데 거하기 위해 분투할 근거가 사라진다. 오늘날도 마찬가지이다. 교회가 세상과 다를 바 없이 함께 더러워지고 썩어지고 허무한 길을 가는 것은, 이 더럽고 썩어지고 허무한 세상이 불의 심판을 받아 사라지고, 썩지 않고 더럽지 않고 쇠하지 않는 재창조의 세상이 펼쳐질 것이라는 확고한 사실에 근거하지 않기 때문이다. '살아 있는 소망'을 잃으면 우리의 사랑은 속히 더러워지고, 우리의 믿음은 빠르게 세속적으로 변할 수 있다.

'심판의 불'과 '구원의 말씀'

'예수 믿고 세상 복 받는 것'을 복음의 주요 내용으로 삼거나, 아니면 이미 '칭의 받은 것'으로 구원이 다 이루어진 것처럼 여기고, 세상 속에서 무방비한 상태로 자유와 은혜를 남용하는 일은 오늘날 교회에서 흔히 볼 수 있는 현상이다. 이로써 '진리의 길'은 훼방을 받으며, 하나님의 이름은 더럽혀지고 땅에 떨어진다. 성도 자신도 세상과 다를 바 없이 되어, 과연 '구원이 무엇인지'를 되묻게 되는 것이다. 구원이란 무엇인가? 베드로는 예수 그리스도로 말미암는 구원을 주로 세상을 배경으로 설명한다. 구원이란, 썩어지고 더럽고 허무한 이 세상을 '나가는 것', 곧 출애굽이다. 그리스도인은 이미, 그리스도의 죽으심과 부활로 인해 거듭나 살아 있는 소망을 갖게 됨으로써, 본질적으로 죄와 죽음과 허무에 갇힌 이 세상에서 나오게 되었고, 나오고 있고, 그 마지막 날 끝내 온전히 나가게 될 것이다. 성도가 이 세상을 나가서 거기 서게 될 그 땅은 '새 하늘과 새 땅'이다. 이것이 이 세상에서 '임시 거주 외국인이요 여행자' 된 교회의 최종 목적지이며, 예수 그리스도의 '의'를 선물로 받은 참된 교회가 도착하게 될 '의가 거하는바' 재창조의 새 세상이다. 교회는 세상에 대하여 이러한 구원관을 명확히 가져야 한다. 베드로후서의 교회론은 이렇듯 철저히 새 하늘과 새 땅에 관한 종말론적인 구원론에 기초한다.

다시 기말고사 이야기로 돌아가 보자. 통상 학교에서 갑자기 기말고사를 치르지는 않는다. 수없이 예고할 뿐 아니라, 수능의 경우처럼 기말고사가 이르기 전에 여러 번에 걸쳐 모의고사 같은 종류의 중간시험을 본다. 세상의 종말을 예고하신 하나님도 이와 같으시다. 그 마지막 날에는 '심판의 불'이 떨어지지만, 그 전에 하나님의 백성과 세상은 수도 없이 '구원의 말씀' 앞에 서는 기회를 갖게 된다. 이런 비유가 허락된다면, 하나님은 마치 학생들에게 기말고사를 준비시키기 위해 여러 번에 걸쳐 모의고사를 보게 하는 선생님 같다고 할 수 있다. 하나님께서는, 종말에 심판의 불이 임해서 모든 것이 숨김없이 드러나게 될 그 날을 대비해서 지금도 그 불꽃같고 날선 검 같은 말씀 앞에 모두를 세우신다. 그날에 임할 심판의 불은 하늘과 땅을 태우고 허물어, 그 안에 감추어진 모든 것을 낱낱이 드러내 보일 것이다. 마찬가지로, 하나님의 말씀도 그러하다. 다른 점이 있다면, 하나님의 말씀은 그날이 오기 전, 그리고 심판하기 위해서가 아니라 구원하고 치유하고 회복하기 위하여, 지금 여기에서, 우리를 그 말씀의 빛 앞에 벌거벗은 것같이 드러낸다는 사실이다.

> "하나님의 말씀은 살아 있고 활력이 있어 좌우에 날선 어떤 검보다도 예리하여 혼과 영과 및 관절과 골수를 찔러 쪼개기까지 하며 또 마음의 생각과 뜻을 판단하나니 지으신 것이 하나도 그 앞에 나타나지 않음이 없고 우리의 결산을 받으실 이의 눈 앞에 만물이 벌거벗은 것 같이 드러나느니라"(히 4:12-13)

그러므로 어떤 면에서, 말씀은 빛이고 불이다. 하나님의 진리로 밝히고 하나님의 긍휼로 따뜻하게 하여 치유하고 회복하기 때문이다. 말씀 앞에서 아무것도 감출 수 있는 것이 없다. 말씀은 빛이기 때문이다. 베드로는 이미 하나님의 모든 말씀은 하나님께로부터 온 것이며, 그 출처뿐 아니라 전달 과정도 하나님에 의해서 된 것임을 밝히 가르친 바 있다(1:19-21). 또한 베드로는 이미 하나님의 말씀을 '빛'의 이미지와 연결했다. 성경의 말씀을 읽고 그 뜻을 알고자 하는 자는, '날이 새어 아침이 밝아 오기까지' 그 말씀을 주목하여 기다려야 한다. '새벽 별이 떠오르기까지' 그 말씀의 빛에 주목해야 한다. 여기서 '새벽 별'마저도 '빛을 가져오는 별'로서 예수 그리스도를 뜻한다. 예수 그리스도가 모든 성경 말씀이 비추고자 하는 빛의 핵심이다. 모든 성경 해석은 결과적으로 예수 그리스도가 떠오르게 되어야 한다. 그분이 하나님의 계시의 말씀의 총체이고 핵심이며, 그분이 계시된 말씀의 절정이기 때문이다(히 1:1-3; 요 1:1-18; 요일 1:1-4).

훈련되지 못하고, 굳게 서지 못한 자들

말씀이 '빛'이고, 그 말씀을 해석하는 해석자의 심령이 '어둠'이다. 빛이 어둠을 밝혀야 하듯이, 성경을 해석할 때 먼저 밝혀져야 할 것은 말씀이 아니라 해석자 자신의 어둠이다. 이것이 베드로후서 1:19-21이 가르치는 '기다림의 해석학'의 요지이다. 이것이 또한 거짓 교사들이 가장 받아들이지 못하는 성경 해석의 바른 태도이다. 그들이 성경을 '자의로, 제멋대로' 해석하는 것은, 성경을 해석하는 그들이 이미 자신 속에 자리 잡고 있는 더럽고 썩어지고 허무한 것을 좇는 그들의 정욕을 그들의 '빛'으로 삼고 있기 때문이다. 그들에게 있어서 성경 말씀은 빛이 아니라, 그들의 정욕을 따라 밝혀야 할 어둠일 뿐이다. 그것이 그들의 해석학적 오만이며, 영적, 지적, 도덕적 무지요 어둠의 본질이다.

그래서 이들은 성경을 해석하고 설교하면서도 '탐욕 때문에 지어낸 말들'로써 성도들을 대상으로 돈벌이를 서슴지 않는 것이다(2:3). 또한 이들은 바울이 선포한 '율법의 저주로부터의 자유'를 전파하면서도 그 자유를 자신들의 방탕한 정욕을 채우려는 목적에 봉사하게 만들었다(2:19). 거짓 교사들은 이런 식으로 당시에 이미 회람되고 있었던 바울의 서신들이 가르치는 내용도 '왜곡하여'(스트레부신, στρεβλοῦσιν, 3:16) 해석했던 것이다. '왜곡한다'는 말은 원래의 모양이나 결을 비틀어서 전혀 다른 모양으로 만드는 것을 가리키는데, 거짓 교사들은 이런 식으로 하나님의 말씀을 자신들의 '더러운 정욕이 원하는 바를' 따라 억지로 뒤틀어 해석했던 것이다.

오늘날도 이런 거짓 가르침이 횡행하는데, 거짓 교사들은 성경의 용어들을 원래의 문맥에서 단편적으로 떼어 내, 자신의 거짓되고 더러운 정욕이 원하는 틀에 맞추어 여기저기 붙여 재조립해서 전혀 다르거나 빗나간 의미를 뜻하는 것으로 변질시켜 버린다. 예수님, 보혈, 성령, 생명, 천국, 상급, 봉사, 제사장, 선지자, 성전, 예언, 비유, 구원, 기도 등, 모두 성경에 나오는 말들을 사용하지만, 그 원래의 문맥 안에서 뜻하는바 저자이신 하나님께서 의도하는 의미와는 상관없이, 자신들이 이미 만들어 놓은 거짓된 체계, 곧 자신들의 정욕에 봉사하는 엉터리 신학 체계 속에 꿰맞추는 것이다. 그래서 분별력이 부족한 초신자들에게는 '그게 그것'인 것처럼 들리지만, 결국 그 모든 성경의 용어들을 자신들의 더러운 탐욕을 채우는 목적과 방식으로 오용하고 또한 일부러 그렇게 악용하는 것이다.

베드로는 거짓 교사들이 이렇게 엉터리로 또한 교묘하게 성경을 왜곡하는 이유는 근본적으로 그들이 자신의 더러운 탐욕을 따라 해석하기 때문이지만, 그 원인은 또한 그들이 '훈련되지 못하고 견고히 서지 못했기' 때문이라고 꼬집는다. '훈련되지 못한'(아메떼세이스, ἀμαθεῖς, 16절)이란, 마치 제자가 권위를 인정받는 스승 밑에서 원칙대로 제대로 배우지 못하고, 엉터리로 가르치는 곳에서 대충 배운 것 같은 상태를 가리킨다. 마치 자동차의 흠집 난 곳을 고치거나, 옛날 같으면 이를 치료하거나, 혹은 요즘에 간단한 성형수술 같은 것도, 정식 자동차

정비소나 제대로 된 치과 혹은 정식 의사가 있는 성형외과를 가지 않고, 흔히 '야매로 한다'는 곳에 찾아가 '돌팔이'에게 차를 고치고, 썩은 치아를 맡기고, 성형수술을 하다가, 크게 낭패를 보는 경우와 비슷하다고 할 수 있다. 거짓 교사들은, 예수 그리스도의 가르침과 그 가르침을 그대로 증거하고 보존한 사도들의 가르침에 괘념하지 않는다. 이들의 특징은, 성경과 교회가 인정하는 전통의 교리와 가르침의 권위를 우습게 여기는 교만이다(2:10-11).

이렇듯 '훈련받지 못한' 거짓 교사들이 바울서신의 내용들 가운데 어떤 것을 왜곡하고 악용했는지는 명확하지 않다. 바울서신 가운데 어떤 것은 '이해하기 힘들고'(두스노에타, δυσνόητά)라고 했는데, 이는 '쉽게, 빨리, 선뜻 이해되지 않는' 내용들이 있다는 뜻이다. 그 내용을 오해하지 않고 바르게 알아들으려면, 말씀을 이해하는 포괄적이고 균형 잡힌 식견을 갖추게 하는 훈련이 요구된다. 이를테면, 로마서에서 바울은 '오직 믿음, 오직 은혜'를 말하다가, 그렇다면 '은혜를 더하게 하려고 죄에 거하겠느냐?'(롬 6:1; 참조. 6:15; 7:7)라는 식으로 반문한다. 하나님의 언약의 말씀의 전체적인 의도를 이해하고 다루는 일에 훈련되어 있지 않은 해석자라면 얼마든지 그런 식의 오해가 있을 수 있음을 전제하는 것이다. 물론 바울은 '그럴 수 없느니라!'(롬 6:2, 15)고 단언하지만, 베드로후서의 훈련되지 못한 거짓 교사들은 어쩌면 이런 가르침을 왜곡하고 남용하여 '자유를 준다'(2:19)고 떠벌렸을 가능성도 생각해 볼 수 있다. 그들에게는 말씀을 제대로 다루게 하는, 이런 신학 훈련이 없는 것이다. 그래서 쉽사리 극단에 치우치고 전체를 보지 못한 채 균형을 잃게 된다.

이들은 또한 성경적 가르침에 '견고하지 못한'(아스테릭토이, ἀστήρικτοι, 3:16) 자들이다. 베드로는 종말론적 문맥에서 '굳게 한다'는 표현을 사용한 적이 있다. 베드로전서에서 베드로는 하나님께서 그의 모든 은혜로 자기의 영광에 들어가게 하신 성도를 잠시 받는 고난 가운데서도 흔들림이 없이 '견고하게'(스테릭세이, στηρίξει) 하신다고 가르친다(벧전 5:10). 또한, 교회는 하나님의 은혜를 세속의 방탕거리를 정당화하는 구실로 변질시키는 '가짜 은혜'가 아니라, 세상 속에서 선한 양심과 행실로 제사장의 역할을 다하는 '참된 은혜' 안에 '굳게 서야'(스테테, στῆτε, 벧전 5:12) 한다고 가르친다. 이처럼, 베드로에게 있어서, '굳게 선다'는 것은 종말론적 소망과 하나님의 은혜에 대한 올바른 해석과 깊게 관련된다.

사도 바울 역시 그의 서신들을 통해 '율법의 의'가 아니라 '오직 믿음'으로 우리를 의롭다 하시는 하나님의 은혜에 대해 많은 가르침들을 남겼을 뿐 아니라, 동시에 주의 재림에 관한 많은 가르침들을 남겼다. 예컨대 이른 시기에 기록한 데살로니가전서에는 주의 강림하심에 대하여, 그것이 늦어지는 것이 아니냐는 의문을 가지는 성도들을 염두에 둔 많은 교훈들이 실려 있다. 그 가운데, 바울이 '주의 강림하심'을 언급하는 문맥에서(살전 2:17-3:13, 특히 2:19, 3:13) 데살로니가 성도들을 '굳게 하고자'(스테릭싸이, στηρίξαι, 살전 3:3) 하며, 또한 하나님께서 그들의 마음을 '굳게 하사'(스테릭싸이, στηρίξαι, 살전 3:13) 주 예수께서 그 모든 성도와 함께 강림하실 때에 하나님 아버지 앞에서 거룩하여 흠이 없게 하시기를 원한다고 말함으로써, 종말론과 윤리적 측면을 긴밀하게 연관시키는 점은 흥미롭다.

이처럼, 베드로후서의 거짓 교사들이 '굳게 서지 못한' 자들로서 바울서신의 어떤 내용을 오해한 것은, 주의 재림에 관한 것일 수 있다. 물론, 베드로후서에서 '종말과 심판이 없다'고 하는 거짓 교사들의 주장은 그들이 퍼뜨린 '자유'에 관한 거짓 가르침과 서로 뗄 수 없는 관계에 있음도 분명하다(2:19). 이렇듯, 거짓 교사들이 '훈련받지 못하고' 또한 '굳게 서지 못한' 자들이었다는 점은, 바울이 그의 서신을 통해 선포한 '오직 은혜'의 복음과 '주의 재림'의 확실성에 대한 이해 부족과 상당한 관련이 있을 수 있는 것이다.

결론적으로, 거짓 교사들은 성경 말씀을 왜곡하여 해석한다. 성경을 해석하는 목적이, 정말 하나님의 뜻을 있는 그대로 이해하고 분별하고 순종하는 데 있었다면, 성경 앞에서 해석자로서 겸손한 태도를 취했을 것이다. 말씀이 빛이고 자신이 어둠이라고 고백했을 것이다. 그러나 거짓 교사들은 아예 그럴 생각이 없는 자들이다. 하나님의 뜻을 아는 것이 목적이 아니기 때문이다. 성경 해석을 통해 자신이 하나님이 되고 싶고, 자신의 더러운 탐욕을 채우고 싶어서 성경을 이용할 뿐이기 때문이다. 마치, 자신이 빛이고 말씀이 어둠인 양 성경을 대하고 그렇게 '제멋대로' 해석한다. 그래서 독단적이 된다. 하나님의 말씀은 결코 특정한 한 개인이나 단체에게만 주신 것이 아니다. 성경은 모든 시대, 모든 장소를 뛰어넘는 하나님의 교회에게 준 계시의 말씀이다.

베드로가 바울의 서신들에 대하여 설명하면서, '우리의 사랑하는 형제 바울'(호 아가페토스 헤몬 아델포스 파울로스, ὁ ἀγαπητὸς ἡμῶν ἀδελφὸς Παῦλος, 15절)이라고 말한 것에 주목하라. 베드로는 자신의 서신을 쓰면서도, 당시 아직 모아지지는 않았지만 다양한 방식으로 회람되었을 바울의 서신들을, 예루살렘 총회에서 합의하고 결의한 사도들의 연합 정신에 따라(행 15:1-21), 서로 보완하고 조화를 이루는 방식으로 주의 교회를 위해 사용하고자 한 것이다. 이것이 사도적 정신이며, '함께' 주의 교회를 위하여 하나님의 말씀을 '온전하게' 전하고자 하는 신약 저자들의 성숙한 신앙이다. 하지만 거짓 교사들은 '자의로' 성경을 해석했을 뿐 아니라, 교회 안에 '분당'을 끌어들이며, 누구의 말도 듣지 않는 '교만'으로 일관하여 형제 우애와 사랑을 훼파하는 자들이었음이 명백하다(1:7, 20; 2:1, 10-11). 그러므로 모름지기 성경을 해석하는 자는, 시대와 장소를 뛰어넘는 주의 몸 된 교회 안의 다른 형제들의 성경 해석에 귀를 기울이고, 겸허한 마음으로 자신의 해석이 틀렸거나 부정확하거나 치우쳤을 가능성에 항상 열려 있어야 한다. 그래서 대화해야 하고, 스스로의 해석을 수정할 겸손한 태도를 유지해야 하는 것이다.

인간은 죄인이라는 것이 성경의 대전제라면, 성경 해석자는 언제나 자신이 자신의 어둠, 시대의 어둠, 영적, 도덕적, 의지적 어둠에 휩쓸릴 수 있다는 사실을 인정해야 한다. 거짓 교사들에게는 이것이 없다. 그들은 누구의 말도 듣지 않으며, 자신이 빛인 것처럼 행세한다. 실상, 마귀도 '빛의 사자'를 자처했다. 그들은 어둠의 권세를 가진 악한 자, 마귀의 종인 것이다. 거짓은 마귀의 가장 큰 특징이고, 거짓 교사들의 가장 큰 특징 역시 다름 아닌 '거짓'이다. 우리 자신은 언제나 빛이 아니다. 우리가 빛에 가장 충만할 그때에도, 빛은 우리가 아니라 하나님이시며, 하나님의 말씀이다. 우리가 말씀을 비출 수 없다. 말씀이 항상 우리를 비추어, 우리의 어둠, 우리의 영적, 지적, 도덕적, 정서적, 의지적 어둠을 밝혀 줄 때, 드디어 우리는 우리가 해석하고자 하는 그 말씀으로 우리 자신을 해석하며, 그때에 비로소 그 말씀의 빛 가운데서 새벽 별 같으신 예수 그리스도의 얼굴을 희미하게나마 볼 수 있게 된다. 말씀의 빛이 우리 자신을 통과하지 않으면, 우리는 우리 자신이 누구인지도 알 수 없는 어둠이다. 성경 해석은, 내가 어둠이고 말씀이 빛이라는 전제에서 출발해야 한다. 그것이 사실이기 때문이다.

그러므로 하나님께로부터 온 계시의 말씀인 성경을 해석함에 있어서, 인간의 이성(理性)이나 인간의 어떤 정욕적인 의도가 빛이 되어 그 해석을 인도할 수 없다. 성경을 해석하는 해석자인 우리 자신이 이 세상처럼 더럽고 썩어지고 허무한 권세 아래 붙잡혀 있다는 사실을 겸허하게 인정해야 한다. 그래서 빛이요 생명인 하나님의 말씀을 읽을 때, 가장 먼저 깨끗해지고 생명으로 채워지고 영원하신 하나님의 임재로 회복되는 것이 해석자 자신이다. 성경을 읽는다, 해석한다는 것은 그래서, 성경을 읽고 해석하는 우리 자신이 치유받고 회복된다는 의미이다. 성경 말씀은 그것을 읽고 해석하는 그 사람을, 썩지 않고 더럽지 않고 쇠하지 않는 나라로 옮겨 놓는다. 그것이, 거룩하고 생명이 가득하며 영원한 말씀의 능력이다.

거짓 교사들은 그렇게 성경을 읽지 않는다. 그들은 세상처럼 더럽고 썩어지고 허무한 그들의 '부패한 본성'(2:12-14)을 따라 성경을 왜곡하기 때문에, 하나님 말씀의 거룩함과 그 '살았고 영원한' 생명을 누리지 못하고 도리어 '자신들의 멸망'(아포레이안, ἀπώλειαν)을 향해 한 걸음 더 빠져 들어간다(3:16). 베드로는 이미, 저들이 거짓 가르침을 교회 안으로 끌어들인 결과는 오직 저들 자신에게 덮치는 멸망(아포레이안, ἀπώλειαν)뿐이라는 사실을 명확히 했다(2:1). 그러므로 3:16은 거짓 교사들이 어떤 식으로 자기 자신의 멸망을 불러들이는지 설명한 셈이다. 즉 거짓 교사들은 그들의 왜곡된 엉터리 성경 해석으로 말미암아 더욱더 자신의 멸망을 확정해 가는 것이다. 이런 점에서 베드로가 3:16에서 '그들 자신의'(이디안, ἰδίαν) 멸망이라는 표현을 사용한 것은 의미심장하다.

왜냐하면 저들은 성경을 '자의로, 제멋대로'(이디아스, ἰδίας) 해석하는 자들이기 때문이다(1:20). 그들은 말씀의 빛과 생명, 그 영원한 능력에서 이미 떨어져 나간, '물 없는 샘'이요 '광풍에 밀려가는 안개'이며(2:17), '죽고 또 죽어 뿌리까지 뽑힌 열매 없는 가을 나무'이며 더 나아가 '자기 수치의 거품을 뿜는 바다의 거친 물결' 같은 자들이다(유 12-13절). 거짓 교사들은 스스로 성경을 해석하면 할수록 도리어 '세상의 썩어짐'으로 다시 돌아가 더욱더 그 썩어짐에 얽매여서 지는 자들이 되어 자신의 멸망을 재촉하게 된다. 자신의 탐욕이 그들의 성경 해석을 인도하는 '빛'이요, 성경은 그 '가짜 빛'으로 밝힐 수 있는 '어둠'이라고 믿은 참혹한 결과이다.

그러므로 성경을 읽고 날마다 그의 약속을 기억해야 하는 성도는 반드시, '말씀이 빛이고 자신이 어둠'이라는 전제에서 시작해야 한다. 그리고 그 말씀의 빛이 자신의 영적, 지적, 도덕적, 정서적, 의지적 어둠을 모두 밝히고 그 말씀의 생명으로, 그 어둠이 치유되고 회복될 때까지, 그 말씀을 생각하고 묵상하고 순종하며 기도하며 경험하며 또 다시 묵상하는, 기다림과 순종의 해석학을 배우고 그 안에서 굳게 서야 한다. 성경을 바로 읽고 바로 해석하는 교회가 비로소 그 '거룩하고 살아 있는 영원한 말씀'(벧전 1:23-25; 요일 1:1-4)에 의해 '썩지 않고 더럽지 않고 쇠하지 않는' 나라 안으로 인도함을 받는 것이다. 거기에 신적 성품의 성장이 있다.

삶으로
내리는 뿌리

교회를 사랑하자

교회만큼 귀한 곳이 없다. 주일마다 평범한 아저씨, 아주머니, 할머니, 할아버지, 아이들, 청년들이 나와, 그 어려운 말씀을 듣는다. 이 세상이 아닌 다른 나라, 하나님의 나라, 의와 공평이 다스리는 나라 이야기를 듣는다. 썩지 않고 더럽지 않고 쇠하지 않는 나라에 대하여 듣는다. 사랑에 대하여, 죄에 대하여, 회복에 대하여, 사람됨에 대하여, 영적이고 윤리적이고 도덕적이고, 또 바르게 살아야 할 것에 대해 듣는다. 이 세상 어디에 이런 곳이 있을까.

사회를 변혁하고자 하는 혁명가들이 의식화 교육을 한다고 소그룹을 만들어 젊은이들을 교육하던 시절이 있었다. 하지만 그것은 젊은이들만 하는, 그리고 지적인, 정치적인 활동일 뿐이다. 세상을 더 평등한 세상으로 바꾸겠다고 공산당은 주민들을 모아 사상 교육을 한다. 그러나 기껏일 뿐 이니라, 자발적이 아니다.

하지만 교회는 다르다. 자발적으로 나와 하나님의 사랑에 응답하며 그의 백성에 합당한 삶, 그의 나라에 합당한 삶을 위하여 조금씩 배워 나간다. 세상에, 이 땅 위에, 새로운 세상을 꿈꾸는 자들을 위해 더 이상 이상적인 단체는 없다. 정부도 하지 못한다. 어느 반상회에서 이렇게 깊은 진리와 영원한 나라를 소개하는가.

교회는 날마다 그것을 꿈꾼다. 그런데 평범한 아저씨, 아주머니, 할머니, 할 아버지, 아이들, 청년들까지 와서 배우고 익힌다. 스스로 헌금 내고 봉사하며 자발적으로 와서 그 말씀을 듣고 배운다.

세상을 어떻게 변화시키는가? 혁명을 꿈꾸어도, 이런 조직을 만들 수는 없다. 하나님은 이 땅 위에, 그의 언약을 통해 그의 나라를 오게 하는 교회를 세우셨다. 이런 단체는 없다. 이것은 특권이다.

그러므로 교회를 통해, 함께 우리는 새로운 세상, 새로운 나라, 다가오는 하나님의 나라, 의와 평화의 나라를 꿈꾸고, 꿈꾸게 하고, 나누고, 경험하고 가르치고 훈련하고 기다리게 해야 한다. 할 수 있다. 이것은 얼마나 큰 특권인가.

교회를 사랑하라. 이 땅 위에, 교회만 한 희망은 없다. 교회는, 이 어둔 세상에 하나님께서 만들어 놓으신 유일한 희망이다. 교회를 거짓 가르침으로 더럽히는 것은 그러므로, 가장 파괴적인 일이고 저주받을 일이다. 교회를 지키자. 교회를 진리의 말씀으로 지키자. 사랑으로 세우고, 사랑하자. 교회는 하나님이 주신 이 땅의 희망이다.

"세상 나라가 우리 주와 그의 그리스도의 나라가 되어
그가 세세토록 왕 노릇 하시리로다"(계 11:15)

| 결론 |

하나님을 아는 지식과 신적 성품의 성장

(3:17–18)

결론

하나님을 아는 지식과 신적 성품의 성장 (3:17-18)

이렇게 생각해 보자. 당신은 지금은 믿음으로만 알고 있는 주 예수 그리스도께서, 이 세상에 다시 오실 것을 확실히 알고 있다. 그때에는 분명 영광스러운 모습으로 오실 것이다. 오셔서 이 세상을 심판하시고, 지금 우리가 보는 하늘과 땅은 '불'에 타서 붕괴되고 해체될 것도 알고 있다. 그 후에 펼쳐지는 '새 하늘과 새 땅'은 더 이상 죄나 죽음이나 하나님 없는 허무가 지배하지 않는 영원한 나라라는 사실도 확실히 알고 있다. 그리고 이제 이 땅에서 믿음 생활을 마칠 때가 되었다. 주위를 둘러싼 교우(敎友)들은 당신이 남기는 유언을 들으려고 모여들었다. 찬송을 마치고 기도를 한 후, 당신은 입을 열어 마지막 말을 남겨야 한다. 자, 무슨 말을 마지막으로 남길 것인가? 베드로가 3:17-18을 남길 때 아마도 이런 심정이었을지 모른다. 주님을 만나 3년을 따라다니고도 그분을 '모른다' 하고 배신했던 베드로였다. 부활하신 그분을 뵙고 목양(牧羊)의 부탁을 받았지만, 양 무리를 섬기는 일이란 결국 주님의 영광과 함께 그의 십자가의 증인으로서 그 선한 양심의 길, 그 의로운 고난의 길을 따라가는 길인 줄도 몰랐던 베드로였다(요 21:15-19; 벧전 2:21-25; 4:13; 5:1-4). 그랬던 그가, 이제 목양하던 사랑하는 성도들에게 마지막으로 남기는 유언 같은 권면이다(참조. 1:12-15). 베드로후서의 마지막 두 구절을 이런 마음가짐으로 읽어 보자.

> "17절 그러므로 너희, 사랑하는 여러분이여, 이것을 이미 알았은즉 경계하여, 저들과 함께 휩쓸려 자신의 굳게 선 데에서부터 이탈함으로 그 무법(無法)한 속임수에 빠지지 않도록 자신을 지키십시오. 18절 도리어 여러분은 우리 주요 구주이신 예수 그리스도를 앎으로써, 오직 그 은혜 안에서 자라 가십시오. 그에게 영광이 이제와 영원토록 있을지어다."

거짓 가르침으로부터 '자신을 지키라!'

17절에서 수신자들이 '이미 알고 있다'(프로기노스콘테스, προγινώσκοντες)는 것은, 이제 베드로가 설명한 대로 거짓 교사들의 특징, 그들이 받을 심판의 확실함, 그리고 그들의 정체와 결말에 대해 들어 알고 있는 모든 것을 전제로 한다. '먼저 이것을 알지니'(프로톤 기노스콘테스, πρῶτον γινώσκοντες, 1:20)와 유사한 표현이다(Davids, 309). 그렇다면 모든 것이 감추임 없이 드러날 최후의 심판이라는 확고한 사실 앞에서, 베드로가 남기는 첫 번째 유언과 같은 권면은 무엇인가? 하나님의 은혜 안에서 '자신을 지키라'는 것이다. '지키심'은 베드로후서의 중요한 주제들 가운데 하나이다. 예수 그리스도의 첫 번째 오심으로 말미암아 이미 시작된 심판과 구원의 은혜를 받는 교회는, 그 영광의 날이 이르기까지 이 세상에서 '잠시 고난'의 날들을 지나갈 수밖에 없다(벧전 1:6-9; 4:17-19; 5:10; 벧후 1:10-11). 하지만 하나님께서는 모든 은혜로 참된 성도를 지키신다. 반면에 거짓 교사들은 흑암의 사슬에 묶어 어둠의 감옥에 가두어 심판의 날까지 '지키신다.' 양쪽 다 하나님의 지키심(?)을 받는 셈이다. 하지만 한쪽은 은혜 안에서 최종적 구원을 향해 지키심을 받고, 하나님의 은혜를 방탕거리로 바꾼 다른 쪽은 그들이 자신의 위치를 벗어나 이르게 된 그 어둠의 감옥 속에서 최종적 심판을 위하여 지킴을 받는 것이다.

그래서 베드로는 17절을 시작하면서 '그러므로 너희, 사랑하는 자들이여'(휘메이스 운 아가페토이, ὑμεῖς οὖν, ἀγαπητοι)라 부르며, 수신자 된 교회를 그 앞 절에 나온 거짓 교사들과 뚜렷이 대조한다. 흥미롭게도, 거짓 교사들은 '그들 자신의 멸망'(이디안 아우톤 아폴레이안, ἰδίαν αὐτῶν ἀπώλειαν, 16절)에 이를 것이지만, '사랑하는 자들'인 수신자 교회는 '자신의 굳게 선 데'(이디우 스테릭무, ἰδίου στηριγμοῦ, 17절)에서 떨어져 나가지 말아야 한다는 대조도 뚜렷하다. 여기서 거짓 교사들과 마찬가지로 수신자에게 모두 동일하게 '자신의'(원형, 이디오스, ἴδιος; 참조. 1:20; 2:16, 22; 3:3)라는 수식어를 사용한 것은 상당히 의미심장하다. 각기 그것이 자신에게 속해 있는 운명이요 길이라는 뜻이 내포되어 있기 때문이다. 즉, 거짓 교사들은 자신의 더러운 정욕을 따라 살기로 한 자들로서 그들의 멸망 역시 '그 자신에게' 속해 있다. 그들은 그 멸망의 길로 달려갈 것이다. 대조적으로, 구원받는 성도는 '그 자신을' 택하시고 부르신 하나님의 은혜 안에 굳세 서 있다는 사실이 '그 자신의' 본질이고 가야 할 길이라고 역설하는 셈이다.

그러므로 거짓 교사들이나 수신자 된 교회, 각자가 선 자리, 속해 있는 자리가 다르다. 거짓 교사들은 이미 멸망에 속해 있지만, 수신자 된 교회는 '자신의 굳센 데'에 서 있다. 그 '굳센 데'는 무엇을 가리키는가? 3:17의 문맥에서 굳센 데에서 떨어지지 않는다는 것은, 거짓 교사들과 '함께 떨어져 나가'(순아파첸테스, συναπαχθέντες) 저들의 '무법한 속임수'(아떼스몬 플라네, ἀθέσμων πλάνη)에 '빠져버리는'(엑크페세테, ἐκπέσητε) 상황을 뜻한다. 그러므로 '굳센 데'라는 것은 일차적으로 '바른 가르침' 즉, 예수 그리스도의 복음이요 썩지 않고 더럽지 않고 쇠하지 않는 나라에 대한 산 소망을 대상으로 한 믿음의 길, 곧 '진리의 길'(2:2)이요 '의의 길'(2:21)을 가리킨다. 다시 말해서 베드로후서의 문맥에서는, 더럽고 썩어지고 허무한 것을 본질로 갖고 있는 세상을 피하여 신적 성품에 참여하는 그 길, 그 생명과 경건에 이르는 길에서 벗어나 '다시 세상으로' 되돌아가지 않도록, 그 진리의 길, 의의 길에 굳게 서서 흔들리지 말고 새 하늘과 새 땅을 바라보며, 거룩한 행실과 경건으로 그 영원한 나라를 준비함에 있어 빗나감이 없도록 하라는 권면인 것이다.

특별히, 3:17에서 이렇듯 거짓 교사들의 무법한 속임수로부터 자신을 '지키라'(풀랏세스떼, φυλάσσεσθε)는 표현은, 2:5에서 노아의 시대에 불경건한 자들이 물의 심판을 받을 때 하나님께서 '의의 전파자'(디카이오쉬네스 케루카, δικαιοσύνης κήρυκα)였던 노아를 '지키셨다'(에풀락센, ἐφύλαξεν; '보존하시고', 개역개정)는 표현과 동일한 용어를 사용한다(참조. '무법하고 방탕한 자들', 2:7). 결국, 3:17에서 성도가 자신을 '지킨다'는 것은, 예수 그리스도의 죽으심과 부활 그리고 다시 오시는 재림을 통해 우리에게 약속된 새 하늘과 새 땅의 복음을 뜻하는 그 진리의 길, 의의 길에서 벗어나지 않는다는 것을 의미한다. 그렇게 하려면, 결단코 세속적인 거짓 교사들의 거짓 가르침에 휩쓸리지 말아야 한다. 그래서 다시 세상의 썩어짐과 더러움과 허무함으로 돌아가지 말아야 하고, 도리어 살아 있는 소망을 더욱 굳게 견지하는 신앙을 가리킨다.

오늘날 교회에 출석하는 일반 성도들은 그러므로 성경에 대한 무지에 갇혀 있어서는 안 된다. 무조건 설교자가 원하는 대로 '아멘, 아멘' 해서도 안 된다. '오직 성경', 오직 말씀을 따라가야 하는 특권과 의무는 신학자나 목회자의 것만이 아니라, 온 교회, 모든 성도의 책임이요 의무이다. '신학'이란 하나님을 아는 지식이다. 그래서 신학은 신학자나 목회자의 전유물이 아니다. 모든 성도는 하나님과 우리 주 예수 그리스도를 알아 간다. 모든 신자는 어쩔 수 없이 '신학을 하는'(doing theology) 셈이다. 신학이란, 우리에게 자신을 계시하신 하나님을 알아 가며, 그 알게 된 내용에 근거한 우리의 모든 응답이다. 우리의 지성뿐 아니라, 영성, 도덕성, 또한 감성과 의지까지 포함해서 우리의 인격과 삶 전체로 드리는 응답이다. 그래서 신학 곧 하나님을 알아 가는 것은 우리의 모든 삶으로 하는 것이며, 삶 전체가 하나님께 드리는 신학적 응답이요 예배인 것이다.

이렇듯, 우리의 지성을 포함해서 삶 전체가 하나님을 알아 가는 신학적 응답이라 할 때, 모든 성도는 성경 말씀에 착념하여, 복음의 바른 길, 진리의 길, 의의 길에 익숙해야 한다. 그래서 거짓 교사가 거짓 가르침을 가르치려 할 때, 마치 흙탕물을 마시다가 뱉어 내듯 걸러 내고 분별할 수 있는 지식과 자질을 갖추도록 애써야 한다. 기독교는 '목사교'(牧師教)가 아니다. 목사나 설교자에게 '충성'하는 것이, 목자장이신 주 예수께 충성하는 것은 아니다. 거짓 교사들도 가르치고 설교하는 자리에 서기 때문이다. '여러분이 드리는 헌금이 배추색인지, 파란색인지 하나님은 다 아십니다'라고 지껄이는 설교자를 두고 '목사님'이라고 부르는 것은 성도의 치욕이기 전에, 무지(無知)요 또한 무책임이다.

그러므로 모든 성도는, 성경 말씀에 근거하여 부지런히 분별하여야 한다. 거짓 교사들의 거짓 가르침을 말씀의 빛 가운데 드러내야 한다. 어둠은 빛에 쫓겨나게 되어 있다. 어둠이 어둠인 채로 빛 가운데 계속 있을 수 없다. 진리의 길, 의의 길을 지켜야 한다. 사람을 따르지 말고, 오직 말씀을 따라가야 한다. 오직 목자장이신 예수 그리스도의 기록된 성경 말씀을 따라, 우리를 인도하는 착하고 충성스러운 목자를 따라야 한다(벧전 5:1-4). 무엇보다, 모든 성도가 스스로 성경을 배우고, 진리의 말씀 안에 굳게 서야만 한다. 내가 빛이고 말씀이 어둠이 아니다. 내가 말씀을 밝혀야 하는 것이 아니라, 빛이신 말씀이 나를 밝혀야 한다. 말씀의 빛 가운데 드러나기를 즐겨하라. 말씀의 생명으로 채워지기를 훈련하라(1:19; 요일 1:1-10). 당신이 말씀을 지키면, 말씀이 당신을 지켜 준다. 말씀을 따라가면, 우리가 스스로 이를 수 없는 그곳에 이른다. 우리 힘으로, 지혜로는 새 하늘 새 땅에 이를 수 없다. 세상도 이길 수 없다. 오직 말씀이 이기게 한다. 세상이 사라져도 말씀과 그 말씀이 그 안에 거하는 이는 영영히 거하기 때문이다(요일 2:14-17; 참조. 사 40:6-8; 약 1:18, 21; 벧전 1:23-25). 오직 말씀을 따라갈 때, 그 말씀은 우리로 하여금 심판의 불을 지나, 새 하늘과 새 땅에 이르게 해 줄 것이다. 말씀 안에 거하고, 말씀이 당신 안에 거하게 하라.

신적 성품에서 '자라 가라!'

베드로가 마지막으로 남기는 두 번째 권면은, '자라 가라'는 것이다(18절). 성도가 세속적인 거짓 교사들의 거짓 가르침에서 자신을 '지키는' 것만으로는 부족하다는 듯이 베드로는 '자라 가라'고 힘주어 격려한다. 어찌 보면 거짓 가르침으로부터 자신을 지키는 것이 소극적인 방어라면, 하나님의 은혜 안에서 자라 가는 일은 적극적이고 공격적인 전략이다. 그렇다면 어떻게 '자라 가라'는 것인가? 18절은 '오직 그 은혜 안에서'(엔 카리티, ἐν χάριτι) 자라 가라고 말한다. 그의 '은혜'는 무엇인가? 베드로는 베드로후서의 마지막 구절에서처럼, 베드로전서의 마지막에서도 하나님의 '은혜와 영광'을 언급하면서 비슷한 축복의 권면을 남긴다.

> "모든 은혜의 하나님 곧 그리스도 안에서 너희를 부르사 자기의 영원한 영광에 들어가게 하신 이가 잠깐 고난을 당한 너희를 친히 온전하게 하시며 굳건하게 하시며 강하게 하시며 터를 견고하게 하시리라 권능이 세세무궁하도록 그에게 있을지어다 아멘"(벧전 5:10-11)

'모든 은혜'이다. '율법의 저주에서 우리를 해방하신' 은혜, 오직 예수 그리스도를 믿음으로 주시는 의와 구원의 은혜만이 아니다. 예수 그리스도의 죽으심과 부활로 말미암아 우리를 거듭나게 하사, 썩어지고 더럽고 허무한 세상으로부터 우리를 건져 내셨고, 건져 내고 계시고, 건져 내실 은혜도 포함한다. 그 아들의 죽으심으로 말미암아 얻게 된 대속의 은혜뿐 아니라, 부활하심으로 말미암아 우리를 거듭나게 하사 주신 부활 생명의 은혜도 포함한다. 부활하셨을 뿐 아니라, 승천하사 하나님 보좌 우편에 우리를 '함께 앉게 하신' 은혜도 포함한다. 그보다 더욱더, 마지막 날에 다시 오셔서, 이 세상을 불로 심판하시고 그 크고 복된 약속을 따라 새 하늘과 새 땅을 열어 주실 것이다. 그뿐 아니다. 바로 그런 놀라운 미래, 그 영원한 영광에 이르기까지 이 세상에서 '잠시' 받는 고난의 기간 동안에도 우리가 그 진리의 길, 의의 길, 생명의 길에서 벗어나지 않도록 '회복하시며, 거기에 굳게 서게 하시고, 또한 강하게 하시며, 터를 견고하게' 하시는 은혜도 차고 넘친다. 이것이 '모든 은혜'이다.

그분의 영광스러운 택하심과 거룩한 부르심을 입은 복된 교회는, 이 모든 은혜 안에서 '굳게 서야' 한다. 그래서 베드로는 생명과 경건에 이르게 하는 '모든 신적 능력'을 이미 믿음을 통해 받은 교회가 신적 성품에 참여하도록 독려하면서, '더욱 힘써 너희의 택하심과 부르심을 굳게 하라'고 권면했던 것이다(1:1-11, 특히, 9절).

그리고 무엇보다, 하나님의 모든 은혜 안에서 그 모든 은혜를 더욱 굳게 하는 길은, 신적 성품에서 '자라 가는'(아욱싸네테, αὐξάνετε) 길이다(3:18). 마치 씨앗이 땅에 떨어져서 그 터가 굳어진다는 것은, 나무가 그 땅 아래로 깊이 뿌리를 내리고 위로는 가지를 뻗어 꽃을 피워 내고 끝내 열매를 달기까지 자라남을 의미하는 것과 같다. 성도 역시 마치 시냇가에 심은 나무처럼 하나님의 택하심과 부르심의 은혜의 땅속으로 깊이 뿌리를 내리며, 철따라 푸른 잎들을 내고 신적 성품의 꽃과 열매를 맺을수록 더욱더 그 은혜의 땅에서 터가 굳어지는 것이다. 성도가 말씀의 빛 아래서, 성령의 생수를 마시며, 하나님의 사랑 안에서 숨 쉬면, 시냇가에 심은 나무가 자라듯, 신적 성품에서 자라날 수 있다.

베드로는 더욱 구체적으로, 예수 그리스도의 부활하심으로 말미암아 우리가 거듭나게 되었을 때 살아 있는 소망을 알게 되었다고 알려 준다(벧전 1:3). 영적 지식은 영적 생명의 증거요 발현이다. 영적 생명이 충만하다는 것은 영적 지식, 곧 하나님을 아는 것과 자신을 아는 것과 세상과 역사 그리고 그 끝과 그 너머를 아는 일에 있어, 말씀을 따라 충만한 지식에 이른다는 것을 의미한다. 그리고 이러한 신적 지식은 단지 지식에서 끝나지 않고, 그것이 참되고 살아 있는 영적 지식이라는 사실을 그의 신적 성품의 성장으로 증명한다. 하나님을 아는 지식은 반드시 신적 성품으로 열매 맺기 때문이다. 죄를 이기시고 부활하신 예수 그리스도로 말미암아 하나님을 알게 되는 참된 영적 생명은, 단지 지식으로만 나타나지 않고, 그 영적 생명을 가진 사람의 영적, 지적, 도덕적, 정서적, 의지적인 차원의 모든 생명의 발현에서 그 실체를 드러내는데, 마치 빛이 프리즘을 통과해서 무지개 같은 다양한 색채를 펼쳐 놓는 것과 같다. 그러므로 베드로는 자신의 유언과 같은 이 두 번째 편지에서, 그 서두와 마찬가지로 결론 부분에서도 동일한 메시지를 강조한다. 이것이 베드로가 진정으로 전달하고 싶었던 메시지이다. 귀 기울여 듣고 잊지 말자.

> "도리어 여러분은 우리 주요 구주이신 예수 그리스도를 앎으로써, 오직 그 은혜 안에서 자라가십시오. 그에게 영광이 이제와 영원토록 있을지어다"(3:18)

세상의 썩어짐과 더러움과 허무함과는 본질적으로 다른, 성도의 신적 성품이 자라나는 길은, 예수 그리스도를 '앎으로써' 가능하다. 왜냐하면 예수 그리스도 자신이 더러움 곧 죄를 이기셨고, 썩어짐 곧 죽음에서 부활하셨고, 허무함 곧 '하나님 부재'(不在)를 해결하시는 성령을 보내셔서 우리와 영원토록 함께 계시게 하셨기 때문이다. 또한 예수 그리스도는 '주'(퀴리오스, κυρίος)이시다. 죽으셨을 뿐 아니라 부활하셨고, 부활하셨을 뿐 아니라 하늘에 오르셔서 하나님 보좌 우편에 앉으셔서 지금도 모든 천사들과 권세들과 능력들을 통치하시고 그에게 순복하게 하시는 주권자이다. 이분을 알 때, 우리는 세상에서도 주의 권세에 순복하며 선한 행실로 제사장 나라의 역할을 다할 수 있다. '주'이신 예수 그리스도는 또한 '구주'(소테로스, σωτῆρος)이시다. 이 세상은 이미 하나님의 진노와 불의 심판 아래 놓여 있다. 그 마지막 날, 하나님은 '경건과 의' 외에는 아무것도

'아끼지' 않으실 것이다. 왜냐하면 새 하늘과 새 땅은 '의가 거하는' 곳이며 경건한 자들의 세상일 것이기 때문이다.

주요 구주이신 예수 그리스도를 안다는 것은, 신적 성품에서 자라남을 의미한다. 머리만 커지는 것이 아니다. 교회에서 직분만 올라가는 것이 아니다. 설교단에 서서 가르쳐도, 그가 참으로 주 예수를 알고 그 참된 신적 지식을 증명하는 신적 성품의 열매를 맺고 있지 않다면, 그는 마른 막대기처럼 주의 일에 쓰이다가 끝내 불 속에 던져져 버림받는 거짓 교사의 길을 가는 중일 수도 있다. '안다'는 것은 원래 음식을 '먹는' 것처럼, 우리 존재에 영향을 미친다. 거짓을 알게 되고, 거짓말을 듣고 믿게 되면, 거짓을 먹고 거짓되어 거짓을 토하게 된다. 진리의 말씀, 의의 말씀, 은혜의 말씀, 성경 말씀을 알게 되면, 빛 가운데 서게 되고 말씀의 생명을 먹고 살게 되며, 그렇게 살게 되면 그 생명과 빛을 드러내는 삶을 살게 되는 것이다.

그것이 교회가 이 땅에서 드러내는 빛이요 생명, 곧 하나님의 영광이다. 하나님의 영광은 자신의 형상을 따라 만드신 인간의 회복에서 가장 빛이 나고 충만히 드러난다. 마치 모자이크 작품이 빛을 받으면 그 형형색색의 조각들이 함께 빛을 통과시켜 신비하고 아름다운 모습을 드러내듯이, 사람의 회복 곧 그의 백성인 교회의 회복, 그리고 세상의 회복은, 하나님의 생명과 진리 그리고 그의 영원한 은혜와 사랑의 빛을 찬연히 드러낸다. 그것이 하나님의 영광이다. 하나님은 사람과 세상에 대한 심판과 구원, 회복과 재창조를 통해, 자신의 영광을 회복할 것이다. 새 하늘과 새 땅이 곧, 장차 드러날 그의 영광이다. 그보다 더욱더, 당신과 나의 신적 성품이 결국 드러날 하나님의 영광의 광채이다. 하나님은 반드시 지극히 크고 복된 이 약속을 이루실 것이다. 왜냐하면 오직 그에게만 영광이 지금과 또 영원토록 있을 것이기 때문이다. 그러므로 세상 속의 교회여, 세상이 아닌 영원한 생명이신 그 아들을 받은 교회여, 그분의 영광이 되자. 그분의 영광을 드러내자. 지금도 드러내고, 영원토록 그리하자. 찬송받기에 합당하신 우리 아버지와 어린양이요 목자이신 우리 주 예수께 영광이 이제와 영원토록 있을지어다. 아멘.

삶으로
내리는 뿌리

다시, 영원에서 일상으로

기독교 신앙이 들어간 나라나 민족이 바뀌지 않은 경우는 드물다. 오랫동안 기독교 문화에 속해 있었고 지금은 가장 선진국에 속하는 북유럽의 국가들은 한때 바이킹과 같은 야만족들이 판치던 황량한 벌판이었다. 하지만 말씀의 빛이 비치면 어디든 온갖 어둠이 물러간다. 사람들이 그 빛 속에서 깨어난다. 무지하고 어리석은 일들을 버리게 된다. 여성이 정치에 참여하게 되고, 아이들은 보호받게 된다. 모두가 하나님의 형상으로 지음 받았음을 알게 되기 때문이다. 교육열이 높아지게 된다. 기독교는 책의 종교이며, 하나님을 아는 지식은 인간과 사회, 물질적 우주를 아는 지식에 근원적인 빛을 던진다. 도덕적 어둠도 점차 걷힌다. 정직, 관용, 박애, 친절, 청결, 신용이 현격히 증대되고 그 사회와 문화 속에 뿌리내린다. 야만스러운 일이 중지된다. 시간이 걸리지만, 인간은 누구나 차별 없이 존엄한 존재라는 사실이, 법적으로 사회적으로 문화적으로 보장되는 문명으로 발전한다. 경제적으로도 성장한다. 생명이 모든 차원에서 증진된다. 빛은 생명을 풍성케 하기 때문이다. 복음의 빛이 들어간 곳에 생명이 풍성해지지 않은 곳이 없다.

그러나 기독교 문명이 창궐한 나라나 민족이 계속해서 복음의 빛 가운데 거하는 일도 드물다. 온갖 우상들을 숭배하던 고대 근동에서 참하나님이신 여호와를 알고 섬기며 창성했던 이스라엘도 끝내 나라를 잃고 포로로 끌려갔다. 그들 역시 세상 여러 나라들과 같이 되었다. 지금도 그러하다. 예수 믿고 망하는 것이 서구 기독교 문명이 걸어가는 길이다. 역사적인 지상의 다윗 왕국이 그랬듯이 그리고 서구 기독교 국가들이 그러한 것처럼, 기독교 가치관에 근거한 정치도 문화도 사회도 하나의 실험에 그친다. 이 땅에서 온전할 수는 없다. 세상에 뿌리박은 '악'(evil)이 여전히 창궐하고 아주 사라지지 않기 때문이다. 하지만 새 하늘과 새 땅의 복음은, 이 땅에서 어둠을 밝히는 빛의 나라를 지속적이고도 점진적인 방식으로 세워 간다. 온전하지는 않지만, 점점 더 강력하게 활동한다. 악은 더욱 짙은 어둠을 뿜어내겠지만, 결국에는 빛과 생명, 거룩과 영원한 나라가 이 땅에 온전히 임할 것이다. 그 약속은 확실히 성취된다.

그러므로 교회는 확실하게 임할 그 영원한 나라를 기다리고, 지금 이 땅에서 그 영원한 나라, 거룩한 빛과 생명의 나라에 적극적으로 참여해야 한다. 자신이 처한 가정과 교회, 일터와 사회, 정치와 문화의 모든 영역 속에서, 그 나라의 긍휼과 정의, 은혜와 진리를 드러내고 증거해야만 한다. 우리의 노력이 전부가 아니라는 사실을 알면서도, 마치 지금 여기서 그 나라를 세울 수 있을 것처럼 애쓰고 몸부림쳐야 한다. 이 땅에서 영원한 나라에 참여하는 하나님의 백성은, 그저 팔짱을 끼고 종말을 기다리는 신비주의자들이 아니다. 새 하늘과 새 땅을 향한 살아 있는 소망에 마음이 들뜨지만, 다시 일상(日常)으로, 때로 우리를 좌절시키는 일상으로 돌아올 수밖에 없다.

교회가 이 땅에 남아 있는 이유 중에 하나는, 그 일상을 영원의 관점에서, 영원한 나라의 가치관으로 살고 그런 공동체를 만들어야 하는 사명 때문이다. 그것은 폭우가 내리는 산속에서 피할 곳을 찾아든 사람들을 보호하는 대피소와 같은 곳을 마련하는 일과도 같다. 장차 더 안전한 장소로 옮겨지기 전까지, 따뜻한 차와 편히 쉴 수 있는 잠자리가 있는 곳, 함께 대피해 온 사람들과 평화롭고 아름다운 대화를 나누며, 서로를 위로할 수 있는 안전한 집과 같은 공동체이다. 거기서 이 폭우와 산사태가 끝나고 난 뒤 돌아가게 될, 평화로운 마을과 고향 집에 대한 소망을 꿈꿀 수 있는 그런 곳이다. 세상이 버린 자들을 돌아보는 일, 낙오자, 병든 자, 실패자, 온갖 죄인들에게 다가가 기쁜 소식, 하나님의 사랑, 예수 그리스도의 은혜와 진리, 성령의 치유와 생명을 전달하는 것은 교회의 몫이며 특권이다. 약육강식과 적자생존이 지배하는 정글 같은 세상에서 하나님의 공의로운 심판에 모든 것을 맡기며, 거듭나 새롭게 된 선한 양심을 따라 긍휼과 정의를 행하고 오직 하나님과 겸손히 동행하는 일도 교회의 고귀한 사명이며 특권이다. 교회 안에서 훈련하는 신적 성품은, 그대로 세상 속에서 하나님 나라의 시민의 모습으로도 드러나야 한다.

그럼에도 불구하고, 교회가 이 땅에서 구현하는 모습은 여전히 '대피소'와 같을 것이다. 교회가 이 땅에서 기대하는 '나라'가 혹시 온전해 보일지라도, 교회는 지금, 여기가 전부라고 믿어서는 안 된다. 예수 믿고 복 받고 세상에서 잘되는 것이 목적이 아니다. 이 세상에서 하나님의 나라를 세워 가는 일에 있어서, 그 모든 것이 우리 손에 달린 것처럼 우쭐하고 스스로 만족하는 착각도 버려야 한다. 세상에 편만하며 좀처럼 사라지지 않는 '악'(惡)을 대항하는 싸움은, 하나님의 아들의 십자가와 부활에서 '결정적으로' 끝났다. 하지만 오직 그분이 다시 오셔야 '최종적으로' 끝이 난다. 잠시이지만, 아직은 악이 활동하는 기간이다. 그래서 교회는 이 모든 것을 완성하실 분, 그분이 다시 오실 때 가져오실 '은혜와 긍휼'을 간절히 기다리는 소망으로 살아야 한다.

주께서 통치하신다. 그러므로 낙심하지 말고, 담대함으로, 확신으로, 그 나라의 빛과 생명, 은혜와 진리, 의와 화평을 이 땅에 심어야 한다. 눈물을 흘리며 씨를 뿌리는 자는 기쁨으로 거둘 것이다. 어둠은 빛을 이기지 못한다. 사랑은 증오보다 강하고, 생명은 죽음을 이긴다. 하나님의 말씀은 영원하며 모든 것을 회복한다. "보라, 내가 만물을 새롭게 하노라"(계 21:5). 무엇보다,

장차 임할 하나님의 나라가 가장 앞선 나라, 가장 선진국이라는 자긍심을 가져야 한다. 이제는 대한민국 여권을 들고 다른 나라들에 가면, 그리 주눅 들지 않는다. 그런 것이다. 교회는 이 땅의 어느 나라, 어느 민족에 속해 있든지, 가장 '선진국'(先進國) 국민이다. 장차 올 가장 완전한 나라, 앞선 나라, 이미 그 영원한 나라의 시민이기 때문이다.

그래서 이 땅에서도, 교회는 가장 영원한 선진국의 시민답게 살아야 한다. 오직 살아 계신 하나님이 참신(神)이시며 전능한 주권자요 창조주이며 심판주이심을 증거해야 한다. 그 아들이 세상에 오셨고, 그만이 길이요 진리요 생명이심을 증거해야 한다. 장차 확실히 임할 그 나라의 고귀하고 찬연한 문명을 교회인 우리가 먼저 보여 주어야 한다. 진실로 '의가 거하는바', 그 영원한 나라가 존재하며, 사자와 어린양, 강자와 약자가 함께 어우러져 화평하게 사는 그 나라가 반드시 다가온다는 사실을, 교회 안에서 그리고 세상에서도 증거해야 한다. 교회는 그 거룩하고 의와 사랑이 충만한 나라에서 살고 있고 또한 살게 될 천국 시민답게, 불의와 잔인함, 부정직과 야만이 판치는 세상 한복판에서라도 그 나라의 '은혜와 의'의 실재를 보여 줄 수 있어야 한다. 오직 주께서 이루시리라! 바로 그 때문에, 교회는 하나님과 우리 주 예수 그리스도를 아는 지식을 통해 오직 신적 성품에서 성장하는 일에 열심을 다해야 한다. 새 하늘과 새 땅이 내려오고 있다! 교회여, 신적 성품에 참여하라!

"나라가 임하시오며, 뜻이 하늘에서 이루어진 것 같이 땅에서도 이루어지이다"

(마 6:10)

삶으로
내리는 뿌리

허무를 이기는 복음

믿음의 길을 열정적으로 달려가는 것과 계속 그렇게 하는 것은 별개의 문제이다. 계속하다 보면 열정도 식고 의미마저 사라지는 때가 있다. 세상의 강력한 무기는 더러움과 썩어짐, 그리고 허무이다. 더러움과 썩어짐의 강력도 거세지만, 허무함의 쓰나미는 모든 것을 무력화시킬 만큼 파괴적이다. 허무하다고 느끼면 인간은 마음껏 더러워지고 얼마든지 썩어짐의 종노릇할 수 있기 때문이다.

복음은, 죄를 이기신 예수 그리스도의 십자가와, 죽음을 이기신 예수 그리스도의 부활, 그리고 세상의 허무를 끝내고 그 영원한 나라를 온전히 가져오실 예수 그리스도의 다시 오심이다. 복음은 우리로 하여금 죄의 더러움을 이기게 하고, 죽음의 포학과 공포를 이기게 할 뿐 아니라, 허무의 갈취와 파괴도 극복하게 한다.

지금 여기서의 삶과 영원한 나라에서의 삶은, 문 한 칸 차이이다. 죽음이 가로놓여 있지만, 실은 믿음의 거리만큼 떨어져 있을 뿐이다. 죽음이든 믿음이든, 그 문을 열면 저편에서의 삶이다. 영원한 나라와 지금 여기는 연결되어 있다. 두 나라 모두 한 분 하나님이 다스리시기 때문이다. 그 나라에서는 온전한 질서가 여기서는 파괴된 채로 있을 뿐이다. 동일하신 하나님의, 근본적으로 동일한 '의'의 질서이다. 파괴된 곳과 회복된 곳의 차이이다.

세상을 바라보면 모든 것이 헛되다. 뿌리 깊은 허무에, 모든 의미들이 바람에 날리듯 흩어진다. 하지만 사실은 그렇지 않다. 지금 여기서의 삶과 영원한 나라 사이에 걸쳐 그분이 계신다. 지금과 그때는 파괴와 회복의 차이이다. 그러므로 지금 여기에서, 하나님을 의식하고 세상의 회복을 위해 사는 것은 그 영원한 나라에서도 중대하고 큰 의미가 있다.

영원이 없다면, 그분이 없다면, 회복된 세상에 대한 약속이 없다면, 지금 여기서 우리는 도무지 허무를 극복할 수 없다. 여기는 깨어진 세상이다. 영원마저, 믿음이 아니면 보이지 않는 곳이다. 하지만 믿음으로 하는 모든 일이 영원한 의미를 갖는 곳이다.

허무와 싸워 이겨야 한다. 더러움과 썩어짐과 함께, 허무는 우리의 존재 근거를 허물어 우리로 세상과 같이 되게 만든다. 그래서 더욱더 허무와 싸워야 한다. 믿는다는 것은 허무와 싸워 이겼고, 이기고 있고, 이길 것이라는 확신으로 산다는 뜻이다. 모든 것은 의미가 있다. 그분과 그분의 나라가 왔고, 오고 있고, 올 것이기 때문이다.

| 에필로그 |

'신적 성품으로 성장하는 교회'

에필로그

'신적 성품으로 성장하는 교회'

가장 설교되지 않는, 가장 적실한 성경

신약 성경 중에서 가장 설교되지 않는 책이 있다면, 아마도 베드로후서도 빠지지 않을 것이다. 특히 2장은 거짓 교사에 관한 내용으로, 어쩌면 목회자 자신을 비출 수도 있는 이런 본문을 설교자가 스스로 택하기란 여간해서는 쉽지 않은 것이다. 하지만 오늘날 이 땅의 교회를 바라보며 신약 성경 중에서 가장 필요한 책을 한 권만 뽑으라 하면, 주저 없이 베드로후서를 선택해야 한다. 그만큼 베드로후서는 오늘날 교회인 우리 자신에게 너무도 적실(的實)한 성경이다.

왜 그런가? 베드로후서는 '교회 속의 세상'이라는 주제를 다루기 때문이다. 야고보서부터 시작하는 공동서신 전체는, 당시 초기 교회가 로마라는 거대하고 화려하며 또한 적대적인 세상을 맞닥뜨리면서, 예루살렘의 사도들이 교회의 '정상적이고 규범적인 신앙'(*regular fidei*)의 확립을 위하여 기록한 서신들을 모아 놓은 정경 묶음이다. 만일, 야고보서의 주제를 '하나님과 세상 사이에 선 교회'라고 하고, 베드로전서를 '세상 속의 교회'라 부를 수 있다면, 베드로후서는 그런 '교회 속에 밀려들어 온 세상'을 다루는 서신이라 부를 수 있다(참조. 채영삼, 『공동서신의 신학』, 13-61).

베드로후서를 오늘날 이 땅의 교회를 위해 가장 적실한 서신이라고 보는 이유가 여기에 있다. 지금의 한국 교회는, 야고보서의 경우처럼 '두 마음'을 품은 정도가 아니고, 또한 세상 속에서 제사장 나라의 사명에 실패하고 있는 상황도 지나서, 아예 그 세상의 더럽고 썩어지고 허무한 본질이 거짓 교사들의 거짓 가르침을 통해 교회 안으로 홍수처럼 밀려들어 와 있는 형국처럼 보이기 때문이다. 물론 지금도 이 땅에 진실하고 신실한 수많은 목회자들과 교회가 있다. 하지만 우리 자신의 병(病)을 정확하게 진단하는 것은, 다소 아프고 고통스럽지만 필요하고 또 가치 있는 일이다. 병이 있어도 병원에 가지 않으려는 우리의 본성을 생각한다면, 왜 베드로후서가 그렇게도 적실한 서신이면서도, 거의 읽히지도 연구되지도 설교되지도 않는지를 짐작할 수 있다.

'세상'을 배경으로 설명된 복음

하지만 때로 낯설고 자주 거칠게 느껴지는 베드로후서의 본문을 하나씩 살피면서, 필자는 그 안에 감추어진 놀라운 은혜와 강력하고 살아 있는 복음을 알게 되었다. 가장 큰 그림은, 베드로가 예수 그리스도의 복음을 주로 '세상'을 상대해서 해석하고 풀어내고 있다는 사실이다. 복음이란 무엇인가? 죄 사함인가? 율법의 저주에서 해방된 것인가? 우리가 흔히, '오직 믿음'으로 구원받았다고 할 때, 그 의미는 '율법 아래서 율법의 행위'로 말미암지 않고, 이제는 하나님께서 마지막 때에 보내신 그 아들 '예수 그리스도를 믿음으로' 구원받았다는 것을 뜻한다. 이때, 예수 그리스도로 말미암은 구원은 주로 '율법'과 상대해서 설명된다. '오직 믿음'은 '율법의 행위'로가 아니라는 뜻이며, '오직 은혜'는 '율법의 행위에서 난 의'가 아니라는 뜻이기 때문이다. 또한 복음이 주는 '자유' 역시, 주로

'율법'을 배경으로 설명되기 마련이다.

베드로는 이렇듯, 그의 '사랑하는 형제 바울'(3:15)이 주로 옛 언약, 곧 유대교의 율법과 상대하며 펼쳐 낸 복음을 전제하지만 그것을 그대로 반복하지는 않는다. 베드로가 사용하는 '은혜', '의', '자유' 등의 개념은 바울서신에서 그것들이 갖는 의미와 중첩되면서도 또한 그것들을 보완하고 온전케 하는 새로운 의미들을 포함하고 있다. 그것은 베드로가 예수 그리스도로 말미암은 구원을 주로 '세상'에 대하여 설명하고 있기 때문이다. 그래서 베드로는 은혜를 말하면서도, '모든 은혜', '참된 은혜'(벧전 5:10, 12; 벧후 3:18)를 강조한다. '자유'를 말하면서도, 그와 함께 '그 자유로 악을 가리는'(벧전 2:16) 문제나 그런 '자유를 준다'고 하지만 실상은 '다시 세상에 얽매이고 지는'(2:20) 거짓 교사들의 병적인 증상들을 진단해 내는 것이다.

베드로후서가 베드로전서와 함께 이런 독특하고 의미 있는 특징을 지니는 이유는, 그 발생 동기부터가 바울의 서신들과 보완적인 관계에 있기 때문이다. 확실히, 초기 교회는 바울이 전하는 '오직 믿음'의 복음을 오해한 사들로 인해 혼돈을 겪었다(행 15:1-21). 한편으로는 율법을 중시하는 유대인들이나 믿음을 통해 성령을 받고도 '다시 율법 아래로' 돌아가려는 바리새적인 그리스도인들과의 충돌이 있었고, 다른 쪽에서는 이방인이었다가 새 언약 백성이 된 그리스도인들이 '오직 믿음'의 신앙을 오해하거나 악용하여 반(反)율법적이 되거나 무(無)율법적인 신앙에 빠지면서 '다시 그들이 속해 있던 세상으로' 되돌아갈 위험이 상존해 있었던 것이다.

이런 상황에서, 예루살렘을 거점으로 하는 초기 교회의 주요 지도자들, 즉 바울이 '기둥과 같이 여겼던 야고보, 베드로, 요한'(갈 2:9)은 자신들의 권위 있는 서신을 통해, 전체 교회가 바울이 전하는 복음과 더불어 보다 균형 잡힌 신앙을 갖게 되기를 원했던 것이다. 그리고 그 결과 우리가 갖게 된 서신이 공동서신이다. 그러므로 야고보서와 베드로전서뿐 아니라, 베드로후서는 바울의 '이신칭의'(以信稱義)의 복음을 오해하거나 또는 왜곡하고 악용하기까지 하는 위험에 대한 상당한 해독제(解毒劑)요 적절한 처방으로 주어진 권위 있는 서신이었으며, 또한 그런 의미로 신약 성경의 정경으로 포함되고 보존되었던 것이다.

공동서신의 이런 발생 동기와 목적 그리고 정경으로서의 그 권위는, 오늘날 베드로후서가 교회인 우리 자신의 병을 진단하고 치유하는 데에 결정적으로 중요하고 적실한 서신이 될 수 있는 충분한 근거를 제공한다. 오늘날 한국 교회에 만연한, '한 번 구원은 영원한 구원'이라는 식의 거의 '구원파'에 가까운 '오직 믿음주의(*sola fideism*)는, 바울의 '오직 믿음'의 복음을 오해했던 초기 교회의 반율법주의나 무율법주의적인 이방인 그리스도인들의 일탈(逸脫)과 많이 닮아 있다. 한편으로는 '오직 믿음'의 교리를 오해하고 다른 한편으로는 적극적으로 '세상 복'을 추구하며, 동시에 그 '세상의 더러움과 썩어짐과 허무함'으로 다시 돌아가 얽매여서 지고 마는 교회의 현상이, 마치 공동서신이 필요했던 초기 교회의 문제 상황과 흡사한 것이다.

더구나 베드로후서는, 교회가 단지 하나님과 함께 세상을 짝하여 사랑하고 있다는 야고보서의 문제 상황에서 멈춰 있지 않다(약 1:8; 4:8). 또한 세상 속에서 제사장 나라의 사명을 받은 교회로서 이방인들 가운데서 '너희의 선한 행실로' 하나님께 영광을 돌리게 하라는 베드로전서의 명령 앞에서도(벧전 2:9-16), 큰 실패와 감출 수 없는 수치로 서 있다. 그리고 이제는 이 땅의 교회에 넘치는 거짓 교사들의 포악한 거짓 가르침들로 인해, 복음은 큰 훼방을 당하고, 수없이 많은 양 무리는 고통당하며 실족하여 교회를 떠나는 일로 중병(重病)을 앓고 있다. 그래서 베드로후서는 우리가 쳐다보기 싫은 신약(新約)의 책이지만, 어쩌면 우리의 병을 낫게 해 줄, 그동안 제대로 개발되지 않았던 새로운 약, 신약(新藥)이 될 수도 있다.

베드로후서의 전략과 해법

베드로후서는 바로 이런 거짓 교사들의 부패한 행실과 거짓 가르침의 문제를 직접적으로 다룬다. 교회를 나가 교회와 분리된 '이단'들의 문제를 다루는 것이 아니다. 그것은 요한서신의 몫이다. 베드로후서는 그 전 단계이면서도 훨씬 더 교묘해서, 훨씬 더 섬세하고 명확한 분별력을 요구하는 상황을 다룬다. 거짓 교사들은 그들의 부패한 행실로 성도를 공략한다. 무엇보다 그들의 거짓 가르침은, 성경을 해석하고 설교한다고 하지만 모두 '자의적으로, 제멋대로' 해석한 내용들로, 자신들의 '더러운 탐욕'을 따라 그들의 돈벌이를 위해 '만들어 낸 이야기들'이다. 이렇듯, 거짓 교사들은 거짓 가르침과 그들의 부패한 행실이라는 이중적 전략으로 교회를 공략한다. 그것도 교회 '안으로 들어와서' 교회로 하여금 복음을 떠나게 하고, 진리의 길, 의의 길을 떠나, 다시 세상처럼 더럽게 하고 썩어지게 하고 허무한 데에 얽매이게 만들어 버리려 하는 것이다.

베드로후서는, 이런 거짓 교사들의 공략에 대해 매우 뚜렷하고 효과적인 해법을 제시한다. 그것도 맨 먼저 1장에서 그 이중적 해법을 제시한다. 1장의 전반부(1:1-11)에서 베드로는 '신적 성품'이라는 해법을 제시하는데, 이는 2장에서 전격적으로 폭로하는 거짓 교사들의 '부패한 성품과 행실'의 공격에 대한 교회의 확실한 대응책이다. 그다음 1장의 후반부(1:12-22)에서는, 거짓 교사들의 거짓 가르침의 뿌리요 근거인 그들의 '자의적 성경 해석'에 맞서, 성경이 하나님의 계시의 말씀이며 그 성경을 해석한다는 것은 과연 어떻게 하는 것인가에 대한 확실한 해법이 제시되어 있다. 그리고 이 해법은, 3장에서 중점적으로 전개하는 거짓 교사들의 거짓 가르침, 즉 '종말도 심판도 없다' 하는 그들의 속임수를 대적하기 위한 포석으로 제시된 해법이다. 베드로의 해법의 핵심과 그것이 우리에게 주는 의미는 무엇인가?

'신적 성품'에서 성장하라

베드로가 말하는 '신적 성품'이란 결국, 세상의 '더럽고 썩어지고 허무한' 본질을 이기게 하는 '예수 그리스도의 의와 부활 생명 그리고 그의 임재'가 성도 안에 성품과 삶의 관계로 자리 잡은 형태이다. 이것은 마치 전사(戰士)가 입은 갑옷처럼(참조. 벧전 4:1) 세상의 모든 부패한 공격들을 막아 내는 방패 역할을 하지만, 다만 그것을 입었다가 벗었다가 할 수 있는 종류가 아닌 아예 그의 존재적인 '성품'으로 자리 잡은 내용이라는 점에서 더욱 강력한 대책이다. 즉, 예수 그리스도의 의를 힘입어 보배로운 믿음을 받은(1:1) 성도는, 이미 자신 안에 '생명과 경건'에 이르게 할 '모든 신적 능력'을 받았다. 단지, 하나님과 주 예수 그리스도를 '앎으로써', 그는 이 '모든 신적 능력'을 누리며 신적 성품에서 성장해 가는 것이다(1:2-4).

물론, '이미 주셨다'는 것은 그의 간구와 성장하려는 순종과 애씀을 통해 지속적으로 공급되는 은혜를 포함할 것이다. 그래서 '부르심과 택하심'은 주셨지만, 그것을 '굳게 하는' 부지런함과 애씀이 요구되는 것이다. 그 부지런함과 애씀도 모두 하나님의 '모든 은혜'와 '지키심' 가운데 인도함을 받지만, 성도는 필사적으로 믿음에 만족하지 않고, 덕을 배우며, 덕에 지식을, 지식에 절제를, 절제에 인내를, 그리고 인내에 경건을, 경건에 형제 우애를, 형제 우애에 사랑이 공급되기까지 성장해야 한다. '주요 구주이신 예수 그리스도를 앎으로써, 신적 성품에서 성장하는 것'이, 교회 안으로 밀려들어 오는 거짓 교사들의 거짓 가르침에 대한 가장 적극적이고 효과적인 해법이다. 이것이 베드로의 첫 번째 처방이다.

단순한 제자훈련이나, 12단계 성경 공부나, 재직 세미나 정도로는 교회 안에 밀려들어 온 세상을 분별하기조차 어렵다. 신적 성품이란, 하나님과 주 예수 그리스도를 아는 참된 지식이 그의 영적, 도덕적, 지적, 정서적, 의지적, 그리고 인격과 삶의 모든 관계를 변화시키는 신적 성품으로 열매 맺은 결과를 뜻한다. 체질이 변하면, 먹던 음식도 잘 먹지 못하게 된다. 그런 식이다. 평소에 술과 고기와 인스턴트 식품을 즐겨 먹었는데, 암 선고를 받고는 식단을 모두 채식으로 바꾸고 부지런히 운동하여 아예 체질과 식성이 바뀌었다는 경우에 대해 종종 듣는다. 신적 성품이 세상의 더러움과 썩어짐과 허무함을 이기는 방식도 이와 유사하다. 거룩함과 경건, 덕을 세우는 일과 인내, 절제와 사랑, 의와 화평을 추구하고 살아 내는 일에 익숙해져서, 그 영적, 인격적 체질이 바뀌는 것이다. 교회는 이것을 목표로 해야 한다.

신약 성경이 가르치는 대로, 교회란 예배당이 아니라 성도 자신이라면, 교회 성장은 성도의 성장이어야 한다. 성도가 예배당을 위해, 이집트 노예처럼 진흙을 이겨 벽돌을 만들며, 목회자는 노예들의 주인이 되어 저들의 등에 율법적이고 세속적이기 짝이 없는 채찍을 휘두르는 것을 목회라 부르는 일, 그런 것을 믿음 생활이라 부르는 일이 다시는 없어야 한다. 교회는 성도이다. 교회의 성장은 성도의 성장이다. 성도의 성장이란, 성도의 신적 성품의 성장이다. 신적 성품의 성장이, 교회 안에 들어온 세상을 이기게 한다. 거짓 교사들이 얼마나 많은가. 거짓 가르침이 얼마나 많이 돌아다니며, 주의 거룩한 양 무리를 훼파하는가. 신적 성품에서 성장하는 교회가 우후죽순처럼 일어나기를 간절히 기도한다.

'새 하늘과 새 땅'과 신적 성품

결국, 신적 성품은 새 하늘과 새 땅에 들어가는 교회가 갖추어야 할 최적의 준비물이다. 그날에는 모든 것들이 불에 타서 붕괴되고 해체된다. 노아가 방주를 짓던 때, 많은 불경건한 자들이 다가올 물의 심판을 비웃었던 것처럼, 오늘날도 이 세상이 '불의 심판'에 의해 붕괴되고 해체되어 사라질 것이라고 하면, 혹시 비웃지는 않는다 하더라도 전혀 귀 기울여 듣지 않을 것이다. 베드로후서 3장은 거짓 교사들의 핵심적 결함이란, 바로 기록된 말씀을 믿지 않고 조롱하는 데 있음을 밝혀 준다.

하나님은 말씀으로 세상을 창조하셨다. 그뿐 아니라, 피조 된 이 세상은 지금도 하나님의 말씀에 의해 유지되고 보존되고 있다. 성경의 말씀을 믿지 않고 조롱하는 것은, 그러므로 자신이 서 있는 그 땅의 기초, 곧 그 땅이 그것으로 지음 받은 그 말씀을 믿지 않고 조롱하는 것이나 마찬가지이다. 그는 그의 불신과 조롱의 결과를, 심판받아 사라지는 세상과 함께 그대로 받게 될 것이다. 말씀을 붙드는 자는 말씀과 함께 영영히 서고, 말씀을 버린 자들은 세상과 함께 또한 영원히 사라지는 길을 간다. 베드로후서는 3장에서, 말씀과 종말, 말씀과 세상, 말씀과 심판, 말씀과 재창조에 대해서 장엄한 '말씀-우주론'을 펼친다.

3장은 신약에서 보기 드문, '우주론'(cosmology)을 펼치는 대목이다. 교회는 그동안, '세상'(cosmos)이 무엇인지에 대해 거의 알지 못한 채 지내 온 것 같다. 구원에 대해서 알았고, 율법에 대해 조금 알았고, '구속사'(redemptive-history)에 대해서는 들어 보았지만, 이 세상이 과연 무엇인지, 이 우주의 시작과 보존, 그리고 심판과 재창조에 대해서는 많이 익숙하지 않다. 베드로후서는 이런 점에서 '신약의 우주론'의 보물창고이다. 복음은 우리를 '율법의 저주'로부터 해방했을 뿐 아니라, 이 첫째 세상, 곧 죄와 죽음과 하나님 없는 허무와 반역의 세상으로부터도 해방시켰다. 그래서 교회는 세상으로부터 출애굽 한다. 교회는 '이동 중'(移動中)이다. 구원이란 '이동' 곧, 영원한 출애굽이다. 본질상 '더럽고 썩어지고 허무해서' 최후의 불의 심판을 피할 수 없는 이 세상을 결국 '나가는' 것, 그것이 구원이다.

구원을 이런 식으로 세상과 대조해서 생각해 본 적이 언제가 마지막인가? 오늘날 교회는, 세상에 너무나 친화적이다. 물론 세상은 여전히 아름답고 아직 선하고 의롭고 양심적인 면이 많이 남아 있다. 하지만 오늘날 교회는 신약 성경이 인정할 수 있는 선(線)을 넘어 그 이상으로 세상-친화적이다. 세상이 '낯설지' 않다. 그래서 '살아 있는 소망'과 주의 강림을 '간절히 바라보고' 또한 '새 하늘과 새 땅'을 바라보며 열망하며 살라고 하는 베드로전후서의 간곡한 외침이 도리어 너무도 '낯선' 메시지가 되었다. 그러나 말씀은 성취된다. 하나님의 말씀은 그 어떤 것보다 더욱더 현실적(real)이다. 경제 이론이나 과학적 사실보다, 우리가 눈으로 보고 손으로 만져서 확인하는 그 어떤 것보다, 말씀이 가장 현실적이다. 왜냐하면 현실적인 모든 존재는 하나님의 말씀으로 지음 받았기 때문이다.

말씀은 반드시 그 뜻하는 바를 실재(reality)로 이루어 내신다. 그래서 이 세상은 불의 심판으로 소멸되어 사라질 것이다. 그리고 약속대로, 새 하늘과 새 땅, 곧 죄와 죽음과 하나님 없는 허무와 반역이 더 이상 존재하지 않는 새로운 세상이 펼쳐질 것이다. 이렇게 모든 것이 불에 타서 붕괴되고 해체되면, 무엇이 남을 것인가? 베드로는 '거룩한 행실과 경건'이라고 답한다. 새 하늘과 새 땅은 '의가 거하는' 곳, 즉 하나님의 선물인 '의', 그리고 모든 바른 관계의 회복인 그 '의'가 방해받거나 훼손되거나 파괴되지 않고, 거기에 안주하여, 그 안에 모든 생명과 평강이 넘치는 방식으로 존재하는 새로운 세상, 그 보배롭고 크신 약속의 말씀이 가리키는 세상이다. 그래서 이 세상의 심판을 견디고, 또한 그 '신천신지'에까지 가지고 들어갈 수 있는 것은 우리의 '신적 성품'뿐이다. 오늘날, 교회는, 목회자는, 성도는 과연 무엇에 집중하고, 무엇을 남기고자 하는가?

거짓 교사들의 정체와 운명

이 모든 것이 심판의 불에 의해 모두 풀어져 붕괴된다면, 과연 무엇을 남겨야 할 것인지에 관해 교회는 베드로의 가르침에 귀 기울여야 한다. 교회가 봉착한 가장 근본적인 위험을, 베드로는 하나님을 떠난 이 세상의 '더럽고 썩어지고 허무한' 본질의 미혹이라고 지적한다. 교회를 다시 세상으로 끌어오기 위해, 그 세상을 아예 교회 안으로 끌고 들어오는 거짓 교사들의 거짓 가르침과 그들의 부패하고 파괴적인 영향력을 명확히 분별하고 분쇄해야 한다는 것이다. 거짓 교사들은 어떤 자들인가? 베드로후서 2장은 거짓 교사들의 폐부를 C.T. 촬영으로 찍어 놓은 연속 사진들과도 같다. 그것은 또한 일부, 우리 자신의 모습이기도 하다. 하지만 저들은 원래부터 '저주의 자식들'로서, 교회 안에 들어와 입으로는 신앙고백을 하지만 실제로는 예수 그리스도의 '주권'을 인정하지 않는 자들이다. 저들의 실제 주인은 저들의 심령을 좌지우지하는 그들 자신의 '세속적인 더럽고 썩어지는 정욕'이다.

그 더러운 정욕을 따라, 저들은 성도를 대상으로 '만들어 낸 이야기'들로 자신들의 탐욕을 채우는 일에 전념하는 것이다. 저들의 특징은, 분당, 방탕, 교만, 탐욕, 거짓 가르침인데, 베드로는 이런 특징들을 생생하게 묘사하면서도, 저들에게 닥칠 '확실한 심판'에 대해 길고도 확실하게 힘주어 선포한다. 거짓 교사들은 교회와 세상 앞에 '점과 수치'로 드러난다. 그리고 저들에 대한 심판은 이미 너무나도 확실하다. 베드로는 창세기 6장의 타락한 천사들과 7-8장의 노아의 홍수, 그리고 19장에 나오는 소돔과 고모라의 멸망의 전형적인 판례들을 연속적으로 열거하면서, 저들의 심판은 확고히 정해졌기 때문에, 놀라지도 말고 낙심하지도 말며, 결단코 저들에게 동조하거나 휩쓸리지도 말 것을 신신당부한다.

'주'께서 통치하신다. 장차 오실 그분이 지금도 다스리고 계신다. 하나님께서는 거짓 교사들을 이제와 또한 심판의 날까지 흑암에 가두어 '지키고' 계시는 반면, 주께서 택하시고 부르신 성도는 그 약속하신 영광에 이르기까지 잠시 받는 환란의 모든 날들 동안 그의 모든 은혜 안에서 '지키고' 계신다. 그러므로 거짓 교사들의 거짓 가르침을 분별하여, 그에 미혹되는 일이 없어야 할 것이다. 특히, 저들의 가르침은 본질상 세속적이라는 데에 그 특징이 있다. 주의 다시 오심이 없으니 종말도 없고, 심판도 없다는 것이다. 저들이 약속한 '자유'가 어떤 것인지 분명치는 않으나, 저들이 말하는 자유는 '더럽고 썩어지고 허무한 권세'가 지배하는 이 세상에 다시 얽매이고 져서 세상의 종노릇하게 하는 속임수일 뿐이다.

오늘날, '믿음으로 구원받았고, 천당 간다'고 확신하면서도, 그 자유와 은혜 속에서 다시 세상의 더러움과 썩어짐과 허무함으로 돌아가는 그리스도인, 목회자, 교회가 얼마나 많은가. 베드로는 그리스도인의 자유가 무엇이며, 우리가 받은 '은혜'가 진정 우리로 하여금 어떻게 세상을 이기게 하는지 명확하게 설명해 준다. '오직 믿음, 오직 은혜'로 구원받았다는 것을 오해하지도 말 것이거니와, 그것을 단지 '율법'을 배경으로만 이해할 것도 아니다. 하나님은 그 아들을 '세상에' 보내셨다. 그 이유는 하나님을 떠난 이 세상에는, '의도 생명도 영원'도 없기 때문이다. 그러므로 그 아들을 영접하는 자는 하나님의 자녀가 되는 권세를 얻고, 또한 영생을 얻는다(요 3:16-18). 요한서신에서 본격적으로 전개되는 세상을 배경으로 하는 그 아들의 복음 곧, 주요 구주 예수 그리스도의 복음은 베드로전후서에서 이미 그 첫 장(章)을 여는 셈이다. 그 아들이 오셔서 교회에 주신 것은, '썩지 않고 더럽지 않고 쇠하지 않는 세상, 새 하늘과 새 땅'이기 때문이다. 세상에 남아 있는 교회는, 그러므로 자신 안에 그 더럽고 썩어지고 허무한 세상이 밀려들어 오지 않도록 힘써 경계하며, 또한 밀려들어 온 세상을 거짓 교사들과 그들의 거짓 가르침들과 함께 몰아내야만 한다.

'바른 성경 읽기'를 통한 신적 성품의 성장

마지막으로, 베드로후서는 바른 성경 해석의 중요성을 강조한다. 거짓 교사들의 성경 해석의 핵심 원리는, '이디아스'(ἰδίας) 곧 '제멋대로, 자의로' 하는 해석이다. 성경을 해석하는 데에 있어서 우선적이고 핵심적으로 중요한 요건은, 그 말씀이 놓인 원래의 성경의 문맥이다. 문맥이라는 틀이, 그 문맥 안에 들어 있는 말씀의 의미를 원래 하나님께서 말씀하시고자 하는 의도에 붙들어 매는 장치가 되기 때문이다. 하지만 거짓 교사들이 성경을 해석할 때 근거하는 '문맥'은 성경이 아니라 '자기 자신'이다. 더 정확히 말하면, 자기 자신의 더러운 정욕이 이끄는 의도, 그것이 그들이 성경을 해석하는 문맥이다. 그들은 성경 말씀의 구절, 구절, 혹은 낱말들을 그 원래의 문맥에서 떼어 내, 자기 자신의 정욕에 따른 의도라는 '사적(私的) 문맥' 안에서 재배열시킨다. 이것이 구체적으로 거짓 교사들이 성경을 '자의로' 해석하는 방식이다. 그래서 '자의로' 즉 '이디아스' 식으로 하는 성경 해석의 특징은, 모든 것이 실제로는 그 해석자 자신에게서 나온다는 데에 있다. 자기 자신이 '의미의 출처'이고, 그 '의미를 해석하는 방식'도 자기 자신에게서 나온다. 자기 자신이 출처요 방법이 되는 것, 이것이 죄의 본질이고, 거짓 교사들의 성경 해석의 핵심 원리이다.

그러나 베드로가 명확히 밝히는바, 성경 말씀은 하나님에게서 온 계시의 말씀이요, 그 말씀의 전달 과정도 하나님에 의해서 된 것이며, 그래서 그 말씀의 해석도 하나님의 조명(照明)과 역사(役事)로 말미암는 것이다. 우리가 성경을 읽고 해석하려 할 때, 그래서 반드시 명심해야 할 것들이 있다.

첫째는, 말씀이 빛이고 내가 어둠이라는 전제이다. 나의 이성(理性)이 빛이고, 성경은 내 이성이 밝혀야 할 어둠이 아니다. 그 반대이다. 말씀이 빛이고 해석자가 어둠이다. 성경은 과학자가 해부하면 다 알 수 있는 실험실의 개구리가 아니다. 성경은 고고학자가 땅을 파서 캐내 다시 짜 맞추면 재구성되는 공룡의 뼛조각들도 아니다. 그런 차원이 없는 것은 아니지만, 그 모든 차원들을 포함하고도, 하나님으로부터 났고, 하나님께서 전달하신, 하나님 자신의 말씀-계시이다. 그가 빛이시듯, 그의 말씀이 빛이다. 그가 생명의 창조주이시듯, 그에게서 나온 말씀은 생명이다. 그래서 성경 해석에 있어서 빛과 생명은 모두 해석자 자신이 아니라, 해석하는 성경 말씀으로부터 온다.

둘째는, 그래서 성경을 읽는다든지 해석한다는 것은, 그 말씀의 빛이 해석자인 나 자신을 비추어서, 먼저 해석자 자신의 모든 어둠이 충분히 걷혀질 '때까지' 기다려야 한다는 데에 핵심적 원리가 있다. 말씀이 빛이고 해석자가 어둠이기 때문에, 그 말씀의 빛이 해석자의 모든 어둠, 즉 그의 영적, 지적, 도덕적, 정서적, 그리고 의지적, 삶의 모든 어둠을 비추어 그 말씀의 빛으로 채울 '때까지'

기다려야 하는 것이다. '기다린다'는 것은 그 말씀의 빛 안에 머문다는 뜻이며, 그 빛 안에서 그 아들과 아버지와 사귐을 통해 만남을 이루어 간다는 뜻이다. 성경 해석은, 내가 갖고 있는 의도와 원리의 틀로 본문의 의미를 찍어 내듯 해석하는 것이 아니다. 어두운 데 있다가 햇살 아래 나와 그 빛 안에 오래 서 있으면, 처음에는 눈이 부시지만 점점 더 잘 보이고 또한 몸이 따뜻해지는 것처럼, 말씀의 빛 안에서 기다린다는 것은 그 안에 머문다는 뜻이다. 그래서 성경 해석에 있어서 주도권은 해석자가 아니라, 말씀 자신이 갖는 것이다.

셋째, 이렇듯 '기다리는 과정'이 해석인데, 이 '기다림의 해석학'은 단순히 아무것도 안 하고 기다리는 것이 아님은 물론이다. 말씀의 빛과 생명 안에 거한다는 것은, 그 말씀을 생각하고, 분석하고, 이해하고, 묵상하고, 그 말씀이 내 영과 지성을 밝히도록, 공부하고 질문하고 대답을 찾는 만남과 대화의 과정을 통해서, 동시에 그 말씀이 내 정서와 의지의 어둠까지 밝히고 몰아내도록, 기도하며 순종하여 실천함으로써 그 말씀을 체험하는 과정까지 모두 포함하는 것이다. '원수를 사랑하라'는 말씀을 두고, 자신에게 원수 같은 이를 용서해 보려고 하지 않는 해석자는 그 말씀의 의미를 진정으로 알 수 없다. 그래서 기다림의 해석학은 순종의 해석학이다. 이렇듯 말씀을 전 존재적, 인격적 '만남과 사귐'으로써 읽을 때에, 그 말씀의 빛으로 가장 먼저 해석되는 것은 그 해석자 자신이다. 해석자가 그 말씀의 빛 안에 서서 자기 자신을 보기 시작할 때, 그는 비로소 그 말씀의 빛과 자신 안에 들어온 그 빛 안에서, 그 말씀이 가리키는바 '새벽별' 곧 '빛을 가져오시는 별'이 되신 예수 그리스도와 그 아들에 관한 것들을 밝히 보고 깨달아 알게 되는 것이다. 그것이 말씀의 해석이다.

넷째로, 그래서 이렇게 말씀의 빛이 해석자 자신을 조명하도록 허락하는 과정을 통해 성경을 해석한 우선적인 결과는, 그 해석자 자신의 신적 성품의 성장이다. 우리가 읽고 이해하려는 성경 말씀은 빛일 뿐 아니라, 그 안에는 영원한 생명이 있다. 말씀은 빛을 통해 우리의 어둠을 드러내지만, 그것은 결국 우리를 수치스럽게 하고 낙심시키려는 것이 아니라, 그 뜨겁고 긍휼이 가득한 생명과 진리로 우리를 치유하고 충만히 채우기 위함이다. 말씀은 단지 분석이나 해석의 대상으로 주신 것이 아니라, '먹고 살아나라'고 주신 것이다. 그러므로 아무도 변화되지 않고 성경을 해석할 수 없다. 말씀을 해석했다는 것은 말씀의 생명을 먹고 그만큼 성장했다는 것이기 때문이다. 성경을 해석했는데 해석자 자신이 빛과 생명으로 채워져 변화되지 않았다면, 그것은 말씀을 해석한 것이 아니다. 베드로가, 하나님과 우리 주 예수 그리스도를 '앎으로써' 신적 성품에 참여하라는 것은 바로 이런 의미이다. 우리는 기록된 성경 말씀을 통해서 그 아들과 아버지를 알아 간다. 그 말씀은 빛이요 생명으로서, 그 말씀을 통해 주를 알아 가는 해석자인 우리를 변화시킨다. 그래서 성경 해석의 열매는 신적 성품의 성장인 것이다.

마지막으로, 성경 해석의 열매인 신적 성품의 성장은 다시 역으로, 우리로 하여금 올바른 성경 해석에 이르게 하는 결정적인 안내자가 된다. 그 중심이 더럽고 썩어지고 허무한 세상의 정욕으로 가득 찬 거짓 교사들이 성경을 바로 해석하지 못하는 이유가 여기에 있다. 그들의 부패한 성품이 그들의 눈을 멀게 하여, 그들로 하여금 말씀의 빛 앞에 서지 못하게 막는다. 그들은 영적으로나 도덕적으로 어둠에 갇혀 있을 뿐 아니라, 지성적으로도 어둠 속에 있다. 그러므로 바른 성경 해석의 열매는 신적 성품으로 나타나지만, 또한 해석자의 신적 성품이 바른 성경 해석의 조건이기도 한 것이다. 이 세상은 '어둠' 아래 놓여 있는데, 그 '어둠'은 총체적인 '어둠'이다. 그 아들은 오셔서 자신이 '세상의 빛'이라 하셨다. 요한은 '참 빛'이 이미 세상에 이르렀다고 증언했다. 그리고 그 아들은 태초부터 있는 생명의 말씀이요, 우리가 손으로 보고 만지도록 나타나신 '영원한 생명'이시다(요일 1:1-4).

신적 성품의 성장은, 그래서 생명의 말씀이신 그 아들과 그 아들을 그 세상에 보내신 사랑의 아버지와 함께하는 '사귐'과 그 '사귐' 안에 '거함'을 통해 지속적으로 가능해진다. 베드로의 가장 친한 동역자인 사도 요한은, 그래서 요한 서신에서 '사귐'에 대해 많은 설명을 준다. 다만, 베드로는 거짓 교사들의 거짓 가르침에 맞서 교회가 단단히 준비해야 하는 것은, 바른 성경 해석과 그로 말미암은 복된 열매인 신적 성품의 성장이며, 이것이 얼마나 중요한지를 일깨우고자 한다. 세상 속의 교회는 끊임없이 교회 안으로 밀려오는 세상에 맞서 싸워야 하고 그럴 수밖에 없다. 우리가 받은 것은 이 세상이 아니요, 장차 오는 새 하늘과 새 땅, 그 썩지 않고 더럽지 않고 쇠하지 않는 나라이기 때문이다.

성경 말씀은, 이미 와 있고, 지금도 교회의 신적 성품 안에 충만하며, 장차 온전히 임할 이 영원한 나라가 확실함을 증거하고 있다. 교회는, 그 '생명과 경건과 의'가 충만한 영원한 나라에 들어갈 복된 부르심과 택하심을 입었으니, 더욱 부지런히 신적 성품에 참여하고 성장하여야 한다. 교회가 교회 되는 일 외에, 교회가 따로 할 일이 없다. 거기에 이 세상의 심판과 구원, 재창조의 미래가 달려 있기 때문이다.

> "교회를 부르신 전능하신 아버지 하나님, 세상 속의 교회를, 주의 참된 은혜와 진리로 항상 거룩하게 하소서. 우리로 거짓 가르침을 이기게 하소서. 아버지의 성품에 참여하게 하소서. 아버지의 나라가 속히 임하시기를 간절히 구하옵나이다."

부록

베드로후서 원문(NA 27판과 28판)의 저자 사역(私譯)본

1장

1절 시몬 베드로, 예수 그리스도의 종이요 사도가, 우리 하나님과 구주 예수 그리스도의
의로 말미암아 동일한 믿음을 받은 여러분에게,
2절 우리 하나님과 주 예수를 앎으로 말미암아 은혜와 또한 평강으로 차고 넘치기를 기
원합니다.
3절 이처럼 자신의 영광과 덕으로써 우리를 부르신 분을 앎으로써, 생명과 경건에 이르
게 할 모든 신적 능력이 이미 주어져 있는 것은,
4절 또한 이미 주신 바 된 그 존귀하고 지극히 큰 약속을 통하여, 우리로 하여금 썩어질
정욕 가운데 있는 세상으로부터 벗어나 신적 성품에 참여하는 자들이 되게 하려 하
심입니다.
5절 그래서 바로 이것을, 모든 열심을 다 쏟아부어, 여러분의 믿음에 덕을, 덕에 지식을,
6절 지식에 절제를, 절제에 인내를, 또한 인내에 경건을,
7절 경건에 형제 우애를, 형제 우애에 사랑을 공급하십시오.
8절 그러므로 이것들이 여러분에게 갖추어져 있고 풍성히 넘치도록, 예수 그리스도를
아는 지식에 게으르지 않고 열매 없는 자로 드러나지 않게 하십시오.
9절 왜냐하면 이런 것들이 함께 수반되지 않는 자는 멀리 보지 못하는 맹인으로서, 도리
어 그의 옛 죄들을 깨끗하게 하신 것을 잊게 되기 때문입니다.
10절 그러므로 형제 여러분이여, 여러분의 부르심과 택하심을 견고하게 만드는 일에 더
욱 열심을 다하십시오. 이것을 행하고 있으면, 어느 때고 실족하지 않을 것입니다.
11절 왜냐하면 이렇게 함으로써 우리 주요 구주이신 예수 그리스도의 영원한 나라에 들
어감이 여러분에게 풍성하게 공급될 것이기 때문입니다.
12절 그러므로 여러분이 이미 알고 있고 또한 진리의 오심으로 말미암아 굳게 세우심을
입은 바 된 것처럼, 여러분에게 이것들에 관해 항상 기억나게 하고자 합니다.
13절 무엇보다 내가 아직 이 장막에 거하는 동안은, 여러분을 기억나게 함으로써 깨어 있

게 하는 것이 옳다고 생각하는 것입니다.
14절 그것은 내가 이 장막을 벗을 때가 임박했다는 것을 알기 때문이고, 또한 이와 같이 우리 주 예수 그리스도께서 나에게 밝히 알려 주셨습니다.
15절 그래서 여러분으로 하여금, 내가 이 세상을 떠난 후에도 이것들이 항상 기억나도록 힘쓰려 합니다.
16절 우리가 여러분에게 우리 주 예수 그리스도의 능력과 강림하심을 알게 한 것은, 무슨 교묘하게 꾸며 낸 신화(神話)들을 좇는 것이 아니라, 우리는 저 크신 위엄의 목격자들이 되었기 때문입니다.
17절 그가 하나님 아버지께로부터 존귀와 영광을 받으시자, 그 어떤 영광스러운 위엄에 의해 소리가 전달되어 이르되, '이는 내 사랑하는 아들이요 내 기뻐하는 자'라 하셨습니다.
18절 우리가 하늘로부터 전달된 이 소리를 들었는데, 그와 함께 그 거룩한 산에 있었을 때였습니다.
19절 그런데 우리는 더 견고한 예언의 말씀을 갖고 있습니다. 여러분은 마치 어두운 곳에 빛이 비치듯이, 날이 밝아져서 여러분의 마음에 새벽 별이 떠오르기까지 이것들에 주의하는 것이 옳습니다.
20절 이것을 먼저 알아야 하는데, 모든 예언의 말씀은 자의적으로 해석되어서는 안 된다는 것입니다.
21절 왜냐하면 예언은 어느 때나 사람의 뜻으로 전해진 것이 아니라, 거룩한 성령에 의해 움직이는 사람들이, 하나님에게서 받아 말한 것이기 때문입니다.

2장

1절 그런데 백성들 가운데 거짓 선지자들이 생겼고, 또한 이처럼 여러분 가운데도 거짓 교사들이 있을 것은 당연한 일입니다. 이들은 멸망케 할 분당들을 끌어들일 자들로서, 자신들을 값 주고 사신 주인을 부인한 채 도리어 임박한 멸망을 자신들에게 끌어들이는 자들입니다.
2절 많은 이들이 방탕한 일들을 하는 그들을 좇아 따라나설 것이며, 이로써 진리의 길이 훼방을 받을 터인데,
3절 저들은 탐욕 때문에 지어낸 말들로 여러분을 상대로 돈벌이를 할 것입니다. 이러한

자들에게 심판은 옛적부터 멈추지 않는 것이고, 그들의 멸망은 잠들지도 않는 것입니다.

4절 왜냐하면 하나님께서는 범죄한 천사들을 아끼지 않으시고, 흑암의 사슬로 결박해서 심판 때까지 '삼 겹의 어둠으로 둘러싸인 죽음의 처소'에 던져 넣으셨기 때문입니다.

5절 또한 옛 세상을 아끼지 않으셨는데, 하지만 여덟 번째 사람 곧 의의 전파자 노아를 불경건한 자들의 세상에 덮친 큰 홍수로부터 지키셨던 것입니다.

6절 또한 잿더미가 된 도시들인 소돔과 고모라에 파멸을 선고하심으로써, 장차 있을 불경건한 자들에게 표본으로 남게 하셨고,

7절 한편, 의로운 롯은 하나님 없는 자들의 방종한 행실들에 의해 고통당하던 중에 건져냄을 받은 것입니다.

8절 이는, 그 의인이 그들 가운데 처하여, 날이면 날마다 보여지고 또 들리는 것들에 의해, 그 의로운 영혼이 그들의 무법한 행위들로 시달렸기 때문입니다.

9절 주께서 경건한 자들을 시험에서 건져 내시고, 불의한 자들은 심판 날에 형벌을 받도록 가두어 두어야 함을 알고 계십니다.

10절 특별히, 더러운 정욕으로 육체를 뒤쫓아 다니는 자들과 주권자들을 우습게 여기는 자들, 함부로 날뛰며 자기밖에 모르는 자들, 이들은 두려워 떨지 않고 영광들을 모독하는 자들인데,

11절 하지만 힘과 능력이 더 큰 천사들이라도, 그 영광들을 모독하는 송사를 하지 않은 것입니다.

12절 이 자들은 생각 없는 짐승들로서 잡혀 썩어지기 위해 태어난 종자들인데, 자신들의 무지 때문에 모독을 일삼다가, 그들의 썩어짐 가운데서 썩어지는 자들입니다.

13절 불의한 삯으로 불의를 당하고, 대낮에 호화로운 잔치를 쾌락으로 여기며, 여러분과 함께 먹을 때에 자신들의 속임수로 먹고 마시며 흥청거리는 오점과 수치입니다.

14절 그들은 음심이 가득한 눈을 가지고, 죄짓기를 그치지 않으며, 굳세지 못한 영혼들을 유혹하는 자들로서, 탐욕에 연단된 마음을 가진, 저주의 자식들입니다.

15절 곧은길을 내팽개치고 미혹되어, 브올의 아들 발람의 길로 좇아갔는데, 이는 불의의 삯을 사랑했기 때문입니다.

16절 하지만 그도 자신의 불법으로 인하여 꾸짖음을 들었는데, 말 못 하는 나귀가 사람의

목소리로 소리를 내어 그 선지자의 미친 것을 막아섰던 것입니다.
17절 이 자들은 물 없는 샘이요 광풍에 휩쓸려 가는 안개이며, 흑암의 그늘에 갇혀 있는
자들입니다.
18절 소리 높여 참으로 헛된 자랑을 지껄이며, 미혹된 데에서 행하는 자들에게서 겨우 피
해 나온 이들을 육체의 정욕을 따라 방탕한 일로 유혹합니다.
19절 그들에게 자유를 약속하지만, 정작 그들 자신은 썩어짐에 종속된 노예들입니다. 누
구든 어떤 이에게 지면, 그에게 종이 되는 것이기 때문입니다.
20절 그래서 만일 주요 구주이신 예수 그리스도를 아는 지식으로 말미암아 세상의 더러
운 것을 피해 달아났다가, 그런 것들에 다시 얽매이고 지고 나면, 그들에게 그 나중
이 처음보다 더 나쁘게 된 것입니다.
21절 그들에게는 그 의의 길을 알지 못하는 편이, 알고 나서 그들에게 주어진 거룩한 계
명들을 저버리는 것보다 나았을 뻔했습니다.
22절 참으로, '개들이 자기들이 토한 것에게로 돌아갔으며, 돼지가 도로 그 흙탕물에 뒹
군다'는 속담이 그들에게 응한 것입니다.

3장

1절 사랑하는 자들이여, 이것은 이미 두 번째 여러분에게 쓰는 편지입니다. 이것들로써
여러분에게 뒤섞이지 않은 순전한 생각을 기억나게 함으로써 일깨우려는 것인데,
2절 곧 거룩한 선지자들에 의해 예언된 말씀과, 여러분의 사도들에 의해 전해진 주요 구
주의 계명을 생각나게 하려는 것입니다.
3절 무엇보다 이것을 알아야 하는데, 날들의 마지막에, 제 자신의 정욕을 따라가며 조롱
하는 자들이 조롱하며 올 것입니다.
4절 그리고 그가 오신다는 약속이 어디에 있느냐, 조상들이 잠든 이후에도 만물이 창조
의 처음부터 이와 같이 계속 있다고 말할 것입니다.
5절 참으로 저들은, 하늘들이 오래전부터 그리고 땅은 물에서부터 나와 물로 말미암아
하나님의 말씀으로 인해 함께 서 있는 이것을 잊기를 원하고 있는 것입니다.
6절 이로써 그때 세상은 물의 홍수로 말미암아 멸망하였지만,
7절 이제 하늘들과 땅은 그의 말씀에 의해 보존되고 있으며, 경건치 않은 자들의 심판과
멸망의 날을 위한 불의 심판을 위해 간수되고 있습니다.

8절 하지만 이 한 가지만큼은 여러분이 잊어서는 안 됩니다. 사랑하는 여러분이여, 그것
은 주께는 하루가 천 년 같고 천 년이 하루 같다는 사실입니다.
9절 주께서는, 어떤 자들이 늦어진다고 생각하는 것처럼, 그 약속들을 지체하지 않으십
니다. 도리어 우리를 향하여 오래 참으셔서, 누구도 멸망하기를 원치 않으시고 모든
이들이 회개하기에 이르기를 원하십니다.
10절 그러나 주의 날이 도적같이 올 텐데, 그때에 하늘들은 큰 소리와 함께 떠나갈 것이
며, 근본적 원리들이 불에 녹아져 풀어지고, 땅과 그 안에 있던 일들이 드러나 발견
될 것입니다.
11절 이로써 이 모든 것들이 풀어질 것인데, 여러분은 과연 어떤 사람이 되어야 마땅하겠
습니까. 거룩한 행실과 경건함으로써,
12절 하나님의 날이 임하기를 바라보며 열망하십시오. 그로 인해 하늘들이 떠나가 풀어
지고 근본적 원리들이 불에 타 녹아질 것입니다.
13절 하지만 우리는 그의 약속을 따라 새 하늘과 새 땅, 의가 거하는 그곳을 바라봅니다.
14절 그러므로 사랑하는 여러분, 이것들을 바라봄으로 점도 흠도 없이, 평강 가운데서 그
에게 발견되기를 힘쓰십시오.
15절 우리 주의 오래 참으심을 구원으로 여기십시오. 이처럼 또한 우리의 사랑하는 형제
바울도 하나님께서 그에게 주신 지혜를 따라 여러분에게 썼습니다.
16절 그리고 또한 그의 모든 서신들에서 이런 것들에 대해 말하는 것처럼, 거기에 이해하
기 힘든 어떤 것들이 있고, 훈련되지 못하고 견고히 서지 못한 자들이, 나머지 서신
들도 이렇게 왜곡하여 그들 자신의 멸망을 초래하는 것입니다.
17절 그러므로 너희, 사랑하는 여러분이여, 이것을 이미 알았은즉 경계하여, 저들과 함께
휩쓸려 자신의 굳게 선 데에서부터 이탈함으로 그 무법(無法)한 속임수에 빠지지 않
도록 자신을 지키십시오.
18절 도리어 여러분은 우리 주요 구주이신 예수 그리스도를 앎으로써, 오직 그 은혜 안에
서 자라 가십시오. 그에게 영광이 이제와 영원토록 있을지어다.

베드로후서 기초 참고 문헌

강대훈. "유다서의 우주론." 〈신약연구〉 12/4 (2013): 875-899.

박윤선. 『공동서신』. 영음사, 1965.

박창환, 김경희. 『베드로전후서, 유다서』. 대한기독교서회 성서주석 48, 1996.

왕인성. "유다서, 베드로후서 대적자들의 비교 연구 및 메시지 고찰." 〈부산장신논총〉 13 (2013): 111-130.

이상근. 『공동서신』. 대한예수교 장로회 총회교육부, 1961.

채영삼. 『공동서신의 신학: '세상 속의 교회', 그 위기와 해법』. 경기: 이레서원, 2017.

_____. "공동서신에 나타난 구원과 선한행실." 〈신약연구〉 15권 1호 (2016, 3월): 154-205.

_____. "공동서신의 새 관점." 〈신약논단〉 21권 3호 (2014, 가을): 761-796.

_____. "신학(神學)과 '신적 성품(性品)': 베드로후서 1:1-11에 따른 신학의 의미." 〈성경과 신학〉 62 (2012): 253-296.

_____. "'너희 마음에 떠오르기까지': 베드로후서 1:19에 나타난 '기다림'의 해석학." 〈신약연구〉 10/3 (2011): 689-730.

Arichea Daniel C and Howard A. Hatton, *The Letter from Jude and The Second Letter from Peter*. UBS Handbook Series, United Bible Societies, 1993.

Bauckham, R. *Jude, 2 Peter.* WBC 50. 1983

Callan, Terrance. "A Note on 2 Peter 1:19-20." *JBL* 25/1 (2006): 143-150.

__________. "The Syntax of 2 Peter 1:1-7." *CBQ* 67/4 (2005): 632-640.

__________. "The Christology of the Second Letter of Peter." *Biblica* 83 (2001): 253-263.

Caulley, Thomas S. "The Idea of inspiration in 2 Peter 1:16-21." *Theologische Literaturzeitung* 109/1 (1984): 76-77.

__________. "The False Teachers in Second Peter." *Studia biblica theologica* 12 (1982): 27-43.

Charles, J. Daryl. *Virtue amidst Vice*. JSNTSupS 150; Sheffield: Sheffield Academic Press, 1997.

Chester, A., and R. P. Martin, *The Theology of the Letters of James, Peter and Jude*. Cambridge: Cambridge University Press, 1994.

Chin, Moses. "A Heavenly Home for the Homeless: Aliens and Strangers in 1 Peter." *Tyndale Bulletin* 42 (1991): 92-112.

Dalton William J. *Christ's Proclamation to the Spirits: A Study of 1 Peter 3:18-4:6*. 2nd ed. AnBib 23. Rome: Pontifical Biblical Institute, 1989.

Danker, F. W. "2 Peter 1: A Solemn Decree." *CBQ* 40 (1978): 64-82.

_________. "II Peter 3:10 and Psalm of Solomon 17.10." *ZNW* 53 (1962): 82-86.

Davids, Peter H. *The First Epistle of Peter.* The New International Commentary on the New Testament. Grand Rapids: Eerdmans, 1990.

_________. *The Letters of 2 Peter and Jude*. Grand Rapids: Eerdmans, 2006.

Desjardis, M. "The Portrayal of the Dissidents in 2 Peter and Jude: Does It Tell Us More about the 'Godly' Than the 'Ungodly'?" *Journal for the Study of the New Testament* 30 (1987): 89-102.

Donald, P. Senior and Daniel J. Harrington. *1 Peter, Jude, and 2 Peter.* Harrington; Collegeville: Liturgical Press, 2003.

Dunham, Duane A. "An Exegetical Study of 2 Peter 2:18-22." *Bibliotheca Sacra* 140/557 (1983): 40-54.

Eckstein, H. -J. *Der Begriff Syneidesis bei Paulus: Eine neutestamentlich-exegetisch Untersuchung zum "Gewissensbegriff."* WUNT II/10. Tübingen: Mohr Siebeck, 1983.

Green, Gene L. *Jude and 2 Peter.* Grand Rapids: Baker Academie, 2008.

Green, Joel B. "Narrating the Gospel in 1-2 Peter." *Int* 60 (2006): 262-77.

_________. *1 Peter.* The Two Horizons New Testament Commentary. Grand Rapids: Eerdmans, 2007.

Green, Michael. *The Second Epistle of Peter and the Epistle of Jude*. Grand Rapids: Eerdmans, 2007.

Harink, Douglas. *1 & 2 Peter.* Grand Rapids: Brazos Press, 2009.

Heide, Gale Z. "What is New about the New Heaven and the New Earth? A Theology of Creation from Revelation 21 and 2 Peter 3." *JETS* 40/1 (1997): 37-56.

Käsemann, Ernst. "Apologia for Primitive Christian Eschatology." *Essays on the New Testament Themes*. SBT 41, Tr. W. J. Montague. London: SCM Press, 1964.

Keating, Daniel. *First and Second Peter, Jude*. Grand Rapids: Baker Academic, 2011.

Kelly, J. N. D. *A Commentary on the Epistle of Peter and of Jude*. London: A&C Black, 1969.

Kraftchick, J. Steven. *Jude, 2 Peter*. Abingdon New Testament Commentaries. Nashville: Abingdon Press, 2002.

Kruger, Michael J. "The Authenticity of 2 Peter." *JETS* 42/4 (1999): 645-671.

Moo, Douglas. *2 Peter, Jude.* Grand Rapids: Zondervan, 1996.

Neyrey, Jerome H. *2 Peter, Jude.* AB 37C. New York: Doubleday, 1993.

____________. "The Apologetic Use of the Transfiguration in 2 Peter 1:16-21." *CBQ* 42 (1980): 504-519.

Perkins, Pheme. *First and Second Peter, James and Jude.* Louisville: John Knox, 1995.

Reese, Ruth Anne. *2 Peter and Jude.* Grand Rapids: Eerdmans, 2007.

Richard, Earl J. *Reading 1 Peter, Jude, and 2 Peter: A Literary and Theological Commentary.* Macon: Smyth & Helwys, 2000.

Schreiner, Thomas R. *1, 2 Peter, Jude.* New American Commentary 37. Nashville: Broadman & Holman, 2003.

Selwyn, Edward Gordon. *The First Epistle of St. Peter: The Greek Text with Introduction, Notes, and Essays.* 2nd ed. London: Macmillan, 1947; reprint ed., Grand Rapids: Baker, 1981.

Thiede, C. P. "A Pagan Reader of 2 Peter: Cosmic Conflagration in 2 Pet 3 and Octavius of Minucius Felix." *JSNT* 26 (1986): 79-96.

Wall, Robert W. "The Canonical Function of 2 Peter." *Biblical Interpretation* 9/1 (2001): 64-81.

Wolters, Al. "'Partners of the Deity': A Covenantal Reading of 2 Peter 1:4." *Calvin Theological Journal* 25/1 (1990): 28-44.